KB088805

북해

잉글랜드

런던

코펜ᄒ

뤼베크

브레멘 함부르크

슈

암스테르담

안트베르펜

칼레 브뤼헤 플랑드르

겐트 브뤼셀 에르베르트 프

프랑크푸르트

노르망디 루앙

뉘른베르크

브르타뉴 파리 스트라스부르

낭트 프랑스 프랑슈콩테 아우크스부르크

부르고뉴 브장송 뮌헨 바이에

라로셸 리옹 스위스

제네바 브레너 고개 트리C

비스케이 만 보르도 베네치아

가스코뉴 몽스니 고개 밀라노 볼로냐

레온 바욘 툴루즈 사부아 제노바라팔로

부르고스 비스카야 아비뇽 피렌체 안코나

바야돌리드 나바라 랑그도크 프로방스 리보르노 토스카나

포르투 메디나 델 캄포 사라고사 마르세유 스폴레토

살라망카 마드리드 아라곤 카탈루냐 로마

포르투갈 톨레도 에스파냐 바르셀로나 코르시카

리스본 나폴리

카스티야 살레

발렌시아 마요르카 사르데냐 티레니아 해

코르도바 알리칸테

세비야 안달루시아 발레아레스 제도 팔레르모

말라가 그라나다 시칠

카디스 비제르트 시라

지브롤터 라 굴레트

세우타 본 튀니스

오랑 알제 팔레르모

틀렘센 튀니지 몰티

모로코 알제리

마라케시 제르바

(서)트리ᄑ

리비아

톰북투

지중해와 지중해 세계
16세기 후반기

트해

히

폴란드

바르샤바

리보프

●키예프

오데사● 아조프 해

●이아 크림 반도

△트리아 몰다비아 흑해
부다페스트
헝가리 왈라키아
부쿠레슈티

로아티아
플리트 보스니아

라구사
이아 해 ●카타로 콘스탄티노플 보스포루스 해협
바리 (이스탄불) 마르마라해 오스만 투르크
아 오트란토
그리스 다르다넬스 해협
코르푸 프레베자 에게 해
이오니아 해 레판토 키오스 ●이즈미르
아테네
자킨토스
낙소스 공국 니코시아
키프로스 ●(동)트리폴리
크레타 다마스쿠스
시리아

＊지중해는 시칠리아 섬과 튀니지를 경계로 하여 동−서 지중해로 나뉜다

알렉산드리아

비아 이집트 카이로

지중해 : 펠리페 2세 시대의 지중해 세계 III

사건, 정치, 인간

지중해 :
펠리페 2세 시대의 지중해 세계 III
사건, 정치, 인간

페르낭 브로델

임승휘, 박윤덕 옮김

까치

La Méditerranée et le monde méditerranéen à l'époque de
Philippe II

by Fernand Braudel

Copyright © Armand Colin Publisher, 9th. Edition, 1990
ARMAND COLIN is a trademark of DUNOD Editeur-11, rue Paul Bert
-92240 MALAKOFF

This Korean edition was published by Kachi Publishing Co., Ltd. in 2019
by arrangement with Armand Colin Publisher through KCC(Korea
Copyright Center Inc.), Seoul.

편집, 교정 권은희(權誾熹)

지중해 : 펠리페 2세 시대의 지중해 세계 III
사건, 정치, 인간

저자 / 페르낭 브로델

역자 / 임승휘, 박윤덕

발행처 / 까치글방

발행인 / 박후영

주소 / 서울시 용산구 서빙고로 67, 파크타워 103동 1003호

전화 / 02·735·8998, 736·7768

팩시밀리 / 02·723·4591

홈페이지 / www.kachibooks.co.kr

전자우편 / kachibooks@gmail.com

등록번호 / 1-528

등록일 / 1977. 8. 5

초판 1쇄 발행일 / 2019. 2. 28

값 / 뒤표지에 쓰여 있음

ISBN 978-89-7291-650-5   94900
        978-89-7291-645-1   (세트)

이 도서의 국립중앙도서관 출판예정도서목록(CIP)은 서지정보유통지원시스템 홈페이지(http://seoji.
nl.go.kr)와 국가자료공동목록시스템(http://www.nl.go.kr/kolisnet)에서 이용하실 수 있습니다.
(CIP제어번호 : CIP2019005274)

제III부 사건, 정치, 인간 11

제1장 1550-1559년 : 세계전쟁의 재개와 종결 17

1. 전쟁의 시작 17

1545-1550년 : 지중해의 평화 / 아프리카 문제 / 뮐베르크 전투 직후와 그 이후

2. 지중해 전쟁과 지중해 밖의 전쟁 36

트리폴리 함락(1551년 8월 14일) / 1552년의 전란 / 코르시카는 프랑스인에게, 잉글랜드는 에스파냐인에게 / 카를 5세의 여러 차례의 양위 : 1554-1556년

3. 다시 전쟁으로. 여전히 결정적인 북부의 역할 62

보셀 화약의 파기 / 생 캉탱 / 카토-캉브레지 평화조약 / 펠리페 2세의 에스파냐 귀환

4. 16세기 중반의 에스파냐 81

프로테스탄트의 위협 / 정치적 불안 / 재정적 곤란

제2장 오스만 투르크 패권의 마지막 6년, 1559-1565년 97

1. 오스만 투르크와의 전쟁 : 에스파냐의 광기인가? 97

에스파냐-투르크 교섭의 결렬 / 투르크 해군의 패권 / 제르바 원정

2. 에스파냐의 재건 122

1561년부터 1564년까지 / 사략선과의 싸움 그리고 겨울과의 싸움 : 1561-
1564년 / 코르시카의 봉기 / 유럽의 평온 / 에스파냐 해상 재건에 관한 몇
가지 수치들 / 돈 가르시아 데 톨레도

3. 몰타 섬의 대결(1564년 5월 18일부터 9월 8일까지) 155

기습이 있었는가? / 기사들의 저항 / 몰타의 구원 / 에스파냐와 펠리페 2세
의 역할

제3장 신성동맹의 시작, 1566-1570년 173

1. 네덜란드인가, 지중해인가? 173

피우스 5세의 선출 / 헝가리와 아드리아 해의 투르크인들 / 헝가리 전쟁의
재개 / 1566년의 네덜란드 / 1567-1568년. 네덜란드가 끼친 영향

2. 그라나다 전쟁의 전환점 205

전쟁의 확산 / 그라나다 전쟁의 시작 / 그라나다 전쟁의 결과 : 울루지 알리
의 튀니스 장악 / 그라나다와 키프로스 전쟁 / 키프로스 전쟁의 서막 / 키프
로스 구조

제4장 레판토 해전 245

1. 1571년 10월 7일의 전투 246

지연된 동맹의 체결 / 외교적 요소 : 프랑스 / 돈 후안과 그의 함대가 제때
도착할 것인가? / 레판토 해전 이전의 투르크 / 10월 7일의 전투 / 성과
없는 승리인가?

2. 극적인 해, 1572년 269

1572년 8월 24일, 성 바르톨로메오까지 프랑스의 위기 / 돈 후안 데 아우스

트리아에게 주어진 명령과 명령 취소, 1572년 6-7월 / 모레아 원정

3. 베네치아의 "배신"과 두 차례의 튀니스 함락 : 1573-1574년 293
베네치아를 위한 변론 / 돈 후안의 튀니스 점령, 또 하나의 성과 없는 승리 / 튀니스의 상실 : 1574년 9월 13일 / 지중해에 마침내 평화가 오다

제5장 에스파냐-투르크 휴전, 1577-1584년 317

1. 마를리아니의 임무, 1578-1581년 318
과거로 돌아가서 : 평화를 위한 펠리페 2세의 첫 번째 시도들 / 돈 후안의 시대 / 이상한 승리자, 마르틴 데 아쿠냐 / 조반니 마를리아니 / 1581년의 합의

2. 전쟁이 지중해 중앙부를 떠나다 347
페르시아에 맞선 투르크 / 페르시아와의 전쟁 / 인도양에서의 투르크 / 포르투갈 전쟁, 세기의 전환기 / 알카세르 키비르 / 1580년의 일격 / 에스파냐가 지중해를 떠나다

제6장 역사 무대에서 밀려난 지중해 375

1. 투르크의 어려움과 혼란 377
1589년 이후 : 북아프리카와 이슬람 세계에서의 반란들 / 투르크의 재정 위기 / 1593-1606년 : 헝가리 국경에 대한 공세 재개

2. 프랑스 내전으로부터 에스파냐에 대한 전쟁으로, 1589-1598년 399
지중해 프랑스에서의 종교전쟁 / 에스파냐-프랑스 전쟁, 1595-1598년 / 베르뱅 평화조약

3. 전쟁은 바다에서 일어나지 않을 것이다 **422**

1591년의 허위 경보 / 잔 안드레아 도리아는 투르크 함대와 싸우기를 원하지 않았다 : 1596년 8-9월 / 1597-1600년 / 1601년에는 허위 경보였는가, 아니면 기회를 놓친 것인가? / 펠리페 2세의 죽음, 1598년 9월 13일

결론 **441**

주 **451**

사료 **536**

인명 색인 **607**

사건, 정치, 인간

이 책 『지중해』 제III부의
제1장-제3장은 임승휘 교수가
제4장-결론 및 사료는 박윤덕 교수가
분담하여 번역했다.

<일러두기>

1. 한국어 번역의 저본이 된 판본은 프랑스어 원서 제6판(1985년)이다. 제10판
   이 최종판이며, 제2판 이후는 제4판에서 두 곳(제II부 377쪽 이하와 제II부
   570쪽)이 수정, 보충되었을 뿐이다.

2. 대괄호[ ]는 "역자 주"를 위해서 사용했다.

3. 인명, 지명 등의 고유명사는 국립국어원의 외래어 표기법을 준수했으며, 그
   밖의 경우에는 현지 발음을 따르는 것을 원칙으로 했다.

제III부

사건, 정치, 인간

사건의 흔적을 추적하는 제III부의 출판은 무척 망설여지는 일이었다. 제 III부는 전통적인 역사서술에 속한다. 레오폴트 폰 랑케가 살아 있다면, 그는 여기에서 자신의 가르침, 서술과 사고방식을 찾아볼 수 있을 것이다. 사실 견고한 구조와 느린 속도의 발전에 대한 연구만으로 전체사를 완성할 수는 없는 노릇이다. 나는 장기지속적인 구조, 보수적인 사회, 불가능의 감옥에 갇힌 경제, 수세기를 살아남은 문명 등 역사를 보다 깊이 이해하기 위한 모든 정당한 방법을 통해서 과거의 핵심을, 최소한 1966년의 시점에서 핵심적인 것으로 간주되는 내용들을 파악할 수 있다고 생각한다. 그러나 핵심이 전체는 아니다.

당대인들은 이 같은 재구성 방식에 실망할 수도 있다. 16세기의 지중해와 그밖의 지역에서 주인공과 관객들은 생생한 드라마의 포로가 된 기분을 느끼고 있었다. 이 드라마는 무엇보다 그들 자신의 이야기였다. 착각일 수도 있다. 충분히 가능한 이야기이다. 하지만 이 같은 착각, 광경에 대한 관심은 모두 그들의 삶에 의미를 부여한다.

사건은 먼지와 같다. 그것은 짧은 섬광처럼 역사를 관통한다. 반짝이기 무섭게 어둠 속으로 사라지고 그렇게 기억에서 지워진다. 사실 각각의 사건은 제아무리 사소한 것일지라도 무엇인가를 증언하며 풍경의 한구석을 비추고 있다. 때로 그것은 역사의 거대한 심층을 보여주기도 한다. 정치사만 그런 것이 아니다. 정치, 경제, 사회, 문화, 지리 등 모든 영역에 걸쳐 사건이 보내는 신호와 불규칙한 섬광이 가득하다. 앞의 장들에서 우리는 여러 지면에서 명확한 관찰을 위해서 반드시 필요한 예리한 증언을 인용한 바 있다. 나는 결코 사건의 적이 아니다.

제III부를 시작하면서 완전히 새로운 문제가 제기된다. 그것은 역사연구에서 사건사적 지식을 활용하는 문제가 아니라, 성숙할 대로 성숙한 전통 역사학의 견해대로, 그와 같은 지식들, 결론으로 도출된 이러저러한 메시지들이 과연 인간의 정확한 역사, 타당한 역사를 그리고 있는가라는 물음과 관련된다. 아마 그럴지도 모른다. 그러한 역사가 사건에 대한 취사선택의 결과임을 자각한다면 말이다. 여기에는 적어도 두 가지 이유가 있다.

우선 이 역사는 이른바 "중요한" 사건들만을 담고 있으며, 확고부동한 사실들 또는 확실하다고 제시된 사실을 기초로 할 뿐이다. 그런데 이 중요함은 응당 논쟁의 대상이다. 무엇인가를 설명해주는 사건은 중요하다. 사소한 사건이 이폴리트 텐에게는 중요한 것일 수 있다. 하지만 그런 사건은 종종 우리의 관심사와는 관계없는, 사건 그 자체와는 전혀 무관한 곳으로 우리를 인도한다. 앙리 피렌의 말처럼 중요한 결과를 초래했거나, 멀리까지 재연되었거나 오랫동안 영향력을 행사한 사건은 중요한 것일 수 있다. 그렇다면, 한 독일 역사가[1]의 말대로, 1453년의 콘스탄티노플 함락은 사건도 아니며, 볼테르의 조롱처럼 기독교 세계의 위대한 승리인 레판토 해전(1571)은 어떤 후속 결과도 낳지 못했다. 분명히 말하지만, 이 두 견해는 모두 논란의 여지가 많다. 규모가 다소 과장되었을지라도, 당대인들이 중요하다고 생각하고, 하나의 준거로 삼거나 중요한 분기점으로 간주한 사건도 중요하리라. 프랑스인들에게 성 바르톨로메오 대학살(1572년 8월 24일)은 역사적 분기점이었다. 미슐레 역시 이를 강조했다. 그런데 우리가 보기에 분기점은, 만일 그런 것이 정말 있었다면, 1572년이 아닌, 이보다 몇 년 뒤인 1575년이

거나 차라리 1580년이다. 끝으로 전후 맥락의 연쇄성을 가지는 사건도 모두 중요하다. 그러나 이와 같은 "계열"사는 역사가에 의한, 또는 중요한 사료를 앞세운 역사가를 위한 선택의 산물일 뿐이다.

대체로 우리 앞에는 두 종류의 견고한 사슬이 놓여 있다. 하나는 최근 20-30년간의 연구를 통해서 재구성된, 경제적 사건들과 단기간의 국면들로 짜인 사슬이며, 다른 하나는 이미 오래 전에 목록이 작성된, 넓은 의미에서의 정치적 사건, 전쟁, 외교, 국가 내부의 중요한 결정과 격변으로 만들어진 사슬이다. 당대인들이 가장 먼저 보았던 것은 이 두 번째 사슬이다. 16세기는 수많은 연대기 작가들이 활동했고 소위 "저널리스트"(로마와 베네치아에서도 필사신문[avvisi]의 발행자[fogliottanti]가 있었다)가 등장한 세기였다. 그리고 세상의 변화를 예의주시하던 관객들의 입장에서 보자면 게임을 주도한 것은 결국 정치였다.

그러나 우리에게는 하나의 사슬이 아니라 두 종류의 사슬이 존재한다. 그래서 전통적인 영역에서조차 레오폴트 폰 랑케를 똑같이 따라 하기는 어렵다. 사회적, 문화적 또는 집단 심리와 관련된 다른 사슬이 존재할 수 있음에도, 이 두 가지 사슬이 전혀 별개의 것이라고 생각하거나, 하나의 사슬로 다른 사슬을 설명하려는 초보적인 함정에 빠지는 것을 경계할 필요가 있다.

그럼에도 불구하고 경제적인 사건과 정치적인 사건은 다른 사회적인 현실들에 비해서 짧은 시간, 그것도 매우 짧은 시간대에 따라 쉽게 분류된다. 이는 이미 경제와 정치를 초월하는 전체적인 질서를 묘사하고, 그에 포함된 사건을 뛰어넘어 구조와 유형을 파악하는 방식이다……. 이 책의 초판이 출간되자 앙드레 피가뇰이 내게 편지를 보냈다. 순서를 뒤바꿀 수도 있지 않았냐고. 그러니까 사건에서 출발하여 화려하고 기만적인 껍데기를 벗겨낸 다음 구조와 지속적인 것을 향해 나아갈 수도 있지 않았냐고 말이다. 물론 모래시계는 뒤집을 수 있다. 그러니 장황한 설명 대신 뒤집힌 모래시계의 이미지를 상상하시라.

ARIADENO BARBAROSSA

사진 32 바르바로사
카프리올로, 『100인의 지명한 선장의 초상(*Ritratti di cento capitani illustri*)』, 로마, 1596년, f° 113 v°에 의함.

사진 33 카를 5세
아라스 문집에 의함(촬영 Giraudon, 파리).

제1장

1550-1559년 : 세계전쟁의 재개와 종결

1550년부터 1559년까지 침울한 분위기가 이어진다. 5-6년 전에 중단되었던 전쟁이 재개된 것이다. 지중해 전역에서 전쟁이 벌어진 것은 아니지만, 어쨌든 수차례의 격렬한 전쟁을 견뎌야 했다. 그러나 이 전쟁은 시대의 흐름을 거스르는 내키지 않는 전쟁이다. 유럽에게 독일, 이탈리아, 네덜란드는 매력적인 지역이다. 투르크는 페르시아 문제를 두고 고심한다. 결국 이 시기 내내 지중해의 역사는 자율적이지 않다. 지중해의 운명은 인근 지역 또는 먼 지역의 운명과 연결된다. 이 연결 고리는 매우 중요해 보인다. 고난의 1558-1559년에 이르러, 위기감이 고조되고 연결 고리가 끊어지면서 지중해는 이제 자신의 전쟁을 치르며 홀로 분투하게 될 것이다.

1. 전쟁의 시작

1545-1550년 : 지중해의 평화

1550년 바다는 수년 동안 지속된 평화를 만끽하고 있었다. 전쟁은 차례로 중단되었다. 1544년 9월 18일,[1] 카를 5세와 프랑수아 1세는 크레피-앙-라누아 화약을 체결했다. 날림으로 체결된 화약인 데다가 진정성도 없었기 때문에, 왕조 간의 결합은 조만간 깨어질 수밖에 없을 것이다. 그럼에도 이 화약은 상당 기간 평화를 지속시켰다. 그로부터 1년 후, 1545년 11월 10일 비교적 원활히 진행된 협상을 통해서 페르디난트는 오스만 투르크와 화약을 체결했다.[2] 술탄은 상대에게 굴욕감을 주고자 했다. 화약은 오스만 투르크에 대한 조공 조항을 포함하고 있었다. 그러나 이 화약은 그 어떤 조약보다 지중해 서부와 동부 전역에서 전쟁을 배제하는 데에 기여했다. 1545년 프랑스는 25척의 갤리 선을 지중해에서 철수시킬 수 있었다. 이 배들은 폴랭 드 라 가르드의 지휘 하에 북해로 방향을 돌렸고 지브롤터 해협을 통과하여 와이트 섬[영불해협에 위치] 공략에 가담했다.[3] 그러나 이 전쟁도 곧 끝이 났다. 1546년 6월 프랑스와 영국은 아르드르 화약을 체결했다.[4]

전쟁이 소강상태로 돌아선 것은 재정적인 이유 때문이었다. 몇 가지 우발적인 사건도 크게 작용했다. 16세기 전반에 활약했던 큰 싸움꾼들이 차례로 사라졌다. 루터는 1546년 2월 18일 사망했다. 같은 해 7월 바르바로사가 낭만적 삶을 마쳤다. 과거 알제의 "왕"이었던 바르바로사는 1533년 이후 죽는 날까지 술탄의 전 함대를 지휘한 제독이었다.[5] 1547년 2월 27일 밤부터 28일 사이 잉글랜드의 헨리 8세가,[6] 3월 31일에는 프랑수아 1세가 차례로 사망했다.[7] 새로운 인물들이 등장했고, 이는 새로운 정치와 사상을 의미했다. 평화는 이러한 휴식기에 찾아왔다.

소강상태 이후 지중해에는 전례 없는 심각한 재앙이 이어졌다. 해적의 일상적인 약탈행위와 대륙에서 진행된 전쟁에도 불구하고, 지중해는 오래 전부터 안정을 유지하고 있었다. 적어도 12세기 이래 지중해는 기독교 세계의 호수였다. 기독교 세계는 아프리카 북부의 상인과 병사들, 레반트의 도서지역을 거점삼아 내륙으로 후퇴한 채 침체에 빠진 이슬람 세력에 대항했고, 강력한 함대를 동원하여 거의 모든 지역의 질서를 확립하고 교역과 문명을 보호했다. 그러나 이 질서는 곧 붕괴되었다. 장벽이 사라지면서(레반트에서는 1522년 로도스 섬이 함락되었고, 소아시아에서는 1529년 알제가 완전히 해방되었다), 투르크 함대의 해상 활동이 개시되었다. 이때까지 지중해는 1480년의 오트란토 약탈과 같은 일련의 모험극을 제외하면 전혀 위험하지 않았다. 그러나 1534-1540년과 1545년의 극적인 전쟁이 상황을 반전시켰다. 투르크는 바르바로사라는 탁월한 인물이 지휘하는 바르바리 해적과 손잡고 지중해 거의 전역을 지배하기에 이르렀다.

이는 중대한 사건이었다. 제국의 대(對) 프랑스 전쟁 또는 대 독일 전쟁에 대한 명성 때문에 이 전쟁은 카를 5세의 역사에서 부차적인 것으로 취급된다. 이는 잘못된 생각이다. 바르바로사의 대규모 해상 진출, 프랑수아 1세와 술레이만의 화해(1535), 그리고 1차 동맹 기간(1538-1540)에 형성된 베네치아와 카를 5세의 필연적인 연합은 지중해 전체의 명운을 결정한 사건들이다. 기독교 세계의 패배는 뻔해 보였다. 내부 분열, 산 마르코 공화국[베네치아]의 숙적으로서 책략에 능한 도리아 대공, 베네치아와의 동맹에 충실할 수도, 아니 그럴 마음도 없었던 카를 5세, 이 모든 것이 패배의 원인이었다. 최소한의 노력으로 문제를 해결할 수 있다고 믿은 합스부르크 왕가는 외교적인 방법으로 바르바로사를 굴복시키려고 했다. 바르바로사는 끝나지 않을 흥정에 나섰다. 합당한 보상을 받으면 바르바로사가 변절할 것인가? 변절한다면 그 대가는? 그가 요구한 아프리카 해안 전역을 내줄 것인가? 합스부르크가 제안한 땅과 트리폴리 그리고 본으로 만족할 것인가?[8] 결국 이 밀실 흥정은 수포로 돌아갔다. 1538년 9월 27일,[9] 도리아의 함대는 바르바로사의 갤리 선과 푸스타 선[fusta, 돛과 노를 갖춘 긴 배]과 싸워보지도 않은 채 프레베자 전장에서 물러나고 말았다.

1538년 기독교 세계의 패배는 1571년 투르크의 재난[레판토 해전]과는 성격이 전혀 다르다고들 이야기한다. 그것은 일종의 퇴각 내지 권위의 상실이었다는 것이다. 사실 그러했다. 전쟁의 결과는 3분의 1세기 넘게 지속되었다. 1540년 베네치아는 동맹에서 탈퇴했고 프랑스가 외교적으로 제안한 단독 강화를 위해서 값비싼 대가를 치렀다. 그러나 베네치아 함대 없이 서유럽 연합이 투르크 함대에 대적하는 것은 불가능했다. 게다가 투르크 함대는 곧 프랑스 갤리 선의 지원을 받았고 언제든지 카탈루냐 연안이나 발레아레스 제도를 약탈할 태세였다. 지중해 기독교 세계의 집단적 방어는 이렇듯이 심각한 난국에 봉착했고, 투르크의 공세는 몰타 섬과 시칠리아 관문을 넘어 그 배후 지역까지 위협할 것이었다. 바다에서 기독교 세계는 효율적이지 못했고, 수세에 몰린 채 엄청난 비용만 낭비하고 있었다. 겨울이 다가오면서 기독교 세계는 더 이상 적 함대의 배후에서 사략선을 습격하거나 긴급한 작전을 수행할 수 없게 되었다. 마지막 대규모 작전은 카를 5세의 알제 원정이었다. 하지만 이 작전은 1541년 도시와 그 "성스러운" 수호자들을 앞에 두고 실패했다. 니스를 점령한 투르크 함대가 1543년부터 1544년까지 툴롱 항에서 겨울을 나자 상황의 심각성이 명백해졌다.[10] 사람들은 프랑스 국왕의 처사에 분개했다. 절망이 감돌았다.

이렇게 무슬림은 수세기 만에 지중해의 풍요한 해안 지역을 다시 장악했다. 지브롤터 해협까지, 심지어 해협을 넘어 아메리카의 값비싼 화물이 있는 세비야 부근에 이르기까지 지중해를 항해하는 배들은 무슬림의 출몰을 염려해야 했다. 아니면 무슬림과 동맹을 맺은 마르세유인들이나 그들의 신하가 된 달마티아인, 모든 것을 체념한 채 중립을 지킨 베네치아 상인들처럼 그들의 환심을 사야 했다. 바다의 모험가들, 더 강한 자를 따를 준비가 되어 있는 수많은 배교자들이 무슬림에 의탁했다. 그들은 가장 빠른 배와 많은 숙련된 갤리 선 선원을 가지고 있었다. 그리고 그들에게는 지중해의 새로운 도시들 중에서 가장 강력한 도시이자 바르바리 해적의 본거지인 알제가 있었다.

이 승리는 과연 콘스탄티노플의 의도적이며 신중한 계획의 결과일까?[11] 1545년 투르크의 정치 상황을 보건대, 오히려 반대일 가능성이 더 높다. 신성 로마 제국 황제와의 휴전은 엄밀히 말해서 크레피 화약에 의거한 것이다. 프랑스가 교란 작전을 벌이지 않는다면, 황제의 군사력에 맞대결하는 것은 쉽지 않은 일이었다. 결국 임시적인 조치일지라도 술레이만은 아직 미정복 상태로 남아 있던 헝가리의 일부를 양보해야 했다. 그러나 더 놀라운 것은 투르크가 바다에서도 자신의 우위를 제대로 활용하지 못했다는 점이다. 1560년까지는 어떤 큰 충돌도 일어나지 않았다. 얼마 전 바르바로사가 사망했기 때문인가? 아니면 페르시아를 상대로 벌이고 있던 힘겨운 싸움 때문인가? 다시 말해서 콘스탄티노플로부터 수천 킬로미터나 떨어진 인적이 드문 산악지대를 무대로, 그것도 겨울마다 중단되는 보급 때문에 거대한 규모의 대상(隊商)이 필요했던 곳에서 벌어진 전쟁 때문에? 1545년 술레이만의 아들 무스타파가 일으킨 반란과 권력 투쟁은[12] 페르시아 전쟁으로 어지러운 상황을 한층 더 복잡하게 만들었다. 여기에 덧붙여 홍해와 인도양에서 벌어진 포르투갈과의 대결(디우에 대한 제2차 포위공격은 1546년에 시작되었다[13])과 같은 요인들로 인해서 투르크라는 강력한 군사조직은 지중해에서 멀어지게 되었다.

남의 불행은 곧 나의 행복이다. 지중해 도시들은 숨 돌릴 여유를 찾을 수 있었다. 시칠리아처럼 용의주도한 도시들은 휴식 기간 동안 방어시설을 강화했다.[14] 바다에서는 항해가 재개되었다. 심지어 1535년 무렵 지중해에서 거의 자취를 감추었던 북유럽 선박들도 일부 항해를 재개했다.[15] 이들은 잉글랜드에서 돌아오는 베네치아나 피렌체 범선 행렬에 합류했다. 베네치아와 피렌체의 범선들은 필요하다면 모로코 해안의 항구까지 진출하는 것도 서슴지 않았다. 평화가 찾아온 것일까? 지중해 양안의 두 종교 세계는 복잡한 유대관계를 회복하기 시작한 것일까?

아프리카 문제

그러나 지중해의 평화란 필연적으로 해적 행위의 재개를 의미한다. 물론 수치를 근거로 측정하기는 힘들다. 그러나 일련의 문서들에 등장하는 수치를 비교해보면, 처벌에 관한 기록이 거의 나타나지 않음을 분명히 알 수 있다. 당시 상황이라면 지중해 중심지역에서 소규모 전쟁이 무수히 반복되더라도 이상하지 않았다. 1570년에 출간된 페드로 드 살라자르의 책[16]은 일부 해적들의 여름 행각을 보여준다. 제르바 남부와 튀니지의 사헬에 근거지를 둔 드라구트 휘하 함대에 속한 투르크의 푸스타 선 2척과 1척의 브리간틴 선의 이야기이다. 1550년 6월, 사략선에게는 한창 좋은 계절이다. 3척의 배는 나폴리 만 입구 이스키아 인근에 정박한 채, 시칠리아로 향하기 시작한 돈 가르시아 데 톨레도가 지휘하는 에스파냐 선단의 배후를 감시한다. 그리고 큰 수고를 들이지 않고 보급선 한 척을 나포한다(갤리 선들은 언제나 방어가 쉽지 않은 라운드쉽의 보급 부대와 함께 움직였다). 이어서 기독교도의 프리깃 함 차례이다. 여전히 나폴리 근해, 벤토테네 섬과 폰차섬 사이에서 투르크 선박은 로마행 순례자들이 탑승한 작은 배를 공격한다. 이후 브리간틴은 다른 2척의 선박들로부터 떨어져서 제르바로 회항한다. 나머지 작은 푸스타 선 2척은 계속해서 북상하여 테베레 강 하구에 모습을 드러낸 후, 엘바 섬으로 향한다. 그러나 상태가 좋지 않은 1척이 본[오늘날의 안나바, 알제리 동북부 항구]으로 회항했다가, 다시 전리품을 매각하기 위해서 알제로 이동한다. 나머지 1척은 항해를 계속한다. 그리고 피옴비노 앞 먼 바다에서 드라구트 함대 소속 갤리오트 선 4척과 함께 머물다가 이내 에스파냐로 뱃머리를 돌려 코르시카 연안에 도달한다. 그곳에서는 별다른 소득을 얻지 못한 채 회항을 결정하고 사르데냐 연안을 돌아 [튀니지 북부의] 비제르트 항구를 거쳐 다시 본으로 향한다. 그리고 8월에 알제에 도착한다.…… 이 항해 이야기를 열 배 스무 배로 확대해보자. 그리고 역시 나름대로 분주했던 기독교도 해적들의 모습을 상상해보자.[17] 1550년대 지중해의 해상 활동에서 해적 행위가 차지한 비중을 짐작할 수 있을 것이다.

물론 거대한 함대의 위협에 비할 바는 아니었다. 해적들은 적은 재물에 만족했고 도시나 요새, 함대와는 적절한 거리를 유지했다. 즉 해적질은 근해에서는 한번도 발생한 적이 없었다. 반대로 다른 곳, 예를 들면 시칠리아와 나폴리 연안은 해적들이 "가장 좋아하는" 먹잇감이었다. 노예로 삼기 위한, 말 그대로 인간 사냥이 자행되었다. 아프리카 해적들에게는 시칠리아 남부 연안의 출하 항구를 떠난 밀 운반 선박도 노에 못지않게 중요했다. 출하 항구 자체도 공격 대상이 되었다.

시칠리아산 밀을 노리는 해적들 중에서 드라구트는 가장 위험한 인물이었다. 그리스 출신인 그는 오십대였고, 오랜 모험 생활로 잔뼈가 굵었다. 그는 4년간 제노바 갤리 선에서 포로로 있었는데, 바르바로사가 그의 몸값을 협상하던 1544년 초까지 그 배에서 노를 저었다.[18] 1550년 그는 제르바 섬에 정착했다.[19] 그가 항해를 마치고 돌아온 곳도, 레이스[re'is : 투르크의 해군 사령관]의 보호를 받으며 겨울을 난 곳도, 선원을 충원한 곳도 제르바 섬이다. 그러나 섬사람들은 그의 존재를 용인했을 뿐이다. 그는 내부 분쟁을 틈타 1550년 튀니지의 사헬에 있는 아프리카의 작은 마을을 탈취했다. 스팍스 북쪽, 카이로우안과 거의 비슷한 위도에 위치한 좁고 노출된 곳, 나무도 포도나무도 자라지 않는 이곳 아프리카는 과거 파티마 왕조 시절에 번영을 구가했었다. 크게 쇠퇴하여 이제는 도시라기보다는 마을에 가까웠지만, 그럼에도 드라구트에게 이곳은 바다의 피난소이자 붕괴 상태였지만 성채를 갖춘 항구, 시칠리아로 향하는 노정에 위치한 유용한 기항지였다. 이제 그에게 집이 생긴 것이다.

이와 같은 소유주의 변화는 즉시 시칠리아 해협 반대편의 행정당국을 경악하게 했다. 제노바의 특급 전령을 통해서 이 소식을 듣게 된 나폴리 부왕(副王)은 곧바로 "아마도 알제에서 가장 중요한 장소"[20]인 이 작은 항구를 점령하자는 의견을 전달했다. 호들갑을 떤다고 속단하지 말자. 드라구트의 전진이 야기한 것은 단지 서부 지중해의 식량 보급 요충지인 시칠리아 연안의 안전 문제만이 아니었다. 쇠퇴하고 있던 하프시드 왕국 튀니지의 안전이 달린 문제였다. 튀니스의 지배자들은 왕국의 관리에 소홀했으나, 에스파냐는 이들을 용인했다. 에스파냐는 라 굴레트의 요새를 통해서 이들을 보호할 수 있었고, 필요하면 압박을 가할 수도 있었기 때문이다. 그런데 여전히 부유하고 그래서 여전히 시칠리아인이 눈독을 들이고 있던 튀니지—또다른 이름으로는 이프리키야라고 불렀다—가 투르크와 긴밀하고 강력한 동맹을 맺을 수도 있는 상황이 벌어졌다. 1535년 카를 5세는 지난해부터 이곳에 주둔하고 있던 바르바로사를 축출하기 위해서 몸소 출전하고자 했다.[21] 투르크가 직접 지원을 할 수도 있는 마당에, 드라구트가 이웃집을 차지하는 사태를 그냥 두고 볼 것인가? 알제의 급속한 팽창을 상기하자. 투르크에게 아프리카 사건은 단지 시작에 불과할 수도 있었다.

4월 12일(카를 5세는 분명히 곧장 소식을 접했다), 브뤼셀에 있던 그는 술탄에게 편지를 보내서 드라구트의 책략에 대한 불만을 토로했다. 오스만 투르크 제국의 레이스가 휴전 협정을 파기했다는 것이다. 때마침 콘스탄티노플로 향하고 있던 페르디난트의 대사 말베치는 황제의 지령을 받았다.[22]

한편, 4월부터 드라구트는 해적의 계절을 개시할 채비를 갖추기 시작했다. 500명의 투르크인 부대를 아프리카에 남겨둔 채, 4월 20일 그는 [튀니지 북부의] 가르 알 밀, 일명 포르토 파리나에 도착했다. 시칠리아발 보고서에 따르면, 35척의 함대가 배 밑바닥 청소를 끝내고 출항하기에 적합한 날씨를 기다리고 있었다.[23] 도리아 대공의 갤리 선단이 도착하기를 기다리던 나폴리는 곧 긴장 상태에 빠졌다. 도리아 대공의 함대는 5월 7일이 되어서야 도착할 것이다.[24] 이보다 열흘 정도 앞선 4월 29일, 드라구트가 메시나 부근에서 곡물 수송선을 노리고 있다는 긴급 첩보가 입수되었다.[25] 이후 그의 함대는 무리를 짓거나 산개하면서 기독교 세계 연안을 돌아다녔다. 이중 3척의 함선 이야기는 앞에서 설명한 대로이다. 해상 감시인은 더 이상 이들의 동태를 제때 보고하지 못했다. 5월 7일[26] 서쪽으로, 어쩌면 에스파냐 쪽으로 이동했다는 것 외에 나폴리는 해적선에 대한 어떤 정보도 얻지 못했다.

반격은 당연했다. 카를 5세의 "카푸단 파샤(Kapudan Pasha)"인 노년의 도리아 대공은 5월 7일 병력이 부족한(적어도 1,000명의 노꾼이 부족했다) 갤리 선단을 이끌고 나폴리에 도착했다. 그래도 치안을 유지하기에는 충분했다. 배에는 2,000명의 보병이 타고 있었다.[27] 11일 도리아가 나폴리를 떠났을 때,[28] 그의 의중은 드라구트가 없는 틈을 타서 아프리카를 장악하는 것이었다. 그러나 아프리카 북쪽의 작은 항구 모나스티르를 먼저 공격하기 시작하면서 예상했던 것 이상의 난관에 봉착했다. 그곳의 방어는 노련했고, 그 결과 에스파냐 보병 부대가 전멸했다.[29] 아프리카를 공격하기 전에 이미 대포와 소총 공격을 예상했었던 도리아 대공은 아프리카 공략을 지속하기 위해서 갤리 선 24척을 나폴리로 보내서 포위공격에 필요한 중화기와 1,000명의 에스파냐 지원군 수송을 명령했다. 또한 그는 원정군을 지휘할 장군을 보내달라고 요청했다. 7월 3일 노련한 군인인 시칠리아의 부왕 후안 데 라 베가가 사령관에 임명되었다.[30]

이 조치로 인해서 나폴리는 다시 활기를 찾았다. 6월 내내 나폴리는 전쟁 준비에 들떠 있었다. 프란체스코회 수도사들은 "개들도 놀라 자빠질 담대한 용기와 거대한 십자가를 들고서" 수송선에 합류했다. 이들은 모두 "싸우다가 죽을 것을 굳게 다짐하며" 출발했다.[31] 요즘 식으로 표현하면, 사기가 하늘을 찔렀다.

6월 28일, 포위공격이 시작되었다.[32] 포위는 거의 3개월이나 지속되었다. 그저 구경꾼에 불과했던 도리아 대공과 해군은 9월 10일에 이르러서야 에스파냐, 이탈리아, 몰타 기사단이 아프리카를 점령하는 것을 볼 수 있었다.[33] 임무는 간단하지 않았다. 그 사이 500명의 기병이 새로 보충되어야만 했다. 피렌체 공작의 피사 주재 감독관이 보낸 계산서는 원정군이 얼마나 포탄과 화약을 아껴야 했는지를 보여준다.[34]

결과적으로 하찮은 승리에 그쳤다. 드라구트는 물러났지만, 시칠리아인들은 남쪽의 유목민들과 몇 차례 음모를 꾸미면서 그저 수년 동안만 이 머나먼 곳을 유지했을 뿐이다. 음모를 꾸미는 것은 어렵지 않았지만, 그 결과는 보잘것없었다.[35] 몰타 기사단은 방어를 책임지려고 하지 않았고, 원인을 알 수 없는 수비대의 폭동 이후 이 작은 요새는 파괴되고 성벽이 폭파되었다.[36] 1554년 6월 4일[37] 점령군은 시칠리아로 퇴각해서 시에나 전쟁에 동원되었다. 이처럼 모든 것이 연결되어 있었다.[38]

1550년 아우크스부르크에서 다른 문제로 고심하던 신성 로마 제국 황제가 사태를 알게 되었다. 그에게는 가족 문제나 독일의 정치적, 종교적 상황만큼 중요하지 않았을 수도 있다. 그러나 10월 31일 그는 다시 한번 술탄에게 장문의 편지를 보내면서 평화협정에 반하는 드라구트의 책략에 항의하고,[39] 왜 자신이 개입할 수밖에 없는지를 설명했다. 결국 일종의 사과문이었던 셈이다. 1550년만큼 황제가 오스만 투르크와의 평화를 간절히 원했던 적은 없었다. 평화 없이는 독일과 유럽에 자신의 의지를 관철시킬 수 없었기 때문이다. 당시 관행대로라면 사략선 한 척, 범법자 한 명 정도를 처리하는 일은 술탄의 소관이 아니었다. 평화협정은 그날그날의 상황에 따라 조정되어야 했고, 실제로 그렇게 조정되었다. 한마디로 카를 5세는 아프리카 사태의 중요성을 간과했다. 계산착오였다. 이듬해 오스만 투르크는 강력한 반격을 개시했다. 여기에는 다른 이유들, 아프리카 사태보다 훨씬 더 심각한 원인이 작용했다. 아프리카는 그저 핑계였을 뿐이다.

뮐베르크 전투 직후와 그 이후

상황을 이해하기 위해서는 시간을 거슬러올라 외견상 평화로웠던 1544, 1545, 1546년 그리고 1547년 4월 20일의 뮐베르크 대전투를 되돌아볼 필요가 있다. 뮐베르크 전투는 독일과 유럽의 운명을 일순간에 고착시켰고(그토록 유동적인 운명을 고착시킨다는 것이 가능하다면), 결과적으로 지중해의 운명에도 영향을 미쳤다. 황제에게는 파비아의 승리보다 훨씬 더 중요한 승리였다. 지금까지 독일인들은 단 한번도 카를 5세를 진정으로 지지한 적이 없었다. 그러나 이제 독일은 비로소 황제의 것이 되었다. 이 승리는 기적에 가까웠다. 마치 오랜 숙원의 실현을 도와주기라도 하듯이 주변의 모든 문제가 해결되었다. 1544년 9월 18일 프랑스와의 전쟁이 종결되었다. 1545

년 12월,[40] 다시 한번 트렌토에서 공의회가 소집되었고, 교회는 중요한 전기를 맞이했다. 11월 오스만 투르크와의 평화협정이 체결되었다. 1545년 6월,[41] 마침내 교황은 황제와 동맹을 체결했다. 이는 독일의 신교도에 맞서 이미 수년 전부터 사실상 존재했던 동맹관계를 확인한 중요한 사건이었지만, 로마는 여전히 강력한 슈말칼덴 동맹에 대한 카를 5세의 지연 전략을 경계하고 있었다. 황제 역시 자신에게 적대감과 우호적 태도를 번갈아 보여주었던 로마라는 특이한 세력에 대해서 신중한 태도를 취할 수밖에 없었다. 이번에는 1545년 3월 보름스 회의에서 파르네세 추기경이 주도한 협상을 통해서 모든 것이 분명해졌다.[42] 그런데 로마의 지지란 에스파냐 교회 수입의 절반, 로마에서 말하던 메치 푸루티(mezzi frutti)를 제외하고도 30만 두카트 이상의 현금과 군대를 의미하는 것이었다. 이는 재정적인 승리이기도 했다…….[43]

그러나 황제가 곧바로 공격 개시를 결정한 것은 아니었다. 대법원의 업무가 과다하기도 한 데다가, 군대의 무장은 통상 시간이 오래 걸리는 사안이었다. 1545년 9월 로마에서 황제의 대사 후안 데 라 베가는 호기가 그냥 흘러가는 것을 초조하게 지켜보아야 했다.[44] 프랑스가 암묵적 동의 내지는 중립을 지키고 또한 오스만 투르크가 중립까지는 아니더라도 아무런 행동도 취하지 않는 당시의 상황이야말로 절호의 기회였기 때문이다. 9월 후안 데 라 베가는 그의 비서 페드로 데 마르키나에게 황제에게 보내는 장문의 보고서를 급송할 것을 지시했다. 승리할 경우 카를 5세는 선출제를 버리고 제국을 세습국가로 바꿀지도 모른다는, 그야말로 꿈과 환상으로 가득한 보고서를 말이다. 그는 향후 교황, 황제, 프랑스 왕이 동맹을 체결하여 잉글랜드 정복과 오스만 투르크가 점령한 헝가리의 수복을 도모할 수 있으리라고 떠들었다. 프랑스는 밀라노 대신 불로뉴를 다시 차지할 것이며, 오를레앙 공은 페르디난트의 딸과 혼인하여 헝가리로 복귀할 것이라는 희망도 잊지 않는다. 이는 황제와 교황청에 꿈과 희망으로 가득한 흥분을 불러일으키려는 기상천외한 발상이었다. 내부적으로 갈기갈기 찢어진 16세기 유럽 세계의 사람들 일부는 여전히 하나가 된 세계의 복구와 십자군의 재개를 꿈꾸고 있었다. 카를 5세라는 인물을 이해하기 위해서는 이러한 분위기를 필히 고려할 필요가 있다.

그러나 지중해 세계를 연구하는 중에 또 하나의 세계인 독일에 관심을 기울이는 것은 우리의 의도가 아니다. 설령 16세기 중반의 독일이 제아무리 중요하더라도 말이다. 우리의 목표는 지중해에 평화가 찾아오면서, 국내외 상황에 의해서 오랜 기간 준비되었던 전쟁이 어떻게 독일에서 발발하게 되었는지를 보여주려는 것이다. 어떻게 이 전쟁은 황제에게 승리를 안겨주었는가? 또 이 승리는 어떻게 적들을 결집시켰는가? 이 연합은 황제와 충돌하여 다시 한번 유럽의 균형을 뒤흔들게 될 것이다. 우리의 관심사는 독일에서 일어난 전쟁이 점차 이웃 유럽 국가로 그리고 지중해로 조금씩 확산되었다는 사실이다. 이는 1547년 4월 머나먼 뮐베르크에서 일어난 사건과 3년 후에 재개될 지중해 전쟁 사이에, 눈에 보이는데도 불구하고 한번도 들춰진 적이 없는 관계이다.

1547년 4월 24일, 엘베 강의 안개 속에서 얻은 이 승리로 황제는 무엇을 얻게 되었는가? 누구도 기대하지 않았던 승리였기 때문에, 승자 스스로도 놀랄 만큼 빠른 속도로 황제는 승리의 영예를 누리게 되었다. 전쟁 수행이 훌륭했기 때문이 아니었다. 기밀은 유지되지도 않았고, 군대의 집결 속도는 느렸으며, 호송부대도 없이 이동시킨 중화기는 거의 탈취당할 뻔했다.[45] 그러나 신교파 또한 분열된 상태였다. 마지막 순간 작센 공작 모리츠의 배신에 크게 당황한 신교파는 속수무책으로 지휘관과 수만의 병사들을 적의 수중에 버려두게 되었다. 이들의 후퇴는 패주로 끝났다.[46] 그 결과, 카를 5세는 "지난 15년 동안 최대 고민거리"였던, 즉 로마와 황제에게 반기를 든 독일 신교도 제후들의 조직인 슈말칼덴 동맹의 문제에서 벗어날 수 있었다.[47]

카를 5세는 정복한 독일을 정치적으로, 종교적으로 재조직하고자 했다.

이는 아우크스부르크 잠정조약(Interim d'Augsbourg, 1548)의 핵심이었다. 동시에 제국의 계승 문제도 못지않게 중요했다. 우리에게는 후자가 전자보다 더 중요하다. 실제로 황제는 아들인 에스파냐의 펠리페에게 독일에서의 권위를 보장해주고자 했다. 그럼으로써 독일의 유산과 부르고뉴와 에스파냐의 유산을 연결시키겠다는 것이다. 이는 독일의 여론과는 정반대되는 것이었다. 1546년 이후 신교도는 "그 어떤 국가도, 어떤 에스파냐인도 우리를 지배할 수 없다"고 선언했다.[48] 신교도가 아닌 다른 독일인들의 생각도 다르지 않았다. 1550년 9월 트리어 선제후는 공개적으로 "에스파냐가 전 독일을 지배하는 것을 원하지 않는다"라고 못 박았다.[49] 같은 해 11월 아우크스부르크의 추기경은 에스파냐의 오만함에 불쾌감을 드러내면서 독일은 오직 독일 출신의 제후를 지배자로 인정할 것이라고 단언했다.[50] 1551년 2월 베네치아인들은 "펠리페를 선출하느니 차라리 투르크와 화해하는 편이 더 낫다고 선언한 제후들이 많다"고 이야기한다.[51]

이런 생각을 무시하는 것은 어리석은 짓이었다. 뮐베르크 이후 승자는 무엇이든지 다 할 수 있지 않겠는가? 일부 자유도시들이 저항하고 있었지만, 얼마나 오래 지속될 수 있었을까? 외부의 지원은 전혀 기대할 수 없었다. 오스만 투르크는 황제군과의 평화협정을 5년 연장하는 데에 합의했다 (1547년 6월 19일[52]). 프랑스가 몇 차례 개입 의사를 보이기는 했지만, 프랑수아 1세는 뮐베르크 전투 전에 사망했고 새 국왕은 적어도 계획상으로는 이미 북부 문제에 몰두해 있었다. 1548년 영국과 프랑스는 불로뉴 쟁탈전을 재개했다.[53] 로마에서 황제는 대단히 곤란한 문제에 직면했고, 이는 교황의 입장을 잘 보여준다. 그러나 극복하지 못할 문제는 아니었다. 게다가 1549년 11월 10일 교황 파울루스 3세가 사망했다.[54] 결국 합스부르크 왕가는 독일에서 행동의 자유를 확보했다. 특히 싸움을 위해서 말이다.

합스부르크 왕가는 오랫동안 황제에게 전적으로 충성했다. 이들의 지지가 없었다면, 카를 5세의 제국은 상상할 수 없었을 것이다. 그러나 가족이 대개 그러하듯이 유산 문제가 발생하자 충성은 사라졌다. 제위 계승 문제는 뮐베르크 이전인 1546년, 어쩌면 그 이전부터 이미 제기되었을 것이다. 여전히 병사들로 가득 찬 아우크스부르크에서 제국의회가 소집되자 1547년 계승 문제가 다시 불거져 나왔다. 자신의 죽음을 예상하고 있었던 황제 스스로 계승 문제에 매달렸다. 그가 작성한 여러 유언장은 죽음에 대한 그의 사색을 보여준다.

게다가 그는 47세에 이미 노인이 되어 있었다. 고된 병영생활로 인해서 이 시대의 병사들은 50세가 되면 모두 쇠약해졌다. 안 드 몽모랑시(1493-1567)의 장수는 당대인들을 놀라게 했음에 틀림없다. 카를 5세와 비슷한 연배인 헨리 8세와 프랑수아 1세는 뮐베르크 사태가 있던 해[1547]에 사망했다. 헨리 8세는 56세, 프랑수아 1세는 53세였다. 게다가 대사들의 전언에 따르면 황제는 끔찍한 통풍에 시달리면서 죽어가고 있었다. "한쪽 손은 마비되고 한쪽 다리는 안으로 휜 채, 며칠 동안 누구도 만나지 않고 우울하게 큰 시계와 괘종시계의 조립과 분해를 반복하고 있는"[55] 노인의 죽음을 모두가 기다리고 있었다.

그러나 이 인간은 여전히 아들 펠리페에게 자신의 모든 유산을 물려주려는 열정에 사로잡혀 있었다. 이는 그의 정치적 꿈이자 아버지로서의 애정이었다. 왜냐하면 그는 꼼꼼하고 사려 깊으며 공손한 자신의 아들, 어떤 방식으로라도 가르치고 싶었던 이 제자를 사랑했기 때문이다. 독일과 유럽의 주인인 카를 5세는 아들을 즉시 곁으로 불러들이려고 했다. 1542년 이후 에스파냐를 통치하던 펠리페는 1548년 10월 2일 자신의 직무를 사촌 페르디난트의 아들인 막시밀리안에게 넘기고 바야돌리드를 떠난다. 21세인 그의 첫 번째 유럽 여행이었다. 성실하며 생기 넘치는 연대기 작가[56]는 그의 호사스러운 여행을 기록했다. 에스파냐의 귀족 부자(父子)들이 펠리페를 동행한다.[57] 카탈루냐의 작은 항구 로사스에서 제노바로 이동하는 데에는 노련한 도리아의 함대 전체가 동원된다. 눈부신 황금빛 뱃머리에 채색을 한 노를 장착한 갤리 선 위로 음악이 울려퍼진다. 1549년 4월 1일 후계자는 브뤼셀에 도착하여 아버지를 만나고, 육지에서는 개선행진과 축제, 연설과 축하연이 이어진다. 카를은 이날 아들을 네덜란드의 후계자로 선포한다. 이는 이례적인 절차였는데, 네덜란드는 공식적으로는 여전히 신성 로마 제국의 지배하에 있었기 때문이다. 그럼에도 불구하고 젊은 왕자는 플랑드르 백작이자 브라반트 공작의 자격으로 즉위식을 치른다. 그는 1549년 봄부터 가을까지 북부와 남부의 도시들을 차례로 방문하고 공식 축하연에 모습을 드러낸다. 이후 독일 여행 기간 동안 유례없이 격렬한 상속 분쟁이 일어났다.

아우크스부르크에서 제국의회가 소집된 가운데 합스부르크 왕가는 1550년 8월부터 진정한 가족회의를 가졌다. 웃음과 공식적인 인사가 오가는 가운데 토론이 이어졌다. 논의는 6개월 이상 지속되었고, 카를 5세는 그의 동생, 아니 동생의 집안 "페르디난트 파"의 야심에 부딪혔다. 이중 가장 집요한 인물은 당시 보헤미아의 국왕이면서 황제의 조카이자 사위인, 페르디난트의 장남 막시밀리안이었다. 사실 페르디난트 파의 세력을 키운 것은 카를 자신이다. 1516년 에스파냐 왕위 계승 시기에 페르디난트는 논쟁의 여지가 있었음에도 불구하고 장남 카를의 우위를 인정하고 물러났다. 곧이어 보상이 뒤따랐다. 그는 1522년 협약을 통해서 오스트리아 세습영지를 온전히 물려받았다. 9년 후인 1531년 1월 페르디난트는 "로마인의 왕"으로 추대되었고, 로마인의 왕 자격으로 형이 부재한 긴 기간 동안 독일을 통치했다. 왕자의 영지는 1526년 중부 유럽의 요새인 보헤미아와 헝가리 중 적어도 이슬람 세력이 내버려둔 지역을 병합하면서 저절로 증식될 수 있었다. 1550년의 상황은 우호적이었다. 독일은 복종과 가톨릭 법을 모두 구현한 에스파냐의 질서를 원하지 않았으므로, 빈의 대공에게 눈길을 돌렸다. 독일이 페르디난트의 후계자로 원한 것은 펠리페가 아니라 막시밀리안이었다.

그러나 카를에게는 동맹군이 있었다. 바로 여동생인 헝가리의 마리아였다. 그녀는 가족에게 헌신적이었고 1531년 이후 네덜란드를 다스리고 있었다. 계승 계획은 어쩌면 그녀의 머리에서 나온 것인지도 모른다.[58] 어쨌든 페르디난트를 설득하려고 한 것은 그녀였다. 페르디난트는 카를에게 진 빚만큼이나 그녀에게도 빚이 있지 않았을까? 1526년 남편인 헝가리 국왕 러요시가 모하치 전투에서 사망한 이후, 그녀는 망자의 유산을 탐내던 페르디난트를 도와주었다. 9월 이후 그녀는 아우크스부르크를 방문하여 저항하는 페르디난트를 질책하며 인내심을 가지고 끝까지 설득했다. 화해와 안정을 이룬 후에 그녀는 네덜란드로 귀환했다. 사람들이 잠자코 있었다면, 이는 막시밀리안을 기다리고 있었기 때문일 것이다. 그가 도착하자 논쟁이 재개되었고 상황은 즉시 악화되었다. 디종의 카르투지오회 수도원을 세운 부르고뉴 조상들을 기리기 위해서 프랑스어로 진행된 기이한 비밀회의에서 합스부르크 왕가는 마치 공증인 앞에서 흥분한 상속인들처럼 독일과 유럽에 대해서 격론을 벌였다.

막시밀리안이 등장하면서 논조가 바뀌기 시작한다. 그의 무분별한 행동으로 이제까지 밀실 안에서 이루어지던 토론이 공공장소에서 메아리치게 되었다. 외교관들의 일지는 자극적인 내용들로 가득하다. 카를 5세는 분노에 떨며 절망했다. 1550년 12월 그는 여동생에게 편지를 쓴다. "정말이지 더 이상 견딜 수가 없구나. 힘에 부친다."[59] 동생 막시밀리안의 태도는 충격적이었다. 카를 5세는 "프랑스 국왕의 죽음"이나 몽모랑시 원수가 이제껏 보여준 "용맹함" 앞에서도 이만큼 놀라지는 않았다. 1월이 되어 마리아가 돌아왔다. 타협을 위한 모든 노력은 수포로 돌아갔다. 그러자 카를 5세는 1551년 3월 9일 구술된 문서를 통해서 자신의 뜻을 관철시키기로 결정한다.[60] 황제는 비밀리에 아라스 주교를 거처로 불러 문서를 작성시켰다. 펠리페가 황제로 내정되었다. 우선은 숙부 페르디난트가 황위를 계승하고 펠리페는 로마인의 왕이라는 호칭을 물려받게 될 것이며, 페르디난트가 사망할 경우 펠리페는 황위에, 막시밀리안은 로마인의 왕위에 오르게 될 것이었다. 추가적으로 펠리페는 얼마 후 부황제의 자격으로 황제가 이탈리아에서

행사하던 봉건적 권리의 계승을 약속받았다.[61]

그러나 이 합의는 사문서가 되었다.[62] 질책과 협박에 시달리던 페르디난트 파는 때를 기다릴 줄 알았다. 막시밀리안은 프랑스의 왕과 결탁할 수도, 루터 파의 후원자 작센 공 모리츠의 친구가 될 수도 있었다. 설득력이 떨어지기는 하지만 루트비히 판들에 따르면, 카를 5세가 고집을 부린 이유는 여기에 있었다.[63] 막시밀리안은 전혀 신뢰할 만한 인물이 아니었고, 거의 이단에 가까웠다. 카를은 그러한 인물에게 제국을 물려줄 생각이 전혀 없었다. 하지만 황제가 찾은 해결책은 전혀 실현가능한 것이 아니었다. 아우크스부르크 회담이 끝나자마자, 황제를 비방하는 팸플릿과 대자보가 등장했다. 젊은 펠리페의 실패를 비난하는 문건은 빈번히 있어왔다. 나이도 어린 데다가 부지런하고, 당시 표현대로 루터의 교리보다 음주에 더 열중하는 나라의 습속과 언어에 문외한이던 이 먼 나라 청년은 싸움에서 패하고 말았다.[64] 하지만 애당초 승산이 있는 게임이었을까? 아우크스부르크의 결정은 독일에서 그리고 유럽에서 이미 비난의 대상이 아니었던가?

먼저 독일의 상황을 살펴보자. 저 남쪽 이탈리아와 에스파냐에서 온 제멋대로인 외국 군대는 즉시 격렬한 저항을 불러일으켰고 민중의 증오는 점점 더 커져만 갔다. 이 군대로 어찌 독일을 장악할 수 있다는 말인가? 게다가 부대를 계속 유지할 수도 없는 노릇이었다. 군대는 엄청난 지출을 요구했다. 1551년 8월 군대는 독일을 떠났다.[65] 이는 뮐베르크 전투 이후 가장 심각한 전력 축소였다. 황제에게는 당장 동맹세력이 거의 없었다. 남부의 가톨릭 거점 도시들조차 그의 편에 서기를 주저했다. 그들은 자치권을, 그리고 특히 평화를 요구했다. 제후들에게 기대는 것은 불가능했다. 통치가 불가능할 정도로 분열된 독일을 유럽의 주변 국가들이 호시탐탐 노리고 있는 상황에서는 더더욱 그러했다. 심지어 유럽 역시 독일과 마찬가지로 황제의 승리를 바라지 않았다.

그리하여 독일과 그 주변 지역에서 전쟁의 위기가 서서히 고조되었다.

협정 체결과 군대 소집 그리고 보급 준비에는 시간이 필요했다. 외교관들은 여유있게 이 부담스러운 전쟁 준비 과정을 사전에 알릴 수 있었다.

가장 상세하게 사태를 기록한 인물은 프랑스 궁정에 파견된 황제의 대사 시몽 르나르이다. 프랑스는 공격 준비 과정에서 핵심적인 역할을 담당했다. 1550년 3월 24일의 조약 이후 잉글랜드와의 전쟁에서 벗어난 프랑스는 행동의 자유를 확보했지만,[66] 이미 그 이전부터 시몽 르나르는 프랑스의 외교적 행보를 우려하고 있었다. 그의 우려는 틀리지 않았다. 1550년 1월 17일 서한에서 드러나듯이,[67] 프랑스 국왕은 합의된 기간이 만료되기 전부터 투르크에게 조약의 파기를 설득하려고 하지 않았던가? 동시에 그는 브레멘에서 행동을 개시했다. 궁정에서는 에스파냐 망명자들에 대한 접견이 있었다. 심지어 프랑스가 푸엔테라비아[에스파냐 북단] 측면에서 공격을 개시할 것이라는 소문이 돌기 시작했다(1월 27일 르나르가 펠리페에게 보낸 편지[68]). 펠리페는 "프랑스의 농간"이라고 이야기했다.[69] 그러나 프랑스 측의 외교 문서는 이 소문이 사실임을 확인해준다. 오가는 소문의 중심에는 몽모랑시 원수의 인품과 책략, 곧 신중하면서도 거침없는 그의 언어가 있었다. 확실히 1540년에 이르러 "협력"의 여지는 더 이상 찾아볼 수 없었다.[70]

잉글랜드 전쟁의 난처한 상황에서 벗어나자, 프랑스의 반격은 한층 더 강력해졌고 유효했다. 시몽 르나르는 그 충격과 이에 대한 반응을 기록하고 있다. 4월 2일 프랑스는 투르크와 알제에 사절을 파견한다. 불로뉴 요새 방어 임무에서 해제된 군대가 피에몬테로 이동한다.[71] 4월 25일, 베네치아는 프랑스와 잉글랜드의 화평 소식에 기쁨을 감추지 못한다.[72] 이 평화로 인해서 프랑스는 피에몬테를 계속 보유하고, 이탈리아 북부, 나아가서 이탈리아 전역에서 에스파냐의 지배에 맞서 세력균형의 축을 형성할 것으로 보였다. 같은 날, 프랑스는 샤리프[모로코의 왕]에게 사절을 파견한다. 샤리프는 에스파냐의 오랑 지역 침공을 염려한다. 반도를 직접 공격할지도 모른다는 소문에도 촉각을 곤두세운다.[73] 프랑스 사절은 샤리프를 지원하기 위해서 잉글랜드 전쟁에서 해방된 프랑스 함대를 파견하겠다고 나선다. 공격 목표는 그라나다 왕국일 것이라고 예상되었다.

물론 프랑스는 전혀 믿을 수 없는 나라이다. 4월 25일 시몽 르나르는 편지를 띄운다. "전하, 사건과 논의가 너무나 변화무쌍한 나머지 이자들의 꿍꿍이를 판별하기가 쉽지 않습니다." 지나치게 말이 많다는 것—이는 프랑스인의 약점이다— 은 패를 숨기고 있다는 뜻이 아닌가? 하지만 몇 달 후 르나르는 이렇게 결론을 내린다. "프랑스 국왕은 황제를 신뢰하지 않으며 황제의 계획을 무산시키기 위해서 독일인, 스위스인, 무어인, 이교도들과 협상을 벌이고 있습니다."[74] 9월 1일에는 이 목록에 나폴리의 추방자들, 무법자들, 알브레 공작, 모로코의 샤리프가 추가된다.[75] 12월 6일 "푸엔테라비아가 에스파냐의 열쇠라는 사실을 알게 된"[76] 프랑스 국왕이 이곳을 공격하리라는 의견이 다시 등장한다. 프랑스-에스파냐 전쟁의 재발은 베네치아인이 가장 바라는 상황이다. 프랑스의 태도는 확고해 보였다. "그들을 자극한 것은 독일의 첩자들이 전달한 첩보였다." 적대적인 조짐이 보이는 즉시 전쟁이 개시될 태세였다. 작센 공작 모리츠는 의회에 경고하지 않았던가? 게다가 술탄의 움직임도 한몫했다. "엄청난 규모의 함대로 바르바리, 시칠리아, 나폴리에서 전하를 몰아내고 거기에서 빼앗은 것을 프랑스인에게 넘겨주겠다"는 약속과 격려가 있은 터였다. 우리는 이러저러한 출처에서 시몽 르나르가 들은 계획이 차근차근 진행되고 있음을 파리에 머물던 데메티코라는 이름의 (아랍어 그리고 의심할 바 없이 투르크어) 통역사의 입을 통해서 알 수 있다. 앙리 2세가 블루아에 입성하던 날, 알제의 "왕"이 프랑스 국왕에게 보낸 대사가 도착했다. 국왕과 원수를 알현한 자리에서, "그들은 그해 아프리카에서 술탄이 거둔 승리에 대해서 이야기했다." 마지막으로 지난 협정을 무시하고 투르크가 헝가리의 요새 건설을 빌미로 휴전을 깰 것이라는 소식이 들려온다.

이듬해 시몽 르나르의 서한[77]은 푸엔테라비아와 독일의 도시들, 이탈리아의 소식, 그리고 몰타의 한 기사가 전한 소식을 인용하면서 마르세유로부터 바르바리 지역으로 돛과 노가 운송되었다는 아주 상세하고 정확해 보이는 정보를 알린다. 그후에도 위험 신호는 계속 증가한다. 4월 12일 프랑스 대사가 콘스탄티노플로 복귀했다. 이는 거대한 사건을 예고하는 확실한 전조였다. 5월 27일에는 몽뤼크가 이탈리아로 떠났고, 국왕은 마르세유에서 40척의 갤리 선을 무장시켰다. 전쟁은 파르마에서 개시되었다. 교황 율리우스 3세는 파르네제 가문을 공격했는데, 파르네제의 배후에는 프랑스 국왕이 있었다. 교황의 배후에는 신성 로마 제국이 있었다. 우회적인 데다가 그리 떠들썩한 전쟁은 아니었지만, 어쨌든 신호탄이 올랐다. 소문은 사방으로 퍼졌고 결국 전쟁이 발발했다. 7월 15일, 투르크 함대가 나폴리 연안에 당도했다는 소식이 아우크스부르크에 전해진다.[78]

2. 지중해 전쟁과 지중해 밖의 전쟁

실제로 투르크가 선제공격을 감행했다. 몰타 기사단이 점령하고 있던 트리폴리[79]로부터 아프리카와 라 굴레트[할크알와디]에 이르기까지 아프리카 연안에 기독교도들이 강력한 거점을 구축하는 것을 투르크가 가만 두고 볼 수 있었을까? 투르크의 서진을 저지할 수도, 적어도 이를 방해할 수도 있는 이 중요한 연안 전선을 말이다. 드라구트 혼자서는 안드레아 도리아의 함대에 맞서기는 힘들다. 1551년 4월 제르바에서 드라구트는 섬 남쪽 개펄에 운하를 파는 절체절명의 계략으로 도리아의 함대를 간신히 피하지 않았던가.[80] 아프리카 연안의 근거지를 잃을 수도 있었다. 다른 한편 몰타 기사단은 척박한 산악지대로 이루어진 섬을 버리고 아프리카와 트리폴리로 이동하여 넓은 지대에 정착하는 것을 고려하고 있을지도 모른다. 그들이 바르바리의 입구에 제2의 로도스 성, 그 난공불락의 요새를 건설하는 시간적 여유를 줄 것인가?[81]

트리폴리 함락(1551년 8월 14일)

그러나 사태는 느릿느릿 진전되었고 투르크는 최선의 외교적 관례에 따라서 조약 폐기의 호사를 누릴 수 있었다. 휴전협정 조항을 위반하면서 신성 로마 제국 황제는 헝가리 국경을 강화했고 트란실바니아에서 음모를 꾸몄다.[82] 그는 술탄의 동맹세력인 드라구트를 공격했다. 1551년 2월 투르크의 밀사로 파견된 라구사인이 콘스탄티노플에서 아우크스부르크까지 육로로 이동하여 황제 앞에 도착했다. 그는 황제가 솔노크 성을 부수고 아프리카를 반환하지 않는다면, 전쟁을 감수해야 할 것이라고 전했다.[83] 한 가지 흥미로운 사실은, 포사 디 산 조반니에 전 함대를 집결시키고 메시나 등대 앞에 도착한 시난 파샤가 부왕 앞으로 보낸 서한에서 아프리카의 반환을 다시 요구할 것이라는 점이다.[84] 물론 반환은 거부되었다. 그러나 모두 불안에 떨며 술탄의 함대가 무엇을 할지 궁금해했다. 몰타로 향할 것인가? 아니면 아프리카나 트리폴리로? 그도 아니면 프랑스 갤리 선단과 합류하기 위해서 계속 서진할 것인가? 그렇다면 프랑스인들은 무엇을 할 작정인가? 아우크스부르크에 있던 카를 5세를 괴롭힌 것은 바로 이 점이었다.[85]

한차례의 모의 공격 후에 투르크 함대는 7월 18일 몰타 항구를 장악하고 상륙을 시도했다.[86] 이어 고조 섬까지 진격했다. 고조는 참혹하게 약탈당했고, 투르크 군은 5,000-6,000명의 포로를 획득했다.[87] 7월 30일 함대는 아프리카 기슭을 향해 항해를 재개했다. 트리폴리에서처럼 몰타에서도 사람들은 8월 초순까지 이 항해가 단순한 눈속임이라는 희망을 품고 있었다. 콘스탄티노플로 가던 투르크 주재 프랑스 대사 다라몽이 8월 1일 나폴리에 도착했다. 소문에 의하면 그는 서유럽으로 함께 갈 함대를 요청하러 왔으며, 함대는 거기에서 겨울을 날 것이었다. 그러나 원정군은 트리폴리 서쪽의 주와라와 동쪽의 타주라에서 상륙을 개시했다.

1510년 7월 에스파냐에 정복되었던 트리폴리는 1530년 몰타 기사단에게 양도되었다. 트리폴리는 보잘것없는 곳이었다. 아랍 성직자들로 구성된 토착민들이 거주하고 있던 이 작은 도시는 부실한 성벽으로 에워싸여 있었다. 탑을 세워 이를 보강했지만, 주로 흙으로 만들어진 것이었다. 항구 앞에는 일부는 돌로, 그러나 대부분은 흙으로 만들어진 4개의 귀퉁이 탑과 성벽을 갖춘 오래된 요새 성채가 있었다. 마지막으로 반도 끝에는 대포로 무장한 작은 성이 있어서, 1,200살마의 대형 범선을 수용할 정도로 충분한 넓이와 수위를 갖춘 항구를 지키고 있었다. 카스틸레지오, 즉 아랍인이 보르지 엘 만드릭이라고 불렀던 이 성은 항구의 서쪽을 막아주는 섬들을 향해 있었다. 성채는 별 볼일 없었다. 이는 돌도 나무도 없는 사막 지역인 주변 환경 탓이기도 하지만, 기사단장 후안 돌메데스의 탐욕 탓에 더 튼튼하게 짓지 못했다는 이야기도 있었다. 성 안에는 오베르뉴 진지 사령관이던 가스파르 드 발리에의 지휘 하에—그는 실전에서 형편없는 지휘관임이 밝혀졌다—막판에 충원되어 훈련 상태도 엉망인 30여 명의 기사와 칼라브리아와 시칠리아 출신 용병 630명이 주둔하고 있었다.[88]

계절 변화를 앞둔 투르크인에게는 시간이 많지 않았지만, 포위 작전은 큰 문제없이 진행되었다. 침략자들은 쉽게 상륙해서 보급품을 확보했고, 접근을 위한 지하도를 팠으며 요새 앞에 12문의 포를 갖춘 3개 부대를 배치했다. 그러자 포위된 병사들이 반란을 일으켜 지휘관에게 항복을 요구했다. 협상은 일사천리로 진행되었다. 투르크인들은 도시의 요새를 온전한 상태로 내어줄 것을 요구했다. 대신 투르크 함대에 합류한 프랑스 대사의 개입 덕에 기사들은 목숨과 자유를 보장받았다. 이들은 프랑스 대사의 갤리 선을 타고 초라하게 몰타로 귀환했지만, 병사들은 불복종에 따른 처벌로 적의 포로로 남겨졌다.[89]

어쨌든 보시오가 전한 이야기는 그러했다. 몰타 출신의 이 "부르주아"는 대단히 차분한 어조로 몰타 사태의 책임자들에 대한 재판 과정을 소개한다. 사람들은 포로가 된 병사들이 더 이상의 방어를 포기했다고 이야기하면서 모든 잘못을 이들의 탓으로 돌리려고 했던 것 같다. 당시 이 사건은 여러 가지 소문을 일으켰다. 대사 다라몽의 비열함을 비난한 것은 당연했다. 하지만 역사가 살로모네 마리노의 주장처럼 과연 그는 프랑스 기사 가스파르 드 발리에를 배신했던 것일까? 아니면 앞날을 조금도 내다보지 못한 에스파냐인 기사단장 돌메데스에게 참사의 책임을 물어야 하는가?

이것은 중요하지 않다. 중요한 것은 바르바리와의 관계에서, 그리고 혹시 모를 바르바리와의 전투 시에 효과적인 무기가 될 트리폴리가 투르크인의 손에 넘어갔다는 사실이다. 아프리카 내륙의 오랜 출구였던 이 도시는 그 존재감을 회복하게 될 것이다. 기독교도들이 이곳을 차지하고 있었던 시기에 사하라 교역은 트리폴리 인근의 타주라로 우회했다. 타주라는 험상궂은 모라트 아가[Agha, 예니체리 사령관]의 봉토였는데, 1551년의 승리로 인해서 그는 트리폴리 파샤령의 수장이 되었다. 이제 황금가루와 노예는 "황금으로 빛나는" 도시로 향하는 길을 되찾았다.

투르크의 기습은 유럽이 준비해오던 전면전의 신호탄이 되었다. 프랑스가 용맹을 떨치는 동안, 신성 로마 제국은 8월 이후부터 네덜란드에서 프랑스 배들을 공격했다.[90] 앙리 2세와 몽모랑시 원수에게 호되게 당한 교황 대사는 자신의 말에 귀를 기울이는 사람들에게 전쟁이 임박했음을 알렸다.[91] 프랑스는 가스코뉴에서 군대를 징집했고,[92] 기즈 공작 휘하의 군사 3만 명과 말 7,000필이 바루아와 부르고뉴 경계를 넘어 움직이기 시작했다. 하지만 르나르에 의하면 파르마와 미란돌라의 상황이 프랑스에게 불리하게 돌아가고 있었기 때문에, 이들이 곧바로 이탈리아에 도착하지는 못할 것이다.[93] 한편, 마르세유의 갤리 선단은 투르크 함대에 합류하라는 명령을 받게 될 것이다.[94]

이 위기는 황제의 전략에 영향을 주었다. 특히 이 힘든 시기에 재정 상황마저 어려워지면서 황제는 사방에서 자금 압박을 받았다. 시칠리아를 걱정한 황제는 8월에 이르러 뷔르템베르크에 있던 에스파냐 병사들과 이탈리아 병사들로 구성된 군대의 이동을 명령했다. 이는 가장 중요한 조치였다. 독

사진 34 펠리페 2세, 1555년경
작자 미상의 데생. 파리 국립도서관(촬영 Giraudon, 파리)

사진 35 펠리페 2세
그레코 작, "오르가스 백작의 장례식"의 부분, 톨레도, 1586년

일을 포기하면서 카를 5세는 군대가 철수한 곳을 동생에게—물론 그가 승낙한다면—맡겼다. 물론 비용을 부담하는 것은 카를 5세였다. 당시 페르디난트는 헝가리 국경 지역에서 확대되고 있던 전쟁으로 골머리를 앓고 있었다. 잠시나마 합스부르크 편으로 돌아선 트란실바니아의 지원이 있었음에도 불구하고, 페르디난트는 루멜리아의 베이렐르베이(beglerbeg : 군관구 사령관) 메흐메트 소콜루의 거센 공격을 힘겹게 막아내고 있었다.[95]

주둔군을 이동시킨 카를 5세의 결정은 1552년에 일어날 독일 폭동의 직접적인 원인이 되었다. 그는 투르크의 위험을 과대평가했던 것일까? 이를 심각하게 받아들인 것은 황제만이 아니었다. 8월 15일 발렌시아에서 부왕(副王) 토마스 데 비야누에바는 펠리페에게 기습의 위험을 경고한 바 있다.[96] 8월 24일 몰타에서 빌개뇽은 안 드 몽모랑시에게 다음과 같이 탄원했다. "국왕 전하와 제독께서 우리를 내버려두도록 술탄과 중재에 나서지 않으신다면, 우리는 궤멸할지도 모릅니다."[97]

몰타를 구하라! 프랑스 국왕은 다른 걱정거리를 안고 있었다. 공식적인 것은 아니었지만, 파르마 인근에서 시작된 전투는 유럽으로 서서히 확대되었다. 프랑스 국왕이 솔선하여 공식적인 결정을 내리는 일만이 남아 있었다. 트렌토 공의회가 재개된 9월 1일 그는 파르마 공작의 동맹군 자격으로 교황과의 관계 단절을 선포했다. 12일 그는 황제의 대사 시몽 르나르를 돌려보내고[98] 프랑스 대사들을 소환했다.[99] 이미 직접적인 전쟁을 시작한 브리삭은 별다른 어려움 없이 키에리와 산다미아노와 같은 소도시들을 점령했다.[100] 이에 앞서 8월에는 프랑스 갤리 선단 사령관인 폴랭 드 라 가르드가 이탈리아 연안에서 15척의 에스파냐 함선을 나포했다.[101] 공격이 반복되었고, 같은 달에 프랑스 해군은 바르셀로나 항구에서 4척의 중형 함선과 이제 막 조선소를 나온 갤리 선 1척 그리고 도리아 대공의 프리깃 함 1척을 나포했다.[102] 이후 이탈리아로의 군대 이동, 브르타뉴에서 함선들의 무장,[103] 황제 측 함선의 나포[104]와 같은 작전이 쉬지 않고 계속되었다. 마침내

10월에 이르러 프랑스 왕과 독일의 프로테스탄트 제후들은 최종적인 협정의 초안을 작성했다.[105]

황제 측은 이러한 상황에 놀랐던가? 퓌터의 증언과 달리,[106] 네덜란드에서 상황을 예의 주시하던 헝가리의 마리아의 편지에 따르면 전혀 그렇게 보이지 않는다. 그녀는 언제나처럼 원대한 계획을 구상하고 있다. 그것은 잉글랜드의 적대행위를 무력화하고 황제의 해군에게 필요한 항구를 확보하는 일이다. 그녀는 이렇게 제안한다. "이 왕국을 정복하는 것은 그리 어려운 일이 아니라고들 이야기합니다. 특히 요즘처럼 내부적인 분열과 극도로 형편없는 재정 상태라면 더욱 쉽겠지요."[107] 아무튼 페르디난트의 자식들을 신뢰하고 아끼는 척하면서, 잠시나마 제국 문제에 대해서는 입을 다무는 것이 적절했을 것이다. 이에 대해서 독일인들은 어느 정도 만족하고 황제에 대한 지원에 나설 수도 있었을 것이다. 만일 전쟁에서 승리한다면, 그들이 원하는 인물을 제위에 올리는 일은 쉬울 것이기 때문이다. 그러나 먼저 이겨야 했다. 헝가리의 마리아는 독일과 사이가 틀어진 프로테스탄트 국가 잉글랜드에 기대려는 프랑스의 술책이나 프랑스와 작센 공작 모리츠의 연합에 이르기까지 모든 것을 예상하고 있었던 것처럼 보인다. 때마침 그녀는 헝가리가 다시 한번 투르크와 맞붙게 되었으므로 작센 공작에게 투르크에 대한 임무를 부여하면 어떻겠냐고 제안했다.[108] 이는 작센 공작을 멀리 떼어놓는 방법이 될 것이며, 만일 거부한다면 그의 계략을 밝혀낼 수도 있을 것이었다.

그러나 카를 5세는 고집스럽게 이 책략을 무시했다. 이는 그의 유일한 전략적 실수로 남을 것이다. 그 외의 다른 사안들에 대해서 황제의 판단은 냉철했다. 그는 지독한 통풍에도 불구하고 인스부르크에 머물면서 이탈리아의 상황을 예의주시했다. 이로써 그는 다시 한번 프랑스의 독신왕[篤信王, Très Chrétien Roi : 15세기 이후 프랑스 국왕의 명예 칭호]과의 전쟁을 준비한다.[109]

1552년의 전란

천천히 쌓여간 화약고가 마침내 폭발한 것은 트리폴리 함락 이듬해인 1552년이었다. 단 한 번의 화재였지만, 그것은 북에서 남으로 동시적인 연쇄반응을 일으켰다. 너무 여러 곳에서 벌어진 나머지 우리는 여전히 그것이 하나의 전쟁이었다는 사실을 인식하지 못하고 있다. 1552년 거의 유럽 전역에서 일련의 전쟁이 발발한다.

우선 독일 내부의 전쟁을 살펴보자. 라인 강 너머의 역사학자들은 이를 왕자들의 혁명(Fürstenrevolution)이라고 부른다. 물론 이는 단순히 "왕자들의 혁명"이 아니다. 그것은 종교전쟁이면서 사회적인 성격의 전쟁이기도 했다.[110] 카를 5세에게 이 전쟁은 재앙이었다. 인스부르크에서 내몰린 황제는 4월 19일 모리츠의 군대를 피해서 도망쳐야 했고, 급기야 1547년 독일을 얻었을 때처럼 순식간에 독일을 잃고 말았다. 부처의 말대로라면, 카를 5세의 "폭정"은 1552년 2월 초와 8월 1일 사이의 몇 달 만에 붕괴되고 만다. 그날 파사우 화약으로 독일인의 자유가 회복되고 일시적으로 황제와 독일 간의 협정이 체결된다.

서쪽에서 독일은 두 차례의 대외 전쟁을 치른다. 먼저 1552년 1월 15일 샹보르 조약에서 문서화된 독일 프로테스탄트와의 협약을 이행하기 위해서 프랑스 국왕이 "라인 강 원정"에 나선다. 4월 10일 툴과 메스를 점령한[111] 프랑스 국왕은 5월 라인 강 앞에 당도했지만, 독일 동맹세력이 황제와의 협상에 들어서자 신중하게 서부로 후퇴한다. 6월, 회군하던 프랑스 국왕은 이참에 베르됭을 점령한다.[112] 제2차 전쟁은 신성 로마 제국 황제에 의해서 시작된다. 독일과 조약을 체결한 그는 남에서 북으로 가로지르며 세력을 규합하고 메스를 수복하러 나선다. 10월 19일 포위공격이 시작되었지만, 이 전쟁은 1553년 1월 1일 황제의 패배와 후퇴로 끝이 난다.[113] 마지막 전쟁은 독일에서, 그러니까 동쪽의 헝가리 국경에서 벌어진 투르크와의 전쟁이다. 유독 힘든 전쟁이었다. 전세는 페르디난트에게 불리하게 돌아갔다. 작센 공작 모리츠를 위시한 독일의 제후들은 연말에 이르러서야 전선에 합류했다. 1552년 7월 30일, 테메스바르[티미쇼아라]가 투르크에 함락되었다.[114]

룩셈부르크와 네덜란드 전선에서도 일련의 전투가 벌어졌지만, 이전의 전쟁과 비교하면 큰 의미를 가지지는 못한다.

이탈리아에서 산발적인 전쟁이 일어난다. 기습과 포위, 피에몬테 산악지역에서의 전투, 그리고 휴전이 잇달았다. 4월 29일의 협정으로 프랑스 국왕과 교황 율리우스 3세가 전쟁을 종결시켰지만,[115] 전쟁이 끝나기 무섭게 곧바로 시에나는 7월 26일 "프랑스, 프랑스"를 외치며 봉기를 일으켰다. 시에나는 황제군을 몰아내고 독립을 선포한다. 이는 중요한 사건이다. 에스파냐와의 주요 연결로가 차단되었기 때문이다. 이 사태는 1555년 4월 황제군과 코시모 데 메디치가 시에나를 함락한 후에야 해결될 것이다.[116]

지상전과 함께 지중해에서도 해상 작전이 진행된다. 물론 군사적인 시각에서 가장 중요했던 것은 아닐지라도, 해상 전투를 배제하면 전쟁의 전체적인 양상을 제대로 이해하기가 힘들다. 1552년 투르크 함대가 마침내 이동한다. 이 함대는 통상적인 항로를 따라 메시나까지 이동했고, 8월 5일에는 폰차 섬과 테라치나 중간 지점에서 안드레아 도리아의 함대를 격파했다.[117] 폴랭 드 라 가르드가 지휘하는 프랑스 갤리 선은 투르크 함대와 합류하라는 명령을 받는다.

그러나 투르크 함대는 프랑스의 온갖 요구에도 불구하고 더 이상 서진하지 않는다. 발렌시아의 부왕은 에스파냐의 펠리페에게 레반트 함대가 1552년 8월 13일 마요르카에 당도했지만, 예년과 다름없이 겁에 질린 채 퇴각했다고 보고했다.[118] 어쩌면 시난 파샤는 개인적인 사정과 대(對) 페르시아 전쟁 때문에 서둘러 오리엔트로 합류해야 한다고 생각했을지도 모른다. 어쨌든 그는 프랑스 갤리 선단을 기다리지 않았다. 프랑스 선단은 1543년 툴롱에서 정박했던 것과 달리 동지중해의 키오스 섬에서 겨울을 나야 했다.[119] 한 자료에 따르면, 이들은 나폴리 연안을 지나 레조 인근에서 병사들을 상륙시키고 큰 피해 없이 물자를 보급했다. 이들은 소와 돼지를 죽이고 목재를 구하기 위해서 정원의 나무들을 베어냈다. 이때 2명의 견습 선원이 탈영했는데, 한 명은 이탈리아인, 다른 한 명은 니스 사람이었다. 이들은 프랑스 갤리 선단이 나폴리와 살레르노를 공격하기 위해 투르크 함대를 되돌리러 가는 길이었다고 이야기했다……. 때마침 이 함대에는 살레르노 왕자 D. 페란테 산세베리노가 타고 있었다. 그렇다면 이 사건은 왕자의 음모와 연관된 것일까? 베네치아로부터 지원을 거부당한 이 음모는 결국 함대의 뒤늦은 도착으로 실패하고 말았다.[120] 프랑스가 나폴리를 얼마나 원하고 있었는지를 다시 한번 알게 된다. 투르크 함대가 되돌아왔다면, 결과가 달라질 수도 있었을까? 제노바도 나폴리도 프랑스-투르크 연합군의 공격을 막아낼 수는 없었을 것이고, 안드레아 도리아는 공격이 예상되는 지점을 강화하고 보급품을 확보하기 위해서 항해를 재개할 여유를 전혀 가질 수 없었을 것이다.

그러나 투르크는 근시안적이었다. 투르크 함대에게 이 전쟁은 단순한 약탈 작전에 불과했다. 약탈을 시작한 그들은 금고가 가득 차자 곧바로 레반트로 기수를 돌린다. 집요하게 반복된 불확실한 소문에 의하면, 아마 에스파냐나 제노바가 거액의 돈을 준 결과일 것이다.

1552년은 중요한 정치적 문제들이 제기된 극적인 해이다. 하지만 이 문제들은 지중해와는 별 관련이 없었다. 드라구트나 시난 파샤, 또는 노쇠한 안드레아 도리아는 이 문제에 영향을 끼치지 못했다. 속내가 궁금한 인물은 황제와 앙리 2세 또는 수수께끼의 인물인 작센 공작 모리츠이다. 종교 문제에는 무관심했던 현실주의자이자, 도덕심이 아예 결여된 인물로 간주되기도 한 작센 공작 모리츠만큼 베일에 가려진 인물도 없을 것이다. 카를 5세에 맞서서 게임을 주도한 것도, 황제가 알프스를 넘고 브렌너 고개 저편의 [오스트리아] 필라흐까지 도망가게 만든 것도, 뮐베르크 전투의 포로를 석방시킨 것도 바로 모리츠였다. 그렇게 승승장구하는 와중에 모리츠는 갑자기 멈춰버렸다. 이탈리아를 교환하자는 서신까지 받은 마당에 말이다. 무슨 이유였을까? 병사들이 따르지 않아서? 아니면 프랑스에 끌려다니고 싶지 않아서? 그럴 일은 거의 없겠지만, 독일의 전쟁을 종결짓겠다는 균형감 있는 정치적 통찰 때문에? 아니면 더 단순하게 격동의 1552년에 이르러 동쪽의 이슬람 세력과 마주하게 된 독일의 곤란한 상황을 깨닫고 페르디난트 파와 의기투합하기 위해서? 온갖 의문이 제기된다. 확실한 답을 찾기는 힘들다. 이 경이로운 인물은 갑자기 세상을 떠났기 때문이다.[121] 그의 죽음과 함께 가장 그럴듯한 해답을 찾을 가능성도 사라져버렸다.

그렇다면 노쇠한 황제는 어떠한가? 에두아르트 퓌터의 말처럼 그는 진정 외교적 실책의 피해자였을까? 아니면 우리가 생각하듯이 완고한 고집 때문이었을까? 어쩌면 그는 전쟁을 치르지 않고 상황을 타개할 수 있다고 믿었는지도 모른다. 8년 동안 그는 프랑스를 성공적으로 요리해오지 않았던가? 싸움이 없다는 것은 지출이 없음을 의미한다. 황제는 자금 문제로 큰 곤란을 겪고 있었다. 합스부르크 제국은 인스부르크 패퇴 이후에야 비로소 제대로 정비되기 시작했다. 어쩌면 리하르트 에렌베르크의 말대로 1552년 6월에 카를 5세는 안톤 푸거가 선불한 40만 두카트에 의해서 겨우 구원받을 수 있었던 것일까?[122] 이 대출로 인해서 그는 파사우에서 단호한 모습을 보일 수 있게 되었다. 피렌체(20만 두카트)와 나폴리(80만 두카트) 그리고 무엇보다 에스파냐의 강력한 지원은 황제의 군대에 힘을 불어넣었다.[123] 제노바, 특히 안트베르펜으로 에스파냐의 은 유출 규모가 커진 것은 1552년부터이다.[124] 카를 5세의 근시안을 비판할 수도 있을 것이다. 하지만 황제가 배신자나 다름없는 페르디난트 파를 믿을 수 있었을까? 그토록 해만 끼쳐온 자들을? 과연 그럴 필요가 있을까? 그의 큰 실책은 권력의 근거지이자 강력한 요충지인, 그리고 무엇보다 자신의 자금줄이었던 네덜란드로 거처를 옮기지 않고—그는 나중에 이동을 시도했지만 때는 이미 늦은 후였다—아우크스부르크에 머물기를 고집했다는 것이다.[125] 프랑스를 공격할 수 있는 곳이 있다면, 오직 네덜란드뿐이었다. 그는 1544년에 이 점을 깨달아야 했다.

앙리 2세의 전략에 대해서도 오랜 논쟁이 있었다. 독일 원정은 발루아 왕가의 전략에 반전이 있었음을 의미하는가? 앙리 오제는 아니라고 대답한다.[126] 앙리 2세는 피할 수 없는, 하지만 신기루이기도 했던 이탈리아 문제에 다시 몰두했다. 1553년 초 교황 대사 산타 크로체에 따르면 "프랑스 국왕은 이탈리아 문제로 완전히 돌아섰습니다."[127] 결국 독일 원정은 우연한 사건에 불과했다. 사실 국왕에게는 선택의 여지가 없었다. 그의 목표는 거대한 합스부르크 가에 맞서, 다른 세력들과 연합하여 가장 취약한 지점에 강력한 타격을 가하는 것이었다. 당시 그는 여러 가지 사건들에 이리저리 휘말렸다. 1552년에 프랑스 국왕은 동쪽으로 향할 수밖에 없었다. 에스파냐의 세력이 독일에서 자리를 차지하고 네덜란드로부터 자금을 받고 때로는 네덜란드에서 에스파냐의 결정적으로 중요한 전략적 요충지 한 곳을 발견하는 한, 지중해의 역사가도 프랑스 국왕과 같은 방향으로 눈길을 돌려야 한다.

코르시카는 프랑스인에게, 잉글랜드는 에스파냐인에게

이듬해인 1553년, 지중해와 그 연안은 여전히 국제정치의 주변부에 머물러 있었다. 어떤 일이 있었는가? 지브롤터까지 밀려난 알제의 사략선이 퇴장하고, 얼마 후 투르크 함대는 프랑스 갤리 선단과 연합하여 코르시카 섬을 공략한다. 여름이 끝날 무렵 코르시카는 프랑스 군과 코르시카 망명자들에게 장악된다.[128] 보이는 것과는 달리 그리 중요하지 않은 세 차례 작전이 요란스럽게 전개된다.

이집트 알렉산드리아 출신으로 바르바로사의 품에서 성장한 살라흐 레이스[129]는 1552년부터 "알제의 왕," 그러니까 알제의 7번째 왕이었다. 4월 알제에 도착한 그는 먼저 연공을 바치기를 거부한 투구르트와 우아르글라의 족장들을 굴복시킨다. 이 기습으로 그는 황금을 확보하고 매년 아프리카 내륙 출신의 흑인 여성 10여 명을 조공으로 바친다는 약속을 받아낸다.

1552년 겨울부터 이듬해 초까지 그는 알제에서 함대를 꼼꼼히 정비하고 6월 초 중무장한 함선, 갤리 선, 푸스타 선, 브리간틴 선 40척을 이끌고 출격한다. 그러나 마요르카를 목표로 한 첫 번째 시도는 쓰라린 실패로 끝난다. 그리고 에스파냐 연안에 도달한 사략선은 때맞춰 출동한 해군 때문에 사냥감을 놓치고 만다. 지브롤터 해협에서 5척의 포르투갈 캐러벨 선을 공격하는 데에 성공했을 뿐이다. 우연히도 이 캐러벨 선에는 샤리프의 권리를 주장하면서 반도에서 복귀하던 벨레스의 총독이 타고 있었다. 그는 자신의 지지세력과 함께 반도에서 계획을 추진하다가 포르투갈 범선을 타고 복귀하던 중이었다. 포르투갈과 마요르카의 캐러벨 선은 모두 나포되어 벨레스로 운송되었다. 아에도에 따르면, 벨레스에서 살라흐 레이스는 선린관계와 우정의 증표로, 그리고 인근의 오랑에 대한 빈번한 기습을 자제해준 것에 감사하며 샤리프에게 선물을 주었다. 그럼에도 불구하고 3개월 후 다시 국경 분쟁이 틀렘센 연안에서 발생한다. 알제의 주인은 겨울 동안 원정을 준비한다. 이번 원정의 목적지는 모로코이다. 그는 용의주도하게 왕위 계승권을 주장하는 바 하순을 알제로 데려온다.

　드라구트의 투르크 함대가 (폴랭 드 라 가르드와 프랑스 갤리 선단과 나란히) 이탈리아 연안 앞에 당도했을 때, 살라흐 레이스는 자신의 본진으로 돌아가는 길이었을 것이다. 황제에 의해서 매수된[130] 대신 루스템 파샤가 연루된 것으로 알려진 음모 때문에 함대의 출발이 지연되었다. 함대 규모는 예년보다 작았고 지휘관도 시난 파샤에서 드라구트로 교체되었다. 게다가 투르크 함대는 토스카나의 마렘마 연안까지 이동하는 대신 약탈로 시간을 허비했다. 이들은 8월 판텔레리아 섬을 약탈하고, 뒤이어 시칠리아 해안 리카타의 밀 출하 항구를 습격했다. 시칠리아와 아프리카 사이에 주둔하고 있던 함대 역시 드라구트와 튀니지인들(튀니스의 왕은 얼마 전 라 굴레트의 에스파냐인들과 관계를 단절했다)의 협상 이후 철수했다. 이러한 지체를 틈타, 안드레아 도리아는 주력 함대를 제노바로 이동시켜 요새에 보급품을 전달하고, 적의 동태를 제때 파악하기 위해서 이탈리아 연안을 따라 기동력이 좋은 배들을 배치시킬 수 있었다.

적 함대는 8월 3일이 되어서야 티레니아 해에 모습을 드러냈다.[131] 며칠 후, 함대는 엘바 섬을 공격했고 카폴리베리, 리오 마리나, 마르차나, 포르토롱고네를 약탈했다. 그러나 핵심 요지인 코스모폴리스, 다른 이름으로 포르토 페라이오는 이들의 공격에 저항했다. 피옴비노 공격을 고려한 후, 함대는 비로소 시에나 마렘마 습지에 주둔하고 있던 프랑스 군대를 코르시카 섬으로 이동시켰다.

카스틸리오네 델라 페스카라에서 프랑스 지휘관들의 군사회의가 소집되었다.[132] 회의를 주도한 사람은 파르마의 프랑스 군 사령관인 드 테르므 제독이었다. 폴랭 드 라 가르드, 그리고 삼피에로 코르소를 위시한 코르시카 망명자들의 지원을 받으며 그는 국왕의 구체적인 명령이 없는 상태임에도 본섬 공격을 결정했다. 작전은 매우 순조롭게 진행되었다. 8월 24일 바스티아가 함락되고, 26일 폴랭 드 라 가르드 남작은 생 플로랑에 상륙했다. 다음은 내륙 한가운데의 코르트 차례였다. 이곳은 바스티아에 있던 제노바 행정관들이 피난처로 삼은 곳이다. 마침내 9월 초에 이르러 한차례의 저항 후에 [코르시카 최남단 항구 도시] 보니파시오가 항복을 선언했다.[133] 코르시카 섬 안에는 칼비와 더불어 제노바인 거주 도시가 있었다. 전리품을 풍족하게 확보한 데다가, 드라구트가 폴랭 드 라 가르드로부터 자금 지원 약속까지 받아낸 터라, 투르크인들은 코르시카 섬에서 제노바의 최후 보루였던 칼비에 대한 봉쇄를 중단하고 철수를 결정했다. 10월 1일[134] 투르크 함대는 메시나 해협을 통과했고, 12월 콘스탄티노플에 도착했다.

오스트리아 왕가를 괴멸시킬 절호의 기회가 사라져버린 것일까? 투르크인들이 총력을 다하지 않았던 것은 분명하다.[135] 혹자는 매수 행위가 있었다고 말한다. 그러나 시작 단계부터 신중했던 이들의 움직임을 설명해주는 다른 이유들이 있다. 그해 콘스탄티노플에서 출항한 갤리 선은 60척뿐이었다. 동쪽에서 페르시아와의 전쟁이 계속되고 있었던 것이다. [시리아 북서부] 알레포에 정착한 런던 상인 앤서니 젠킨슨은 1553년[136] 페르시아 원정에 나서는 술레이만 1세의 입성을 지켜보았다. 6,000명의 경기병(輕騎兵), 1만6,000명의 예니체리, "모두 황금색 의관을 차려입은" 1,000명의 시종이 술탄을 호위했다. 백마를 탄 술탄은 금실로 장식된 의관과 비단과 삼베로 짠 거대한 터번을 두르고 있었다. 군대 규모는 30만이 넘었으며 20만 마리의 낙타가 수송 수단으로 동원되었다. 지중해 전쟁이 제한적이고 부차적인 중요성을 가질 수밖에 없었던 이유, 그들이 지중해 전쟁에 총력을 다하지 않았던 이유는 바로 여기에 있지 않을까?

그러나 투르크인들 덕분에 프랑스인들은 코르시카 섬에 튼튼한 근거지를 마련했다. 여름이 끝날 무렵 프랑스는 코르시카 섬을 완전히 장악했다. 제노바 정부는 상륙 소식에 경악했다. 코시모 데 메디치와 신성 로마 제국 황제는 불안에 사로잡혔고, 교황청은 비난을 쏟아냈다. 정복은 매우 빠른 속도로 진행되었다. 섬 주민들의 도움을 받은 삼피에로 코르소와 망명자들이 거의 모든 일을 도맡아했다. 원하건 원하지 않건, 합당한 이유가 있건 없건 간에, 코르시카는 제노바인들을 증오했다. 섬은 제노바 출신의 주인들, 도시의 탐욕스런 상인들, 마치 식민지에 온 것처럼 한 재산을 챙기려는 무일푼의 이주민들을 증오했다. "섬"이라면, 코르시카 섬 전체가 그러했다는 말인가? 제노바의 명령을 받았던 큰 가문들이 증오심을 느끼는 것은 당연했다. 그러나 식민자의 새로운 농경방식에 의해서 전통적인 삶의 방식을 위협받고, 흉작과 경제적 위기에 분노한 하층민들도 마찬가지였다. 그들에게 제노바인들의 지배는 일종의 "끝없는 살해"였다.[137]

그럼에도 불구하고 섬은 자원에 비해서 너무 많은 인구를 부양하고 있었고, 전쟁은 불행을 가중시킬 수밖에 없었다. 프랑스인, 제노바인, 투르크인, 알제인, 건장한 독일 병사들, 지배자가 거느린 이탈리아와 에스파냐 용병들, 여기에 삼피에로 지지자들까지, 수많은 군인들이 살아야 했다. 이들은 수확물을 약탈하거나 못쓰게 만들고 마을을 불태웠다. 코르시카의 잘못이라고는 교통의 요충지였다는 것뿐이다. 이 섬이 합스부르크 왕가 대 발루아 왕가의 전쟁에서 중요했던 이유는 섬 자체보다는 외부적인 요인 때문이었다. 파르마, 심지어 시에나 이상으로, 프랑스의 코르시카 점령은 신성 로마 제국 황제와 그 동맹세력 사이의 연결을 방해했다. "카르타헤나, 발렌시아, 바르셀로나(여기에 말라가와 알리칸테도 추가된다)에서 제노바, 리보르노, 나폴리로 향하는 모든 배는 코르시카 연안을 통과할 수밖에 없다. 16세기에는 더욱 그러했는데, 이 시기에 사르데냐와 아프리카 기슭 사이 지중해 해상에는 바르바리 해적들이 들끓었다. 정상적인 항로는 코르시카 곶을 우회하거나 보니파시오 하구를 통과하는 것이었다. 게다가 당시의 제한적인 톤 수의 선박으로는 중간 기항 없이 원거리 항해를 하는 것이 불가능했기 때문에 에스파냐에서 이탈리아로 향하는 선박들은 자연스럽게 코르시카 항구에 기항했다."[138] 사람들은 삼피에로 코르소가 "이탈리아의 재갈"이라고 불렀던 이 코르시카의 정복이 지닌 의미를 곧바로 깨달았다.[139] 한편에서는 기쁨의 함성이, 다른 한편에서는 걱정의 한숨이 터진 순간이었다.

신성 로마 제국은 곧 반격에 나섰다. 겨울 우기가 시작되고 프랑스와 투르크의 여름 연합 작전이 중단되자마자 서유럽 함대들은 통상적인 균형을 회복했고, 상황이 역전되었다. 제노바와 토스카나는 근거리에 기지를 가지고 있던 반면, 마르세유로 물러나 있던[140] 프랑스 갤리 선단은 칼비에 대한 제노바의 지속적인 공세에 위협받고 있었다. 칼비에는 반란군과 5,000명의 노쇠한 병사들만이 주둔해 있었다. 더구나 11월에 앙리 2세는 은밀히 제노바와 협상을 벌이기 시작한 것처럼 보인다.[141] 피렌체 공작의 권유로 협상에 돌입하기는 했지만, 제노바는 이미 신성 로마 제국 황제에게 지원을 요청하고,[142] 80만 두카트를 마련하여 1만5,000명의 군사를 모집한 상태였다. 2월 9일 도리아가 파견한 원정군이 제노바를 출발했다. 제노바 강변에서 잠시 지체하기는 했지만, 원정군은 15일 코르시카 곶에 도달한다. 16일 원정군은 생 플로랑 만에 진입했고, 17일에 이곳을 지키던 수비대가 항복한다.[143] 힘든 전쟁이 시작되었다.

요컨대 1553년은 지중해에서 파란만장한 한 해였다. 그러나 유럽을 휩쓴 거대한 전쟁 속에서 지중해의 이러한 사건들은 유럽 북부의 상황만큼 중요한 것이었을까? 잉글랜드의 극적인 왕위 계승은 중요한 사건이다. 1553년 7월 3일,[144] 에드워드 6세가 사망한다. 합스부르크 왕가에 적대적이고 프랑스에 우호적이던 에드워드의 사망과 함께 공식적으로 프로테스탄트 국가였던 잉글랜드도 사라졌다. 네덜란드에서는 작센 공작 모리츠의 사망(7월 11일)과 메리 튜더의 즉위에 대해서 신에게 감사의 기도를 올렸다.[145] 하지만 혼란스러운 국내 상황으로 메리 튜더의 즉위는 유독 어려운 문제였다. 즉위와 거의 동시에 제기된 여왕의 혼사 문제도 어렵기는 마찬가지였다. 무수한 장애물을 극복하고, 젊은 펠리페 왕자가 메리의 삼촌이자 나이가 지긋한 포르투갈의 루이스 왕자[146]를 마지막 순간에 제치고 신랑 자리를 쟁취했다. "당연히 크나큰 질투를 불러일으킨"[147] 이 성공의 주역은 황제와 그랑벨, 그리고 대사 시몽 르나르였다. 의심할 여지없이 르나르의 최고의 업적이었다. 혼인 조약은 7월 12일 체결되었고, 이틀 뒤 왕국에 공표되었다.[148]

합스부르크 제국이 큰 타격을 입은 바로 그 순간, 행운의 여신은 예기치 않은 성공을 선사하며 제국의 편을 들어주었다. 네덜란드에서 황제는 분열된, 아니 의도적으로 분열을 조장했던 독일에 기대는 대신, 이제 잉글랜드에 기댈 수 있게 되었다. 그는 북해 근처에 군사력을 집중시켰다. 이 바다는 말하자면 북유럽의 지중해로서 자신의 것이나 다름없고, 또 대서양과 연결되는 거대한 통로였다. 그는 네덜란드에 난공불락의 보루를 만든다.[149] 1553년에서 1554년으로 넘어가는 겨울은 프랑스 국왕에게 우울한 시기였다. 베네치아 대사의 바람대로 그는 에스파냐 왕자가 새 왕국을 차지하는 것을 저지할 수 있었을까? (빌개뇽에게 기회가 있었지만 그는 이 기회를 놓치고 말았다.[150]) 그래봐야 무슨 이득이 있을까? 충격을 받기는 독일도 마찬가지이다. 1553년 12월 3일 카를 5세와 함께 있던 베네치아 대사는 이렇게 보고한다. "잉글랜드를 얻은 것도 그렇지만, 이제 독일과 가까워진 에스파냐 왕자에 대해서 독일 제후들은 그가 잉글랜드의 지원과 독일의 분열 상황에 힘입어 과거 협상을 통해서 한차례 시도한 바 있는 제국의 보좌역을 차지하기 위해서 무력을 동원할 것이라고 의심하고 있습니다."[151]

혼사가 치러지기도 전에, 이 결혼은 외교적 균형을 뒤흔든다.[152] 결혼식이 아직 치러지지 않았고, 잉글랜드 섬 전체가 심각할 정도로 혼란스러우며 프랑스인들이 런던 시민을 선동하면서 상황을 악화시키려고 한다는 점이 황제의 적들에게는 유일한 위안이었다.[153] 1554년 2월, 여왕의 거처를 안전한 장소로, 예를 들면 칼레로 옮길 것을 고려할 지경에 이른다.[154] 결국 카를 5세가 얻은 것이라고는 잉글랜드의 지지가 아니라 불안한 자리에 앉아 있는 여왕의 의지뿐이었다. 그녀가 꺼낼 수 있는 패도 확실하지 않았고, 에스파냐 측의 지원도 마찬가지였다. 프랑스는 언제든지 잉글랜드로 이어지는 연결로를 봉쇄할 수 있었다.[155] 게다가 여왕의 재정 형편은 황제 자신이나 그 아들보다 더 열악했다.

카를 5세의 여러 차례의 양위 : 1554-1556년

전쟁이 치러지고 있는 상황에서 자금 부족은 치명적이다. 푸거 가, 셰츠 가, 아우크스부르크와 안트베르펜 그리고 제노바의 다른 대부업자들과 황제 사이에는 계속해서 문제가 발생했다.[156] 한편 프랑스 국왕은 리옹에서 쉽게 자금을 융통했다. 1553년은 "큰 잔치"가 벌어진 해로 기록될 것이다. 그러나 이 융자금은 언젠가는 갚아야 할 돈이었고, 결과적으로 더 많은 세금을 징수해야 했다. 그 결과 국내에서 예사롭지 않은 불만이 고조된다. 물론 하루 이틀 된 불만은 아니다.

이미 1547년[157] 몽모랑시 원수는 기엔에서 타유(taille : 인두세) 때문에 일어난 농민봉기를 진압해야 했다. 1552년 4월[158] 에스파냐는 프랑스에 밀도

빵도 부족하지 않지만, 수도원, 생 앙투안 구호소, 생 라자르 구호소를 포함해서 모두가 세금에 대한 불만을 제기하고 있다는 보고를 받는다. 귀족들의 수탈을 두려워한 민중, 상인, 농민들에게 1552년에 재개된 이 전쟁은 재앙이었다. 보고서는 "귀족들은 어디에서나 자신이 필요한 것을 취한다. 그들은 주인 없는 무어인들과 같다"고 기록하고 있다. 물론 이는 에스파냐인이 작성한 보고서이고 따라서 신중할 필요가 있지만, 1554년 4월 토스카나로 발송된 프랑스의 보고서[159] 역시 사람들의 피로감, 저하된 군대의 사기, 스위스 용병을 소집하지 못하는 국왕의 자금 부족 상황, 끊임없는 조세 압박, 개인 은제품의 용해(溶解), 귀족 서임장의 판매, 성직자에 대한 기부금 강제 등을 알리고 있다. 프랑스, 에스파냐, 이탈리아, 독일 등 거의 모든 기독교 국가들이 비슷한 피로감을 느낀다. 8월에 교황은 이를 이용하여 강화조약 체결을 시도할 것이다.[160]

페르시아 공격에 병력을 동원한 투르크 제국 역시 형편이 좋지 않기는 마찬가지이다. 1555년 프랑스 대사 코디냐크는 술탄에게 함대 파견을 요청하러 사파비 왕과 전투 중인 군대의 주둔지까지 가야만 했다.[161]

역사가들이 음모와 계략이 있었으리라고 상상하는 곳에는 대체로 재정적인 문제가 발생하지 않았던가? 1554-1555년 두 해 동안 도처에서 무기력한 전쟁이 이어졌다. 네덜란드 국경에서, 그리고 1555년 6월 브리삭이 카살레 요새를 급습한[162] 피에몬테 변경에서의 공성전처럼 말이다. 지중해에서 벌어진 소규모 해전에서 투르크 함대는 잠시 모습을 비췄을 뿐이다. 1554년, 드라구트가 지휘하는 함대는 너무 늦게 두라초에 도착했다. 적어도 프랑스인들은 그렇게 생각했다. 그들은 알제의 갤리오트 선단과 연합하여 코르시카와 토스카나의 마렘마 습지를 공격하려고 했다.[163] 펠리페를 잉글랜드까지 호위하기 위해서 에스파냐 갤리 선 상당수가 대서양에 파견된 상태였으므로, 이 지역에서는 어떤 대응도 없었다. 그러나 늦게 도착한 드라구트는 나폴리 연안을 항해하는 척하다가 금세 동쪽으로 키를 돌렸다. 프랑스 사절들은 배신당했다고 외쳐댔고,[164] 이후 드라구트를 함대 지휘에서 배제시키려고 노력했다. 사실 드라구트가 신성 로마 제국 황제 측으로부터 뇌물을 받았을 가능성은 충분하다. 하지만 이듬해, 드라구트는 함대 지휘에서 2선으로 물러났고, 젊고 미숙한 대제독 피알리 파샤가 새로 지휘권을 잡게 되었다. 그러나 "강력하고 신속한"[165] 전쟁을 요구한 프랑스 국왕의 희망과 달리, 투르크 함대는 칼비 공성전을 수수방관했고, 제노바의 훌륭한 보급지원을 받은 칼비는 프랑스에게 패배를 안겨주었다. 1년 전 적의 손에 넘어간 바스티아에 대한 그해 8월의 공습 때에도 투르크 함대는 무관심하게 지켜만 보았다. 그리고 토스카나 연안과 도서 지역에 대한 몇 차례 공격 시도가 실패하자, 식량 부족[166]과 기상 악화를 탓하며 항로를 바꿔 돌아가버렸다. 1년 전에 그랬듯이 신중하게 처신하라는 지시를 받았던 것이 아닐까?

강대국들의 이런 태만한 태도로 인해서 약소국들의 활약은 평상시보다 더 큰 위력을 발휘했다. 제노바는 전력을 다해 코르시카 전쟁을 수행했다. 1554년부터 1555년 사이 제노바는 섬 대부분 지역에서 프랑스인들을 축출했다.[167] 코시모 데 메디치의 노력도 상당했다. 제노바와 마찬가지로 신중한 안드레아 도리아 역시 토스카나의 팽창을 탐탁지 않게 여기고 있었다. 코시모는 도리아의 변변찮은 해상 지원 속에서도 1555년 4월 21일 시에나에 주둔한 프랑스 군의 항복을 받아내는 데에 성공했다. 몇 달 후에는 토스카나 마렘마 연안의 오르비텔로를 되찾는다. 유일하게 남은 곳은 시에나 애국주의자들과 소수의 프랑스인들이 은신하고 있는 아펜니노 산맥의 몬탈치노 "공화국"뿐이다.[168] 1555년 말 이후 코시모는 키아나 계곡의 토벌을 개시하면서 몬탈치노를 공격한다.[169]

한편 이 두 해 동안 오스만 제국의 함대보다 더 광범위하게 언급해야 할 대상은 알제이다. 1554년[170] 살라흐 레이스는 멜리야의 "신" 항구까지 바다를 통해서, 그 다음부터는 육로로 이동하여 타자와 페스에 입성했다. 그는 놀랍도록 빠른 속도로 모로코에 대한 기습을 감행했다. 모로코 기병은 투르크의 화승총을 당해낼 수 없었다. 그러나 기습에 의한 승리는 오래가지 못했다. 알제는 그들이 보호하던 바 하순에게 페스의 통치를 맡겼는데, 그는 1년 전에 포로로 붙잡혀 노예로 있던 자였다. 알제인들은 전리품과 더불어 페스의 통치자로 세운 인물이 감사의 표시로 약속한 거액의 금을 확보하고 모로코의 말과 노새를 타고 되돌아갔다. 얼마 후 알제인들이 떠나자 그는 도시로 복귀한 이전 샤리프에게 살해되었다. 이 원정을 통해서 알제가 차지한 것은 페뇬 데 벨레스의 작은 바위산뿐이다. 이 작은 섬에 대해서는 나중에 다시 이야기할 것이다.[171]

이듬해인 1555년 알제인의 활동이 재개된다. 그들은 동쪽으로 나아가 부지[베자이아], 정확히는 부지의 에스파냐 요새를 공격했다. 도시 자체는 더 이상 문제가 아니었다. 토착 거주지의 옛 경계 아래로 귀퉁이마다 요새를 갖추고 있는 삼각형의 소규모 성채, 라 굴레트의 원래 요새와 흡사한 장방형의 황제의 성, 그리고 과거 무어인들에 의해서 건설된 해안의 큰 성과 작은 성이 관건이었다.[172] 요새 내부에는 100여 명의 병사와 수십 필의 말이 있었다. 이들을 먹이기 위해서는 보급선의 도착만이 아니라 약탈도 고려해야 했다. 이곳을 지키던 나이 많은 루이스 페랄타 사령관은 사료 보충 작업에 나갔다가 매복공격으로 사망했고, 그의 아들 알론소가 사령관 자리를 물려받았다.[173] 1555년 6월, 살라흐 레이스는 배교자 소총부대를 포함한 수천 명의 군사를 이끌고 알제를 출발했다. 먼저 보급품과 무기 수송을 위해서 2척의 갤리 선, 작은 배 1척, 알제에서 징발한 프랑스의 "사에티아 범선" 1척으로 구성된 소규모 함대를 파견했다. 보잘것없는 규모였지만, 사략선 대부분이 레오네 스트로치 함대에 합류하기 위해서 출발한 이상 어쩔 수 없는 노릇이었다. 그러나 이것으로도 충분했다. 요새는 함포 공격을 견뎌내지 못했고, 수비하던 군대는 방어가 불가능한 인근 도시로 후퇴했다. 얼마 지나지 않아 알론소 데 페랄타는 그가 선택한 40명의 동료들의 목숨과 에스파냐 귀환을 약속받고 프랑스의 사에티아 범선 위에서 항복을 선언했다. 이는 에스파냐에 큰 파문을 일으켰다.[174] 발렌시아, 카탈루냐, 카스티야에서 사람들은 보복 원정에 나서야 한다고 떠들어댔다. 톨레도 대주교 실리세오[175]가 분위기를 주도했다. 하지만 루이스 카브레라가 기록한 바대로라면, 이와 같은 위신과 평판의 문제가 늘 그렇듯이 막대한 자금 문제가 제기되자 소란은 잠잠해졌다. 황제가 왕국 밖에 있다는 이유로 원정은 차일피일 연기되었다. 하지만 사건의 여파는 여전히 엄청나서 귀국 후에 체포된 알론소 데 페랄타는 바야돌리드에서 재판을 받고 1556년 5월 4일 사형에 처해졌다.[176] 그렇게 큰 죄를 지은 것인가? 부지가 공격받자 그는 서둘러 에스파냐에 원군을 요청했다. 이에 대한 에스파냐의 지령은 매우 느린 속도로 당시 나폴리 부왕인 알바 공작에게 전달되었다. 공작의 명을 받은 도리아 대공이 1556년 3월 나폴리에서 갤리 선단의 출항 준비를 마쳤을 때는 이미 항복 소식이 도착한 후였…….[177]

약소국들이 각자의 문제를 해결하는 동안, 강대국들은 외교 게임을 계속했다. 1555년 3월 22일[178] 교황 율리우스 2세의 사망으로 카를 5세는 든든한 후원자를 잃었다. 마르켈루스 2세의 재위가 고작 몇 주일 만에 끝나버리고,[179] 1555년 5월 23일[180] 파울루스 4세가 선출되자 프랑스 국왕은 잃었던 것을 돌려받았다. 이날 마르슈[벨기에]에서 프랑스와 신성 로마 제국의 평화협상이 시작되었다.[181] 처음에는 황제에 대한 교황의 적대감이 표출될 일이 없었지만, 이 적대감은 유럽 북부에 안착될 것처럼 보이던 평화를 위협하기에 충분했다. 실제로 프랑스는 평화의 희망이 사라질 경우를 대비하여 1555년 10월 13일에 체결된 비밀조약—물론 베네치아와 브뤼셀은 조약의 체결을 알고 있었다—을 통해서 교황의 공식적인 동맹을 약속받았다.[182]

제국 내부에서도 주목할 만한 변화들이 나타났다. 펠리페는 1554년에 별문제없이 잉글랜드에 도착했다.[183] 모든 외교관들이 그의 도착에 주목한다. 여왕이 그를 좋아할 것인가, 아닌가? 후사가 생길 것인가? (1555년 이후 사람들은 후사가 없을 것이라고들 이야기했다.) 동시에 카를 5세가 잉글랜드 국왕이 된 아들에게 나폴리와 시칠리아 왕국 그리고 밀라노 공국을 물려줄 것이라는 소식이 전해진다.[184] 이는 분명 새신랑을 돋보이게 해주기 위한 제스처였다. 1551년에 페르디난트가 막시밀리안을 보헤미아의 국왕으로 임명한 것처럼 말이다. 이는 위신과 의전의 문제일 수 있다. 하지만 이러한 권리 포기는 분명 카를 5세의 강력한 양위 의지를 보여준다. 같은 해인 1554년에 작성된 그의 유언장은 이에 대한 설득력 있는 증거를 제시한다. 사실은 한 번이 아닌 여러 번의 양위이다. 일반적으로 우리는 헨트에서 연출된 장엄한 장면, 즉 네덜란드의 양위만을 생각한다. 1555년 10월 25일 카를 5세는 신분의회 석상에서 눈물을 글썽이며 처음으로 자신의 퇴위 의지를 표명한 바 있었다.[185] 그런데 이 시기에 그는 이미 시칠리아, 나폴리, 밀라노를 이양한 상태였다. 1556년 1월 그는 멀리서 조용히 에스파냐를 포기한다.[186] 1558년 임종 직전에 이르러 그는 황제의 금관을 최종적으로 내려놓을 것이다. 이 최후의 양위는 페르디난트의 간청으로 미루어진 바 있다. 페르디난트는 황제 선출 과정에서, 그리고 네덜란드와 이탈리아에서 카를 5세의 보호막이 필요할지도 모르는 펠리페에게 닥칠 돌발 상황을 우려하고 있었다.[187]

미녜와 가샤르 이후 우리는 이 양위를 내부적이며 철저히 개인적인 갈등으로 그 의미를 축소시켜왔지만, 이는 올바른 평가가 아닐 수도 있다. 1554년부터 1556년 사이에 감돈 전운을 고려해야 한다. 카를 5세는 아들이 아버지의 죽음 이후 일어날 혼란 속에서 제위를 계승해야 하는 위험한 상황을 피하게 해주고 싶었는지도 모른다. 자신의 숙원을 포기하고, 또 페르디난트 일가에 독일이라는 거대한 함선을 양보한 것은 그가 1552-1553년 이후 이 모든 것이 불가능하다는 점을 깨달았기 때문이다. 1555년에 페르디난트에게 16세기 말까지 독일의 안정을 보장할, 그러나 내심으로는 혐오해마지 않던 아우크스부르크 화의에 대한 권한을 넘겨주었을 때, 카를 5세는 사실상 키의 손잡이를 스스로 놓아버렸다. 게다가 펠리페의 결혼 선물인 잉글랜드는 그토록 불안정한 독일을 대체할 수 있는 세력 균형의 안전판이었다. 독일을 포기한다는 것, 어쩌면 그것은 전쟁과 막대한 지출을 끝낼 수 있는 유일한 방법이 아니었을까?

어쨌든 펠리페의 제국은 독일로부터 분리되었다. 이는 지중해 세계에서 중요한 사건이다. 1558년 7월에 펠리페 2세가 1551년의 협약에 의해서 약속된 이탈리아에서의 황제 대리직을 요구하면서, 마지막 관계가 끊어질 것이다.[188] 페르디난트에게 파견된 펠리페의 대사는 1558년 7월 22일 상당히 그럴듯한 답변을 듣는다. "친애하는 조카인 에스파냐와 잉글랜드의 국왕을 대신하여 이탈리아에서 황제 대리직을 수행하는 문제에 관해서 그대가 과인과 협의하려고 한 바를 검토하였소. 우리는 그 약속을 잊지 않고 있으며, 약속을 지키고자 한다는 사실을 국왕에게 전하기 바라오." 그러나 이는 민감한 사안이다. "나의 주군이신 황제와 과인 그리고 그대의 국왕이 알고 있는 다른 이들이 내 아들 막시밀리안과 함께 그를 제국의 보좌역에 임명하려고 했을 때, 이 문제로 인해서 제국 내에 야기될 여러 곤란한 상황과 소란에 대해서 이야기했던 것을 펠리페 전하는 기억해야 할 것이오. 그러한 방식으로는 뜻을 이루지 못할 것이오. 그럼에도 우리는 황제의 뜻을 받들기 위해서 과거에 결정된 바를 이행해야 했소. 그리고 우리가 원한 바는 전혀 아니었지만, 과인이 앞날을 제대로 내다보았음이 밝혀졌소. 우리의 계획을 알게 된 모리츠 공작과 제후들이 전쟁을 일으켰으니 말이오⋯⋯."[189]

그런데 이제 와서 황제 대리 문제로 동일한 위험을 무릅쓸 것인가? 합스부르크 가문이 제국을 세습하려고 한다는 비난을 부채질하면서? "종교 문제를 비롯한 다른 고민거리 말고도, 프랑스와 투르크를 상대해야 하는 그대의 국왕이나, 투르크와 헝가리의 반란을 상대해야 하는 과인이 해결해야 할 문제를 고려해보면" 독일의 거대 세력을 상대로 싸우겠다는 것은 적절한 판단이 아니다. 게다가 오스트리아 가문을 적대시하는 교황 또한 골칫거리가 아닌가? 페르디난트는 이렇게 덧붙인다. "또다른 문제가 있소. 황제

대리직을 수행하기 위해서 전하는 필히 이탈리아에 거주해야 하오. 이는 우리가 한 약속의 암묵적인 조건이오. 당연한 이야기이지만 플랑드르나 잉글랜드 또는 에스파냐에서 황제 대리직을 수행하는 것은 우리의 의도와 전혀 다르오……." 이 이야기는 펠리페보다는 우리에게 더 아이러니하게 들린다. 요약하자면 결론은 이렇다. "이러한 조건하에서 우리는 전하가 이탈리아에 도착하는 즉시 적법한 형식에 따라 증명서를 발송할 것임을 약속하는 바이오." 이는 지켜지지 않을 약속이다. 얼마 지나지 않아 펠리페 2세는 그저 에스파냐의 국왕으로만 남게 될 것이다.

유럽의 평화에 가장 크게 기여한 것은 아마도 독일에 대한 포기 선언일 것이다. 이는 황제가 양위를 처음 선언한 이후 암묵적으로 인정된 바였다. 마르슈에서 열린 협상은 일반적으로 알려진 바와 달리 중단된 적이 없었다.[190] 협상 결과, 여름이 시작되기 직전인 1556년 6월 5일,[191] 잉글랜드 여왕의 중재 덕에 보셀 화약[앙리 2세와 카를 5세가 체결한 5년간의 휴전협정]이 체결되었다.

물론 이 협정은 어떤 문제도 해결하지 못했고, 그저 현상 유지를 인정했을 뿐이다. 그러나 이 협정으로 전투가 멈추었고, 그에 따라 막대한 지출도 중단되었다. 모두가 바라는 바였다. 페르디난트는 "현재 모두가 자금 부족에 시달리고 있다"며 탄식하지 않았던가! 그는 프랑스의 중재를 통해서 투르크와 휴전협정을 체결하기를 기대했다.[192] 한편 이러한 진정세 속에서 카를 5세는 펠리페를 네덜란드에 남겨놓은 채 마침내 권좌에서 내려와 속세에 작별을 고하고 에스파냐로 떠날 생각을 하고 있었다.[193] 그렇다면 제국은 거의 동일한 형태로, 즉 정치, 군사적으로는 브뤼셀을, 재정적으로는 안트베르펜을 수도로 삼는 형태로 유지될 것이었다. 브뤼셀에서 유럽을 바라보며 다스린다니, 꽤 그럴듯한 계획이다. 하지만 유럽이 순순히 이러한 지배를 받아들일 수 있을 것인가?

3. 다시 전쟁으로. 여전히 결정적인 북부의 역할

보셀 화약의 파기

보셀 화약의 파기는 난해한 문제이다. 서로 기진맥진한 상황을 고려하면, 이 화약은 사부아와 피에몬테 등의 정복지를 보유하게 된 프랑스나 다시 한번 세상의 주인으로 비쳐진 합스부르크 왕가 모두를 충분히 만족시킬 만한 조약이었다. 합스부르크 왕가는 시칠리아, 나폴리, 시에나, 피아첸차, 밀라노를 차지했다. 한마디로 반도 대부분을 지배하게 되었다고 할 수 있다. 16세기에 피에몬테는 이탈리아가 아니지 않은가? 끝으로 교황에게 이 화약은 완전한 평화를 도모할 수 있는 절호의 기회였다. 이는 교황의 전통적인 역할이었고,[194] 파울루스 4세는 최소한 자신의 역할에 최선을 다하는 모습을 보여주어야 한다고 생각했다. 그는 공식적인 환영사를 발표하며,[195] 평화 체결국에 특사를 파견했다. 심지어 그는 베네치아 대사 나바게로[196]에게 화약 체결이 자신의 공이라고까지 주장했다. 물론 베네치아인들을 비롯해서 그 누구도 교황의 말을 믿지는 않았다.

사실 화약의 체결은 로마의 입장에서 청천벽력과 같은 소식이었다.[197] 교황의 온갖 시도에도 불구하고 평화조약이 체결되었다는 소식은 빠르게 전파되었다.[198] 협정이 깨어진 것은 어쨌든 교황 덕분이다. 아직 남아 있던 전쟁의 불씨가 이토록 신속하게, 그것도 단 한 사람에 의해서 다시 타올랐다는 것은 놀라운 일이다. 이는 거센 역사의 소용돌이 속에서 개인이 어떤 역할을 할 수 있는가를 상기시켜준다. 고령의 나이(1477년에 태어난 그는 79세의 나이에 교황으로 선출되었다)에도 불구하고 그는 놀라운 열정과 넘치는 활력, 그리고 경건한 신앙심(그는 테아토 수도회의 창건자이다)을 보여주었다. 타협을 모르는 교회의 수호자였던 이 교황은 파울루스 3세의 사망으로 1549년에 중단된 카를 5세와의 투쟁, 즉 로마와 카이사르의 영원한 갈등에 다시 불을 지폈다. 그는 1527년의 로마 약탈을 일으킨 주범이자 독일에서 신교도의 승리를 방치하고 아우크스부르크 화의를 용인한 자가 아 닌가.

이 대결은 파울루스 4세와 카를 5세 사이에 있었던 불화의 일면일 뿐이 다. 교황의 적개심을 과소평가해서는 곤란하다. 하지만 파울루스 4세에게 는 다른 이유가 있었다. 친 프랑스 성향의 카라파 가문을 이끌던 이 나폴리 인은 나폴리의 지배자이자 가문의 원수인 카를 5세를 증오했고 깊은 원한 을 품고 있었다. 나이가 많아 자유로운 이탈리아를 알고 있었다. 그에게 황 제는 외국인이자 점령자였으며, "이단이자 교황의 권위를 거부하는 분리주 의자, 저주를 받아 마땅한 인간, 유대인과 무어인을 낳은 가장 천한 족속", 즉 에스파냐인의 주구(走狗)였다.[199] 그는 이탈리아의 해방을 얼마나 열망 했던가? (교황의 계획이 실패로 돌아간 이후 베네치아 대사에게 했던) 이야 기를 들어보자. "친애하는 베네치아의 귀족 여러분, 그리고 다른 분들도 잘 들으시오. 프랑스와 에스파냐라는 흑사병에서 해방될 기회를 원하지 않은 그대들은 모두 후회하게 될 것이오……. 이 두 나라 사람은 모두 야만인들 이며 그들 나라 밖으로 나오지 않는 것이 옳소."[200]

파울루스 4세는 머리와 가슴 모두 충동적인 사람이었다. 설교가이자 신 학자인 이 인물은 자신의 꿈과 생각으로 지어진 그만의 세상 속에서 살고 있었다. 마리야크에 의하면, "그는 마치 철학자처럼 국가의 문제를 막연하 게 큰 틀로만 이해하는 인물이었다."[201]

이러한 특징들을 고려하면, 1556-1557년에 표출된 교황의 전략이나 열 정을 이해할 수 있을 것이다. 게다가 교황은 혼자가 아니었다. 그는 하나가 아닌 복수의 전략을 가지고 있었고, 모든 일이 그에게서 비롯된 것도 아니 었다. 교황의 측근에는 가족과 조언자들이 있었다. 그중에는 가공할 인물인 카를로 카라파 추기경이 있었다. 그는 교황만큼이나 열정적이며 불가사의 한 인물이었지만 교황의 놀라운 능력에는 비할 바가 못 되었다. 추기경은 탐욕스럽고 다혈질이었다. 프랑스와의 협상에서도 그랬던 것처럼, 그는 중대한 결과를 초래할 수도 있는 황제 측과의 협상에 의욕적으로 임했지만, 그다지 용의주도하지는 않았다.

1556년 6월, 교황의 측근이자 특사 자격으로 프랑스 궁정에 도착한 추기경은 몽모랑시의 "평화적인" 개입이라는 형식적인 약속을 받고 프랑스를 떠났다.[202] 콜리니도 이 계획에 연루되었다.[203] 몇 개월 후, 그러니까 10월과 11월에 이르러 교황과 알바 공작 사이에 협상이 개시되었고, 11월 18일, 40일간의 휴전협정이 체결되었다.[204] 협상이 진행되는 동안 카라파 추기경은 오스티아까지 진격한 알바 공작과 직접 접촉했다. 여기에서 나온 술책은 상당히 의외였다. 카라파 일가는 프랑스인이 토스카나와 시에나에서 계속 유지하고 있던 프랑스 점령지를 달라고 에스파냐에 요구했다. 델라 카사의 문서 중에는 "황제에게 시에나의 지배권을 요청하는 카라파 추기경의 주장"[205]이라는 흥미로운 보고서가 있다. 에스파냐의 문서보관소에 보관된 1557년 1월 22일자 보고서는 "교황과 체결한 협정에 따라 시에나를 몬토리오 백작—그는 카라파 추기경의 형제이다—에게 이양하는 조건"을 상세히 기록하고 있다.[206] 합스부르크 왕가와의 투쟁 그리고 그들이 차지할 수도 있는 이탈리아 점령지 분할에 베네치아 영주들을 끌어들이려고 협상을 벌인 것도 바로 이 인물이다. 베네치아인들은 "손을 더럽히고" 싶지 않다면서—보나마나 오만한 태도로—제안을 거절했다.

자, 그렇다면 이 인물이 파울루스 4세의 전략과 의중을 성실하게 해석했다고 보아야 하는가, 그렇지 않다고 보아야 하는가? 확실한 판단을 내리기 쉽지 않다.

분명한 것은 파울루스 4세가 일찍부터 합스부르크 왕가에 대한 적의를 공공연히 표출했다는 사실이다.[207] 심지어 그가 황제의 폐위를 위해서 공의회를 소집하려고 했다는 주장이 제기되기도 했다. 프랑스 국왕의 행동에 대한 예측은 합스부르크 왕가에도 중요한 문제였다. 그는 중립을 지킬 것인가? 그렇다면 교황은 분명히 프랑스와 보조를 맞출 것이다. 아니면 17세기에 유행한 표현대로 "뒤에서 지원만 하는(couverte)" 전쟁 상태를 계속 유지하려는 프랑스 국왕의 의도에도 불구하고 전쟁이 재개될 것인가? 7월 이후 포로 문제에 대한 협상과 자신의 아들의 몸값이 올라간 데에 불만을 품은 몽모랑시가 루이 고메스와 벌인 평화협상은 오래가지 못했다. 브뤼셀의 대응은 냉철했다. "이들은 협상을 종결할 구실을 찾기 위해서 알바 공작이 교황에 맞서 무슨 짓을 벌이기만을 기다리고 있다."[208]

다시 한번 반복해보자. 놀라운 일이지만, 카라파 가문의 전략은 대단히 효과적이었다. 그러나 프랑스인들은 로마 편에 서지 않는 것이 적의 세력을 키워주는 결과를 낳지 않을까 우려했다. 게다가 그들은 휴전협정을 깨지 않으면서 우회적인 방법으로 교황을 지원하고자 했다. 사실 교황의 개입이 실효를 거둔 것은 신속함 때문이었을 것이다. 불씨는 여전히 살아 있어서, 프랑스인들은 아직도 나폴리와 밀라노에 대한 미련을 버리지 못하고 있었다. 이미 속세를 떠났다고 알려진 카를 5세마저 파울루스 4세에게 크게 분노했다. 그는 모든 전송문을 다 읽고는 6월에 이르러 에스파냐 여행을 보류하기로 결정한다. 과거 로마와의 격렬한 투쟁을 똑똑히 기억하고 있던 황제는 알바 공작에게 교황의 준비태세에 대해서 대응하도록 지시했다. 이는 파국에 이르는 것만큼은 결코 피하고자 했던 펠리페의 의견에 반대되는 것이다. 이 갈등은 고루한 생각과 케케묵은 감정 싸움으로 잔뼈가 굵은 늙은이들이 일으킨 집착의 결과이다. 게다가 이는 새로운 원한을 키울 뿐이다.

생 캉탱

이탈리아 문제로 인해서 이탈리아에서 시작된 전쟁은 논리에 맞지 않지만 이탈리아 반도와 그 주변, 즉 지중해에서 벌어지지 않았다. 투르크 함대가 참전하지 않으면서 강력한 동맹군을 상실한 프랑스는 남부 지중해에서 어떠한 결정적인 공세도 취할 수 없었다. 1556년에 투르크 갤리 선 몇 척이 사략선단과 하산 코르소를 대동하고 일시적으로 오랑 포위작전을 시도한 것이 고작이었다.[209] 하지만 전쟁이 절정에 달한 1557년에는 이 정도의 교란작전조차 시행되지 않았다.

1556년 12월, 프랑수아 드 기즈는 보병 1만2,000명, 무장 기병 400명, 경기병 800명으로 구성된 대부대를 이끌고 알프스 산맥을 넘었다.[210] 더 많은 병력이 이동하고 있다는 소문마저 돌았다.[211] 기즈의 군대와 페라라 공작이 징집한[212] 이탈리아 군대는 무엇을 하려는 것인가? 알프스 이남의 유일한 동맹군인 페라라 공작은 프랑스의 이탈리아 주둔군 사령관으로 임명되었다. 이는 너무도 당연한 조치였는데, 사실 그는 군 지휘권을 사위인 프랑수아 드 기즈에게 일임했다. 밀라노를 공격할 것인가? 이는 현명한 결정이었을 것이다. 하지만 야심만만한 기즈는 정복과 왕좌를 원했다. 그는 아마 나폴리 왕국을 차지할 것을 꿈꾸면서 파울루스 4세의 요청을 애써 무시했다. 교황은 1556년 11월에 조인되고 12월에 갱신된 에스파냐와의 협정을 폐기하겠다고 통고했다. 에스파냐 역시 약속을 이행하지 않았다. 시몽 르나르에 따르면, 1월 12일, 교황은 자신의 모든 "교황권"과 로마 교회의 수입을 총동원하여 전쟁을 수행하기로 결심했다.[213] 그는 볼로냐와 페루자를 프랑스에 다시 넘겨줄 계획을 수립했던 것으로 보인다. 이곳에서라면 피렌체 공작을 더 효과적으로 방해할 수 있었다. 프랑수아 드 기즈가 로마까지 간 이유는 이해할 수 있다. 그러나 그곳에서 한 달 동안 기즈는 음모를 꾸미느라 시간을 허비했고, 4월 5일에 이르러서 나폴리 왕국을 공격했지만 별다른 소득을 얻지 못했다. 5월, 그는 수세에 몰린다. 그리고 8월, 프랑스로 복귀하라는 명령을 받는다.

홀로 남겨진 교황은 결국 협상에 임해야 했다. 알바 공작에 의해서 매우 온건한 어조로 체결된 평화조약은 9월 14일에 공표되었다.[214] 종전 소식이 알려지면서 큰 축제가 벌어졌다. 이중 두 가지 예를 들어보면, 먼저 9월에 팔레르모에서 "교황 파울루스 4세와 우리의 국왕 펠리페 2세의 평화 교섭을 축하하기 위해서 축제의 불을 밝혔고,"[215] 11월 18일 바야돌리드에서 교

회 종소리와 테 데움[Te Deum, 찬미가]이 울려퍼졌다.[216]

에스파냐와 교황이 체결한 이 평화조약의 중요성을 굳이 강조할 필요는 없을 것이다. 이 사건은 서유럽 역사의 전환점을 이룬다. 이는 합스부르크 왕가에 대한 로마의 굴복, 굳이 달리 표현하자면(파울루스 4세는 이 항복을 절대 끝이라고 생각하지 않았다. 1558년 교황이 새로 선출된 황제를 인정하는 데에 얼마나 까다롭게 굴었는지 상기하자) 로마와 에스파냐의 결합을 의미한다. 이 평화는 가톨릭교와 교회를 지키기 위해서,[217] 그리고 반동 종교개혁의 승리를 위해서 1580-1590년까지 지속될 것이었다. 이는 성속(聖俗)의 동맹이 이루어져야 보장될 수 있는 평화이다.

이미 밀라노로 퇴각한[218] 프랑수아 드 기즈는 [프랑스 북부] 생 캉탱 참사(1557년 8월 10일) 소식에 다시 알프스 산맥을 넘어야 했다. 알려진 바대로, 콜리니는 에스파냐의 포위가 개시된 지 하루 뒤에 생 캉탱에 도착했다. 도시를 구하러 나선 콜리니의 군대는 8월 10일 에스파냐 주력 부대의 급습을 받고 솜 강을 따라 흩어졌다. 대량학살이 벌어졌고 콜리니 원수를 포함하여 수많은 병사들이 포로로 잡혔다. 후방에서 펠리페는 시시각각 승전 소식을 접했다. 그는 부친에게 이렇게 전한다. "밤 11시, 적이 패주했다는 소식과 원수가 포로로 잡혔다는 소식이 전장으로부터 도착했습니다. 1시에는 사령관의 체포 소식은 아니지만 승리를 확인시켜주는 다른 소식이 들어왔습니다……. 오늘 아침 이곳(보르부아)에 도착한 저는 내일이면 현장에 도착할 것입니다. 사촌[에마누엘레 필리베르토]의 가솔 하나가 원수와 포로들을 직접 보았다고 확인해주었습니다. 명단을 확인하시기 바랍니다."[219]

생 캉탱을 잃고 프랑스 국왕이 무장해제된 상태에서 무슨 짓을 못하겠는가? 펠리페의 말대로, "자금이 부족해지지만 않는다면" 말이다.[220] 허풍 섞인 말이 오고갔다. 하지만 자금 사정은 재난에 가까웠다. 1557년 1월 1일의 법령은 에스파냐의 파산 상태를 알려주었다. 단판 승부를 걸지 않는 한, 에마누엘레 필리베르토의 바람대로 모든 규범을 무시하고 파리로 진격한다는

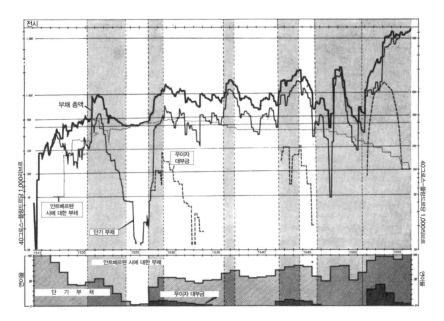

도표 66. 카를 5세와 펠리페 2세의 안트베르펜 부채 1515-1556년

페르낭 브로델의 "안트베르펜에서 카를 5세의 부채(Les emprunts de Charles Quint sur la place d'Anvers)" in *Charles Quint et son temps* (CNRS), 1959.
세 가지 유형의 채권자, 즉 안트베르펜 시, 현지 상인들(단기채무), 그리고 유력인사(무이자)가 있었다. 하단의 그래프는 비율을 표시하는데, 단기부채의 비중이 결국 우세해짐을 알 수 있다. 이 거대한 채무의 춤추는 듯한 곡선은 전쟁의 진행상황을 반영한다. 회색 부분은 전쟁 기간에 상응하며, 각 부분은 부채의 급증이 동반됨을 보여준다. 연이은 두 번의 독일 종교전쟁은 그중의 하나이다. 로그 좌표로 표시했기 때문에 50만 리브르에서 500만 리브르로 상승한 최종 시기의 변화를 과소평가할 수 있다. 때는 펠리페 2세의 치세가 시작된 시기이다. 이 도표를 완성하려면 적어도 메디나 델 캄포의 기록을 검토해야 할 것이다.

원대한 계획은 실현 불가능했다. 은퇴한 카를 5세도 이 놀라운 소식을 접하면서 같은 바람을 품었다. 계획이 성사되었다면 과연 어떤 결과가 나왔을까? 알 수 없는 노릇이다. 하지만 앙, 르 카틀레, 생 캉탱(지원군의 패배 이후에도 생 캉탱은 저항을 지속했다), 누아옹 같은 소도시들을 공격하면서 시간을 허비한 황제군은 승리의 열매를 취하지 못했다.

프랑스 국왕은 대응책을 마련하고, 세력을 결집시키면서 기즈가 귀환할 때까지 시간적 여유를 가질 수 있었다. 그런데 이상하게도 승자의 신용보다 패배한 프랑스 국왕의 신용이 더 비싼 값에 거래되었다. 한겨울인 12월 31일 기즈는 칼레를 공격하여 1월 6일에 이곳을 점령했다. 잉글랜드인들은 전통적인 거점을 상실했다. 자신감이 지나쳤다. 적절한 시기에 에스파냐의 지원을 받아들이지 않은 것도 원인이었을 것이다. 상황은 회복되었다. 물론 1558년 7월 13일 테르므 장군은 그라블린에서 공격을 당했고 잉글랜드 함대의 개입으로 상당한 타격을 입었다. 그러나 기즈 공작은 6월 말 메스를 위협할 수 있는 티옹빌을 장악했고,[221] 이 전과로 프랑스는 다시 한번 전세를 만회했다.

같은 해인 1558년, 프랑스의 요청에 응답한 강력한 대규모 투르크 함대가 지중해에 모습을 드러냈다.[222] 함대는 6월 초에 나폴리 연안, 7일에는 칼라브리아의 작은 항구 에스킬라체에 도착했다.[223] 13일 나폴리 만[224]에 당도한 함대는 통상적인 정박도 포기한 채 곧장 이동을 계속했다.[225] 함대는 소렌토와 마사에 대한 기습에 성공했다. 이곳 주민들은 특별 전령을 통해서 경고를 받았지만, 공격이 그렇게 빨리 시작되리라고는 예상하지 못했다. 6월 26일, 함대는 약탈을 반복하면서 프로치다 인근에 도착했고, 다시 서쪽으로 돛을 폈다.[226] 제노바 만에서 프랑스 함대를 찾지 못한 투르크 함대는 발레아레스 제도로 진격했고, 그곳에서 피알리 파샤는 메노르카의 작은 마을 치우다델라를 장악했다.[227] 모리스코의 반란을 걱정하던 발렌시아에는 비상이 걸렸다.[228] 프랑스는 투르크 함대가 툴롱과 니스로 회항할 것이라는 약속을 받아냈지만, 도착한 피알리 파샤는 바스티아에 대한 공격을 거부했다. 여기에는 여러 가지 이유가 있었다. 그라블린의 소식도 그렇거니와 많은 노꾼들이 질병으로 사망하면서 갤리 선을 밧줄로 묶어 끌고 가야만 했다. 그러나 가장 큰 이유는 피알리 파샤가 싼값에 제노바인들에게 매수되었기 때문이다.

프랑스인들의 항의에도 불구하고 피알리 파샤는 결국 회항했고, 에스파냐 측 갤리 선은 거리를 유지하며 피알리를 뒤쫓았다. 기독교 세계에 큰 타격을 안겨주기는 했지만, 이 습격은 전쟁의 향배에는 큰 영향을 끼치지 못했다.

그리하여 1557년 9월 이후 로마와의 갈등이 해소되면서, 양측은 평화협상을 재개할 수 있었다. 결국 상황은 1556년으로 되돌아갔다. 물론 두 가지 새로운 점이 있었다. 먼저 1558년 9월 21일 카를 5세가 [에스파냐의] 유스테에서 사망했고, 에스파냐에서 펠리페 2세의 존재는 과거 그 어느 때보다 절실해졌다. 둘째로 11월 17일[229] 메리 튜더가 사망했다. 이제 프랑스를 위협하던 잉글랜드와 에스파냐 제국의 연합이 와해되었다. 잉글랜드에서는 온갖 위기와 복잡한 상황이 발생하면서 왕위 계승 문제가 제기되었다. 다시 한번 외교관들은 유럽 북부의 상황에 촉각을 곤두세웠다.

카토-캉브레지 평화조약

카토-캉브레지 평화조약을 위한 1559년 4월 2일과 3일의 협상에서 잉글랜드 문제는 역사가들이 생각하는 것 이상으로 중요하다.

양측의 재정 소진이 강화에 영향을 끼쳤음은 분명하다. 게다가 무력을 통한 해결이 불가능하다는 것이 확실해졌다. 프랑스의 국내 상황 역시 심각했다. 국경 너머에서 온 보고서들을 문자 그대로 받아들인다면, 이 나라보다 더 큰 불만에 차 있는 나라는 찾기 힘들었다. 귀족은 가난하고 비참했으며, 인민의 신음은 하늘을 찌르고 있다는 것이다. 이와 같은 묘사가 어느 정도 과장되어 있다고 하더라도 전혀 틀린 것은 아니었다. 무력 대응을 결심한 앙리 2세의 정부와 신교도 사이의 갈등으로 인해서 나라 전체가 혼란에 빠졌다. 조약을 체결한 두 사람 중에서 이단 척결 문제에 단호한 입장을 취한 "가톨릭적인" 인물은 분명히 앙리 2세이다. 그가 추구하는 목적을 위해서 평화는 필수적이었다. 마지막으로 불안한 앙리 2세의 통치를 위협한 파벌 싸움을 고려할 필요가 있다. 기즈와 몽모랑시의 정치적 투쟁은 조만간 종교전쟁에 자양분을 공급하게 될 것이다. 사실 종교전쟁도 권력투쟁일 뿐이다. 베네치아인들의 교신에 따르면, "평화 시에 몽모랑시 원수는 프랑스의 제1인자였지만, 전쟁과 함께 모든 영광을 잃고 죄수가 되었다."[230] 너무나 잘 알려진 이야기이다.

이러한 현실은 뤼시앵 로미에[231]의 훌륭한 저작과 다소 오래되었지만 알퐁스 드 루블[232]의 연구에서 다루어진 바 있다. 그러나 다양한 관점이 가능하다. 프랑스 역사가들, 그리고 동시대인들 가운데 일부—나는 특별히 프랑스령 피에몬테 지방을 정비한 브리삭[233]을 염두에 두고 있다—는 카토-캉브레지 평화조약을 하나의 재난으로 받아들였다. 하지만 그 반대였다고 주장하는 편이 옳을지도 모른다. 프랑스는 이 조약을 통해서 에마누엘레 필리베르토와 마르그리트[프랑수아 1세의 딸], 그리고 프랑스의 엘리자베트[앙리 2세의 딸]와 펠리페 2세의 혼사를 얻어냈다. 아직 어린아이였던 엘리자베트는 에스파냐에서 "평화의 왕비"가 되어야 했다. 오늘날 우리는 이러한 결실을 과소평가하는 경향이 있다. 그러나 16세기의 모든 정치는 무엇보다도 가족의 문제였다. 이는 당연한 일이다. 혼사는 오랜 계산과 수많은 책략, 기다림, 복병이 도사리고 있는 중요한 사업이었다. 설령 그것이 다른 혼사의 가능성이 배제되었기 때문이라고 하더라도, 에스파냐와의 국혼은 프랑스로서는 놀라운 성공이었다. 펠리페 2세의 배필이 되는 문제는 전적으로 엘리자베트에게 달려 있었다. 1558년 10월에 펠리페는 진심을 담아 혼인을 요청한 적이 있지만, 엘리자베트는 이 청혼을 거절했었다.[234] 직접적인 이익 외에도, 프랑스의 혼사는 에스파냐 제국과 영국의 동맹이 갱신되는 것을 막는 보장책이기도 했다.

조약의 대가로 프랑스는 이탈리아를 포기하고, 사부아와 피에몬테를 반환할 것이다. 이 두 곳은 프랑스 왕국에 인접해 있어서 쉽게 흡수될 수 있었다. 그리하여 이 반환 조치는 프랑스가 이탈리아 반도에 개입할 가능성이 완전히 차단됨을 의미했다. 마지막으로 조약에 공인된 약속에도 불구하고 코르시카를 포기함으로써 프랑스는 지중해에서의 중요한 전략적 위치를 상실할 것이다. 그러나 프랑스가 코르시카 섬 전체를 차지했던 것은 아니었기 때문에, 결국 섬의 일부만 반환했을 뿐이다. 게다가 평화조약에 따라서 프랑스는 피에몬테에서 토리노를 포함한 5곳의 요새를 유지할 수 있었다. 이는 당장의 앞날을 보장하는 것이었다. 요새는 1562년 11월 2일 반환될 것이다.[235] 그러나 반환 이후에도 토리노는 이탈리아에서 프랑스의 교두보 역할을 지속할 것이다. 1574년 9월 느베르 공작은 앙리 3세가 토리노로 향하면서 "사부아 공작"에게 1562년 프랑스에 귀속된 피네롤로와 사빌리아노의 요새 두 곳을 손해배상 명목으로 선물했다는 소식에 분노했다.[236] 이제 앙리 3세에게 남은 알프스 이남의 땅이라고는 방어하기 힘든 도시와 마을들로 이루어진 살루초 후작령뿐이었다. 공작은 이렇게 덧붙인다. "비통할 따름이다. 이탈리아의 경관을 감상한 후, 왕국을 분할하고 이탈리아로 향한 관문을 거의 닫아버린 채 간신히 왕국으로 귀환한 전하의 모습에 과연 온 세상이 뭐라고 쑥덕거릴지 걱정스러울 뿐이다." "불행히도 구원받을 수단을 상실한" 가련한 이탈리아는 어떠한가? "에스파냐의 힘에 완전히 굴복했음을 깨닫게 되면서, 자신의 불행을 크게 한탄할 때가 반드시 올 것이다." 카토-캉브레지 평화조약이 체결된 지 15년 후인 1574년에 이탈리아의 빗장이 다시 걸렸던 것을 보면, 1559년의 포기가 말처럼 그리 결정적인 것은 아니지 않았을까?

불행히도 프랑스가 포기한 것은 이탈리아가 아니라 사부아와 피에몬테이다. 이곳은 절반은 프랑스와 공동운명체이며 스위스 캉통[canton : 道]과 연결되어 있다. 니스와 빌프랑슈의 협로를 통해서 바다와 접해 있는 한편, 이탈리아 북부 대평원과도 인접해 있다. 물론 엄밀히 말해서 이곳은 이탈리아가 아니다. 이 점에서만큼은 반델로[237]와 같은 이탈리아인의 증언을 믿어도 좋다. 그가 보기에 이곳은 풍습이나 관행 면에서 엄연히 이탈리아와는 다른 별개의 나라였다. 앙리 2세의 프랑스는 강화를 서두르기 위해서 헐값에 이곳을 내어준 것처럼 보인다. 확실히 앞날에 대한 분별력을 결여한, 그리고 변명의 여지가 없을 정도로 잔인한 결정이었다. 프랑스는 냉정하게 코시모 데 메디치에게 시에나를, 제노바에 코르시카를 넘겨주었다. 시에나의 망명자들은 펠리페 2세를 상대로 비싼 가격을 치르고서라도 자유를 찾으려고 애썼지만 헛수고였다.

그러나 1559년의 조약 속에는 프랑스의 계산이 숨겨져 있었다. 왕국 안팎에서 이단에 대해서 단호한 태도를 보여온 앙리 2세의 열정은 잉글랜드에 대한 전략의 일부가 아니었을까? 11월 메리의 사망과 더불어, 왕위 계승법에 따라서 잉글랜드 왕위에 대한 권리를 가지게 된 사람은 또 한 명의 메리, 즉 1558년 4월 24일[238] 프랑스의 왕세자와 혼인한 메리 스튜어트이다. 게다가 이 시기에 [메리의 이복동생인] 엘리자베스는 신중하지만 눈에 띌 정도로 프로테스탄트 쪽으로 기울어졌다. 로마는 이 점을 염려한다. 반면 펠리페 2세는 젊은 왕비의 파문 가능성을 제거하고자 노력한다. 파문은 프랑스의 침공을 촉발할 수 있었다. 이는 공공연한 비밀이었다. 시인들이 노래한다. 1559년 4월 롱사르는 앙리 2세에게 환희의 송가를 바쳤고, 이보다 앞서 메리 튜더의 사망 이튿날에는 벨레가 직설적인 소네트(4행시)를 낭송했다.[239]

유럽 북부와 잉글랜드 문제의 중요성을 보여주기에는 1559년 6월 펠리페 2세가 남긴 장문의 보고서만 한 것이 없다.[240] 에스파냐 여행을 포기할 정도로 그는 이 문제에 대해서 불안해했다. 펠리페 2세가 부재하는 동안 에스파냐 통치를 위임받은 여동생 후아나에게 전달된 이 날인 없는 문서는 아마도 국왕의 비(非) 에스파냐 출신의 조언자들이 만든 작품일 것이다. 보고서는 34개 항목에 걸쳐 왕이 북부의 중심인 플랑드르에 머물러야 한다고 강조한다. 프랑스인들은 잉글랜드 침공을 계획하고 있다. "따라서 잉글랜드를 잃게 된다면, 플랑드르도 위험해질 것이다. 논란의 여지가 있지만, 그런 일이 벌어지지 않을 것이라는 합당한 논거를 찾기는 힘들다. 반면 잉글랜드의 상실은 모든 면에서 기정사실로, 그것도 가까운 시일 내에 일어날 일로 보인다." 교황이 현재의 여왕을 폐위시킬 가능성은 차치하고라도, 프랑스의 왕세자가 지닌 권리, 잉글랜드 왕국의 무력함, 내부적 분열, 열악한 방어태세, 잉글랜드 가톨릭 교도들을 보호해야 할 필요성, 프랑스의 해군력 그리고 스코틀랜드의 이용 가능성 등 근거는 충분했다……. 도덕적인 이유에서 국왕은 잉글랜드에서 로마 교회의 적을 후원할 수는 없다. "대다수 섬 주민들"이 등을 돌리게 할 일을 벌일 수 있을 것인가? (네덜란드인들은 잉글랜드인 다수가 가톨릭 교도라고 생각하고 있었음을 알 수 있다.) 프랑스 국왕이 이런 중대한 계획을 추진하도록 내버려둘 것인가? 법적으로 그는 분명 자신의 이름을 걸고 평화를 선언하며 이를 유지하려고 할 것이고, 원정의 책임을 왕세자에게 맡길 것이다. 즉 평화조약에도 불구하고 그는 행동에 나설 것이다. 하지만 펠리페가 네덜란드에 머무는 한, 프랑스 국왕은 공격을 개시할 수 없을 것이다.

수뇌부의 문서를 문자 그대로 받아들여서는 곤란하다. 하지만 이 계획이 완전히 허황된 것은 아니라는 증거들이 존재한다. 만일 펠리페 2세가 에스파냐에 갈 때 프랑스를 경유하기를 거부하고, 그를 위해서 준비된 호의를 회피한다면, 이는 분명히 모험에 휩쓸리지 않기 위함일 것이다. 알바 공작은 파리 노트르담에서 거행된 결혼식에서 펠리페에게 암호화된 쪽지를 전달했다. "프랑스인들은 모든 대화를 통해서 전하에 대한 호의를 보여주고자 노력하고 있습니다……. 국왕의 측근들 사이에서 떠도는 이야기 셋 중 둘은 전하를 향한 프랑스 국왕의 애정과 호의 그리고 그가 전하를 위해서 할 수 있는 지원에 관한 것입니다. 당연한 이야기일 것이고, 또 진심일 수도 있습니다. 하지만 전하의 계획에 동참하겠다고 그들이 제안한 것은 전하께서 그들의 계획을 방해하지 못하게 하려는 의도 때문일 수도 있습니다……."[241] 화합의 첫 신호탄이 쏘아지던 순간에도, 펠리페 2세의 알제 원정계획—적어도 프랑스 측은 그렇게 생각했다—에 갤리 선단을 파견하겠다는 약속이 오가던 때에도, 의심은 사라지지 않는다. 공작의 다른 편지는 이러한 의혹을 분명히 표현하고 있다.[242] 그는 다소 경멸적인 어조로 프랑스 궁정의 말단 시종들까지 참사회의 비밀스런 결정을 모두 알고 있으며, 걷잡을 수 없을 정도로 소문을 퍼뜨리고 다닌다는 사실에 경악한다. 프랑스와 에스파냐 두 나라가 기독교 세계 전체를 지배할 수도 있으며, "전하가 잉글랜드에 대한 프랑스 국왕의 계획을 돕는다면, 프랑스는 전하가 이탈리아의 주인이 되도록 도울 것"이라는 이야기가 떠돌고 있다는 것이다.[243] 그러나 루이 고메스가 부서(副署)한 7월의 편지에서 알바 공작은 프랑스인들이 잉글랜드에 거점을 확보하게 내버려두어서는 안 될 것이라고 말한다. 이들의 계획에 동조하는 행위는 과거 "나폴리 사태를 돌이켜볼 때" 위험하면서도 미래를 예측하기 힘든 상황을 예고했다. "지금부터라도 전하는 비록 그럴 필요가 없다고 하더라도 잉글랜드인들과 프랑스인들이 전하가 네덜란드를 비워두지 않을 것임을 알 수 있도록, 전하가 떠나는 즉시 우리의 주군(돈 카를로스)이 이곳으로 올 것임을 지속적으로 선전하는 것이 유리할 것으로 사료됩니다."[244]

한편 엘리자베스 여왕은 노르망디 항구에서 진행되고 있는 프랑스의 동향을 우려하면서 스코틀랜드와 프랑스 측에 교섭을 시도했다. 1560년 앙부아즈의 음모[신교도 귀족들이 꾸민 프랑수아 2세의 납치 음모]는 사회적이며 종교적인 드라마인 동시에 외국인을 주인공으로 하는 드라마가 될 것이다.[245] 이 시기에 앙리 2세의 프랑스는 과거에 비해서 훨씬 허약해진 것이 사실이다. 카토-캉브레지 평화조약에 조인한 앙리 2세는 1559년 7월 10일에 갑작스레 사망했다.[246] 그의 사망으로 여러 문제들이 발생하면서 프랑스는 적어도 일정 기간 동안 큰 경기를 치를 능력을 상실했다.

불운이 아닐 수 없다! 하지만 1559년의 평화조약을 종합적으로 평가하려면, 역사가들이 줄곧 강조했던 케케묵은 상황, 즉 이탈리아와 코르시카의 상실에 대비하여 잉글랜드에 대한 기대감, 임박한 것처럼 보였으나 결국 이루어지지 못할 잉글랜드에 대한 희망을 대면시켜야 할 것이다.

펠리페 2세의 에스파냐 귀환

펠리페 2세는 북부의 나라들에 애착이 전혀 없었다. 1555년 이후 그는 아버지를 플랑드르에 남겨두고 에스파냐로 돌아가려고 했다.[247] 헝가리의 마리아[248]는 격분했다. 북부의 "흐린 하늘"은 노인을 위한 것이고, 남쪽의 태양은 젊은이를 위한 것이란 말인가? 1558년 펠리페는 고집을 꺾지 않았고, 숙모에게 네덜란드를 맡길 것을 고려한다. 그녀는 1556년 가을 에스파냐로 황제와 동행한 적이 있었다. 헝가리의 마리아는 결국 이 제안을 받아들였지만,[249] 1558년 사망했다. 펠리페 2세가 여행을 떠날 수 있었던 것은 1559년, 그러니까 카토-캉브레지 조약이 체결된 지 4개월 후이자, 장인인 앙리 2세가 사망하고 한 달이 지난 후였다.

전기작가와 역사가들은 이 여행에 대해서 아무런 언급도 하지 않는다.[250] 마리아나의 역사 후반부 저술가 역시 전혀 말이 없다.[251] 그의 기록은 아무런 설명도 없이 네덜란드에서 에스파냐로 건너뛴다. 그런데 이 여행으로 인해서 수년간 안정된 세력을 유지하던 펠리페 2세의 제국은 카를 5세의 유산 목록에서 삭제된다. 동시에 유럽에는 새로운 질서가 수립되었다. 1558년 새로운 지배자는 전쟁도 없이 요충지 두 곳을 잃어버렸다. 메리 튜더의 사망과 부친의 양위로 펠리페 2세는 잉글랜드와 신성 로마 제국을 상실했다. 앞에서 언급한 바와 같이 이 사건들은 한 가지 사실을 분명히 보여주었다. 독일의 프로테스탄트 세력과 페르디난트 그리고 막시밀리안이 단결한 적대행위에 맞서 싸우는 것은 불가능한 일이었다. 그러나 독일이 끝내 펠리페 2세에게 문을 닫으면서 외국이 되어버린 것과 거의 같은 시기에, 우연한 사건이 발생했다. 11월 메리 튜더의 급작스런 죽음으로 잉글랜드와 에스파냐의 연합이 와해되고 북해를 중심으로 역동적인 잉글랜드-플랑드르 연합국가를 만들려던 꿈이 사라져버린 것이다.

이 사건들의 중요성을 가늠하려면 펠리페 2세가 독일과 잉글랜드의 주인이 될 수도 있었다는 사실을 상기하면 될 것이다. 비록 허울뿐이지만, 황제의 직함은 상석권에 대한 짜증나는 논쟁을 피할 수 있게 해주었다. 황제의 직함은 이탈리아에 대한 에스파냐의 권위를 강화해줄 수도 있었고, 단일한 리듬으로 지중해와 헝가리 평원에서 대(對) 투르크 전쟁을 벌일 수 있게 해주었을 것이다. 다른 한편 잉글랜드의 지원이나 중립을 통해서 네덜란드 전쟁의 형세도 달라졌을 것이며, 16세기 후반의 핵심을 이루게 될 대서양의 패권 다툼이 참사로 끝나지도 않았을 것이다. 게다가 이러한 사건들의 여파로 펠리페 2세의 제국이 북부에서 남부로 축소될 것임을 누군들 예상했을까? 이탈리아에서 에스파냐의 패권을 강화시켜준 카토-캉브레지 평화조약을 통해서 에스파냐 국왕의 전략은 보다 시급하면서도 실익을 챙겨줄 사안들을 뒤로 한 채 유럽 남부에 집중되었다.

1559년 8월부터 9월까지 펠리페 2세의 에스파냐 귀국 여정은 이러한 추이에 종지부를 찍는다. 귀국 이후 펠리페는 이베리아 반도를 떠나지 못할 것이며, 에스파냐의 포로가 될 것이다. 에스코리알 궁전 칩거에 얽힌 전설과는 달리, 그는 여전히 많은 곳을 여행했지만,[252] 반도를 떠난 적은 없었다.

구농-루뱅[253]—그의 저작은 오래되기는 했지만, 여전히 유용하다—은 포르투갈 정복 후에 마드리드에서 리스본으로 천도하지 않고 대서양의 중요성을 간과한 펠리페 2세를 비판한다. 얼핏 보면 1559년 봄에 브뤼셀을 포기한 것도 비슷한 실책으로 보일 수 있다. 펠리페 2세는 치세 내내 의도적으로 유럽의 변경에 머물렀다. 정치적으로 그는 거리상의 불리함을 안고 있었다. 독일, 잉글랜드, 프랑스는 말할 나위도 없고, 정보의 진원지가 밀라노건 나폴리건 베네치아건 간에 마드리드보다는 브뤼셀이 정보의 전달 속도가 더 빨랐음은 수치를 통해서 입증될 수 있다. 에스파냐는 펠리페 2세의 본거지가 되었다. 펠리페의 전략의 성패를 좌우할 추진력은 강력하고 배타적인 이 근거지에서 나올 것이다. 국왕이 세상을 관찰하고 판단하게 될 곳도, 전략이 수립될 곳도 바로 이곳, 도덕적 분위기에 무겁게 짓눌린 에스파냐이다. 그의 측근이 바라는 것은 언제나 에스파냐의 이해관계이며 그의 주변에는 에스파냐인들이 포진할 것이다.

국왕의 귀환으로 측근의 구성 역시 변화했다. 이미 카를 5세 시절부터 황제의 이동은 비록 임시적일지라도 총애의 구도와 대신들의 신망에 변화를 가져왔다. 1546년 베네치아 대사 베르나르도 나바게로는 페레노에 관하여 이야기하면서 우연찮게 이를 지적한 바 있다.[254] "황제가 에스파냐를 떠나 독일이나 플랑드르에 체류하게 되면, 그의 영향력이 현저하게 커진다." 네덜란드를 떠나면서 펠리페 2세는 플랑드르와 프랑슈 콩테 출신의 대신들과 작별했다. 페레노의 아들 그랑벨의 사례에서 볼 수 있듯이, 결별은 나름의 의미를 가지고 있다. 방랑의 삶을 통해서 카를 5세의 제국 전역을 두루 돌아다닌 아라스 주교는 남부럽지 않은 조건을 보장받고 네덜란드에 남았다. 그는 펠리페 2세의 심복으로서 파르마의 마르가리타[펠리페 2세의 이복 여동생] 곁에 머무른다. 그러나 그의 처지는 황제가 있던 시절, 그리고 1559년에 펠리페가 떠나기 전까지 여러 참사회에서 누려온 위치에는 비할 바가 못 된다. 이후 20년 동안 그는 왕으로부터 멀리 떨어진 채 지내게 될 것이다. 두 사람의 뒤늦은 해후와 1579년 그랑벨의 마드리드 도착, 그리고 도착 이후 시작된 제국주의의 발전이 지닌 중요성은 잘 알려져 있다.[255]

에스파냐로 귀환한 펠리페 2세는 오랫동안 에스파냐 조언자들에게 의지했다. 이베리아 반도의 왕국은 국왕에게 큰 애정을 보여주었다. 카를 5세는 쉴 새 없이 여행했지만, 펠리페는 이베리아 반도를 떠나지 않았다. 에스파냐는 그를 "몸속 깊이" 받아들이며,[256] 국왕의 에스파냐 체재를 은혜로 받아들이며 감사할 것이다. 하지만 페리아 공작은 1595년 "과연 국왕이 에스파냐 중심부를 지배하는 것처럼 그토록 광대하고 수많은 자신의 영지들을 완벽하게 통치할 수 있을지 의문스럽다"라고 말한다.[257]

사실 계획 수립과 연기를 수차례 반복해온 만큼, 이번 여행보다 더 즉흥적인 것도 없어 보인다. 사람들은 너무 쉽게 펠리페 2세의 취향 때문이라고 단정한다. 네덜란드가 그를 사랑하지 않았던 것처럼, 그 역시 네덜란드에 애정이 없었고, "그곳에서 지내는 것을 지긋지긋하게" 생각했다. 그는 어서 저지대를 떠나 다시는 돌아오고 싶지 않았는지도 모른다.[258] 분명한 것은 그가 서둘렀다는 사실이다. 프랑스 대사 세바스티앙 드 로베스핀은 7월 27일 헨트에서 국왕[259]에게 다음과 같은 서한을 보냈다. "에스파냐 왕이 얼마나 성급한지, 동시에 자신을 지체시키는 방해요소들을 주도면밀하게 제거하기 위해서 얼마나 서두르고 있는지는 이루 말할 수 없을 지경입니다." 엘리자베스 여왕의 대사에 의하면, 에스파냐인들 사이에서 국왕이 다시는 네덜란드를 찾지 않을 것이라는 풍문이 돌고 있었다. 파르마의 마르가리타는 "에스파냐에 대한 전하의 열망"을 언급한다. 그러나 이러한 열망에는 중요한 동기들이 숨겨져 있다. 브뤼셀에 있는 펠리페의 에스파냐 출신 조언자들은 1555년부터 그랑벨과 쿠르트빌, 에흐몬트, 오라녀 공작 등 "부르고뉴" 일파에 맞서 왕의 귀환을 주장해왔다. 이들에게는 나름대로 개인적인 동기가 있었다. 누군가는 익숙한 생활과 자신의 집을 그리워했고, 누군가는 이권을 되찾고 싶어했다. 혹자는 고국에서 진행되고 있는 국유재산의 대량매각의 기회를 놓치지 않으려고 했다. 이들도 에스파냐를 그리워했다.

국왕의 오랜 부재로 인해서 정부 조직은 해이해졌다. 에스파냐인이 다스리던 국가는 세 개의 수도와 세 개의 정부로 구성되어 있었다. 브뤼셀은 전쟁 사령부이자 외교활동의 중심축이다. 유스테 수도원은 카를 5세가 애초 결정된 바와 달리 이른 시기부터 통치업무를 재개한 곳이다. 마지막으로 바야돌리드에서는 후아나 공주가 참사회의 의견을 들어가며 핵심적인 행정업무를 담당한다. 세 수도의 역할 분담은 제대로 작동하지 않았다. 수많은 서신에도 불구하고 연락망은 불완전했다. 서신들이 한결같이 이 점을 불평한다. 협조 부족으로 인한 결과는 곧바로 나타났다. 바야돌리드에서 협상이 끝난 후에야 비로소 국왕은 사안을 접할 수 있었다. 이 말도 안 되는 업무 진행이 야기한 시간적 손실을 계산해보라! 에스파냐에는 지배자가 없다고 말할 수 있었다. 1558년 9월 유스테 수도원에서 카를 5세가 사망한 후에 상황은 더욱 악화되었고, 후아나 공주는 상황을 타개할 만한 역량을 전혀 갖추고 있지 않았다.

펠리페 2세는 승리의 분위기에 도취된 채 브뤼셀을 출발했다. 이곳에 있던 이탈리아 전역의 대표들이 정복자 주변에 모여들어 소란을 떨면서 자금을 제공하거나 청원서를 제출했다. 코시모 데 메디치는 시에나를 보장받으려 하고, 몰타의 기사단장은 트리폴리 원정에 필요한 명령을 받아내고자 한다. 제노바 공화국은 코르시카 수복에 따른 세부적인 문제들이 해결되기를 원하고, 파르네세 가문은 로렌 공작부인을 몰아내고 파르마의 마르가리타가 네덜란드를 통치하게 해달라고 요청한다……. 연회가 진행되고, 테 데움(Te Deum)이 울려퍼지는 동안 펠리페 2세는 새로운 총독의 권력을 제한함으로써 플랑드르 제후들에게 마지막 특혜를 베푼다. 8월 11일, 그는 블리싱겐[네덜란드의 남서부]에 도착한다. 그리고 예상과 달리 이 섬 저 섬, 이 성과 저 성을 전전하며 2주일간 풍향이 바뀌기를 기다린다. 25일에 드디어 국왕의 함대가 닻을 올린다.

장 드 방드네스의 『일지(*Journal*)』는 귀환 여정을 매우 자세하게 기록하고 있다.[260] 여기에 젊은 알레산드로 파르네세[훗날의 교황 파울루스 3세]의 가정교사 아르딩헬리[261]가 파르마의 마르가리타에게 보낸 몇 통의 편지가 곁들여지면, 정말 완벽한 이야기가 재구성된다. 모친의 동의 하에 에스파냐에서 성장하여 스페인 정치의 포로가 된 알레상드로는 국왕의 여정에 동행했다. 우선 왓슨이나 프레스콧 또는 브라틀리의 책에서 묘사된 펠리페 2세의 낭만적인 라레도 상륙에 얽힌 전통적인 서술은 완전히 허구임을 알아두자. 국왕은 그의 보물과 수많은 수행원, 그들의 소중한 짐과 함께 바다 속에 가라앉는 함대에서 구사일생으로 빠져나와 작은 배 한 척에 올라타고 홀로 도착한 것이 아니다. 태풍이 있었고, 무리를 뒤따른 중형 범선이 큰 타격을 입은 것은 사실이지만, 1559년 9월 26일의 펠리페 2세의 편지에 따르면 태풍으로 가라앉은 배는 단 한 척뿐이다.[262] 국왕은 사고가 발생하기 하루 전에 이미 상륙해 있었다. 결국 이 시나리오는 모두 허구이다. 이 시나리오는 아마 "이후 국왕에게 연이어 닥친 모든 불운과 불행의 진정한 전조"[263]라며 그레고리오 레티가 이 사건에 대해서 남긴 장황한 이야기에서 유래했을 것이다.

4. 16세기 중반의 에스파냐

국왕이 도착할 무렵 에스파냐의 상황은 어떠했는가? 확실히 국왕과의 재회에 흥분해 있었다.

수년 전부터 모두가 국왕의 귀환을 간청했다. 1555년부터 섭정과 참사회가 국왕의 귀환을 요청했고,[264] 1558년에 소집된 카스티야의 신분의회에서도 마찬가지였다.[265] 카를 5세를 비롯하여 이베리아 반도의 관리들도 모두 국왕의 귀환이 절실하다고 판단했다. 프란시스코 오소리오[266]는 편지마다 이 문제를 언급하면서, 국왕이 귀환하면 어려운 문제들이 모두 해결될 것이며, 상황이 호전될 것이라고 말한다. 1550년 5월 17일 그는 "평화와 국왕 전하의 귀국은 더할 나위없는 안도감과 기쁨을 안겨줍니다"라고 이야기한다.[267]

상황의 심각성은 분명했다. 전쟁에 직접 개입한 것은 아니었지만, 에스파냐는 인력과 함대, 그리고 엄청난 자금을 투입했다. 사회적으로나 경제적으로 그리고 정치적으로도 에스파냐는 전쟁으로 인해서 혼란스러웠고 점점 더 불안해졌다. 게다가 종교적 위기가 심화되면서 불안이 가중되었다.

프로테스탄트의 위협

1558년,[268] 세비야와 바야돌리드 그리고 군소 도시에서 "프로테스탄트" 공동체가 출현했다. 사실 전혀 정확한 표현은 아니지만, 결국 그렇게 받아들여진 용어이니 "프로테스탄트"라는 표현을 사용하도록 하자. 자신의 아들만큼이나 카를 5세 역시 프로테스탄트 공동체 출현 소식에 경악을 금치 못했다. 1559년의 여행이 프로테스탄트 문제 때문이라고 언급될 정도였다. 라레도에 상륙한 지 얼마 후에 바야돌리드 중앙광장에서 두 번째 처형이 거행되었다.[269] 한 달이라는 간격을 두고 두 사건이 벌어졌다. 덴마크 역사가 브라틀리는 전통적인 해석에 입각하여 세비야와 바야돌리드의 비보를 전해들은 펠리페 2세가 "에스파냐로 돌아와서야 비로소 탄식을 멈출 수 있었다"라고 기술한다.[270]

종교재판소의 조직적인 대규모 탄압은 에스파냐에서 확산되고 있던 프로테스탄티즘과 그로 인한 위협에 대한 반증인가? 마르셀 바타용의 기록을 유심히 살펴보면, 반드시 그렇지는 않은 듯하다. 『에라스무스와 에스파냐(Érasme et l'Espagne)』의 저자[271]에 의하면 1558년의 "프로테스탄트"는 루터교와 무관한, 그러니까 이미 오래 전부터 존재해온 에스파냐 영성운동의 계승자들임을 보여준다. 바야돌리드와 세비야에서 일어난 영성운동의 불길을 면밀히 분석해보면 마치 진귀한 열 가지 서로 다른 금속 가루를 불태울 때에 발생하는 불길처럼 다채로운 색깔이 나타난다. 아우구스틴 카사야나 콘스탄티노와 같은 유대 신비주의 전통의 개종자들이 무엇을 이식시켰을지 누가 정확히 파악할 수 있겠는가? 거기에서 불타오른 신비적 계시론, 순수 에스파냐산의 불가사의한 금속은 정제 과정을 거친 다음 신비주의의 중요한 재료가 되었다. 내면을 향한 정신적 신앙을 설파한 에라스무스의 사상으로 회귀하려던 이들은 또 어떠한가? 1520년과 1530년 사이에 이베리아 반도는 광범위하게 유포된 영성운동에 문호를 활짝 열어놓았고, 그 결과 에라스무스주의와 발도파의 사상이 유입되었다……. 그로부터 20년 후, 이들의 사상은 변형 과정을 겪기는 했지만, 여전히 살아 있었다. 설사 루터교의 일부가 유입되었을지라도, 에스파냐에서는 프랑스의 분리주의적 교파처럼 조직화된 프로테스탄트 교파가 출현하지 않았다. 설사 가톨릭 전통에 반대할지라도, 에스파냐의 이단은 인간의 정신과 더불어 교회와 그 조직, 요컨대 정통교리를 지키려는 경향을 보여줄 것이다.

이 새로운 종교적 영성의 온상에 새롭게 변화된 것이 전혀 없었다면, 또는 거의 없었다고 한다면, 1559년의 탄압은 왜 일어난 것일까? 마르셀 바타용에 따르면,[272] 달라진 것은 다름 아닌 탄압의 방식이었다. 가톨릭은 비타협적인 태도를 취했고 매질을 하려고 매를 들었으며, 무엇보다 두려움의 본보기를 만들고자 했다. 황제가 보여준 평화적인 전략, 애매한 노선과 입장을 취할 수밖에 없던 지난날의 불안한 긴장 상황이 해소된 것이다! 프로테스탄트의 비타협적인 태도로 인해서 모든 것이 명확해졌다. 1555년, 독일 프로테스탄트가 거둔 성공과 카를 5세의 퇴위 이후, 적대적인 두 집단 사이의 경계선이 분명히 그어졌다. 비록 연관된 것은 아니지만, 이탈리아와 에스파냐에서 강경한 탄압이 개시되었다. 에스파냐의 종교재판은 독립적으로 진행되었다. 비록 동일한 행보를 보여주기는 했어도, 펠리페 2세와 파울루스 4세의 관계는 전혀 우호적이지 않았다. 상황은 급속도로 전개되어, 펠리페 2세가 다시 찾은 에스파냐는 벌써 반(反)종교개혁과 탄압의 단계에 진입해 있었다. 물론 이는 펠리페의 작품이 아니다. 그것은 시대의 산물, 즉 기독교 세계의 이곳저곳에서 벌어진 사건들과 제네바의 부상 그리고 그가 주도한 것은 아니었지만 결국에는 연루될 수밖에 없던 거대한 영성운동이 초래한 결과였다. 그러나 이 모든 일들이 그의 치세 중에 일어났다. 10월 8일에 중앙광장에서 본보기로 집행된 "루터파" 처형식에 국왕이 친히 모습을 드러낸 것은 결코 우연이 아니다.

펠리페 2세의 우려를 간과하지는 말자. 독일과 프랑스에서 얻은 교훈에 비추어보았을 때, 1558년 펠리페의 걱정은 충분히 납득할 만하다. 그러나 1559년, 귀환 전부터 위험의 징후는 거의 나타나지 않았다. 후아나 공주에게 보낸 펠리페 2세의 편지는 이 문제를 거의 언급하지 않으며 특별한 우려를 보여주지 않는다. 6월 26일 편지[273]에서 그는 5월에 발생한 첫 번째 처형에 대한 장문의 보고서를 받았음을 밝히면서, 그저 "크나큰 죄악의 씨앗이

뿌려졌지만, 잘 치유되기"를 바란다고 덧붙였을 뿐이다. 차분한 어조였다. "크나큰 죄악의 씨앗"이지만, 그 씨앗이 무르익어 결실을 이룰 만한 시간은 없었다.

에스파냐에서 이단의 시대는 이 탄압으로 종말을 고했다. 이토록 쉽게 성공한 이유는 아마도 에스파냐에서 에라스무스주의나 프로테스탄티즘이 해외 수입품이었기 때문일 것이다(탄압으로 결코 사라지지 않았던 다른 운동이 존재한다). 외부로부터 이식되어 싹을 틔우고 피어난 꽃이 얼마나 오래 유지되었을까? 문명사적 관점에서 50년은 아무것도 아니지 않은가? 토양은 척박했고, 접붙이기도 쉽지 않았다. 결국 이 프로테스탄티즘은 그저 개인적인 기도의 피난처였던 에스파냐 신비주의, 성녀 테레사와 십자가의 성 요한에 의해서 계승되었을 뿐이다.

게다가 이 운동은 전혀 인기가 없었고 오히려 그 반대였다. 톨레도 대주교는 1558년 5월 이후 민중이 감염된 것처럼 보이지는 않는다고 분명하게 이야기한다.[274] 수감자들은 야간에 바야돌리드로 이송되었는데, 이것은 민중과 어린이들이 그들을 돌로 때려죽일지도 모른다는 우려 때문이었고, 그만큼 사람들은 이단에 대해서 큰 분노를 느끼고 있었다.[275] 1558년에 인문주의자와 신비주의자로 구성된 소규모 엘리트 집단 하나가 문제를 일으킨 적이 있었다. 종교재판소는 과거에 그러했듯이, 사회적으로 엘리트인 에스파냐 귀족들에 대해서도 어떤 관용도 베풀지 않았다.

베네치아인들이 "대귀족들의 동의하에 종교를 구실로 몇 차례 봉기가 일어났다"[276]는 근거 없는 소문을 퍼뜨린 것은 아마 이 때문일 것이다. 닥스 주교가 1559년 3월에 발송한 편지 1통은 이보다 한층 더 명시적이다.[277] "며칠 전부터 산마르코 광장에 이상한 소문이 돌기 시작했는데, 이제 사실로 확인되었다. 루터의 이단에 감염된 에스파냐 왕국의 대귀족 네 명이 봉기를 일으켰다……. 이들의 의지는 단호해서 가신들을 강제로 동참시키고 있으며, 만일 펠리페 국왕이 사태를 조기에 진정시키지 못한다면, 에스파냐에서 그의 입지는 한층 더 약화될 수도 있다." 그러나 베네치아는 로마와 더불어 헛소문을 만드는 데에 선수이다. 한때 랑부예 추기경은 샤를 10세에게 "이 탈리아에서 이곳(로마)과 베네치아 사이에 오가는 소식의 신뢰도와 평판은 프랑스에서 왕궁에 관한 소식에 버금갑니다"라고 말한 바 있다. 에스파냐의 "프로테스탄티즘"이 정치적으로 성공한 것처럼 보이지는 않는다. 그러나 혼동할 여지는 충분했다. 왜냐하면 에스파냐는 종교적 반란 외에도 정치적으로 불안한 상태였기 때문이다.

정치적 불안

우리는 통상 펠리페 2세의 통일된 에스파냐라는 표현을 사용하지만, 주의할 필요가 있다. 펠리페는 장기간 에스파냐를 강압적으로 통치했고, 이기간 동안 확실히 중앙집권화가 강화되기는 했다. 그러나 1559년경, 인민의 독립적 성향은 잠시 숨을 고르고 있었을 뿐이다. 법이 바뀐 것도 아니었으며, 반란의 기억은 여전히 생생했다. 국왕의 권위는 무제한적인 것도, 견제가 없었던 것도 아니다. 국왕은 도시의 자치권, 성직자의 막대한 재력, 부유한 귀족의 독립성, 모리스코의 공공연한 저항, "관료들"의 불복종과 충돌했다. 심지어 1556년부터 1559년 사이에 국가의 위신은 심각하게 훼손되어 일종의 명령불복종 현상이 만연했다.

이 현상은 공공연한 반란이라기보다는 불만과 무관심에 가깝다. 이는 역사가 로렌테가 수집한 사례들과 유사한, 나란히 비교되었을 때에만 그 의미가 나타나는 사소한 사실들을 통해서 드러난다.[278] "영욕의 세월을 견뎌낸" 카를 5세가 1556년에 라레도에 상륙했을 때, 그를 마중 나온 것은 소수의 귀족들뿐이었다. 노쇠한 황제는 당혹해하며 불쾌감을 드러냈다.[279] 얼마 후 카를 5세의 여동생인 프랑스의 왕비 엘리자베트가 헝가리의 왕비 마리아와 함께 이베리아 반도를 여행하게 되었을 때, 카를 5세는 하란디야에서 바다호스까지 이들의 여정에 동행할 귀족들을 호출했는데, 그중 일부는 호출에

응하지 않았고, 심지어 불응에 대한 변명조차 불필요하다고 판단했다.[280] 얼마 전에 과달라하라를 방문하려던 두 왕비는 인판타도 공작에게 저택을 내어줄 것을 요청했다. 이 저택은 펠리페 2세의 세 번째 결혼식이 치러진 장소이기도 했다.[281] 하지만 공작은 이들의 요청을 거절했다. 황제와 두 여인은 몹시 당황했지만, 황제는 자신을 위해서 크게 봉사한 바 있는 공작에게 더 이상 아무런 요구도 하지 못했다. 1558년 1월 플라센시아의 코레히도르(corregidor)가 유스테 인근의 쿠아코스 마을에 대한 명령을 집행하는 과정에서, 황제에 의해서 이곳에 파견된 한 경관과 마찰이 빚어졌다. 코레히도르는 경관을 체포하고 구금해버렸다.[282]

통치의 공백, 그리고 재판관과 대신들이 충분하지 않은 상황을 틈타 특권을 추가로 확보하기 위한 이전투구가 벌어졌다. 1559년 10월[283] 펠리페 2세는 재정 적자 문제를 해결하기 위해서 부정행위를 적발하고 긴축 재정을 시도했다. 노련한 조언자이자 바야돌리드 대법원 법학사(licenciado)인 팔로마레스는 대귀족들이 법정에서 제시한 과도한 요구와 관련하여 특이한 내용의 편지를 발송했다. 펠리페 2세가 1548년부터 1550년까지 독일에 체류하고 있을 당시 7-8명의 에스파냐 대귀족들이 바야돌리드의 산 파블로 수도원에서 회합을 가지고, 작위를 가진 모든 기사들은 오직 국왕에 의해서만 재판을 받는다는 주장을 제기했다. 또한 이들은 장원에서 일어난 형사사건이 국왕 법정에 회부되는 경우, 결정된 벌금이 영주에게 귀속된다고 주장했다. 이에 대한 근거로 이들은 후안 1세 시기에 제정된 이른바 과달라하라 법을 들었는데, 팔로마레스에 의하면, 이 법은 진위를 알 수 없는 또는 전혀 맥락이 다른 법이었다. 1556년 (사소한 사실이지만 1554년 잉글랜드로 떠난 국왕이 귀국하기 전이었다는 점을 상기하자) 산 파블로 수도원에서 한 차례 더 회합을 가진 귀족들은 동일한 요구를 반복했지만, 후아나 공주는 이를 거부했다. 그러자 귀족들은 우회적인 방법을 생각했다. 영주 토지 매각의 경우, 특히 1559년에 매각한 경우, 계약서 작성자들은 소위 과달라하라 법을 근거로 국가의 권위를 위협할 수 있는 조항을 삽입시켰다. 자신에게 유리하도록 조항을 삽입한 최초의 인물은 국왕의 종신인 후안 드 바르가스 법학사였다. 그는 이 조항을 근거로 자신이 매입한 땅에서 집행된 형사재판의 수익을 차지하려고 했다. 이는 좋은 본보기가 될 수밖에 없었다. 팔로마레스는 이 사실들을 열거하면서 "전하의 종복과 참사관들 일부는 상기 매각을 통과시킨 바 있으니 전하는 이 점에 유의하셔야 할 것"이라고 덧붙인다. 최고위 관리들까지 연루된 것이다.

봉토를 매입한 자들과 영주들의 이러한 행태는 국가의 무능함, 국가 권력을 침식하던 빈곤함과 나약함을 보여준다. 동시에 습관적으로 왕권에 도전하던 장애물들이 다시 부상했음을 알 수 있다. 사법관할권을 박탈당할 위기에 처한 도시들은 격렬하게 저항했고, 국왕에게 직접 대표를 보내서 종종 자신들의 요구를 관철시켰다. 세비야의 상인들이 정부의 조치를 피할 수 있도록 지원한 것은 바로 통상원(通商院, Contratación)의 관리들이었다. 1557년 봄, 정부는 서인도 선단이 운반한 개인분배금에 대한 압류를 시도했다. 카를 5세는 "700만-800만 두카트가 도착했고, 그중 500만 두카트에 대한 압류가 가능했다. 하지만 상인들의 대처로 인해서 금고에는 50만 두카트밖에 남아 있지 않았다"며 분노했다![284] 황제가 크게 역정을 내고 나서야 비로소 범죄자들에 대한 사법 조치가 진행될 수 있었다. 같은 해 가을[285] 서인도 선단을 맞이하기 위해서 알바로 데 바산의 함대를 급파한다는 보다 신중한 결정이 내려졌다. 이 함대는 9월 7일 산 루카르에 도착하여 현금을 압류했고 이를 산탄데르로 운반했다. 이 돈은 이후 네덜란드로 송금되었다. 국왕은 편법을 사용할 수밖에 없는 처지에 몰렸다.

심지어 전혀 손을 써볼 수 없는 상황이 발생하기도 했다. 아라곤의 부왕 프랑카비야 공작은 도시 자치법을 무시하고 "시위자" 한 명을 교수형에 처했다. 이러한 처사로 인해서 폭동이 일어났고, 국왕의 소집 명령이 내려지지도 않았는데 자발적으로 신분의회가 소집되었다. 부왕은 알하페리아로 피신했다. 소식을 접한 바야돌리드 정부는 그를 비난했다.[286] 프랑스와 전쟁을 하는 도중에 아라곤이 이탈하도록 내버려둘 수는 없는 노릇이다! 발렌시아에서도 타가리노(Tagarino : 기독교도와 구분이 되지 않는 모리스코), 즉 이 지역의 모리스코가 일으킨 사건을 심리하던—이것은 통상적인 업무였다—종교재판소 판사들에게 자중하라는 지시가 하달되었다. 1557년 6월 4일자 종교재판 위원회에 도착한 서신은 이렇다.[287] "지난 9월 4일……위험한 시기이니만큼……타가리노에 대한 심리를 당분간 중단할 필요가 있다는 견해를 그대들이 보낸 바 있다."

납득할 만한 일이지만, 이러한 지시를 받고 소심해진 관리들은 명령이 내려져도 행동에 나서기를 꺼려했다. 종교재판관 아르테아가는 1559년 2월 28일 최고재판소에 보낸 편지에서 바르셀로나 성청 소속 경관이 최고재판소에서 내려진 판결의 집행을 발렌시아로 이관해달라고 요청한 사실을 알린다.[288] "작금의 사태로 기소된 인물들 대부분이 이 도시에서 이름난 관리들이다 보니 구형서에 거명된 자들을 체포하지 않았습니다. 스캔들과 대소동을 피하기 위해서입니다……." 작금의 상황을 고려하다니. 왕권이 시험대에 오를 만큼 확실히 심상치 않은 시기였다.

재정적 곤란

지배자는 행동이 자유롭지 못했다. 국왕이 에스파냐 귀환을 결정했던 가장 큰 이유는 단연 돈 문제였다. 돈은 국왕의 모든 결정에 영향을 끼쳤다.

펠리페 2세가 물려받은 제국의 재정 부채는 어마어마해서, 전쟁이 재개됨에 따라 불가피해진 첫 번째 지출로 인해서 그는 파산에 직면하게 되었다. 1557년 1월 1일, 파산은 공식화되었다.[289] 그러나 정말 파산한 것인가? 펠리페 2세의 유명한 법령들 중에서 첫 번째는 유동성 부채를 장기 공채로 전환하는 조치에 불과했다. 왕실 재정은 높은 이자와 까다로운 조건을 가진 대부와 선불금으로 운용되었다. 대부자들은 상인들이었는데, (분산되어 있는 에스파냐 제국 그리고 국왕이 네덜란드에 체류 중이라는 사실을 고려할 때) 그들만이 원거리에서 충분한 지불 기한을 두고 자금을 동원할 수 있었다. 국왕은 막대한 이자를 지불했고, 만기가 된 대부를 갚아나갔다. 이렇듯 이 국가 부채는 매우 다양한 서류 뭉치로 구성되어 있었다. 법령은 채무 무효화를 선언한 것이 아니라 공채(juro), 즉 5퍼센트 이자의 영구 또는 종신 국채로 상환하겠다는 내용이었다. 이 조치는 1557년 1월 1일에 시행되었다.

은행가들은 항의했지만, 곧 복종했다. 가장 강력하게 항의했던 푸거 가문도 마찬가지였다. 법령은 분명 상인들에게 큰 피해를 주었다. 이들의 신용도는 떨어졌고, 자본은 동결되었다. 남은 방법은 공채를 판매하는 것이었고, 또 그렇게 할 수밖에 없었다. 그러나 시세가 급격히 하락했고, 그 비용은 판매자가 부담했다. 실제로 푸거 가문이 굴복했을 무렵,[290] 공채의 시세는 명목 가치의 40퍼센트 내지 50퍼센트로 하락했다. 5퍼센트에 불과한 영구 채권에 비해서 높은 이자(12-13퍼센트)를 지불하는 단기 채권으로 교환할 수밖에 없었고 그로 인한 피해가 지대했지만 그렇다고 완전한 파산은 아니었다.

카토-캉브레지 평화조약이 체결될 때까지 궁여지책으로 그럭저럭 국가 체제를 유지할 수 있었지만, 문제가 사라진 것은 아니었다. 에스파냐 국왕에 대한 선불 지불에 유일하게 동의했던 제노바의 은행가들도 이전에 비해서 더 까다롭게 굴었다. 1558년에 바야돌리드에서 체결된 두 건의 계약을 예로 들어보자. 먼저 제노바 은행가 니콜로 그리말디는 국왕에게 금화 100만 에퀴를 선불금으로 지급한다.[291] "상기 니콜로 그리말디는 플랑드르에서 80만 에퀴를 에퀴당 72그로(gro) 은화의 비율로 아래와 같이 지급하기로 약속한다. 에스파냐 함대의 첫 도착에 맞춰 30만 에퀴, 11월 말에 25만 에퀴, 같은 해인 1558년 12월 말에 25만 에퀴를 추가로 지급한다. 나머지 20만 에퀴는 에퀴당 11레알(real)의 비율로 11월과 12월에 걸쳐 밀라노에서 지급할 것이며, 그 다음 달에 절반을 지급할 것이다." 반대로 국왕은 보증을 제공한다. "국왕은 에스파냐에서 에퀴당 400마라베디(maravedi)로 환산하여 100만 에퀴를 지급한다. 30만 에퀴는 라레도에 보관 중인 은으로, 다른 30만 에퀴는 페루에서 출발한 첫 배로 운송한 금과 은으로 지급한다. 올해 10월 중에 지불이 불가능할 경우, 상기 그리말디는 플랑드르에서건 밀라노에서건 11월 말과 12월에 약속된 금액을 지급하지 않을 수 있다. 1559년 카스티야의 특별 상납금(servicio)에서 30만 에퀴와 환어음은 이자 없이 그리말디에게 지급될 것이다. 이자율 10퍼센트의 국채로 지급 가능한 4억 마라베디를 보충하기 위해서 166,666에퀴가 지급될 것이다. 이전의 부채인 54만 에퀴에 대해서는 다음과 같은 방식으로 상환할 것이다. 11만 에퀴는 금리 10퍼센트, 13만5,000에퀴는 금리 12퍼센트, 17만 에퀴는 금리 14퍼센트, 그리고 2만5,000에퀴는 광산을 담보로 제공할 것이다. 이 금액에 대한 이자는 1556년 말까지는 14퍼센트, 1557년에는 8퍼센트로 계산될 것이다. 나아가 그리말디에게는 에스파냐로부터 100만 에퀴의 금 수출권이 부여될 것이다."

이 수치들은 예외적으로 혹독했던 상황을 반증한다. 그리말디와 동행한 익명의 프랑스인이 남긴 논평을 들어보자. "아시겠지만, 이 제노바 상인은 자기 것은 전혀 내놓지 않은 채, 이쪽에서 자신이 받는 것과 동일한 조건으로 안트베르펜과 밀라노의 환시세로 돈을 빌려주었지만, 그럼에도 펠리페 국왕을 만족시켰습니다. 그는 1에퀴가 350마라베디의 가치밖에 없는데도 이쪽에서 400을 받으므로 1에퀴당 50마라베디를 벌게 됩니다. 이는 15퍼센트의 비율이나 됩니다. 게다가 그는 플랑드르에서 1에퀴당 72그로 은화를 빌려줌으로써—1에퀴는 78그로 은화에 해당합니다—거의 비슷한 수익을 올리게 됩니다." 논평자는 도대체 무슨 이유로 에스파냐 국왕이 이같은 계약에 서명했는지 의아해한다. 만일 라레도에 돈이 있었다면, 이를 직접 가져오는 편이 더 단순하지 않았을까? 논평자에 따르면 이 계약에는 두 가지

이점, 해상 운송의 위험을 제거하고 이전 채무의 대부분을 차지하는 국채의 비율을 축소시킨다는 이점만이 있을 뿐이다. 이러한 재정 부채는 펠리페 2세의 차입 전략에 큰 영향을 끼쳤다.

같은 해, 또다른 제노바 상인인 콘스탄티노 젠틸레[292]에 의한 60만 에퀴 융자 역시 불리한 계약이었다. 12만5,000에퀴는 세비야에서 즉시 상환되고, 1558년 7월 다시 세비야에서 같은 액수의 상환이 예정되었다. 그리고 35만 에퀴는 카스티야의 특별 상납금을 저당으로 잡았다. 여기에 이전 채무인 140만 에퀴에 대한 장기 공채화와 비상식적인 환차익이 덧붙여진다. 무명의 논평자는 이같은 거래에서 누가 이득을 취하는지를 잘 보여준다.

이 두 가지 사례에서 드러나듯이, 모든 부담은 결국 카스티야의 몫이었다. 이는 놀랄 만한 일이 아니다. 나폴리의 파르네세 문서보관소에는 1557년 1월 1일 푸거 가문과 체결한 비정상적인 아시엔토 계약서 사본이 보관되어 있는데, 상황은 여기에서도 마찬가지였다.[293] 이 험난한 시기에 체결된 계약들은 모두 똑같이 카스티야의 일반 조세와 특별 조세, 그리고 서인도 선단이 싣고 온 귀금속을 담보로 했다. 펠리페 2세의 신용은 결국 에스파냐의 신용에 달려 있었다. 그런데 에스파냐의 신용은 엉망진창인 상황이다.

실제로 에스파냐는 무절제하게 착취되었다. 파울루스 4세와 전쟁을 치르는 동안에는 성직자들을 상대로 문자 그대로 돈을 강탈해야 했다. 성직자들은 싸우다가 지쳐서 결국 자금을 내놓았다. 필요에는 법이 없듯이, 서인도 제도의 선단이 수송한 은 역시 최대한 압류되었다. 이는 세비야 상인들에게 전달되어야 하는 것이거나 서인도 제도에서 귀환한 승객들의 것이었다. 1556년, 1557년, 1558년에 걸쳐 반복된 이와 같은 압류는 고통스런 기억을 남겼다. 펠리페 2세는 1559년에 이르러서야 이러한 압류를 상환하기로 결정했지만, 그마저 3분의 2는 공채로 지급되었다. 상인들은 이러한 조치에 환호했다. 이 조치는 그 자체로는 부당한 것이었지만, 이와 같은 반응은 대부분의 사람들이 이 정도의 조치조차 기대하지 않고 있었음을 보여준다.[294]

카토-캉브레지 조약의 체결 직후, 펠리페 2세는 압류 결정을 후회했던 것으로 보인다. "……(서인도 선단에) 탑승한 상인이나 개인들을 상대로 징발하는 것은 부당한 처사로 생각된다. 그들 앞으로 도착하게 될 재산을 그 주인에게 되돌려주는 것이 합당하다."[295] 현명했지만, 이미 때는 늦었다! 10년 뒤, 정부가 이전 방식으로 되돌아가려고 한다는 소문이 퍼졌다. 사람들은 에스파냐로 돌아가서 재산을 압류당하느니 차라리 아메리카에 머무는 것을 더 선호할 정도였다.[296]

정상적인 세입에 관해서 말한다면, 카스티야의 특별 상납금을 제외하고는 이미 고갈되었던 것으로 보인다. 결국 다른 재원을 찾아야 했고, 이러저러한 재정적인 조치들이 고안되었다. 후아나 공주의 1557년 7월 26일 편지는 이달고 칭호의 판매, 성직자 자식들의 적자화, 시청 관직의 신설, 토지와 영지 재판권의 매각…… 등의 목록을 왕에게 제안한다.[297] 이러한 매각은 특히 에스파냐 왕국을 혼란에 빠뜨렸다. 분명히 대귀족들이 이득을 보았겠지만, 알려진 바는 거의 없다. 1570년 이후에 이루어진 교회 토지의 매각과 함께 이 문제를 면밀히 조사할 필요가 있다. 왕실 재산은 사실상 시의 재산인 경우가 많았기 때문에 도시는 첫 번째 희생양이 되었다. 도시 소유의 토지는 귀족에게 넘어갔다. 그러나 여러 마을들이 이 기회를 틈타 자신의 마을을 매입함으로써 도시의 사법권으로부터 벗어났다. 시망카스는 이 방법으로 바야돌리드의 지배에서 해방되었다.

시청 관직의 신설은 도시를 이용하는 또 하나의 방법이었다. 국가는 관직 매매가를 통제했고 도시는 봉급을 지불했기 때문이다.[298] 도시의 불평은 당연했다.[299] 시의 재산을 지키기 위해서 도시는 플랑드르까지 특사를 파견하는 것도 주저하지 않았다. 펠리페 2세는 이들의 진정에 마냥 귀를 닫고 있을 수만은 없었다. 그는 거의 체결 직전까지 간 거래들을 무효화하고 결국 말단 관직에 대한 매매를 금지시켰다. 적절한 조치이기는 했지만 이 역시 뒤늦은 조치였다. 앞에서 인용한 팔로마레스 법학사의 편지에서 드러났듯이 여러 가지 폐해가 발생했는데, 그중 일부는 그라나다의 왕령지 횡령 사건처럼 아직도 그 실태가 제대로 알려져 있지 않다.[300] 1559년에 국가의 재정 상태는 심각했다. 펠리페 2세는 프랑스와 평화조약을 체결했지만, 조약이 체결될 때까지는 군대를 유지해야 했고, 체결 이후에는 이들을 또 해산시켜야 했는데, 이는 체불 급료를 지불해야만 가능한 일이었다. 자금이 부족해지자, 군대 해산은 불가능해지고 빚은 늘어만 갔다. 악순환이 반복되었다. 펠리페 2세는 3월에 에스파냐에 170만 에퀴를 요청했지만,[301] 섭정은 단 두 건의 계약, 80만 에퀴와 30만 에퀴의 계약을 성사시키는 데에 성공했을 뿐이다. 게다가 30만 에퀴를 마련하면서 에스파냐의 국고 지불을 책임지고 있던 운송 담당자 프란시스코 로페스 델 캄포의 신용마저 위태로워졌다. 그를 구하기 위해서 이미 비얄론 정기시의 기간을 6월까지 연장한 바 있었다. 1559년 7월 13일 후아나 공주는 펠리페에게 이렇게 전한다.[302] "운송을 맡은 자가 출발할 채비를 하고 있습니다. 전하에게 전달될 보고서를 통해서 확인하실 수 있듯이, 이 자는 거액의 마라베디와 관련된 임무에 최선을 다할 것입니다. 목표를 달성하기 위해서 가장 중요한 것은 얼마 전 도착한 서인도 선단의 화물이었지만, 알려진 바와 같이 선단은 아무것도 싣고 오지 않았습니다. 전하만이 아니라 그 누구도 물건을 배달받지 못했습니다." 세비야 시행정관들의 증언에 따르면, 해적이 출몰할지 모르니 배에 아무것도 선적하지 말라고 요구한 것은 누에바 에스파냐의 부왕이었다.[303]

이런 상황에서 6월로 정해진 지급기한을 지키는 것은 불가능했다. "비얄론 정기시를 성 야코보 축제일까지 연장하고 그 사이 가능한 방책을 마련할 것입니다."[304] 후아나 공주는 이렇게 덧붙인다. "아직 결정된 것은 아니지만 1561년 회기의 (카스티야의) 지원을 담보로 하거나 아니면 완전히 다른 항목으로 자금을 대출받을지라도, 정기시의 기한은 반드시 지켜져야 한다고 재정참사회가 결정했기 때문입니다. 이자가 얼마나 높건 또는 어떤 다른 손해가 발생하건 간에 운송 담당자의 신용이 최우선입니다. 사실 전하가 지금까지 필요한 것을 공급받으실 수 있던 것은 모두 그 덕분이며, 우리가 정기시 기한에 만족할 만한 성과를 거둔다면 앞으로도 계속 그러할 것입니다. 기대할 수 있는 재원은 가신 지위의 판매 대금이지만, 이는 전하께서, 특히 세비야와 관련하여, 제한시키신 바 있습니다. 그런데 1,500인의 가신을 확보하고자 이미 알칼라 공작의 명의로 15만 두카트의 계약을 체결한 바 있습니다." 동시에 섭정은 벨라스코 박사와 같은 전문가들을 펠리페에게 보내서 현실을 정확하게 알리고자 노력한다.[305] 그녀는 펠리페가 현실을 직시하지 못할까 우려한다.

네덜란드에서 펠리페 2세는 속수무책이다. 그는 6월 24일 이렇게 적는다.[306] "이곳에 머무는 동안 내가 얻은 것이라고는 망가진 이 몸과 이 나라(네덜란드)뿐이오…… 최선을 다해 방책을 찾고 있소…… 여기에서 불가능하다면, 나는 에스파냐로 가서 해결책을 찾을 것이오." 자, 상황은 명백하다. 펠리페 2세는 인심 좋고 독실하면서도 야심찬 꿈을 키우고 있는 후아나 공주의 역량을 전혀 신뢰하지 않는다. 펠리페는 그녀의 후한 인심에 짜증이 났다. 풍문에 따르면 그녀는 자신의 지위를 유지하기 위해서 돈 카를로스 왕자와 혼인하려는 야심을 키우고 있었다. 국왕은 1557년 루이 고메스의 이베리아 반도 여행을 떠올렸는지도 모른다.[307] 그의 심복이 성공했다면, 왕 자신도 운을 걸어볼 만하지 않은가? 구원은 에스파냐에 있었고, 국왕이 직접 나서야 했다. 앞에서 언급했듯이 역풍으로 인해서 네덜란드 남부의 섬을 오가며 시간을 지체했던 국왕은, 8월 24일 아라스 주교에게 보낸 편지에서 밝힌 것처럼 자신의 개인적 불편 때문이 아니라, "에스파냐에 도착해서 여기저기 필요한 방책을 찾을 수 있는 시간이 미루어진다는 사실"로 안타까워했다.[308]

이처럼 자세한 설명을 듣고 나면, 펠리페 2세가 에스파냐의 실상을 제대로 알게 되었을 때인 1559년 12월 27일에 그랑벨에게 보낸 편지에 나타난 극적인 어조에 수긍하게 된다.[309] "능력이 닿는 한 네덜란드에 필요한 모든 것을 공급할 수 있기를 진정으로 바라고 있음을 믿어주시오……. 그러나 맹세코 이곳의 상황은 그곳보다 더 열악하오. 그렇다 보니 그대를 원조하는 것은 물론이고 이곳의 열악한 상황을 타개하는 것조차 불가능하오. 그대가 이곳의 상황을 보면 놀라움을 금치 못할 것이오. 고백하거니와 그곳에 있을 때 나는 상황이 이 정도일 줄은 상상조차 하지 못했고, 내가 여동생[파르마의 마르가리타]에게 보낸 편지에서 볼 수 있듯이 지참금 외에는 다른 방책을 찾을 수 없었소."[310] 그가 환상에서 완전히 벗어났다는 점에는 의심의 여지가 없을 것이다. 너무 많이 쥐어짜낸 탓에 에스파냐의 곳간은 텅 비어 있었다. 어처구니없게도 제국의 부의 원천은 한동안 고갈되었다. 앞에서 이야기했듯이 펠리페 2세는 뒤늦게 정신을 차렸다. 남은 일생을 에스파냐에 남아 있기로 작정한 이상 이 나라를 정상화시켜야 할 필요성을 깨달았기 때문일까?

1570년 코르도바에서 개회된 카스티야 신분의회는 이듬해 마드리드에서 막을 내렸다. 개회식에서 에라소는 국왕을 대신하여 앞서 열린 1566년 회의 이후의 경과를 보고했다. "여러분도 아시다시피, 이 기간에 국왕 전하는 에스파냐에 계셨습니다. 이전 신분의회에서 왕국에 알린 바와 같이 전하께서는 자리를 비우고 몸소 전하의 다른 나라로 가야 할 위급하고 중요한 사안이 있었음에도 불구하고 말입니다. 그러나 전하께서는 이 나라의 안녕과 특별한 이익을 위해서만이 아니라 다른 국가들의 요구에 부응하기 위해서라도 에스파냐에 체류해야 한다는 점을 잘 알고 계십니다. 왜냐하면 에스파냐야말로 가장 중요한 거점이며 머리에 해당하는 핵심부이기 때문입니다. 그리고 여기에 여러분에 대한 전하의 애정을 덧붙이고자 합니다. 전하는 시급한 문제들에 대한 충분한 해결책을 내놓으시면서 자신이 에스파냐를 떠나는 일이 없도록 하라는 명령을 내리셨습니다."[311]

이 공식 연설문의 행간을 읽어보자. 펠리페는 예외적인 위험이 없는 한 그의 제국의 근간이자 국가 재정의 핵심인 에스파냐를 떠날 수 없다. 물론 브뤼셀은 훌륭한 정치적 수도이지만, 정치 말고는 할 수 있는 것이 없었다. 바야돌리드는 에스파냐 제국의 재정적 수도였다. 해결책은 이곳에서 수립되었고 카스티야 성문에서 열리는 정기시의 주기에 따라 만기일이 결정되었다. 그럴 수밖에 없었던 것이 국가 지출의 핵심을 곁에 집중시키려는 제국의 주인은 아메리카의 은이 도착하는 바로 그곳에 있어야 했기 때문이다. 하지만 국왕이 이 모든 사실을 진정으로 인지하게 된 것은 에스파냐로 돌아온 이후이다. 그전까지 저 먼 네덜란드에서 정부 당국자들에게 명령을 내려왔다는 사실은 확실히 그가 이와 같은 상황을 제대로 인식하지 못하고 있었음을 보여준다. 그랑벨에게 보낸 편지에서 펠리페 2세는 이를 자인한다. 그와 편지를 주고받은 사람들은 종종 국왕의 명령을 가소롭게 여겼다. 펠리페 2세의 고백을 들어보자. 바야돌리드에서 열린 참사회 직후 후아나 공주는 모두가 자신의 의견에 반대하면서 국왕에 대한 재정 지원이 불가능하다고 주장하고 있고, 국왕이 돌아와야만 문제가 해결될 것이라고 알렸다. 펠리페 2세는 후아나의 편지 여백에 "그들이 무엄하게도 나를 능멸하고 있다"라고 기록한다[312](아마도 비방가들이 일러바친 내용이었을 것이다). 그들이란? 참사들, 공주, 이베리아 반도의 실상을 알고 있는 모든 이들과 국왕의 귀환을 지지하는 자들이다.

결국 펠리페 2세는 에스파냐로 귀환했고 그곳의 상황이 상상했던 것 이상으로 심각하다는 것을 깨닫는다. 남은 문제는 다음과 같다. 피폐해질 대로 피폐해진 이 나라는 도대체 무슨 망상을 품고 지중해 전쟁을 악착같이 고집하는가? 꺼질 수 있었음에도 불구하고 전쟁의 불길이 더 크게 타오른 이유는 무엇인가? 신중왕 펠리페 2세의 책임인가?

제2장

오스만 투르크 패권의 마지막 6년, 1559-1565년

카토-캉브레지 평화조약이 체결된 1559년 4월부터 몰타 포위작전이 진행된 1565년 5-9월까지 지중해의 역사는 그 자체만으로 완결된 이야기를 구성한다. 이 6년 동안 지중해는 더 이상 서유럽과 북유럽에서 일어난 대형 사건들에 끌려다니지 않는다. 각자 내부적인 문제에서 해방된 지중해의 두 거인, 오스만 투르크와 에스파냐는 다시 대결의 무대에 오른다. 싸움이 아직 치열한 것은 아니다. 이들은 인정사정없는 전쟁을 원했는가? 근시안적이며 단순한 계획의 희생양이었는가? 어쨌든 결과는 예상했던 것보다 더 심각했다. 에스파냐의 불안한 게임을 따라가다 보면 그렇게 생각할 수밖에 없다. 에스파냐는 과감하다기보다는 상황에 끌려다녔다. 술레이만 대제의 통치 말기에도 오스만 투르크는 전략에 변화가 없었다. 한 가지 중요한 변화는 서유럽에서 에스파냐 휘하의 강력한 해군이 창설되었다는 사실이다. 그러나 에스파냐는 이 힘을 이용할 수 있을 것인가? 그리고 이 힘은 지중해를 통제하기에 충분할 것인가?

1. 오스만 투르크와의 전쟁 : 에스파냐의 광기인가?

독일에서의 아우크스부르크 화의[1555], 에스파냐 제국과 교황의 협정 (1557년 9월) 그리고 프랑스와 에스파냐의 카토-캉브레지 평화조약의 체결로 서유럽에 평화가 찾아든 바로 그 순간에도 지중해의 전쟁은 계속되고 있었다. 서유럽 도처에서 평화의 기운이 무르익었지만, 지중해는 예외였다. 격렬한 무력 충돌과 장기간의 휴식이 반복되면서 전쟁은 계속되었다. 동기도, 결과도 뚜렷하지 않았다. 1559년과 1575년 사이의 경제적 후퇴가 원인의 전부는 아니다.

에스파냐-투르크 교섭의 결렬

에스파냐와 투르크 같은 강대국에게 이 전쟁은 불가피한 것이 아니었다. 1558년 펠리페 2세의 측근들의 생각은 그러했다. 투르크와 휴전을 합의할 수 있다면 서유럽에서 행동의 자유가 확대될 것으로 보였다. 1558년 5월 21일 펠리페는 명확한 지령을 하달하면서 페르디난트 숙부에게 주교 아길라를 파견했다.[1] 그해 1월 2일자 서신에서 황제는 빈에서 투르크와의 교섭이 시작되었으며, (1547년 협약에 의해서 결정된 내용이지만, 1550년 이후부터는 지불되지 않은) 연공(年貢)의 연체 문제를 해결하고 심지어 금액 인상에 동의할 작정임을 알린 바 있다. 펠리페 2세는 이를 승인했다. "현재 기독교 세계로서는 투르크와 같은 막강한 힘에 대적하기가 쉽지 않습니다. 이러한 상황을 알고 있는 저로서는 폐하의 백성들과 헝가리인, 보헤미아인, 오스트리아인에게 전달되었고 또 선제후들도 찬성한 폐하의 신중한 견해에 동의할 수밖에 없습니다.……" 그런데 불과 며칠 전에 "투르크 궁정에서 활동하며 정보를 제공하던" 한 중재인이 술탄으로부터 "만일 국왕이 원한다면 에스파냐와의 화평" 약속을 받아내겠다고 장담하고 나섰다. 이 제안에 대해서 펠리페는 이렇게 반응한다. "과인을 대리하여 그와 같은 협상을 제안하는 것을 원치 않소. 몇 가지 분명한 이유가 있소. 물론 협상 가능성을 완전히 닫지는 않을 것이오. 지중해에서 과인의 군사력을 우려하는 투르크가 신성 로마 제국 황제와 협상 중인 평화안에 내가 동의하게 될 수도 있다는 사실을 알게 된다면, 그들이 협상 조건을 완화시킬 수도 있기 때문이오."

자, 이것이야말로 거만하며 체면을 차리면서도 필요한 경우 우회적인 방법을 거부하지 않는 에스파냐의 외교이다. 투르크에 먼저 손을 내밀고 싶지 않은 펠리페 2세는 빈을 통한 중재를 기대할 수 있다고 판단하자 의구심을 버린다.[2]

1559년 초 몇 달 동안 국왕은 배후공작을 계속했다. 3월 5일에 작성된 투르크와의 10년 또는 12년짜리 휴전조약의 조건을 기록한 문서가 발견되었다.[3] 베네치아 주재 대사의 서기관인 가르시 에르난데스에게 보낸 6일자 편지에서 국왕은 "그대가 알고 있는 바와 같이 술탄에게 파견할 인물로 선발된 니콜로 세코가 합류하여 프란치스코 데 프란키스가 착수한 휴전협정을 매듭지을 것"이라고 알렸다.[4] 니콜로 세코는 카를 5세의 궁정에 도착한 후, 지령을 받기 위해서 세사 공작을 방문할 예정이었다. 같은 날 롬바르디아 군대의 경리책임자인 니콜라스 시드는 국왕에 대한 봉사의 대가로 니콜로 세코에게 2,000에퀴, 가르시 에르난데스에게 5,000에퀴를 지급하라는 명령을 받았다. 가르시는 이 금액이 누구에게 전달되어야 하는지 알고 있었다. 같은 날, 니콜로 세코에게 전달된 지령[5]은 추가적인 정보를 제공한다. 사건의 주모자는 프란치스코 데 프란키스 토르토리노였던 것으로 보인다. 제노바 공화국을 위해서 두 번째 콘스탄티노플 방문길에 오른 그는 당시 베네치아를 통과하는 중이었다. 그는 루스템 파샤(당시 투르크의 대재상이었다) 앞에서 자신이 어떻게 운신해야 할 것인지, 그리고 어떤 선물을 준비해야 좋을지에 대해서 바르가스 대사와 오랜 대화를 나누었다.

이미 투르크 주재 대사로 활동한 적이 있는 니콜로 세코는 베네치아에서 프란키스와 만나 라구사까지 함께 여행하기로 되어 있었다. 라구사에서 프란키스는 홀로 여정을 이어갈 것이며, 휴전협정이 어느 정도 확실해질 경우에만 세코를 호출할 것이다. 1558년에 그랬던 것처럼, 펠리페 2세는 과감하지 않았다. 세코는 투르크와의 10년이나 12년, 또는 15년 정도의 휴전협정에 조인할 것을 허락받았다. 휴전이 지속되는 한, 매년 8,000에서 1만 에퀴가 루스템 파샤에게 전달될 것이다. 그리고 루스템 파샤의 배려로 투르크 함대가 이듬해 여름에 출항하지 않는다는 약조를 받아낼 수 있다면, "베네치아이건 콘스탄티노플이건 그가 원하는 장소에서 1만2,000에서 1만5,000에퀴를 일시불로 지급하는 것이 적절할 것"이라고 펠리페는 덧붙인다.

우리가 이러한 세부 사실들을 설명하는 것은 단지 카토-캉브레지 평화조약이 체결되기 이전에 펠리페 2세가 품었던 의도와 협상의 실상을 제대로 파악하기 위해서일 뿐이다. 왜냐하면 평화가 체결되면 모든 것이 달라지기 때문이다. 1559년 4월 8일,[6] 펠리페 2세는 장문의 편지를 통해서 세사 공작에게 자신의 의중을 밝힌다. "투르크와의 휴전에 대한 과인의 생각과 니콜로 세코의 임무를 설명한 전문을 보았을 것이오. 그후 신성 로마 제국 황제는 술탄의 대사들과 3년의 휴전협정을 체결했음을 내게 알려왔소. 술탄은 상기 협정에 과인이 포함되는 것을 결코 용납하지 않았소. 나의 주된 목표는……이러한 절차를 통해서 황제에게 어떤 이득이 돌아갈지 알아보려는 것이었는데, 목표를 이룬 것처럼 보이오. 얼마 전 프랑스 국왕과 화평을 체결했소. 이제 원군을 잃은 투르크인은 (서유럽에서) 대규모 함대를 맞아줄 항구를 전혀 확보하지 못한 처지이기 때문에, 기독교 세계에 함대를 보내지는 못할 것이오. 여기에 덧붙여 그의 나이를 고려할 필요가 있지 않겠소? 들리는 바에 따르면 그는 휴식을 원한다고 하오. 게다가 자식들의[7] 야심과 반목으로 인한 혼란도 고려해야 할 것이오." 그렇다면 결론은 무엇인가? "프란치스코 데 프란키스와 니콜로 세코의 여정을 중지시킬 것. 현재 상황에서는 무엇을 시도하더라도 결국 우리의 위신만 크게 손상될 것임." 원본의 표현은 더 강력하다. sin gran desautoritad nuestra(우리쪽 체면을 완전히 구기는 일은 없음). 이것이 최종 결론이다. 서유럽에서 여유를 찾은 펠리페 2세는 체면을 잃지 않기 위해서 화평 시도를 중단한다. 이러한 태도에는 결과가 따르기 마련이다.

실제로 6월 이후에 펠리페 2세는 몰타 기사단과 시칠리아 부왕의 트리폴리 공략 계획을 승인했다. 피렌체 공작에게 갤리 선단을 빌려줄 것을 요청하는 편지에서 펠리페는 이렇게 말한다. "우리 주 예수 그리스도의 가호 아래에 마침내 프랑스의 독신왕과 화평이 체결되었으니, 이제 이탈리아에 주둔하고 있는 과인의 갤리 선단은 남은 여름 기간 동안 분주히 움직여 사략선을 분쇄하고 해상 활동의 안전을 확보하려 하오. 이는 주님을 위한 일이자 전 기독교 세계를 위한 일이라 믿소……그리하여 짐은 트리폴리 원정을 허락했소."[8] 트리폴리 원정, 이는 곧 1556년 이후 이 도시의 베이렐르베이인 드라구트에 맞선다는 것을 의미한다. 하지만 1550년 이래로 드라구트와의 싸움은 곧 투르크의 반격이 있을 것임을 의미했다. 그는 이 점을 모른다는 말인가?

요컨대 펠리페 2세와 그의 국위 선양 정책이 일차적인 원인이다. 협상이 거의 무르익은 상황을 고려하면 그의 책임은 더 크다. 1559년 12월 4일 세사 공작이 전한 소식에 따르면, "술탄의 자식들이 일으킨 불화로 인해서 투르크의 상황은 악화되고 있다."[9] 나폴리 부왕 알칼라 공작과 같은 신중한 인물조차 1560년 1월 10일, 그러니까 트리폴리 원정대가 이제 막 대규모 부대를 출발시킨 시점에 다음과 같은 서신을 보낸다. "전하께 재차 아뢰는 바입니다. 투르크와 휴전을 협상하는 것이 적절한 대안입니다. 술탄의 자식들의 다툼도 그렇거니와 전하의 국가들이 겪게 될 크나큰 고통을 고려하시기 바랍니다. 이곳에서는 모두 휴전이 필요하다고 생각하고 있습니다."[10]

그러나 펠리페 2세는 휴전을 위한 노력을 거부했을 뿐만 아니라 신성 로마 제국 황제 측에 개입하여 거의 다 된 결정을 말리고 나섰다. 베네치아 대사 자코모 소란초의 말을 믿는다면,[11] 휴전협정 항목들은 10월 말에 이르러서도 여전히 빈에 전달되지 않았고, 그 사이 자문에 나선 펠리페 2세는 협정의 수락을 만류한다. 심지어 그는 지중해에서 술탄을 교란하겠다고 제안하면서, 황제에게 병력과 자금을 약속하고 포르투갈 국왕을 통해서 바야지트와 사파비 왕조를 끌어들이겠다고 제안한다. 한마디로 빈틈없는 설득이다. 페르디난트의 입장에서는 술탄과 합의를 보는 것보다는 트란실바니아를 점령하는 편이 더 낫지 않겠는가? 이 조언이 소귀에 경 읽기가 되지는 않았던 것처럼 보인다.[12]

투르크 해군의 패권

펠리페 2세가 이런 태도를 취한 데에는 나름대로 이유와 구실이 있었다.

이유는 무엇인가? 카토-캉브레지 평화조약의 조인 이후 앙리 2세는 지중해 함대를 해산시켰다. 16세기가 끝날 때까지, 심지어 그 이후까지도 프랑스 남부의 항구에는 사실상 함대가 없을 것이다. 다른 곳에서도 마찬가지겠지만[13] 이는 지중해에서 공표된 평화를 보증하는 추가적인 요인이었다. 결론적으로 에스파냐는 지중해에서 행동의 자유를 얻었다.

그렇다면 구실은? 펠리페 2세는 단 한번도 투르크 군사력을 제대로 경험해본 적이 없었다. 그는 이제 막 투르크 해군력을 가늠하기 시작한 참이었다. 프레베자 해전[1536]은 당대인들의 눈에는 그리 대단한 충돌이 아니었다. 게다가 펠리페에게 이 사건은 과거의 이야기일 뿐이다. 내륙에서 에스파냐인들이 헝가리 전쟁에 가담하기는 했지만, 이는 개별적인 참전이었을 뿐이다. 카를 5세가 1534년에 코로니, 1538년에 카스텔누오보에 주둔시킨 에스파냐 병사들은 경계와 출동의 일상적인 요새 활동 중에 단 두 차례, 1534년과 1539년에 바르바로사와 전투를 벌였다. 그러나 머나먼 타지에서 벌어진 불공평한 싸움에서 무슨 교훈을 얻을 수 있었겠는가? 에스파냐 보병대는 1560년 제르바에서 그리고 1565년 몰타 섬에 도착해서야 적의 실체를 제대로 파악할 수 있었다.

투르크에서는 술탄의 자식들이 서로 싸우는 틈을 타서 온갖 불평분자들과 지방 호족들이 준동했고, 이로 인해서 사회적 갈등이 확산되었다. 이 점도 고려할 필요가 있다. 프랑스 대사 드 라 비뉴는 1559년 7월 닥스 주교에게 이곳 노예들이 모두 술레이만에게 반기를 든 아들 바야지트 편으로 돌아섰다는 소식을 전했다.[14] 술탄의 총애를 받던 셀림이 바야지트를 제압한 것은 사태 해결에 전혀 도움이 되지 못했다. 왜냐하면 바야지트는 페르시아로 넘어갔고, 제대로 진화되지 못한 내전은 대외전쟁으로 발전했기 때문이다. 9월 드 라 비뉴가 전한 소식에 의하면,[15] 투르크는 "국내 문제로 인해서 전례 없는 난처한 상황에 처해 있다." 그렇다면 펠리페가 투르크와 휴전을 협상할 때가 아니라 공격할 때라고 생각했던 것도 충분히 납득할 만한 일이다.[16]

1559년 여름, 펠리페 2세의 판단이 적중한 것처럼 보였다. 이 해에 투르크 함대는 알바니아 연안을 넘어오지 못했고, 가을이 오자 허겁지겁 후퇴했다. 기독교 세계에 대한 공세는 전혀 없었다. 펠리페 2세는 투르크 함대가 프랑스의 협력 없이는 서유럽을 위협할 수 없다고 과신했던 것이 분명하다. 프랑스가 한편이 되지 않는 한 투르크 함대는 단기적인 여름 기습으로 만족할 수밖에 없었다. 따라서 수적 열세에도 불구하고 에스파냐 함대는 여름이 끝나고 나서부터 이듬해 봄까지 자유롭게 활동할 수 있었다. 지중해 중심부로 나아가기로 한 이상, 기습에 대비하는 것이 중요했다.

사실 에스파냐는 한편에서는 투르크, 다른 한편에서는 트리폴리에서부터 [모로코의] 살레에까지 흩어져 있는 바르바리인들이라는 이중의 위험에 직면해 있었다. 이 둘은 자율적으로 움직였고, 겨울이 오면 헤어졌다. 하지만 항해 적기가 시작되면 서로 연합하여 힘을 키웠다. 서부 지중해에서 바르바리인들의 활동은 점점 더 활발해졌다. 마그레브[아프리카 대륙 북서부 지방] 중심에 위치한 알제는 괄목할 만한 성장을 보여주었고, 하나의 제국을 이루며 에스파냐를 직접적으로 위협했다. 물론 이 "제국"이 효율적인 정치 조직이었던 것은 아니다. 카빌리아 산맥과 같은 거대한 장애물이 제국을 분리하고 있었다. 그러나 큰 도로는 유지되었다. 앞에서 언급했듯이 알제의 제7대 왕인 살라흐 레이스는 1552년에 우아르글라까지, 1553년에는 페스까지 영토를 확장했다. 후에 페스를 빼앗기고 1557년 샤리프[모하메드 엘 메디]가 잠시 틀렘센을 장악하기도 했다. 투르크에게 쫓기던 그는 수도로 후퇴했지만, 수도에서 그리 멀지 않은 곳에서 대규모 기병과 화승총을 능숙하게 다루던 엘슈들(Elches)—모로코로 망명한 모리스코들—을 이끌고 바르바로사의 아들 하산 파샤의 군대를 저지했다. 서쪽의 알제-모로코 국경선은 바꾸기보다는 그냥 넘나드는 것이 훨씬 용이한 것으로 판명되었다. 그러나 동쪽에서 알제는 1555년 해안 지대에 위치한 부지의 에스파냐 요새를 함락하는 데에 성공했다. 그리고 1558년 마침내 오랑에서 큰 승리를 거두었다.

16세기 초, 정확히는 1509년 이후 에스파냐는 수차례 틀렘센을 병합하는 데에 성공했고 오랑 부근에서 신중하게 움직이고 있었다. 마르틴 데 알카우데테 백작이 의도적으로 추구한 이 국위 선양 정책은 1551년 투르크 수비대가 틀렘센에 주둔하기 시작하면서 끝이 났다. 이후 수비대는 지속적으로 에스파냐 주둔군을 괴롭혔다. 노(老) 돈 마르틴—그의 아들과 구별하기 위해서 엘 비에호(노인)라고 불렸다—이 자신의 영지인 안달루시아에서 징발한 군대를 이끌고 오랑 시 동쪽 48킬로미터에 위치한 모스타가넴 원정에 나선 것은 수비대의 사기를 올리고 추가적인 피해를 줄이기 위해서였다. 모스타가넴을 빼앗긴다는 것은 투르크인들에게 틀렘센 연결선의 단절을 의미한다. 투르크는 이 항구를 통해서 서유럽 작전에 필요한 무기와 물자를 보급받았다. 작전은 성공적이었으나, 방어가 허술한 한 곳만이 함락되었을 뿐이다. 오랑 인근에서 전열을 재정비하고 신병을 배치하느라 시간을 허비하는 사이에 오랑은 아프리카 북부 전역에 경보를 울렸다. 이후 돈 마르틴은 서서히 그리고 신중하게 급습을 준비했다. 8월 26일 그는 알제인과 토착민들의 습격을 받았다. 수적인 열세에 몰린 끝에 결국 1만2,000명 이상의 에스파냐 병사가 포로로 잡혔다. 알제에서는 집집마다 새로운 포로들이 가득했다. 이들 중에서 상당수는 신앙을 버렸고, 이듬해 하산 파샤의 군대로 편입되어 소카빌리아(Petite Kabylia) 전투에 투입되었다.[17]

이러한 사실들은 새로 등장한 이 투르크 속주가 마그레브 지역에서 입지를 확보하는 데에 얼마나 공을 들였는지를 보여준다. 이들의 막강한 해군력은 이미 정평이 나 있었다. 동쪽으로는 시칠리아 입구, 북쪽으로는 사르데냐, 서쪽으로는 지브롤터 해협 너머까지 그 영향권은 더욱 확대되었다. 리스본 주재 프랑스 대사 니코가 작성한 1559년 9월 4일자 서신에 따르면, "최근 투르크인들은 14 내지 15척의 갤리 선을 이끌고 [포르투갈의] 알가르베에 도착해서 몇 차례 약탈을 감행했다. 그들은 내가 도착할 시점이 되어서야 물러났다……"[18] 카스티야가 입은 피해는 더 심각했고, "칼리스[19]에서는 백기를 들고 대화를 요청했는데, 전리품에 대한 대가를 요구하면서 모든 포로들의 몸값을 받아갔다." 우리는 이들이 어떤 "투르크인"인지 알고 있다.

알제가 바르바리의 나라들 가운데 가장 강력했던 것은 맞지만, 그렇다고 알제만이 세력을 키웠던 것은 아니다. 마그레브 동쪽에서는 트리폴리 "왕국"이 알제와 마찬가지로 성장하고 있었다. 특히 1556년 드라구트가 지배하기 시작한 이후 그 성장세가 두드러졌다. 물론 차이는 있다. 트리폴리 왕국은 찢어지게 가난하며 복종시키기 힘든 배후 지역의 희생 없이는 결코 유지될 수 없었다. 특히 가리안 지방의 주민들이 수단과 트리폴리를 잇는 금과 노예 운반로를 의도적으로 차단시키면서, 내륙 방면으로 향하는 출구가 막힌 트리폴리는 바다로 진출할 수밖에 없었다. 트리폴리의 부는 모두 바다에서, 즉 손을 내밀면 닿을 듯 가까이 있는 시칠리아 섬 연안에서 나왔다. 그런데 시칠리아 저편에서 드라구트가 일으키는 문제는 서부 지중해의 물질생활과 직결된다. 1559년 6월 시칠리아 부왕이자 트리폴리 원정계획을 발의한 메디나 셀리 공작의 서신[20]은 카탈루냐와 발렌시아가 배고픔에 굶주리고 있음을 알린다.

제르바 원정[21]

애초의 계획과 달리 원정은 제르바 섬으로 방향을 선회했다. 그간의 우여곡절을 간단히 살펴보자.

브뤼셀이 하달한 지령과 정보를 토대로 1559년 6월 15일에 원정 결정이 내려진 것으로 추정할 수 있지만,[22] 사실 계획이 수립된 것은 이보다 훨씬 이전이다. 그리고 펠리페 2세 혼자서 계획을 세운 것도 아니다. 모든 자료들에서 시칠리아 부왕 메디나 셀리와 몰타 기사단장 장 드 라 발레트가 중요한 역할을 했음이 드러난다. 각별한 우정으로 맺어진[23] 이 두 인물은 무시무시한 트리폴리 사략선을 상대하고 있었다. 그리고 한때 기사들에게 유능한 트리폴리 총독으로 인정받았던[24] 장 드 라 발레트에 대해서 이야기하자면, "아프리카인"에 대한 유감과 국가 원수로서의 야심을 고려할 필요가 있다. 트리폴리가 재탈환되면, 이곳은 기사단에게 귀속될 수밖에 없었다. 메디나 셀리 공작 후안 데 라 세르다로 말하자면 시칠리아의 위기 외에도 전임자인 후안 데 베가가 1550년 아프리카에서 거둔 성공을 보다 화려하게 재현하려는 열망을 품고 있었다. 상황은 유리해 보였다. 트리폴리의 방어는 허술했고 기껏해야 500여 명의 투르크 수비대가 지키고 있을 뿐이다. 후방에서 발생한 문제로 줄곧 정신이 없던 드라구트는 카이로우안의 "왕"과 신경질적으로 대치하고 있었다. 라 굴레트의 보고서에 따르면 이 샤비아족 족장의 군대는 드라구트를 격파한 적이 있었고, 아마 과장이겠지만 캄파나가 주장하기로는,[25] 기독교 세계의 교황처럼 강력한 영적 권위를 누리고 있었다. 마지막으로 투르크인들에게 다소 과하게 핍박당한 경험 때문에 관대한 관계를 가질 수는 없는 "무어인" 유목민들의 지원을 기대할 수 있다는 확신이 있었다. 메디나 셀리 공작은 그들과 정보를 교류했다. 심지어 하페르 카타니아라는 인물을 통해서 드라구트 측근에 내통자를 심었다. 그러나 스스로 인정했듯이 이슬람 장로의 입장과 서신 왕래에도 불구하고 이들에게 의지하는 것은 신중한 처사가 아닐 것이다.[26]

트리폴리 원정계획을 국왕에게 설명하기 위해서 브뤼셀로 향한 인물은 몰타 기사단원 기므랑이다. 상황이 급박하게 돌아가면서 일차적인 검토 단계는 이미 지나버렸고, 1559년 5월 8일 펠리페 2세는 시칠리아 부왕에게 보고서를 요구했다. 그러나 국왕이 결정을 내리고[27] 6월 15일자 서신을 통해서 메디나 셀리 공작을 원정군 사령관에 임명했다는 소식을 알릴 때까지도 이 보고서는 아직 시칠리아에서 발송되지 못한 상태였다. 서신을 통해 우리는 펠리페 2세의 동기가 무엇이었는지 알 수 있다. 프랑스와의 화평도 그렇거니와 성가시기만 한 이웃 이탈리아를 제거함으로써 얻는 이익에다, 원정에서 돌아온 드라구트가 가리안 산악 지역에서 무어인들의 공격을 받고―이들은 드라구트를 거의 고립시키다시피 했다―난처한 상황에 빠졌다는 사실도 동기로 작용했다. 마지막으로 사략선이 자기네 소굴에서 무장을 완료하기 이전에 원정을 개시할 수 있다는 이점도 있었다. 같은 날 기사 기므랑에게 전달된 지시를 통해서 국왕은 그 해에는 투르크 주력 함대가 출동하지 않을 것이라는 정보를 알렸다. 사방에서 유사한 정보가 입수되었고, 다시 유리한 상황이 조성되었다. 국왕은 이탈리아 갤리 선단을 메디나 셀리 휘하에 배치시켰다. 반대로 에스파냐 갤리 선단은 사략선으로부터 연안을 보호하기 위해서 출항지로 회항하라는 명령을 받았다. 나중에 함대 사령관인 후안 데 멘도사가 원정에 합류하기를 거부했지만,[28] 그는 사실 이 회항 명령을 따랐을 뿐이다.

결국 원정은 펠리페 2세의 함대 가운데 이탈리아 함대, 즉 시칠리아와 나폴리의 갤리 선과 제노바, 토스카나, 시칠리아, 모나코 공작에게서 대여한 갤리 선, 그리고 교황과 교회의 동맹세력이 가지고 있던 함대로 추진되었다. 프랑스와의 화평으로 여유를 되찾은 선단을 늘상 애용하던 메시나 항구에 집결시키는 것은 어려운 일이 아니었다. 그보다는 보급품의 확보가 문제였다. 가장 힘든 부분은 필요한 병력의 확보였다. 처음에 펠리페 2세는 밀라노와 나폴리 수비대에서 5,000명, 시칠리아 왕국에 있는 2,000명을 포함하여 총 8,000명의 에스파냐인들을 승선시킬 수 있으리라고 예상했다. 여기에 기므랑이 몰타 기사단의 이름으로 제공한 1,000명이 더해진다면 충분한 병력이지 않은가?[29] 그런데 국왕의 결정을 알기 전인 6월 20일자 보고서에서 메디나 셀리는 공격대상의 취약함을 고려할 때, 2개 포병중대로 충분할 것처럼 보였음에도 불구하고 2만 명 이상의 병력을 요구했다. 이 수치는 여름 동안 즉시 수행이 가능한 국왕의 신속한 원정계획과 부왕이 준비하고 있던 대규모 작전이 처음부터 충돌했음을 보여준다. 그리하여 롬바르디아에서 에스파냐 병력을 철수시키는 것이 어렵다는 사실을 알게 된(피에몬테의 요새가 여전히 반환되지 않았기 때문이다) 국왕은 7월 14일 곧바로 원정을 위해서 알칼라 공작이 나폴리에서 메시나행 갤리 선에 승선시킨 2,000명의 이탈리아 병력으로 대체할 것을 명령했다.[30] 중요한 것은 이들이 제노바까지 올라가서 군대를 승선시키는 데에 시간을 허비하지 않았다는 점, 그리고 펠리페 2세가 기록했듯이,[31] "항해 적기가 끝나기 전에 원정이 수행되었다"는 점이다. 국왕이 보기에는 속도가 최우선이었다.

그러나 메디나 셀리는 병력 증강을 요구했고, 이로 인해서 펠리페 2세는 8월 7일,[32] 롬바르디아에 주둔하고 있는 에스파냐 병력을 가능한 한 신속히 시칠리아로 이동시키라는 명령을 다시 하달했다. 그러나 갓 임명된 세사 공작은 공교롭게 앙리 2세가 사망한 상황을 구실로 병사를 내어주지 않으려고 한다.[33] 이처럼 연이은 명령이 하달되면서 헨트, 나폴리, 밀라노, 메시나 사이에 서신이 오갔고, 이 과정에서 시간이 지체되었음은 쉽게 상상할 수 있다. 8월 10일, 잔 안드레아 도리아는 국왕에게 편지를 보내 알바로 데 산데에게 갤리 선 한 척을 맡겼음을 알린다.[34] 알바로 데 산데는 제노바로 향했다가, 그곳에서 다시 밀라노로 이동하여 세사 공작에게 휘하의 에스파냐 병력 외에 2,000의 독일 병력, 그리고 롬바르디아에서 2,000의 이탈리아 병력을 모집해줄 것을 요청했다. 그렇다면 식량 보급을 담당할 함대의 이동은 차치하고서라도, 당장 갤리 선을 이용한 수송 문제가 새로 제기된다. 8월 11일,[35] 밀라노에서 세사 공작은 사부아 공작과 만토바 공작에 대한 반환 합의가 제대로 이행되는 것을 확인하고 마침내 결정을 내린다. 하지만 약속된 에스파냐와 독일, 이탈리아 보병이 제노바에 도착하는 데에는 한 달이 넘는 시간이 소요되었다.[36] 9월 14일, 제노바 주재 에스파냐 대사 피게로아는 병사들이 범선 몇 척과 갤리 선 11척에 승선했음을 알린다. "정말 근사하고 훌륭한 부대입니다. 날씨만 괜찮다면 이들 모두 지체 없이 출발하게 될 것입니다." 그러나 벌써 9월 14일이다!

나폴리에서도 작전 지체와 차질이 빚어진다. 잔 안드레아 도리아는 9월 14일,[37] 기사수도회에 의해서 막 징집이 끝난 이탈리아 보병을 수송하기 위해서 교회 소속 갤리 선이 나폴리로 출발했음을 알린다. 한편 그는 나폴리 부왕이 원정군에게 이양한 이탈리아 병력 5개 중대를 맞이하고 오트란토에서 화약과 포탄을 보급받기 위해서 타란토를 향해 갤리 선을 출항시켰다. 게다가 바로 전날 "80척의 범선으로 구성된 투르크 함대가 발로나에 도착하여 1,500명의 투르크 기병을 승선시켰다는 정통한 소식"을 듣고[38] 더 이상 보병을 지원하고 싶지 않다고 선포한 부왕의 서신이 도착한다. 그러자 도리아는 그의 갤리 선을 걱정하기 시작한다. "신의 가호 하에 그들이 무사하기를……" 작전은 계속 지체되고 펠리페 2세는 불안에 사로잡힌다. 10월 8일 그는 걱정을 토로한다. "이리 늦어지니 원정이 성공할지 몹시 염려스럽소."[39] 함대는 이제 막 시라쿠사에 당도했고, 시칠리아 갤리 선단을 지휘한 돈 산초 데 레이바는 11월 30일 이렇게 적는다. "신속함이야말로 이 원정이 성공하기 위한 열쇠이며, 지체되면 될수록 상황이 곤란해질 것이라고 수차례에 걸쳐 메디나 셀리 공작에게 이야기했습니다. ……그런데 우리는 병사를 모으고 보급품을 조달하려고 이탈리아 전역을 돌아다녔습니다."[40]

작전 지체 상황을 알리는 일은 중요했다.[41] 일시적으로 날씨가 좋아지면서,[42] 12월 1일 함대는 마침내 시라쿠사를 출발한다. 이 함대는 47척의 갤리 선, 4척의 갤리오트 선, 3척의 갤리온 선 등 총 54척의 전함과 36척의 수송선으로 구성되었다.[43] 함대에는 1만 내지 1만2,000명이 탑승했는데,[44] 이는 1550년 아프리카 공략 때보다 더 큰 규모였고 카를 5세가 직접 참가한 튀니지와 알제 원정에 비해서도 뒤지지 않았다. 이러한 규모로 인해서 병력의 집결은 늦어질 수밖에 없었다. 하지만 8월 발로나에 도착한 투르크 함대는 또다른 방해 요소가 되었다.[45] 에레라는 100여 척의 범선으로 구성된 이 함대가 서쪽으로 더 멀리 진출하지 않았다면, 이는 메시나에 집결한 갤리선의 견제를 받았기 때문일 것이라고 추정한다.[46] 적어도 두 개의 함대가 먼 거리에서 발이 묶여 있었음을 언급할 필요가 있다. 나폴리 부왕이 타란토 지역에서 보유하고 있던 마지막 원정 부대를 파견하기로 한 것은 10월, 그러니까 투르크인들이 뱃머리를 다시 동쪽으로 돌린 이후이다.[47] 기독교 세계의 함대는 그제야 메시나에서 시라쿠사로 이동한다.

그러나 이제 더 이상의 기습은 불가능했다. 소식은 이미 전 유럽으로 퍼져나갔다. 투르크와 해적들에게도 마찬가지였다. 드라구트는 방어를 강화했다. 11월 25일 마르세유를 출발한 프랑스 대형 범선 1척이 메시나에 집결한 함대 소식[48]을 최소한 [그리스 키클라데스 제도의] 밀로스 섬까지 전달한다. 가을에 드라구트의 정찰병이 이 함대 소속의 전함 1척을 관측한다.[49] 비교적 정확한 소문들이 베네치아인들의 서신을 통해서 전달되었고,[50] 투르크는 서둘러 콘스탄티노플에서 250척에 달하는 함대를 무장하기 시작한다. 빈에 있던 막시밀리앤2세은 "원정에 대해서 너무 일찍 공표한 나머지 투르크에 대규모 함대를 준비할 구실과 시간을 제공했다"고 이야기한다.[51]

함대가 12월에 출항한 것은 모종의 기습을 준비하기 위해서였을까? 뱃사람들이라면 으레 알고 있듯이 12월을 선택한 것은 정신 나간 짓이었다. 그러나 공작은 군인이지 뱃사람이 아니다. 모두의 반대에도 불구하고 그는 고집을 꺾지 않고 메시나를 향해 함대를 출발시켰다. 그리고 곧바로 폭풍우가 덮쳤다. 유일한 방법은 몰타로 뱃머리를 돌리는 것이었다. 뱃사람들이 옳았다. 악천후로 말미암아 함대는 1560년 2월 10일까지 무려 10주일 동안 몰타에 발이 묶였다. 대기 상태가 길어지는 와중에 역병이 발생하여 다수의 병사들이 생명을 잃었다. 전투가 시작되기도 전에 2,000여 명이 사망했다.

개별적으로 출발한 갤리 선과 범선들은 [트리폴리 서북쪽의] 주와라 인근에서 합류하기로 예정되어 있었다. 범선들은 예정보다 늦게 도착했지만, 갤리 선은 2월 16일에 도착했다. 도착 전에 갤리 선들은 케르케나 제도와 제르바 섬을 우회하여 기름, 바라칸, 향신료를 실은 배 2척을 나포했다.[52] 소형 갤리 선 2척이 공격에서 벗어나 콘스탄티노플까지 도주했고 울루지 알리에게 사태를 알렸다. 제르바에 있던 드라구트는 상황을 통보받고 트리폴리로 돌아갈 시간을 벌 수 있었다. 쉽게 상상할 수 있는 바이지만, 모두 큰 근심에 빠진다. 자, 지중해 반대편에 있던 콘스탄티노플 주재 베네치아 대사의 이야기를 들어보자. 드라구트 휘하의 갤리 선 4척이 귀환했다. "들리는 이야기에 따르면, 이 배들은 노예와 막대한 재화 외에 드라구트가 이 전쟁에 승산이 없다고 판단하고 있다는 증거를 가져왔습니다. 그는 1,500명의 투르크 병사밖에 없다면서 신속한 지원군을 요청했습니다. 트리폴리에서 겨울을 보내고 있던 약 15척의 해적선은 에스파냐 군이 도착했다는 소식을 듣고는 허락도 받지 않고 도망쳐버렸습니다……."[53]

당시 에스파냐 함대가 트리폴리를 공격했다면, 승리할 수도 있었을 것이다. 제르바 섬에서 드라구트를 놓친 것이 실수였다. 사략선은 섬에 봉쇄되어 있었기 때문에 트리폴리를 수비하던 400명의 투르크 군을 지원할 수 없었을 것이다. 메디나 셀리 공작은 나중에야 실수를 인정했다.[54] 그러나 2월 후반기에 함대는 악천후로 인해서 주와라 인근의 팔로 갯벌에 묶여 있었다. 작전은 다시 지체되었고, 새로운 전염병이 돌았으며, 병사들이 희생되었다. 3월 2일 함대는 제르바를 향해서 돛을 올렸다. 드라구트가 트리폴리로 귀환했다는 사실을 알게 되었기 때문일 것이다. 그들은 도시는 없지만 종려나무와 올리브나무가 우거지고 양떼가 뛰노는 풍요로운 섬, 모직물과 기름의 섬을 차지하게 될 것이다. 함대는 3월 7일 별다른 문제없이 상륙을 완료했다. 4월 초, 제노바 영사 로멜리노는 (이제 막 소식을 접한) 메시나로부터 "우리 함대가"—중요한 표현이다—"제르바를 점령했다"[55]는 소식을 전할 수 있었다.

실제로 이날 메디나 셀리 공작은 새로운 정복지에 에스파냐 국왕의 지배를 엄숙하게 선포했다. 그는 마음에 드는 부족장을 정부 수반으로 앉히고 제르바인들이 괴롭힘을 당하는 일이 없도록 주의시켰다. 병사들은 그들이 취한 것에 대해서 값을 치러야 했다. 게다가 튀니스에서 하프스 왕조가, 카이로우안에서 샤비아가 보급품을 보내왔다. 섬의 북쪽에서는 요새 건설이 시작되었다. 매우 어려운 공사였고, 목재와 돌, 석회도 부족했다. 원주민들은 낙타 수송을 제외하고는 어떠한 지원도 제공하지 않았다. 열병에 시달리고 있음에도 불구하고 병사들이 쉴 새 없이 중노동에 투입되었다. 한편 수완이 좋은 선장들은 기름, 말, 낙타, 가죽이나 모직물 또는 바라칸 등을 구입했다.

바르바리인들과 거의 동시에 나폴리와 시칠리아가 레반트 소식을 접한다. 나쁜 소식이다. 나폴리 부왕은 투르크 함대가 예정보다 훨씬 이른 4월 초에 출항할 것이라는 정보를 입수한다. 그는 국왕에게 에스파냐 함대를 위시한 갤리 선단을 메시나에 집결시켜달라고 요청한다. 투르크를 막아낼 수는 없겠지만, 군사들과 포병의 상륙을 지연시킬 수는 있을 것이다. 동시에 그는 메디나 셀리에게 서신을 보내서 자신이 보낸 나폴리 포병대를 갤리선을 통해서 타란토로 귀환시켜줄 것을 요청한다.[56] 21일, 그는 포병대를 돌려받지 못하면 이탈리아인들을 징집해야 하고 결국 추가적인 비용이 지출될 것이라고 국왕에게 불만을 토로한다. 그는 원정군 전체가, 아니면 적어도 일부라도 회군할 필요가 있다고 주장한다. "투르크 함대가 도착하기를 기다리면서 국왕의 함대가 제르바의 요새 건설에 매달려 있는 것은 매우 위험하다고 메디나 셀리에게 경고했습니다." 며칠 후, 그는 콘스탄티노플을 다녀온 한 여행자를 통해서 투르크의 트리폴리 지원 함대가 출항했다는 소식을 접한다.[57] 5월 13일,[58] 이 함대는 이미 모돈[메토네]을 통과했다. 그는 곧바로 이 사실을 육로를 통해서 시칠리아로 그리고 프리깃 함을 통해서 제르바 점령군에게 통보한다. 국왕에게는 다음과 같이 보고한다. "전하의 함대는 중대한 위기에 직면해 있습니다……." 14일에 도착한 보고서는 자킨토스 섬 근해에서 바르바리로 향하는 함대가 관측되었음을 알린다.[59] 그러나 이날 제르바에서 모든 것이 끝났다.

실제로 피알리 파샤의 함대는 소식대로 신속하게 움직이고 있었다. 5월 8일 함대는 몰타 섬과 고조 섬 사이를 통과했다. 함대는 빠른 속도로 직진했다. 콘스탄티노플에서 제르바까지의 거리를 20일 만에 주파한 것은 기록이었다. 6월쯤 투르크 함대가 도착할 것이라고 예상했던 공작은 5월 11일 함대의 도착을 확인했다. 바로 전날 몰타의 프리깃 함이 이 사실을 알려왔다. 제르바의 그 누구도 싸움에 나서지 않았다. 후일 치리니가 말한 것처럼, 모두 "과감한 후퇴는 용맹한 전투보다 낫다"고 생각했다.[60] "열등감" 때문이었을까? 결단력 없는 선주들 때문에? 아니면 이들 대부분이 섬 연안에 정박해 있는 동안 선적한 화물을 안전한 곳에 숨기려고 했기 때문일까? 순찰사 퀴로가는 훗날 이 화물이야말로 재난의 원인이었다고 평가한다. 만일 화물이 없었다면, 출항 전에 화물을 실으려고 하지 않았다면, 사람들은 나폴리 부왕의 의견을 따랐을 것이고, 제르바에 도착한 투르크 함대는 이미 며칠 전에 텅 비어버린 항구를 발견했을 것이기 때문이다.[61]

그러나 도주도 쉽지는 않았다. 아직 내륙에 남아 있는 이탈리아와 독일 포병을 포기하지 못한 공작은 10일 밤부터 11일까지 시간을 허비했다. 이튿날 투르크 함대가 공격을 개시하자 공포는 극에 달했다.[62] 사람들은 가진 것을 버리고 도망치기에 바빴다. 배를 무겁게 하는 주요 화물들, 즉 모직물이나 기름, 말, 낙타는 모두 배 밖으로 버려졌다. 레반트에서 해적질에 익숙해 있던 치갈라는 반격에 나선 몇 안 되는 인물 중 하나였다. 그는 반격을 시도하며 탈출에 성공했다. 하지만 충돌 당시 갤리 선과 갤리오트 선으로 구성된 48척의 기독교 함대 중 적에게 빼앗긴 배를 제외하고 28척이 파괴되었다. 보기 드문 패배였다.

이 소식은 시칠리아, 나폴리, 제노바, 에스파냐를 비롯하여 전 유럽으로 빠르게 퍼져나갔다. 5월 18일 새벽 2시, 탈출에 성공한 후안 안토니오 도리아의 배 3척, 벤디넬리 사울리의 1척, 스타파노 데 마리의 1척 등 모두 5척의 갤리 선이 나폴리에 도착했다. 이 배들은 온갖 세세한 이야기들과 함께 비보를 전해주었다. 처음 도착한 배들은 공교롭게도 이른바 아센티스타스(asentistas) 갤리 선, 즉 에스파냐 국왕과 아시엔토를 체결한 자들로부터 임대한 배들이었다. 이들의 관심은 무엇보다 자산을 보존하는 것이었다. 거의 같은 시기에 다른 패잔병들이 프리깃 함이나 소형 구명정을 타고 도착했다. 투르크의 감시망을 무사히 뚫고 나올 수 있었던 자들 중에는 함대 지휘관 잔 안드레아 도리아, 나폴리 부왕 그리고 "몰타를 거쳐 메시나에 기적적으로 도착한"[63] 이들의 친인척 몇 명이 포함되어 있었다.

그러나 요새에는 여전히 수천 명이 남아 있었다. 요새는 풍족하게 식량을 비축하고 있어서 1년 정도는 버틸 수 있을 것으로 여겨졌다. 어떻게 할 것인가? 너무 늦게, 그러니까 5월 26일에 이르러서야[64] 아마도 시칠리아를 통해서 소식을 접하게 된 알론소 드 라 쿠에바는 30일 라 굴레트에서 국왕에게 서신을 띄운다. 나폴리 부왕의 요청이 있기는 했지만, 제르바 요새를 구하기 위해서 국왕의 봉신인 튀니스 왕에게 도움을 받을 가능성은 거의 없다는 전갈이다. 오래된 성채가 있던 자리 말고 로세타에 요새를 세웠다면, 농성군은 정박이 가능한 항구와 식수를 확보할 수 있었을 것이고, 대책을 세울 수 있었을 것이다. 하지만 이제 달리 도리가 없다…….

한동안 알칼라 공작은 이리저리 대책을 강구한다. 그는 동료인 메디나 셀리 공작이 무사하다는 소식을 듣고 나서야 냉정을 되찾는다.[65] 나폴리를 방어하기 위해서 메디나 셀리는 제르바에서 잃은 에스파냐 포병대를 대신하기 위한 새로운 군사를 에스파냐에서 모집하는 동시에 공격에서 살아남은 이탈리아 포병 일부를 데려온다.[66]

펠리페 2세에 대해서 말하자면, 제노바를 통해서 그가 소식을 전달받은 것은 대략 6월 2일경이다.[67] 그는 30척의 갤리 선과 32척의 배를 잃고, 갤리 선 17척만이 목적지에 도착했다는 사실을 알게 된다.[68] 이는 거의 정확한 수치이다. 그는 즉시 알바 공작, 안토니오 데 톨레도, 후안 데 만리케, 구티에레 로페스 데 파딜랴와 사태를 논의한 후, 아직까지 무사한지 아닌지 소식을 알 수 없는 부왕을 대체하기 위해서 당국자를 파견하고 칼라브리아에서 징집한 5,000명의 보병, 나폴리 예비군에서 차출된 포병 그리고 탄약을 시칠리아로 보내기로 결정한다.[69] 펠리페 2세가 프랑스 국왕에게 함대 지원을 요청할 것이라는 소문이 돌았다……[70] 6월 3일 그는 당시 카탈루냐 부왕이었던 돈 가르시아 데 톨레도를 시칠리아 총독으로 임명했다.

그리하여 국왕은 메디나 셀리 공작이 여전히 갇혀 있다고 생각하며 요새 탈환 작전을 준비한다. 6월 8일 시칠리아 소식이 당도한다. 요새 안의 사람들을 걱정해야 할 이유가 추가된 것이다. 그는 흥분하여 왕국을 위해서 헌신한 자들을 구해야 한다고 외친다.[71] 그는 최대 64척의 갤리 선을 메시나에 집결시킬 계획을 세우고 대포로 중무장한 대형 범선 30척에 대한 출항 금지명령을 내린다. 롬바르디아의 에스파냐 군은 반도에서 징집된 이탈리아 병사들과 독일 북부에서 모집한 3,000명의 병사들로 대체될 것이며, 이들을 포함한 총 1만4,000명의 보병이 돈 가르시아 데 톨레도의 지휘 하에 구원 부대로 파병될 것이다. 마지막으로 군용 비스킷 생산에 필요한 대량의 밀을 확보하기 위해서 제노바로 향하게 될 것이다.

모든 준비가 완료되었다. 그러나 6월 13일[72] 펠리페 2세는 시칠리아 부왕의 무사함을 알리는 돈 가르시아 데 톨레도의 전갈을 받는다.[73] 15일에 그는 느닷없이 명령을 취소시켰다.[74] 보고서마다 요새에는 8개월 치의 식량이 비축되어 있는 반면, 투르크 함대는 단지 2개월 치 식량밖에 확보하지 못한 상태이기 때문에 포위가 지속될 수 없으리라는 정보를 알렸기 때문이다. 모든 준비 조치가 취소되었다. 그러나 새로운 명령이 목적지까지 도달하는 데에는 시간이 걸렸고, 그동안 제르바 사태로 인한 불안이 지속되었다. 노쇠한 도리아 대공은 변변찮은 갤리 선단을 이끌고 무분별하게 직접적인 공격을 감행하는 것보다 레반트 쪽으로 교란작전을 펼치는 것이 훨씬 더 유리할 것이라고 조언한다. 제노바 공화국은 요새 지원을 위해서 4척의 갤리선을 제공한다. 피옴비노의 영주는 이중 한 척을 에스파냐 국왕을 위해서 바친다. 만일 국왕이 사양한다면 그는 이 배를 "신천지 개척"을 위해서 보낼 것이다.[75] 사부아 공작은 3척의 배가 있었지만, 채비가 끝난 배는 1척뿐이며, 1척은 노꾼만 준비된 상태이고, 다른 하나는 아예 준비가 되어 있지 않다고 알린다. 그는 프랑스 국왕으로부터 4척의 갤리 선을 기다리고 있다.[76] 에스테파노 데 마리는 이제 막 갤리 선 2척을 비텔리 추기경에게서 구입했고, 이를 에스파냐 국왕에게 내어줄 수 있었다. 한때 황제를 위해서 일하다가 현재 베네치아에 거주하고 있는 도메니코 치갈라는 자신이 직접 투르크와 페르시아로 건너가겠다고 나선다.[77] 메디나 셀리 공작은 시칠리아에서 주어진 임무에 매진한다. 그의 노력으로 7월에 "왕궁"의 명에 따라서 팔레르모와 메시나에서 7척의 갤리 선이 건조되기 시작한다.[78] 4월, 6척이 진수되어 제르바의 손실을 보충한다.[79]

끝으로 이 사태를 통해서 프랑스와 에스파냐의 관계는 다시 한번 탄력을 받는다. 프랑스 갤리 선은 엄밀히 말해서 펠리페 2세의 이름으로 요청된 것이 아니었다. 1560년 6월 22일 미키엘이 베네치아 도제에게 이야기한 것처럼, 에스파냐 국왕은 프랑스가 요청을 거절하는 것보다는 이를 받아들일 것을 걱정했다.[80] 의심과 원한의 장벽이 두 나라를 갈라놓고 있었다. 펠리페 2세는 최근 젊은 왕비를 보필하던 프랑스 신하들을 해고하지 않았던가. 잉글랜드 문제에 대한 태도 역시 전혀 바뀌지 않았다. 프랑스가 주저한 것은 당연했다. 비록 그 심각성이 과장되기는 했지만 왕국 내부의 혼란 속에서 프랑스 정부는 기즈 가에 의해서 장악되었고, 결국 에스파냐에 협조하는 쪽으로 결론을 내렸다. 에스파냐 주재 프랑스 대사가 티에폴로에게 선언한 바에 따르면—티에폴로는 6월 25일 베네치아 도제에게 이 소식을 전했다[81]—프랑스 정부는 에스파냐에 마르세유의 갤리 선들과 군대를 파견하겠다고 제안했다. 그러나 이미 열흘 전에 펠리페 2세는 지원 요청을 취소한다는 결정을 내렸다. 9월경 알바 공작은 잊지 않고 다음처럼 강조한다. "······ 최근 제르바에서 패배한 순간에도 우리 중 누구도 전하가 수립한 지원 작전을 위해서 프랑스에 갤리 선단을 요청하려고 하지 않았습니다. 여러 차례 지원을 요청했지만, 단 한번도 적절한 조치가 취해진 적이 없기에, 저로서는 감히 전하에게 그러한 제안을 드릴 수 없었습니다. 프랑스 정부는 결정적인 순간이 지나고 나서 지원이 불필요한 시점에 이르러서야 대사를 통해서 필요하다면 갤리 선을 지원하겠다고 전해왔습니다."[82] 프랑스는 정치적으로 신뢰할 만한 나라가 아니었다. 차라리 과거의 전략에 충실했다고 하는 편이 옳을 것이다. 이쪽이나 저쪽이나 오랜 선입견에서 벗어나기란 쉬운 일이 아니었다. 프랑스 국왕은 자신에게 사신을 보내고 마르세유를 통해서 무기를 공급받은 알제,[83] 그리고 신뢰를 계속 유지하고 싶은[84] 술탄과의 관계가 틀어지기를 원했을까? 같은 시기, 프랑스를 다스린 것도 아니고 심지어 기즈 가의 공격을 받고 있던 나바르의 왕 앙리, 에스파냐인들이 방돔 나리라고 부르던 이 인물은 모로코에서 샤리프와 함께 음모를 꾸미고 있었다.[85]

제르바로 돌아가서, 이 작은 사건으로 인한 소란이 어디까지 확대되었는지 살펴보자. 소란의 여파는 며칠 사이에 전 유럽으로 확산되었다. 얼마 전까지 투르크와 전쟁을 벌이려고 했던 빈의 페르디난트와 측근들에게는 고민할 시간이 별로 없었다.[86] 비록 빈 주재 에스파냐 대사가 펠리페의 대처로 인해서 트리폴리에서 승리를 거두었을 때보다 더 근사한 평판을 누리게 되었다고 알려왔지만, 펠리페 2세의 위신은 상처를 입었다. 아니라고 말하기는 힘들다.

이러한 시각에서 에스파냐의 국왕이 갑작스럽게 작전을 취소한 것은 현명한 선택이라고 볼 수 있을까? 제르바에서 해군은 무기력했지만, 노련한 군인인 알바로 데 산데 휘하의 지상군은 훌륭하게 그 의무를 다했다. 포위된 상태에서도 그는 외부와 연락을 취할 수 있었다. 7월 11일 그는 다시 시칠리아 부왕에게 편지를 보냈다.[87] 겨울이 다가오는 상황에서 식량이 부족한 투르크 함대가 점령지에서 물러날 가능성을 예상했던 것이 아닐까? 나폴리 부왕은 지원 부대의 파견이 준비되어 있지 않다면 투르크 함대는 물러날 것이라는 정보를 입수한다. 그는 투르크인들이 지원 준비가 지연되고 있다고 판단하도록 은밀히 기밀을 흘리는 것이 유리하다고 판단했다. 그리고 6월 26일에 (그러니까 펠리페 2세가 원정을 포기했다는 사실을 알기 이전에) 이 사실을 라 굴레트 총독에게 알렸다.[88] 당시 투르크 장군들은 확실히 열정적이지 않았다. 시간이 흐르면서 손실이 커져갔다. 7월, 콘스탄티노플에 도착한 피알리 파샤의 심복 나수프 아가는 요새 정복의 가능성을 전혀 믿지 않는다고 털어놓았다.[89] 그러나 같은 시각 페르시아로부터 깜짝 놀랄 만한 소식이 전해졌다. 사파비 왕이 사망했고 그의 후계자가 바야지트를 형제처럼 아낀다는 것이었다.[90] 심지어 7월 15일에 바야지트의 대사를 자처하는 인물이 제노바에 도착했다. 이 인물이 언제, 어디에서, 어떻게 왔는지는 전혀 알려져 있지 않다. 피게로아는 제노바에 있는 자신의 거처로 그를 맞이했고, 브리간틴을 타고 니스로 떠나기 전까지 그의 비위를 맞춰주었다.[91] 단지 에스파냐만이 이 모든 것이 사기임을 알아차렸다.

모든 희망이 사라졌다. 적극적으로 요새를 공략하지 않았지만, 투르크인들은 인근의 우물을 모두 차지했다. 농성자들은 7월의 열기로 인해서 수위가 빠르게 줄고 있는 저수지에 의존할 수밖에 없었다. 7월 29일에 알바로 데 산데는 탈출을 시도하다가 포로로 잡혔다. 이틀 후 요새는 항복했다. 어쨌든 포로가 된 알바로 데 산데는 8월 6일 메디나 셀리 공작에게 보낸 편지에서 그렇게 설명했다.[92] 덧붙여 그는 병사들을 탓했다. "과거 내 휘하에 있던 다른 부대원들만 있었어도, 우리는 최근 몇 년 사이에 가장 큰 성공을 거두었을 것입니다." 탈출 실패를 변명하기 위한 과장이다. 이 인물에 대해서는 얼마 후 뷔스베크가 투르크에서 설명한 내용, 즉 아둔하고 느린 데다가 소심한 인물이라는 평가를 신뢰하는 편이 차라리 나을 것이다. 비록 체자레오 두로 한 명뿐이지만[93] 제르바에서의 두 번째 패배가 지휘관의 책임이라는 해석을 찾아볼 수 있다. 그러나 가장 쉬운 설명은 1561년에 수감 중인 돈 산초 데 레이바가 국왕에게 보낸 편지에서 서술한 원정 지휘관의 책임론일 것이다.[94] 이에 따르면 이 이중의 참사는 한마디로 신의 심판이었다. 만일 새로 원정에 나선다면, 제발 신성모독자들을 다스리고 원정군의 지휘권을 진정 기독교적인 장군에게 맡기기를……. 이는 자신이 수감된 이유에 대해서 참회하는 죄수이자 16세기를 살던 한 기독교 신자의 글이다. 그는 명석하고 신중한 인물이다. 우리는 석방된 산초 데 레이바를 나폴리 갤리 선상에서 다시 만나게 될 것이다.

요새의 항복을 받아낸 투르크 함대는 행동의 자유를 확보했다. 라 굴레트 지원군과 함께 몰타와 아프리카 사이를 통과하고 있던 잔 안드레아 도리아는 이 소식을 접하자마자 트리폴리 원정계획을 포기하고 회항했다.[95] 승전 함대는 라 굴레트에 한 차례 기항한 후,[96] 8월 13일에 고조 섬에 도착했다.[97] 고조에서 함대는 약탈을 위해서 출항하여 시칠리아 연안을 항해했고 아브루초 연안의 크고 작은 마을과 촌락을 상대로 약탈과 방화를 저지르고[98] 아우구스타를 장악했다.[99] 그러나 9월 4일 이후 함대가 프레베자에서 배 밑바닥을 손질하고 있다는 정보가 입수되었다.[100] 콘스탄티노플로 회군 명령을 받은 피알리 파샤는 이곳에 기병들[시파히]을 내리고(이들은 육로를 통해서 고향으로 돌아가게 될 것이다), 9월 1일에 나바리노[그리스 서남부 항구도시]를 향해 닻을 올렸다. 일련의 보고서들이 이 소식을 확인해주었고, 나폴리 부왕은 여전히 쿠로트네와 오트란토에 남아 있는 군대를 해산시킬 채비를 했다.[101] 10월 1일, 피알리 파샤는 축포와 군중의 환호성, 요란한 북과 나팔소리가 울려퍼지는 가운데, 붉게 빛나는 15척의 갤리 선을 위시한 행렬의 선두에서 초록빛 제독함을 타고 콘스탄티노플로 개선했다. 뷔스베크의 기록은 개선 장면과 포로들의 긴 행렬,[102] 도시의 축제 그리고 한동안 가혹한 대우를 받았던 기독교도들에 대한 이야기를 전한다.

열광할 만한 사건인 것만은 분명하다. 이슬람은 지중해 중심부의 패권 전쟁을 승리로 이끌었다.[103] 투르크의 지배권이 흔들리던 트리폴리는 이제 과거 그 어느 때보다도 강력해졌다. 기독교 세계는 불안에 사로잡혔다. 투르크 함대가 이탈리아 연안을 떠나기 무섭게, 사람들은 벌써 투르크인들이 다시 돌아올 때—1년 후의 일이지만—벌어질 재앙을 걱정하기 시작했다. 1561년 나폴리 부왕과 몬텔레오네 공작은 이구동성으로 국왕의 지휘 아래에 라 굴레트 원정을 개시해야 한다고 떠들어댔다.[104] 12월 28일에 투르크가 120척 규모의 갤리 선단을 무장하고 있다는 소식이 빈에 전해졌을 때에도,[105] 사람들은 이 함대가 라 굴레트로 향할 것이라고 예상했다. 이슬람 세계의 승리에 힘입어 해적들의 활동이 더 과감해진 것도 이러한 강박증을 키운 한 요인이었다. 겨울임에도 불구하고 사략선은 토스카나까지 올라왔다.[106] 이탈리아와 에스파냐 전 연안에 경보가 울렸다.[107] 콘스탄티노플에서는 제르바 참사에 경악한 에스파냐가 오랑마저 포기하려고 한다는 소문이 돌았다.[108]

사실 그 정도는 아니다. 그러나 제르바에서의 연이은 패배는 소중한 성찰의 기회를 제공했다. 현장에 있던 사람들로부터 말단 병사에 이르기까지 각자 자신의 생각을 마드리드에 전달했다. 이 의견들은 대부분 강력한 해군이 없는 한, 국왕은 지중해 국가들의 연안을 지킬 수 없으리라는 내용을 담고 있었다. 알바 공작에 의하면,[109] 이탈리아 수비대를 강화할 필요가 있었다. 확실히 수비대는 취약했다. 수비대의 일부를 분리시키는 일이 얼마나 어려운지는 이미 확인된 바 있다. 그렇지 않아도 소수인 데다가 제르바 사태로 인해서 축소된 병력은 가을 이후 심화된 이탈리아의 혼란을 "부채질했다."[110] 그러나 무엇보다 중요한 것은 해상에서의 전력 강화였다.

그러나 모두가 그렇게 생각한 것은 아니다. 개중에는 여전히 육상 방어력만을 염려하는 사람도 있었다. 예를 들면 알칼라 공작은 무방비 상태인 이비자와 메노르카 섬의 방어시설을 강화하고자 했다.[111] 다른 사람들은 더 나은 통찰력을 가지고 있었다. 다소 흥분한 어조로 쓰인 1560년 7월 9일자 편지에서 메디나 셀리 공작은 이렇게 이야기한다. "취약한 부분을 강화할 필요가 있습니다. 전하께서는 저를 비롯하여 우리 모두에게 이 부분에 대해 말씀하신 바 있습니다. 전하는 바다의 주인이 되셔야 합니다. 그래야 평화와 안정을 되찾을 것이며 전하의 백성들을 보호할 수 있습니다. 그렇지 않으면 모든 것이 위험해질 것입니다."[112] "바다의 주인." 사르데냐 부왕인 알바로 데 마드리갈도 같은 표현을 여러 차례 반복한다. 그는 국왕에게 바다의 주인이 되어야 한다고 간청하면서, 국왕의 의지를 독려했다. "이는 기독교 세계의 평화와 전하의 나라들을 보존하기 위함입니다."[113] 1560년 후안데 세풀베다 박사[114]와 다소 괴이한 인물인 부스키아 박사 역시 국왕에게 같은 조언을 한 바 있다. 라구사에서 활동하던 베일에 싸인 이 에스파냐 정보원은 라구사에서 활동했는데, 그는 수입을 늘리기 위해서 선술집에서 주워들은 화제를 전달하고는 했다.[115]

외교관들은 보다 자연스러운 방식으로 그들의 희망사항을 이야기했다. 하지만 목표는 동일하다. 모두가 베네치아를 주목한다. 기독교 세계에 닥친 불행 속에서 베네치아만이 서유럽 세계에 해상 패권을 되찾아줄 수 있었다. 우리는 나중에 이 점을 확인하게 될 것이다. 이 이기적인 도시에 대해서 잘 알고 있는 자는 실소할 수밖에 없다. 베네치아는 도움을 요청받았지만 아무 일도 하지 않았다. 그런 와중에도 문서는 계속 오갔다. 10월 8일 빈에서 루나 백작은 "신의 가호가 있기를……과거 베네치아인들과 나의 주군인 황제가 체결했던 동맹체제를 복구하는 것이 전하에게 유리할 것"이라고 생각한다.[116] 실제로 당시 로마에서 카스티야 영주인 동생과 함께 펠리페 2세를 대변하던 돈 후안 데 수니가가 새로 선출된 교황 피우스 4세와 대화를 나누던 중에 베네치아를 포함한 대(對) 투르크 동맹 결성에 대한 의견을 언급한 것으로 보인다. 펠리페는 두 형제에게 다음과 같이 전한다. "돈 후안데 수니가, 그대가 언급한 사안에 대해서 그리고 베네치아와 함께 대 투르크 동맹을 체결하는 문제를 놓고 그대와 교황 사이에 있었던 대화에 대해서는 다른 기회에 이야기하려 하오. 이 서신을 통해서 짐은 두 사람에게 이 동맹을 자신하는 란드리아노 백작의 (우르비노 공작의 이름으로 루이 고메스를 통해서 전달된) 제안을 알리는 바이오. 주님의 영광과 기독교 세계를 위해서 짐은 이 제안이 성사된다면 매우 기쁠 것이라고 답했소. 그러던 차에 전임 베네치아 도제가 갑자기 사망했소(그렇다면 이 문제는 1559년 8월 17일 이전에 진행되었음이 분명하다). 따라서 논의를 며칠간 중단시켰소. 그러나 란드리아노 백작은 공작이 논의를 재개할 것이라고 말해주었소."[117]

어떤 의미에서 제르바 참사는 유익했다. 이제 펠리페 2세의 제국은 지중해 문제에 직면한다. 대응은 불가피하다. 제르바 그리고 1560년은 오스만 투르크 패권의 정점을 알리는 이정표였다. 요컨대 이 패권은 1560년 이후 하향곡선을 그릴 것이다. 오스만의 실책 때문이 아니다. 그것은 1560년 이후, 팔레르모와 메시나로부터 이탈리아 서부 연안 전체에 걸쳐, 그리고 에스파냐의 전 지중해 연안에서 해군력이 강화되었기 때문이다.

2. 에스파냐의 재건

왜 그랬는지 설명할 수는 없지만, 만일 투르크가 숨 돌릴 틈을 주지 않았다면 재건은 결코 불가능했을 것이다. 1561년, 1562년, 그리고 1563년과 1564년에도 투르크 함대는 대규모 공격을 시도하지 않았다. 4년 연속 서유럽 기독교 세계는 공포에서 벗어났다. 똑같은 코미디가 반복되었다. 투르크가 무장하고 있다, 대규모 군대가 곧 출정할 것이다, 라 굴레트와 사르데냐를 공격할 것이다, 겨울철의 보고서는 매년 그렇게 작성되었다. 그리고 여름이 오면 미칠 듯한 공포가 엄습하다가 곧 흔적도 없이 사려져버렸다. 따라서 동계 방어계획을 수립할 필요가 없어졌다. 다시 대출을 받고 군대를 징집해서 이동시키고 해산시키는 일을 반복하지 않아도 된 것이다. 지중해는 에스파냐의 전략에 따라 2박자로 숨을 쉬는 것 같았다. 다량의 문서를 통해서 우리는 쉽게 이 리듬을 추적할 수 있다.

1561년부터 1564년까지

1561년, 과연 투르크 함대가 나타날 것인가? 제르바 사태의 충격으로 사기가 저하된 가운데, 곳곳에서 밀 부족[118]과 페스트[119]로 신음하던 음산한 1560년 겨울, 투르크 함대의 재침공을 의심하는 사람은 없었다. 콘스탄티노플에서 돌아오는 길에 한 프랑스인이 라구사 출신 병사를 만나 대화를 나눈다. 1561년에 귀환한 라구사인은 투르크 함대가 페르시아에서 복귀했으며 올해는 정말 매우 심각한 상황이 벌어질 것임을 확인시켜준 길동무의 말을 전한다.[120] 1월 5일에 나폴리 부왕은 자신이 취합한 정보를 정리하고는 함대가 곧 출발할 것이라고 장담한다. 20일, 늦어도 한 달 안에 그는 수병들에게 경계태세를 갖추게 할 계획이다. 그는 약속대로 에스파냐 병사들을 받을 수 있을 것인가? 그래서 제때 라 굴레트를 보강할 수 있을 것인가?[121] 한 달 후인 2월 11일[122] 시칠리아 부왕은 오랑과 라 굴레트 앞에 함대가 도착했음을 알게 된다. 알제인들의 출격은 고려하지도 않았다. 함대의 공격은 충분히 현실적이었고 또 대단히 위협적이어서 2월 28일에 펠리페 2세는 섬에서 나가겠다는 마요르카 부왕의 지원 요청을 거부한다.[123] 3월 30일자 코르푸의 보고서—이 보고서는 5월 2일 나폴리에 도착한다—또한 100척의 갤리 선으로 구성된 투르크 함대에 대한 정보를 알린다.[124] 그리고 4월에 라 굴레트를 다녀온 안토니오 도리아는 투르크 함대를 기다리는 동안 요새의 봉쇄를 결정했을지도 모르는 사략선과 맞닥뜨리지 않을까 우려한다.[125] 1561년 4월 9일에 작성된 콘스탄티노플의 첫 보고서는 레반트 연안을 지킬 목적으로 소규모 투르크 함대가 출격할 것이라는 정보를 알렸다.[126] 나중에 이 정보의 정확성이 확인되었지만,[127] 어떤 경우라도 6월 이전까지는 나폴리에 도착하지 못할 것이다. 결국 그때까지 기독교 세계의 경계태세는 계속 강화되었다. 저수지와 포병 문제에 대한[128] 라 굴레트의 요구사항은 4월부터 6월까지 모두 충족되었다. 5월, 나폴리 부왕은 혹시 모를 나폴리 방어 작전에 마르칸토니오 콜론나를 참가시켜달라고 교황에게 다시 요청했다.[129] 하지만 역사가들이 생각하는 것보다 훨씬 더 규칙적으로 움직였던 대규모 정치, 군사 기구를 상세하게 들여다볼 필요가 있을까?

나폴리에서부터 사건의 추이를 추적하면, 해상 경비를 책임진 이탈리아 군이 해산한 8월 초는 평화 회복의 신호탄이 쏘아진 시기이다.[130] 에스파냐의 경계태세는 9월 초에 해제되었다. 9월 5일 리모주 주교는 마드리드에서 "투르크 군대의 활동 시기가 끝나면서 이에 대한 공포도 사라졌다"고 기록한다.[131] 6월 콘스탄티노플을 출발한 50여 척의 강력한 투르크 함대는 콘스탄티노플과 메토네[그리스] 사이를 빠르게 왕복했을 뿐이다. 함대는 7월 초 메토네를 출발하여, 8월 19일 자킨토스 섬을 지나 콘스탄티노플로 향했다.[132] 왜 이것뿐인가? 왜 이런 실수를 저질렀을까?

자료를 보면 느낌과 가설 사이에 선택을 해야 할 것 같은 기분이 든다. 부아타이에가 베네치아에서 카트린 드 메디시스에게 보낸 편지—이 편지는 1561년 6월 7일에 도착했다—에서 언급했듯이, 정말 페르시아 사태 때문인가?[133] 5월 11일자 편지는 이 점을 이미 언급한 바 있다. "펠리페 2세가 술탄을 묶어둘 방법으로 이보다 더 확실한 억제책은 없을 것입니다. 그렇지 않다면 현재 콘스탄티노플 항구 밖으로 갤리 선 40척만 배치한 것처럼 이렇게 편안하게 한 해를 보내게 하지는 않았을 것입니다."[134] 잊지 말자. 베네치아는 5월 9일에 이미 정보를 입수했다. 6월 8일, 시칠리아 부왕은 투르크발 위기가 발생할지 아닐지 아직 알지 못한다.[135] 하지만 부아타이에는 7월 투르크 함대가 비정상적으로 서둘러 되돌아간 것이 페르시아 사태 때문이라고 생각하지 않았다.[136] 7월 11일 그는 의문을 제기한다. 피알리 파샤는 소문대로 정말 사망한 것인가? 사망자는 피알리 파샤가 아니라 루스템이었고, 알리 파샤가 대재상이 되었다.[137] 술탄의 대신들 사이의 라이벌 관계가 영향을 미쳤을 것이다.[138] 온갖 소문이 난무했다. 갤리 선단이 흑해로 진입하려고 한다는 소문도 떠돌았다.[139]

빈 주재 에스파냐 대사가 작성한 9월 14일자 보고서는 보다 상세한 내용을 담고 있다.[140] 투르크는 사파비 왕조와의 타협에 실패했고, 그 원한으로 페르시아에 대한 전쟁을 공식화했다. 다가올 전투를 준비하기 위해서 투르크가 [시리아의] 알레포에서 겨울을 날 것이라는 이야기가 돌았다. 루나 백작의 말을 주목할 필요가 있다. "술탄이 함부로 콘스탄티노플을 비우지는 못할 것이다. 셀림 왕자를 믿을 수 없을뿐더러 바야지트에 대한 많은 백성들의 신망을 고려할 때 이 지역에서 어떤 형태로든 반란이 일어날 수 있고, 그럴 경우 콘스탄티노플로 복귀해야 하는 상황이 발생할 수도 있기 때문이다"라는 이야기가 떠돈다. 바야지트와의 전쟁을 언급한 이 문서는 그 배경을 알려준다. 사회적 측면을 무시할 수는 없는 노릇이다. 투르크는 그 중심부까지 곤란한 상황에 처해 있다. 마비되었다고 말하는 편이 맞을 것이다. 기독교 세계의 관찰자들이 제시한 설명에 한 가지 원인을 더 추가할 수 있을 것이다. 1561년 투르크 제국은 흉작을 겪은 데다가 밀 확보를 위한 베네치아와의 분쟁과 전염병의 만연으로 고통받았던 것으로 보인다. 이 또한 중요한 요인으로 작용했다.

1562년, 콘스탄티노플에서 들려온 소식은 그리 걱정스러운 것이 아니었다. 다소 충격적인 소식은, 튀니스 국왕의 대사가 투르크 황제 앞에서 자신의 의복을 찢어버렸다는 것[141] 그리고 삼피에로 코르소가 알제를 우회하여 콘스탄티노플을 방문했다는 것이다(이 소식은 제노바인들에게만 관심거리였다).[142] 지난해보다 다소 늦게 시작된 방어 준비는 일찌감치 중단되었다. 투르크 함대는 어떤 공격도 시도하지 않았고, 나폴리는 5월 이후에,[143] 마드리드는 6월 첫째 주와 둘째 주 언저리에[144] 경계태세를 해제했다. 이상한 일이지만, 지난해 지나칠 정도로 불필요하게 두려워했던 점을 고려하면, 이는 쉽게 이해할 수 있는 상황이다. 이유를 깊이 생각할 필요도 없다. 나폴리 부왕이 단언한 바에 따르면, "자식들의 분쟁 때문이건, 함대를 투르크 연안에 주둔시키기 위해서건, 아니면 라 굴레트의 방어태세가 만만치 않다고 판단했기 때문이건"[145] 술탄은 함대를 파견하지 않을 것이기 때문이다.

어쨌든 모두 그럴 만한 불가피한 이유이다. 결국 이 해에 술레이만은 1558년 이후 중단되었던 휴전협정에 조인한다.[146] 협정의 체결과 함께 알바로 데 산데와 돈 산초 데 레이바, 돈 베렌게르 데 레케센스가 몸값을 지불하고 석방된다.[147] 확실히 술탄의 관심은 동부에 쏠려 있었다. 자신의 뜻대로 바다에서 기독교 세계에 강제할 수 있었던 사실상의 평화로는 충분하지 않았고, 그는 서부 전선에서 자신의 지상군을 철수하기를 바랐다.

뒤이은 겨울 동안 기독교 세계는 공식적으로는 대비책을 수립하면서도 안정된 상황에 익숙해진다. 물론 라 굴레트와 사르데냐에 대한 위협이 다시 언급되었다. 그러나 1563년 1월, 여느 때와 마찬가지로 에게 해 지역에서 베네치아가 밀을 선취하려고 하면서 발생한 투르크와의 분쟁은 투르크의 곳간이 제대로 채워지지 않고 있음을 알려주었다.[148] 또한 삼피에로 코르소의 여행이 급작스레 중단되었다는 사실이 알려졌다. 펠리페 2세 스스로 에스코리알 궁전에서 조심스레 경보를 울리고, 규모는 작지만 밑 빠진 독과 같았던 라 굴레트의 보급을 명령했다는 점은 의미심장하다.[149] 6월 초부터 나폴리는 투르크 함대가 출현하지 않을 것이라고 확신한다. 4월 29일 콘스탄티노플을 출발한 한 정보원이 6월 5일에 도착하여 낭보를 전했는데, 누구도 이를 의심하지 않는다.[150] 이후에 작성된 보고서는 한결같이 술탄이 일정한 숫자의 비무장 갤리 선을 띄우는 데에 만족할 것이며, 에게 해 방어에 필요한 배 몇 척만 출항시킬 것이라는 정보를 확인시켜준다.

1564년, 아직 별다른 변화는 없다. 1월 베네치아인들이 두려워하던 투르크의 무장 소식이 들려왔다.[151] 그러나 2월 12일 이후 함대가 출항하지 않을 것이라는 정보가 콘스탄티노플에서 확인된다.[152] 같은 시기, 알칼라 공작은 1,000명의 병력을 라 굴레트로 파견하는 조치를 취하는 중이었다. 하지만 그의 말대로라면 이는 자신이 얻은 정보에도 불구하고 그렇게 한 것이지 그 때문은 아니다.[153] 모든 것이 평온했다. 삼피에로 코르소가 도착해서 중재인을 통해서 파리 주재 에스파냐 대사 프란세스 데 알라바와 회담을 나눈다.[154] 그는 제노바 정부에 대한 불평을 늘어놓으며 코르시카가 아라곤 왕국의 땅이며 코르시카인들은 에스파냐 국왕의 백성임을 상기시킨다. 프란세스 데 알라바는 때마침 자신을 찾아온 코르시카 장교 두 명이 레반트의 상황을 잘 알고 있으며 이들이 국왕에게 유용할 것이라고 판단한다…….

5월 초 루이 고메스가 프랑스 대사에게 언급한 바와 같이 분명히 한 차례 경보가 울리기는 했다.[155] 하지만 5월이 가기 전에 우려는 사라진다.[156] 5월 27일과 6월 6일, 콘스탄티노플에서 날아온 상세한 보고서는 출정을 원하던 사략선 선장들의 항의에도 불구하고 함대가 출항할 수 없었던 이유를 설명한다.[157] 배의 널빤지 틈을 메우는 작업이 진행 중이던 60척의 갤리 선은 곧 진수될 예정이었지만, 노꾼과 비스킷은 전혀 확보하지 못했다. 그렇다면 갤리 선의 출항 준비는 7월 10일 내지 15일 이전에는 끝나지 않을 것이다. 이어서 배를 의장(艤裝)하고 수비대의 상근 기병대를 승선시키려면 8월이 되어야 할 것이다. 상식적으로 생각해도 출항은 없을 것이라는 결론이 나온다. 그러자 펠리페 2세는 6월 중순 이후 함대의 기수를 바르바리 사략선 쪽으로 돌리기로 결정한다.[158] 나폴리에서도 메시나와 라 굴레트가 아니라 제노바와 에스파냐, 더 정확히 말하면 말라가 방향으로 군대를 이동시킨다.[159] 8월, 여전히 우려되는 부분이 한 가지 남아 있다. 8월 2일 사울리는 마드리드에 투르크 함대가 도착했다는 이야기가 돌았지만, 헛소문으로 밝혀졌으며, "사람들은 투르크 함대보다 코르시카의 반란(코르시카는 얼마 전 삼피에로 코르소의 주도 하에 반란을 일으켰다)을 더 우려하고 있다"고 제노바 공화국[160]에 보고한다. 1564년에는 투르크 함대에 대한 언급이 더 이상 나타나지 않는다. 이 해에 서유럽 지중해 세계는 동방에 대해서 거의 걱정하지 않았고 서부 지중해에서 일어난 사건들, 즉 코르시카 사태와 모로코 해안 벨레스의 작은 바위산[페뇬 데 벨레스]에 대한 돈 가르시아 데 톨레도의 원정에 촉각을 곤두세우고 있었다.

몇 주일, 몇 달이 흐르고, 겨울이 찾아왔다. 다시 추측 놀이가 활기를 띤다. 1564년 12월 29일, 빈에서 막시밀리안과 베네치아 대사 레오나르도 콘타리니가 대화를 나눈다.[161] 다가올 여름에 대규모 투르크 함대가 출정할 것이라는 이야기가 돌고 있다. "그대들 베네치아인들은 어떻게 할 것이오? 지근거리에 있는 키프로스 섬이 투르크인들에게 눈엣가시일 텐데 말이오." 대사는 "베네치아는 방어를 강화할 것입니다"라고 대답한다. 하지만 제노바인들이 골머리를 앓고 있는 코르시카 사태는 어떻게 할 것인가? 투르크 함대가 출정하면 사태가 심각해지지 않겠는가? 막시밀리안은 이렇게 덧붙인다. "물론 공식적인 지원은 아니지만, 삼피에로 코르소가 어느 한 대공과 내통하고 있다고 합니다. 그런데 그것이 어찌나 은밀한지 내용을 모르는 자가 없다오." 유럽 지도를 펼쳐놓고 벌어진 겨울의 화젯거리라니! 하지만 앞날은 이를 확인해줄 것이다. 1565년은 이전 해들과는 다를 것이다. 전쟁이 일어날 것이기 때문이다.

사략선과의 싸움 그리고 겨울과의 싸움 : 1561-1564년

술탄이 에스파냐 제국에 허락한 휴전 기간은 4년이다. 하지만 이 기간은 에스파냐에게 유용한 시간이었다. 먼저 사략선 문제를 해결할 수 있었다. 투르크 함대가 사라졌지만 사략선이 함께 사라진 것은 아니었다. 매년 투르크의 위협에 맞서기 위해서 집결했으나, 위협이 사라지면서 임무에서 해방된 에스파냐 해군은 사략선에 대처하기 위해서 활용되었다.

드넓은 바다에서 찾기도 힘들고 아프리카의 소굴에 숨어 있으면 공격하기도 어려웠지만, 펠리페 2세의 신규 함대는 노련한 적과의 힘든 전투에 단련되어 있었다.

사실 에스파냐는 몇 차례 심각한 타격을 입었다. 1561년 7월, 7척의 갤리 선으로 구성된 시칠리아 함대는 리파리 제도 부근에서 드라구트의 매복에 전멸당했다.[162] 이 함대를 지휘한 것은 카탈루냐 출신의 몰타 기사단장 기므랑이었다. 리모주 주교가 프랑스 국왕에게 보낸 편지에 따르면, 기므랑은 "생 캉탱에서 명망이 높은 인물"이었다. "그는 바다보다는 육지에서 더 유능한 인물입니다. 전하께서 이미 이탈리아로부터 내용을 전달받으셨겠지만, 바다에서의 그의 수업은 드라구트에 의해서 중단되었고, 그를 비롯한 수많은 병사들이 목숨을 잃었습니다."[163] 리모주 주교는 사람들이 "배 1척을 더 잃었다는 사실을 숨기려고" 한다고 덧붙인다. 이 배는 "나폴리에서 시칠리아로 가던 도중에 공격을 받았는데, 이탈리아로 새로 이송된 오래된 플랑드르 깃발 3개를 달고 있던 것으로 알려졌습니다." 국왕의 갤리 선이 에스파냐 연안으로 소환된 틈을 이용하여, 드라구트는 "35척의 함선으로 나폴리 왕국을 올가미 속으로 몰아넣으려고 했고, 나폴리 총독 타리파 후작은 보름 전에 파발꾼을 통해서" 펠리페 2세에게 "앞서 언급한 바 있는 갤리 선을 보내줄 것"을 간청했다. "몰타와 시칠리아의 항구, 그밖의 인근 항구들이 드라구트의 공격을 받는다면 그중 어느 항구에서도 운항이 자유롭지 못할 것입니다." 다행히도 주교는 투르크 함대가 오지 않았다고 덧붙인다. "사실 얼마나 다행스러운 일인지 모릅니다. 당연한 이야기이지만 지브롤터 해협에서 시칠리아에 이르기까지 에스파냐 국왕을 굴복시킬 만한 해적이나 강도는 거의 없습니다. 그랬다면 요새가 없는 곳이면 어디든 이교도들이 제멋대로 활보할 것이 뻔하기 때문입니다."

지브롤터와 시칠리아 사이 여기저기에서 벌어진 사태를 조사하려면 안달루시아와 발레아레스 제도 그리고 발렌시아의 고문서보관소 자료들을 조사할 필요가 있다. 모리스코의 준동과 알제인의 사략질 사이에 어떤 연관성이 있었던 것으로 보인다. 아에도는 모리스코 피난민들—이들은 에스파냐 연안의 일가친척이나 지인들과 계속 연락을 취하고 있었다—이 장악하다시피 한 셰르셸 해적 소굴의 활동을 이야기하면서 이 점을 여러 차례

강조했다.[164]

　1561년 여름 동안 사략선은 상당한 전리품을 획득했던 것이 분명하다. 여름이 끝나면서 기독교 세계의 보복이 개시되었고, 논평의 흐름도 변화했다. 9월에 에스파냐는 [튀니지의] 모나스티르 공격 계획을 수립한 것으로 보인다.[165] 이 시기에 사략선들은 활동을 마감하고 하나둘 은신처로 복귀하고 있었다. 반면 에스파냐 정부는 함대를 물리려고 하지 않았다. 은신처야말로 가장 취약한 곳이기 때문이다. 안드레아 도리아의 사망 이후 에스파냐 갤리 선을 지휘하게 된 멜피 대공은 겨울에 갤리 선이 지중해 항로에 들어선다는 것이 어떤 의미인지 알지 못하는 육지의 명령에 항의한다. 태풍이 불면 폭이 좁은 노 젓는 배가 어떤 피해를 입을지 전혀 이해하지 못하고 있다는 것이다.[166]

　옳은 말이다. 그러나 꼭 필요한 연결망을 유지한 채 행동에 나서려면, 약자는 어쩔 수 없이 항해에 부적합한 계절, 그러니까 적이 사라진 바다를 이용할 수밖에 없다. 시칠리아 부왕 메디나 셀리 공작은 메시나로 갤리 선을 집결시키라는 국왕의 명령을 멜피 대공에게 건조한 어조로 상기시킨다. 어쨌거나 명령은 명령이다.[167] 결국 계획대로 함대가 움직이기 시작한다. 10월 라 굴레트에 탄약이 보급된다.[168] 11월 초 에스파냐 함대는 여전히 트라파니[시칠리아 섬의 서부]에 정박 중이었다. 함대가 더 이상 메시나에 있지 않다는 것은 멜피 대공이 움직일 의사가 없었음에도 불구하고 바다 한가운데로 나아가고 있음을 알려준다. 설상가상으로 궂은 날씨가 이어졌다.[169] 갤리 선단 일부가 라 굴레트 항해를 포기한 것은 아마 이 무렵일 것이다(사료는 정확한 날짜를 알려주지 않는다). 거센 파도 앞에서 명령이 무슨 소용이란 말인가? 마침내 시칠리아 부왕은 비정상적으로 증원된 수비대의 식량 문제를 해결하기 위해서 2,000살마의 밀을 실은 대형 범선을 띄우기로 결정한다.[170] 1월, 정원을 초과하면서까지 후안 데 로메로 휘하의 에스파냐 병사들의 승선 문제를 고민하지만,[171] 이들의 승선은 다시 보급 문제를 제기한다. 그럴 의지만 있었다면, 멜피 대공은 엄청난 비용을 요구하는 에스파냐 갤리 선의 과시 전략이 그해 겨울에 거둔 성과가 보잘것없음을 쉽게 보여주었을 것이다.

봄이 찾아오고 바르바리의 해적 행위가 활발해지기 시작했다. 1562년 3월 1일, 라 굴레트에서 온 한 통의 편지는 드라구트가 밀의 보급을 위해서 출동했음을 알렸다.[172] 4월, 알제의 함선들은 타바르카 습격을 시도한다.[173] 한편 후안 데 멘도사는 5월에서 6월 사이에 갤리 선 20척의 호위를 받으며 라운드쉽을 이끌고 순조롭게 라 굴레트에 도착했다.[174] 적함과 조우하지도 않았고 해상 사고도 거의 없었다. 같은 5월, 알제의 함선들은 마르세유에 있었다.[175] 이들은 오는 도중 알렉산드리아에서 피렌체 화물을 싣고 오는 라구사의 라운드쉽 1척과 맘지 포도주를 수송하던 베네치아의 라운드쉽 1척을 나포했다고 이야기했다. 또한 포르토 마우리치오[이탈리아 북서부] 인근의 도시를 습격해서 포로 56명을 획득했다고 한다. "이들은 비스킷을 비롯하여 식량을 보급하고 사략질을 재개하기 위해서 마르세유에 왔다. 그리고 야간을 틈타 36통의 화약과 초석을 선적했다." 이후 사략선의 흔적은 사라진다. 지중해 북부 연안에서 이들의 활동은 매우 집요해서, 후안 데 멘도사는 6월에 교황의 요청에 따라서 갤리 선 32척을 이끌고 나폴리로부터 테베레 강 하구까지 경비를 서야 했다.[176] 한편 알제의 사략선으로 인한 손해 배상을 요구하는 임무를 띠고 프랑스 대사 한 명이 7월에 삼피에로 코르소와 함께 알제에 도착한다.[177]

9월에는 에스파냐의 반격이 시작된다. 바르셀로나는 3척의 갤리오트 해적선이 폰차에서 나포되었음을 알린다. 또한 토르토사에서도 몇 척의 푸스타 선이 나포되었다고 전해졌지만, 확인된 것은 아니다.[178] 밑 빠진 독인 라 굴레트에 보급품을 보내려는 잔 안드레아 도리아의 새로운 작전도 에스파냐의 9월 활동 내역에 포함된다.[179] 여러 척의 개인 소유 갤리 선으로 보강된 시칠리아 함대와 에스파냐 함대를 이끌고, 후안 데 멘도사는 연안을 초계하고 오랑에 병력과 보급품을 전달하기 위해서 에스파냐 연안으로 회항했다.[180] 그러나 말라가 항구에서 강한 동풍을 만나면서 28척의 갤리 선이 넓은 피난처를 제공하는 에라두라 만으로 대피해야 했다. 『수로 안내서 (Instructions Nautiques)』[181]는 수심 20-30미터의 해역에서 진흙 바닥에 닻을 내리는 것은 바닷바람 때문에 위험하다고 경고하고 있다. 그런데 대피하기가 무섭게 갤리 선은 거센 남풍에 휩쓸리고 만다.[182] 피해는 끔찍했다. 28척 중 25척이 침몰하고 2,500-5,000명이 사망했다. 부서진 배의 잔해 속에서 장비 일부를 회수했을 뿐이다.

1562년 11월 8일, 이 소식은 가에타를 거쳐 나폴리로 전달되었다.[183] 제르바 참사가 있은 지 얼마 되지도 않아 발생한 이 재앙은 큰 충격을 안겨주었다.[184] 하지만 펠리페 2세의 정부는 약점을 강점으로 바꿀 줄 알았다. 1562년 12월 12일[185] 아프리카 국경의 방어와 새로운 갤리 선의 장비를 위한 특별 보조금이 임시 신분의회에 요청되었다.[186] 한층 더 힘들어진 에스파냐 해군의 재건은 이전보다 더 적극적으로 추진되었다. 에라두라 만에서 잃은 것은 반도 연안과 오랑의 요새를 방어하기 위한 해군이었다. 리모주 주교에 의하면 오랑은 에스파냐가 아프리카에서 보유하고 있는, 요새라는 이름 값을 하는 유일한 곳이었다. 이듬해 오랑에 대한 알제 해적들의 대공세는 분명 에라두라 참사와 관련이 있었다.

이는 1556년에 있었던 하산 코르소의 공격과는 비교할 수 없을 정도의 대규모 공격이었다. 오랑은 1563년 4월 초순부터[187] 6월 8일까지 두 달 동안 포위되었다. 이미 경계태세가 내려진 에스파냐 수비대는 3월 20일 알제 국왕에 앞서 4,000명의 소총수가 마자그랑[알제]에 도착했다는 사실을 파악했다. 첩자들은 비가 오지 않는다면, 알제 국왕도 병사들과 동시에 도착하게 될 것이라고 덧붙였다. 그는 화약과 포탄, 목봉과 비스킷을 싣고 알제 부두에 정박 중이던 캐러벨 선 2척과 화물 정기선 1척을 포함해서 총 40척의 선박을 이끌고 3월 26일 금요일에 모스타가넴에 도착한 것으로 추정된다. 포병대는 4척의 갤리 선을 타고 도착했고, 끝으로 10척의 대형 갤리 선(콘스탄티노플에서 알제로 돌아올 때 하산 파샤가 이용한 갤리 선은 제르바에서 기독교도에게 빼앗은 바로 그 배들인가?[188])이 이베리아 반도에서 지원군이 올 가능성에 대비하기 위해서 두 함대로 나뉘어 에스파냐 연안으로 파견되었다.[189]

오랑의 두 수비대를 지휘하던 알카우데테 백작의 두 아들, 장남 마르틴과 차남 알론소는 정보를 입수하고, 알제의 육군과 해군이 나타나기 전에 미리 경계경보를 울릴 수 있었다. 이들은 말 그대로 오랑을 지켜야 했다. 그리고 메르스엘케비르 정박지 건너편의 반도에서 함선 정박을 통제하던 작은 관문을 방어해야 했다. 망설임 끝에 알제인들은 메르스엘케비르, 더 정확히는 메르스엘케비르의 높은 돌출 지점 위에 신축된 산살바도르 소보루(小堡壘)를 공격했다. 포위공격 23일째인 5월 8일 산살바도르가 함락되고, 곧바로 메르스엘케비르에 대한 공격이 개시되었다. 수백의 병사들로 구성된 소규모 수비대는 5월 8일부터 22일까지 이어진 예비 포격에도 불구하고 22일에 적에게 큰 피해를 안기면서 첫 번째 공격을 물리치는 데에 성공했다. 그러자 알제인들은 5월 22일부터 6월 2일까지 요새의 다른 부분을 공격했다. 이들은 뱃머리에서 해변을 향해 포격을 가하면서 구 요새가 있던 자리와 포대가 신규 배치된 측면에 대해서 양동작전을 펼쳤다. 그러나 공격은 실패했고, 투르크인들은 부상자들로 가득한 8척의 갤리오트 선을 끌고 알제로 철수해야 했다.[190]

메르스엘케비르가 끝내 버텨냈다. 에스파냐 연안에 인접했기 때문에 이곳에 대한 실질적인 지원이 가능했다. 전력을 강화하기 위해서 알제 함대의 봉쇄를 뚫고 갤리 선들이 침투했다. 특히 가스파르 페르난데스와 알론소 페르난데스가 키를 잡은 소형 선박들이 포위된 수비대에게 식량과 무기, 지원 병력을 수송하면서 진정한 구원자가 되었다. 5월 1일부터 6월 4일 사이에 200명 이상의 귀족들이 에스파냐에서 오랑으로 건너갔다. 무슬림 지역에서 명성이 자자한 로스 벨레스 후작은 카르타헤나의 시장에서 고기와 생선이 동이 날 정도로 이들을 열렬히 환대했다.[191] 하지만 메르스엘케비르의 상황은 좋지 않았다. 기진맥진한 수비대는 일반적으로 식용으로 사용하지 않는 짐승들과 당나귀로 만든 약간의 훈제고기를 제외하면 아무것도 먹지 못하고 있었다. 6월 8일, 지원 함대가 때맞춰 나타났고, 투르크의 "개들"을 패주시켰다.

이상의 전과를 올린 갤리 선들이 이탈리아 거의 전 지역에서 파견되었다는 점을 감안하면, 포위가 시작된 지 2달 만에 지원 함대가 도착했다는 것은 기적과도 같은 일이었다. 에스파냐에 큰 반향을 일으킨(세르반테스와 로페 데 베가는 이 사건을 극화한 바 있다) 이 포위전이 흥미로운 것은 돈 마르틴과 휘하 병사들이 메르스엘케비르에서 보여준 무훈 때문이라기보다는, 신속하게 이루어진 지원 때문이다. 적어도 이번 한 번만큼은 에스파냐의 신속함을 엿볼 수 있는 좋은 사례이다.

포위가 시작되기 전인 4월 3일, 펠리페 2세는 앞에서 언급한 정보원들이 보낸 보고서를 받는다. 그리고 제노바 주재 대사 피게로아에게 긴급 서신을 보내서, 잔 안드레아 도리아와 마르코 첸투리오네, 보로메오 추기경, 사부아 공작과 토스카나 공작의 갤리 선을 1차 집결지인 로사스[카탈루냐의 해안 마을] 항구로 모이도록 지시했다. 국왕은 "갤리 선을 보기 전까지는 마음을 놓을 수 없을 정도로 충분히 우려스러운 상황이므로 최대한 서두를 것"을 요구했다.[192] 4월 23일[193] 메시나에서 접수된 이 명령은 시칠리아와 교회 소속 갤리 선을 제외한 이탈리아의 전 함대가 에스파냐로 소환되었다는 것을 의미한다. 펠리페 2세는 4월 25일에 돈 가르시아 데 톨레도에게 "이탈리아 갤리 선들이 조속히 도착해야 한다"라고 전한다.[194]

이탈리아에서도 같은 생각이다. 나폴리 부왕은 피게로아에게 보낸 4월 25일자 편지[195]에서 자신이 긴급 서신을 통해서 3월 28일에(그러니까 4월 3일 왕의 명령이 내려지기 이전에) 이미 오랑 포위공격에 대해서 알고 있었다고 알린다. 그는 투르크 함대가 그 해에 출격하지 않으리라는 사실을 알고 나서 "잔 안드레아 도리아가 동원할 수 있는 22척의 갤리 선과 왕국의 다른 갤리 선 4척 등 총 26척에 에스파냐 병사 2,000명을 태우고 사르데냐와 메노르카, 이비자와 카르타헤나 항로로 이동하여(즉 로사스로 우회하지 않고 직접), 그곳에서 전하의 명령을 기다리도록 하는 것이 적절할 것"이라는 의견을 전달한다. 같은 날,[196] 도리아는 국왕에게 자신이 카르타헤나에 도착할 예정임을 알린다. 5월 17일[197] 마드리드에서 편지를 받은 펠리페 2세는 곧장 갤리 선의 도착에 대비하여 카르타헤나에서 비스킷을 제조할 것이며 바르셀로나와 말라가로부터 이를 수송할 것이라는 답신을 보낸다. 그는 이탈리아 함대의 도착이 늦어질 수도 있다는 점, 에스파냐 문제라는 점, 오랑에서 복귀한 지원 함대를 둘로 나누어 그중 하나를 사략선 사냥을 위해서 도리아와 함께 이탈리아로 복귀시켜야 한다는 등 온갖 이유를 들면서, 원정군의 지휘를 에스파냐 갤리 선단 총사령관인 돈 프란시스코 데 멘도사에게 맡겼다는 사실을 덧붙인다.

6월 초 카르타헤나에는 4척의 에스파냐 갤리 선을 포함한 42척의 갤리 선이 집결해 있었다. 8척(사부아 공작의 갤리 선 4척과 제노바의 갤리 선 4척)은 이미 항구에 있었고, 나머지 34척은 8일 오랑에 도착했다. 하지만 이러한 투망질이 얻은 소득이라고는 3척의 라운드쉽과 12척의 바크 선, (납탄환과 무기 그리고 쇠사슬 갑옷을 실은) 프랑스 사에티아 범선 1척이 전부였다. 대형 노 젓는 함선들은 모두 도망칠 시간적 여유를 벌었다.[198] 본[안나배]에서 마르세유를 경유하여 전송된 6월 3일자의 보고서에 따르면, 알제 함대는 이미 떠날 채비를 하고 있었다.[199] 이 역시 대단한 성공이었다. 6월 17일[200] 국왕은 나폴리 부왕—디에고 수아레스는 귀중한 오랑 연대기에서 그를 진정한 수훈감이라고 칭송한 바 있다—에게 이 사실을 알렸다. 이 성공에 대해서 반론을 제기할 사람은 없을 것이다. 그러나 찬사의 글에 펠리페 2세의 이름을 올리거나 에스파냐의 시스템 자체에 대한 긍정적인 평가를 열거하는 것은 적절하지 못할 것이다. 물론 이번만큼은 시스템이 제대로 작동했지만, 이는 아마도 과거의 경험을 통해서 익숙해진 데다가 사건의 무대가 에스파냐 인근의 작은 구역이었기 때문일 것이다.[201]

마드리드는 더 많은 것을 원했다. 카르타헤나 앞바다로 복귀하기가 무섭게, 함대는 페뇬 데 벨레스를 급습하라는 국왕의 명령을 받았다. 병든 프란시스코 데 멘도사는 멜리야 총독이 수립한 작전의 지휘권을 산초 데 레이바에게 이양했다. 그러나 이 작은 섬을 지키던 투르크 수비대는 노 젓는 소리를 듣자마자 경계태세에 돌입했고, 벨레스에 상륙한 군대는 사기가 꺾였다. 포격과 함께 전진을 시도하기는커녕, 장군들 대다수가 배로 복귀하고 작전 연기를 결정했다. 함대는 8월 초순에 말라가로 귀환했다.[202] 소식을 접한 사략선들은 에스파냐 연안에 대한 습격을 강화했다. 심지어 사략선은 이제 껏 한번도 시도한 적이 없던 카나리아 제도까지 진출했다. 그러나 에스파냐 갤리 선은 오랑 보급을 끝냈고, 8월 말에는 수비대의 급료 지불에 필요한 2만 두카트를 마련했다. 며칠 후 갤리 선단은 해협을 통과하여 세비야의 외항 푸에르토 데 산타 마리아에 도착했다.[203]

어쨌든 1563년에 대한 종합평가 결과는 그리 나쁘지 않다. 그러나 이듬해의 결과에는 비할 바가 못 된다. 에스파냐는 공세로 전환할 수 있다고 판단했다. 아마도 오리엔트의 안전이 확실해진 데다가, 정치도 전반적으로 안정을 되찾았기 때문일 것이다. 1564년 2월 10일 돈 가르시아 데 톨레도가 해군 총사령관에 임명된 것도 이유로 작용했을 것이다. 그러나 가장 중요한 것은 에스파냐가 스스로 더 강해졌다고 느끼기 시작했다는 점이다. 돈 가르시아의 임명 전부터 변화의 징조가 나타났다. 나폴리 갤리 선단의 사령관 산초 데 레이바는 1월 펠리페 2세에게 스테파노 데 마리의 갤리 선 1척과 자신의 갤리 선 5척 그리고 시칠리아 갤리 선단을 이끌고 바르바리 연안 해적들의 푸스타 선과 갤리오트 선을 공격하여 함대 무장에 필요한 노꾼을 포로로 잡아오도록 허락해달라고 요청했다.[204] 일찍이 그해 봄부터 라 굴레트 보급과 오랑 재보급과 같은 통상임무 외에, 상부에서는 페뇬 데 벨레스에서 실패한 작전을 재개하자는 논의가 진행되었다. 이 문제에 대한 공식 결정은 4월에 내려졌다.[205]

이것은 체계적이며 안정적인 조직 운영의 걸작이었다. 문서보관소에는 미간행된 다량의 문서들이 남아 있다.[206] 예정대로 준비가 진행되면서, 6월 12일 펠리페 2세는 프랑스 대사에게 해군이 곧 아프리카로 향할 것이라는 사실을 알렸다.[207] 준비가 끝나자 돈 가르시아는 군대와 이탈리아 갤리 선을 모아 아프리카와 에스파냐로 건너갈 채비를 했다.[208] 14일, 그는 33척의 갤리 선을 이끌고[209] 위풍당당하게 나폴리에 입성했다.[210] 이번에도 펠리페 2세는 함대의 움직임을 일거수일투족 관찰했다. 그는 돈 가르시아의 요청 사항을 모두 배려하면서 "현재 바람의 상태를 보건대 그의 도착이 멀지 않았으므로 관련 업무를 조속히 해결하라"고 부서에 명령했다. "병력의 추가 문제를 검토해야 할 것이오. 알칼라 공작은 카리요 데 케사다 장군 휘하에 배치될 1,200명 정도만 내어줄 수 있다고 했소."[211]

돈 가르시아는 1563년 잔 안드레아 도리아가 택했던 섬을 통한 지름길 대신에 제노바를 거쳐, 다시 말해서 북부 연안을 크게 돌아 에스파냐에 도착했다. 함대는 카탈루냐 연안의 팔라모스를 첫 집결지로 삼았다. 6월 6일 함대는 당시 눈부신 경력을 쌓기 시작한 알바로 데 바산 휘하의 에스파냐 갤리 선과 합류했다. 22척의 갤리 선을 이끈 잔 안드레아 도리아도 26일 같은 곳에 정박했다.[212] 이후 독일 병사들을 태우기 위해서 라스페치아에 머물렀던 파간 도리아의 함선과 갤리 선들이 도착했다. 8월 15일 함대는 말라가에 있었다.[213] 돈 가르시아는 잠시 본대에서 이탈해 원정에 참여하기로 약속된 포르투갈 갤리 선에 앞서 카디스로 향했다. 그의 출현은 에스테포나와 마르베야부터 지브롤터까지 해안 전역을 공포에 빠뜨렸다. 사략선의 약탈에 익숙해진 이곳은 적함이 출현했다고 생각했다. 이후 다소 느린 속도로 마르베야와 말라가 인근 항구에서 집결이 완료되었다. 8월 말, 함대는 90내지 100척의 갤리 선을 헤아리게 되었다.[214] 여기에 다수의 캐러벨 선, 갤리온 선, 브리간틴 선을 포함해서 전체 규모는 함선 150척, 병사 1만 6,000명에 달했다. 이에 대해 베네치아는 어느 정도 악의적인 의도로, 불필요하고 과시적인 무력행사라고 평가했다.[215] 그러나 최소한 이 함대는 사략선을 몰아내는 데에 기여했다. 굉장한 소탕이었다. 3척의 갤리 선과 1척의 무장 갤리온 선이 나포되었고, 6-8척이 겨우 추격을 따돌렸다.

3일간의 여정 후, 8월 31일 페뇬 앞에 함대가 도착했다. 1563년에 그랬듯이 주민들은 도시를 포기했다. 항구에서는 벨레스의 재빠른 해적들에게 나포되었던 카탈루냐의 배 3척이 불타올랐다. 해적들이 카라 무스타파와 함께 약탈에 나선 것으로 볼 때, 이들은 기독교 세계의 함대가 자신의 본거지를 공격하리라고는 거의 예상하지 못했다. 돈 가르시아는 충분한 자원을 가지고 침착하게 행동했다. 요새화된 작은 섬에 대한 공격을 내륙으로부터 엄호하기 위하여 견고하고 넓은 교두보가 만들어졌다. 모두의 예상과 달리, 며칠간의 포격 이후 수비대는 9월 6일 바위산을 포기했다. 군대는 이곳을 보강하고 대포와 식량, 병력을 남겨두었다. 그리고 벨레스 시의 방벽을 허물어버린 후에 교두보에서 철수했다. 그리고 이를 기화로 9월 11일 원주민과 심각한 충돌이 벌어졌다.[216]

요컨대 대수롭지 않은 일에 엄청난 소문이 일고 지출이 발생했다고 정리할 수 있다. 무어인과의 전쟁 명목으로 지급된 교회 보조금이 헛되이 쓰이지 않음을 교황청에 보여주기에는 충분했다. 펠리페 2세의 말대로, '교황이 목적이다.'[217] 당대인들 모두가 이 작전의 과시적인 측면을 지적했다. 새로운 지휘관을 내세워 에스파냐 함대를 재장악하고 에스파냐 연안과 세비야 지적에 위치한 벨레스의 해적 본거지의 눈을 멀게 함으로써 장기적으로 문젯거리를 제거한다는 전략적인 이유도 있었다. 이후 에스파냐 수비대가 (1508-1525년 때처럼) 이 작은 섬을 지키게 될 것이다. 돈 가르시아 데 톨레도는 이 작업을 완수한 후에야 물러났다. 하지만 그는 서둘러 철수했는데, 다른 곳에서 그를 필요로 했기 때문이다. 코르시카에서 삼피에로 코르소가 반란을 일으키자 제노바 공화국이 집요하게 지원을 요청했다.

코르시카의 봉기

코르시카의 반란은 오래 전부터 준비된 것이었다. 섬의 주민들은 카토-캉브레지 평화조약에 실망했다. 삼피에로 코르소는 1559년부터 1564년까지 동분서주하며 적극적으로 협상에 임했으나 아무런 소득도 얻지 못했다. 1564년 6월 12일 그가 소규모 군대를 이끌고 발린코 만에 상륙하자 곧바로 반란이 일어났다. 불꽃이 튀기만 하면 활활 타오를 준비가 되어 있었던 것이다. 삼피에로는 즉시 코르테로 향하여 그곳을 점령했다. 코르시카 섬에서 벌어진 가장 처참한 전쟁 중 하나가 시작된 것이다. 포로의 학살, 화염에 싸인 마을, 황폐한 농지, 코르시카는 이 모든 것을 경험하게 될 것이다.

제노바는 그리 놀란 기색이 아니다. 공식적으로 어떤 이야기를 했든 간에, 제노바는 오래 전부터 코르시카의 불안한 상황과 섬 주민들이 제노바에 대해서 품고 있던 적개심을 잘 알고 있었다. 정보원들은 프랑스와 알제, 토스카나와 투르크에서 삼피에로의 음모와 이동을 예의주시했다. 제노바 정보기관은 그가 마르세유에 머물면서 무장 갤리 선 1척을 어떻게 확보했는지 알고 있었다. 결국 그의 상륙은 예견된 것이었다. 하지만 이 일격의 결과가 그토록 빨리 나타나리라고는 생각하지 못했던 것으로 보인다. 제노바는 그토록 많은 주민들이 반란 주모자의 구호에 거의 즉각적으로 반응하여 결집하는 상황을 예상하지 못했다.

삼피에로의 배후세력은 누구인가? 그의 성공을 계기로 사람들은 자문하게 된다. 상륙용 갤리 선을 빌려준 프랑스 국왕인가? 아니면 투르크 사략선들인가?[218] 얼마 후 사람들은 피렌체 공작이 배후라고 수근거린다.[219] 이들 모두가 삼피에로를 배후에서 지원했다. 물론 간접적이고 조심스러운 움직임이었지만, 이는 분명한 사실이다. 반란의 최종적인 보루는 제노바 징세업자와 고리대금업자에게 시달리던 섬의 하층민들, 즉 산악지대에서 사는 궁핍한 코르시카인이다. 당연히 제노바는 이런 일에 대해서는 입을 다문다. 제노바의 관심사는 펠리페 2세가 개입하도록 주변 강대국들의 게임을 부추기는 것이다. 제노바는 사태를 정확히 인식하고 있었다. 너무나도 당연한 프랑스의 개입에 대해서 특히 그러했다. 7월 7일, 피게로아는 "코르시카 사건은 애초 일부 사람들이 생각했던 것 이상으로 뿌리가 깊습니다"라고 말한다. "삼피에로는 주민들을 봉기시켰고 섬의 대부분이 그를 따르고 있습니다. 프랑스인들은 해군 경비를 위해서라고 말하지만, 카르세 백작이 삼피에로에게 병력을 지원하기 위해서 프로방스에서 보병대 7개 부대를 징집했다는 소식이 전해졌습니다." 한편 리옹의 제노바 상인들[220]은 프랑스인들의 소행과 반응에 대한 정보를 본국에 알려주었다.

정보를 입수한 펠리페 2세는 잔 안드레아 도리아와 이바라가 식량을 적재하고 독일 병사들을 승선시키는 작업을 계속하는 동안, 30척의 갤리 선을 이끌고 코르시카로 진격하려는 돈 가르시아 데 톨레도의 계획을 승인한다. 7월 18일자 서신을 통해서 국왕의 명령이 전달된다. 돈 가르시아는 코르시카를 향해 출발하라. 펠리페는 이미 이스트리아를 장악하고 아작시오마저 위협하고 있는 삼피에로가 섬 전체를 차지하도록 내버려둘 수는 없다고 이야기한다. 친 프랑스파인 삼피에로는 코르시카를 "거룩한 가톨릭 신앙의 적인 투르크와 무어인들을 위한 발판"으로 삼을 것이기 때문이다.[221] 펠리페는 프랑스 주재 대사에게 편지를 보내 프랑스가 용납할 수 없는 짓을 벌이고 있다고 이야기한다.[222] "프랑스의 국왕과 왕비가 삼피에로 코르소의 의도를 단순히 알고 있는 정도가 아니라 그를 후원하고 있다니, 과인은 믿을 수가 없소. 이는 우리의 우정과 친선관계에 어긋날 뿐만 아니라 평화조약을 위반하는 행위이기 때문이오. 그런데 국왕과 왕비가 이번 사건에 대해서 잘 알고 있었다는 사실을 입증해주는 유력하고 명백한 증거들이 즐비하오."

펠리페 2세와 특히 제노바인들에게는 불행한 일이지만, 돈 가르시아가 코르시카로 갤리 선을 돌리라는 7월 18일자 명령을 받았을 때, 그는 이미 벨레스 원정 준비를 마치고 에스파냐 연안에 도착해 있었다. 그를 다시 출발지로 돌려보내야 할 것인가? 이는 시간낭비일 뿐만 아니라 페뇬 원정을 위태롭게 할 수도 있다. 국왕은 피게로아에게 이 내용을 설명하면서 "교황이 갤리 선 무장을 위해서 지급한 자금이 정말로 이교도들과 싸우는 데에 사용되는지 예의주시하고 있다"는 사실을 알게 되었다고 덧붙인다.[223] 이러한 연유로 펠리페 2세는 지브롤터와 모로코로 향하는 돈 가르시아의 항해를 내버려둔다. 가을이 끝날 무렵이 되어서야 코르시카 문제가 재부상할 것이다.

페뇬 원정으로 인해서 삼피에로와 그 일파에게는 휴식 기간이 늘어난 셈이다. 이후 제노바인들이 가져온 소식은 점점 더 걱정스러운 것이었다. 피게로아는 1564년 8월 5일자 편지[224]에서 프랑스의 개입이 확대되어 프리깃 함이 코르시카 섬과 프로방스를 왕복하고 있으며, 제노바에서 추방된 피에스키 가문과 코르시카인들이 토마 코르소의 집에서 비밀집회를 가졌다는 소식을 전한다. 토마 코르소는 토마 랑슈, 즉 프랑스 측 보루를 건설한 인물로 "그는 알제인 노꾼, 화약, 돛, 그밖의 다른 밀수품을 공급하던 인물"이었다. 그러나 카트린 드 메디시스는 자신이 이 사건과 관련이 없다고 선언하면서 중재 역할에 나서겠다고 제안한다. 그녀에 따르면 마르세유에 갤리 선을 배치한 것은 다가올 국왕의 입성을 준비하기 위해서였다. 심지어 그녀는 여전히 많은 수의 갤리 선을 거느린 돈 가르시아 데 톨레도의 함대가 쉴 새 없이 프랑스 항구 근해를 항해하고 있는 것이 수상하다고 느끼며 랑부예 추기경에게 이 점을 프란세스 데 알라바에게 전하라고 한다![225] 물론 그렇다고 해서 제노바가 프랑스에 대한 비난을 멈추고,[226] 엘뵈프 후작이 마르세유에서 준비하고 있던 10척의 갤리 선에 대한 우려를 멈춘 것은 아니다.

그러나 페뇬에서 전혀 피해를 입지 않은 에스파냐 함대는 얼마 전 아프리카에서 성공한 작전을 코르시카에서도 재현할 수 있었다. 1564년 8월 31일, 알바 공작은 돈 가르시아 데 톨레도가 벨레스에서 일을 마치면 20척의 갤리 선만을 에스파냐에 남겨두고 즉시 코르시카로 합류할 것이라고 피게로아에게 전했다. 같은 시각, 펠리페 2세도 거의 공식화된 원정에 대해서 프랑스가 공공연히 맞서는 일은 일어나지 않을 것이라며 피게로아를 안심시킨다. 피렌체 공작의 대사는 1564년 9월 22일 이 소식을 공작에게 알리고,[227] 펠리페 2세도 이튿날 같은 소식을 전한다.[228]

그러나 제노바인들은 그리 만족스러워하지 않는다. 준비가 너무 더디다고 판단했기 때문이다. 24일 대사 사울리는 카르타헤나에 있어야 할 함대에 대해서 아직 아무런 소식도 듣지 못했다고 주장한다.[229] 10월 9일, 그의 불만이 분명해진다. "만일 함대의 도착이 늦어지면, 공화국은 나의 무관심을 탓할 것이 아니라 이곳 나리들의 무사태평과 태만함을 비난해야 할 것입니다. 왜냐하면 나는 전하와 대신들에게 정말 끊임없이 독촉했기 때문입니다."[230] 이는 부당한 비난인 것으로 보인다. 8월 이후, 제노바 주재 에스파냐 대사의 아들인 로렌소 수아레스 데 피게로아는 코르시카 작전에 필요한 이탈리아 병사 1,500명을 징집하기 위해서 밀라노로 파견되었다. 26일에 병사들이 3척의 라운드쉽에 승선했고 섬으로 출발하기 위해서 날씨가 좋아지기만을 기다리고 있었다. 로렌소가 이들을 이끌었다.

제노바인들이 조급한 데에는 나름대로 이유가 있었다. 삼피에로는 에스테파노 도리아 군을 패주시켰다.[231] 시간이 흐르면서 그들은 자신들에게 불리한 가을 협상이 체결되지 않을까 우려한다. 펠리페 2세도 코르시카의 험준한 지형 때문에 자칫 장기화될 수도 있는 전쟁에 자금이 쓰이는 것을 피하기 위해서 삼피에로와 협상하는 편이 바람직하다고 이야기했다.[232] 제노바인들은 크게 분노한다. 마침내 10월 25일 가르시아 데 톨레도가 사보나에 도착한다.[233] 그러나 항해 적기가 끝나자 그는 함대를 위험에 노출시키려고 하지 않는다. 제노바인들은 포르토 베키오에 전 함대를 집결시켜줄 것을 요청한 반면, 그는 에스파냐와 피에몬테에서 징집한 보병대와 갤리선 20척을 제안한다.[234] 제노바인들은 끝내 원하는 바를 얻지 못할 것이다. 11월 20일 아를에서 프란세스 데 알라바는 만일 제노바인들이 겨울이 오기 전에 일을 끝내지 않는다면, 프랑스 측의 제안대로 반란자들과 타협하는 것이 최선일 것이라는 의견을 전한다.[235] 하지만 제노바는 이에 동의하지 않고 펠리페 역시 프랑스의 중재를 거부한다.[236]

그렇게 겨울이 오고 전쟁은 계속된다. 여전히 코르시카에는 프랑스(물론 국왕과 왕비는 부인했지만[237]), 그리고 무기와 자금을 운반하던 프리깃 함의 출항지 리보르노를 통한 외부 지원이 이어진다.[238] 삼피에로는 교황과도 내통한다.[239] 전황은 그렇게 제노바에 불리하게 전개된다.[240] 바스티아까지 진출한[241] 잔 안드레아 도리아의 갤리 선 20척과 에스파냐 병력은 흐름을 역전시킬 수 있을 것인가? 궂은 날씨로 인해서 힘들어진 것은 해상 작전만이 아니었다(돈 가르시아는 12월 14일 제노바에서 25해리 밖으로 벗어날 수 없었다).[242] 내륙에서도 상황은 마찬가지였다. 11월 25일, 포위된 코르테를 구하기 위해서 바스티아를 출발한 원정군은 궂은 날씨와 병사들의 목숨을 앗아간 전염병 때문에 후퇴해야 했다. 퇴각하면서 얻은 전과라고는 12월 중순 잔 안드레아 도리아가 별로 힘들이지 않고 획득한 포르토 베키오와 발라녜 지역 마을 한 곳뿐이다. 제노바는 연안과 내륙의 일부 거점을 유지하는 데에 급급한 지경에 이르렀다. 반면 섬의 나머지 지역은 조금씩 반란자들에 의해서 장악되었다. 요새에 남아 있던 제노바 병사들은 적의 공격보다는 전염병과 보급 문제로 더 크게 시달렸다.

유럽의 평온

삼피에로의 반란은 장기화될 것이다. 그러나 그 영향은 제한적이어서 전반적으로 유럽은 사건의 영향을 느끼지 못할 것이다. 이 점에 대해서는 강조할 필요가 있는데, 에스파냐 세계가 숨 돌릴 여유를 찾고 위기를 반전시킬 수 있었다면, 이는 투르크와의 휴전과 더불어 어쩌면 카를 5세의 소모적인 전쟁이 야기한 결과일 수도 있는 휴전협정이 유럽에서 체결되었기 때문이다. 1552년부터 1559년까지 유럽 국가들의 재원은 모조리 전쟁에 투입되었다. 아니 그 이상이었다. 결과적으로 에스파냐와 프랑스 그리고 그 영향으로 말미암아 전 유럽 국가에 심각한 재정 붕괴 현상이 이어졌다. 그로 인해서 여러 해 동안 발군의 전쟁터였던 유럽에서 대규모 전쟁이 사라진다.

카를 5세의 제국이 단절되면서 전쟁은 상대적인 소강 국면에 들어섰다. 페르디난트 일가가 들어서고 독일은 자율성을 회복했는데, 그 결과 유럽은 합스부르크 보편 왕국(Monarchie Universelle)에 대한 우려에서 벗어날 수 있었다. 에스파냐 제국주의의 위험은 아직 가시화되지 않는다. 1580년경까지는 어떤 조짐도 나타나지 않을 것이다. 대규모 전쟁 대신에 휴식을 취하던 세력들이 지역적 분쟁에 휩싸였다. 프랑스를 혼란에 빠뜨린 국내 갈등은 군대의 해산, 16세기 초에 비해서 훨씬 더 궁핍해진 데다가 이탈리아의 일자리마저 잃게 된 군소 귀족들의 실업상태와 밀접하게 연관되어 있다.

카토-캉브레지 평화조약이 체결된 이후에도 계속된 분쟁들 가운데 중요한 것은 하나뿐이다. 바로 발루아 왕가의 프랑스와 잉글랜드 사이의 분쟁이다. 이는 적어도 왕세자의 혼인[프랑수아 2세와 스코틀랜드의 여왕 메리 스튜어트의 혼인]이 거행된 1558년까지 거슬러올라가는 뿌리 깊은 갈등이었다. 대외적으로 프랑스 정부의 관심은 지중해가 아니라 북부에 쏠려 있었다. 그러나 정치와 종교 문제에 휩싸인 두 숙적은 진짜 싸움을 벌일 만한 여력이 없었기 때문에, 교황이나 펠리페 2세 앞에서 서로를 비방했다. 펠리페 2세는 상황을 지연시키며 누구의 편도 들지 않았다. 그는 북부의 이러한 갈등을 다행으로 여기며 자신의 안위를 위해서 이용한다. 국가이성에 입각한 기만적인[243] 전략의 흐름을 추적하는 일은 우리의 관심사가 아니다. 결국 대단히 근시안적인 정치 감각이었지만 말이다. 프랑스는 확실히 별다른 소득을 얻지 못했고, 에스파냐는 불안하기 짝이 없는 엘리자베스의 잉글랜드를 구해주었다. 최소한 어느 정도는 기여했다고 볼 수 있다. 펠리페 2세의 입장에서 잉글랜드가 그토록 빨리 성장하리라고 예상할 수 있었을까?

프랑스에 대한 견제는 에스파냐의 평화를 유지하기 위한 열쇠로 간주되었다. 당시에는 그리 어려운 일이 아니었다. 1560년 카트린 드 메디시스의 섭정이 시작되자마자 혼란이 야기되었다. 자신의 나라가 프로테스탄트에 전염되는 것을 막고자 했던 펠리페 2세에게 이는 군대를 파견할 기회였다. 군사를 파병함으로써 그는 한동안 이웃 왕국에 대한 우위를 점할 수 있었다. 심지어 그는 합스부르크 가의 오랜 정치적 전통과 16세기의 외교 관행에 따라서 프랑스 측에 협력자를 매수하는 것이 유용하다고 판단했다. 에스파냐의 전략은 결국 앙투안 드 부르봉과 긴 교섭을 시작하는 것으로 귀결되었다. 누가 누구를 기만했는가? 지중해, 일차적으로 사르데냐, 그 다음으로 튀니스와 관련되지 않았다면, 이 문서는 들춰보지도 않았을 것이다.

교섭이 시작된 해는 앙투안 드 부르봉이 총사령관 자격으로 주도적인 역할을 수행하기 시작한 1561년이다.[244] 물론 총사령관의 지위는 실질적인 것이라기보다는 상징적인 것에 그칠 수 있다. 에스파냐에서 "방돔 나리"로 불린 이 인물은 나바르 왕국의 국왕이며, 펠리페 2세는 나바르 왕국의 에스파냐 변경 지역을 부당하게 점령하고 있었다. 피레네 산맥 너머에 있는 영지의 회복, 적어도 이를 위한 음모의 획책,[245] 산맥 너머 에스파냐 내정에 대한 간섭, 1511년 에스파냐에 의한 정복이 있은 후, 이 유혹에 빠지지 않은 나바르 국왕은 한 명도 없었다. 훗날 앙리 4세도 마찬가지였다. 하지만 다른 전략도 가능했다. 에스파냐가 차지한 나바르 땅을 돌려받을 수 없다면 그에 대한 보상을 요구할 수는 있었다. 방돔 나리는 과감한 시도를 했다. 그는 사르데냐 왕국을 요구했고, 이 문제를 로마 교황청에까지 알렸다.[246] 에스파냐 측 문서에 Bermejo 또는 Vermejo라는 이름(물론 이 이름은 정보 보안을 위해서 사용된 가명에 불과하다)으로 등장하는 사절 1명이 1562년 1월에 마드리드에 도착해서 루이 고메스와 알바 공작을 접견했다.[247] 두 사람은 앙투안 드 부르봉의 지원과 이단적 성향에 대해서 불만을 품고 있었다. "방돔 나리"의 야심을 짐작한 두 대신은 베르메호를 통해서 튀니스 왕국을 제안하면서 정복을 돕겠다고 약속한다. 그러자 사절은 튀니스 왕국이 정확히 무엇이냐고 묻는다. 알바 공작의 대답은 이렇다. "그에 대해서 나보다 더 잘 알고 있는 사람은 없습니다. 왜냐하면 황제가 이 왕국을 탐내고 있고, 특별히 내게 이를 알려주었기 때문입니다." 튀니스 왕국에 대한 목가적인 묘사, "모르는 사람이 거의 없을" 정도로 익히 알려진 설명이 이어진다. "레반트와 대서양을 오가는 모든 상품들"이 지나는 길목이자 밀, 기름, 양모, 가축을 생산하는 비옥한 대지, 방어에 용이한 뛰어난 항구들이 즐비한 곳……척박한 땅에 고유한 법 때문에 국왕이 마음대로 양도할 수도 없는 사르데냐 왕국과는 비할 바가 못 되었다.

이 매력적인 제안에 나바르 국왕[앙투안 드 부르봉, 방돔 나리]은 어떻게 반응했는가? 알려진 바는 별로 없다. 우리가 알고 있는 것은 카트린 드 메디시스가 부르봉과 에스파냐의 협상에 대해서 우려하고 있었다는 점, 1562년 9월에 제노바에서 사르데냐 왕국의 양도에 대한 소문이 돌았다는 사실이다.[248] 9일, 피게로아는 "돈 후안 데 멘도사가 사르데냐 왕국을 장악했고 전하의 명에 따라 이를 방돔 나리에게 바칠 것이라는 소식이 제노바에 전해졌지만, 별로 믿을 만한 내용은 아닌 듯합니다"라고 이야기한다. 협상이 돌연 중단되었다. 방돔 나리가 루앙의 성벽 안에서 부상을 입고 곧바로 사망했기 때문이다. 펠리페 2세는 "의사와 외과의들이 가망이 없다고 판단했다"[249]는 정보를 신속하게 입수하고는 날짜를 기입하지 않은 채 조문 서한을 미리 작성시켰다.

사소한 사건이지만, 이는 프랑스가 외교적으로 밀착 감시되고 있었음을 보여준다. 에스파냐의 외교는 치밀하고 안정적으로 작동되었으며, 다소 느리기는 했지만 충분히 마키아벨리적이었다. 당연히 오만했고 격식을 중요시했으며, 쉬는 법이 없었다. 적어도 스스로 생각하는 만큼 늘 효과적이었다. 만일 유럽이 에스파냐 제국에게 전혀 문젯거리가 되지 못했다면, 이는 루이 고메스나 노련한 알바 공작 덕분이었을까? 리모주 주교의 말대로 프랑스를 종종 "궁지에 빠뜨릴" 수 있는 능력 때문에? 유럽의 국왕들이 모두 어린아이이고 여인에게 장악된 상황에서 펠리페만 유일하게 성인이었기 때문일까? 아니면 유럽은 녹초가 되어버릴 정도로 피로한 상태였기 때문일까? 확실한 것은 투르크가 지중해 연안에서 멀찌감치 물러나서 움직일 기색을 보이지 않는 상황에서, 당분간 유럽의 문제로 걱정하거나 방해를 받지 않게 된 에스파냐가 행동의 자유를 얻었다는 사실이다. 에스파냐는 이 시간을 유용하게 활용할 것이다.

에스파냐 해상 재건에 관한 몇 가지 수치들

16세기 해군력의 실제 수치들을 명확히 밝히는 것은 쉬운 일이 아니다. 먼저 어떤 배를 계산에 넣어야 할까? 갤리 선과 갤리오트 선, 푸스타 외에 라운드쉽, 보급선, 대포를 탑재하고 있던 임시 전함도 고려해야 할 것이다. 1563년 말과 1564년 초, 에스파냐 정부는 비스카야 주와 칸타브리아 지역 어부들의 작은 어선과 사브라 선, 자원 노꾼과 대포로 무장한 70톤 급 소형 선박을 포함하여 100여 척에 대한 출항금지령을 내렸다. 당시 카탈루냐에서 이 보조 함대를 조직한 것은 알바로 데 바산이었다. 어떤 조건에서 그리고 무슨 목적을 위해서였을까? 주로 연해 항해에 적합한 적은 톤수의 이 배들은 지중해 전쟁에서 수송선으로 사용된 것으로 보인다. 에스파냐에서 이 소형 선박들이 어떤 중요성을 가지고 있었는지는 알 수 없다.

전함만을 고려한다면, 갤리 선과 같은 강력한 전함, 무게를 줄인 갤리 선 외에 푸스타와 갤리오트 선을 포함시켜야 할 것이다. 바르바리 사략선들이 주로 소규모 함대를 이용한 것은 사실이다. 결국 가장 어려운 문제는 펠리페의 함대가 각양각색의 함선들의 집합이었다는 데에 있다. 함대는 에스파냐, 나폴리, 시칠리아, 에스파냐가 비용을 지불하는 제노바 갤리 선단

(주로 잔 안드레아 도리아의 함선) 등 총 4개의 부대로 구성되었다. 때에 따라 모나코, 사부아, 토스카나, 그리고 몰타 기사단 소속 갤리 선이 합류했다. 계산이 복잡해지는 것은 이 때문이다.

에스파냐의 군비 규모를 측정하기 위해서 우리는 1560년부터 1564년까지 매년 메시나와 그 외 지역에—그러나 주로 메시나에—집결한 갤리 선의 수치에 대한 통계를 내고자 시도했고, 그 결과 실제로 동원된 함선의 수를 계산할 수 있었다.

제르바 사태가 벌어진 1560년, 기독교 함대는 갤리 선 47척과 갤리오트 선 4척을 포함, 총 154척의 전함을 보유하고 있었다.[250] 다시 말해서 갤리 선과 다른 유형의 전함의 비율은 1 대 2 정도로 추산된다. 이 47척의 갤리 선에 이탈리아 반도 연안에서 요청되었지만 원정에는 참여하지 않은 에스파냐 함선들, 몰타 기사단과 토스카나, 제노바, 사부아에 소속된 갤리 선 10여 척을 추가할 필요가 있다. 제르바 요새에 대한 지원이 논의되면서 취해진 조치들을 근거로 예비 병력을 계산할 수 있다. 1560년 6월 8일, 펠리페 2세[251]는 집결 예정된 갤리 선을 계산하면서 최대 64척까지 모을 수 있다고 생각했다.[252] 이 수치는 거의 정확해 보인다. 물론 여기에는 제르바에서 탈출한 갤리 선 20척이 포함되어 있다. 결국 카토-캉브레지 평화조약 직후 에스파냐가 직간접적으로 가용할 수 있었던 전함의 총수는 원정에 참여한 47척의 갤리 선에 44척을 더해야 한다. 놀라운 수치이지만 제르바의 참사로 인해서 수치는 64척으로 감소된다. 이는 무시하지 못할 감소치인 데다가, 잃어버린 함선의 대부분이 적군에게 넘어갔다는 점에서 더욱 심각한 문제였다. 1562년 알제의 하산 파샤가 이끌고 온 10척의 대형 갤리 선은 제르바에서 획득한 전리품의 일부였다.

이탈리아 조선소는 곧바로 대응했다. 시칠리아는 함선 건조를 위한 세금을 신설했다.[253] 10월 9일부터 나폴리는 제르바에서 빼앗긴 6척의 갤리 선을 보충했다.[254] 노꾼 문제를 제외하면 심각한 어려움은 없었다. 같은 시각,

코시모 데 메디치도 해군을 강화했다. 사부아 공작도 마찬가지이다. 1560년 7월 피게로아는 펠리페 2세가 제노바 항구에서 갤리 선을 임대할 수 있을 것이라는 내용의 서신을 띄운다.[255] 한편 잔 안드레아 도리아는 함대를 재정비하고 1561년 1월 산타 피오레 추기경으로부터 2척의 갤리 선을 구입한다.[256]

무장. 그것은 결국 돈이다. 펠리페 2세가 자신에게 허락된 성전세(cruzada)에 덧붙여,[257] 교황청에 "보조금"을 추가 요구할 기회이다. 1561년 1월, 그는 5년에 걸쳐 매년 금화 30만 두카트를 지원하겠다는 약속을 받아낸다.[258] 그러나 이 금액으로는 부족하다고 판단한다. 1562년 4월, 그는 긴 협상 끝에 피우스 4세의 배려를 얻어낸다. 보조금은 5년이 아닌 10년간 42만 두카트로 상향 조정되고, 1560년부터 소급적용하는 방식으로 변경되었다(이 결정은 에스파냐 성직자들의 격렬한 항의를 촉발시켰다).[259] 파올로 티에폴로의 추산에 따르면, 교황청의 허가를 받고 에스파냐와 그 외의 지역에서 징수한 수입들을 제외하더라도 펠리페 2세는 보조금과 성전세 명목으로 1563년에만 75만 두카트를 받았다. 1565년 교황청의 기록에 따르면, 그의 1년 수입은 197만 두카트에 이른다.[260]

자금 문제가 해결되자, 기술적인 문제만 남게 되었다. 펠리페 2세는 프로방스 조선소를 제외하고 서유럽의 모든 조선소와 노동력을 동원할 수 있었다. 그러나 그는 적어도 1561년에는 이 부분에 크게 신경을 쓰지 않았다. 에스파냐 교회가 제공할 자금은 당장 사용할 수 있는 것이 아니었거나, 에스파냐 재정의 막대한 부채를 상환하는 데에 사용되었다. 특히 국왕과 대신들은 이탈리아의 "권세가들"이 시작한 재무장 비용에 대한 부담을 떠안으려고 하지 않았다. 물론 군사력 보강은 기독교 세계의 안전을 위한 것이었다. 그렇다 보니 "권세가들"이 에스파냐만큼 분발하고 노력하는 것이 당연했다. 1561년 3월,[261] 에스파냐 정부는 바르바리인에 대항할 포르투갈 갤리 선의 지원을 요청했다. 4월 1일, 에스파냐는 이탈리아 동맹국 갤리 선의 총

집결을 논의하기 위해서 라 파바라 후작을 이탈리아로 파견하고, 급료를 지불하는 갤리 선은 받고 싶지 않다는 의사를 분명히 했다. 왕국에 남아 있는 갤리 선이 거의 없는 데다가 여전히 항해가 불가능한 상황이었기 때문에, 펠리페 2세는 제노바 공화국, 사부아 공작, 만토바 공작과 공작부인, 피렌체 공작, 그리고 피옴비노 영주에게 지원금을 요청했다.[262] 에스파냐 주재 제노바 대사의 편지는 1562년, 급료를 지불해야 하는 갤리 선의 제공자들 중에서 마르코 첸투리오네의 함선 4-5척만이 계약되었음을 알린다.[263] 하지만 가장 규모가 큰 갤리 선 임대자인 잔 안드레아 도리아는 함대 무장을 강화하기 위해서 받아야 할 13만 코로나 중에 10월 정기시에서 지불 가능한 10만 코로나만 받았다.[264] 새로운 갤리 선의 정비와 느린 진수 과정, 그리고 6월 드라구트에게 약탈당한 시칠리아 갤리 선 7척을 고려하면,[265] 1561년 에스파냐 함대는 이전 해의 손실을 아직 만회하지 못했다는 결론에 도달한다. 멜피 대공이 가을 원정에 집결시킨 배는 갤리 선 55척뿐이다.[266]

　에스파냐가 대대적인 재정비에 나선 것은 1561년 말에 이르러서이다. 그 결과 바르셀로나 조선소가 재가동될 것이다. 이웃 국가들은 이러한 동태에 우려감을 표명했고, 카트린 드 메디시스는 오해의 소지를 없애기 위해서 사위에게 특사 도장스를 파견했다.[267] 12월의 일이다. 그해 겨울, 주아외즈 공작은 국왕의 특명에 따라서, 군대를 에스파냐 국경으로 이동시켰다. 그러나 그는 국경에 위험 요소는 없을 것이라고 전했다. 이는 사실이다. "2개월 전부터 에스파냐 국왕은 바르셀로나에서 갤리 선 몇 척을 비롯한 조선 작업을 재촉하는 한편, 다량의 비스킷 제조에 나섰습니다. 여름에 있을 알제 원정을 준비하고 있다는 소문이 파다합니다. 전하, 소인이 아는 바에 따르면 모든 에스파냐인들이 국왕의 알제 원정을 바라고 있습니다. 알제의 국왕이 안겨준 불편함 때문에 에스파냐인들은 큰 위험 부담을 무릅쓰지 않고서는 해상교역에 나설 수 없는 상황이기 때문입니다."[268] 한 달 후인 1562년 1월 17일, 리모주 주교는 갤리 선단과 관련된 유사한 정보를 세세하게 전달한다. "사방에서 조선 작업이 숨 가쁘게 진행되고 있습니다. 나폴리와 시칠리아에서 건조 중인 함선 외에 다른 함선을 건조하기 위해서 카탈루냐와 이웃 왕국에서 4,000그루의 전나무를 베어냈습니다. 몇 명의 프로방스인 그리고 제노바의 장인과 노동자들이 도착했습니다."[269]

그러나 선박 건조는 더딘 속도로 진행된다. 벌목한 목재는 아직 마르지 않은 상태이므로 당장은 사용할 수 없었다. 다시 말해서 즉각적인 결과가 나오기는 어렵다. 게다가 펠리페 2세는 또다시 서부 지중해에 모든 군사력을 총동원해야 하는 상황을 원하지 않았다. 1562년 6월 14일자 공식 문서에 따르면, 원정에 동원된 갤리 선은 56척에 불과했다. 이중 32척은 후안 데 멘도사가, 24척은 도리아가 지휘를 맡았다.[270] 그럼에도 불구하고 세부 명세서는 시칠리아 갤리 선, 교황의 갤리 선, 토스카나나 제노바, 모나코 공작이나 피옴비노 영주와 같은 개인 소유의 갤리 선이 선단에 합류하지 않았음을 보여준다. 선단에 합류하지 않은 갤리 선의 수를 정확히 파악하는 것은 어려운 일이다. 과거의 명세표를 토대로 20-30척 정도라고 추산할 수 있을 뿐이다. 그렇다면 에스파냐 지중해 함대의 전체 규모는 갤리 선 80-90척 정도라는 계산이 나온다. 제르바 참사로 인한 손실을 겨우 만회한 수준이다. 그러던 차에 엘 에라두라 만의 참사가 발생했다. 25척의 갤리 선이 손실되었고 에스파냐 군사력은 전례 없는 수준으로 약화되었다. 지난 1년간의 모든 노력이 한방에 물거품이 되었다.

병이 중하면 쓴 약을 처방하는 법이다. 1562년 12월 12일, 펠리페 2세는 마드리드에서 카스티야 신분의회를 소집한다. 개회식에서 낭독된 "제안문" —세사레오 F. 두로에 의하면 오늘날의 국왕의 의회 개회식 연설문에 해당한다— 에서 그는 지중해와 대서양에서 대규모 함대를 편성해야 하는 이유를 설명한다.[271] 예상대로 결론은 세금에 대한 요청이었다.

이는 앞날을 위한 조치였다. 1563년의 해군력 보강은 에스파냐 함대의 빈틈을 부분적으로 만회했을 뿐이다. 항해 적기가 오자, 펠리페는 다시 한번 사부아 공작과 제노바 공화국 그리고 피렌체 공작 등 이탈리아 동맹세력에게 손을 벌렸다. 3월 8일, 그는 70척의 갤리 선을 모아,[272] 1562년에 그랬던 것처럼 절반은 에스파냐에, 나머지 절반은 이탈리아에 배치시킬 수 있으리라고 생각했다. 하지만 그의 계획은 오랑 포위공격으로 인해서 뒤틀렸고, 포위된 자들을 구하기 위해서 34척의 갤리 선을 간신히 보낼 수 있었을 뿐이다. 일부 함선은 연안 방어를 위해서 남아 있어야 했기 때문에, 원정에 동원될 수 있었던 갤리 선의 수와 실전에 투입된 함선의 수는 큰 차이를 보인다.

펠리페 2세는 1564년에 이르러서야 그간의 노력에 대한 보상을 맛볼 수 있었다. 9월 에스파냐 연안과 아프리카 사이에서 돈 가르시아 데 톨레도는 (당대인들이 남긴 최종적인 수치에 따르면) 90 내지 102척의 갤리 선을 집결시켰다. 90척이라고 해도 이는 놀라운 발전이었다. 에스파냐 함대의 새 지휘관은 투르크의 동태에 대해서 전달받은 정보를 신뢰하면서, 연안 방어 병력과 예비 병력을 남겨두지 않은 채 과감히 지중해 서부의 한 지점에 동원 가능한 갤리 선을 총집결시켰다. 이는 사실이다. 우연일 수도 있지만, 삼피에로 코르소의 상륙은 이 대함대가 서쪽으로 향하면서 생긴 배후의 공백을 틈타 실행되었다. 또한 국왕은 무상, 유상을 가리지 않고 모든 협조를 망설임 없이 요청했다. 벨레스 함대는 에스파냐 국왕 휘하의 병력이 아니라 프랑스를 제외한 서유럽 기독교 세계 전체의 함대였다. 그중에는 사부아 공작의 갤리 선 10척, 피렌체 공작의 배 7척, 포르투갈 국왕의 갤리 선 8척이 포함되어 있었다.[273] 여기에 빌린 함선을 추가하면, 약 30척의 연합 함선이 펠리페 2세의 함대에 합류한 셈이다.

게다가 새로운 배들이 조선소 문을 나서고 있었다. 1월, 나폴리 함대는 이미 취항을 마친 4척, 진수는 되었지만 아직 무장 작업 중인 2척, 조선 작업이 완료된 2척, 여전히 건조 중인 4척의 갤리 선으로 구성되어 있었다.[274] 6월이 되면서 11척이 취항했고,[275] 12번째 배가 노꾼을 기다리고 있었다.[276] 이후 4척이 추가로 진수되었고, 4척이 건조 중이었다. 즉 총 규모는 20척, 그중 11척이 취항한 것이다. 시작에는 다소 시간이 걸렸지만, 건조 작업은 빠른 속도로 진행되었던 것으로 보인다. 1564년 말, 에스파냐의 조선소는 한창 분주했다. 바르셀로나 조선소는 카탈루냐의 전임 부왕이던 돈 가르시아로부터 특별 취급을 받았는데, 결과는 고무적이었다. 손실이 있었음에도 불구하고 유효 함선의 수는 1559년의 수준을 훌쩍 넘어섰다.

돈 가르시아 데 톨레도

이와 같은 우호적인 반응은 지중해에서 자신의 사명과 이해관계를 명확히 이해한 펠리페 2세의 사려 깊고 고집스런 전략의 결과일까? 아니면 그저 임박한 위기와 제르바 사태 그리고 일련의 불행한 사건들 때문에 계획에도 없던 수고를 한 것일까? 그는 1561년부터 1564년까지 막대한 지출과 위험을 멀리하면서 소규모 전쟁을 벌이는 것으로 기꺼이 만족했던 것처럼 보인다. 그에게는 십자군을 위한 진지한 열정도, 의지도 없었다. 그의 시야는 동쪽으로 시칠리아와 나폴리 연안을 넘어서지 않았다. 심지어 페르디난트의 사망으로 다시 위태로워진 1562년의 휴전협정을 연장하기 위해서 1564년 황제로 선출된 막시밀리안이 콘스탄티노플과 협상을 개시했을 때에도 펠리페 2세는 1558년에 그랬던 것처럼 협상에 개입하려고 했던 것으로 보인다. 이 점에 대해서 함머는 빈에 보관된 문서들 가운데 콘스탄티노플에 파견된 황제의 사절이자 "교황 대리 대사"인 알베르트 비스의 1564년 12월 22일자 보고서를 언급한 바 있다.[277]

요컨대 돈 가르시아 데 톨레도의 배후에는 어떤 결정적인 전략도 없었다. 몇 년 후, 돈 후안 데 아우스트리아의 영광을 드높이게 될, 또는 그런 상황을 가능하게 할 어떤 준비도 이루어지지 않았다. 돈 가르시아에게는 젊고 혈기왕성한 돈 후안이 가지고 있던 것이 결여되어 있었다. 바로 모험심이다. 1564년의 돈 가르시아는 통풍과 류머티즘을 앓고 있는 노인이다. 하지만 그에게는 에스파냐 함대를 정비하고 이를 강력하고 효율적인 도구로 변모시킬 능력이 있었다.

돈 가르시아는 나폴리를 송두리째 장악하고 아름다운 수도를 만드는 데에 기여한 위대한 나폴리 부왕 돈 페드로 데 톨레도의 아들이다. 그는 부친으로부터 공명심과 배포를 물려받았던 것 같다. 비야프랑카 후작은 1539년에 맏형이 사망하자, 형이 소유한 갤리 선 2척을 이끌고 도리아 공 밑에서 복무하기 시작했다. 스물한 살의 나이에 그는 부친으로부터 나폴리 함대의 지휘권을 물려받았다. 약관의 나이인 그에게는 막중한 책임이었다. 그는 튀니스, 알제, 스팍스, 켈리비아, 메헤디아, 그리스, 니스 등지에서 활동했고, 시에나 전쟁, 코르시카와의 전장에 참전했다. 1558년 4월 25일, 고백대로라면 그는 건강상의 이유로 직책에서 물러났고, 카탈루냐와 루시옹의 부왕이자 총사령관직에 임명되었다. 1560년 경계경보가 울리자, 그에게 일시적으로 시칠리아 왕국과 함대를 맡기자는 안이 제시되었고, 그는 1564년 2월 10일자로 해군 총사령관에 임명되었다.[278] 같은 해 10월 7일,[279] 그의 요구에 따라서 그리고 페뇬의 승전에 대한 보상으로 비야프랑카 후작은 시칠리아 부왕에 임명되었다. 그리하여 시칠리아 부왕은 해군 통제권 아래에 들어온 이 섬을 조선소와 무기고로 만들고자 했다.

여기에서 그는 큰 그림을 볼 줄 아는 그릇을 보여준다. 그는 자신이 바치는 봉사의 가치를 알고 있었다(그는 자신이 국왕을 위해서 싸운다고 쓴 바 있다[280]). 자신의 요구를 분명하고 단호하게 주장할 수 있었던 용기는 이러한 성실성에 대한 자각에서 비롯되었다. 사령관 취임 초인 1564년 8월 17일, 그는 에라소에게 편지를 보낸다. "함대가 어떤 상태였는지는 상상할 수 없을 것입니다. 차마 입에 담기 힘든 지경입니다." 같은 날 국왕에게 보낸 서신에서 그는 이렇게 이야기한다. "현재 상태에서 소인이 책임을 다하기를 바라신다면, 그리고 전하의 재정 상태가 건전해지기를 원하신다면, 전하께서는 함대에 관한 소인의 엄격함을 헤아려주셔야 할 것입니다. 미움을 받아 좋을 것이 없다는 것은 잘 알지만, 소인은 도적질과 흐트러진 기강에 결코 눈을 감지 않을 것입니다."[281]

　서신에서 드러난 그의 모습은 강직하며,[282] 선견지명을 갖춘 데다가 치밀하기까지 하다. 게다가 명석하고 예리한 관찰자이자 수읽기에도 능한 인물이다. 1564년 12월 14일 가에타에서 펠리페 2세에게 편지를 띄우면서 그는 에스파냐와 교황청의 관계의 문제점을 예리하게 지적한다.[283] 돈 가르시아를 만난 피우스 4세는 여러 문제들에 대해서 뒤죽박죽 거론했으니, 펠리페 2세가 파견한 에스파냐 출신 인사들과 교황청에서 그들이 내뱉은 표현들에 대해서, 루나 백작과 바르가스에 대해서, 그리고 공의회에 관한 펠리페 2세의 태도에 대해서 불평을 늘어놓는다. 4시간 동안 돈 가르시아는 교황의 불평에 응답하지도 자신의 목적에 대해서는 한마디도 하지 않은 채 가만히 듣기만 한다. 이틀 후, 교황의 심기가 가라앉자 그는 지난해 지중해에서 얻은 성과들을 설명하기 시작한다. 다분히 의도적이지만 교황은 그토록 오랫동안 자신이 지급해온 보조금이 마침내 결실을 보게 되어 다행이라고 대답한다. 그러자 그의 교섭상대는 기술적인 측면으로 화제를 돌린다. 즉 함대는 어느 날 갑자기 만들어지는 것이 아니며 지난 수년간 작업이 계속되었지만, 올해 대규모 함대가 집결하면서 이를 널리 알릴 수 있게 되었다는 것이다. 그러나 교황은 이에 넘어가지 않고 알제 원정 외에는 아무런 언급도 하지 않는다. 그에 비교해서 페뇬 데 벨레스는 어떠했는가? 자, 앞에서 언급한 '교황이 우리를 예의주시하고 있다'는 펠리페 2세의 말이 의미심장해지는 순간이다. 교황은 에스파냐를 주시하고 있으며 그의 시각은 결코 호의적이지 않다……

3. 몰타 섬의 대결(1564년 5월 18일부터 9월 8일까지)

　흔해빠진 소설의 표현을 빌리고 싶지는 않지만, 몰타 섬, 그러니까 1565년

5월 몰타 앞에 투르크 함대가 갑자기 모습을 드러냈다는 소식은 유럽을 경악시켰다. 그러나 이 사건과 관련된 각국 정부들은— 결과적으로 16세기에 가장 중요한 사건들 중 하나가 될— 이 사태를 어느 정도 예상하고 있었다. 술탄의 거대한 전쟁 기구가 무장을 정비하는데, 유럽이 이를 모를 수 있었을까? 1564년 말부터 줄곧 투르크 사정에 정통해 있던 막시밀리안은 빈에서 베네치아 대사를 만나 콘스탄티노플에서 대규모 함대가 다시 한번 출항할 것이라는 정보를 전한다. 펠리페는 전쟁 채비에 나선다. 하지만 키프로스 쪽도 위험하지 않을까?[284] 벌써부터 예측이 난무하기 시작한다…….

기습이 있었는가?

1월 초, 나폴리에 있던 돈 가르시아는 4월 이전에, 그러니까 투르크가 도착하기 전에 코르시카 사태가 해결되어야 한다는 의견을 국왕에게 전달한다.[285] 동부 지중해의 상황이 심각해질 것은 자명했고, 동부 전선에서 제대로 저항하려면 서부 전선으로부터 자유로워져야 했다. 1월 20일, 콘스탄티노플에서 페트레몰은 카트린 드 메디시스에게 서신을 보내어 투르크 함대가 몰타로 향할 것이 틀림없다고 이야기했지만, 이는 자세한 출처 없이 떠도는 이야기를 반복한 것일 뿐이다.[286] 몰타는 투르크의 공격이 예상될 때마다 늘 거론되던 장소였다. 1월 말, 돈 가르시아 데 톨레도는 몰타와 라 굴레트의 방문을 고려했다. 이 두 곳은 시칠리아— 심각하게 위협의 대상이 되기에는 너무 광대하다—와 더불어 동부 지중해에서 기독교 세계의 보루였다. 투르크가 공격을 해온다면 이곳을 목표로 삼을 것이 뻔했다.

겨울에서 봄까지 걱정스런 소문이 꼬리를 물었다. 2월 10일자 보고서에 따르면,[287] 투르크의 조선소는 숨 가쁘게 가동 중이다. 4월 중순, 갤리 선 140척, 마온 선(혹은 대형 갤리어스 선) 10척, 라운드쉽 20척과 15척의 카라무살리 범선이 전투 준비를 마쳤다. 경계경보가 울린 가운데, 에스파냐의 갤리 선과 알바로 데 바산이 함선을 하구에 침몰시켜 테투안 강을 막는 데에 성공했다거나,[288] 말라가를 출발한 배 3척을 나포한 해적들이 늘 그랬듯이 팔콘 곶에서 몸값 지불을 제안했다는 사실은 하찮은 소식이었다.[289] 충격적인 바욘 회담조차 관심을 끌지 못했다.[290] 군비 강화도 안심할 수 있는 수준이 아니었다(바르셀로나에서 갤리 선 8척, 말라가에서 갤리오트 선 3척이 진수되었다).[291] 왜냐하면 레반트와 포난트의 해적선이 합류하면서 적 함대의 위력에 대한 우려가 점차 확실한 사실로 밝혀졌기 때문이다. 아에도의 말대로, 알제의 하산 파샤는 1564년 겨울에 이미 몰타 공격 계획을 알고 있었던 것으로 보인다. 콘스탄티노플만이 아니라 더 가까운 코르푸와 라구사를 비롯해서 모든 감시탑이 제출한 정보가 일치했다. 라구사에서 발송된 4월 8일자 보고서는 20척의 갤리 선으로 구성된 피알리 파샤의 선봉대가 3월 20일 해협을 출발했으며,[292] 확실한 근거는 없지만 몰타가 원정의 목표 지점이라는 소문이 공공연하게 퍼져 있다고 알렸다.[293]

한편 에스파냐 정부는 라 굴레트에 대한 공격을 예상하고,[294] 3월 22일 에스파냐에서 보병 4,000명을 징집하여 일부는 코르시카로 파견하고 나머지는 갤리 선에 승선시키기로 결정했다. 펠리페 2세는 경계경보를 울렸다. 4월 7일 그는 세비야 수도원장과 시행정관들에게 보내는 서신에서 "전례 없는 규모의 투르크 함대가 다가오고 있다"고 경고하며 알바로 데 바산에게 하달한 명령에 대해서 알린다.[295] 알바로 데 바산은 코르시카에 파견된 에스파냐 군대의 승선을 감독하기 위해서 카르타헤나로 갔다가 다시 마요르카로 돌아와 사략선 감시 업무를 계속할 것이다. 4월 8일, 나폴리 부왕은 위험이 임박했음을 감지하고 1만에서 1만2,000의 병사를 징집하여 곧바로 풀리아로 이송시킬 것을 고려한다.[296] 그러나 투르크가 피렌체 공작의 지원을 약속받고 피옴비노를 공격할 것이라는 소문에 대해서는 믿는 기색이 아니다.[297]

어느 정도의 시차가 있지만, 서유럽은 투르크 함대의 여정에 대한 정보를 입수하기 시작한다. 4월 17일, 40척의 갤리 선이 네그로폰테 해협[에보이아 해협]에 당도했다. 19일 이곳에 30척이 추가로 합류한다. 150척에 달하는 나머지 함대는 키오스 섬 인근에 정박 중이다.[298] 함대가 에게 해에 도착하기까지는 2주일이 걸렸다(일부는 그보다 더 시간이 소요되었다). 그 사이, 함대는 보급(특히 비스킷)과 병력의 승선을 완료했다. 드라구트는 함대의 조기 출항을 주장하면서 펠리페 2세의 함대가 집결하는 것을 막기 위해서 갤리 선 50척을 요청했던 것으로 보인다. 코르푸 섬에서는 투르크 함대가 몰타로 향한다는 소문이 돌았지만, 정보원은 단서를 붙인다. "준비 상황을 고려해볼 때, 함대가 라 굴레트로 향할 것이 분명합니다."[299] 5월, 이 함대는 나바리노[그리스의 필로스]에 도착한다.[300] 그리고 18일, 몰타 앞에 그 모습을 드러냈다.[301]

투르크 함대는 다시 전속력으로 이동하여 기동력과 기습으로 우위를 점한다. 17일, 시라쿠사에 있던 카를로스 데 아라고나는 긴급 전령에게 돈 가르시아 데 톨레도에게 보낼 짤막한 통신문을 맡긴다. "새벽 1시경, 카시빌라 수비대 30발 발포. 상대측이 동일하게 대응한 것으로 보아, 우려한 대로 투르크 함대인 것이 분명함."[302] 소식의 진위는 곧 확인된다. 17일 파세로 곶 인근에서 투르크 함대가 포착되었고, 22일 나폴리 부왕은 돈 가르시아로부터 받은 상세한 정보들과 함께 이 사실을 국왕에게 통보한다.[303] 펠리페가 확실한 정보를 처음으로 입수한 것은 6월 6일의 일이다.[304]

위험을 미리 통보받았음에도 불구하고, 방어 책임자들과 에스파냐인들 그리고 기사단장은 사태의 진전 속도에 놀라움을 금치 못했다. 특히 군비 지출과 몰타 섬에 필요한 해체 작업을 주저했던 기사단장은 경악을 금치 못한다. 보급품과 보강 작업은 지체되었고, 몰타 기사단 소속 갤리 선 5척은 완벽한 상태임에도 불구하고 항구에 발이 묶인 채 서유럽 함대에 아무런 도움이 되지 못했다.[305]

기사들의 저항

그러나 기사단장 장 파리소 드 라 발레트와 기사들은 용맹스럽게 저항했다. 이들의 용맹함이 모든 것을 구해냈다.

5월 18일, 섬 앞에 당도한 투르크 함대는 곧바로 남동부 해안에 위치한 마르사 실로크 만에 정박했다. 이곳은 몰타 섬에서 마르사 무세트 만 다음으로 훌륭한 정박지 중 하나로 향후 라발레타의 항구로 활용될 것이다. 함대는 18일 밤부터 19일까지 3,000명, 이튿날에는 2만 명을 상륙시켰다. 적군에 휩쓸린 섬은 별다른 어려움 없이 점령되었다. 기사단에게 남은 곳이라고는 마르사 무세트와 구시가의 출입을 통제하는 산텔모의 작은 요새, 보르고(Borgo : 참호로 둘러싸인 거대한 병영) 그리고 강력한 산미켈과 산탄젤로 요새뿐이었다. 바다에서의 정찰 정보에 따르면 투르크는 5월 24일 가장 취약한 지점인 산텔모 요새를 포위공격하기 시작했다. 그들은 이곳을 점령하여 산텔모 요새가 출입을 통제하고 있는 항구를 장악할 생각이었다. 5월 31일, 포격이 시작되었다. 격렬한 포격이 이어졌고 6월 23일 끝내 요새가 함락되었다. 요새를 지키던 이들 중 살아남은 자는 한명도 없었다. 그러나 이런 끈질긴 저항이 몰타를 구해냈다. 이 기간에 몰타는 전열을 정비하고, 적의 공격에 대비한 방어태세를 완료했다. 그리고 기사단 건축가인 에반젤리스타의 감독 아래 보르고와 산미켈에 예정되어 있던 공사를 마무리할 수 있었다. 에스파냐인들도 기사들의 저항 기간 동안 그간의 지체를 만회했다. 예기치 못한 상황이 발생하지만 않았더라도 시칠리아 갤리 선단의 지휘관 후안 데 카르도나가 산텔모 함락 이전에 몰타를 지원하러 도착했을 것이다. 6월 30일, 600명으로 구성된 이 소규모 분견대는 시기적절하게 상륙해서, 구시가를 장악할 수 있었다. 이는 침략자들이 육지와 바다를 완전히 장악하지 못했음을 보여준다.

투르크는 산텔모를 함락하자 육지와 바다에서 산미켈에 대한 대공세를 개시했다. 이는 어느 정도 즉흥적인 결정이었다. 포격, 돌격, 지뢰, 소형 함선을 통한 공격 등 모든 방법이 동원되었지만, 그 무엇도 방어선을 무너뜨리지는 못했다. 8월 7일 기사단장이 몸소 참전한 가운데, 구시가에 있던 기병대가 출격하여 투르크 진영의 배후를 공격하여 충격을 주었고, 산미켈은 기적적으로 위험에서 벗어났다. 한 달 후인 9월 7일에도 투르크 군대는 한 걸음도 전진하지 못한 상태였다. 반복된 돌격으로 전열이 흐트러졌고, 전염병이 돌았으며, 심지어 식량 부족 현상마저 나타났다. 콘스탄티노플의 병력과 보급품 지원은 도착하지 않았다. 포위된 자나 포위한 자나 사실상 전력이 바닥난 상태였다. 바로 그때 돈 가르시아 데 톨레도가 모습을 드러냈다.

몰타의 구원

역사가들은 돈 가르시아의 늑장 대응에 책임을 돌렸다. 하지만 돈 가르시아가 처한 상황을 고려한다면, 이는 합당한 평가일까? 몰타의 상실은 기독교 세계에 크나큰 재앙이었을 것이다.[306] 하지만 이제 겨우 회복한 에스파냐 함대를 잃는다면, 이는 돌이킬 수 없는 위기를 자초하는 일이었으리라.[307] 다른 한편 동지중해와 서지중해를 무대로 하는 대결 구도를 고려할 때 동지중해에서의 항해가 서지중해에서보다 훨씬 더 수월하다는 점을 잊지 말아야 한다. 에스파냐 함대가 집결한 리옹 만은 섬들이 산재해 있는 에게 해보다 항해가 훨씬 더 어려운 장소였다. 집결은 신속하게 이루어졌지만, 공간이 부족했다. 서지중해는 거의 모든 거점이 사략선의 위협을 받고 있었고, 보급과 운송, 질서 유지와 관련된 작업들이 산적해 있었다. 제노바, 리보르노, 치비타베키아, 나폴리 등지로부터 식량, 자금, 군대를 운송해야 하는 것도 문제였다. 게다가 반란의 불길이 꺼지지 않은 채 그 세력이 커져가던 코르시카도 있었다.

알바로 데 바산의 에스파냐 함대가 이동한 경로를 따라가면서 이러한 난관을 살펴보자.[308] 5월 초, 함대는 말라가에 있다. 그곳에서 대포와 탄약을 선적하고 오랑으로 향한다. 오랑에서 다시 카르타헤나로 돌아와 19척의 갤리 선과 2척의 범선에 1,500명의 병력을 태우고 메르스엘케비르로 향한다. 6월 27일에 이르러서야 함대는 바르셀로나에 도착한다.[309] 그리고 7월 6일 제노바를 거쳐 21일 나폴리에 당도한다. 정박한 항구마다 자질구레한 문제들이 발생한다. 군대 징집, 노꾼 호송, 수송용 범선의 임대, 자금 운반 등 유사한 수만 가지 업무를 상상해보라. 한결같이 시간을 요하는 작업들이다. 예를 들면 페뇬 원정 함대는 1564년 8-9월경에 이르러서야 집결을 마쳤다. 이전에도 그랬지만, 이보다 더 빠를 수는 없었다. 산텔모 요새가 함락된 지 이틀 뒤인 6월 25일, 돈 가르시아가 사용할 수 있는 갤리 선은 25척뿐이다. 8월 말에 이르러서야 상태와 무관하게 간신히 100여 척의 함선을 집결시켰다. 이러한 조건에서라면 기다리는 것이 옳은 결정이 아니었을까? 얼마 되지 않는 군사력으로 굳이 위험을 감수할 필요가 있었을까?

어느 정도 함대가 구성된 8월 초에 이르러, 메시나에서 전시위원회가 열리고 운용 방식이 논의되었다.[310] 일부는 갤리 선 60척을 동원해서 병력을 지원하자는 과감한 의견을 제시했다. 반대로 소위 "노련한 선원"인 전문가들은 시라쿠사에서 사태를 관망하자는 신중한 의견을 내놓았다……. 열흘 후, 잔 안드레아 도리아가 도착하면서 돈 가르시아는 마침내 함대 구성을 완료했다. 그러자 돌연 돈 가르시아가 호위 갤리 선과 함께 상륙 부대를 섬으로 출동시키기로 결정한다. 8월 26일 지원 함대가 시칠리아를 출발한다. 기상 악화로 인해서 함대는 몰타 섬 동쪽 곶에서 파비냐나 섬까지 표류한다. 이후 함대는 트라파니에 정박했는데, 그 틈을 타 약 1,000명의 병사들이 탈영했다. 순풍이 불기 시작하자 함대는 람페두사 섬으로 향하여 마침내 몰타 북쪽의 고조 섬에 도착한다. 출발 당시 함대의 진로를 방해했던 돌풍으로 인해서 몰타 "운하"는 공백 상태가 되었지만, 기독교 세계의 갤리 선은 원하던 시기에 고조 섬에 합류할 수 없었다. 전쟁에 지친 돈 가르시아는 9월 5일 시칠리아로 귀환한다. 늑장 출발로 인해서 그는 비난과 멸시와 조롱의 대상이 되었고, 역사적으로 부정적인 평가를 받게 되었다. 그러나 이튿날, 잔 안드레아 도리아의 단호한 개입으로 함대는 항해를 재개했다. 7일 밤 함대는 몰타 섬과 고조 섬 사이를 가르는 해협을 통과했고, 거친 날씨에도 불구하고 피리울리 만에 당도했다. 야간 상륙의 위험을 무릅쓰려고 하지 않은 돈 가르시아 데 톨레도는 동이 트기를 기다리라고 명령한다. 상륙은 멜리카 해변을 통해서 1시간 반 만에 일사분란하게 완료되었다. 이후 함대는 시칠리아로 귀환했다.

알바로 데 산데와 아스카니오 데 라 코르나가 지휘한 상륙 부대는 느린 속도로 전진했다. 짐바리 가축이 없었으므로 병사들이 직접 짐을 지고 운반해야 했기 때문이다. 구시가 인근에 힘들게 도달한 상륙 부대는 도심 외곽에 위치한 큰 창고에서 숙영했다. 더 신속하게 이동해야 했을까? 기사단장의 생각은 그렇지 않았다. 실제로 투르크 군은 그들의 진지를 포기하고 산 텔모 요새에서 물러나 함대에 올라탄 상태였다. 이러한 상황에서라면 이미 질병에 시달리기 시작한 원정군을 페스트가 발생할지도 모를 위험을 무릅쓰고 시체와 잔해들로 뒤덮인 투르크 진지를 향해 진군시키지 않는 편이 옳은 결정이었다. 그러나 한 에스파냐 탈영병—그는 모리스코인이다—을 통해서 상륙한 기독교도가 그리 많지 않다(5,000명)는 정보를 입수한 투르크 지휘관들은 공세 전환을 시도했다. 그들은 수천의 병력을 상륙시키고 섬 깊숙이 진격했지만, 구시가에 이르러 구불구불한 골목길 안에서 학살당했다. 살아남은 자들은 레반트로 회항하던 피알리 파샤의 갤리 선—갤리 선의 목적지는 대부분 자킨토스 섬이었다—으로 몰려들었다. 9월 12일 마지막 투르크 함선이 몰타 섬 수평선 너머로 사라졌다. 보강된 갤리 선 60척을 이끌고 메시나에 새로 원정군을 상륙시켰던 돈 가르시아 데 톨레도는 이 소식을 접한 후에 시라쿠사 상륙을 결정했다. 그러나 폐허가 된 섬에서 식량도 없이 무엇을 할 수 있을 것인가? 14일, 그는 함대를 이끌고 몰타 항구에 입성하여 나폴리와 시칠리아의 에스파냐 보병대를 다시 승선시키고는 적 함대의 끄트머리에 있는 범선 몇 척이라도 공격할 심산으로 급히 레반트로 기수를 돌렸다. 그리하여 그는 23일 체리고 섬[키테라 섬]에 당도하여,[311] 그곳에서 일주일 동안 매복하지만 바다가 거칠어지면서 목표물을 놓치고 만다. 10월 7일 그는 메시나로 회항한다.[312]

승전 소식은 빠른 속도로 퍼졌다. 나폴리는 12일,[313] 로마는 19일[314]에 승전 소식을 접한다. 10월 6일, 어쩌면 그보다 더 일찍,[315] 소식을 접한 콘스탄티노플은 경악을 금치 못한다. 기독교도들은 "도시의 거리로 나올 수가 없었습니다. 형제나 자식, 남편 또는 친구를 잃은 모든 투르크인들이 눈물을 흘리며 그들에게 돌을 던졌기 때문입니다."[316] 반대로 서유럽은 우려가 컸던 만큼 승전 소식에 열광했다. 1565년 9월 22일만 해도 마드리드의 분위기는 전혀 낙관적이지 않았다.[317] 부르데유, 일명 브랑톰의 열띤 설명을 들어보자. 그는 너무 늦게 도착한 탓에 몰타행 배를 놓치고 만 여러 사람들 중한 명이다. "위대한 에스파냐 국왕 펠리페의 명성은 오래도록 칭송받아 마땅하리라. 동시에 로도스로 향하는 길목을 장악하고 있는 몰타 섬의 수많은 선한 인간들을 온전히 구해낸 그에게 신께서 아직 낙원을 약속하지 않으셨다면, 전 기독교 세계는 그의 영혼의 안식을 위해서 오래오래 기도해야 할 것이다."[318] 여름 내내 두려움에 사로잡혀 있었던 로마는 투르크 갤리 선단에 대한 소식을 접하고 기사들의 용맹함을 칭송하며, 신께 감사 기도를 올린다. 하지만 에스파냐에는 한푼의 사례금도 지불하지 않았다. 오히려 정반대였다. 교황은 에스파냐인들의 늑장 대응과 자신이 교황으로 추대된 이후에도 계속된 방해공작을 비난했다. 승전 소식을 들은 파체코 추기경은 교황에게 알현을 요청했지만, 회담 분위기는 최악이었다. 추기경은 에스파냐 국왕에게 '킨케니오[quinquenio, 5년간의 특별보수]'를 허락할 좋은 기회라고 제안했지만, 추기경의 표현을 빌리면, 이는 "마치 교황에게 화승총을 발사한 것 같은" 효과를 낳았다. 교황은 이렇게 대답했다. "그자에게 킨케니오를 허락해달라고? 그가 요청하면 내가 이를 허락하리라고 생각했소? 꿈도 꾸지 마시오." 잠시 후 교황은 에스파냐 국왕과 총사령관, 펠리페의 군대에

대한 언급은 전혀 하지 않은 채 애써 이 승리가 모두 신과 몰타 기사단의 공이라고 이야기했다.[319]

에스파냐와 펠리페 2세의 역할

그러나 펠리페 2세와 돈 가르시아의 공로에는 의심의 여지가 없어 보인다. 몰타를 생각할 때마다 세바스토폴 포위전[크림 전쟁 시기의 전투]의 기억을 떠올리던 쥐리앙 드 라 그라비에르는 가장 공정한 평가를 내린 역사가이다. [말년에 로도스 포위전에 대한 자료를 건네받고] "나의 포위전은 끝났소"라는 대답으로 유명한 르네 오베르 드 베르토[1655-1735, 몰타 기사단 역사가] 신부는 돈 가르시아의 신중함과 늑장을 비난했지만, 그의 늑장 문제를 산술적인 용어로 제기한 것은 아니다. 만프로니는 『이탈리아 해군사 (Storia della marina italiana)』에서 모든 공을 이탈리아인들에게 돌리면서, 에스파냐는 모든 면에서 기대 이하였다고 이야기한다. 역사가들은 시답잖은 국적 논쟁과 연대기 작가들의 시시콜콜한 이야기를 되풀이할 뿐이다.

어쨌든 몰타의 승리가 에스파냐 재건의 새로운 발판이 되었다는 점은 분명하다. 이는 결코 우연이 아니며 1565년에 있었던 적극적인 노력의 결과였다. 그해 연말 프랑스 국왕을 대표하여 마드리드에 도착한 푸르크보는 11월 21일,[320] 바르셀로나에서 갤리 선 40척, 나폴리에서 20척, 시칠리아에서는 12척이 건조 중이라고 알린다. 그는 (나르본 총독의 입을 빌려) 바르셀로나 갤리 선에 장착할 다량의 "갈로슈"[여러 명이 젓는 노] 제작을 위해서 프랑스 국왕에게 카르카손 인근 키양 숲에 대한 벌목권 요청이 있을 것이라고 덧붙인다. 펠리페 2세의 엄청난 노력은 다른 사람들도 동참하게 했다. 피렌체 공작도 새로운 함대 건조를 계속 추진했다.

몰타에서 퇴각했다고 투르크의 위험이 사라진 것은 아니었다. 그해 말에 위험 신호는 전례 없이 강력했다. 술탄은 계속 함대를 건조했고, 9월 25일, (아직 함대가 원정에 실패했다는 사실을 모르고 있었던) 콘스탄티노플에는 벌써 새로운 대규모 작전, 특히 풀리아 원정에 대한 소문이 돌고 있었다.[321] 프랑스 대사의 기록대로, 해군의 "패주" 소식은 이 새로운 원정계획에 복수라는 양념을 첨가했다. 목재 보급이 난관에 부딪혔지만, 조선소에서는 100척의 배가 건조 중이었다. 심지어 술탄은 500척을 언급하기도 했다. 10월 19일자 보고서에 따르면, "그는 다가올 3월 중순까지 아나톨리아, 이집트, 그리스에서 5만의 노군과 5만의 '보병'을 준비시키라고 명령했다." 몰타, 시칠리아 섬 또는 풀리아가 그 목표가 될 것이다. 푸르크보에 의하면, 11월 3일, 마드리드는 투르크가 "내년, 몰타에서의 패전을 되갚기 위해서 해상과 육지에서 대대적인 공세"를 펼치지 않을까 우려한다.[322] 11월 21일,[323] 빈에서 입수한 정보를 통해서 마드리드는 술탄이 이듬해에 펠리페 2세를 상대로 총공세를 펼칠 것이며, 여기에는 예니체리와 술탄의 친위대까지 포함될 것이라는 사실을 알게 된다. 12월 12일자 보고서들 역시 술레이만이 황제에 대한 전쟁을 선포했고 20만 명의 군사를 이끌고 출정할 것임을 알렸다.[324] 그러나 이는 주위의 의견을 무시한 술레이만 개인의 제스처일 뿐이다. 사람들은 여전히 술탄이 1565년에 임명한 지휘관들을 앞세워 투르크 함대를 몰타로 보낼 것이라고 확신했다. 몰타 섬이 보강되도록 내버려두면, 두 번 다시 이곳을 점령할 수 없을 것이기 때문이었다. 결국 술탄과 황제 사이에 결전이 벌어질 것이라는 예상이 지배적이었다.

에스파냐 정부는 이 소문들을 진지하게 받아들였다. 1565년 11월 5일, 펠리페 2세는 라 굴레트의 방어를 강화하라는 명령을 내린다. 그는 피게로아에게 보내는 서신에서 라 굴레트를 위해서 5만6,000두카트를 지출하기로 결정했음을 알린다.[325] 이는 확고한 결정이었던 것으로 보인다. 그는 아다모 첸투리오네에게 이 금액을 환전해줄 것을 요청했다. 명령이 수행되면서 구 요새 주변에 신 굴레트(Goleta la Vieja 맞은편의 Goleta la Nueva)가 건설되기 시작했다. 한편 에스파냐로 소환된 알바로 데 바산의 갤리 선 12척을 제외하고, 국왕은 전 함대를 시칠리아에 그대로 배치시켰다.[326] 지원을 받지 못하면 섬을 포기하겠다는 기사단장의 협박이 있지 않았던가? 12월 말, 에스파냐 국왕은 기사단장에게 5만 두카트(3만 두카트는 현금으로, 2만 두카트는 식량과 화약으로)에 6,000명의 보병까지 지원해주었다. 어쨌든 이는 토스카나 정보원이 주장한 내용이다.[327] 1566년 1월 6일자 푸르크보의 기록에 따르면 모두들 투르크가 결국 몰타나 라 굴레트를 공격할 것이라고 생각하고 있었다. 보르고는 회복이 불가능한 치명적인 지점이었기 때문에 에스파냐 국왕은 투르크가 몰타로 향할 경우에는 산텔모 산의 보강을 위해서 독일 병력 3,000명, 에스파냐와 이탈리아 병력 5,000명을, 라 굴레트로 향할 경우에는 1만2,000명의 병력을 파견하여 요새를 지키게 할 심산이었다.

이 모든 노력과 조치들은 칭송할 만한 것들이다. 그러나 상황을 주도할 만큼 적극적인 전략을 수립하기에는 부족하다. 물론 마드리드는 대 투르크 동맹 결성과 관련하여 막연하게 계획을 수립한 바 있다. 펠리페 2세가 베네치아와 동맹을 맺으려고 한다는 소문이 떠돌았다. 하지만 믿을 만한 이야기인가? 산텔모 요새가 함락되었다는 소식에 베네치아인들도 환호하지 않았던가?[328] 성실하고 정직한 상인들이었던 베네치아인들은 몰타 기사단을 동방 교역의 방해 요인으로 간주했고 서방에서 벌어지는 일들을 빠짐없이 투르크에 알렸다. 푸르크보가 동료인 베네치아 대사에게 정보를 얻으러 갔을 때, 대사는 곧바로 그를 안심시켰다. '베네치아 정부는 단 한번도 에스파냐 국왕과의 동맹을 고려한 적이 없습니다.'

프랑스와 에스파냐의 공동 전략도 마찬가지이다. 소문이 돌았지만 그뿐이다. 당대인들이나 이후의 역사가들이 생각했던 것처럼 바욘의 대회담으로 역사적인 전기가 마련된 것은 아니다. 피레네 산맥 너머에 있는 왕국은 혼란 속에서 심각하게 훼손된 상태였고, 배신할 것이 분명했다. 프랑스를 지배하고 있는 것은 노파심 많은 여성과 나이 어린 왕이었다. 카트린은 어린 왕을 왕국 전체에 알리고자 했다. 순회여행은 느린 속도로 진행되었지만 유익한 결과를 가져왔다. 모후와 어린 국왕이 남쪽에 도착하자, 이는 에스파냐 국왕과의 회담을 논의할 좋은 기회로 여겨졌다. 누가 처음 제안했는지는 중요하지 않다. 아마도 에스파냐의 이중첩자인 몽뤼크였을 것이다. 아무튼 펠리페 2세는 직접적인 방문을 회피했고, 아내[엘리자베트 드 발루아]의 요청을 받아들여 1565년 1월 그녀가 잠시 가족과 상봉할 수 있도록 허락해주었다. 간청을 하도록 내버려두는 것이 전략적으로는 유리하다고 판단했지만, 그렇다고 그가 이 회담에 무관심했던 것은 아니다.[329]

피레네 산맥 이편의 광활한 에스파냐 세계는 평온한 상태를 유지했지만, 제국으로서의 책무와 재정적 부채는 점점 더 무거워지고 있었다. 이 제국의 정점에서 펠리페는 에스파냐의 모든 장점과 약점을 홀로 떠안고 있었다. 세 번째 부인인 엘리자베트, 에스파냐어로는 이사벨, 일명 '평화의 왕비'는 그의 곁에서 영향력을 행사할 수 있었다. 그녀는 매우 젊었고, 여전히 어린 아이에 가까웠다. 그리고 알려진 것처럼 그렇게 불행한 아내도 아니었다. 그녀는 상당히 수월하게 에스파냐에 적응한 것처럼 보인다. 어쨌든 바욘에서 그녀는 주어진 역할을 완벽하게 수행했다. 프랑스 주재 에스파냐 대사인 프란세스 데 알라바는 7월 1일 젊은 왕비에 대해서 국왕에게 다음과 같이 보고한다. "솔직히 말씀드리겠습니다. 특히 프랑스 국왕에 대한 전하의 크나큰 우정과 형제애, 그리고 종교 문제에 대해서 왕비께서 이야기하신 내용을 들어보면, 왕비께서는 모든 고위직 인사들의 마음을 사로잡으신 것이 분명합니다."[330] 이는 사실임에 틀림없다.

4월 8일[331] 에스파냐를 출발한 젊은 왕비는 6월 10일[332] 생장드뤼즈에서 모친과 상봉했다. 14일, 모녀는 함께 바욘에 도착한다. 엘리자베트는 당초 예상보다 다소 오래, 7월 2일까지 거의 두 달간 그곳에 머물렀다.[333] 이 가족 회합은 양국 정부에게 상호보장을 확인하고 (16세기 왕실 회합에서 논의된 중요한 사안인) 혼인 계획을 논의할 기회였지만, 양측은 아무런 소득 없이 헤어졌고, 서로의 진실성에 대한 의심만 키웠다. 하지만 이는 근거 없이 과장된 이야기이다. 물론 이는 우리가 보기에 그렇다는 것이지, 회합의 주역들과 당대인들에게는 아니다.

펠리페 2세가 보기에도 마찬가지이다. 그는 알바 공작과 돈 후안 만리케를 관찰자 겸 조언자로 임명하고 왕비를 수행하도록 했다. 당대인들과 역사가들이 묘사한 대로 펠리페 2세의 위상이 회담을 지배했다. 에스파냐 측이 원했던 것은 국내외 분쟁에 몰두하게 하여 프랑스의 발을 묶어두는 것이었다. 이는 결코 우정놀이도 악랄한 음모도 아니었다. 에스파냐 제국으로서는 불가피한 대응이었다. 프랑스는 1564년의 혼란으로 위기에 봉착한 것이 분명했고, 프랑스에 인접한 에스파냐는 특히 네덜란드를 통해서 이 나라의 모든 동태에 영향을 받을 수밖에 없었다. 그러나 이는 다시 한번 종교의 수호라는 편리한 미명하에 프랑스에 많은 것을 요구할 기회였다. 반대로 프랑스가 받는 것은 아무것도 없었다. 에스파냐의 전략이 뻔히 들여다보이는 데다가, 프랑스 왕국의 분열과 위축을 초래할 것이 뻔한 패를 보고서 모후는 자신의 관용 정책을 포기할 수 있었을까?

연회가 열리고 웃음이 오가는 가운데에도, 본질적인 입장차가 표출되었다. 심지어 회담 이전부터 그리고 회담 동안에도 위험 신호가 켜졌다. 카트린 드 메디시스는 에스파냐 왕비와 수행 귀부인들을 위해서 숙소를 미리 에스파냐 식으로 단장하고 성대한 채비를 하라는 명령을 바욘에 하달한다. 하지만 툴루즈에 있던 프란세스 데 알라바는 2월 7일 놀랍게도 프랑스 지배자들이 이단자인 "방돔 부인" 잔 달브레를 대동할 예정이라는 소문을 보고서에 담았다. 펠리페 2세는 이 부분에 밑줄을 치고 여백에 다음과 같이 첨언했다. "만일 그렇다면, 나는 왕비를 보내지 않을 것임."[334] 그리고 그 즉시[335] 프랑스 대사[336]에게 나바르 왕비와 콩데 공이 회담에 참석하는 것을 원하지 않는다고 경고했다. 6월에는 다른 사건이 발생했다. 에스파냐 왕비가 도착하기 직전, 프란세스 데 알라바는 투르크 대사의 마르세유 상륙 소식을 접했다. 이는 치욕적인 일이었다. 대사의 경고를 받은 카트린 드 메디시스는 최선을 다해 변명했다. 그녀는 서둘러 랑사크를 사위[펠리페 2세]에게 파견했다. 그는 에스파냐 왕비가 생장드뤼즈에서 모친과 만나는 날인 1565년 6월 10일 아란후에스에 도착한다. 랑사크가 전달한 설명은 이렇다. 프랑스 국왕과 모후는 그자가 무슨 목적으로 왔는지 알지 못하며 이를 알기 위해서 라 가르드 남작을 보냈다고, 그리고 만일 그의 임무가 무엇이든 에스파냐 국왕에게 해가 된다면 당연히 그를 접견하지 않을 것이라고……펠리페 2세는 프란세스 데 알라바에게 이렇게 전한다. "나는 그 점에 대해서 믿어 의심치 않는다고 대답했소. 하지만 투르크가 함대를 파견한 시점에 특사가 도착했다는 사실에 많은 사람들이 놀랄 수밖에 없을 것이오. 그럼에도 불구하고 나는 짐과 프랑스 국왕 사이에 존재하는 우정에 대해서 투르크 대사에게 납득할 만한 답변을 전달했으리라 믿고 있소."[337]

물론 사소한 사건에 불과하다. 투르크 대사는 6월 27일 급하게 모후에게 작별 인사를 고한다. 회담은 한창 진행 중이었고, 모후는 알바 공작에게 투르크인과는 단지 프로방스에서 일어난 약탈 사건에 관해서 이야기를 나누고,[338] 프랑스 측이 술탄에게 특사를 파견한다는 조건으로 배상을 약속했을 뿐이라고 서둘러 해명한다. 알바 공작은 프랑스인들의 의도가 투르크에 대사관을 설립하는 것이라고 판단한다. 그러나 투르크 함대가 이미 당도했기 때문에 그는 모후에게 반박한다. "콘스탄티노플에 누군가를 보낸다는 것은 안 될 일입니다. 내년에 에스파냐의 함대가 출동할 것이므로 술탄의 함대로 인한 피해는 거의 없을 것입니다."[339]

바욘에서 에스파냐인들은 프랑스가 투르크와의 오랜 친선관계를 확실히 단절할 것이라고 생각하고 프랑스를 술탄과 이단자들에 대항하는 동맹에 끌어들이고자 했던 것으로 보인다. 몇 달 뒤에 가시적인 움직임이 보이기 시작했다. 푸르크보가 모후에게 보고한 대로, 협상은 "매우 중대한 결과를 초래할 수 있는 동맹에 프랑스의 국왕을 끌어들이고" 있는 것처럼 보였다. 에스파냐인들은 카트린이 바욘에서 드러낸 열망을 이용한다. 모후는 혼사

이야기를 꺼냈고, 이 혼사는 동맹으로 귀결될 것이었다. 푸르크보에 따르면, 에스파냐인들은 "순서를 뒤바꿔" 먼저 동맹을 강조했다.[340] 대사는 이 동맹이 너무 무모하다고 주장한다. "투르크와 전하는 우호적인 관계를 맺고 있습니다. 프랑스인들은 에스파냐 땅과 왕국보다 투르크의 땅과 그 항구에서 더 환영받고 있습니다. 게다가 현재 상황에서 투르크 군대는 그리 염려할 바가 아닙니다. 따라서 투르크와의 화평을 깨고 전하의 백성들에게 교역과 왕래를 금지시키려면, 에스파냐 국왕은 전하가 투르크로부터 받는 이익에 상응하는 것을 모두 허락해주어야 합니다." 그런데 카트린이 요구한 것은 자식들의 혼사이다. 푸르크보는 거의 현실성이 없는 계획이라고 생각한다. 특히 오를레앙 공작과 펠리페 2세의 누이 후아나 공주의 혼인 계획이 그러했다. 그녀는 이 결혼에 동의하지 않는 것처럼 보였다. 마르게리트와 돈 카를로스와의 혼인도 마찬가지이다. 에스파냐의 외교는 쥐어진 패를 이용했을 뿐이다. 달리 말하면 프랑스 정부를 통제하거나 최소한 억제하는 수단으로써 말이다.

결국 판돈이 큰 게임은 아니었다. 마드리드는 이 전략이 가톨릭 교회를 위해서 매우 중요하다는 논거를 내세운다. 그러나 이는 에스파냐의 전술일 뿐이다(그러한 계획은 로마에서나 나올 법한 것이었고, 게다가 피우스 4세는 얼마 전에 사망했다). 심지어 에스파냐는 이때까지도 지중해에 관한 일관된 전략을 수립하려는 의지를 가지고 있지도 않았다. 이를 위해서는 격정, 열정, 이해관계, 재정적 능력, 행동의 유연함이 전제되어야 했지만, 이는 신중한 에스파냐 국왕과는 거리가 먼 이야기이다. 적어도 아직까지는 말이다. 그는 지중해의 위협은 물론이고 대서양에서 활동하고 있는 신교도 해적들, 네덜란드 국경에서 프랑스의 위협 등 사방에서 위험 신호를 감지한다. 갈등이 표출된 네덜란드도 불안하기는 마찬가지여서, 거대한 안트베르펜 항구에 도착한 에스파냐 군대 전체가 위험해 보였다. 펠리페 2세가 플랑드르를 방문할 것이라는 소문은 1565년 12월부터 돌기 시작했고,[341] 이후로도 몇 년 동안 반복되었다.

실제로 펠리페 2세는 원대한 정치적 계획을 추구할 형편이 아니었다. 치세 초기 10년 동안, 그는 위기에 대처하는 데에 급급했다. 그는 앞날을 대비하면서 최소한의 노력으로 사태를 해결하려고 했다. 이러한 모습은 치세 말기에 이르러 신중함을 벗어던진 펠리페 2세의 화려한 제국주의적 면모와는 거리가 멀다.

제3장

신성동맹의 시작, 1566-1570년

1566년부터 1570년까지 사태는 긴박하게 돌아간다. 의심할 여지없이 1565년 가을에 몰타 섬에서 일어난 반전으로 급작스레 종결된 상대적인 평화 시기의 논리적 귀결이다.

불확실성은 여전히 존재한다. 증강된 에스파냐 제국 군대는 확실한 계획을 가지고 지중해에 주둔할 것인가, 아니면 펠리페 2세의 패권의 다른 축에 해당하는 네덜란드로 향할 것인가? 이러한 망설임은 오랫동안 정치적 예측을 불확실하게 만든 이유 중의 하나이다. 과연 누가 최종 결정을 내릴 것인가? 사람인가 아니면 상황인가? 때로 상황은 어처구니없는 방식으로 중첩된다. 서유럽인가? 아니면 여전히 기독교 세계로 돌진할 태세인 "소문만 무성한" 동쪽의 투르크인가?

1. 네덜란드인가, 지중해인가?

피우스 5세의 선출

1566년 1월 7일, 뜻밖의 투표 결과가 발표되었다. 당대인들에게 알렉산드리아 추기경이라는 이름으로 통하던 기슬리에리 추기경이 교황으로 선출된 것이다. 그는 선출을 도와준 체칠리아 보로메오와 그의 일파에 대한 보답으로 피우스 5세라는 이름을 택했다. 이는 전임자를 기리기 위한 선택이었지만, 피우스 4세가 특별히 그를 좋아했던 것은 아니다. 피우스 4세와 5세는 대조적인 인물이었다. 밀라노의 강력하고 부유한 가문 출신인 피우스 4세는 정치가이자 법률가였고, 무엇보다 르네상스인이었다. 반면 어린 시절의 피우스 5세는 양치기였다. 그는 반종교개혁 시기에 교회가 가장 열정적인 종복을 발굴해내곤 했던 수많은 빈민 아동들 중의 한 명이었다. 이 시기에 교회의 목소리를 대변한 것은 바로 이들 빈민이었다. 알폰소 데 페라라의 냉정한 표현을 빌리면—그는 1566년, 삼촌인 이폴리토 데스테 추기경을 교황으로 선출시키고자 노력했지만 실패했다—이들은 벼락출세자들이었다. 피우스 5세는 벼락출세의 전형이었다. 그는 호사스런 인물과는 거리가 멀었고, 언제든 타협이 가능한 소위 "속세"에 물든 인물도 아니었다. 그는 빈민 출신의 열정과 단호함과 완고함을 갖추고 있었다. 극단적으로 엄격했고, 무엇보다 용서하는 법이 없었다. 확실히 그는 르네상스 시대의 교황들과는 달랐다. 르네상스 시대는 저물어버렸다. 한 역사가는 그에게서 중세적인 면모를 찾아볼 수 있다고 말했으나, 다른 역사가에 따르면 차라리 성서적인 면모에 가까웠다.[1]

1504년 1월 17일, 알렉산드리아 인근 보스코 마렝코[제노바의 북부]에서 출생한[2] 이 인물은 정말 우연한 기회로 학교에 들어갈 수 있었다. 14세에 그는 보게라에 있는 도미니코 수도회에 입회했고, 1521년 비게바노 수도원에서 서원(誓願)했다. 그리고 7년 후 볼로냐와 제노바에서 학업을 마치고, 사제로 서임되었다. 이후 알렉산드리아의 미켈레 수도사는 극한의 검소한 삶을 고집스럽게 실천했다. 그는 이동할 때에도 배낭을 메고 도보로 여행했다. 고위직에 오른 후에도, 한층 더 절제된 삶을 살며 과중한 업무를 마다하지 않았다. 수도원장, 지방감독관(provéditeur)을 역임한 데에 이어 그는 1550년경 가톨릭 교파 경계선의 요충지인 코모 교구의 종교재판관에 임명된다. 이곳에서 그는 치열한 싸움을 벌였고 1550년에는 이단 서적들을 압류한다. 이는 당연한 처사이다. 하지만 이 일로 그는 예기치 못한 난관에

174

부딪힌다. 또한 로마를 한 차례 방문하고 종교재판소의 추기경들, 특히 카라파 추기경과 대면한다. 추기경은 이때부터 이 종교재판관에 대해서 관심을 가지게 된다. 추기경의 후원으로 율리우스 3세의 종교재판소 총감독관에 임명된 그는 1556년 9월 4일, 파울루스 4세가 즉위하면서 수트리와 네피의 주교로 서임된다. 그러나 미켈레 수도사를 곁에 두고자 한 교황은 곧 그를 종교재판청장에 임명했고, 1557년 3월 15일에는 추기경으로 서임한다. 미래의 피우스 5세는 사실상 파울루스 4세가 마음속으로 점찍어둔 인물이었다. 그는 파울루스 4세와 마찬가지로 타협을 몰랐고, 열정적이었으며 강철 같은 의지를 가진 인물이었다. 파울루스 4세의 후임자[피우스 4세]와 사이가 좋지 않았던 것은 당연했다. 피우스 4세는 너무나도 "세속적이었고," 타협을 즐겼으며 "알렉산드리아 추기경"과 타합하기 위해서 지나치게 잘 보이려고 애썼다. 1566년에 즉위한 새 교황에게는 파울루스 5세라는 이름이 더 잘 어울렸다.

당시, 대머리에 길고 흰 수염을 나부끼던 이 노년의 금욕주의자는 피골이 앙상한[3] 외모에 어울리지 않게 놀라운 활력과 왕성한 활동을 보여주었다. 그는 끔찍한 로마의 무더위에도 쉬는 법이 없었다. 식사는 또 어떠한가? "점심에는 계란 2개, 포도주 반 잔, 빵과 수프, 저녁에는 채소 수프와 샐러드, 조개 몇 개와 익힌 과일 하나. 고기는 일주일에 두 번뿐이었다."[4] 1566년 11월, 방호공사가 진행 중이던 해안을 방문하러 가면서도 그는 예전처럼 가마를 옆에 두고 걸어서 이동했다.[5] 그가 교황 후보로 추기경 회의에 이름을 올리게 된 것도 이러한 미덕 덕분이었다. 이번 선거만큼은 음모나 제후들의 영향력에 의해서 좌우되지 않았다.[6] 1565년 레케센스는 펠리페 2세에게 다음과 같이 보고했다. "그는 신학자이면서 모범적인 삶과 깊은 종교적 신앙심을 자랑하는 훌륭한 인물입니다. 현재로서는 교황 후보로 가장 적합한 추기경이라고 생각합니다."[7]

교황에 즉위한 피우스 5세는 자신의 과거를 부인하지 않았고, 살아 있는 동안 전설의 반열에 올랐다. 즉위 첫해부터 레케센스는 이 교황이 지난 3세기 이래 최고의 교회 지도자이며 그야말로 성인과 다름없다고 침이 마르게 칭찬했다. 그랑벨의 평가도 마찬가지였다.[8] 피우스 5세를 이해하려면 이러한 비범함을 고려해야만 한다. 그에 관한 글을 읽다 보면, 언제나 난폭함과 감화가 뒤섞인 묘한 인상을 받는다. 그는 신비주의자였고 열정의 포로였다. 그는 계산적인 정치 술수가 난무하는 속세와는 거리가 먼 인물이었다. 피우스 5세가 역사적으로 중요한 인물이 된 것은 바로 이 때문이다. 그는 예측할 수 없었고, 그래서 위험했다. 1567년에 황제의 자문관 한 명은 이렇게 평가한다. "보기 드문 성덕을 지닌 데다가, 표현하기 힘들 정도로 위대하고 비범한 인물이지만, 우리에게는 현 교황이 승하하는 편이 이로울 것입니다."[9] 교황의 성덕은 누군가에게는 하나의 제약임을 잊지 말자.

강경한 태도에 선지자적 면모까지 갖춘 피우스 5세는 누구보다도 기독교와 충돌하는 이교도와 이단 문제에 민감하게 반응했다. 그의 꿈은 대규모 전쟁을 일으켜 하루라도 빨리 기독교 세계의 내부 분열을 봉합하는 것이었다. 그는 투르크에 맞서 기독교 세계의 제후들을 하나로 결집시키려고 했던 피우스 2세의 오랜 계획을 서둘러 재추진했다. 그 첫걸음으로 펠리페 2세에게 로마에서 프랑스와의 상석권 논쟁을 중단하라고 요구했다. 피우스 4세 시절에 일어난 이 논쟁으로 레케센스가 철수한 바 있다.[10] 그리고 이 논쟁 이후 투르크와 동맹을 맺으려는 프랑스 국왕의 마음을 되돌리느라 크게 애를 먹었다.

피우스 5세의 다음 행보는 에스파냐의 해군에 대한 지원이었다. 우리는 에스파냐에 대한 성직서임의 양도, 교황의 친인척들에게 제공할 상여금, 기타 부수적인 지출, 그리고 이를 준비하기 위한 시간문제로 인해서 어떤 흥정이 오고갔는지 알고 있다. 그러나 피우스 4세가 5년간 지원하기로 한 갤리 선 보조금의 기한이 만료된 직후, 때마침 선출된 새 교황은 보조금 지급을 두말없이 갱신해주었다. 교황이 즉위하고 나흘 뒤인 1566년 1월 11일,

레케센스는 곤살로 페레스에게 편지를 보내며 국왕이 한푼도 들이지 않고 5년간의 보조금을 얻어낸 데에 대해서 기쁨을 감추지 않았다. "지난번에는 협상을 책임진 대신들을 독려하기 위해서 지불한 거액의 자금 외에도, 나폴리 왕국의 함선을 빌리는 데에 1만5,000두카트, 에스파냐에서 교황의 조카들을 위한 연금으로 1만2,000두카트가 들었습니다."[11] 교황이 바뀌면서 기풍도 달라졌다. 피우스 5세는 열정적인 교회의 주인이었고, 새로운 십자군에 대한 확고한 태도를 보여주었다. 게다가 1566년의 사건들은 십자군에 우호적인 환경을 제공할 수밖에 없었다.

헝가리와 아드리아 해의 투르크인들

1565년 11월과 12월, 레반트에서 들려온 소식은 걱정스러웠다. 1565년 12월 30일 교황선거 회의장 입구에서 열린 공식 접견에서 베네치아 대사는 비보를 전하며 추기경들에게 교황 선출을 서둘러달라고 요구했다.[12] 몰타 사태 때보다 더 강력한 함대가 필요하다는 "여론"이 형성되었다.

수뇌부가 제시한 큰 그림은 11-12월에 제시된 의견을 바탕으로 수립되었다. 1565년보다 규모도 크고 더 강력한 투르크 함대가 나타날 것이라는 소식이 입수됨에 따라 1월 16일에 펠리페 2세는 가장 취약한 두 곳의 방어를 강화하기로 결정하고 이를 샹토네에게 알린다. 몰타 섬의 기사단 병력을 보충하기 위해서 에스파냐 고참 병사 1,000명, 독일 병사 2,000명, 이탈리아 병사 3,000명을 파견할 것이며, 아직 새로운 요새의 공사가 완료되지 못한 라 굴레트에는 에스파냐 고참 병사 5,000, 이탈리아 병사 4,000, 독일 병사 3,000 등 도합 1만2,000명의 병사를 파병하고, 이곳의 협소함을 고려하여 요새 인근의 물이 풍부한 "산악지대"에 이들을 주둔시키겠다는 것이다.[13] 계획에 따라서 여러 조치들이 취해지고, 이 과정에서 펠리페 2세의 정교한 관료기구가 빛을 발했다. 이번 작업만큼은 은밀히 진행되기는커녕, 의도적으로 공개되었다. 이는 마드리드 주재 외국 대사들 모두가 지적한 바이다.[14] 명령은 명료했고 또 널리 전파되었다. 책임자도 곧 임명되었다. 몰타에 파견된 독일 병사들의 지휘관으로 아스카니오 델라 코르나가, 알바 공작의 아들인 돈 에르난도 데 톨레도는 라 굴레트 지휘관으로, 돈 알바로 데 산데는 오랑의 지휘관으로 임명되었다.[15] 1월 26일, 푸르크보는 나폴리 수비대에서 차출된 에스파냐 병력 2,000명이 오랑으로 이동한다고 보고했다. 그에 따르면 에스파냐인들은 투르크가 풀리아와 시칠리아를 공격하기를 바라고 있었다. 왜냐하면 이 경우 "전 기독교 세계가 곧바로 구조하러 달려갈 것"이 확실하기 때문이다. 한 달 뒤, 푸르크보는 다시 한번 베네치아를 반(反) 투르크 동맹으로 끌어들이기 위해서 에스파냐 국왕이 이탈리아 도시 4곳을 선물했다고 전한다.[16]

푸르크보는 에스파냐의 공개적인 전쟁 준비 상황에 의혹을 품는다. 그는 알바 공작이 자신에게 전달한 수치들이 조작된 것이 아닌지 의심한다. 그러나 이는 근거 없는 의심이다. 국왕의 교신문과 명령문에서도 동일한 수치를 확인할 수 있기 때문이다.[17] 그렇다면 에스파냐인들이 평소와 달리 떠들썩하게 전쟁을 준비한 이유를 설명할 필요가 있다. 혹시 다른 계획을 은폐하기 위해서였을까? 에스파냐는 바르셀로나와 나폴리에서 진행 중인 해군 무장에 대해서는 침묵을 지킨다. 적어도 나폴리에서 이 작업은 노꾼 부족 문제에 부딪혔다.[18]

한편 콘스탄티노플로부터 새로운 소식이 입수된다. 만일 이 소식이 사실이라면, 그동안의 준비는 상당 부분 무의미해진다. 실제로 1월 10일자 보고서는 함대가 출동할 것이지만 노꾼과 화약 부족으로 인해서 그 규모는 몰타 때보다 작을 것이라고 전한다. 사람들은 피알리 파샤가 이끄는 갤리 선 100여 척의 침투 목적이 대규모 공격이 아니라 에스파냐 함대의 집결을 방해하고 제노바 해안 지역을 기습하려는 것이라고 예상했다. 다른 한편 놀라운 소식이 들려왔다. 입수된 정보들은 이구동성으로 노쇠한 술레이만이 직접 헝가리 공격을 진두지휘하여 빈까지 진격할 채비를 하고 있다고 알렸다.[19]

사실 전쟁은 1565년에 발칸의 긴 국경선에서 이미 시작되었다. 막시밀리안은 전쟁을 종결짓고 1562년의 휴전협정을 복구하기 위해서 서둘러 사절과 서신을 보냈지만 소용이 없었다. 20만의 투르크 병사와 4만의 타타르 병사를 동원하여 대규모 전쟁 준비를 마친 술탄은 휴전협정의 복구는 안중에도 없었다. 투르크의 지휘관들은 파산을 무릅쓰고 이미 가격이 오를 대로 오른 낙타와 말을 매입하며 전투를 준비했다. 또다른 전조는 노쇠한 로도스 섬의 산작베이(sanjak beg)이자 에게 해의 수문장인 알리 포르투크가 도강용(渡江用) 선박과 기구 제작의 임무를 수행하기 위해서 갤리 선을 이끌고 도나우 강을 향해 출발했다는 사실이다.[20]

서유럽에 대한 해상 공략이 포기된 것은 아니다. 2월 27일, 노꾼들이 콘스탄티노플에 도착했다.[21] 갤리 선의 출항 준비가 끝난 것이다. 4월 1일경 갤리 선이 출항할 것이라는 소식이 전해진다. 그러나 보고서는 모두 그 수가 100척이 넘지 않는다고 입을 모은다.[22] 게다가 헝가리에서 전쟁이 발발하면, 지중해의 위험은 최소화될 것이라고 기대할 수 있었다.[23] 여전히 레반트에서 최고의 정보력을 자랑하던―아마도 제노바 출신의 수많은 배교자들 덕분이리라―제노바는 1566년 2월 9일자 서신을 통해서 투르크 함대가 피우메[리예카]를 공격하기 위해서 베네치아 만으로 진입하여, 그곳에서 상당한 양이 될 것이 분명한 전리품을 획득한 후에 헝가리로 진군한 술탄의 군대를 지원하기 위해서 통로를 확보하려고 할 것이라는 정보를 사전에 입수했다.[24] 투르크 함대는 에스파냐 함대가 집결하지 못했다는 사실을 알기 전까지는, 더 이상 전진하지 않을 것이다.

그러자 모두들 안도하기 시작했다. 4월 18일 레케센스가 국왕에게 보낸 편지에 따르면, 몰타 섬 사람들은 우려하던 최악의 시나리오에서 이제 완전히 벗어났다고 판단했다.[25] 5월에 이르러 펠리페 2세는 지난겨울에 내려진 대대적인 조치들을 취소할 태세였다.[26] 경비 절약을 원하던 나폴리 부왕은 4월 20일 돈 가르시아 데 톨레도의 휘하에 배치된 나폴리의 에스파냐 병사

1,500명—시칠리아와 라 굴레트에 주둔하고 있는—이 돌아오는 대로 독일 병사들을 해산하게 해달라고 요청했다.[27]

한편, 투르크 함대는 3월 30일 콘스탄티노플을 출발했다. 혹자는 갤리 선 106척, 다른 이는 알렉산드리아 소속 10척을 포함하여 총 90척의 규모라고 보고한다.[28] 그러나 함대는 에게 해를 통과하면서 전혀 서두르지 않는다. 이 함대는 "마온의 영주들[키오스 섬의 제노바 출신 지배자들]"과 그 처자식을 흑해의 카파[페오도시야]로 유배 보내는 것에 만족하면서,[29] 싸우지 않고 키오스 섬의 제노바인을 몰아내는 일에 몰두한다. 5월 10일 코르푸 섬에서는 여전히 함대가 베네치아 만으로 진입할 것이라고 예상했지만,[30] 해협에서 함대가 확인된 것은 7월 10일이었다.[31] 11일, 함대는 발로내[블로레]에 당도했고,[32] 곧 두라초를 거쳐 카타로[코트르] 하구로 향했다가, 23일 경 카스텔누오보에 도착했다.[33]

이 소식을 들은 몰타 기사단장과 돈 가르시아 데 톨레도는 불필요한 병사들의 해산을 결정한다. 투르크 함대가 섬을 공격할 수 있는 계절이 아니기 때문이다.[34] 독일 병사들을 철수시키기 위해서 갤리 선 18척이 도착했고, 몇 달 전에 펠리페 2세가 몰타에 파견한 군사령관 페스카라 후작은 더 이상 할 일이 없었으므로 자리에서 물러났다. 에스파냐는 투르크 함대의 아드리아 해 진입에 대해서 놀라기는커녕 오히려 다행으로 여긴 것으로 보인다. 베네치아 만은 베네치아의 소관이었다. 무장을 하건, 협상을 하건, 대비책을 세우건, 이는 베네치아의 문제였다. 에스파냐가 잃을 것이 무엇인가? 나폴리 연안에는 경계경보가 발효되어 있었고, 주민들은 내륙으로 대피한 채 방어태세를 갖추고 있지 않은가?

베네치아의 정보망에 따르면, 7월 21일경 카타로에 도착한 투르크 함대는 갤리 선 120척과 갤리오트 선, 푸스타 선을 포함, 총 140척의 규모에 달했다. 22일에 피알리 파샤는 갤리 선 3척을 이끌고 라구사까지 전진하여, 성 블라시우스 공화국[라구사]으로부터 조공을 받아냈다.[35] 며칠 후 함대는 아브루치의 척박한 해안을 급습했다.[36] 7월 29일, 함대는 [타란토 만의] 프랑카빌라 인근에 6,000-7,000명의 병력을 상륙시켰고, 주민들이 포기하고 떠난 도시를 점령하고 불을 질렀다. 프랑카빌라로부터 갤리 선 1척과 소형 선박 2척이 페스카라 앞바다를 정찰하러 출발했지만, 방어태세를 갖춘 도시는 대포 몇 발을 발포하는 것으로 정찰대를 쫓아낼 수 있었다. 함대는 오르토나 아 마레[페스카라의 남쪽]로 향했다. 주민들은 이미 철수한 상태였고, 함대는 오르토나를 비롯해서 해안 마을 몇 곳을 방화했다. 8월 5일, 투르크는 내륙으로 13킬로미터 가량 진격해서 카피타나타 지방의 세라 카프리올라까지 올라갔다. 투르크 군대에 불운이 찾아왔다. 행군 막바지에 이르러 예기치 못한 강력한 저항에 부딪혀 패주하고 만 것이다. 6일 저녁, 80척의 갤리 선 함대가 바스토 앞에 모습을 드러냈지만, 이튿날 아침 사라졌다. 10일, 나폴리는 카피타나타 총독의 서신을 통해서 투르크 갤리 선 4척이 폭풍우를 맞아 포르토레 근처에서 침몰했다는 소식을 접한다.[37] 선원들을 구조한 후, 대포와 다른 도구들을 회수하고 투르크인들이 재건할지도 모를 위험에 대비하여 함선은 불태우라는 명령이 내려졌다. 보고서는 적함선이 왕국 연안에 다시 출몰할 경우를 대비하여 만반의 태세를 갖추고 있다고 덧붙인다. 그 사이 사람들은 투르크의 공격이 거의 무위로 돌아간 것에 기뻐했다. 키오스 섬에서 함대가 출발했다는 소식을 접한 나폴리 부왕은 방어태세를 갖추지 않은 연안의 모든 지역에 철수를 명령했고, 투르크는 텅 빈 공백지대를 배회했다. 포로 3명이 잡혔을 뿐이다. 형편없는 전과(戰果)였다. 에스파냐를 공격할 때마다, 배후에 상당한 규모의 에스파냐 갤리선을 두고도 최소한 5,000-6,000명의 포로를 잡아가곤 했던 투르크였다. 애초에 걱정했던 것보다 물질적인 피해도 적었다.[38]

투르크 함대는 이미 회군길에 오른 것처럼 보였다. 8월 13일, 함대는 카스텔누오보를 거쳐 레판토에 당도했다. 노꾼들의 건강은 악화되었고 질병으로 사망자가 속출했다. 얼마 후, 프레베자에서 집결한 함대가 콘스탄티노플을 향해 출발했다는 소식이 전해진다.[39] 9월에 이르러 투르크 함대는 당시 키마라라고 불리던 알바니아에 다시 출현했다. 사람들은 크게 놀랐다.[40] 함대는 발로나까지 북상했다. 그저 알바니아 반란자들을 토벌하기 위함인가?[41] 에스파냐 병사들이 독일 병사들을 대체한 나폴리 해군이 경계태세를 갖추고 있었기 때문에 부왕은 쉽게 그렇게 생각했다. 겨울이 오기 전에 위험은 소리 없이 사라져버렸다.

1566년의 해상 원정은 이렇게 끝이 났다. 이쪽저쪽 모두 마찬가지였다. 투르크는 아드리아 해에서 별다른 성과를 거두지 못했고, 에스파냐는 대기하는 것으로 만족했다. 별 내용도 없는 전쟁이었던 셈이다. 한동안 에스파냐인은 알제나 튀니스를 공격할 의도가 있는 것처럼 행동했지만, 막상 행동에 나서지는 않았다.[42] 이들은 1566년의 평온을 만끽하기로 했다. 전쟁과 위기는 다른 이들의 몫이었다. 베네치아는 다른 나라의 상황을 걱정해본 적이 거의 없었고, 그래서 동정을 사지도 못했다. 오직 베네치아가 공격 목표인 것으로 보였다. 협정을 모조리 위반하면서 투르크는 베네치아 만으로 진입했다. 경악한 베네치아는 신속하게 대응했다. 7월, 베네치아는 갤리 선 100여 척을 진수했고,[43] 아마도 이러한 단호한 태도로 인해서 투르크는 북진을 멈추었던 것으로 보인다. 어쨌든 베네치아가 크게 우려했던 것은 사실이다. 이탈리아 전체가 그랬고, 베네치아의 요구를 들어주기로 한 교황도 마찬가지였다. 7월 말부터 8월 초까지, 알레산드리노 추기경은 교황의 명에 따라 브린디시로 전 함대를 보내달라는 편지를 돈 가르시아 데 톨레도에게 보냈다. 교황이 직접 서신을 보내기도 했다. 베네치아인이 100척의 갤리 선을 무장시켰으니, 여기에 돈 가르시아의 함대가 합류한다면 투르크 함대를 공격하는 것도 가능하다고 말했기 때문이다.[44] 돈 가르시아는 8월 7일 답신을 보낸다.[45] 그는 에스파냐 왕국과 마찬가지로 교황령을 지킬 것이라고 맹세했지만, 이 과감한 계획을 받아들이지는 않았다. 에스파냐 함대와 베네치아 함대가 협공을 했다면, 투르크 함대는 빠져나올 수 없었을지도 모른다. 그러나 베네치아는 자신이 위험하다고 판단할 때에만 전쟁에 개입할 심산이었다. 남쪽에서 현명하고 신중한 모습을 보여주었던 돈 가르시아 데 톨레도는 와병 중이었고, 아직까지 공격명령을 받지 못한 상태였다. 술레이만의 함대를 붕괴시킬 절호의 기회라고 생각한 것은 확실히 교황뿐이었다.

아드리아 해에서 벌어진 이 전쟁은 결과적으로 전혀 대단한 것이 아니었지만, 당시에는 극적인 사건으로 여겨졌던 것이 분명하다. 왜냐하면 이 전쟁은 적절한 타이밍에 전 유럽을 뒤흔들었기 때문이다. 브랑톰을 보라. 프랑스의 젊은이들은 불안과 모험 그리고 여행의 시기를 맞이하기 시작했다. 젊은 기즈 공작처럼 헝가리 전투에 참여한 자도 있었고, 나폴리로 향한 이들도 있었다. 또는 몽뤼크의 아들처럼 대서양 모험에 나섰다가 마데이라 섬 전투에서 사망한 자도 있었다.[46] 안주하는 것은 미덕이 아니었다. 펠리페 2세도 여행에 대해서 이야기한다. 도처에서 전쟁이 벌어졌다. 8월, 준봉기 상태인 네덜란드는 물론이고, 아드리아 해에서 흑해까지, 대륙의 치열한 갈등으로 붉은 밑줄을 굵게 그어가던 전쟁은 저 멀리 아드리아 해까지 확장되었다.

헝가리 전쟁의 재개

투르크는 페르디난트 황제의 사망(1564년 7월 25일)을 구실로 연체되었던 조공 지급을 요구하면서 1562년에 체결된 휴전협정 문제를 다시 제기했다. 조공은 1565년 2월 4일에 지불되었고,[47] 그 대가로 8년의 휴전협정이 재확인되었다. 그러나 트란실바니아에 대한 야심을 포기하지 않았던 막시밀리안은 상당한 규모의 군대를 모아 [헝가리의] 토커이와 세렌치를 점령했다. 그러나 트란실바니아를 건드리거나 이 지역에서 투르크의 활동에 맞서는 것은 동면 중인 대결 구도를 깨워서 종국에는 습격이나 공성전으로 귀결되고는 했던 "암묵적인" 전쟁을 촉발할 수밖에 없었다. 1565년에 헝가리의 긴 국경선은 전례 없이 불안했다. 트란실바니아의 저항으로 위기에 처한 막시밀리안은 평화를 위해서 노력했다. 그의 의도는 진지했지만 별 소득을 거두지 못했다. 평화를 원했지만 아무것도 양보하려고 하지 않았기 때문이다. 게다가 대재상 메흐메트 소콜루가 강력히 반발했다. 술탄 역시 큰 전과를 올림으로써 몰타에서의 굴욕을 만회하고자 했다. 한편, 최전방을 지키던 부다의 파샤 아르슬란은 기독교 세계가 장악하고 있는 헝가리의 방어태세가 매우 허술하다는 점을 들어 줄기차게 전쟁을 요구했다. 본보기를 보이려는 듯이, 그는 1566년 6월 9일 몸소 팔로타의 작은 거점을 공격했다. 그러나 다소 성급했다. 왜냐하면 공격 지점을 장악하려는 순간, 황제의 군대가 등장했기 때문이다. 황제군은 여세를 몰아 베스프렘과 터터를 장악하고, 아군과 적군, 투르크인과 헝가리인을 구별하지 않고 무차별적인 학살을 자행했다.[48]

그리하여 헝가리 전쟁이 재개되었다. 예기치 못한 사건이라고 할 수는 없었다. 빈은 투르크의 반격을 충분히 예상했다. 독일 의회는 그 해에 예외적으로 24뢰머모나트(Römermonat)[로마에서 거행되는 신성 로마 제국 황제의 대관식을 위해서 봉신이 부담하는 의무를 대신하여 막시밀리안 황제가 만든 세금], 그리고 향후 3년간 매년 8뢰머모나트의 지원을 승인했다.[49] 1566년 4월 29일 런던 주재 에스파냐 대사는 여기에 3년간 2만의 보병과 말 4,000필의 지원이 추가되었다고 이야기한 바 있다.[50] 한편 막시밀리안은 교황청과 펠리페 2세로부터 자금과 병력 지원을 약속받았다. 우리가 보유하고 있는 자료들은 금액에서 다소 차이가 있지만, 지원 액수가 막대했음은 확실하다. 1566년 3월 23일, 마드리드에 파견된 토스카나 정보원은 6,000명의 에스파냐 병사와 월 1만 에퀴의 지원에 대해 언급했다(이에 대해서는 이미 1565년 펠리페 2세가 약속한 바 있다[51]). 이 금액은 푸거 가문과 제노바 은행가들의 중개를 통해서 지급될 것이다.[52] 한 달 뒤인 6월 6일, 이 정보원은 30만 에퀴가 지급되었고, 그와 별도로 매월 1만2,000에퀴가 지급될

것이라고 전한다.[53]

그리하여 황제는 전쟁 준비를 위한 시간과 자금을 확보했다. 여름이 되자 황제는 잡다하게 구성된 4만 명의 병력을 빈 인근에 집결시켰다.[54] 그러나 이 정도의 병력으로는 방어 외에 할 수 있는 것이 없었다. 사실 다른 의도가 있는 것도 아니었다. 콘스탄티노플과 부다는 거리가 멀었기 때문에, 황제는 투르크 대군의 이동에 90일 정도의 시간이 걸릴 것이라고 예측했다. 10월 이후 떨어지는 기온과 거의 텅 비어버린 지역에서 대규모 군대가 겪게 될 보급 문제를 감안한다면 전투가 가능한 시간은 얼마 되지 않을 것이었다. 크고 작은 허풍이 있었지만, 황제가 베네치아 대사 레오나르도 콘타리니에게 설명한 바는 그러했다.[55] 6월 20일, 이 베네치아 대사 또한 황제군의 규모가 보병 5만과 기병 2만의 수준이고, 여기에 대규모 도나우 함대의 주력 부대가 합류할 것이라는, 분명히 과장된 수치를 소문내고 다니지 않았던가?[56]

1562년 뷔스베크로부터 냉정한 평가를 받은 바 있는 막시밀리안의 군대는 상태가 좋지 않았던 것으로 보인다. 푸르크보는 이 전쟁이 막시밀리안에게 불리할 수밖에 없다고 판단하고 "투르크의 술탄이 헝가리 문제에 집착해주기"를 바랐다. 이는 잘못된 생각이 아니다. "그렇지 않고 이 정도에서 사태가 진정된다면, 고약한 독일은 매우 큰 위협 요소가 될 것이기 때문이다."[57] 종교전쟁과 병사들의 빈번한 약탈에 시달리던 프랑스에게는 불행한 일이지만, 1568년 헝가리에는 평화가 안착되었고, 이는 1593년까지 지속될 것이다.

막시밀리안의 군대에 맞서 투르크 대군은 여러 부대로 산개하여 헝가리로 진격했다. 샤를 9세가 입수한 정보에 따르면, 그 규모는 30만에 이르렀고, 투르크 방식에 따라 "무시무시할 정도로 엄청난 수의 대포와 온갖 무기로 무장했다."[58] 5월 1일[59] 술탄은 콘스탄티노플을 출발했다. 그의 군대는 과거 열두 차례의 전쟁보다 더 큰 규모를 자랑했다. 건강상의 이유로 말을 탈 수 없었던 술탄은 마차를 타고 콘스탄티노플에서 아드리아노플, 소피아, 니시[세르비아 중부]를 거쳐 베오그라드까지 이어진 군사, 상업용 도로를 따라 이동했다. 술탄의 마차가 지나갈 도로는 사전에 정비되었고, 통행로를 따라 군대와 보급품을 공격하던 수많은 도적떼에 대한 소탕작전이 실시되었다. 숙영지 인근에는 몇 개의 교수대가 세워졌다. 베오그라드를 지나면서 큰 문제가 발생했다. 트란실바니아와의 협상이 아니라 강을 건너는 문제였다. 샤바츠의 사바 강[60]과 부코바르 인근의 도나우 강, 오시예크의 드라바 강을 건너야 했기 때문이다.[61] 7월 18일부터 19일 사이의 일이다.[62] 매번 군대는 힘들게 다리를 건설해야 했다. 도나우 강을 건널 때에는 수위마저 높아졌다. 오시예크를 지나고 나서 황제군 측 장교 한 명이 기습을 감행했다. 투르크 군대는 문제의 장교인 니콜라스 츠리니 백작이 다스리던 페치 인근의 시게트바르로 향했다. 8월 5일, 술탄의 군대가 도시 인근 습지대에 도착했고, 9월 8일 도시를 정복했다.

그러나 이제 막 시작된 투르크의 작전은 이미 실패하고 있었다. 이 승리가 있기 3일 전인 9월 5일 밤, 술레이만 대제가 사망했다. 함머에 따르면, "노환이나 이질 또는 뇌졸중" 때문이다.[63] 하지만 사인은 중요하지 않다. 중요한 것은 수많은 역사가들이 이 날을 "오스만 제국의 쇠퇴"를 알리는 시점으로 평가한다는 사실이다.[64] 이번만큼은 옳은 지적이다. 지배자에게 전적으로 의존하던 제국은 이제 (투르크인들의 표현대로) 입법자 술레이만 대제의 품을 떠나 전장보다는 키프로스의 포도주를 즐기던 나약한 셀림 2세, "유대인 여인의 아들"에게 상속되었기 때문이다. 대재상 메흐메트 소콜루는 술탄의 사망 사실을 숨기고 셀림이 쿠타야에서 콘스탄티노플로 달려와 공석이 된 제위를 단절 없이 계승할 시간을 벌어주었다. 전쟁은 승리를 주고받으면서 겨울이 올 때까지 지리멸렬하게 계속되었다. 그보다는 쌍방이 서로 승리를 공표했다고 하는 편이 옳을 것이다. 주요 작전지역에서 멀리 떨어진 고리치아에 있던 카를 대공은 1566년 9월 1일,[65] 크로아티아 장군의 기습작전이 성공해서 포로와 보스니아에서 징발한 가축을 획득했다고 공표했다. 이 소식은 제노바를 거쳐 곧바로 에스파냐에 전해졌다. 파리에서는 이 사건과 관련해서 카를 대공과 투르크 군 사이에 대규모 전투가 벌어졌고 페라라 공작이 교전 중에 사망했다는 이야기까지 돌았다.[66] 둘은 다른 사건인가?

사실 전쟁은 끝난 셈이다. 겨울이 오자 투르크 군은 철수했고, 황제군은 아예 해산해버렸다. 12월에 파리에서는 독일 의회가 끝나기 전에 이미 투르크와의 휴전이 체결되었다는 소문이 돌았다.[67] 신중한 펠리페 2세는 어떠한가? 그는 9월부터 "투르크가 물러나면서 황제에게 필요 없어진 모든 것"을 차지하고자 했다.[68] 이러한 예비 조치에는 이유가 있었다. 그 해에 펠리페 2세에게 새로운 문제가 발생했기 때문이다. 바로 네덜란드이다.

1566년의 네덜란드[69]

네덜란드 전쟁의 장황하고 복잡한—정치적, 사회적, 경제적(1565년의 대기근을 상기하자[70]), 종교적 그리고 문화적인—기원에 대한 연구는 이 책의 주제에서 벗어난다. 일부 연구자들의 주장처럼 불가피한 갈등이었다고 이야기하는 것도 마찬가지이다. 우리의 유일한 관심사는 이 사건이 펠리페 2세에게 끼친 정치적 영향이다. 네덜란드 전쟁으로 인해서 펠리페 2세는 극적인 몰타 포위 사건이 끝나기가 무섭게 지중해로부터 북부로 정책 방향을 돌려야 했다. 네덜란드가 명목상 "에스파냐 땅"인 한, 에스파냐는 적어도 1555년까지는 이곳을 자유방임 상태로 내버려두었다. 네덜란드는 독일, 프랑스, 잉글랜드에 문을 활짝 열어놓은 채 교차로 역할을 하고 있었다(1544년, 아니면 적어도 카를 5세가 양위를 선언한 1555년부터 네덜란드는 프랑스를 위협하는 요새로 부상했고, 이러한 상황은 한 세기 이상 지속되었다). 네덜란드는 특권과 정치적 안정, 재정적 특권을 누리던 자유로운 나라, 발달한 도시와 "산업을 자랑하는," 그러나 외부에 의존적인 제2의 이탈리아였다. 바로 이 때문에, 그리고 여타의 이유들로 인해서 이 나라는 통치가 힘든 곳이기도 했다. 게다가 토지 소유권이 의외로 분명해서, 오라녀 가문이나 몽모랑시 가문(프랑스의 몽모랑시 가문은 방계에 해당한다) 또는 에그몬트 백작 가문과 같은 강력한 귀족들이 존재했다. 통치권을 원하면서 특권과 이해관계에 민감한 이 귀족 집단은 먼 거리에도 불구하고 에스파냐 궁정의 당파 싸움, 특히 1559년 이후부터는 루이 고메스의 온건파와 긴밀히 연결되어 있었다. 네덜란드의 분란에 대한 역사를 온전히 기술하려면, 이러한 조건들이 가진 중요성을 설명할 필요가 있다.

설령 북부 지방의 심장이라는 지리적인 위치 때문이라고 하더라도, 이 지역은 종교개혁의 여러 교파들로부터 영향을 받을 수밖에 없었다. 종교개혁 사상은 육로와 해로를 통해서 유통되었다. "플랑드르 지역"은 일찍부터 루터의 종교개혁에 영향을 받았다. 16세기 중반에 이르러 네덜란드의 종교개혁은 나름의 관용 방안을 제시했다. 이는 낭트 칙령보다 빠른 종교적 평화였다.[71] 그러나 얼마 후 종교개혁은 다시 칼뱅교의 형태로 밀과 포도주의 공급원인 프랑스 남부에서 세력을 크게 확장했다. 전투적이며 공격적인 이 "로마식" 종교개혁파[72]는 교구 회의기구를 설립하고 아우크스부르크 화의가 미처 예상하지 못했고 결코 용인하지 않았을 적극적인 세포 조직을 만들어나갔다. 먼저 프랑스어권 지방에 침투한 칼뱅교는 세력권을 확대하여 네덜란드와의 교차지점 전역을 장악했다. 칼뱅교로 인해서 네덜란드와 그 이남 지역의 관계는 한층 더 강화되었다. 정치적으로 독일의 지배에서 자유로워진 네덜란드는 종교적으로도 독일의 영향에서 벗어나 혼란을 겪고 있는 프랑스의 영향에 노출되었다. 사냥감이 줄어들자 루터파에 대한 탄압도 어려워졌다. 한편 잉글랜드를 지척에 두고 있던 네덜란드는 여러 면에서 경쟁의식을 가지고 있었음에도 불구하고 섬나라의 전략과 영향권에서 벗어날 수 없었다. 게다가 잉글랜드인은 비록 형편없는 인간들일지라도—노리치로 이주한 노동자들 같은—박해받던 플랑드르인들에게 망명지를 제공했고, 이러한 지원으로 북해 양안의 관계가 긴밀해졌다.

물론 네덜란드를 동요시킨 요인을 구별할 필요가 있을 것이다. 혼란의 원인은 각양각색이었다. 종교적이며 종종 사회적인 성격을 띤 민중운동이 있었고, 또 귀족들의 선동도 있었다. 애초부터 근본적으로 정치적이었던 귀족들의 반란은 1564년 그랑벨의 본국 소환과 1566년 4월 퀼렘보르흐 연맹[에스파냐의 신교도 탄압에 맞선 신교도의 청원서 제출 사건]에 의해서 촉발되었다. 4개월 후인 8월 하순에는 민중폭동이 일어나 교회와 성상(聖像)에 대한 파괴가 잇달았다. 이 폭동은 놀라운 속도로 투르네[벨기에 남서부]에서 안트베르펜까지 네덜란드 전역으로 확산되었다. 결국 성격이 다른 두 운동이 존재했다. 섭정인 파르마의 마르가리타는 노련하게 대처했다. 그녀는 귀족들―독일로 넘어간 오라녀 가문의 빌럼[오라녀 공]과 브레데로데를 제외하고―을 민중과 도시에 맞서게 했다. 그리고 이 방식으로 비용을 지출하지도, 군대를 이용하지도 않고 매우 영리하게 자신의 권위까지는 아니더라도 적어도 질서를 회복할 수 있었다.

그러나 이 전략에는 한계가 있었고, 에스파냐는 안팎으로 난관에 부딪혔다. 로마에서는 그랑벨이 여전히 활동 중이었고, 에스파냐에서는 알바 공작과 그의 일파가 있었다. 오스트리아의 마르가레트[파르마의 마르가리타의 오기]가 거둔 성공은 가톨릭의 수호와 펠리페 2세의 권력 자체를 위험에 빠뜨렸다. 실제로 8월의 소란이 일어나기 전에 그녀는 완곡하게나마 개혁파가 이미 뿌리를 내린 곳에 대해서 예배의 자유를 허락하지 않았던가? 이는 중대한 양보였다. 왜냐하면 펠리페 2세는 에스파냐에서 모든 형태의 실질적 양보에 반대했기 때문이다. 이는 그 유명한 1565년 세고비아의 서한을 통해서 알려진 사실이다. 물론 펠리페는 시간을 벌 목적으로 사소한 부분은 무시하며 "총사면"(그는 이 사면이 종교적인 범죄에 대한 것이 아니라 정치적인 동기에 대한 것임을 명시했다)을 수용했다. 하지만 이는 무의미한 조치이다. 조치의 목적은 결국 섭정의 평판을 지켜주는 것에 불과했기 때문이다. 펠리페 2세가 사태를 정면돌파해서 엄중한 처벌로 다스리고자 했다는 점은 여러 증거들을 통해서 입증된다. 그는 지중해 세계에서 재건된 에스파냐 제국의 힘과 아메리카 선단이 수송한 은을 북부에 쏟아부을 작정이었다. 조만간 드러날 사실이지만, 펠리페 2세는 고집불통이었다. 왜냐하면 유럽의 교차로인 이 지역의 통행을 규제하겠다는 생각 자체가 어불성설이기 때문이다. 전 세계를 무대로 삼고 있던 "네덜란드"를 감금한다니, 말이나 되는 이야기인가. 네덜란드는 유럽의 삶에 필수불가결한 요소였다. 유럽인들은 네덜란드의 관문으로 몰려들었고, 문이 닫히면 강제로 문호개방에 나섰을 것이기 때문이다. 그런데 이런 곳을 1556-1561년에 그랬던 것처럼 요새화된 진지로 바꾸며, 새로운 주교좌를 설립하듯이 별도의 자율적인 종교 행정체계를 수립하고, 학생들의 파리 유학을 금지시킨다? 이것은 이미 시도해본 방식 중의 일부일 뿐이다. 그리고 전부 부질없는 짓이다. 그러나 네덜란드를 제2의 에스파냐로 만들려는 시도는 훨씬 더 심각한 실수였다. 그럼에도 불구하고 1566년의 에스파냐에 사로잡힌 펠리페 2세는 고집불통이다.

8월 하순에 발생한 민중봉기의 소식을 접하기 전, 펠리페 2세는 로마 주재 대사 레케센스에게 편지를 보냈다. "짐이 다스리는 모든 나라를 걸고 다짐하는 바이오. 골백번을 죽어서라도 그것이 무엇이든 하느님의 섬김과 교회에 해가 되는 것은 모조리 막을 것이오. 교황에게 약속해도 좋소. 나는 이단자들의 왕이 될 생각이 전혀 없소."[73] 로마도 상황을 이해하지 못하기는 마찬가지였다. 피우스 5세는 펠리페에게 직접 나서서 사태를 해결해달라고 요청했다. 1566년 2월 24일[74]에 펠리페에게 보낸 편지에서 교황은 "프랑스와 부르고뉴에서 이단의 역병이 너무나 빠르게 확산되고 있어서, 전하가 직접 움직이지 않고서는 더 이상 퇴치가 불가능한 지경입니다"라고 이야기한다. 푸르크보는 4월 9일 이후[75] 에스파냐 국왕의 행차 계획을 반복해서 언급한다. 운송 전문가이자 군량과 무기 등 병참 총감독관이었던 프란시스코 이바라를 에스파냐로 소환하는 문제가 제기되었다. "이 분야에 관한 에스파냐에 그보다 나은 인물은 없기 때문에"[76] 이바라의 소환은 매우 의미심장한 사안이었다. 또는 이른바 알제 원정군이 언급되기도 했다. 이 원정군은 언제든지 네덜란드로 방향을 틀 수 있었다. 실제로 알제 원정계획은 곧장 무산되었다. 8월에 접어들면서 펠리페 2세의 플랑드르 행차에 대한 의혹이 자연스레 제기되었고, 소문은 빠르게 퍼졌다.[77]

8월 18일, 푸르크보는 나폴리와 시칠리아에서 차출한 5,000-6,000명의 에스파냐 병사와 7,000-8,000명의 이탈리아 병사 등 지중해 전선의 정예 병력으로 구성된 에스파냐의 지중해 군사력이 북부로 이동할 채비를 하고 있다는 사실을 알게 된다.[78] 알바 공작은 헨트에 나폴리 보병연대를, 리에주에 롬바르디아 보병연대를, 브뤼셀에 시칠리아 보병연대를 주둔시킨다는 원대한 계획을 수립했다.[79] 이는 직간접적으로 지중해의 무장해제를 의미했다. 노련하고 우수한 부대를 차출한다는 점에서 직접적이었고, 이동에 필요한 지출 측면에서 간접적이었다. 펠리페 2세가 참석한 가운데 국가참사회는 금화 300만이 필요하다는 이야기를 주고받았다.

이러한 전략은 유럽 북부에서의 신중한 행보를 의미했다. 프랑스의 프로테스탄트[80]가 같은 교파의 형제들을 지원할 준비를 하고 있는 데다가, 독일에서 오라녀 공과 그의 동생 로데베이크 폰 나사우[81]가 황제의 금지령에도 불구하고 군대를 일으키는 데에 성공하지 않았는가? 잉글랜드에 대해서도 신중할 필요가 있었다. 하나같이 위험한 상대였고, 에스파냐는 개인만이 아니라 당파들과 지배자도 경계했다.[82] 펠리페 2세와 그를 보위한 노련한 참사와 신하들은 남부에서 북부로 관심을 돌릴 수밖에 없었다.

8월의 소요 이후, 이상의 조치들은 한층 더 불가피한 것으로 인식되었다. 적과 아군, 심지어 알바 공작조차도(적어도 이 점에서만큼은 진심이었다) 에스파냐의 반격이 더딘 것에 놀라워했다.[83] 그는 국왕의 출발에 앞서 플랑드르로 먼저 떠날 예정이었다. 생-쉴피스가 이 사실을 알게 된 것은 9월

25일이었다.[84] 봉기의 핵심 가담자들—또는 적어도 가혹한 에스파냐의 지배에서 벗어나기를 열망했던 사람들—은 신중하게 위기에 처한 저지대 국가를 포기할 것을 고려했다. 일부는 위험을 무릅쓰고 프랑스로 피난길에 올랐다. 플랑드르 재세례파의 배 1척이 헨트와 안트베르펜을 출발하여 디에프로 향했다.[85]

게다가 이 시기에 네덜란드의 상황은 (비록 마르가리타의 전략 때문이라고 할지라도) 에스파냐 국왕에게 유리한 방향으로 전환되기 시작했다. 적어도 표면적으로는 그렇게 보였다. 1566년 11월 30일, 국왕은 "플랑드르의 상황이 분명히 호전되고 있다"고 확인하면서도, 실행 중인 조치들을 완화할 정도는 결코 아니라고 덧붙인다.[86]

사실 11월 30일이면 봉기가 발생한 지 수개월 후이다. 그러나 공간적인 거리는 차치하더라도, 수많은 임무를 수행해야 했던 에스파냐 정부가 이보다 더 신속하게 행동할 수 있었을까? 초봄에, "고이젠[Geuzen, 거지들 : 에스파냐의 지배에 저항한 네덜란드의 신교도 귀족]" 또는 당시 표현대로 "항의파(Remontrants)"의 준동에 경악하고, 8월, 성상 파괴에 나선 민중들의 봉기에 직면한 정부가 과연 즉각적인 반격에 나설 수 있었을까? 1566년 12월 초, 알바 공작은 푸르크보와 이야기를 나누면서 진심을 토로한 것으로 보인다. 에스파냐가 "네덜란드 백성들의 반란을 진압할" 수 없었던 것은 "기독교 세계와 그 이웃 국가들에 대한 투르크의 공세" 때문이었다고 말이다.[87] 지중해에서 투르크의 위험이 사라진 것은 8월 말에 이르러서이다. 그러니 8월 말 이전, 알바 공작의 원정군에서 주축을 이루고 있는 에스파냐 고참 병력을 차출할 수 있었겠는가?

반대로 네덜란드 사태로 인해서 펠리페 2세는 더 이상 지중해에서 마음대로 행동할 수 없었다. 이중의 부담, 이중의 고려 대상은 에스파냐 국왕이 전략적으로 망설일 수밖에 없었던 이유를 설명해준다. 교황은 이판과 저판을 번갈아가며 확실하고 효과적인 전략을 수립하라고 집요하게 제안했지만, 펠리페 2세는 이를 거듭 거절할 수밖에 없었다. 양쪽의 상황을 모두 고려해야 했던 그는 어느 한쪽으로 전력을 집중시키는 사치를 누릴 수 없었다.

피우스 5세는 먼저 펠리페 2세를 대(對) 투르크 동맹에 끌어들이려고 시도했다. 오랜 숙원이었던 이 동맹은 이탈리아 아드리아 해에서 피알리 파샤가 벌인 전쟁으로 인해서 1566년 여름 내내 논의의 대상이었다. 12월 23일 에스파냐 주재 교황 특사는 알레산드리노 추기경에게 알바 공작의 말을 전한다. "에스파냐의 국왕은 교황의 거룩한 열정과 남다른 의지를 칭송하며, 동맹 또는 연맹의 구상을 높이 사고 계십니다." 하지만 현재 상황에서 그러한 제안은 "무의미"하다. "왜냐하면 이 계획은 제후들의 세력이 온전하고 확실한 상태에서, 그리고 상호 신뢰를 바탕으로만 가능하기 때문입니다. 그런데 작금의 유럽은 분열되고 약화된 상태인 데다가 서로에 대한 의심이 팽배해 있습니다." 다른 한편 에스파냐 국왕에게 당장 "시급한 문제"는 플랑드르의 "백성들을 상대로 전쟁을 벌여야" 한다는 것이다.[88] 국제적인 전망을 설명하는 방식으로 불안한 징후와 위협을 강조하면서, 끝내 자신에게 요청된 제안을 거절하는 것, 이는 알바 공작이 늘 쓰던 방식이다. 하지만 오랜 기간 네덜란드와 지중해 사이에서 선택을 주저하고 있던 펠리페 2세의 생각도 이와 크게 다르지 않았던 것으로 보인다.[89]

쉽지 않은 선택이었을 것이다. 에스파냐는 투르크와의 전쟁을 거부할 수 없었으므로, 방어를 준비해야 했다. 그러나 방어와 공격은 전혀 다르다. 1566년 말, 에스파냐 정부는 지중해에서 간헐적으로 전개되던 전쟁 아닌 전쟁이 격화되는 것을 바라지 않았다. 에스파냐의 입장에서 반드시 필요한, 적어도 유리한 입지를 제공하던 유럽의 표면적인 평화가 깨지는 일은 더욱 바라는 바가 아니었다.

결국 펠리페 2세는 로마와의 관계를 위해서 화려한 동맹에 참여하기를 주저했다. 프로테스탄트 세력이 이를 순순히 받아들이지 않을 것이기 때문이다. 이 동맹은 거대한 교차로의 모든 관문을 열어젖힘으로써 네덜란드 문제를 악화시킬 것이 뻔했다. 독일, 잉글랜드, 프랑스(콜리니 제독과 콩데 공을 위시한 집단들)는 만반의 공격 태세를 갖추고 있었다. 그들이 기다리고 있는 것은 도발과 구실뿐이었다. 종교적 분쟁이 벌어지고 있는 네덜란드로 갈 수 없는 펠리페 2세의 고민은 여기에서 비롯된다. 피우스 5세는 공식적으로 이단에 대한 공격을 요청했지만, 소용이 없었다. 교황의 생각이 무엇이건 간에, 펠리페 2세는 현 상황에서 단지 백성을 복종시키고 절대적인 군주권을 행사하는 지배자로 비쳐지기를 바랄 뿐이다. 12월 9일,[90] 알바 공작이 푸르크보에게 설명한 대로, 관건은 "불온한 백성들을 복종시키는 것"이었다. "이는 더 이상 종교적인 문제가 아닙니다. 백성들이 전하를 모독하고 있다는 것, 전하의 권위와 명령을 조롱하고 경멸한다는 것이 문제입니다. 나라를 다스리고 안녕을 추구하는 군주라면 현재의 상황을 결코 용납하지 않을 것입니다."

명확한 논지이지만 그리 설득력이 있는 것은 아니다. 알바 공작이 "상당한" 규모라고 평가한 에스파냐의 대규모 준비 상황은 유럽 전역을 동요시켰다. 플랑드르 원정을 구실로 프랑스를 공격하는 것은 아닐까? 푸르크보는 그렇게 생각했다.[91] 플로리다에서 프랑스 식민자들을 학살한 에스파냐인들에 대한 반감이 팽배해 있던 (게다가 프로테스탄트들은 의도적으로 이를 부채질했다) 프랑스도 같은 생각을 하고 있었다. 과도한 친절로 위장하기는 했지만 엘리자베스의 우려도 다르지 않았다. 10월에 이르러 엘리자베스는 대 투르크 전투에서 거둔 황제의 승리에 대한 공식 축사를 발표했다.[92] 그러나 의심 많은 런던 주재 에스파냐 대사 G. 데 실바는 크게 한숨을 쉰다. "제발 진심이기를!" 12월 10일, 펠리페 2세가 이탈리아를 거쳐 플랑드르로 향할 것이라는 소식을 접한 엘리자베스는, 바다를 통해서 이동했다면 기꺼이 손님을 맞이했을 것이라며 공개적으로 아쉬움을 표명했다.[93] 대군을 이끌고 올 것인데도? 여왕은 배은망덕한 백성들에 대한 응분의 대가라며, 강력한 어조로 지지를 표명했다.[94] 하지만 누구도 여왕의 선언을 곧이곧대로

194

받아들이지 않는다. 실제로 그녀는 얼마 후 황제와 교황 그리고 에스파냐 국왕이 반(反) 프로테스탄트 동맹을 체결할지도 모른다며 우려를 표명한다. 베네치아 역시 에스파냐 군대의 이동 경로를 걱정하면서 베르가모에 방어 태세를 갖추도록 명령했다.[95] 독일의 경우, 정치적으로나 종교적으로나 우려할 만한 여러 이유들이 있었다. 1567년 5월, 알바 공작이 도착하기 전부터[96] 예비 조치가 취해졌다. 작센 선제후와 뷔르템베르크 공작, 브란덴부르크 총독, 헤센 영주는 칼뱅파의 반란에 동참하지 않은 루터파의 신변보호를 요청하기 위해서 네덜란드에 대사를 파견했다.

그러나 1566년, 갑작스런 에스파냐의 전략적 외연 확대를 지금 여기에서 고찰할 필요는 없을 것이다. 연구가 필요하다면 이는 당연히 유럽의 테두리 내에서 살펴보아야 하며, 종교적 열정이 고조되고 교파 간의 충돌이 심화되던 16세기의 상황을 고려해야 할 것이다. 고조된 종교적 열정이야말로 모든 것의 원인이었다. 네덜란드에서의 전쟁은 펠리페 2세의 고집이나 실수, 그의 무분별함과 몰이해에 앞서 먼저, 종교적 열정에서 비롯된 것이다.

1567-1568년. 네덜란드가 끼친 영향

1567년과 1568년, 지중해는 더 이상 에스파냐의 주 활동무대가 아니었다. 에스파냐의 관심은 다른 곳으로 쏠렸고 지중해 전역이 암묵적인 무장해제 상태에 돌입했다. 에스파냐의 입장을 설명하기는 어렵지 않다. 자금과 군사력이 지중해가 아닌 다른 지역으로 쏠려 있었다. 오스만 제국의 경우는 명확하지 않다. 확실히 페르시아 방면에 문제가 발생했지만,[97] 이는 콘스탄티노플발 보고서들이 전하는 것만큼 심각하지는 않았다. 여전히 진행 중이던 헝가리 전쟁이 부담스럽기는 했지만, 1567년에도 계속된 이 전쟁은 여름에 접어들었음에도 불구하고 격화되지 않았다(유일한 접전은 투르크가 아니라 타타르인들이 오스트리아 국경에서 벌인 습격이었고, 이 공격으로 9만 명의 기독교도가 포로가 되었다). 1567년부터 진행된 협상 끝에 이듬해

2월 17일, 8년의 휴전협정이 체결되면서 전쟁은 종결되었다.[98] 알바니아에서 곤란한 문제가 발생했던 것은 사실이다.[99] 하지만 이는 하루 이틀 된 문제도 아니고 그리 중요한 사안도 아니었다. 이집트와 홍해의 문제[100]는 적어도 1569년까지는 제국의 핵심적인 사안이 아니었다. 그렇다면 투르크가 신중한 모습을 보인 것은 1566년 헝가리 원정에서 입은 막대한 손실 때문이거나 전쟁에 별 관심이 없던 셀림 2세가 즉위했기 때문일까? 당대인들은 그렇게 생각했고,[101] 이후의 역사가들도 마찬가지이다. 어쩌면 사실일지 모른다. 그러나 G. 하르틀라우프의 표현에 따르면, 술레이만의 "어울리지 않는 후계자,"[102] 랑케의 표현을 빌리면 가장 "나태한 술탄"[103]인 셀림 뒤에는 성실한 대재상 메흐메트 소콜루가 버티고 있었다. 그는 경이로운 인물이고 술레이만의 위대한 시대를 상징하는 존재였다. 별다른 사건 없이 지나간 이 두 해 동안 혹시 베네치아를 공격해서 미리 고립시키려는 은밀한 의도가 있었던 것은 아닐까? 실제로 1567년 가을에 작성된 여러 보고서에 따르면, 키프로스 섬 정면에 위치한 카라마니아에 요새가 건설되고 내륙에는 도로망이 만들어지고 있었다. 사람들은 벌써 섬에 대한 공격이 있을 것이라고 결론지었다. 그렇다면 1568년에 셀림과 그의 신하들이 황제와 휴전협정을 체결한 것은 베네치아를 공격할 여유를 확보하기 위해서였을까?

투르크에 극심한 흉작이 연이어 발생했던 것은 확실하다. 1566년 2월에 베네치아는 펠리페 2세에게 밀을 요청했다. 사소한 사실이지만, 이는 동부 지역이 처한 곤경을 짐작할 수 있는 날짜이다.[104] "믿을 만한" 보고서에 따르면, 4월에 이집트와 시리아에서 아사자들이 속출했다.[105] 아랍 세계에서 벌어진 혼란은 이러한 경제적 곤란 때문이었을까? 게다가 1566년 지중해 동쪽 연안, 그리스 전역, 그리고 콘스탄티노플에서 알바니아에 이르기까지 여름 수확이 유난히 좋지 않았다.[106] 1567년 역시 힘든 한 해였다. 이는 놀랄 일이 아니다. 아에도는 1567년의 수확이 사태를 해결할 정도는 아니었기 때문에 이듬해인 1568년까지 대기근이 계속되었다고 보고한다.[107] 나폴리 부왕의 사절은 11월에 콘스탄티노플의 빵 가격이 끔찍한 수준으로 상승했다고 보고한다.[108] 동시에 빈곤의 반려자인 전염병이 창궐했다.[109] 1568년 3월 황제와의 휴전협정 체결을 알린 한 보고서에 따르면, 휴전이 체결된 것은 "무어인의 폭동과 생필품, 특히 보리 가격의 폭등 때문"이었다.[110] 그렇다면 1567년의 수확 역시 그리 좋지 않았다고 판단할 수 있으리라. 낙관적인 평가가 공식적으로 제기되기 시작한 것은 1568년 이후이다. 한 서신에 따르면, "보리의 부족에도 불구하고 콘스탄티노플의 위생 상태가 개선되고 물자가 풍부해졌다."[111] 1567-1568년 지중해 서쪽에서도 식량 상황은 그리 좋지 않았다.[112]

어쨌든 투르크와 에스파냐 양측에게 이 기간은 서로에 대한 탐색의 시간이었다. 행동에 나서지는 않은 채, 서로를 겁줄 만한 거짓 소문만 퍼뜨렸다. 에스파냐는 투르크 함대가 라 굴레트나 몰타, 라구사와 풀리아, 키프로스 섬, 코르푸 섬으로 진격할 것이라고 생각했고,[113] 투르크는 트리폴리,[114] 튀니스 또는 알제에 대한 습격[115]을 염려했다. 결국 모두 일시적인 우려에 불과했다. 교전국들의 첩보활동은 상당한 수준이어서 이러한 그림자 전쟁, 또는 신경전은 상대를 오래 기만할 수 없었다. 하지만 그것은 적으로 하여금 예비 조치를 취하게 하기에 충분했고, 이는 지중해 전체에 영향을 미쳤다.

그리하여 1567년에도 익숙한 시나리오가 전개된다. 5월 나폴리 부왕은 전 해군에 경계태세를 내리고 전략적 요충지를 차지하라는 명령을 내린다.[116] 한편 풀리아와 시칠리아는 관례적인 하계 전투태세에 돌입한다.[117] 투르크는 1568년 함대를 출격시켰다. 순전히 방어적인 조치였는데, 함대는 발로나에 닿기 전에 회항했다.[118] 그러나 대략 갤리 선 100여 척의 접근만으로도 이탈리아 동쪽 해안에 경계경보가 울리기에는 충분했다.

다른 장소에서 정말로 강력한 무장이 요청되던 때에, 이러한 고비용의 예방 조치를 취하는 것에 대해서 펠리페 2세는 어떻게 생각했을까? 쓸데없는 낭비라고 생각했을까? 어쨌든 당시 에스파냐에서는 투르크와 휴전안이

다시 제기되었고, 병사들의 사기와 정복의 열정이 가라앉자 외교전이 재개되었다. 에스파냐의 정치적 기회주의와 근시안을 강조하는 시각도 틀린 것은 아니다. 에스파냐는 적어도 4차례(1558-1559; 1563-1564; 1567; 1575-1581) 유사한 모습을 보여주었다. 아마 우리가 알지 못하는 유사한 상황들이 더 있었을 것이다. 이는 에스파냐의 정치력에 대한 역사적 평가와는 전혀 다른 모습이다.

다시 한번 말하지만 이는 눈에 띨 정도로 공식적인 뒷거래가 결코 아니다. 펠리페 2세는 이 시기에 로마로부터 귀중한 대 투르크 전쟁 보조금을 계속 받고 있었다. 협상이 실패하더라도 평판을 잃을 수는 없는 노릇이었다. 1567년 1월, 에스파냐 정보원인 가르시 에르난데스는 화가 티치아노를 통해서 베네치아에 잠시 머물고 있던 투르크 대사를 소개받았다.[119] 이 투르크 대사는 술탄이 황제의 휴전 요구를 수용할 것이며, 에스파냐 국왕도 이 조약에 전면적으로 참여할 수 있을 것이라고 주장했다. 그는 알바로 데 산데의 석방에 필요한 몸값 중에 아직 미지급된 금액에 관하여 생각지도 못한 문제들을 시시콜콜 나열하면서, 콘스탄티노플에서 자신이 직접 이 문제에 대해서 황제에게 보고했지만 대답을 듣지 못했다고 전한다. 심지어 그는 1566년에 미카엘 체르노비치가 어설프게 나서지만 않았더라도 자신이 문제를 해결했을 것이며, "전하께서도 필시 알고 계실 것이지만" 이 시기 에스파냐 국왕이 휴전 계획에 참여하고 있었다고 이야기했다. 술탄의 통역관이자 알뱅 베이라는 이름으로 불린 이 대사는 추가적인 활동을 제안했고, 이를 위해서 페라의 상인 도메니고 데 카야노를 연락책으로 소개했다. 단역 배우들이 출연한 사소한 에피소드이지만, 이는 또다른 사건, 또다른 인물들과 연결될 것이다. 1567년 5월, 파리에서는[120] 프란세스 데 알바가 유대인 미카스의 요구사항을 논의하기 위해서 프랑스에 파견된 투르크 특사와 연락을 주고받고 있었다. 미카스는 셀림 2세의 총애를 받으며 낙소스 공작이라는 칭호를 받은 매우 영향력 있는 인물이다. 그는 콘스탄티노플의 푸거 가문쯤 되는 자였다. 이 범상치 않은 인물에 대해서는 이미 언급한 바 있다. 투르크 정보원은 미카스의 이름을 대며 이해관계를 설명하고 에스파냐를 돕겠다고 제의하면서, 에스파냐 국왕과 술탄의 휴전협정을 이끌어내는 데에 그의 명성을 이용하라고 조언했다. 정보원은 루이 고메스가 이 문제에 대해서 속속들이 알고 있을 것이라고 덧붙인다. 모든 소문은 결국 새어나가게 마련이고, 이 날, 마드리드에서 푸르크보는 "에스파냐 국왕과의 휴전 중재"[121]를 요청하기 위해서 술탄이 프랑스 국왕에게 수석 통역관을 급파했을 수도 있다는 특이한 소문을 기록한다.

이렇듯 여러 투르크인들이 에스파냐 국왕에게 조력을 제안한 것—물론 이는 공짜가 아니지만—은 이들이 푸르크보 만큼이나 국왕의 의중을 거의 파악하고 있었기 때문이다. 펠리페 2세는 이미 협상에 돌입한 상태였다. 에스파냐 대사 샹토네는 은밀히 휴전을 요청하라는 분명한 지령을 받고 빈으로 출발했다. 1567년 5월 23일, 샹토네는 황제가 술레이만 시절에 페르디난트 황제의 대사로 활동했던 아그리아 주교를 투르크와의 협상을 위해서 콘스탄티노플로 파견했다는 사실을 국왕에게 알린다. 샹토네는 펠리페 2세가 자신에게 맡긴 문서의 사본을 황제에게 전달했는데, 여기에는 "투르크와의 협상에 동의하는" 조건들이 명시되어 있었다. 물론 이 일은 펠리페가 아니라 황제가 계획한 것으로 공표될 것이다.[122] 얼마 후 펠리페 2세는 자신의 임무를 훌륭히 완수한 대사를 치하했다.[123]

따라서 이 해 12월, 황제의 대사들은 임무를 수행하고 맡은 일, 즉 휴전 조약의 체결을 진척시키고자 했다. 이들은 보안유지를 위해서 메흐메트 소콜루와 크로아티아어로 대화하면서 에스파냐 국왕을 이 휴전협정에 참가시키자고 제안했다.[124] 그러나 대재상의 반응은 여전히 냉랭했다. 펠리페 2세가 휴전을 원한다면 왜 대사를 파견하지 않았는가? 하지만 협상은 계속되었고 탐욕스런 요세프 미카스의 수완에 맡겨지게 되었다.[125] 1568년 6월, 샹토네는 휴전 직후 빈에 도착한 한 투르크 대사가 자신의 숙소로 방문하기를 원했지만 이를 거부했다는 내용의 편지를 펠리페 2세에게 보냈다.[126] 7월 18일[127]에 펠리페 2세는 대사의 행동을 지지하면서 확고한 자세로 협상에 임하라고 답신을 보냈다. 협상은 계속되었지만, 우리는 모든 과정을 다 알 수도, 또 왜 협상이 결렬되었는지도 정확히 알지 못한다.

확실히 펠리페 2세는 협상에 필요한 대가를 지불할 생각이 없었다. 지중해에서의 전투가 전면 중단되면서 지출도 지속적인 근심거리도 사라졌을 것이다. 게다가 이 "전투"는 사실상 전혀 위협적이지 않았다. 실제로 전투가 벌어졌어도, 에스파냐 해군은 기습에 대한 만반의 방어태세를 갖추고 있었다. 펠리페 2세는 에스파냐에 70척의 갤리 선을 보유하고 있었고, 푸르크보에 따르면, 바르셀로나에서 100척의 갤리 선을 건조하고 있었으며,[128] 여기에 상당한 규모의 이탈리아 함대 병력을 투입할 수 있었다. 투르크 대함대를 직접 공격하는 것은 힘들더라도, 적 함대가 제멋대로 활동하는 것은 막을 수 있는 규모였다. 이 정도의 병력이라면 해적들의 갤리오트 선과 푸스타 선을 억제하는 것도 가능했다. 1567년과 1568년, 에스파냐 함대는 안심하고 해협의 모든 해적들,[129] 특히 1566년에 대담하게 세비야 인근까지 북상해서 안달루시아 연안을 위협하던 알제 해적들을 소탕했다.[130]

연해를 안정시킨 에스파냐는 플랑드르행 병력을 집결시키는 데에 지중해 해상로를 이용할 수 있었다.[131] 1567년 훨씬 이전부터 시작된 이 움직임으로 인해서 그해 초에 일련의 항해 활동이 일어났다. 1월에는 나폴리 보병대가 승선했다.[132] 얼마 후에는 에스파냐의 고참 정예 부대가 밀라노에 집결했고,[133] 숙영지 주인들을 괴롭히면서 큰 혼란을 일으켰다. 병력을 이끌고 유럽을 왕래하는 일은 외교적으로 중요한 사안이었다. 에스파냐는 불안을 야기하기를 원하지 않았고, 미리 곳곳에 정식 통행증을 확보하고자 했다. 당연히 통행증을 거부하는 경우가 발생했고—프랑스 국왕이 가장 먼저 거부했다[134]—거의 모든 곳에서 이러한 요구를 탐탁지 않게 생각했다.[135]

여기에 보급 문제[136]와 해상 운송에 따른 문제들[137]이 추가적으로 발생했다. 수송선을 수소문해야 했고, 항해 부적기에는 사고가 잇달았다. 2월 9일, 말라가에서는 무기와 식량, 대포를 실은 29척의 배가 선체 측면에 충격을 받고 침몰했다……[138] 푸르크보의 말대로라면,[139] 투르크의 동태를 주시하면서 장시간 대기 중이던 알바 공작은 4월 27일[140] 카르타헤나에서 "신병" 부대를 이끌고 승선했다. 8월 초,[141] 그는 제노바에서 열렬한 환영을 받았다. 그러나 지나치게 세심한 배려와 하소연, 특히 1567년 1월 17일[142] 삼피에로 코르소의 암살 이후에도 평화를 되찾지 못하고[143] 프랑스의 지속적인 간섭[144]에 시달리던 코르시카에 관한 진정을 듣다가 지쳐버렸다.

일부 역사가들은 에스파냐의 전쟁 준비 속도가 너무 느리다고 판단했다. 그러나 이는 당시 진행된 인력 이동(정규군 외에 시종들, 병사들의 부인들, 매춘부도 포함시켜야 할 것이다. 이들만으로도 여러 대대가 조직될 정도이다)과 화물 운송의 규모를 제대로 판단하지 못했기 때문이다. 필수품인 비스킷과 쌀 또는 강낭콩 자루 등의 물자 운송에 적합한 대형 라운드쉽을 수없이 동원해야 했다. 이는 16세기가 경험해본 적 없는 가장 큰 규모의 군대 수송 작전이었다. 수송 경로의 한쪽 끝인 안달루시아에서 징집사관의 북소리가 여전히 울리고 있는 가운데, 반대편 대륙에서는 오랜 항해를 마친 에스파냐 선발대가 상륙하여 육로를 통해서 이베리아 반도로부터 저 멀리 떨어져 있는 네덜란드로 행군하고 있었다. 그러나 에스파냐 왕조의 이해관계 중심지를 벗어난, 저 먼 곳에서 싸움을 벌이는 것은 어리석은 짓이 아니었을까?

1567년 5월, 에스파냐로서는 마지막 망설임의 시간이다. 이즈음 알바 공작은 이탈리아 연안을 향해 항해하고 있었다. 토스카나 정보원 노빌리가 남긴 5월 12일자 기록에 따르면, "출항 후, 참사회 나리들은 플랑드르 사태가 전하에게 유리한 방향으로 흐르는 것을 보면서, 공작이 플랑드르로 넘어가야만 했는지, 아니면 알제나 트리폴리에서 작전을 수행하는 것이 더 적절한 것은 아닌지에 대해서 수차례 토론을 벌였다."[145] 토론의 결과는 반으로 갈렸다. 8명 중 4명이 알바 공작의 복귀를, 다른 4명은 항해의 지속을 주장했다. 노빌리는 "후자의 견해가 우세한 것으로 보인다"고 덧붙인다. 달리 여지가 없었을 것이다. 이미 굴러가고 있는 대규모 전쟁 기구를 루이 고메스와 (아마도 알바 공작이 멀리 떠나는 것을 반겼을) 그의 동료들이 중단시킬 수 있었을까? 하지만 이는 에스파냐 정부가 이번 사건으로 인해서 내부적인 동요를 겪었음을 확인할 수 있는 장면이다.

네덜란드가 평화적인 해결책, 가령 금전적인 대가를 조건으로 신앙의 자유를 원했다면,[146] 그들이 기대를 걸 수 있는 인물은 루이 고메스였을 것이다. 1567년 1월, 마드리드에서는 알바 공작이 아니라 루이 고메스가 출발하여, "네덜란드 전체가 바라는 대로"[147] 무력을 사용하지 않고 사태를 진정시키기 위해서 나설 것이라는 소문이 돌았다. 루이 고메스와 그의 일파 그리고 네덜란드의 대귀족 사이의 오랜 관계는 1559년에 확인된 바 있다. 6년이 지났음에도 관계가 여전히 유효했던 것일까? 알바 공작은 무력 개입을 지지하던 인물이다. 교황 특사의 판단대로라면,[148] 루이 고메스는 대 투르크 동맹에 대해서 호의적이었다. 이 두 라이벌은 3월에 공식적으로, 게다가 공개적으로 합의에 도달했다. 푸르크보가 알바 공작에 대한 불만을 늘어놓을 때 그 회담 상대인 루이 고메스는 애써 유감어린 표정을 지어가며 예의를 차렸다.[149] 그는 푸르크보의 속셈에 놀아나는 것을 거부할 수 있었다. 그러나 두 파벌은 이후에도 크고 작은 문제로 계속 충돌했다.

그럼에도 불구하고 국왕이 이러한 갈등을 용인한 것은 이들의 대립을 통제할 수 있었기 때문이다. 1567년 3월, 국왕은 누구의 의견도 묻지 않은 채, 공석인 기사령과 성직록을 분배했고, "이 점에 대해서 [파벌의 우두머리들은] 몹시 굴욕스러워했다." 이와 같은 결정을 통해서 알 수 있는 것은 펠리페 2세가 여전히 에스파냐의 정치를 장악했다는 사실이다.[150]

어쨌든 1567년 에스파냐 제국은 플랑드르 문제에 골몰했고, 이때 동원된 병력은 수개월 동안 이웃 국가들을 불안에 떨게 했다.[151] 9월, 모 사건[콩데 공작이 샤를 9세를 납치한 사건]이 발생하면서 프랑스 내전이 재개되었다. 내전은 11월 10일,[152] 생 드니 전투에서 절정에 달했다가 이후 차츰 진정되었다. 콩데 공작은 롱쥐모 화약(1568년 3월 23일)을 체결하면서 프로테스탄트 귀족을 위해서 자신을 따르던 사람들 대다수의 이해관계를 희생시킨 것으로 보인다.[153] 그러나 화약의 체결로 펠리페 2세는 네덜란드에서 행동의 자유를 확보할 수 있었다.[154] 이미 프랑스 내전으로 인해서 에스파냐의 연락체계는 큰 장애물에 부딪혔다. 우편물은 산 세바스티안과 바르셀로나 두 곳을 기점으로 지중해와 대서양을 통해서 운송되었고, 속도는 절망적일 정도로 느렸다.[155] 독일의 프로테스탄트 세력은 두려움에 동요했다. 흐로닝언 주의 봉기는 이를 확신시켜준다.[156] 잉글랜드에서 엘리자베스는 기회를 엿보며 표정을 관리하고 있었지만, 때로 불만을 토로하기도 했다. 예를 들면 1567년 6월, 세실 경은 구스만 데 실바에게 반 프로테스탄트 동맹의 결성과 스코틀랜드 여왕 지원계획에 대한 소문이 돌고 있다고 항의했다. 이 계획을 추진하기 위해서 황제가 투르크와 불리한 휴전조약—추밀원 구성원들을 분노하게 했다—을 체결했다는 사실은 음모의 명백한 증거로 간주되었다.[157] 결국 잉글랜드는 막 손에 넣은 무기를 사용했다. 대서양에서 잉글랜드 사략선과 에스파냐 함선 사이에 진짜 전쟁이 시작된 것이다.

에스파냐 외교계가 판단한 것만큼 그리 대단하지는 않았겠지만, 저 먼 유럽 북부에서는 펠리페 2세의 파병군에 대한 대응 준비가 은밀히 진행되고 있었다. 장거리 병력 이동을 위해서는 많은 비용이 필요했다. 탈영이 시작되고 대열에 균열이 생기자, 공백을 메우기 위해서 안달루시아와 그밖의 장소에서 징집의 북소리를 다시 울렸다. 이는 추가적인 비용 지출과 심각한 작전 지연을 의미했다. 게다가 해상 엄호를 받지 못한 대규모 플랑드르 원정군은 해상 공격, 특히 비스케이 만에서 사브라 선의 공격에 완전히 노출되었다. 이는 대서양 항로의 상실을 의미했다.

적어도 한동안은 대규모 함대가 조직될 것이라는 예상이 지배적이었다.

네덜란드로 떠나겠다고 선언하면서 다른 한편 제노바를 통과하는 길을 포기한 펠리페 2세는 칸타브리아 연안의 산탄데르에서 눈에 띌 정도로 요란한 준비 작업을 지시했다. 때마침 메넨데스 다빌레스가 플로리다에서 귀환했다. 아마 국왕의 함대를 지휘하기 위해서였을 것이다. 그런데 갑자기 모든 명령이 취소되었다. 오늘까지도 역사가들은 이것이 "카스티야인"의 술책, 즉 유럽을 기만하고 카스티야 신분의회에 자금을 요구하기 위한 낡은 수법이 아니었는지 의심한다. 알바 공작의 파견 이유를 가능한 한 오래도록 은폐하기 위해서였는지도 모른다.[158] 이는 가장 그럴듯한 설명이다. 어쨌든 이번에도 국왕의 속내에 대해서는 알려진 것이 정말 아무것도 없다. 확실히 펠리페 2세는 자기 속내를 드러내 보이는 인물은 아니다. 궁정 내부에서도 당황하지 않은 사람이 없을 정도였다. 푸르크보는 자신이 아는 바가 전혀 없다는 사실에 대해서, "국왕은 가능한 한 마지막까지 자신의 의도를 숨기고 있기 때문에" 최측근의 참사조차 "현재로서는 아는 바가 없다"고 변명한다.[159] 펠리페 2세의 이동계획이 속임수였는지 아니었는지는 결코 밝혀지지 않을 것이다. 어쨌든 이 문제는 1567년과 1568년의 가장 중요한 정치적 논쟁거리 중 하나였다. 프랑스에서도 이는 카트린 드 메디시스가 불로뉴에서 회담을 개최할 것을 고려할 정도로 중요한 문제였다.[160] 그러나 펠리페 2세의 본심에 대한 공식적인 기록은 존재하지 않는다. 확실한 것은 그가 함대를 이끌고 나타난다면, 이는 사건의 추이에 결정적인 역할을 했으리라는 점이다. 하지만 아무리 국왕의 승리가 중요하더라도, 알바 공작이 8월에 브뤼셀에 도착해서 네덜란드에 대한 임무를 재개한 마당에,[161] 펠리페 2세가 "초겨울"의 날씨를 무릅쓰고 북부 여행에 나설 필요가 있었을까? 적어도 1568년 봄까지 국왕은 "플랑드르의 상황이 매우 안정적"이라는 보고를 받았다.[162] 또다른 이유로는 1568년에 벌어진 카를로스 왕재[펠리페 2세의 장남]의 비극이 있다. 이 비극은 왜곡된 전설보다 더 가혹하고 극적이었다.[163] 1월에 장남은 유폐되었고, 7월 24일에 세상을 떠났다. 과연 아비가 떠날 수 있었을까?[164]

사실 이것은 그리 중요한 사실이 아니다. 네덜란드에서 에스파냐의 전략이 비극으로 끝난 이유는 펠리페 2세가 행차하지 않았기 때문이 아니라―이러한 견해에 대해서 L. 판들은 국왕의 영향력을 과대평가한 것이라고 본다[165]―알바 공작이 제안한 계획대로 그가 네덜란드로 파견되었다는 데에 있다.

2. 그라나다 전쟁의 전환점

1568년 말―공교롭게도 한겨울이다―그리고 1569년까지도 지중해 주변에서, 때로 근해에서 때로 먼 바다에서 전쟁이 연이어 일어난다. 상당 기간 동안 지속된 전쟁의 뜨거운 불길은 점점 더 비극적인 상황을 보여준다.

전쟁의 확산

지중해에서 멀리 떨어진 네덜란드에서 일어난 전쟁은 이제 소요사태를 넘어 진짜 전쟁으로 발전하기 시작했다. 에스파냐가 개입하면서 전 지중해 세계가 영향을 받았다. 1567년 8월에 도착한 알바 공작은 공포정치를 실시했고, 모두가 한동안 숨을 죽였다. 그러나 1568년 4월에 투쟁이 개시되었다. 초기에 빌리에르와 로데베이크 폰 나사우의 공격이 있었지만 큰 전과가 있지는 않았다.[166] 7월에는 빌럼 오라녀가 대규모 공습을 시도했지만, 이역시 11월 피카르디 국경 부근에서 허무하게 끝나버렸다.[167]

그러나 알바 공작이 지상전에서 승리했을지 몰라도, 해상에서는 오랫동안(적어도 1572년 4월, 브리엘의 봉기 이전까지는) 부진을 면치 못했다. 1568년 대서양에서 에스파냐와 프로테스탄트 세력이 대결하기 시작했다.[168] 전쟁은 잉글랜드와 에스파냐의 총성 없는 경제전으로 변질되었다. 양측 모두 타격을 입었다. 잉글랜드에서는 양모 처리에 필요한 에스파냐산

기름의 정상적인 보급이 중단되었다.[169] 이러한 조치로 인해서 야기된 결과이지만, 에스파냐에서는 은 운송로가 차단되고, 은을 실은 사브라 선들이 비스케이 만에서 나포되었다. 알바 공작은 당시 영불해협과 대서양 전투가 가져올 결과를 예감하지 못했다. 앞날의 징후를 감지하지 못하는 정치가처럼, 그는 독일과 프랑스만큼이나 잉글랜드가 네덜란드 문제에 위협 요소가 될 수 있다는 점을 이해하지 못했다.

위험을 감지하고 이를 언급한 사람들이 있었다. 이단에 대한 강력한 공세를 준비하고 있던 피우스 5세(그는 1569년 2월 엘리자베스를 파문한 바 있다)는 1568년 7월 8일자 편지에서 잉글랜드를 공격할 절호의 기회라고 강력히 주장했다.[170] 섬나라에서 메리 스튜어트와 북부 귀족들의 음모에 연루되어 있던 게라우 데 스페스 대사는 적극적으로 음모에 가담했고, 낙관론에 휩싸인 채 에스파냐 전략의 작은 부속품이 되어 전체를 보지 못하고 있었다. 하지만 1569년 그가 스코틀랜드나 아일랜드,[171] 그리고 무르익고 있던 북부 가톨릭 대귀족들의 반란이라는 패를 쥐고서 잉글랜드와 다시 한번 결정적인 한 판을 벌일 수 있으리라고 생각했다면, 전혀 틀린 생각은 아니었을 것이다. 펠리페 2세는 이 계획에 동조했지만, 알바 공작은 예산 부족과 유럽의 상황을 이유로 반대하면서 국왕을 설득하는 데에 성공했다. 이 가짜 위인은 사실 소인배였고 당장 눈앞에 보이는 것만 공격할 줄 알았던 근시안적인 정치가였다. 그가 내린 총사면령은 너무 뒤늦은 조치였다. 결국 스코틀랜드 여왕은 잉글랜드로 망명했고 스코틀랜드는 프로테스탄트 국가가 되고 말았다. 그는 북부의 귀족들이 봉기를 일으키는 것을 속수무책으로 지켜보았고,[172] 엘리자베스는 궁극적으로 큰돈을 들이지 않고서 반란을 빠르게 진압했다. 끝으로 알바 공작은 불안한 잉글랜드를 공격하기는커녕, 결코 유리한 입장이 아니었음에도 불구하고 협상이나 술책에 의존하려고 했다. 1569년, 먼 거리와 상황으로 인해서 사태를 책임졌던 것은 에스파냐 국왕이 아니라 신중한 알바 공작이었다. 그는 공포정치에 떨던 좁은 땅덩어리 너머에서 장차 수년간 지속될 전운이 드리우고 있음을 알아차리지 못했다.

프랑스에서는 롱쥐모 화약으로 인한 짧은 평화 시기가 끝난 후, 1568년 8월에 콜리니와 콩데 공작이 루아르 방면으로 탈출하면서,[173] 제3차 종교전쟁이 시작되었다. 이 사건은 의심의 여지없이 플랑드르에서 에스파냐의 동태와 연관되어 있었다. 그러나 위그노 지도자들이 남부로 퇴각하자마자, 지중해 전쟁이 시작되었다. 지중해에서는 7월 내내 롱쥐모 화약으로 일자리를 잃은 난폭한 독일 "기병"이 프로테스탄트의 지원을 받으며 이탈리아로 남하할지도 모른다는 불안감이 확산되었다.[174] 에스파냐는 이 가능성에 대해서 회의적이었고, 프랑스에서 내전이 재개되자 아예 없었던 이야기가 되어버렸다. 제3차 내전은 격렬하고 참혹했지만 지중해에 미친 영향은 미미했다. 이 전쟁이 지중해와 연관된 것은 자르나크와 몽콩투르 사건[콜리니 제독이 이끄는 프로테스탄트 군대가 앙주 공작의 가톨릭 군에게 격파된 1569년의 사건으로 콩데 공작은 자르나크에서 사망했다] 이후 "앞장서서 퇴각(déroute en avant)"하던 프랑스 제독이 1570년 봄부터 가론 강 계곡, 프랑스의 지중해 연안 지대 그리고 론 강 계곡을 장악했던 시기뿐이다.[175] 1569년 여름, 제독의 기옌 장악[176] 소식에 에스파냐는 다시 긴장했다. 이때 프랑스 가톨릭 세력은 자신들이 플랑드르 측면에서 지원했던 것처럼 에스파냐가 피레네 측면에서 지원해주기를 요청했다.[177] 전세는 가톨릭 세력에게 명백히 유리했기 때문에 지원은 불필요했다. 프란세스 데 알라바가 언급한 것처럼 프로테스탄트 세력, 특히 콜리니 제독과의 문제가 힘들이지 않고 해결된다면 그것으로 충분하지 않겠냐고 생각했던 것일까? 에스파냐 대사는 몽모랑시나 모르빌리에, 리모주, 랑사크, 비에유빌 같은 국왕의 참사들에게 책임을 돌린다.[178] 마치 용기나 거리 문제는 중요하지 않고, 프랑스의 사냥감에게 외국 프로테스탄트 세력의 강력한 지원 따위는 없다는 듯이 말이다.

유럽은 전쟁터가 되었다. 그러나 동방도 마찬가지이다. 지중해 연안 저 멀리, 흑해 입구로부터 홍해 하구에 이르는 광대한 투르크 국경선에서도 전쟁이 일어났다. 변경에서 벌어진 대규모 전쟁으로 인해서 1569년에 셀림과 그의 함대의 지중해 해상 활동은 위축되었다. 결국 이 전쟁은 아시아, 특히 중앙 아시아와 인도 그리고 거대한 상업 중심지인 인도양을 무대로 벌어진 투르크와 페르시아의 우회적인 충돌이라는 다소 기묘한 성격을 띠게 되었다.

첫 번째 전장은 현재의 러시아 남부 지역이었다. 투르크는 크림 반도의 타타르인과 협정을 맺고, 토목공사에 징집된 다수의 루마니아 농민들을 동원하여 1551년과 1556년, 러시아가 장악한 카잔과 아스트라한의 수복을 시도했다.[179] 유럽 정보원들이 제공한 수치를 곧이곧대로 믿을 수는 없지만, 전장의 규모를 고려해보건대 막대한 병력과 대규모 수송수단, 식량과 무기가 작전 본부인 아조프에 집결되었다고 판단할 수 있다.

이 원정은 (자신의 정당성을 알리기 위해서 작성된 투르크의 공식 외교 문건이 제시한 바대로) 단순히 투르크의 봉신인 러시아로부터 부당한 공격을 받은 크림 반도의 칸을 지원하기 위해서 모스크바 공국을 벌주려는 것이었을까? 사실 16세기에 투르크와 러시아는 유목민들의 약탈행위로 골머리를 앓고 있었기 때문에, 이 완충국에 대해서 서로 같은 입장을 취할 수도 있었을 것이다.[180] 한편 투르크가 중앙 아시아로의 진출 통로를 확보하려는 원대한 의도를 품고 있었다고는 생각하기 힘들다. 그렇다면 이 군사작전은 단순히 저 멀리 페르시아를 견제하기 위함일 것이다. 투르크는 돈 강과 볼가 강을 연결하는 운하 건설을 계획했고, 이를 통해서 카스피 해와 흑해를 연결하여 갤리 선이 페르시아 내륙까지 진출할 수 있는 길을 열고자 했다. 사파비 왕조는 명백한 위험을 감지했다.[181] 어떤 조건이 제시되었는지는 알 수 없지만, 결국 사파비 왕조는 투르크에 맞서 캅카스 주민과 제후들의 반란을 부추겼다. 하지만 이 거대한 작전은 1570년에 물자와 대포를 러시아에 탈취당하면서 아무런 소득도 없이 곧바로 끝나버렸다.[182]

같은 시기, 또다른 전쟁이 진행되고 있었다. 이집트로부터 시리아에 걸친 아랍 지역을 무대로 벌어진 이 전쟁은 이미 2년 전에 남쪽 요충지인 예멘에서 일어난 반란을 계기로 시작되었다.[183] "아랍 지역"이란 레반트 교역로가 위치한 방대한 지대를 의미한다. 이들의 반란으로 인해서 투르크는 원거리 전쟁에 투입되는 막대한 자금 지출과 곤란한 상황은 물론이고, 당시 계산대로라면 매년 200만 금화에 달하는 손실을 안게 되었다.[184]

술탄이 지중해 해상 활동을 중단했다는 사실은 투르크의 배후에서 벌어진 두 전쟁의 강도를 짐작하게 한다. 투르크가 지중해를 거의 완전히 포기하자,[185] 기독교 세계는 적어도 지중해 서부와 중부에서 활동의 자유를 누릴 수 있게 되었다. 8-9월, 시칠리아 인근에서 안드레아 도리아와 후안 데 카르도나의 갤리 선은 아무런 방해도 받지 않은 채 사략선을 공격하여 큰 전과를 거두었다.[186] 그러나 술탄의 전략을 정확히 판단하기 위해서는 오스만 투르크 역사의 이면을 살펴볼 필요가 있다. 왜냐하면 1569년 말에 이르러 콘스탄티노플의 해군 조선소는 지난 4년간의 동면에서 깨어나 키프로스 원정 준비로 급격히 부산해졌기 때문이다.[187] 그런데 이 원정계획이 논의된 것은 여러 해 전으로, 적어도 카라마니아를 요새화하던 시기인 1567년까지 거슬러올라간다. 술탄이 황제와의 휴전을 쉽게 받아들인 것은 적어도 부분적으로는 이 때문이 아니었을까? 중요한 계획의 실행에 앞서 술탄은 내부적인 문제를 해결하고자 했던 것일까? 그렇다면 지금까지 이야기한 1569년의 전쟁에서 그가 보여준 단호함도 같은 이유 때문일까? 이 해에 이미 술탄으로부터 키프로스를 약속받은 요세프 미카스는 가문의 문장에 키프로스 왕국의 문장을 새겨넣었던 것으로 알려진다. 또한 1569년 9월 13일에 때마침 일어난 화재로 베네치아 조선소가 소실된 사건도 미카스의 첩자가 벌인 짓이라는 이야기가 돌았다.[188]

분명한 사실은 이미 오래 전부터 투르크가 베네치아를 공격할 조짐을 보여왔다는 것이다. 용의주도한 베네치아가 로마를 중심으로 에스파냐와 베네치아 정부[189]의 협정에 대한 소문을 퍼뜨린 것도 아마 이 때문이리라. 베네치아 함대는 강력하기는 했지만 허술하고 불안정한 측면도 있었기 때문에, 투르크의 대함대에 대적할 만한 수준이 아니었다. 이 괴물의 공격을 받는다면—그와 같은 참사를 막기 위해서 베네치아가 얼마나 많은 양보를 했던가—베네치아는 기독교 세계, 특히 이탈리아와 에스파냐, 그리고 이 두 곳을 장악하고 있던 펠리페 2세의 지원 없이는 결코 버틸 수 없을 것이다.

그라나다 전쟁의 시작

팽팽한 긴장 속에서 전쟁 준비는 점점 빨라졌고, 격렬한 그라나다 전쟁의 신호탄이 올랐다. 이 사건은 초반에는 평범한, 심지어 시시한 군사작전에 불과했고, 실질적인 중요성을 가지지 못했다. 그러나 "경종을 울리는" 이 소식에 바깥사람들이 얼마나 많은 예측과 희망을 내놓았는지, 또 얼마나 열광했는지, 그리고 에스파냐의 기류가 얼마나 바뀌었는지는 말로 표현하기 힘들 정도이다.

많은 사실들이 알려져 있다. 처음은 대수롭지 않았다. 1568년 크리스마스 전야에 모리스코 몇 명이 그라나다에 도착했다. 그리고 도시 한복판에 침투하여, 무함마드의 종교를 수호하고자 하는 이들은 자신들을 따르라고 외쳤다.[190] 들어갈 때에 60여 명이던 세력이 나올 때에는 1,000명으로 불어났다.[191] 마드리드의 교황 대사는 "들리는 이야기처럼 그렇게 심각한 사안은 아니라고 확인됩니다"라고 전한다.[192] 실제로 모리스코가 거주하던 큰 마을 알바이신에는 어떠한 동요의 흔적도 나타나지 않았다. 그러나 산길이 눈으로 막히지 않았다면, 그라나다는 대규모 군대의 공격을 받았을 수도 있다.[193] 그렇게 되었다면 급습의 결과는 완전히 다른 양상을 띠었을 것이고, 도시 전체가 불타버렸을지도 모른다. 작전이 실패하자 반란자들은 산으로 피신했다. 다른 모리스코 무리가 곧 합류했는데 그들은 대부분 왕국의 수도가 아닌 타 지역 출신들로,[194] 4,000명 정도로 추산되었다. 사울리가 제노바 공화국에 보낸 편지에 따르면, "혹자는 그보다 더 많다고 하고 혹자는 그보다 적다고 합니다. 지금까지는 어느 쪽이 진실인지 알 수 없습니다. 나는 일시적인 동요라고 판단하고 있습니다. 왜냐하면 폭동이 일어날 철이 아니며 이들에 대한 만반의 대비책이 마련되어 있기 때문입니다. 코르도바, 우베다, 바에사, 그리고 그밖의 다른 곳에서 엄청난 수의 기병과 보병들이 쏟아져 나왔습니다."[195] 풍문에 따르면, 모리스코는 세사 공작령의 오르히바에 요새를 세웠다. 하지만 대포도 없이 무엇을 하겠는가? 사울리는 "이들 중 300명의 투르크인이 포함되어 있다는 이야기가 돌고 있지만, 다른 경로로 입수한 정보에 의하면, 이곳 해안을 지나던 갤리 선에서 살아남은 8-10명의 생존자가 전부라고 합니다"라고 덧붙인다. 상당히 낙관적인 보고서이다. 아직은 사건 초기에 불과하고, 어쨌거나 이 글은 편향적인 인물에 의해서 작성된 것이다. 제노바(혹은 토스카나)의 정보원들이 늘 그렇듯이, 사울리도 에스파냐인들에 대해서 이야기할 때에는 "우리 측"이라는 표현을 사용한다. 푸르크보는 일반적인 평가대로 이보다는 객관적이면서 덜 낙관적인 편이다.

종교전쟁, 두 적대적인 문명이 벌인 이 전쟁은 이미 증오와 불행이 만연하던 공간 속에서 빠르게 확산된다.[196] 1월 이후에 알메리아는 반란자들에 의해서 고립되었다.[197] 그라나다에 영지, 마을, 도시, 가신들을 보유하고 있던 세사 공작은 2월경, 4만5,000명의 무장 세력을 포함하여, 반란자들의 수를 총 15만으로 추산했다.[198] 3월, 반란은 산지에서 평원으로 확산된다.[199] 이제는 누구도 반란자들과 알제 사이의 연관성을 의심하지 않는다.[200]

당국은 즉시 봉기의 심각성을 인지했다. 이는 얼마 전 알바 공작의 원정을 보강하기 위해서 에스파냐 남부를 무분별하게 비운 탓일 것이다. 게다가 징병이 반복되지 않았던가? 또한 에스파냐는 국내 전쟁에 익숙하지 않았고, 전투태세도 갖추어지지 않은 상태였다. 당장 징병을 위해서 그라나다 총대장 몬데하르와 무르시아의 총독 로스 벨레스에게 자금을 보내는 조치

가 취해진다. 동시에 에스파냐 갤리 선은 아프리카의 지원을 차단하기 위해서 경계를 강화한다.[201]

에스파냐 정부는 반란을 은폐하려고 애썼다. 펠리페 2세는 나폴리 부왕에게 보내는 편지의 가장자리에 그라나다 사건을 비밀에 부치는 것이 좋겠다고 적는다.[202] 2월 19일, 나폴리에서 답신이 온다.[203] 이미 제노바와 로마에 소식이 번져나가고 있는 마당에 무엇을 할 수 있었을까? 물론 반란자들로부터 직접 지원 요청을 받은 콘스탄티노플에도 소식은 빠르게 전달된다.[204] 연락책이었던 모리스코들은 물론이고 에스파냐의 중심에서 투르크에 이르기까지 떠돌이 도망자들, 지칠 줄 모르는 보행자, 여행자를 통한 중단 없는 연락망이 작동되며 소식을 전달한다. 이들은 콘스탄티노플은 물론이고 북아프리카에도 통신원과 지지세력이 있었다. 베네치아의 조선소 화재 사건 때처럼 모리스코 사건에 투르크 정부가 개입했는지는 확실하지 않다. 1568년 6월에 돈 후안은 바르셀로나에서 모레아에서 봉기를 일으킬 것을 제안하는 그리스 장교 한 명과 대화를 나눈다. 1565, 1566, 1567년 혹은 1568년에 타가리노나 무데하르(Mudejar : 이슬람 교도)가 투르크 함대의 장수들 중에서 누군가와 만나는 장면을 상상하지 못할 이유가 어디 있겠는가?

어쨌거나 지중해와 유럽 내륙 깊숙이 반란의 소식이 퍼지면서, 최소한 두 번의 모리스코 전쟁이 벌어졌다. 네바다 산맥 고지대에서 벌어진 진짜 전쟁은 상당히 엉성하고 보잘것없었지만, 예기치 못한 사건과 난관으로 점철된, 끔찍하리만치 잔혹한 산악전으로 비화되었다. 다른 하나는 그라나다 전쟁이다. 바깥세상은 사람들을 열광시킬 목적으로 작성된 전혀 상반된 내용의 보고서를 통해서 전쟁의 소식을 접한다. 유럽은 열광한다. 긴밀한 첩보망을 가지고 있던 동방 세계도 열광한다. 이는 우리가 동방에서 서유럽으로 쉽게 경로를 추적할 수 있는(서유럽의 정보망이고 서유럽이 그 문서들을 정리했기 때문에) 정보망과 반대방향으로 움직이는 정보망이다.

사건의 규모가 어느 정도였든지 간에 에스파냐는 국내 전쟁의 충격을 피할 수 없었다. 1569년 1월 봉기는 궁정 내 모든 대화의 주제가 되었다.[205] 푸르크보에 따르면 "지금까지 들은 소식 중 가장 심각한 소식"이었다.[206] 대사는 이번 사태를 평가하면서 "왕국 전체가 근심에 빠졌습니다"라고 덧붙인다.[207] 이는 분명 한 시대의 징후, 합법적인 군주에 대한 반란의 시대가 도래했음을 알리는 징후이다. 프랑스의 샤를 9세가, 스코틀랜드의 메리 스튜어트가, 플랑드르의 에스파냐 국왕이 백성들의 반란에 직면하지 않았던가. "지금은 반란의 시대이다. 도처에서 백성의 반란이 일어나고 있다." 샤를 9세는 꽤나 진심어린 어조로 반란자들 그리고 "이들처럼 왕과 주권자의 지배를 뒤흔들기 위해서 봉기를 일으킨 모든 자들"이 처벌받기를 원한다고 이야기하리라.[208] 하지만 과연 에스파냐의 불행한 사태에 대해서도 불쾌해했을까?

반격 조치를 준비하기 위해서는 시간이 필요했다. 부대가 굶어죽을 위험을 감수하며, 또 실제로 죽어가기도 했던, 험준하고 거친 산악지대에서 어떻게 신속히 대응할 것인가? 수많은 작은 만을 품고 있는 긴 반란 지역을 어떻게 봉쇄할 것인가? 알제나 바르바리 함선은 병사, 탄약, 무기(소총은 1정당 1명 비율로 기독교도 포로의 몸값 지불수단이 된다[209]), 대포,[210] 식량, 쌀, 밀과 밀가루를 쉽게 운송할 수 있었다. 국왕이 아니라 주로 영주들의 관할 지역이었던 이곳은 밀수와 약탈이 횡행하는 곳이 아닌가?[211] 초기에는 바다건 육지건 간에 제대로 진행되는 것이 하나도 없었다. 몬데하르는 훌륭한 장수이지만 장차 추기경의 자리에 오를 데사는 배후에서 그를 방해하며 꼼짝 못하게 만들었다. 그는 무능한 로스 벨레스 후작을 전면에 내세우는 데에 기여한다. 비효율적인 진압으로 인해서 이미 진행되고 있던 끔찍한 전쟁은 한층 더 확대된다.

이와 같은 상황에도 불구하고 펠리페 2세는 태연한 척한다. 푸르크보에 따르면 국왕은 그라나다 폭동에 대해서 "겉보기에는 전혀 신경을 쓰고 있지 않다."[212] 그는 투르크인들의 근심거리가 다른 데에 있다고 주장한다. 갤리 선의 감시로 인해서 알제의 지원이 불가능하기 때문에, "기독교 연합," 예를 들면 안달루시아 민병대만으로도 충분히 질서를 회복할 수 있다는 것이다. 물론 외국에서도 이러한 낙관론에 동의한 것은 아니다. 에스파냐 정보원들은 악의적인 과장을 잠재우느라 고생한다. 특히 런던에서 게라우 데 스페스가 이 문제에 대해서 불평했다. 심지어 5월에는 에스파냐의 다른 왕국들이 국왕에게 반기를 들고 봉기했다는 소문이 "노골적으로" 떠돈다. "이곳 사람들은 에스파냐인들의 충성심을 모릅니다."[213]

소문이 부풀려졌지만, 에스파냐는 어떤 전투에서 몇 명의 사망자와 포로가 나왔는지 정확히 말할 수 있을 정도의 뚜렷한 전과를 올리지 못했다. 작전은 부실했고, 참혹한 소규모 전쟁에서 얼마 되지 않는 병력은 어떤 통제도 받지 않은 채 여기저기에서 인간 사냥을 벌였다.[214] 정찰대의 전과는 공식적인 발표거리로는 부적합했다. 에스파냐 연안으로 합류하려던 카스티야 총사령관의 갤리 선단은 4월 8일, 마르세유 근해에서 돌풍을 만나 흩어져버렸다. 돌풍은 당시 주목할 만한 재난 축에 결코 끼지 못했음에도 불구하고, 이 전쟁에서는 큰 사건이 되었다.[215]

시작부터 엉성했고 운영도 서투른 데다가 모든 단계마다 실수가 반복되면서 그라나다 전쟁은 갈피를 잃은 채 엄청난 비용을 치르게 했다. 4월, 돈 후안 데 아우스트리아가 총사령관에 임명되었지만, 당장은 아무것도 바뀌지 않았다. 그동안의 경험에 비춰볼 때, 민병대만으로 사태가 해결될 리는 만무했다. (나폴리[216]와 롬바르디아[217] 보병연대에서 차출된) 이탈리아 부대를 소환하고 카탈루냐에서 군대를 징집해야 했다.[218] 지원군이 도착하기까지는 시간이 걸렸고, 상황은 1570년 1월 이후에야 확실한 반전의 기미를 보이기 시작했다. 마침내 행동에 나설 수 있게 된 돈 후안은 첫 번째 대규모 공격을 결정했다. 1570년 1월, 즉 봉기가 일어난 지 1년이 흐른 뒤였다.

이때까지 무엇을 했는가? 거의 아무것도 하지 않았다. 희망, 특히 기근 하나만으로도 반란자들의 수가 줄어들 것이라고 기대한 것,[219] 그리고 그라

214

나다를 지킨 것이 전부였다. 돈 후안 데 아우스트리아는 연말까지 그라나다를 떠나지 말라는 특명을 받게 될 것이다.[220] 이 점에 대해서는 돈 후안에 대한 펠리페 2세의 "농간"이라는 해석이 있다. 이는 비인격적인 요인으로도 충분히 설명 가능한 정치 행위를 개인의 탓으로 돌리려는 것에 다름 아니다. 또한 프란세스 데 알라바가 토로한 대로 책임자들이 느낀 공포를 무시하는 것이기도 하다. "그 개같은 놈[술탄]을 가리킨다. 술탄이 해전 준비를 하고 있다는 소식이 들려왔다]이 무장을 갖추기 전에 알푸하라스의 폭도들이 처단되어야 한다. 신의 가호가 있기를!"[221] 반란이 왕국 밖으로 확산되어 아라곤 왕국의 모리스코들이 "그라나다의 반란자들처럼 정신 나간 짓을 할지도" 모른다는 우려가 표출되었다.[222] 이 경우에는 3만 명(8월 초에 추산된 반란자들의 수)이 아니라 적어도 10만 명의 반란자들을 대적해야 할 것이다.[223]

돈 후안을 "골탕 먹이는" 차원의 문제가 결코 아니다. 이는 적절한 대처 방안을 파악하기 위한 조치였다. 한 전령[224]이 결정적인 승전보를 가지고 왔지만, 뚜껑을 열어보니 아무것도 아니었다. 에스파냐의 소총 앞에서[225] "사슴처럼" 달아난 모리스코들은 끈질기게 응전했기 때문이다. 펠리페 2세가 이를 깨닫는 데에는 시간이 걸렸다. 그것도 긴 시간이. 상황의 심각성을 인정하고, 가을의 전황, 즉 산 아래 지역과 도시의 기독교도와 산악지대의 반란자들이 대치하는 상황[226]이 장기화될 위험이 있음을 깨닫는 데에는 오랜 시간이 걸렸다. 술탄의 명령 하에 콘스탄티노플은 대대적인 준비를 하고 있지 않은가.

사태 파악이 늦었다고 판단할 수 있다. 그러나 또다시 펠리페 2세는 공포에 질려 옴짝도 하지 못했다. 투르크 함대의 위협을 고려하면, 그라나다 사태를 가급적 빨리 해결해야 했다. 그러나 에스파냐만이 아니라 이탈리아도 위협에 노출되어 있었고, 10월에 후안 데 수니가는 국왕에게 이탈리아에 주둔하고 있는 에스파냐 군대를 강화해줄 것을 요청했다.[227] 플랑드르 사태로 한 차례 인원을 감축했고, 이번에는 그라나다 문제로 다시 한번 인원이 감축될 마당에(12월에 실제로 감축되었다) 군대를 강화해달라니. 게다가 자금이 심각하게 부족했다. 하지만 플랑드르 문제로 이미 막대한 자금이 지출되고 있지 않은가? 펠리페 2세는 거의 확실시된 외부 개입의 가능성과 전황 악화의 심각성을 인정할 수밖에 없었다.

10월 26일, 교황 대사는 겨울까지 전쟁이 계속되어 다른 모리스코 지역으로 확대된다면, 그리고 끝내 투르크가 개입한다면, 에스파냐는 이슬람 세력에 장악될 것이라는 이야기를 공식적으로 전달받는다. 대사는 이와 같은 고백이 교황으로부터 성전세를 허락받기 위한 것이라고 생각했지만, 이는 정말로 현실적인 우려의 표현이었다.[228] 마드리드는 모리스코와 이슬람 세계의 관계를 잘 알고 있었다. 가을 내내 마드리드는 모리스코 대사들이 콘스탄티노플에서 돌아오는 길에 알제에서 환대를 받고 수천 정의 소총들을 약속받았다거나,[229] 그라나다의 무어인을 돕기 위해서 1570년에 대함대가 출동할 것이라는 이야기 등 일련의 소식을 연이어 접하게 되었다. 대규모 함대에 관한 이야기는 요세프 미카스의 채권과 관련된 문제로 프랑스 궁정에 도착한 세 명의 부유한 유대인 상인들이 들려준 것이었다. 모로코와 페스 그리고 "다른 서너 곳의 바르바리 지역"의 왕들이 모리스코 사절을 통해서 투르크인들에게 함대를 요구한 적이 있었다.[230] 이 이야기는 같은 시기, 모로코 요새에 대한 샤리프의 전쟁 준비 상황에 대해서 마드리드가 입수한 정보와 일치했다. 이 정보들은 이슬람 세력이 에스파냐를 협공할지도 모른다는 두려움을 심어주었다.[231]

이제 그라나다의 전황이 악화되고 있다는 사실을 모르는 사람은 없었다. 교황 대사[232]나 토스카나의 정보원 노빌리[233]는 물론이고, 펠리페 2세 역시 돈 후안[234]과의 서신에서 이 사실을 인정했다. 곳곳에서 징후가 나타났다. 12월에 그라나다는 모든 모리스코를 도시에서 추방했다. 이는 극단적이며 절망적인 조치였다.[235] 이는 그해 말 네덜란드로 흘러들어온 정보들, 즉 소총으로 무장한 무어인들이 수시로 기습을 감행하여, 그라나다와 세비야에서는 사람들이 감히 "문밖으로 코를 내밀"[236] 생각조차 하지 못한다는 소식이 틀린 것이 아님을 보여준다. 행동에 나설 때였다. 12월 26일, 펠리페는 작전지역에 접근하기 위해서 코르도바에서 카스티야 신분의회를 소집하기로 결정했다.[237]

그라나다 전쟁의 결과 : 울루지 알리의 튀니스 장악

펠리페 2세가 그라나다에서 곤경에 처하면서 바르바리의 "왕들" 중 한 사람은 왕좌를 잃게 될 것이다. 튀니스에서 카를 5세의 비호를 받았던 마울라이 하산은 투르크인들에 맞서기 위해서 황제가 내세운 꼭두각시 왕이 되었지만, 1535년 친아들인 마울라이 하미다에 의해서 퇴위되었다. 마울라이 하미다는 에스파냐인과 투르크인 그리고 그들의 "신민들," 즉 튀니스 주민들과 아랍인, 유목민과 남쪽의 정주민에 둘러싸인 채 고군분투했지만, 결과는 그리 신통하지 못했다. 아에도의 지적대로[238] 그는 튀니스 영주들과 싸우기 위해서 민중에게 의지했지만, 결국 모두를 배신하고 불신만 키웠던 것으로 보인다. 20년을 재위했지만, 왕국 내부에는 많은 정적들이 있었고, 그의 권력은 튀니스의 과거 어느 군주들보다도 허약했다. 그는 쉬운 먹잇감이었고, 그라나다 전쟁으로 왕좌는 알제인들의 손에 넘어가게 된다.

1569년, 알제인들이 모리스코의 반란을 지원한 것은 금전적인 이익과 종교적인 열정 때문이었다. 알제의 모스크는 반란자들에게 제공된 많은 무기를 보관하던 최대 무기고였다. 1568년 3월부터 알제의 왕이 된 울루지 알리는 이들을 위해서 큰 위험을 무릅쓰려고 했던 것 같지는 않다. 아에도가 지적하듯이, 그는 그라나다보다는 자신의 도시를 보호하는 데에 열중했다. 콘스탄티노플의 지령이 있었을지도 모르지만, 그보다는 에스파냐 정보원들의 요청 때문이었을 것이다. 우리는 1569년에 알제로 급파된 일명 J. B. 곤구사 델레 카스텔레에게 내려진 지침을 알고 있다.[239] 게다가 모리스코에 대한 대규모 지원은 에스파냐의 해상 장벽이 강화됨을 의미했기 때문에,

이는 값비싼 희생을 요하는 작전일 수 있었다. 울루지 알리는 자신의 영토에 대한 에스파냐의 경제 봉쇄가 연장되기를 원하지 않았을 것이다.[240]

또한 무엇보다도 그라나다 전쟁으로 인해서 알제의 모든 지배자들이 열망하던 계획—북아프리카 반도의 완전한 정복—을 실현할 절호의 기회가 마련된 마당에 다른 세력을 위해서 자금을 쓸 이유가 있었을까? 1534년 바르바로사[바르바로스 하이렛딘 파샤]의 공격, 그리고 방향은 전혀 다르지만, 1554년 살라흐 레이스의 페스 원정의 기억이 되살아났다. 에스파냐의 정보기관과 알제 연락망의 효율성을 증명이라도 하듯이, 마드리드에서는 콘스탄티노플을 출발한 모리스코 대사들의 귀환,[241] 비스크라의 지배자 델리 하산과 "국왕"의 불편한 관계,[242] 그리고 마침내 튀니스 정복까지 울루지 알리의 모든 계획을 알고 있었다. 실제로 10월 8일 알제에 수감되어 있던 에스파냐 장교 이에로니모 데 멘도사는 확실한 정보원을 통해서 마울라이 하미다에 대한 울루지 알리의 공격 준비 상황을 알게 되었다고 이야기했다. 10월 29일자의 새로운 서신은 이 정보를 다시 확인시켜주었고, 펠리페 2세는 즉시 라 굴레트의 총독 돈 알론소 피멘텔에게 이 사실을 알리라고 명령했다.[243]

그러나 울루지 알리는 10월 중에[244] 이미 알제를 떠난 상태였다. 그는 함대를 전혀 동원하지 않은 채(이미 항해는 불가능한 시기이다) 4,000-5,000명의 예니체리를 이끌고 콘스탄티노플과 본[안나바]을 거쳐 육로로 이동했다.[245] 행군 중에 대(大)카빌리아 지역과 소(小)카빌리아 지역에서 많은 자원병, 특히 수천의 기병이 군대에 합류했다. 울루지 알리는 이들을 이끌고 튀니스에서 이틀 거리에 있는 베자 평야로 진격했다. 마울라이 하미다의 병사들은 제대로 싸워보지도 않고 흩어져버렸다. 패배한 왕은 도시로 피신했으나 그곳에서도 안전하다고 느끼지 못한 그는 가지고 있던 보물들을 챙겨서 충복 몇 명과 함께 라 굴레트의 에스파냐 요새로 향했다. 아에도에 따르면, 12월 말(그러나 알제의 한 보고서는 1월 19일이라는 날짜를 명시하고 있다. 이 날짜가 더 정확해 보인다[246]), 울루지 알리는 단 한번의 전투도 없이 튀니스에 입성하는 중이었다. 튀니스 주민들의 환영을 받은[247] 이 칼라브리아인은 궁전을 점령하고, 명령과 협박과 처벌을 통해서 이 도시가 자신의 것임을 알렸다. 3월[248] 그는 부관들 가운데 한 명인 사르데냐 출신의 개종자 카이토 라마단에게 튀니스인들이 지불하는 비용으로 유지되는 거대한 주둔군의 지휘를 맡긴 채, 알제로 귀환했다.[249]

그러나 그라나다에 강력한 경계경보가 내려진 상태가 아니었다면, 또 기독교 함대가 메시나에 집결해 있었다면, 이는 매우 위험천만한 작전이었을 것이다. 에스파냐는 이 새로운 상황을 받아들일 것인가?[250]

그라나다와 키프로스 전쟁

1570년 1월의 튀니스 함락은 그라나다 전쟁이 만든 불균형의 결과였다. 이 불균형은 1570년을 장식한 대사건인 키프로스 전쟁과 투르크에 의한 공격의 직접적 결과인 로마-베네치아-에스파냐 동맹에 영향을 미친다.

실제로 모리스코 전쟁은 1570년 내내, 적어도 11월 30일까지 계속되었는데, 바로 이날 돈 후안 데 아우스트리아가 완전히는 아니더라도 그라나다의 거의 전 지역을 평정하는 데에 성공했다. 줄곧 힘든 전쟁이었고, 엄청난 비용이 지출되었다. 그러나 이듬해에는 다른 양상이 전개되었다. 약관의 나이 —그는 스물세 살이었다—의 돈 후안은 이미 패기와 용맹함을 갖춘 진정한 지휘관이었다. 국왕은 그의 휘하에 충분한 병력을 배치시켰고, 1월부터 코르도바에 친림했다. 군대의 후미에 머물면서 숙소와 식사 문제로 사소한 곤란을 겪었을 궁정인들과 외교관들에게는 달갑지 않은 일이었겠지만,[251] 국왕의 친림은 연락 체계의 시간적 손실을 줄이고, 명령집행자들의 열정을 드높임으로써 분명한 이점을 보여주었다.

상황이 단번에 반전된 것은 아니다. 갈레라의 작은 모리스코 마을을 포위공격하면서 벌어진 첫 번째 대규모 교전은 성공적이지 못했다. 산 정상에 위치한 이 마을은 접근이 어려워서 포대의 공격이 효과를 발휘할 수 없었다.[252] 수비대는 초인적인 힘을 발휘해서 싸웠으며, 공격하는 진영 역시 이곳을 차지하기 위해서 끔찍한 살육을 자행하며 남다른 용기를 발휘해야 했다. 마을이 함락되자, 산으로 향하는 길이 열리고 승전군이 진격했다. 하지만 세론 산맥 고지에서 모리스코가 공격해오자 전날의 승전부대는 겁에 질려 꼬리를 내빼고 말았다.[253] 돈 후안의 가정교사인 루이스 키하다는 이 참사 중에 전사했다.[254]

게릴라전으로 인해서 병사들의 사기는 저하될 수밖에 없었다. 상황에 따라서 병사들은 잔혹해지거나 무기력과 절망감에 빠졌다. 3월에 이르러 돈 후안 스스로 군사들의 사기 저하[255]와 기강 해이를 언급하기에 이른다.[256] 병사들은 집결하기가 무섭게 탈영했다. 약탈의 유혹에 빠진 이들이 개인적으로 벌인 즉흥적인 전쟁은 나병처럼 확산되어 공식적인 전쟁과 무관한 지역까지 피해를 주었다. 에스파냐의 모든 도시에는 팔아넘길 모리스코 노예들이 넘쳐났다. 이들은 이탈리아로 향하는 배에 올랐다. 그러나 산악지대에는 여전히 2만5,000여 명에 달하는 반란자들이 있었고 그들 중 4,000명은 투르크인이나 바르바리인이었다. 이들에게는 충분한 식량이 있었다(정보원에 따르면, 곡물은 1스타로당 4레알, 밀은 10레알이면 살 수 있었다[257]). 무화과와 건포도도 있었고, 알제의 브리간틴과 푸스타 선이 식량을 보급했다.[258] 무엇보다도 투르크의 개입 가능성이 그들을 지탱해주었다.[259] 물론 이들이 월등한 적의 군세에 저항할 수 있었던 것은 전장이 산악지대였기 때문일지도 모른다. 거대한 산을 정복하는 것은 사소한 문제가 아니다. 에스파냐 군의 두 부대, 돈 후안과 세사 공작이 지휘한 부대는 느린 속도로 진군했다. 3월 27일, 사울리는 최근의 진전 상황을 자세히 열거하면서 "매우 좋은 소식들"로 가득한 편지를 이렇게 마무리한다. "평원지대에서 무어인들을 완전히 쫓아냈습니다."[260]

마드리드에서 외교 통신원들이 했던 것처럼, 사태의 진행 상황을 추적하는 것은 실망스러운 일이다. 좋은 소식과 나쁜 소식들이 일관성 없이 이어지다가 결국 가장 노련한 관찰자마저 길을 잃게 만든다. 노빌리는 (요즘 말로 옮기자면) "무어인과의 전쟁은 냉탕과 온탕을 오가고 있습니다"라고 말한다.[261] 예를 들면 1570년 5월 세비야 근교에서 1만 명의 모리스코와 메디나 시도니아 공작의 가신들, 그리고 아르코스 공작의 가신들이 봉기한다. 이는 나쁜 소식이다. 그러나 곧 반란자들이 산지의 반란 대열에 합류하지는 않았다는 사실이 알려진다. 좋은 소식이다. 국왕은 놀라운 기지를 발휘하여 그들의 지배자들을 급히 보내서 반란을 잠재우고 대부분의 사람들을 집으로 돌려보냈다. 그들이 봉기를 일으킨 것은 단지 에스파냐인들이 전장 인근에서 사람들을 납치하여 전리품처럼 팔아넘기고 재산과 여자를 훔쳐갔기 때문이다.[262] 3월에 발렌시아의 한 마을에서도 폭동이 일어났지만 곧 잠잠해졌다. 그런데 이 두 사건은 전쟁이 결코 국지적인 것이 아니었음을 보여준다. 그러나 반란세력의 은신처인 거칠고 길들일 수 없는 알푸하라스의 위험은 그대로 남아 있었다. 20세기에 들어서도 산악전은 쉬운 적이 없었다. 1570년의 전쟁은 "작은 불씨로 에스파냐를 불태워버렸다."[263]

무기로 해결할 수 없던 일은 결국 외교—무어인 행정당국이라고 말해도 될까?—에 의해서 해결된다. 반란자들의 첫 번째 왕은 암살당했다. 두 번째 왕도 같은 운명을 겪었다. 반란군 총사령관 에르난도 엘 알바키는 5월 20일, 돈 후안의 진지를 찾아와 그의 손에 입을 맞추고 항복을 선언했다. 평화협정이 체결되었다. 모리스코는 사면을 받고, 고유의상의 착용을 허락받았지만, 열흘 안에 항복해서 미리 정해진 장소에 무기를 버려야 했다. 바르바리인은 무사히 아프리카로 돌아갈 수 있었다.[264] 가혹한 조건과는 거리가 멀었고, 사람들은 "국왕 전하의 타고난 너그러움"에 대해서 이야기했다.[265] 그러나 이 조건들은 어떤 대가를 치르더라도 위기를 극복하려는 열망을 반증한다. 마침내 진짜 평화가 찾아온 것일까?

6월 15일까지 3만 명의 무어인들이 무기를 버렸다. 투르크인들의 아프리카 귀환을 위해서 라운드쉽이 제공되었고,[266] 성 요한 축일[6월 24일]이 최종 항복일로 결정되었다.[267] 그런데 6월 17일부터 종교재판관들이 불평을 늘어놓기 시작한다. 그라나다에서 자칭 회개한 무어인들이 무장을 한 채 사람들 앞에서 거리낌 없이 무용담을 늘어놓으며, 자신들이 죽인 기독교도의 숫자와 "성스러운 가톨릭 신앙을 모독하기 위해서"[268] 저지른 일들을 자랑하고 다닌다는 것이었다. 또다른 편지는 수없이 많은 사람들이 투항을 했으나 그들 중에서 죄를 고백하러 종교재판소를 찾는 이는 한명도 없었다고 전한다.[269] 항복은 단순한 술수였을까? 라라슈의 작은 배들은 계속해서 무기를 공급했다. 산초 데 레이바의 갤리 선들이 나포한 대여섯 척의 선박이 그 증거였다.[270] 한편 아프리카인의 승선이 미루어지면서,[271] 급료를 지불받지 못한 기독교 병사들이 탈영하여 약탈에 나섰다.[272] 모든 상황으로 보건대 반란자들이 에스파냐 군의 명령에 따르거나 두려움을 느끼기는 힘들었다.

실제로 산악지대에서는 간헐적인 전투가 계속되었고, 고립된 기독교도들은 공격의 위험에 노출되어 있었다.[273] 사울리에 의하면, "비록 역도들 중에 집요하게 버티는 자들이 있기는 하지만, 그라나다의 무어인 수는 서서히 줄고 있습니다. 투르크인 400명이 바르바리로 넘어갔지만 바르바리의 무어인들은 아직 남아 있습니다."[274] 2,000-3,000명의 모리스코가 그들의 "왕"과 함께 산에 남아 버티면서, 알푸하라스에 계속 머무는 것이 인정될 때에만 항복하겠다고 선포했다. 이는 펠리페가 결코 받아들이지 못할 양보 조건이었다. 사울리의 설명에 따르면, "그들을 굴복시키려면 적어도 1년은 더 싸워야" 했다. "왜냐하면 이 무어인이라는 자들은 곡물을 충분히 수확했고 다시 잡곡과 곡물을 심었습니다. 추수를 막을 수도 없습니다. 병사들이 충분하지 않기 때문입니다."[275]

이러한 상황에서 왕국의 "평화 회복"에 대한 환상을 품은 사람은 거의 없었다. 돈 후안은 8월 14일자 편지에서 모리스코를 추방하지 않고는 평화

를 회복할 길이 없다고 다시 이야기한다.[276] 맞는 말이지만, 왕국에서 추방
시키는 일은 1년 전 그라나다의 경우처럼 도시에서 추방하는 일과는 전혀
달랐다. 어쨌든 마드리드는 공식적으로 전쟁의 종결을 알렸다. 각국 대사
들도 같은 내용을 고국에 전달했다.[277] 하지만 같은 시각, 여전히 현장에
남아 있던 돈 후안 데 아우스트리아는 론다의 모리스코 무리를 진압하고
알푸하라스로 침투할 방법을 다각도로 모색하고 있었다.[278] 9월에는 반란
자들의 포도밭과 과수원을 파괴하고[279] 탈영병들—또다른 골칫거리이다—
을 추적하는 일, 동시에 신병 모집이 주요 문제로 떠올랐다. 전쟁이 꺼질
줄 모르는 불처럼 계속 타오르고 있었기 때문이다.[280] 반란의 지도자는 이
제 정면대결을 피하면서, 이 언덕 저 언덕을 옮겨 다녔다. 산 위에 요새를
짓고 주둔군을 보냈음에도 반란자들이 감시를 피해서 기독교도들을 급습
하는 것을 막을 수 없었다.[281]

　에스파냐 정부가 대규모 추방 결정을 내린 것은 이 무렵이다. 확실히 단
호한 조치였다. 사야스는 10월 13일 프란세스 데 알라바에게 이렇게 전했
다. "그라나다 사태는 이미 각하가 예상하는 것처럼, 그리고 전하의 명성에
걸맞도록 마무리되었습니다."[282] 이번만큼은 사실이다. 11월 초 돈 후안은
말라가 지역과 벤토미스 산맥, 론다 산맥이 평정되었음을 선포했다.[283] 그
사이에 추방이 완료되었다. 5만 명, 어쩌면 그 이상의 사람들이 추방되었
다. 이 조치로 남부 지방의 인구가 감소했다. 눈뜨고 보기 힘든 슬픈 광경이
벌어졌다. 추방의 주역이지만 이 광경에 대한 돈 후안의 증언은 종종 인용
된다. 11월 5일 루이 고메스에게 보낸 편지의 내용이다. "세상에 다시없을
슬픈 광경입니다. 출발에 맞춰 눈과 비바람이 몰아쳤습니다. 이 불쌍한 자
들은 서로를 부둥켜안고 눈물을 흘렸습니다. 한 왕국의 인구 감소를 바라보
는 것만큼 슬픈 일이 또 어디 있겠소? 누가 아니라고 할 수 있겠소? 하지만
결국 그렇게 되었습니다."[284] 앞에서 종종 서신이 인용된 바 있는 마드리드
주재 메디치 가의 사절인 기사 노빌리는 비인간적이지만 효율적이었던 이

사진 36 식스투스 5세
베네치아 화파, 바티칸 미술관 소장(촬영 Alinari-Giraudon, 파리)

사진 37 돈 후안 데 아우스트리아
무명 화가의 그림, 베르사유 미술관 소장(촬영 Giraudon, 파리)

조치의 의미를 분석하며 대공에게 이렇게 전한다. "이제 그라나다 사태는 타결되었습니다. 한마디로 요약하자면 이렇습니다. 무어인들, 그리고 폭도들에게 은밀히 식량을 제공하면서 끈질기게 전쟁을 지속시킨 산 아래 주민들이 굴복했습니다."[285] 바로 이들이 추방된 것이다.

이제 그라나다 왕국은 여러 패거리를 이루며 남아 있던 수천의 무어인 산적들[286]을 제외하고는 모두 복속되었다. 그러나 카탈루냐의 피레네 산맥에도 그 정도 숫자의 산적들이 있지 않은가? 완벽한 평화는 아니었다고 해도, 그 정도의 불안은 비정상적일 정도는 아니다. 어쨌든 평화가 찾아왔다. 모리스코들은 카스티야에 새로 정착했다. 왕국은 평화를 되찾았고, 토박이 기독교도들은 그라나다의 아름다운 대지를 식민화하기 위해서 몰려들었다. 결국 기독교 세계는 이 전쟁에서 승리했다.[287]

11월 30일, 돈 후안은 자신의 첫 번째 수련지였던 그라나다를 떠나 다시는 돌아오지 않았다. 12월 13일에 그는 마드리드에 있었다.[288] 다른 임무가 그를 기다린다. 아마 이제 막 끝난 전쟁의 속편일 것이다. 마침내 투르크인들이 키프로스를 공격했다(투르크 군 수뇌부에게 이는 매우 소중하고 오랫동안 준비된 계획이었다). 바다 저편에서는 에스파냐가 내전으로 꼼짝 못하는 것처럼 보였던 것이 아닐까?

키프로스 전쟁의 서막[289]

드문 일이지만 1569-1570년 겨울 투르크의 전략이 어떻게 펼쳐졌는지는 거의 완벽할 정도로 알려져 있다. 역사적으로 16세기의 투르크는 거의 미지의 영역이다. 서유럽의 역사가들은 그저 외부에서, 즉 서유럽의 공식 또는 비공식 사절들이 작성한 보고서를 통해서 사정을 파악할 수 있을 뿐이다. 그러나 1569-1570년 대재상 메흐메트 소콜루는 베네치아 대사와 매우 가까운 사이였고, 소콜루의 개인적 전략은 정부의 전략과 달랐다. 두 노선의 차이를 통해서 우리는 평소보다 더 깊숙이 투르크 제국의 심장부로 들어갈 수 있다. 역사가들은 그렇게 말해왔다. 이것은 사실일까?

즉위 시점부터 이미 널리 알려진 사실이지만, 새로운 술탄 셀림은 호전적인 인물이 아니었다. 하지만 전통에 따라서 술탄은 화려한 정복 전쟁으로 치세의 서막을 올려야 했다. 새 지배자는 정복에 따른 수익으로 필요한 모스크를 건설하고 자금을 지원할 수 있었다. 분명한 설명을 시도한 것은 아니었지만, 우리는 앞서 1567, 1568, 1569년의 절반 규모에 불과한 군사 활동을 확인한 바 있다. 그라나다의 봉기가 발발한 1569년에 투르크는 러시아 전쟁 그리고 홍해에서 전개된 대규모 군사작전으로 서유럽에 대해서 어떤 행동도 시도할 수 없었다. 그러나 모리스코가 가을까지도 무기를 내려놓지 않음으로써 이에 대한 원조 문제가 첨예하게 제기되었다. 술탄은 에스파냐 해안으로 대규모 함대를 보낼 것인가? 이베리아 반도에서는 그럴 가능성이 있다고 판단했다. 그러려면 투르크 해군은 바르바리 해안이나 프랑스 해안에 기지가 필요했다. 툴롱 항구를 이용하겠다는 공개적인 요구가 있었는데, 너무나 공개적이어서 그들의 계획이 항구를 진짜로 이용하려는 것이 아니라 단지 에스파냐를 겁주기 위한 것이 아닌지 자문할 정도였다. 실제로 상황을 알게 된 에스파냐의 반응도 마찬가지였다. 투르크는 모리스코에 대한 지원을 진지하게 고민했을까?

무엇보다도 함대를 통해서 그라나다의 반란자들을 직접적으로 지원하는 것이 기술적으로 가능한 일인가? 그 정도의 먼 거리에서? 갤리 선의 겨울철 정박지가 필요한데도? 키프로스 전쟁에 관한 훌륭한 연구를 통해서 파울 헤레는 가능성이 있다고 생각했다.[290] 헤레는 대재상이 그라나다에 대한 지원을 간절히 원했고 이를 정력적으로 추진했으며, 술레이만 대제에게 어울리는 제국의 전략이라고, 여러 문서가 이를 입증하고 있다고 믿었다. 그러나 어떤 문서를 말하는가? 대재상과의 대화 내용을 보고한 베네치아 대사의 편지들이다. 대재상이 대화 상대를 기만했을 가능성은 없는가? 베네치아와 관계가 단절된 이후에도 그가 대사에게 보여준 신뢰, 호의와 대화,

그야말로 '발칸스럽고' 오리엔트적이지 않은가? 게다가 전체적으로 술탄의 전략적 이해관계와 일치하지 않는가? 다가오는 위험을 알아차리지 못하도록 베네치아의 주의를 분산시키고 양국의 우호관계를 유지하는 것이(외교는 언제나 유용할 수 있으므로)—정말 기만행위가 있었다면—목적이 아니었을 수도 있다. 하지만 나는 파울 헤레의 생각처럼 소콜루의 발언이 진심이었다고는 생각하지 않는다. 그는 다른 역사가들처럼 투르크 제국의 쇠퇴를 입증하려고 했다. 베네치아를 건드리지 않고 모리스코를 지원한다는 소콜루의 "독수리 전략"과 이미 방어가 허술하다고 알려져 있는 제국의 저 끝의 키프로스에서 베네치아를 친다는 셀림의 형편없고 근시안적인 전략의 차이를 보여줌으로써 이를 부각시키려고 한 것이다.

그러나 한 줌의 정보만 가지고 투르크의 전략을 재구성하는 것은 너무 단순한 방식이다. 투르크의 권력 중심부는 놀랍도록 변화무쌍했다. 예를 들면 일찍이 1563년부터 라구사의 정보통은 술레이만 대제 스스로가 수립한 키프로스 점령 계획을 알린 바 있다. 소콜루는 기독교도 부모에게서 태어난 보스니아인이었다. 어린 나이에 납치되어, 오스만 행정부의 요직을 차근차근 오른 끝에 1555년에 투르크 궁정의 대신이 되었고 10년 후에는 대재상의 지위에 올랐다. 그는 셀림의 사위이기도 했다. 소콜루는 치열한 생존경쟁의 경기장인 궁정에서, 그것도 냉혹하고 무시무시한 주인 곁에서 성장했다. 자제력과 기만적인 위장술을 배우기에 이보다 더 훌륭한 훈련장이 또 있을까? 그는 베네치아의 벗이라고 불렸다. 확실히 그는 베네치아에 봉사를 제공했고, 그 대가로 썩 괜찮은 보상을 받았다. 하지만 이러한 행동으로 술탄의 궁정에서 대신이 재판에 회부된 적은 없었다. 그는 평화주의자로 알려졌는데, 실제로 그러했다. 하지만 어느 정도 과장된 측면이 있다. 왜냐하면 그가 원한 것은 투르크의 평화(pax turcica), 즉 피정복자에게는 견디기 힘들고 오스만 투르크 정부에게는 영광스러운, 그런 평화였기 때문이다. 사람들이 생각한 것처럼 메흐메트 소콜루의 정치적 입장이 그러했다면, 이미 배가 다른 방향으로 항해하고 있는 마당에 계속 키를 잡고 사태를 진두지휘할 수 있었을까? 그의 정책은 신중하고 완곡한 어조로 표현되었다. 그는 상황에 따라 온건해지기도 하고, 시의적절하지 않으면 포기를 두려워하지 않았다고 알려진다. 하지만 이와 같은 유연함을 입증할 증거가 어디에 있는가? 설사 증거가 있더라도, 이 양면성—이는 자신의 주군의 계획을 배신하는 행위이거나 무력화시키는 행위였을 것이다—을 무기로 그가 술탄의 옛 가정교사이자 재상인 랄라 무스타파, 대단한 음모가인 피알리 파샤 제독, 유력한 유대인 미카스와 같은 정적에 대적할 수 있었을까? 술탄의 궁정에서 벌어진 치열한 다툼과 알력을 감안한다면, 이는 거의 불가능한 일이다. 여담이지만, 이 정적들 가운데 마지막 인물, 의심 많고 탐욕스런 채권자이며 (적어도 그가 프랑스에 요구한 것을 보면, 분명 그렇게 보인다), 요즘 식으로 표현하자면 타고난 첩자이자 연극 속에서 배신자 역에 어울리는 미카스에 대해서는 어떻게 생각해야 할까? 이 인물에 대해서 서유럽—아쉽지만 서유럽뿐이다—은 여러 편지와 문서를 제공하고 있다. 미카스는 토스카나 대공, 제노바, 에스파냐, 그리고 아마도 포르투갈과 접촉하고 있었다. 그는 배신자였을까? 가설을 확장시켜보자. 그 역시 명령에 따라서, 우리가 판단하는 것 이상으로 훨씬 더 정교한 전략에 따라서 계산된 역할을 (물론 개인적인 이익을 잊지 않은 채) 수행한 것은 아닐까? 파울 헤레가 보기에 그는 원한이나 이해관계에 따라서 행동하는 "그야말로 투명한" 인물이다.[291] 자기 부인의 재산 일부를 압류한 베네치아에 대해서는 원한이,[292] 1569년 이후 키프로스의 왕이 되어 그곳에 기독교도들을 위한 식민지를 건설하겠다고 이야기했을 때는 이해관계가 이유였다는 것이다. 사실일지도 모른다. 그러나 이것이 전부는 아니다. 이 의심스러운 인물의 전기작가나 숭배자마냥[293] 그를 눈처럼 하얀 존재로 그리기를 원하는 것이 아니라면, 우리가 모르는 부분이 있고, 또 잘못 알고 있으며 더 일반화시켜 말하자면 전기와 일화라는 잘못된 길을 통해서 투르크 역사의 중요한 국면에 진입하는 것이 얼마나 위험한 일인지 인정해야 한다.

굳이 가설을 세우자면, 투르크는 오래 전부터 공격 목표인 키프로스에 대해서 신중하게 전략을 수립했다. 이 점은 확실한 사실이다. 각자가 주어진 역할을 하고, 그에 맞는 조치를 취하는 전략이다. 한편으로는 겁에 질린 베네치아를 달래고 다른 한편으로는 에스파냐와 프랑스와의 관계를 조절한다. 투르크는 전략적으로 곳곳에 연막을 친다. 모리스코를 실망시키지 않으면서, 바르바리인들이 반쪽짜리 지원에서 떨어져나가도록 내버려두지도 않는다. 바르바리인의 튀니스 원정 시도를 비난했지만,[294] 자국의 이익을 위해서는 거의 동일한 전략을 사용했다. 투르크인들은 에스파냐 함대를 공격하여 모리스코를 직간접적으로 도와줄 의도는 거의 없었다. 단지 모리스코가 부지불식간에 그들에게 제공하는 도움을 이용해서 큰 위험 없이 그들의 문제를 해결하려고 했을 뿐이다.

이 해에 투르크는 틈만 나면 1567-1568년에 프랑스와 에스파냐의 관계 회복으로 냉각된 프랑스와의 동맹관계를 부활시키고자 했다. 자, 그렇다면 1569년에 투르크가 툴롱을 요구한 것이나 기상천외한 인물인 클로드 뒤 부르의 기이한 콘스탄티노플 여행의 의미가 분명해진다. 프랑스의 동방정책이 복잡하게 꼬이고 있던 시기에 도착해서 "미친 상상력"[295]으로 사태를 더 복잡하게 만든 이 인물은 프랑스 공식 대사와 금세 사이가 틀어졌고, 은행가 미카스를 제거하여 대재상 메흐메트 소콜루의 환심을 사려고 했다. 중간에는 잠시 제노바를 위해서 일을 하기도 했다. 어쨌든 그는 1568-1569년의 겨울에 기독교계 거류민 권리보장 협정서의 "갱신" 결과를 가지고 투르크 특사와 함께 베네치아를 거쳐 귀국했다. 당시 투르크는 프랑스가 서유럽에서 투르크의 이해관계를 선호하는 전통적인 노선으로 복귀하기를 간절히 바랐기 때문이다. 우리는 습관적으로—서유럽의 무의식적인 자만이기도 한데—프랑스가 투르크를 끌어들여 이용했다고 생각한다. 하지만 투르크 역시 프랑스를 자신에게 유리한 방식으로 이용했다. 예를 들면 1569년과

1570년에는 앙주 공작을 폴란드 왕으로 등극시키는 문제와 마르그리트 드 발루아와 트란실바니아 대공의 혼담이 오고갔다.[296]

그러나 제3차 종교내전으로 갈가리 찢긴 상황에서 프랑스는 투르크와의 동맹을 부활시킬 수 있었을까? 이제 가톨릭 진영으로 가담한 프랑스 국왕이 180도 변화할 수는 없는 노릇이다. 가장 확실한 증거로, 프랑스 국왕은 베네치아에서 뒤 부르와 투르크 특사를 체포하는 데에 동의했다.[297] 뒤 부르는 수차례 서신을 보내며 하늘의 달을 따주겠다고 약속한다. 그는 정말 말이 많았다! 마침내 베네치아를 떠나도 좋다는 허가를 받았지만, 그는 미란돌라에서 다시 체포되었다. 그럼에도 불구하고 프랑스 국왕은 베네치아 공화국과 투르크를 중재하던 가엾은 뒤 부르를 자랑스러워했다.[298]

기즈 가와 가톨릭 강경파가 몰락한 이후 프랑스 내전은 잠시 휴지기를 맞이한다. 7월 14일의 휴전 이후 곧바로 생 제르맹 평화 칙령(8월 8일)이 반포되었다.[299] 이후 카트린 드 메디시스는 프로테스탄트와 손을 잡았다. 얼마 후 앙주 공작과 엘리자베스, 앙리 드 나바르와 마르그리트 드 발루아의 혼담(프란세스 데 알라바는 "악마의 혼사"라고 불렀다[300])이 오고갔다. 외교적으로 프랑스는 이제 반(反) 에스파냐 노선으로 기울고 있었고, 이탈리아 출신인 모후는 더 이상 프랑스의 두 당파, 그리고 이 두 당파를 강력히 지원하고 있는 두 거대세력을 저울질하지 않았다. 프랑스의 상황은 거의 언제나 개인적인 갈등을 통해서 설명되기 일쑤이지만, 이는 옳지 못하다. 프랑스의 상황은 갑자기 분명해진다.

한편 투르크는 어떠했는가?

1569-1570년의 겨울만큼 바다가 사납고 매서웠던 적은 없을 것이다. 불가피하게 소식의 전달도 늦어졌다.[301] 악천후로 인해서 이동거리는 평상시보다도 더 길어졌고, 투르크가 통제하던 비밀의 장벽도 높아졌다. 투르크가 맹렬히 재무장 중이라는 사실은 이미 수개월 전에 알려져 있었다.[302] 분명 대규모 공격이 있을 것이다. 하지만 어디를 공격할 것인가? 몰타 섬? 라

굴레트, 아니면 키프로스? 서방에서 추측이 여전히 난무하는 가운데, 투르크는 이미 베네치아의 취약지점을 모조리 공격했다. 경계태세가 내려졌음에도 불구하고, 겨울 날씨 때문에 베네치아가 소식을 접하는 데에는 시일이 걸렸다.

모든 것이 분명한데도 베네치아는 끝까지 자신에게 닥칠 불행을 믿으려고 하지 않았다. 불행이라, 딱 어울리는 단어이다. 베네치아의 신중함은 비웃음거리였다. 투르크와 동침하는 화류계 여인. 조신함 말고 다른 도리가 있었을까? 정신적인 차원을 넘어 베네치아는 자신의 몸, 즉 영토적 현실의 희생양이었다. 베네치아 제국이란 해상 거점들을 길게 연결해놓은 상태에 불과했다. 베네치아 경제는 19세기 자유무역을 추구하던 잉글랜드처럼 수입과 수출에 의존해야 했다. 인력과 세입, 영토의 측면에서 보건대, 베네치아의 전략은 에스파냐나 투르크와 같은 거대 제국과 다를 수밖에 없었다(어떤 측면에서 베네치아는 두 제국의 경계였다고 볼 수 있다). 따라서 매 순간 주판알을 튕겨야 하는 베네치아의 정치는 국가이성을 통해서만 비로소 이해가 가능하다. 하지만 16세기 후반에는 이와 같은 합리적인 계산이 무용지물이 되었다. 세상은 변했고, 변화의 흐름은 베네치아의 편이 아니었다. 베네치아의 정치 공식, 나아가 베네치아의 생활방식도 같은 운명에 직면했다.

1570년, 베네치아는 30년 동안 구가했던 평화와 작별했다. 번영의 30년이었지만, 모두가 생각하는 것 이상으로, 그리고 스스로 판단했던 것 이상으로 평화는 정치구조에 영향을 끼쳤고 방어체제를 약화시켰다. 베네치아의 요새 체계는 한동안 훌륭했었지만, 이제 시대에 뒤떨어진 것이 되어버렸다. 군사조직도 와해되어 군 수뇌부, 특히 함대 지휘관들은 하루가 멀다 하고 절망감을 토로했다. 베네치아의 방어태세는 수십 년 전의 상태보다 더 열악한 수준으로 약화되었다.[303] 수년간 지속적인 위협 속에서도 베네치아는 발칸 지역에서 이러저러한 음모를 꾸미며 늘 최후의 사태를 피할 수 있었다. 그리하여 평화에 길들여진 베네치아인들은 대규모 군사 배치가 불필요하다고 생각했다. 투르크의 전략이나 적대적인 조짐을 진지하게 받아들이지 않는 지경에 이른 것이다.

처음에 투르크는 겁만 주려고 했다. 베네치아는 싸우지 않고 굴복할 것이다, 건드리기만 해도 곧장 협상 테이블로 나올 것이다, 그렇게 기대한 것이다. 투르크는 1월에 베네치아 상인들을 체포하고 그들의 상품을 압류했다.[304] 2월 중순경에 모레아에서 같은 조치가 취해진 것으로 보인다. 선박도 마찬가지였다. 콘스탄티노플에서 선적을 마친 2척의 화물선이 화물을 몽땅 빼앗긴 채, 함대를 위해서 징발되었다. 그러나 이 사건들은 일부 역사가들이 대규모 작전으로 묘사한 "베네치아 선박의 나포"와는 성격이 전혀 다르다. 겨울이었기 때문에 이 조치가 내려지기 전에 나포 가능한 선박의 수는 많을 수가 없었다. 사실 이 조치는 특별히 걱정스런 것으로 보이지 않았다. 선박들은 보상을 약속받았고, 16세기에 징발은 늘상 있는 일이 아닌가. 베네치아가 겁을 먹었다면—당연히 불안을 느끼고 전투태세를 갖추었다—그것은 술탄이 군대를 이끌고 아나톨리아와 카라마니아를 통과할 것이며, 카스텔누오보에 추가로 700명 이상의 예니체리를 배치시켰다는 소식 때문이다.[305] 그러나 이 때문에 카타로의 베네치아 총독부가 카스텔누오보를 통과하고 있던 무스타파 파샤의 아들에게 선물을 보내지 않았던 것은 아니다.[306] 투르크인들이 투르크의 역사적 권리라는 명분을 내세우며(벌써!) 키프로스의 무조건적인 양도를 요구할 것이라는 사실은 2월 1일 이후 콘스탄티노플 주민이면 누구나 다 아는 소식이었던 것으로 보인다. 그러나 2월 9일자 그랑상의 편지에 적힌 소식[307]은 3월이 되어서야 베네치아에 도착한다. 이 시기에 전쟁은 이미 시작되었다.

좀더 확실한 위협을 가함으로써 외교적 주도권을 장악하려고 했던 투르크는 실제로 베네치아의 재물을 공격했다. 2월 27일 월요일, 악천후로 인해서 베네치아의 소형 선박이 아드리아 해의 페스카라 인근까지 떠밀려 내려왔다. 보미노 데 키오지아라는 자의 배가 26일 일요일 [베네치아의 속령]

자라를 출발했다가 끔찍한 폭풍우를 만나 놀라운 속도로 안코나 산 남쪽까지 떠밀려온 것이다. 선장은 여러 상인들에게 제법 잘 알려진 인물이었는데, 그는 2만5,000 내지 3만 명의 투르크인들이 자라를 급습했지만, 천만다행으로 2척의 갤리 선이 대포를 쏘아 습격자를 물리치고 경보를 울릴 수 있었다고 보고한다.[308] 이 숫자를 확인할 수는 없지만, (1576년의 기록에 따르면) 달마티아 지방의 길고 구불구불한 전초기지에 주둔하고 있던 6만 명의 군사들이 공격을 받았다는 것은 충격적인 사실이었다. 투르크는 이 전초기지들을 공격하여 큰 피해를 안겨주었다.[309]

마침내 투르크의 요구사항에 대한 공식적인 정보가 베네치아에 도착했다.[310] 2월 1일[311]에 콘스탄티노플을 출발한 전령 우바트는 3월 중순경 라구사를 통과했고,[312] 27일에 베네치아 원로원의 접견을 허락받았다. 그러나 전령은 자신의 임무에 대한 공식적인 발언 기회를 허락받지 못했고(이러한 연출은 사전에 준비된 것이었다), 대신 베네치아인의 거친 발언을 듣기만 해야 했다. 220인 중 199인의 찬성으로 투르크의 요구가 거부되었다.[313] 사실상 베네치아는 싸울 결심이 선 상태였다. 3월 중순, 베네치아는 펠리페 2세에게 특사를 급파한다.[314] 베네치아의 경계경보를 들은 피우스 5세도 에스파냐 국왕에게 루이스 데 토레스를 사절로 파견한다. 그는 매우 중요한 역할을 하게 될 것이다.[315]

베네치아는 전쟁 의지를 천명하고 군비를 갖추었다. 보충 함대를 진수시키고 갤리어스 선에 병사를 배치하고, 파우스토의 갤리언 선에 대형 대포를 장착했다. 병사들을 징집하고, 베네치아 내륙에서 제공된 모든 물자를 받아들여 키프로스에 원정군을 파견했으며(투르크는 이를 저지할 수 없었다), 달마티아로 수천의 병력을 보내고, 자라에는 기술자 한 명을 파견했다.[316] 봄이 오기 전까지 모든 준비가 요란하게 진행되었다. 하지만 실제로 이를 사용하려는 단호한 의지가 있었던 것은 아니다. 투르크인은 7월이 되어서야 키프로스 섬 남쪽 끝에 모습을 드러낸다. 이때까지만 해도 베네치아는 통상적인 지침을 따르는 것에 만족했다. 무엇보다도 상대에게 압도당한 티를 내지 말 것, 위협에는 위협으로, 무력에는 무력으로 응수할 것. 자국의 재화와 사람들이 압류되었다는 소식이 들리면 보복조치로 응답했다.[317] 그러나 투르크인이 양보하기 시작하자 베네치아 역시 곧바로 보조를 맞추었다.[318] 5월 5일에 새로 도제로 임명된 피에트로 로레다노는 주전파를 대표한 인물이다. 이는 사실이다.[319] 그러나 화평파가 침묵했던 것은 아니다. 3월 27일 만장일치로 결정되었지만, 이는 화평파에게도 위신의 문제가 중요했기 때문이다. 하지만 분열과 반전의 여지는 얼마든지 있었다. 투르크인이 철수하면, 베네치아는 군비나 기독교 세계의 안전 또는 소중한 기독교 자매국인 에스파냐에 대한 고려를 곧바로 지워버렸을 것이다.

1570년 초에 에스파냐는 불안하고 불편한 상태였다. 투르크의 대규모 군대도 걱정거리였지만 해군과 육군 대부분이 투입된 그라나다 전쟁으로 행동이 자유롭지 못했다. 북부의 사태도 불편함의 요인이다. 알바 공작이 대규모 군사개입에 반대했기 때문에 에스파냐는 무기력한, 달리 말하면 중립적인 방관자였다. 그러나 이는 대단히 값비싼 중립이었다.

그라나다 연안을 감시하느라 대부분의 갤리 선을 마음대로 움직일 수 없는 데다가, 이탈리아를 위험천만하게 방치한 상황에서, 레반트 소식에 대한 에스파냐인들의 대응은 몰타의 경계태세를 갖출 때와 유사한 양상을 띠었다. 나폴리, 시칠리아 및 북아프리카의 모든 거점에 경계경보가 내려졌다. 이 역시 비용이 많이 드는 작전이었지만, 어쩔 도리가 없었다. 투르크인들이 에스파냐에 피해를 입히지 않으리라고 장담할 수 없었기 때문이다. 투르크가 에스파냐를 공격하지는 않을 것이라는 급보가 여러 차례 올라왔지만, 그냥 보고서일 뿐이지 않은가? 게다가 그 내용이 모두 일치하지 않았다. 정보망을 혼란스럽게 만드는 것은 어려운 일이 아니다. 베네치아가 그 유명한 정보망을 무기 삼아 기독교 세계에 경계경보를 울리게 했고 투르크의 위협에 대한 강박증을 키웠다는 주장이 제기되기도 했다. 어쨌거나 16세기에 베네치아발 보고서를 크게 신뢰할 수 없는 것이 확실했다. 그런데 베네치아와 마찬가지로 콘스탄티노플도 필요한 경우에는 책략을 써서 에스파냐 국왕에게 전달될 특정 정보를 조작했다. 이는 그리 어려운 일이 아니었다. 그럼에도 불구하고 나폴리 부왕은 3월 12일에 이렇게 적는다. "콘스탄티노플에서 가장 신뢰하는 정보원이 보낸 1월 22일자 편지를 받았습니다. 달마티아 지방에서 전투가 시작되었다는 소식에도 불구하고, 현재 군비를 갖추고 있는 대규모 함대의 공격 목표가 베네치아가 아니라는 제 생각이 맞는 것 같습니다."[320]

이에 따라서 에스파냐는 남부 이탈리아의 갤리 선을 총동원하는 한편, 에스파냐 군대의 병력 부족을 보충하기 위해서 밀라노와 나폴리에 파병할 독일 병사들, 갤리 선과 시칠리아에 파견할 이탈리아 병사들을 징집했다. 라 굴레트에는 병력과 식량, 탄약을 보급했다. 3월 31일, 펠리페는 샹토네에게 편지를 보내[321] "독일군 두 연대를 징집하여 하나는 밀라노로, 다른 연대는 나폴리로 보내기로 결정했음"을 알렸다. "이탈리아의 속국들은 현재 병사가 턱없이 부족하기 때문에" 투르크인들이 온다면 막대한 손실이 야기될 수 있기 때문이다. 제노바에서 잔 안드레아 도리아의 갤리 선에 탑승한 나폴리행 연대는 5월 3일에 목적지에 도착했고,[322] 즉시 해안의 거점으로 이동했다. 그러나 6월 말 이후, 투르크의 공격 지역이 파악되고 확실해진다. 그리고 베네치아가 급료 지불을 거부하면서[323] 연대는 해산될 것이다.[324]

갤리 선에 관해서 이야기하자면, 4월에 잔 안드레아 도리아가 나폴리에 도착한 후, 이탈리아 남부에 60여 척이 정박해 있었다. 이는 당시 에스파냐가 동원할 수 있었던 100척 중의 일부로서, 시칠리아, 제노바, 나폴리 함대를 모두 합한 숫자였다. 나폴리 함대는 산타 크루스 후작의 지휘를 받았다. 지휘관들의 하소연을 믿는다면, 갤리 선은 인원도 노꾼도 부족했으며 병사는 거의 없다시피 했다.[325] 7월 함대의 인력을 보충하기 위해서 잔 안드레아 도리아는 나폴리에서 이탈리아인 2,000명을 징집해도 좋다는 허가를 얻어

냈다. 그동안 함대는 라 굴레트까지 두 차례의 항해를 반복해야 했다.[326]

두 번째 항해의 목표는 울루지 알리였다. 그는 24-25척의 갤리 선을 이끌고 비제르타에 기항 중인 것으로 알려졌다. 잔 안드레아 도리아는 보강한 31척의 갤리 선을 이끌고 이들을 붙잡으려고 했지만, 그 사이에 칼라브리아인은 비제르타 연안을 강화했고 사냥감은 안전을 확보할 수 있었다. 기독교 세계의 갤리 선들은 선회하여 라 굴레트에서 잠시 기항했다가 사르데냐에 들러 부대를 정비한 후 나폴리로 향했다.[327] 얼마 지나지 않아 그들은 시칠리아를 거쳐 동쪽으로 항해하라는 명령을 받았다. 시칠리아의 새로운 부왕 페스카라는 갤리 선이 튀니스를 공격하기를 원했지만,[328] 펠리페 2세는 교황청과 베네치아의 요청에 굴복했다. 키프로스 구조 작전이 진행될 것이다.

키프로스 구조

투르크인들이 섬에 상륙한 것은 7월이다. 9월 9일 섬의 수도인 니코시아가 함락되었다. 베네치아에게 남겨진 곳은 방비가 더 잘 되어 있었던 파마구스타뿐이었다. 이곳에는 상당 기간을 버틸 수 있는 꽤 큰 규모의 병력이 주둔하고 있었다. 소식의 지연을 감안하면 키프로스 문제는 시간이 한참 지난 후인 한여름이 되어서야 그 윤곽이 뚜렷해진다. 베네치아는 과연 키프로스 구조에 나설 것인가? 베네치아 혼자서 투르크를 대적할 수 있는가? 베네치아는 설탕과 소금, 목화를 공급하던 자신의 소중한 섬을 구해낼 수 있을 것인가? 어쨌든 베네치아의 관심사는 서유럽 세계와 투르크를 맞대결시키는 것, 그리고 이 국지전을 대규모 전쟁으로 확대시키는 것이었다. 대규모 전쟁을 불사하겠다고 위협함으로써 적의 사기를 떨어뜨려 점령지를 포기하고 타협을 받아들이게 할 수도 있지 않은가. 그렇다고 베네치아가 지중해의 또다른 거인과의 직접적인 동맹 체결을 원했던 것은 아니다. 1538년의 동맹[신성동맹][329]은 여전히 쓰라린 기억으로 생생하게 남아 있었다.

당시 베네치아에서는 도리아와 바르바로사의 결탁을 의심하고 있었다. 1590년에 파루타[16세기 베네치아 역사가이자 정치인]는 배신행위가 있었다고 주장한다. 그러나 직접적인 공격을 받고 있는 상황에서, 베네치아는 어느 한 진영과 손을 잡을 수밖에 없지 않겠는가?

에스파냐가 무기를 들도록 설득하는 일은 여간 어려운 일이 아니다. 그랑벨은 소식을 접하자마자 베네치아에 대한 어떤 지원도 반대한다고 공표했다. 협상은 애초부터 로마를 거쳐 삼자 대화의 형태로 진행되었다. 그러나 피우스 5세는 놀랍고도 비범한 인물이다. 그는 곧장 대화를 주도했다. 그의 가톨릭 정치는 늘 전투적이었기 때문에, 이번에도 격렬한 투지를 불태우며 홀로 행동에 나섰다. 앞에서 보았듯이, 1566년에 실망을 맛본 교황은 지중해의 최근 사태에서 설욕의 기회를 노리고 있었다. 그는 이 문제에 온 열정을 쏟아부었고, 신속한 행동력으로 장애물을 제거해나가며 원칙적으로는 중재자에 불과했지만 양 진영의 합의를 강력하게 요구했다.

짐작컨대 그는 농장과 염전을 구하는 일에 정신이 팔린 베네치아의 옹졸한 계산 따위는 거의 무시한 것으로 보인다. 이미 그는 1570년 3월, 베네치아 원로원의 회기에 맞춰 교황 대사를 파견하며 압력을 행사했다. 이어서 베네치아 공화국의 전쟁 준비를 지원하고자 베네치아 성직자들에게 성직세[특수한 시기에 성직자의 수입 중 일부를 국가가 거두어가는 세금]를 물려도 좋다는 허가를 내렸다. 1571년, 그는 토스카나 갤리 선들을 중심으로 교황 함대의 창설을 추진했다. 그리고 지체 없이 갤리 선 건조에 쓰일 목재를 안코나로 수송하도록 조치했다.[330] 이어서 충복이자 친구, 측근 중 가장 열정이 넘치던 성직자인 루이스 데 토레스를 펠리페 2세에게 급파했다.[331] 이는 토레스가 에스파냐인이며, 펠리페 2세의 참사회 내에 개인적으로 친분이 있는 자들이 있다는 점을 고려한 결정이었다. 3월 15일 교지가 내려졌고, 4월 펠리페 2세는 코르도바에서 그를 맞이했다. 그라나다 전쟁이 한창이었다.[332] 코르도바는 전장으로부터 며칠이면 닿을 거리였다. 결국 종교적 열정이 분위기를 지배한다. 게다가 기독교 세계의 명운이 걸린 시기이다.[333] 기독교 세계는 남쪽 바다 연안과 북쪽 변경에서 (종교개혁에 의해서) 공격을 받으며 옴짝달싹 못하고 있었다. 그리고 저 멀리 대서양에서 벌어진 갈등이 추가될 것이다. 피우스 5세의 친필 편지와 그의 사절이 작성한 서신들은 당시의 흥분—그렇지 않다면 놀라운 일일 것이다—을 여실히 보여준다. 이 편지들은 그라나다 전쟁의 배후에서 타오르고 있는 열정과 십자군 정신을 보여줄 뿐이다.

그러나 협상은 더뎠다. 피우스 5세가 요구하는 것은 동맹이었다. 임시방편이 아닌 공식적인 동맹 말이다. "명백합니다." 토레스는 에스파냐 국왕에게 전달하도록 지시받은 표현을 그대로 구사한다. "투르크인이 베네치아인과 싸우는 주요 원인 중의 하나는 베네치아인을 지원할 세력이 없으며, 그라나다의 무어인 문제로 정신이 없는 전하가 베네치아와 연합할 가능성이 없다고 판단하기 때문입니다." 그러나 최선의 계산이 때로는 오답을 내놓기도 하는 법이다. 펠리페 2세는 대(對) 이슬람 동맹에 가담하기로 결정한다. 1570년—그라나다 사태가 발생한 해이다—에 에스파냐인의 오랜 열정이 다시 타올랐기 때문이리라.

물론 정치적, 재정적 이해관계도 고려할 필요가 있다. 베네치아는 기독교 세계의 최전방이다. 베네치아가 무너지는 쪽이 유리할까? 아니면 프랑스 정부가 제안한 타협안들 중 하나에 베네치아와 투르크가 합의하는 쪽이 더 유리할까? 교황은 어느 쪽도 무시하지 않는다. 펠리페 2세에게 보내는 서신에서 그는 이렇게 이야기한다. "베네치아의 요새는 에스파냐 국왕의 거점 요새들을 보호하는 방벽입니다." 동맹에 가담한다는 것은 펠리페 2세가 "베네치아와 베네치아의 인적 자원, 무기, 함대를 이용할 수 있게 됨"을 의미한다고 말이다. 재정적 이득은 분명하다. 1566년 이래 에스파냐 왕은 막대한 보조금(에스파냐 성직자들이 내는 연 50만 두카트)을 거둬들이고 있었지만, 성전세의 교서가 갱신되지 않는다면 이는 매년 40만 두카트 이상의 손실을 의미했다.[334] 1567년에 인가된 성전사면장(excusado)은 격렬한 반대를 염려하여 한번도 징수된 적이 없었다. 루이스 데 토레스는 교황의 이름으로, 그때까지 양심상 허락하지 않았던 성전세를 승인해주었다. 에스파냐 예산에 대한 이러한 든든한 지원은 분명 국왕의 결정에 큰 영향을 끼쳤다.

결단이 굼뜨다고 알려진 펠리페 2세는 루이스 데 토레스의 구구절절한 설명이 있은 지 일주일이 지나고 나서야 원칙적인 합의를 표명했다.[335] 이는 베네치아와 에스파냐는 물론이고 투르크와 전 지중해 세계의 입장에서 지난 수년간 시도된 계획 중에서 가장 대담한 군사적 모험이었다.

동맹이 결정되기도 전에 키프로스 구조 작전[336]이 시도되었다. 즉흥적이었고 상황도 열악했다. 수니가의 탄원에도 불구하고 로마에서 급하게 교황 함대가 무장되었다. 아마도 교황은 함대에 친림함으로써 1538-1540년에 그랬던 것처럼 에스파냐인들이 제멋대로 구는 사태를 방지하려고 했던 것으로 보인다. 마르칸토니오 콜론나를 연합함대의 지휘관에 임명한 것 역시 즉흥적인 결정이었다.[337] 이는 더 심각한 문제였다. 로마인 귀족이고, 나폴리의 대원수로 펠리페의 봉신이기도 했던 이 인물은 에스파냐에서 받게 될 명예에 촉각을 곤두세우고 있었다(그는 이미 두 차례 마드리드를 방문하여 목적을 이루고자 했지만 별 소득은 없었다).[338] 젊은 시절 짧게나마 갤리선들을 지휘한 경력이 있었지만, 그는 군인이지 뱃사람은 아니었다. 하지만 피우스 5세는 콜론나를 선택했고, 그가 기독교 함대의 사령관이 되어야 한다고 고집했다. 이는 심각한 문제였다. 전시에 함대사령관을 즉흥적으로 결정할 수는 없는 노릇이다.

전시 함대를 즉흥적으로 조직해서는 안 되지만 베네치아는 선택의 여지가 없었다. 그리하여 신속하게 상당한 규모의 함대를 동원했지만 겉보기와 달리 그리 대단한 것은 아니었다. 베네치아의 군사기구는 오랜 평화기를 거치면서 약화된 상태였다. 심지어 해군은 다양한 개별 함대들로 분산되어 있었고, 조선소에 대기 중인 예비 함대는 재정비를 기다리고 있었다. 베네치아가 선박, 갤리 선, 갤리어스 선, 대포 등 풍부한 물자를 갖추었다고 해도, 인력과 식량이 턱없이 부족했다. 군대란 노꾼과 승무원, 갤리 선에 탑승할 병사들, 술통, 식량 상자를 요구하는 법이다. 이도저도 부족한 상황에서, 베네치아 공화국은 신속하게 대처하지도, 모자란 인력을 보충할 새로운 전술을 수립하지도 못했다. 대포를 실은 라운드쉽이나 갤리언 선, 고속 갤리 선들의 미래는 하나같이 뻔해 보였다. 2월에 라운드쉽을 동원하여 키프로스로 보낸 긴급 지원은 겨울임에도 불구하고 목적지에 도달했고, 가는 길에 대형 범선들의 대포가 투르크의 갤리 선들을 제압했다.[339] 그러나 아직 교훈을 얻지는 못한다. 상황의 급박함을 고려할 때, 수백 년을 내려온 전통, 즉 전투원이 싸움의 동력이자 도구라는 개념에서 벗어나기에는 너무 늦었다.

히에로니모 자네 휘하의 갤리 선 60척은 3월 30일에 베네치아를 출발하여, 4월 13일에 가까스로 자라에 도착했다.[340] 그곳에서 함대는 6월 13일까지 두 달 동안 라구사 지역에서 우스코크인과 해적의 습격에 대한 몇 차례 정찰 활동을 벌인 것을 제외하면 거의 아무것도 하지 않은 채 식량만 축내고 있었다.[341] 후배지 없는 항구 자라에서는 재보급도 힘들어서 투르크 갤리 선들이 알바니아 해안을 약탈하는 것도 막지 못했다. 이렇게 아무것도 하지 않은 데에는 나름대로 이유가 있었을 것이다. 베네치아를 보호하려는 의도, 급습과 신속한 왕래는 용이하되 대함대의 이동에는 부적절한 아드리아 해의 겨울 날씨에 대한 우려, 또한 적어도 사람들이 말하는 대로라면, 키프로스와의 통신을 유지하기 위해서 그리스에 주둔해 있는 투르크 함대와 조우할지도 모른다는 불안 등이 그것이다.

여름이 오자, 자네는 크레타 섬으로 곧장 이동하여 섬으로 파견된 베네치아의 전 갤리 선들을 집결시키라는 명령을 하달받았다. 가는 도중 멈추지 말고 그 어떤 행동도 하지 말라는 명령이었다. 투르크 함대에게 아드리아 해로의 이동을 고려할 시간적 여유를 줄 수도 있기 때문이다. 코르푸에 도착한 베네치아인은 교황 함대와 에스파냐 함대의 도착이 임박했다는 희소식을 접했다. 그들은 크레타로 이동했고, 지시대로 그곳에서 인력과 보급품을 확보하고자 했다. 그러나 이들이 도착한 8월에 섬은 아무런 준비도 되어 있지 않았다. 태만이나 부주의함 때문이었을까? 아니면 현실적인 난관이 있었던 것일까? 여러 베네치아 보고서들이 쏟아내는 불평은 그러한 인상을 준다. 에게 해 지역에서는 베네치아 함선을 위한 선원과 노꾼 징집이 점점 더 어려워지고 있었다. 에스파냐와 교황의 함대는 8월 31일에 수다 항에 입항했다. 한편 에스파냐 갤리 선들은 메시나에 집결하여 노꾼과 병사의 보충을 끝마쳤다.[342]

무엇을 할 것인가? 루이스 데 토레스와 대화를 나누면서 펠리페 2세는 처음에 자신에게 요구된 사항, 즉 에스파냐 갤리 선단의 시칠리아 주둔 유지를 약속했을 뿐이다. 추가적인 대화 이후 레반트로 함대를 보내겠다는 결정을 내렸다.[343] 그리하여 잔 안드레아 도리아에게 새로운 명령이 하달되었다. 도리아는 8월 9일에 명령을 전달받았는데, 그 안에는 마르칸토니오 콜론나의 지휘를 받으라는 지시가 포함되어 있었다.[344] 부사령관이 된다는 것은 달가운 일이 아니다. 이는 레반트 해역에서 자신의 함대, 특히 아시엔토(asiento)의 규정에 따라서 손실을 입어도 보상을 받을 수 없는 갤리 선을 위태롭게 하는 일이었기 때문이다. 게다가 명령에 따라 8월에 키프로스로 출발하면, 귀환 도중에 필시 혹독한 겨울 날씨를 만날 수밖에 없었다.

도리아는 마지못해 명령을 이행했다. 도리아의 갤리 선 51척은 8월 20일경 오트란토에서 교황의 소규모 함대와 합류했다.[345] 전 함대가 크레타 북쪽 해안에서 집결을 마친 것은 9월 14일이 되어서였다.[346]

집결 장소로 선택된 수다 항은 편리하기는 했으나 보급이 어려웠다. 언뜻 보아도 베네치아의 준비상태는 불량했다. 갈등이 빚어진다. 베네치아인은 군세에 대한 눈속임이 전혀 불가능한 바다 한가운데에서 힘을 과시하는 대신 항구에 함대를 배치시키고, 뱃고물을 육지 쪽으로 향하게 한 채, 사열을 위해서 선원들이 갤리 선 사이를 이동할 수 있게 했다.[347] 한편 지휘관들 사이에 불화가 불거지고 있었다. 베네치아 제독은 어떤 희생을 치르더라도, 필요하면 단독으로라도 키프로스를 구조하라는 명령을 받았기 때문에 동맹 함대의 동진을 결정했다. 하지만 키프로스로 직행하려던 것은 아니다. 투르크인과의 충돌을 피하려고 했기 때문이다. 제독들은 소아시아나 다르다넬스 해협을 공격함으로써 적 함대의 시선을 다른 곳으로 돌리고 섬과 투르크인들 사이에 함대를 배치하여 적 함대의 귀환을 저지하겠다는 계획을 검토하고 있었다.

이에 따라서 함대는 로도스를 향해 돛을 펼쳤다.[348] 어마어마한 규모의 함대였다. (작은 배들이나 수송선들은 제외하고도) 갤리 선 180척과 갤리어스 선 11척, 대포 1,300문 그리고 1만6,000명의 병사들이 있었다. 작전이 성공할 가능성도 있었다. 교황 함대와 베네치아 함대에 결함이 있기는 했지만, 성공했을 수도 있다. 만일 지휘관들의 분열이 그토록 심각하지만 않았다면, 즉흥적으로 임명된 마르칸토니오 콜론나 제독이 진정한 지도자였다면, 그리고 전술적인 예방조치를 의도적으로 강화한 도리아가 이미 충분히 신중한 움직임을 보이고 있는 함대의 전진을 추가적으로 지연시키지 않았더라면 말이다.

어쨌든 소아시아 연안에 이르렀을 때, 니코시아가 9월 9일에 함락되었고,[349] 여전히 저항 중인 파마구스타를 제외한 섬의 대부분이 투르크인들에게 장악되었다는 소식이 들려왔다. 지휘관들은 회군을 결정했다. 늦가을의 폭풍이 크레타로 되돌아오는 함대를 끔찍하게 괴롭혔다. 같은 시기에 콘스탄티노플로 돌아가던 투르크의 승전 함대도 괴롭기는 마찬가지였다. 식량이 턱없이 부족한 섬에서 동맹군이 겨울을 난다는 것은 꿈도 꾸지 못할 일이었다. 그들은 이탈리아로 후퇴할 수밖에 없었다. 그 사이에도 항해는 난관의 연속이었다. 도리아는 자신의 함대를 이끌고 메시나로 돌아오는 데에 성공했지만,[350] 베네치아인은 막대한 손해를 입었다(크레타로 돌아오는 길에 13척, 다른 기록에 따르면 27척이 침몰했다).[351] 11월, 마르칸토니오는 가지고 있던 12척 가운데 3척만을 이끌고 돌아왔다.[352]

원정 실패에 대한 불편한 반응, 그로 인한 의혹과 논쟁은 쉽게 상상할 수 있다.[353] 로마와 베네치아는 모든 책임을 도리아에게 돌렸다. 이는 제독을 구실로 에스파냐 국왕에게 공격을 퍼부을 좋은 기회였다. 베네치아에는 화평파가 다시 득세했다. 물론 에스파냐도 이러한 비난에 응수할 기회를 놓치지 않았다. 그랑벨은 동생 샹토네에게 "바다에 관해서 콜론나는 나만큼이나 아는 바가 없다"고 이야기한다.[354] 한편 베네치아 공화국은 늘 그랬던 것처럼 무능한 집행관들을 엄벌했다. 즉 군사령관 팔라비치노, 히에로니모 자네 제독(그는 투옥 직후 사망했다)과 심지어 하위 장교에 이르기까지 책임자들을 처벌했다. 1571년, 베네치아 함대를 그토록 정연한 모습으로 만든 것은 바로 이러한 처벌과 파면이었다.

1570년 겨울 내내 동맹의 미래는 불투명했다. 원칙적으로 누구의 서명도 없이 그저 원칙상 합의된 이 동맹은 존재하기도 전에 스스로 붕괴된 것처럼 보였다.

제4장

레판토 해전

레판토[그리스의 나프팍토스] 해전은 16세기에 지중해에서 벌어진 군사적 사건들 가운데 가장 울림이 큰 사건이었다. 그러나 기술과 용기의 이 엄청난 승리를 일반 역사 서술 속에서 해석하기란 쉽지 않다.

우리는 이 깜짝 놀랄 만한 사건이 그에 앞선 사건들의 논리적 결과였다고는 말할 수 없다. 그렇다면 이 사건을 연구한 마지막 연구자들 가운데 한 사람인 F. 하르틀라우프처럼, 셰익스피어 풍으로 돈 후안 데 아우스트리아의 영웅적인 역할을 부각시켜야 하는가? 사실 그는 혼자서 운명을 뚫고 나아갔다. 그러나 모든 것을 그런 식으로 설명하는 것은 적절하지 않다.

놀랍게도 이 예기치 않은 승리는, 볼테르가 비웃었듯이 거의 아무런 영향도 미치지 못했다. 레판토 해전은 1571년 10월 7일에 벌어졌다. 그러나 이듬해 동맹군은 모돈[메토네]에서 패퇴했다. 1573년에 재정이 바닥난 베네치아는 전쟁을 포기했다. 1574년 투르크는 라 굴레트와 튀니스에서 승리했다. 십자군의 모든 꿈은 이렇게 역풍을 맞아 산산조각이 났다.

그러나 우리가 사건들, 즉 빛나는 역사의 외피에만 집착하지 않는다면, 수천 가지의 새로운 현실이 팡파르 없이 조용히 나타나서 레판토 너머로 이어진다.

투르크의 마법은 깨졌다.

기독교 측의 갤리 선들은 엄청난 수의 죄수들을 새로 노꾼으로 받았는데,

앞으로 몇 년 동안 쓸 새로운 동력원이 이렇게 마련되었다.

도처에서 기독교도가 주도하는 해적 행위가 다시 나타났고 심해졌다.

결국, 1574년의 승리 이후, 특히 1580년대 이후에 투르크의 대함대는 안으로부터 해체되었다. 1591년까지 지속되는 바다의 평화가 투르크 함대에게는 최악의 재앙이었다. 그 평화로 말미암아 투르크 함대는 항구에서 썩어갈 것이었기 때문이다.

레판토 해전 하나가 이렇게 많은 결과들을 야기했다고 말하는 것은 지나친 감이 있다. 그러나 레판토 해전은 분명히 이것들에 기여했다. 역사적 경험으로서 그 사건이 우리의 관심을 끄는 이유는 아마도 "사건사(histoire événementielle)"의 한계를 보여주는 두드러진 사례이기 때문일 것이다.

1. 1571년 10월 7일의 전투

신성동맹(La Ligue), 즉 투르크에 대한 공동투쟁을 위한 동맹은 1571년 5월 20일에 조인되었다. 동맹국들 사이의 상호 불신, 그들의 엇갈린 이해관계, 적대까지는 아니더라도 그들의 불화를 고려해볼 때, 지난해 여름의 반목에도 불구하고 동맹을 맺을 수 있었다는 것 자체가 놀랄 만한 일이다.

지연된 동맹의 체결

에스파냐는 이해관계가 변하면 언제든지 투르크와 협상할 생각을 하고 있다고 베네치아를 비난했다. 에스파냐와 마찬가지로 교황도 표리부동한 베네치아 정부를 불신했다. 너무나 많은 난제들과 씨름하고 있던 베네치아는 그들대로 1538-1540년의 선례[투르크에 대한 신성동맹]를 씁쓸하게 떠올렸다. 1571년 여름, 첩보와 소문들이 베네치아를 거치며 소용돌이치던 와중에도 모든 장애들이 극복되었지만, 여전히 아주 이상한 풍문들이 떠돌았다. 그에 따르면, 에스파냐는 제노바, 토스카나 그리고 심지어 베네치아와도 싸울 준비를 하고 있었다. 분명히 이 소문들이 어디에서 나오는지, 즉 누가 소문을 지어내고, 어떤 의도를 가지고 소문을 퍼뜨리는지를 알아보아야 할 것이다. 단순히 민중의 불신에서 비롯된 소문들이 퍼졌을 수도 있다.

신성동맹 체결을 잘 마무리해야 하는 협상가들에게 그 임무는 막중한 것이었다. 에스파냐 대표단은 추기경인 파체코, 그랑벨, 후안 데 수니가로 구성되었는데, 6월 7일[1] 그들에게 새로운 임무를 부여하는 (5월 16일자의) 국왕 명령서를 받았을 때, 세 사람은 모두 로마에 있었다. 베네치아는 그 임무를 로마 주재 대사에게 부여했는데, 10월에 대사를 미켈레 수리아노에서 조반니 소란초로 교체했다. 교황은 추기경 모로네, 체시, 그라시스, 알도브란디노, 알레산드리노, 루스티쿠치를 협상 대표로 지명했는데, 마지막 두 사람은 공식 직함 없이 회의에 참석했다. 협상은 쉽지 않았다. 1570년 7월 2일의 첫 번째 회의에서 마지막 회의까지 협상은 세 차례 중단되었다. 즉 1570년 8월부터 10월까지, 1571년 1월과 2월에, 그리고 모든 문제가 해결된 것처럼 보였지만 1571년 3월부터 5월까지 세 번째로 중단되었다. 두 번째와 세 번째 협상 중단 시기에 베네치아는 공식적인 부인에도 불구하고 투르크와의 타협을 시도했다. 베네치아는 가을 공세가 성과 없이 끝난 후 1월에 원로원 서기인 자코포 라가초니[2]를 콘스탄티노플에 급파했다. 그러나 메흐메트 소콜루와 콘스탄티노플 주재 베네치아 대사 사이에 대화가 중단된 적은 없었다. 바로 이 시도가 신성동맹 체결을 지연시켰다. 베네치아가 콘스탄티노플에서의 시도가 확실히 실패로 끝날 때까지 동맹 체결을 결심하지 못했기 때문이다.

추기경 알레산드리노의 살롱에서 어느 정도 정기적으로 회합했던 외교관들이 아무리 능숙하고 유능했을지라도 그들 마음대로 협상할 수는 없었다. 그들의 역할은 이웃을 감시하고, 장문의 보고서를 작성하고, 하달된 명령에 따라서 어려운 문제들을 제거하거나 제기하는 것이었다. 그들은 훈령에 얽매였을 뿐만 아니라, 모든 중요한 결정을 각자의 정부에 맡겨야만 했다. 이와 함께 거리 때문에 어쩔 수 없이 생기는 지체가 협상을 더디게 만들었다.

만약 그들이 결정권자였다면, 비교적 쉽게 합의에 도달했을 것이다. 특히 교황이 동맹 체결을 강력하게 원했기 때문이다. 교황은 첫 번째 국면의 협상에 직접 관여했다. 협상을 시작하자마자 교황은 1537년의 협정문을 당시의 상황에 맞게 수정해서 제안함으로써 협상의 장을 정리했다. 9월 초에 신성동맹이 체결되었다는 소문이 돌았다.[3] 모든 중요한 문제들이 사실상 타결되었다. 신성동맹을 적어도 12년 동안 유지한다는 데에 합의했다. 신성동맹은 공수(攻守) 동맹이 될 것이다. 투르크에 대항하기 위해서 맺어진 신성동맹은 북아프리카의 투르크 속국들, 즉 트리폴리, 튀니스, 알제를 대상으로 한 것이기도 하다. 이는 자신들의 활동 영역에서 장차 행동의 자유를 보장받고자 했던 에스파냐의 명시적인 요구에 따른 것이다.[4] 다른 몇 가지 사항에도 합의했는데, 동맹군 함대의 지휘권은 돈 후안 데 아우스트리아에게 귀속될 것이고, 공동 경비는 1537년처럼 6등분하여 에스파냐 국왕이 6분의 3, 베네치아가 6분의 2, 교황이 6분의 1을 부담할 것이었다. 식량에 관해서 에스파냐는 베네치아에게 이탈리아 시장을 개방할 뿐만 아니라, 합리적인 판매 가격을 보장하고, 수출에 대한 각종 세금을 올리지 않기로 약속했다. 베네치아는 풀리아나 시칠리아의 밀에 의지하지 않으면 투르크산 밀 없이는 견딜 수 없었기 때문에 이 점을 특히 강조했다.[5] 마지막으로, 다른 동맹국들의 사전 동의 없이 투르크와 개별적으로 협상하는 것이 금지되었다.

협상안은 검토와 수정을 위해서 각국 정부에 전달되었는데, 이 때문에 8월부터 10월까지 첫 번째로 협상이 중단되었다.

10월 21일 협상이 재개되었다. 그러나 그 사이에 쓸데없이 레반트로의 원정이 진행되었다. 오랜 검토 끝에 펠리페 2세는 문안을 약간 수정해서 조약을 체결하도록, 그에 필요한 위임장을 보내기로 결정했다. 반대로 베네치아는 거의 결정되었던 것을 갑자기 되돌렸다. 베네치아는 협상 대표를 교체했고, 의도적인 설전과 무익한 논지 이탈의 혼란 속에 전보다 더 신랄하게 모든 것을 다시 논의하고자 했다. 베네치아는 협상 타결을 피하기 위해서 식량 가격, 총사령관의 권한, 작전계획 작성, 동맹국들의 재정 분담 등에 대해서 세세한 사항들까지 재론했다. 에스파냐 대표들, 특히 그랑벨은 날마다 기분이 상했고 점점 더 피곤해졌다. 겨우 내내 그럴 분위기였기 때문에 이보다 더 당연한 것은 없었다. 결국 12월에 (교황 함대의 사령관과 카스티아의 대기사단 단장 중에) 누구를 돈 후안의 부사령관으로 삼을 것인가라는 사소한 문제로 협상이 중단되었다. 교황의 불평이 가장 격렬했다.

이 두 번째 협상 중단은 몇 주일 동안 지속되었다. 에스파냐 국왕이 결국 에스파냐가 제안하는 세 명 중에서 교황이 돈 후안의 부사령관을 선택한다는 데에 동의하자, 협상 대표들은 2월에 협상을 재개했다. 새로운 협정문이 3월 초에 작성되었다. 그러나 투르크로 파견한 라가초니의 협상 결과를 기다리던 베네치아가 이러저러한 핑계를 대면서 5월까지 동의를 미루었다. 5월 20일 대표들이 서명했고, 5일 뒤인 1571년 5월 25일에 산피에트로 대성당에서 공식적으로 신성동맹이 선포되었다.[6]

원칙적으로 신성동맹은 영속적인 동맹(foedus perpetuum, Confederación Perpetua)이라고 선언되었지만, 실제로는 3년간(1571-1573)의 군사동맹을 계획하는 데에 그쳤다. 동맹국들은 매년 5만 명의 보병과 4,500명의 경기병을 태울 200척의 갤리 선과 100척의 라운드쉽을 보내기로 약속했다. 신성동맹은 레반트를 겨냥했지만, 경우에 따라서 있을 수도 있는 알제, 튀니스, 트리폴리에 대한 원정도 배제하지 않았고, 아니 오히려 예비했다. 비용 지급에 관해서는 교황이 분담금을 지불하지 않을 경우, 에스파냐와 베네치아가 각각 총 경비의 5분의 3과 5분의 2를 부담한다고 규정했다.[7] 식량에 관해서는 합리적인 가격과 수출세 증가 억제가 쟁점이었다. 동맹국들은 어떤 경우에도 투르크와 개별적으로 강화하지 않기로 했다.

사진 38, 39 레판토 해전

위의 그림은 정확한 도면, 파리 국립도서관, C 6669. 아래의 그림은 과장된 광경, 산타 크루스 후작의 저택(Ciudad Red), 벽화. (촬영 파리 국립도서관; Mas, 바르셀로나)

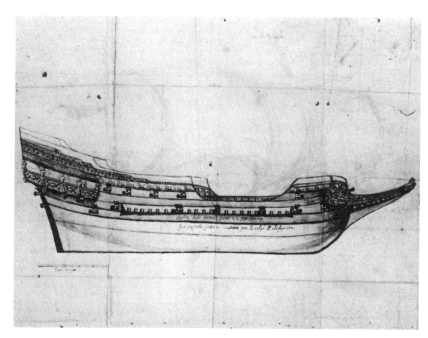

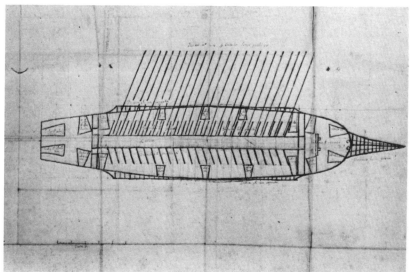

사진 40 베네치아의 갤리어스 선(16세기)
개인 소장품. 대포의 배치에 유의해야 한다. 베네치아 갤리어스 선의 화력이 레판토 해전의 승리를 결정지었다.

이것이 열정을 가지고 주의 깊게 추적한, 1571년 동맹의 성립에 관한 난해하고 긴 역사를 아주 짧게 요약한 것이다. 프랑스인들은 누구보다 씁쓸하게 이 과정을 지켜보았는데, 이는 프랑스가 또다시 오스트리아 왕가의 영광에 맞서는 정책을 취할 것이라는 점을 보여준다. 1570년 8월 5일(즉 7월 14일의 휴전과 8월 8일의 [생 제르맹] 강화 사이에) 프란세스 데 알라바는 다음과 같이 기록했다. "프랑스인들은 합의에 이르지 못하기를 바랐습니다. 프랑스인들은 베네치아인들이 이 조약에 서명해서 최대의 적인 투르크와 협상할 수 있는 자유를 확보하지 못한다면 그들은 정말 멍청이라고 말합니다. 프랑스는 신성동맹 결성을 방해하고 베네치아와 술탄이 합의에 도달할 수 있도록 가능한 모든 방법을 동원할 것입니다. 프랑스인들이 계속 이런 식으로 한다면, 내년에 그들이 툴롱을 투르크에 내주겠다고 제안한다고 해도 저는 놀라지 않을 것입니다."[8] 8월 28일, 로마에서 기독교 동맹의 체결이 임박했다는 가장 낙관적인 소문이 돌았을 때에도, 랑부예 추기경은 언제나 같은 의견이라고 말하면서, "협정이 문서로 작성될 수 있다면 좋을 것이다. 그러나……우리는 결코 그 결과를 보지 못할 것"이라고 썼다.[9] 같은 날에 베네치아 사람들도 그렇게 생각했고,[10] 베네치아 정부가 협정에 서명하더라도 그 서명이 얼마나 지속될 수 있을지에 대해서 황제도 매우 회의적이었던 것이 사실이다.[11]

레반트로부터 함대가 귀환한 이후에 심각한 문제들이 분출되기 시작했을 때, 거의 모든 사람들이 로마에서의 지루한 협상이 어떤 성과도 내지 못할 것이라고 생각했다. 12월 말, 평소 매우 낙관적이던 교황 자신도 프랑스 대사 랑부예 추기경에게 실망감을 감추지 않았다.[12] 마드리드 주재 교황 대사도 역시 지쳤다. 마드리드 주재 토스카나 대표도 "솔직히" 신성동맹 체결에 거의 기대를 걸지 않는다고 말했다. 그가 보기에는 에스파냐도 오로지 성전세(cruzada)와 성전사면장(escusado)을 받기 위해서 그 판에 뛰어든 것처럼 보였다. 왜냐하면 에스파냐는 협상 타결이 확실시되자마자 협상을 포기했고, 교황 대사가 너무나도 "낙담한" 것처럼 보이자마자 그마저도 "전혀 이해할" 수 없을 정도로 너무 막연한 말로 협상을 재개했기 때문이다.[13] 때는 1월 말이었다. 3월에 최고의 소식이 날아들었다. 그러나 베네치아는 유예기간을 추가하는 것이 좋겠다고 생각했다. 4월이 지나고 5월이 되자 마드리드에서는 초조함이 커져갔는데, 사람들은 이러한 지연이 의미하는 바가 무엇인지 궁금해했다. 6월 6일에 이르러서야 비로소 전령이 중요한 소식을 가져왔다.[14]

외교적 요소 : 프랑스

동맹 체결을 위한 준비 작업이 길었기 때문에 프랑스는 새로운 정책을 구체화할 수 있는 시간을 벌었다. 새로운 정책이라고 한 이유는 적어도 1559년 이래 침묵과 불신의 10년 동안 프랑스가 군사적, 정치적으로 지중해로부터 멀어졌기 때문이다. 이에 관해서는 매우 상세하게, 특히 1560년 이래 베네치아의 입장, 1568년 알렉산드리아에서 프랑스 함선을 나포할 수 있도록 술탄의 허락을 받아낸 요세프 미카스의 입장, 그 판에 관심이 없는 것처럼 보였던 프랑스의 입장에서 검토했다. 프랑스는 종교전쟁으로 황폐해졌지만, 앙리 3세 치세 말의 침체 상태에서는 벗어나 있었다. 꿈틀거리며 부활할 준비가 된 왕정(王政)의 요소들은 언제나 살아 있었다.

클로드 뒤 부르 사건에서 보여준 신중함에도 불구하고, 프랑스는 1570년 4월부터 베네치아에 중재를 제안하고 나섰다. 이는 놀랄 만큼 신속한 행보였는데, 막 키프로스 전쟁이 시작되었고 프랑스 종교전쟁은 아직 끝나지 않았기 때문이다. 그러나 이미 국민 화해정책이 입안되고 있었다. 프로테스탄트도 "정치파(Politiques)"도 예외 없이 그 정책을 지지했고, 해외에서 국왕을 대리하는 이들도 모두 마찬가지였다. 1570년에 그리고 1571년 초에도 이 새로운 동향은 아직 확연히 드러나지 않았고, 기독교 세계 최고의 관심사였던 평화에 대한 일반적인 고려 뒤에 숨어 있었다. 그러나 지난 몇 년 동안 모습을 감추었던 강경한 논조의 국왕의 편지에서도 아주 일찍부터 변화를 감지할 수 있었다.[15] 샤를 9세는 텔리니와 콜리니 제독에게 설득되었다. 그는 에스파냐와 관계를 끊고 네덜란드에 개입할 생각에 골몰했다. 그는 틀림없이 자신의 의도를 숨겼겠지만 철저하지는 못했다. 왜냐하면 토스카나가 프랑스의 변화를 감지했기 때문이다. 몰타의 기사 페트루치가 5월 19일에 프란체스코 데 메디치에게 "분위기는 에스파냐 왕에게 불리합니다"라고 썼듯이, 그 변화는 왕국 전체에 영향을 미쳤다.[16]

이 문제에서 토스카나는 단순히 관망하거나 이야기를 들어주는 역할이 아니라 공범이자 주모자였던 것이 사실이다. 1569년에 교황 피우스 5세로부터 대공의 칭호를 받은 토스카나 대공은 황제와 가톨릭 왕이 자신과 거리를 두며 자신을 소외시키고 있다고 느꼈다. 특히 에스파냐 국왕의 저의를 우려한 그는 오래 전부터 프로테스탄트 국가를 포함한 전 유럽에 보험을 들었다.[17] 그가 라로셸에서 콜리니 제독과 텔리니 주변에 선을 대는 협상의 끈이 첫 번째로 포착되었다. 아마도 그는 투르크에도 선을 대려고 시도했을 것이다. 매우 악의적인 자들은 그가 유대인 미카스의 배후에 있었고, 따라서 키프로스 전쟁의 원인이었다고 주장하기도 한다. 어쨌든 에스파냐는 토스카나에 있는 에스파냐 요새들을 걱정했기 때문에 그를 밀착 감시했다.[18]

그러나 양측은 1571년 초에도 평화를 위한 게임을 계속했다. 펠리페 2세와 샤를 9세는 외교 사절을 교환했다. 1월 말에는 올리바레스 백작 엔리케 데 구스만이 마드리드로부터 급파되었다.[19] 5개월 뒤인 6월에는, 펠리페 2세가 프랑스와 관계를 단절하지 않을지 확인하기 위해서 공디가 펠리페 2세에게로 왔다.[20] 알바 공작조차도 적어도 말로는 협조적이었다.[21] 아마도 이는 로마에서 로렌 추기경이 프랑스와 에스파냐 사이에 전쟁이 임박했다는 소문을 부정하기 위해서 베네치아인들에게 끊임없이 되풀이해야 한다고 생각했던 이야기들처럼, 실제 사실들을 숨기는 지나치게 우호적인 발언이었을 것이다.[22] 이번에는 프랑스 국왕이 직접 나서서 사실이 아니라고 선언해야 할 만큼 이탈리아에 소문이 파다했다. 1571년 3월에 베스파지아노 곤차가와 라 굴레트와 멜리야의 기술자인 일 프라티노[23]가 나바라 왕국의 국경을 조사하고, 살루초의 비라그 가문의 불평과 문제의 살루초 외에, 피에몬테에 주둔한 프랑스 군의 증강에 대한 대응으로,[24] 밀라노 총독 알뷔케르크 공작이 4월 11일에 피날레 후작령을 점령한 것이 단지 우연이었을까? 5월 9일경 파리에 그에 관한 소식이 당도했다. 지금, "가톨릭과 비(非) 가톨릭 모두 그 소식에서 위험을 느꼈습니다.[25] 그러나 내가 들은 바에 따르면, 그들은 국왕이 아니라 사부아 공작과 밀라노 총독에 대해서 불평하려는 것"이라고 프란세스 데 알라바가 밀라노 총독에게 썼다.[26] 에스파냐가 이 군사 행동으로, 프랑스의 남하 가능성에 대비해서 매우 견고한 빗장을 건 것은 지나친 일이다. 그러나 이것은 경고였다. 프랑스에서 여론이 분개했다.

사람들은 진지하게 전쟁을 말하기 시작했다. 사부아 공작은 알프스 너머에서 피에몬테에 대한 흉계가 꾸며지고 있다고 펠리페 2세에게 불평했다.[27] 에스파냐인들은 프랑스 갤리 선들이 보르도에서 마르세유로 귀환하라는 명령을 받았고,[28] 알프스 쪽으로 병력 이동이 있으며,[29] "프로테스탄트 최고위급 인사들이 네덜란드에서 어떤 일을 꾸미도록 국왕을 설득하려고 애쓰고"[30] 있다는 것을 알게 되었다. 게다가 네덜란드에는 프랑스 위그노의 이주가 경계해야 할 만큼 많아졌다.

결국 전쟁인가? 아니다. 왜냐하면 전쟁이 일어나기 위해서는 프로테스탄트 동맹과 유럽에서의 광범위한 지지가 필요했기 때문이다. 유럽을 웃게 만든 잉글랜드 여왕과 앙주 공작의 결혼에 관한 소문이 이를 대신할 수는 없었다.[31] 독일이 움직이고[32] 토스카나가 싸울 결심을 해야만 전쟁이 벌어질 텐데, 현실은 전혀 그렇지 않았다. 토스카나 정보원들은 "절친한 친구들"을 통해서 에스파냐 정부의 핵심부에까지 비밀통로를 파고들었으며,[33] 다른 곳에서처럼 마드리드에서도 만면에 미소를 지으며 협상했다. 그러나 전쟁이 선포되지 않았을지라도, 이미 전쟁을 알리는 모든 경보가 울렸다.

1571년 5월, 플랑드르로 돌아온 키아핀 비텔리는 자신이 프랑스를 여행하면서 목격한 것 때문에 나쁜 인상을 받았는데, 파리에 도착하자마자 프란세스 데 알라바에게 그에 관해서 알릴 필요가 있다고 판단했다.[34] 다른 한편, 알라바는 그 나름대로 프랑스 국왕이 투르크에 닥스 주교만큼이나 도량과 자격을 갖춘 대사를 파견했다는 것을 알게 되었다. 프로테스탄트의 친구이자 준(準)이단자인 이 인물이 그곳에서 (황제가 개입하는 이유인) 트란실바니아 분쟁을 진정시키고, 황제와 투르크 사이의, 베네치아와 교황 사이의 분쟁을 해결하고, 에스파냐와 기독교 세계에 반하는 일이 아니면 무엇을 할 것인가? 또다시 프랑스 외교는 투르크라는 먼 길을 활용했다.

그러나 신임 대사는 부임을 서두르지 않았다. 7월 26일 그는 리옹에 당도했고,[35] 9월 9일[36] 베네치아 도제에게 샤를 9세의 편지를 전달했다. 그 편지에서 샤를 9세는 닥스 주교라고 불렸던 자의 중재를 통해서 "평화 또는 적어도 평화로 이어질 수 있는 매우 긴 휴전을 주선하겠노라"고 제안했다. 샤를 9세는 이 편이 "당신에게 복종하는 가까운 이웃 나라 바로 가까이에 그토록 강력한 적과 대치하는 것"보다 더 낫다고 주장했고, 베네치아 정부는 공식적으로 동맹이 체결된 직후이고 레판토 해전이 벌어지기 약 30일 전인데도 거부하지 않고 이 말에 귀를 기울였다.[37] 이와 같이 사람들이 베네치아의 배신이라고 말하게 될 동맹 탈퇴는 2년 전부터 획책되기 시작했다.

그렇지만 동맹은 체결되었다. 프랑스가 격앙한 것을 보면 그 중요성을 가늠할 수 있다. 프랑스에서 사람들은 동맹의 주모자인 교황에 대해서 험담을 일삼았다. 교황이 에스파냐에 한 양보가 얼마나 프랑스의 부러움을 샀는가![38] 낭트와 루앙의 에스파냐 상인들이 펠리페 2세의 대사에게 자신들의 상품과 직원들을 대피시킬 수 있도록 늦지 않게 알려달라고 요청했을 만큼 전쟁이 일어날 것이라는 소문은 확실해 보였다. 프란세스 데 알라바는 "상인들은 요청을 거듭 되풀이하면서 계속 저를 괴롭혔습니다"라고 썼다.[39] 세비야의 프랑스 상인들도 마찬가지로 걱정하고 있었다.[40] 플랑드르 국경지대에서도 비슷한 동요가 있었다. "프랑스 쪽이든 우리 쪽이든 농촌 사람들이 (재산을 챙겨서) 도시로 피신했습니다"라고 알바 공작이 썼다.[41]

이 프랑스 사람들을 참아내기 위해서 얼마나 많은 인내심이 필요한가? 프랑스가 로데베이크 폰 나사우와 오라녀 공과 동맹한 것에 화가 난 알바 공작은 "우리의 두 눈을 모두 잃게 만들면서 한쪽 눈만 잃은 그들은 행복할 것"이라고 탄식했다.[42] 그러는 동안에 그랑벨은 국왕에게 돈 후안이 프로방스를 지나가면서 그 지방을 공격하게 놔두라고 조언했다. 카를 5세의 구시대가 다시 온 것 같았다. 황제의 옛 충복들의 입에서 예전의 저주가 자연스레 되살아났다. 다른 한편 라로셸의 사략선과 "바다 고이젠들"이 공모하여 활동하던 대서양은 실제로 이미 전쟁 상태였다. 1571년 8월, 에스파냐는 서인도 함대의 안전을 염려해야 할 이유가 충분했다.[43]

돈 후안과 그의 함대가 제때 도착할 것인가?

그러나 지중해에서는 동맹 체결로 구체적인 성과가 나타났다.

에스파냐와 교황은 별도의 협약을 통해서 베네치아에게 5월 말 이전에 그들의 모든 병력을 오트란토에 집결하겠노라고 약속했었다.[44] 이는 선의의 표시에 지나지 않았다. 왜냐하면 동맹이 체결된 지 10일 만에(신성동맹은 5월 20일에 체결되었다) 필요한 명령들을 하달할 수는 없었기 때문이다. 동맹 체결 소식은 6월 6일에야 에스파냐에 당도했다. 게다가 그 이전의 설명할 수 없는 지체로 인해서 에스파냐 해안에서 해군의 준비 태세는 평소보다 훨씬 더 지연되었다. 그리고 1570년의 흉작으로 바르셀로나와 안달루시아의 항구들에 식량을 공급하기가 쉽지 않았다.[45]

흉작은 좋은 결과도 낳았는데, 그라나다의 게릴라 전쟁[알푸하라스의 반란]을 종식시킨 것이다. 2월 18일자 푸르크보의 기록에 따르면, "기근이 너무 심해서 반도(叛徒)들이 기독교도의 노예가 되더라도 빵을 얻기 위해서 산을 버리고 내려왔다." 3월에는 어린 왕[반란 지도자인 아벤 후메이아를 지칭]의 죽음과 모리스코의 항복 소식이 알려졌으며, 그들은 살아남기 위해서 산적이나 가축 도둑이 되었다. 카르타헤나에서 모리스코들을 배에 태워 오랑으로 보냈다는 것이 알려지자마자 에스파냐 병사들이 흩어졌다는 사실도 당시의 상황을 보여주는 징표이다. 사람들은 기근의 시기에 요새에서의 삶이 어떠한지를 알았던 것이다! 다행스럽게도 이탈리아에서는 상황이 좋았다. 베네치아 군은 나폴리에 도착해서 보급품을 확보했고, 변함없이 튀니스와 비제르트에 대한 공격을 지지했던 페스카라 후작은 시칠리아에서 매달 7,000퀸탈[quintal : 1퀸탈은 100킬로그램]씩 생산해서 2만 퀸탈의 비스킷을 5월에 확보할 수 있을 것이라고 확신했다.[46] 이 식량, 이탈리아의 보리와 치즈, 나폴리의 포도주가 없었다면, 레판토 해전을 생각이나 할 수 있었을까? 왜냐하면 이탈리아 반도 남단의 도시 하나에 버금가는 수의 최강의 치아와 위장을 가진 병사와 수병들을 먹여야 했기 때문이다.

돈 후안 데 아우스트리아가 자신의 뜻대로 할 수 있었다면, 함대는 서둘러 에스파냐 해안을 떠났을 것이다. 그는 속히 자신의 역할을 맡고 싶어했다. 4월부터 돈 후안이 양어머니인 돈 루이스 키사다의 부인을 찾아 바야돌리드를 방문한 후 이탈리아로 떠날 것이라는 소문이 돌았다.[47] 4월 30일 나폴리의 갤리 선들을 이끌고 바르셀로나에 도착한 산타 크루스 후작은 다음과 같은 소식을 접했다. 돈 후안이 카르타헤나에서 막 승선하려던 참이고,[48] 항해 중에 사략선 몇 척을 나포할 수 있으리라고 기대하면서 그와 합류하기로 결정했다는 것이다. 그러나 카르타헤나에는 돈 후안의 흔적이 전혀 없었다.[49] 신성동맹에 관한 정확한 정보를 기다리고 있었기 때문에, 돈 후안은 5월 17일에도 여전히 아란후에스에서 언제 출발해야 할지 망설이고 있었다.[50] 몇몇 다른 난제들이 함대의 출항을 지연시켰다. 첫째, 갤리 선에 승선시킬 병사들의 수를 늘려야 할 필요가 있었다. 둘째, 1564년 이래 에스파냐에 체류하고 있던 오스트리아 대공들이 돈 후안과 함께 배를 타고 제노바까지 가서 빈으로 돌아가게 할지를 결정해야 했다.[51] 펠리페 2세는 알칼라 공작의 죽음으로 임시로 나폴리의 부왕 직을 수행했던 그랑벨에게 보내는 5월 7일자 편지에서 이에 대해서 설명했다.[52] 간단히 말하자면, 이와 같이 지연될 것이라고 예견되었기 때문에, 남쪽으로 이동하기 위해서 기다리고 있는 수천의 이탈리아인들과 8,000명의 독일인들을, 에스파냐 갤리 선과 산타 크루스의 갤리 선들을 기다리지 말고 제노바 해안에서 태우는 것이 바람직하다고 판단되었고, 이 병사들을 태우기 위해서 시칠리아 갤리 선들에게 제노바까지 올라가라는 명령이 하달되었다.

고대하던 신성동맹 체결 소식에 막바지 준비가 속도를 냈다. 바로 그날, 돈 후안 데 아우스트리아는 마드리드를 출발해서 함대를 지휘하러 갔다. 잔 안드레아 도리아는 바르셀로나에서 단 한 척의 갤리 선을 끌고 제노바로 가서 돈 후안을 맞을 준비를 했다.[53] 돈 후안은 16일에 바르셀로나에 도착했는데, 산타 크루스 후작, 알바로 데 바산의 갤리 선들, 질 데 안드라데가 지휘하는 갤리 선들, 다른 더 많은 갤리 선들, 그리고 이 함대에 승선한 미겔 몬카다와 안달루시아에서 철수한 로페스 데 피게로아[54]의 에스파냐 보병연대(tercio) 2개 연대가 그와 합류했다.

마침내 6월 26일 마드리드로부터 돈 후안에게 훈령이 전달되었는데, 그는 자신의 권한에 가해진 제약들 때문에 절망에 가까운 분노에 사로잡혔다. 최초의 흥분을 가라앉히지 못한 채 7월 8일에 직접 쓴 편지[55]에서 그는 루이 고메스에게 "아버지에게" 묻듯이, 자신이 이런 불이익을 당한 이유를 물었다. 그 어조는 열정적이고 감동적이었지만 동시에 불안했다. 하르틀라우프는 이 사건이 돈 후안의 인생에 커다란 상처를 남겼다고 생각했는데,[56] 그가 옳았다. 돈 후안에게 이 사건은 서자(庶子)라는 위축될 수밖에 없는 그의 처지가 치유될 수 없고, 국왕이 그를 거의 신뢰하지 않는다는 것을 의미했다. 그렇지 않다면 격식을 따지는 이탈리아에 그가 도착했을 때에, 그에게 [왕족에 대한] 전하(Altesse)라는 칭호를 쓰지 않고, [고위관리에 대한] 각하(Excellence)라는 칭호만 인정했겠는가? 국왕이 그에게 부여한 지휘권에 용의주도하게 그렇게나 많은 제약들을 가해서 그를 허수아비로 만들었겠는가? 7월 12일,[57] 돈 후안은 국왕에게 직접 편지를 써서 불만을 터뜨렸다.

또다른 걱정거리는 함대의 더딘 진행이었다.[58] 말라가, 마요르카에서 병사, 식량, 비스킷을 선적한 갤리 선단을 기다려야만 했다. 그리고 루돌프 대공, 에르네스트 대공은 6월 29일에야 도착했다.[59] 그렇지만 함대의 주력은 7월 18일 출항했고,[60] 악천후에도 불구하고 26일 제노바에 당도했다. 돈 후안은 제노바에 8월 5일까지만 머물렀는데,[61] 이는 그를 위해서 준비한 화려한 축제에 참석하고 예정된 병력, 식량, 물자를 배에 싣기에도 빠듯한 시간이었다. 그는 8월 9일 나폴리에 당도했다.[62] 영접과 출항 준비 때문에 돈 후안은 20일까지 그곳에 머물러야 했다.[63] 8월 24일 마침내 그는 메시나에 당도했다.[64]

너무 늦었다고 생각한 레케센스와 잔 안드레아 도리아는 철저하게 방어적인 태도를 취하라고 조언했다. 백전노장 가르시아 데 톨레도도 피사에서 투르크 함대가 그보다 우세하다는 비관적인 견해를 보내왔다.[65] 그러나 돈 후안은 공격을 권고하는 베네치아 장수들과 측근의 에스파냐 장교들에게만 주의를 기울였고, 결정을 내리면 외곬 기질의 열정으로 임무에 돌입했다.

레판토 해전 이전의 투르크

더 신속하게 구성된 투르크 함대는 초여름부터 움직이고 있었다.

늘 그랬던 것처럼 투르크 함대는 멀리서부터 눈에 띄었다. 콘스탄티노플에서 250척의 갤리 선과 100척의 함선이 준비되고 있다는 사실이 2월에 이미 이탈리아에 알려졌다.[66] 계속 포위 상태에 있는 파마구스타에 3월에 베네치아의 지원군이 도착했다.[67] 4월에도 그 도시는 저항하고 있었다. 투르크는 알바니아나 달마티아를 목표로 지상에서도 준비 태세를 갖추었고, 해군 제독의 지휘 아래 함대의 주력을 출항시켰다.[68] 사람들이 말하기를, 갤리 선 50척만이 키프로스로 향했고, 선원 부족으로 함대는 갤리 선 100척을 넘지 않았다고 한다.[69] 그러나 콘스탄티노플에서 도망쳐 나온 노예들은 신성동맹이 체결되지 않았다면, 200척의 갤리 선들이 코르푸까지 늘어섰을 것이라고 말했다. 반대의 경우, 투르크는 키프로스 정복을 완수하면서 자신의 바다를 지키는 데에 만족했을 것이다.[70] 소피아에 병력을 집결시켜서 출정하는 알바니아 또는 달마티아에 대한 지상 작전이 문제였다.[71]

사실, 196척의 투르크 갤리 선이 출항해서 중요한 보급기지인 네그로폰테 섬과 키프로스 섬 사이에 배치되었다. 모돈과 프레베자 같은 먼 지역에서도 비스킷을 제조했다는 것은 서지중해에서의 작전을 암시하는 신호였다.[72] 울루지 알리의 함선으로 증강된 투르크 함대의 주력(갤리 선 200척과 푸스타 선 100척으로 총 300척)은 사실상 6월부터 더 이상 별로 할 것이 없는 키프로스를 남겨두고[73] 크레타 섬으로 향했다. 15일 투르크 함대는 수다 만에 당도해서 해안 마을과 도시들을 유린했다. 두 차례에 걸쳐 [크레타 섬의]카니아를 공격했지만[74] 실패했다. 그곳에는 파마구스타로 향하는 지원군을 호송하는 베네치아 갤리 선 68척이 요새 포병대의 보호 아래 정박해 있었다. 그들의 손실에 관한 소문이 돌았지만,[75] 실제로 울루지 알리가 점령한 것은 레팀논의 작은 항구뿐이었다. 반복된 약탈과 전초전 끝에 투르크 함대는 서쪽으로 나아갔다.

베네치아의 나머지 해군력과 함께 아드리아 해에 갇히기를 원하지 않았던 [베네치아의 제독] 베니에로는 울루지 알리가 접근해오자 모레아와 알바니아 해안을 포기했다. 이 해안에서 그는 두라초와 발로나를 몇 차례 성공적으로 공격했었다. 그는 7월 23일 갤리어스 선 6척, 전함 3척, 갤리 선 50척을 이끌고 메시나로 이동해서 그곳에 머물렀다. 이 후퇴 덕분에 그는 행동의 자유를 보전했지만, 투르크도 아드리아 해에서 행동의 자유를 확보했다.[76] 투르크 군은 마음 내키는 대로 행동하며 해안과 달마티아의 여러 섬들을 약탈했고, 소포토[불가리아], 둘치뇨[울치니], 안티바리[바르], 레지나를 점령했고, 주민들이 격렬하게 방어하는 코르출라 섬을 공격했다. 그러나 지상으로 이동해온 아흐메트 파샤의 병사들이 차지할 수 있는 모든 것을 빼앗았다. 울루지 알리는 자라에 대한 공세를 강화했다. 또다른 해적 카라 호자가 베네치아 만 자체를 유린했다.[77]

베네치아 정부는 그랑벨의 승인 아래에 풀리아와 칼라브리아에서 서둘러 병사들을 모집하기 시작했다.[78] 그러나 투르크 함대는 틀림없이 베니에로처럼 아드리아 해가 하나의 함정이 될 수 있다고 생각하면서 아드리아 해로 완전히 진입하지 않았고 코르푸로 공격을 집중했다. 주민들이 대피한 코르푸 섬은 폐허가 되었고, 섬 안의 섬인 거대한 요새만이 공격자들을 피할 수 있었다. 당시 투르크 함대는 동맹국들이 움직이기를 기다리면서 코르푸에서 모돈까지 길게 늘어서 있었다. 사실상 6월부터 신성동맹 체결 소식이 라구사를 통해서 투르크에 알려졌다.

이번만은 투르크 함대의 재빠른 움직임이 결코 투르크에 유리하지 않았다. 투르크는 수개월 동안 작은 전쟁을 벌이면서 보급을 고갈시켰고 병사들을 지치게 만들었다. 그들은 아드리아 해의 마을들을 불사르고 약탈하면서 쉽게 전진했지만, 가장 중요한 것, 즉 크레타 섬의 베네치아 함대를 소홀히 했다. 8월 말에 지방 감독관 아고스티노 바르바리고와 마르코 키리니의 지휘 아래에 60척의 갤리 선이 무사히 동맹군의 대함대에 합류했다.[79]

10월 7일의 전투[80]

돈 후안이 메시나에 도착했을 때에 동맹군의 사기는 낮았고, 집결한 갤리 선들은 완벽한 상태가 아니었다. 그러나 멋진 모습으로 그곳에 도착한 돈 후안의 전함들은 강렬한 인상을 남겼다. 더구나 돈 후안과 그의 직속 부사령관인 베니에로나 콜론나와의 만남은 아주 좋았다. 돈 후안은 일단 매력적으로 보일 줄 알았다. 마법사가 그에게 은총을 내린 듯했다. 왜냐하면 그의 마음을 사로잡은 이 원정의 운명은 아마도 이 첫 만남에 달려 있을

지도 모르기 때문이다. 그는 이질적인 해군을 하나의 동질적인 군대로 만들고 움직일 줄 알았다. 그는 베네치아 갤리 선들에 병사들이 부족한 것을 파악하고 에스파냐 병사든 이탈리아 병사든 가톨릭 왕에게 봉사하는 4,000명의 병사들을 베네치아 갤리 선에 배치했다. 이는 그 자체로 대성공이었다. 아주 의심 많은 베네치아인들이 이 조치를 수용하기 위해서 극복해야만 하는 두려움을 사람들은 알고 있었다. 그 결과 함대의 갤리 선들은 똑같아졌고 호환할 수 있게 되었다. 따라서 선단들은 진짜로 뒤섞이지 않은 채 전함을 맞바꿀 수 있었고, 함대의 배치가 입증하듯이, 선단들은 실제로 그렇게 했다.

대함대는 또한 신성동맹 평의회가 열렸을 때 함대의 총사령관이 임명되었다는 것을 알았다. 모든 먹구름이 단번에 사라지지는 않았지만 불화는 가라앉았다. 베네치아인들도 알고 있었듯이, 돈 후안은 투르크를 직접 공격함으로써 베네치아인들을 낙담하게 하거나, 이 공격 대신 펠리페 2세, 에스파냐인들, 그리고 전(全) 시칠리아가 원했던 튀니스 원정을 그들에게 강요하지 않았다. 돈 후안은 마음속으로 키프로스까지, 나아가 에게 해를 가로질러 다르다넬스 해협까지 밀어붙이기를 바랐다. 더 현명한 최종 결정은 적의 대함대를 찾아나서고, 그에 맞서는 것이었다.

대함대는 9월 16일 메시나를 출발해서 첫 번째 목표 지점인 코르푸로 향했는데, 그곳에서 적 함대의 위치에 대한 정확한 정보를 얻을 수 있으리라고 기대했다. 실제로 코르푸에서 적의 대함대가 레판토[나프팍토스]의 긴 만에 있다는 정보를 얻었고, 정찰선들을 통해서 이를 확인했다. 다만 첩보들은 오스만 해군의 전력을 과소평가했다. 그러나 투르크 측에서도 똑같은 실수를 저질렀다. 투르크 제독과 그의 참모들은 기독교 측 전함들을 코르푸 해안에서 공격하기로 결정했다. 동맹의 전쟁평의회도 신중파의 소심한 의견에도 불구하고 격렬한 토의 끝에 전투를 강행하기로 결정을 내렸다. 혼자서라도 싸우겠다고 위협하는 베네치아의 집요함, 교황의 의지, 펠리페 2세가 내린 편협한 훈령들을 과감하게 내친 돈 후안의 격정이 정면 돌파를 결정지었다.

이번에는 돈 후안이 운명의 개척자였다는 데에 의심의 여지가 없다. 솔직히 말해서 그는 체면과 명예 때문에 베네치아와 교황의 기대를 저버릴 수 없다고 판단했다. 도망치는 것은 기독교 세계를 팔아넘기는 것이었다. 베네치아와의 우호관계를 보전하기만 한다면, 싸우다가 죽는 것도 결코 미래를 위태롭게 하지 않았다. 왜냐하면 베네치아의 도움으로 기독교 함대가 재건될 수 있기 때문이다. 돈 후안은 나중에 자신의 결정을 설명하기 위해서 이와 같이 변호했다.[81] 그는 그 순간에도 틀림없이 그렇게 생각했을 것이다. 그러나 돈 가르시아 데 톨레도는 이듬해에도 여전히 돈 후안이 단숨에 이탈리아와 기독교 세계의 유일한 방어수단을 위태롭게 했다는 생각에 전율했다. 현자들은 승리한 다음 날부터 패배를 걱정하고 투르크 전함들이 나폴리나 치비타베키아까지 동맹군을 추격하는 것을 상상하면서 광기와 덧없음에 대해서 생각했다.

서로를 찾아헤매던 두 함대는 10월 7일 아침 해가 뜰 무렵에 레판토 만 입구에서 느닷없이 맞닥뜨렸다. 기독교 함대는 곧바로 적 함대를 포위하는 데에 성공했다(이는 전술적인 승리였다). 대적한 기독교와 이슬람 양측은 상대의 전력을 파악하고는 둘 다 놀라지 않을 수 없었다. 투르크 전함이 230척, 기독교 측 전함이 208척이었다. 함포로 무장한 6척의 갤리어스 선이 돈 후안의 갤리 선들을 보강했다. 전체적으로 돈 후안의 함대는 투르크의 갤리 선들보다 대포와 소총을 더 많이 보유하고 있었다. 투르크 수병들은 아직도 활을 사용하는 경우가 많았다.

부제독 주리앙 드 라 그라비에르의 글을 비롯해서 이 전투에 대한 많은 기록들은 역사적 객관성이라는 측면에서 완벽하지 않다. 눈부신 승리의 공이 누구에게 돌아가야 하는지를 밝히기는 어렵다. 총사령관인 돈 후안에게 돌아가야 할까? 의심의 여지없이 그렇다. 도리아에게? 전투 전날, 갤리 선의 충각(衝角)을 제거하여 선수(船首)를 낮춰서 포탄이 직선으로 날아가게 함으로써 투르크의 목제 전함 측면을 공격하도록 하는 생각을 했던 도리아에게도 공을 돌릴 만하다. 기동력은 별로 없을지라도 갤리어스 선은 일종의 전위부대이자 바다에 떠 있는 요새와 같았다. 지상전이나 다름없는 이 전투에서 매우 중요한 역할을 했던 에스파냐 보병대, 투르크가 서지중해 세력[82] 가운데 가장 두려워했던 에스파냐 갤리 선들의 기막힌 배치, 베네치아 갤리 선들의 일제 사격도 과소평가해서는 안 된다. 투르크가 나중에 강조했듯이, 그리고 승자들도 인정했듯이, 투르크 해군의 피로도 역시 고려하자. 투르크 해군은 최상의 상태가 아니었다.[83]

어쨌든 기독교 측의 대승이었다. 투르크 갤리 선 30척만이 도망쳤다. 이 갤리 선들은 울루지 알리의 지휘 아래 비할 바 없는 기동술로 경쾌하게 도리아의 가공할 갤리 선들을 피해 달아났다. 아마도 이 제노바인이 "자신의 자본"을 너무 아낀 나머지 또다시 깊숙이 개입하기를 거부했기 때문일 것이다(잠깐 비방에 자리를 내주자[84]). 다른 모든 투르크의 갤리 선들은 나포되어 승자들에게 분배되거나 침몰되었다. 이 전투에서 3만 명 이상의 투르크 병사들이 죽거나 다쳤고, 3,000여 명이 포로가 되었다. 1만5,000명의 노꾼들이 석방되었다. 기독교 측은 10척의 갤리 선을 잃었고, 8,000명이 사망했고, 2만1,000명이 부상당했다. 기독교 측도 승리를 위해서 병력의 절반 이상의 전투력을 상실하는 비싼 대가를 치렀다. 전장이 된 바다는 갑자기 사람의 피로 붉게 물든 것처럼 보였다.

성과 없는 승리인가?

레판토 해전의 승리는 가장 큰 희망의 문을 열었다. 그러나 승리가 그 즉시 전략적인 성과를 가져다준 것은 아니었다. 동맹군 함대는 전투 중에 입은 인명 피해 때문에, 그리고 대패한 오스만 제국의 구원자가 된 악천후 때문에 패주하는 적을 추격하지 못했다. 베네치아는 이미 9월에 레반트로

치고 들어가 키프로스 탈환을 시도하기에는 너무 늦었다고 판단했었다. 함대 지휘관들이 레판토 해전 전야에 파마구스타의 함락 소식을 접했을지라도, 어떻게 가을에 이런 생각을 할 수 있겠는가? 베네치아는 10월 19일에야 비로소 파마구스타의 함락에 대해서 알게 되었는데,[85] 이날은 베니에로가 승전보를 전하기 위해서 보낸 갤리 선 안젤로 가브리엘 호가 승리 소식을 베네치아에 전한 바로 다음 날이었다.[86]

돈 후안은 즉각 다르다넬스에 대한 원정을 단행해서 해협을 봉쇄하고 싶었다. 그러나 식량과 병력이 부족했고, 펠리페 2세는 모레아 지역에서 큰 항구를 차지할 수 있는 경우가 아니라면 함대를 이탈리아에 피한(避寒)시키라는 명령을 내렸다. 포위작전에 필요한 물자 없이 이런 모험을 할 수는 없었다. 아드리아 해에서 몇몇 도시들의 성벽 아래에서 시간을 끌려고 했던 교황과 베네치아의 군대는 영광도 이익도 얻지 못했다. 돈 후안은 늦어도 11월 1일에 메시나에 입성했다. 몇 주일 뒤에 마르칸토니오 콜론나는 안코나에 도착했고, 베니에로는 베네치아에 머물렀다.

이상의 사실에 대해서 역사가들은 놀라운 통일성을 보이며 다음과 같이 결론지었다. 소리가 요란했고, 말하자면 영광도 많았지만, 다 헛되도다.[87] 닥스 주교는 자신의 주군을 위해서는 이런 논지를 전개했고, 베네치아인들에게는 "단 한 치의 땅"을 획득하는 것으로는 보상할 수 없는 그들의 엄청난 손실에 대해서 깊은 조의를 표하는 능란함을 보였다. 닥스 주교는 승리를 못 본 체할 이유가 있었다고 가정하자.[88]

그러나 레판토 해전 이후에만 주목하지 말고 그 이전에도 주의를 기울인다면, 이 승리는 불행의 끝, 즉 낙후한 기독교 세계와 현저하게 우월한 투르크라는 복합적인 현실의 종식으로 보일 것이다. 기독교 측의 승리는 매우 암울할 것으로 예상되었던 미래를 바꾸어놓았다. 돈 후안의 함대도 파괴되었다는 것을 누가 알았을까? 나폴리, 시칠리아도 공격당했고, 알제 사람들은 그라나다의 불을 다시 점화시키려고 했고 발렌시아에도 불을 지폈다.[89]

볼테르처럼 레판토 해전을 조롱하기 전에, 그 사건의 직접적인 영향력을 가늠해보는 편이 좋을 것이다.

기독교 세계는 자신의 승리를 믿을 수 없었기 때문에, 경탄할 만한 일련의 축제들이 이어졌고 그만큼이나 놀라운 과도한 계획들이 쏟아졌다. 그 계획들은 웅대한 전망 속에 바다 전체를 가로질렀다. 또한 이 계획들은 에스파냐의 영향권인 북아프리카, 투르크가 많은 돈을 뽑아내는 영토인 이집트와 시리아(이 계획을 제안한 것은 보기 드물게 냉철한 그랑벨이었다), 그리고 로도스, 키프로스, 모레아에 눈독을 들였는데, 해당 지역의 이민자들은 도처에서 사람들이 조금이라도 자신들의 이야기를 들어주고 무기를 준다면 훌륭하게 일을 해낼 것이라고 약속했다. 이런 계획들은 이탈리아와 에스파냐에서 쉽게 사람들을 현혹시켰는데, 그곳 사람들은 기독교 군대의 침공에 고무된 발칸의 기독교도들이 이내 봉기할 것이라고 생각했기 때문이다. 가장 몽상적이었던 교황과 돈 후안 데 아우스트리아는 성지 탈환과 콘스탄티노플 함락을 꿈꾸었다. 사람들은 1572년 봄에 튀니스 공격, 여름에는 레반트 원정, 그해 겨울에는 알제 침공을 제안하기도 했다.

그 공적을 인정받아야 할 펠리페 2세는 이러한 열광에 휩쓸리지 않았다. 그는 아버지, 동생, 조카인 포르투갈의 세바스티앙과 달리 십자군의 몽상에 사로잡히지 않았다.[90] 언제나 계산하고, 검토하고, 현장의 사람들에게 자문을 구하고, 토론하게 하는 그는 그랑벨과 레케센스의 계획을 돈 후안에게 넘겨 각각의 제안을 대조하며 조목조목 답변하게 했다. 사실 로마에서 다음 원정 작전을 결정하기 위한 회의가 재개되었다. 승리에도 불구하고 그 회의는 덜 신중하지도 더 낙관적이지도 않았다.

사람들은 요란한 계획들만큼이나 이 심각한 회의를 비웃는 경향이 있었다. 결말을 알고 있다면, 레판토 해진에 관한 최고의 역사가인 세라노 신부처럼, 이 승리가 어떤 결과도 초래하지 못했고 아무짝에도 쓸모가 없었다고 설명하기는 너무 쉽다. 단 한 가지 말할 수 있는 것은 레판토는 해전에서의 승리일 뿐이고, 육지로 둘러싸인 지중해라는 물의 세계에서 한 번의 승리로 대륙으로 길게 뻗은 투르크의 뿌리를 잘라낼 수는 없다는 것이다. 신성동맹의 운명은 로마에서만큼이나 빈에서, 폴란드의 새로운 수도인 바르샤바에서, 그리고 모스크바에서 결정되었다. 그러나 오스만 제국이 이 지상의 국경에서 공격을 받았다면……그렇지만 그런 일이 가능했겠는가?[91]

결국 에스파냐는 필요한 만큼 오랫동안 철저하게 지중해에 개입할 수 없었다. 언제나 핵심은 거기에 있었다. 아마도 에스파냐가 열심히 성과를 추구했다면, 레판토는 여러 결과들을 낳았을 것이다.

사람들은 레판토에서의 승리가 에스파냐가 이번만은 예외적으로 깊숙이 개입했기 때문에 가능했다는 점을 언제나 알아차리지는 못한다. 1570-1571년에 운 좋게 상황들이 맞아떨어지면서 에스파냐의 모든 어려움들이 일시적으로 그러나 한꺼번에 완화되었다. 네덜란드는 알바 공작에 의해서 확실하게 진압된 듯이 보였고, 잉글랜드는 내부 문제가 있었다. 우선 1569년에 북부 귀족들의 반란이 있었고, 리돌피 음모 사건이 있었다. 전부는 아니지만 리돌피의 아들 여러 명을 에스파냐가 조종했다. 당시 펠리페 2세는 엘리자베스에 대한 군사행동을 검토하기도 했는데, 그만큼 엘리자베스는 저항할 수 없는 상태에 있는 것처럼 보였다.[92] 프랑스의 정책은 더 불안했지만 최악은 아니었다. 닥스 주교는 1571년 10월에 아직도 베네치아를 넘어서지 못했다. 토스카나는 망설였다. 코시모가 현명하게 조율했던 반(反) 에스파냐 정책은 휴지기를 맞았다. 토스카나 대공은 알바 공작에게 네덜란드에서 그의 활동에 필수불가결한 자금을 빌려주기도 했다.[93] 정책의 전환일까? 이중 플레이일까? 어쨌든 간에 에스파냐는 갑자기 대외적인 부담을 덜게 되었다.

에스파냐는 이런 상황을 이용해서 지중해에 개입했다. 그 당시 사람들은 유럽 전역에서 각국의 용병과 모험가들이 대열을 지어 일자리가 증가하던 남유럽으로 밀려가는 것을 보았다. 한 보고서에 따르면, 1571년 7월 둘치뇨

[울치니]를 방어했던 것은 베네치아에 고용된 프랑스 병사들이었는데, 틀림없이 위그노였던 그들은 그다지 열심히 싸우지 않았다.[94] 프랑스인들도 에스파냐인들과 함께 알리칸테에서 펠리페 2세의 갤리 선들에 승선했다.[95] 그리고 1572년 봄, 베네치아에는 베네치아 정부가 고용한 용병 2,000명이 있었다. 이는 분명 지중해가 전쟁터로서 갑자기 중요해졌다는 신호였다.

따라서 에스파냐는 오리엔트를 치기 위해서 서방의 적들과의 휴전을 활용했다. 그러나 이는 짧은 휴식에 불과했다. 에스파냐는 자신의 의지에 따라서라기보다는 상황이 되는 대로 왼쪽을 한 대 쳤다가 오른쪽을 한 대 치는 것 이외에는 아무것도 할 수 없었다. 에스파냐는 결코 모든 힘을 한곳으로 집중할 수 없었다. 이것이 바로 "성과 없는 승리"에 대한 설명이다.

2. 극적인 해, 1572년

1572년 8월 24일, 성 바르톨로메오까지 프랑스의 위기

키프로스 전쟁이 시작된 이래 에스파냐에 대한 프랑스의 적대감은 계속 커졌다. 그 적대감은 1571년에 강화되었고, 신성동맹 체결 이후에 확고해졌으며, 레판토 해전 후에는 노골적인 공격으로 폭발했다.

두 나라 사이에 전운이 감도는 가운데 1572년이 시작되었다. 이미 전쟁은 무장 상태의 지중해와 소요에 휩싸인 북부 유럽에 그 그림자를 드리웠다. 결국 베네치아를 떠나 (1월에 라구사에 당도한[96]) 닥스 주교의 임무는 에스파냐인들이 북부에서 커지고 있다고 느꼈던 위협에 비하면 별 것 아니었다. 로데베이크 폰 나사우는 1571년 봄에 프랑스 궁정을 방문했다. 에스파냐는 프랑스 국왕이 반란자들과 손을 잡았다는 것을 모르지 않았다. 에스파냐의 모든 첩보망이 프랑스를 에워쌌고 내부로 침투했다.[97] 첩보망은 두 군주 사이의 화해에 거의 기여하지 않았다. 그들의 외교적 대화는 역사가들을 곤경에 빠뜨리는 긴 거짓말에 불과했다. 의식하지 못한 채 민족주의적인 논조로 세라노 신부가 했던 것처럼,[98] 능숙하게 태도를 바꾸며 무력 사용을 부인하고, 그 다음에는 복종하지 않는 신민들에게 그 탓을 돌리고, 결국에는 이를 정당한 반격이라고 주장하는 카트린 드 메디시스의 피렌체식 이중성으로 모든 것을 설명하는 것은 실타래에서 가느다란 실 한 가닥을 제시하는 것과 같다.

다른 한편, 잉글랜드로부터의 위험이 되살아났다. 1571년 초에 알바 공작은 바닷길로 네덜란드로 갈 채비를 하던 메디나 셀리 공작에게 기항지로 잉글랜드의 항구보다 프랑스의 항구를 택하라고 권고했다.[99] 그러나 에스파냐를 적대하던 두 나라는 1572년 초에 에스파냐가 유지하려고 세심하게 주의를 기울였던 양국 사이의 오랜 분쟁을 잊을 정도로 가까워졌다. 동맹이 예견되었는데 사람들은 1월부터 이를 알고,[100] 주변을 자극하지 않으려는 프랑스 국왕의 설명은 아무도 속이지 못했다.[101]

프랑스-잉글랜드 "동맹" 조약은 4월 19일 블루아에서 체결되었다.[102] 3월부터 사람들은 그 조약의 내용, 특히 잉글랜드인들은 상품의 거래장소를 네덜란드에서 루앙과 디에프로 옮기고, 프랑스인들은 소금, 식료품, 비단을 잉글랜드에 공급하기로 약속했다는 사실을 알게 되었다.[103] 이는 분명 프랑스 지협(地峽)에 이익이 되고 안트베르펜의 파괴에 일조할 것이다.[104] 베네치아에서는 프랑스인들이 오직 쇠퇴하는 루앙의 교역을 되살리기 위해서 조약을 체결했다고 말하기도 했다.[105] 프란세스 데 알라바의 후임자인 디에고 데 수니가[106]의 도착을 기다리면서 프랑스에서 에스파냐의 일상 업무를 처리했던 서기 아길론은 그의 괴로운 마음을 숨기지 않았다. 그는 마음 놓고 이야기할 수 있는 서기 사야스에게 보내는 편지에서 펠리페 2세가 체면 문제 때문에 잉글랜드와 화해하지 않은 것에 대해서 공개적으로 유감을 표명했다. 다시 협상을 시도하든지(프랑스와의 조약은 이 시점에 아직 체결되지 않았다), 그렇지 않으면 네덜란드를 아예 잃어버리는 것으로 간주해야 할 것이다.[107]

잉글랜드 대사는 사태를 좀더 미묘하게 보았다. 조약에 서명한 다음 날, 그는 버글리 경에게 다음과 같이 편지를 썼다. "긴 드레스를 입은 자들[법복귀족]은 조약 체결이 프랑스와 에스파냐 사이에 불화를 낳지 않을까 걱정했고, 업무 관할권이 다른 사람들에게 넘어가지 않을까 두려워했기 때문에 국왕이 전쟁 중에 조약을 체결한 것에 크게 분노했을 것입니다."[108] 이는 프랑스 정치의 불확실성에 대한 객관적이고 냉정한 올바른 판단이다. 아주 많은, 오히려 너무 많은 정보들을 가진 에스파냐 궁정은 너무 비관적으로 보는 경향이 있었다.

대서양 방면에 대한 프랑스의 전쟁 준비가 의도적으로 요란하게 이루어졌다는 것은 사실이다.[109] 푸르크보는 2월에 마드리드에서 이에 대해서 이야기하는 것을 들었다.[110] 파리에서 아길론은 이에 대해서 그만큼이나 걱정하는 포르투갈 대사와 이야기를 나누었다. 알바 공작도 브뤼셀에서 이 문제를 염려했다.[111] 도처에서 이에 대한 언급이 계속되었다.[112] 라 가르드 남작의 대서양 갤리 선들이 지중해로 되돌아올 것인가? 전함으로서 무장을 갖추고 필리포 스트로치의 지휘 아래 배속된 뱃전이 높은 이 상선들은 어디로 갈 것인가?[113] 생 구아르는 대서양의 해적들을 소탕하러 나섰다고 말했다. 그러나 펠리페 2세는 헌병들이 강도로 돌변할 수 있다고 생각했다.[114] 카트린 드 메디시스가 크게 웃으며, "보르도의 함대는 귀국의 일에 개입하지 않을 것이오! 당신은 귀국의 국왕이 승선했을 때만큼이나 마음을 놓아도 될 것이오!"라고 말했다고 디에고 데 수니가가 보고했을 때에도,[115] 이 함대가 에스파냐의 영토를 존중할 것이라는 프랑스의 공식적인 약속을 신뢰하기는 어려웠다.[116]

그리고 보르도의 함대만이 아니었다. 네덜란드 남쪽 국경에서의 사건들은 동요하는 이 지역 주민들의 공포로 말미암아 악화된 서로에 대한 의심과 상호 비방의 기회였다.[117] 알바 공작이 국경 요새들을 보강한 것이 사실인가, 아닌가? 그가 보루에 포대를 설치한 것이 사실인가, 아닌가? 그가 도로를 차단한 것이 사실인가, 아닌가?[118] 그가 마치 전시처럼 농촌 주민들에게 경계 임무를 강요했는가? 협정에 따라서 그들의 재산을 자유롭게 향유했던 네덜란드의 프랑스인들은 줄곧 경계 상태에 있었다. 왜냐하면 협정에는 종교 문제에 대해서는 아무런 규정도 없었기 때문이다.[119] 그러나 에스파냐는 프랑스인들이 가능하면 언제든지 에스파냐 지배하의 지방들에서 반란을 부추겼다고 생각하지 않을 수 없었다.

그 와중에, 4월 1일 바다 고이젠들이 기욤 드 라 마르슈의 지휘 아래 뫼즈 강 하구에 있는 보른 섬의 브릴을 점거했다.[120] 반란은 블리싱겐으로 퍼졌고, 워터란트 전역을 가로지르며 북쪽과 동쪽으로 확산되었다. 가난한 자들로 넘쳐나는 광신적인 지역에서 진짜 혁명이 시작되었다. 분명 프랑스인들이 공모했고 잉글랜드인들도 마찬가지였다.[121] 알바 공작은 반란자들의 배가 프랑스에서 대포, 식량, 화약을 구했고, 새로 무장한 프랑스 배들과 함께 움직였다고 브뤼셀에 있는 프랑스 국왕의 대리인에게 항의했다.[122] 아길론은 스트로치의 함대가 거의 위그노 함대였고, 잉글랜드와 스코틀랜드 배들이 동행했다고 말했다. 그 함대는 지나는 길에 에스파냐 해안을 약탈할 수 있었다.[123]

북부에서 브릴에 대한 공격이 곧 남부에 대한 공세를 강화시킬 것이라고 염려할 만한 충분한 이유가 있었다. 위그노들은 5월 23일 라 누와 함께 발랑시엔[프랑스 북동부]에 입성했고, 로데베이크 폰 나사우는 5월 24일 새벽에 몽스[벨기에 남서부]를 기습했다.[124] 이는 오라녀 가문과 프랑스의 동맹자들 사이에 협의된 계획의 실행이었다.[125] 그 작전은 결코 알바 공작을 놀라게 하지 못했다. 왜냐하면 그는 언제나 해상 작전과 고이젠들의 위험을 과소평가했고, 프랑스의 위협과 남서부의 국경에 몰두하는 경향이 강했기 때문이다.[126]

실제로 프랑스-에스파냐의 전쟁이 임박한 것처럼 보였다. 5월에 나바라의 부왕인 베스파지아노 곤차가는 그 지역에서 프랑스가 벌이는 술책에 대해서 우려할 만한 보고를 했다.[127] 대서양에서 지중해에 이르기까지 피레네의 국경 전체가 경계 상태였다. 생 구아르의 보고들도 에스파냐 대사들의 보고만큼이나 의심스런 징후들로 가득했다. 그는 1572년 5월 21일자 보고에서 "나는 그들이 모든 종류의 물자를 비축하는 모습을 보았습니다"라고 썼다.[128] "그들은 지난번 메디나 델 캄포 정기시에서 500만 이상을 거둬들였고," 이탈리아로부터 수많은 무기를 들여와서 국경에 배치했다. 마지막으로, 사람들은 레반트에서 서둘러 출발한 "엄청나게 많은 군 지휘관들"에 대해서 이야기했다. 이른바 신성동맹을 위한 일이라는 준비 태세는 랑그도크 또는 프로방스를 겨냥한 것이 아니라고 그는 결론지었다. 그러나 프랑스 국왕은 자신의 진영에 80척 이상의 군함과 "수많은 가스코뉴 보병대"를 집결시켰다.[129] 이 함대가 기다리는 것은 무엇인가? 에스파냐가 어디에서 처음 무너질지를 아는 것이라고 디에고 데 수니가는 설명한다. 네덜란드의 상황이 정리된다면, 함대는 네덜란드로 이동하지 않을 것이다.[130]

포르투갈도 역시 대기 중인 프랑스 함대가 시도할 수 있는 공격에 대해서 우려했다. 포르투갈은 2만 명 이상의 병력이 탑승한 대함대를 준비시켰다. 이 소식을 전하는 사울리에 따르면, 포르투갈은 프랑스가 모로코의 구에 곶을 차지하려고 하지 않을까 걱정했다. 이는 "서인도"뿐만 아니라 동인도로 향하는 포르투갈 선박의 항해에 상당한 지장을 초래할 것이다. 그들이 또다른 모로코 원정을 시도하지 않는 한 말이다.[131]

에스파냐도 뒤처져 있지 않고, 화제에 올랐던 브르타뉴, 라로셸, 보르도의 프랑스 선박들에 대한 해상 조치들을 취했다. 5월에, 메디나 셀리 공작은 라레도에서 50척의 선박을 이끌고 출항했다.[132] 왜냐하면 그중 30척을 플랑드르에서 무장시키라는 명령을 받았기 때문이다. 그리고 "비스케이 만과 갈리시아 만"에서는 프랑스인들의 "움직임을 감시하기 위해서" 누구든지 원하는 자에게 무장할 수 있는 권리와 메디나의 함대에 합류할 수 있는 권리가 주어졌는데, 이는 결코 다시 행해지지 않은 조치였다.[133]

이탈리아의 급소는 당연히 피에몬테와 그 주변 지역의 사부아 국가들, 그리고 카스티야의 대기사단 단장이 막 총독으로 임명된, 중요한 전쟁터인 밀라노였다. 밀라노에는 독일에서 온 병사들이 계속 집결했다. 생 구아르가 이에 대해서 걱정하면, 사람들은 "그들이 돈 후안 데 아우스트리아를 찾으러 갈 것"이라고 대답했다.[134] 그러나 그때[135]에 디에고 데 수니가는 프랑스가 피에몬테에서 에스파냐가 점령하고 있는 거점들 가운데 몇몇을 원래 상태로 되돌릴 수 있는 방법을 찾을 것이라고 상당히 경계하는 논조로 그의 주군에게 보고했다. 불안은 쉽게 전파된다. 불안은 제노바로 퍼졌다. 제노바 정부에 따르면, 마르세유에서 4척의 갤리 선이 무장을 갖추고 8개 중대의 보병과 함께 출항을 준비했는데, 코르시카 섬을 노리는 것이라는 소문이 퍼졌다.[136]

누구도 솔직하게 게임에 임하지 않았다. 각국은 걱정하면서 동시에 위협적인 태도로 목적을 달성하고자 온갖 수단을 동원했다. 5월 11일 알제가 프랑스 국왕에게 보호를 요청했을 때, 샤를 9세는 서둘러서 이 이상한 요청을 받아들였다.[137] 그는 투르크에 공물을 지불한 앙주 공작이 알제 왕이 될 것이라고 생각했다. 이 불쌍한 공작은 기대에 부풀어 여러 개의 왕관을 쓰려고 하지 않았던가! 술탄과의 동맹을 위태롭게 할 위험을 무릅쓰는 것은, 닥스 주교가 이 이상한 제안에 답하면서 말했던 것처럼, "밀짚을 알곡"[138]으로 간주하는 경솔한 짓일 것이다. 그러나 프랑스 국왕이 울루지 알리의 솔직하지 않은 약속에 그렇게 쉽게 끌렸다면(울루지 알리는 동시에 펠리페 2세에게 그의 도시를 넘겼다![139]), 이는 에스파냐 국왕과의 게임에서 교묘하게 말 하나를 움직이는 기회를 얻었다고 생각했기 때문이다. 스트로치 함대의 비밀은 알제 쪽에서 찾아야 하지만,[140] 샤를 9세는 칸타브리아 지역을 불안하게 함으로써 펠리페 2세의 함대를 알제로부터 떼어놓아서 가능하다면 알제의 소유권을 확보하려고 했다고 생각한 세라노 신부와 하르틀라우프처럼 사건을 부풀리지는 말자.

프랑스의 정책은 그렇게 명확하지 않았다. 외부의 지지를 확보할 수 있을지 확신이 없었던 것이다. 8월에 프로테스탄트 독일은 머뭇거리며 움직이지 않았다. 잉글랜드는 프랑스가 네덜란드에 자리잡는 것을 우호적으로 보지 않았고, 잉글랜드에게는 에스파냐와 협상을 시작하기에 좋은 기회였다. 마지막으로 투르크는 해결해야 할 자신들의 문제가 많았다. 프랑스는 스스로에 대한 자신도 없었다. 프랑스의 반 에스파냐 정책은 충동적인 인물인 샤를 9세의 정책이자, 이상주의적인 콜리니의 정책이었다. 월싱엄이 말한 "긴 드레스를 입은 자들," 칼을 찬 참모들, 그리고 성직자 전체가 그 정책에 반대했다. 여러 가지 이유들 가운데, 특히 전쟁은 지출을 의미했기 때문에, 사람들은 당연히 교회 재산이 압류될 것이라고 생각했다. 교회 재산을 몰수하려는 계획이 수립되었다. 이 계획은 가스틴[프랑스 남부]의 십자가에 대한 콜리니 제독의 "맹목적인" 태도만큼이나 파리와 성직자들을 격분시켰다.[141] 다른 한편, 펠리페 2세를 공격하는 것은 간단한 일이 아니었고, 카트린 드 메디시스는 전쟁이 예기치 않은 방향 전환을 야기할 수 있다는 생각에 공포에 사로잡히기 시작했다. 6월 26일 참사회에서 타반은 전쟁이 벌어질 경우 프로테스탄트의 세력이 너무 커져서 "선의를 가지고 그들을 인도했던 자들이 죽거나 바뀌어도……국왕과 왕국은 계속 끌려다니게 될 것이므로, 계속 지배당하기보다는 플랑드르와 다른 정복지들을 보유하지 않는 편이 더 나을 것"이라고 분명하게 말했다.[142]

이처럼 프랑스의 정책은 우유부단하고 언제든 물러설 준비가 되어 있었지만, 어쨌든 아직은 에스파냐와의 관계를 파기할 의향이 없었다. 6월 상순에 발랑시엔과 몽스의 함락 소식이 마드리드에 당도했을 때, 프랑스 대사는 펠리페 2세에게 프랑스 국왕의 거의 사과에 가까운 유감을 표명했다. 대사가 아무런 통보도 받지 못한 채 모든 일이 진행되었다. 그는 알바 공작의 적대 행위를 심각하게 규탄했고, 펠리페 2세가 평화 의지를 다시 확인해주기를 원했다. 이에 대해서 펠리페 2세는 플랑드르의 반란자들 가운데 프랑스 국왕의 신민과 프랑스에 체류했던 자들이 많다고 대답했다. 프랑스-에스파냐의 우호관계에 대해서 그는 언행일치라는 단 한 가지 조건만 보았다. 어쨌든 알바 공작은 자신이 받은 명령에 따라서 프랑스가 먼저 약속을 파기할 때에만 파기할 것이다.[143] 성 바르톨로메오 학살 사건이 알려질 때까지, 생 구아르는 프랑스 정부를 대표해서 평화적으로 항의를 계속했다. 아마도 그는 개인적인 항의도 덧붙였을 것이다. 6월 28일에 생 구아르가 펠리페 2세를 만나서 자신의 주군[프랑스 국왕]이 플랑드르 반란에 가담한 프랑스인들에게 가해진 처벌에 대해서 만족하고 있다고 이야기하는 동안 콜리니의 이름이 대화 속에 등장했다. 대사는 망설임 없이 그가 나쁜 사람이고, 국왕은 그가 궁정 밖에서보다 궁정에서 나쁜 짓을 덜 할지라도 그를 신뢰하지 않는다고 말했다. 그는 국왕의 관리들이 가톨릭인 피카르디 지방의 국경에서 모든 싸움을 피하기 위해서 노력할 것이라고 낙관적으로 결론지었다. 알바 공작도 그렇게 할 것이라고 펠리페 2세가 확언했다. 그리고 생 구아르는 에스파냐 재상부의 보고서가 선언한 내용에 매우 만족해서 물러났다.[144] 다만 사람들이 프랑스 함대 문제로 그를 조금 세게 압박하자, 생 구아르는 "바다는 누구나 이용할 수 있는 거대한 숲과 같아서, 프랑스인들도 그곳으로 행운을 찾으러 갈 것"이라고 대답했다.[145]

프랑스의 외교가 열심히 평화를 말했다는 것은 사실이다. 마드리드에서만이 아니었다. 빈에서도, 로마에서도 마찬가지였다. 발랑시엔에 대한 시도가 실패하고 장리스의 패주 이후에 마치 프랑스의 정책이 후퇴한 것처럼 모든 일이 진행되었다. 6월 16일 빈 주재 프랑스 대사에게 몽스 반란의 실패를 알리면서, 샤를 9세는 "내가 그들의 불길한 계획을 그토록 저주했기 때문에, 군주의 권위에 맞서 봉기한 자들에 대한 신의 정당한 판결"이 고이젠들이 어떤 구조도 받지 못하도록 전력을 기울였다고 주장했다.[146] 7월에 샤를 9세는 로마의 드 페랄에게 나사우 공작이 어떻게 그를 속였는지를 설명하는 장문의 편지를 보냈고, 다시 한번 자신의 평화 의지를 증언했다.[147]

기이하고 오락가락하는 정책! 많은 역사가들처럼 부도덕을 말하지는 말자. 왜냐하면 16세기에는 저마다 똑같은 게임을 했고, 그 게임이 정당하다고 생각했기 때문이다. 그러나 프랑스의 정책은 매번 주저했다! 그 정책은 파열도, 에스파냐 국경에서의 적대행위 중단에 대해서도 결정을 내리지 못했다. 6월 27일 파리에서 온 보고는 프랑스가 프로방스에서 경기병 3개 중대를 징발하고, 열광적인 분위기 속에서 마르세유를 요새화하고, 부대들이 피에몬테 주둔지로 향했다고 알바 공작에게 알렸다. 6월 26일 에스파냐와 국교를 단절해야 하는지를 묻기 위해서 대참사회가 열렸다. 어떤 결정도 내리지 않았지만, "좋은 기회가 온다면, 그 기회를 잡을 것이라는 분명한 신호가 아닌가? 따라서 신뢰할 수 없고, 그렇다면 칼을 잡아야 한다."[148] 밖에서 게임을 보는 자에게 그 게임은 매우 이중적이었고, 따라서 에스파냐는 모든 상황을 고려할 수 있었다. 이러한 상황에서 6월 말 사부아 전령이 거짓 소문에 새로운 소재가 될 소식을 마드리드로 가져왔다. 즉 교황 대사가 프랑스 국왕이 사부아 공작령을 통과하는 자유로운 통행로를 요구했다고 주장했다는 것이다.[149] 이탈리아에서 에스파냐로 오는 에스파냐 전령들은 거의 모두 육로를 포기하고 바닷길을 이용했을지라도 말이다.[150]

사실인즉, 장리스의 공격에 대한 보고를 받아 들었을 때, 펠리페 2세가 프랑스의 거짓된 태도를 믿을 수 있었겠는가? 장리스는 6월 12일에 몽스를 구원하러 출정했지만 17일 패주했고, 프랑스 국왕이 친히 서명한 문서들을 지닌 채 알바 공작에게 포로로 잡혔다.[151] 아니면, 같은 날, 함대의 미심쩍은 움직임과 피카르디에 주둔한 부대들의 이동에 대해서 보고를 받았을 때는 어떠한가? 펠리페 2세는 콜리니 제독이 독일에서 아무도 모르게 무엇인가를 하기 위해서 80만 리브르를 찾아서 메스로 갔다는 보고도 받았다. 몽모랑시와 콜리니 제독은 몽스를 구원하자는 데에 동의했다. "국왕이 콘스탄티노플로 보낸 대리인 알튀카리아가 여기[파리]에 도착했습니다. 길거리에서 사람들은 그가 200만 금화를 가져왔다고 이야기합니다. 그러나 이는 확실하지 않고 그 동기도 알 수 없습니다. 저는 (투르크에) 그 돈을 보내는 것이 문제라는 것을 압니다. 그들은 베네치아인들이 이미 투르크와 휴전조약에 서명했다고 폭로했습니다"라고 수니가는 보고했다.[152] 그러나 베네치아 대사는 이를 강하게 부인했다. 거짓이든 진실이든, 언제나 조심스럽게 걸러지지는 않은, 때때로 정확하게 배신을 입증하는 소식들이 유포되었다. 디에고 데 수니가는 이렇게 히에로니모 공디로부터 국왕참사회에서 논의된 내용을 전해 들었다. 짧은 예복을 입었든 긴 예복을 입었든 참사회원들은 전쟁을 원하지 않았다. 카트린 드 메디시스의 평화 정책이 승리한 듯 보였다.[153] 참사회에서 쫓겨난 콜리니 제독은 13일에 잉글랜드 여왕과 음모를 꾸미고 있다고 고발당했다.[154]

따라서 성 바르톨로메오 축일의 학살 사건도 열렬하고 정력적인 만장일치의 개입 정책을 끝내지 못했다. 로마도, 마드리드도 파리의 학살을 기뻐했지만 그 학살을 준비하지는 않았다.[155] 게다가 그 학살과 파리의 소식이 프랑스와 국제 정치에 직접 영향을 미쳤을지라도, 그것들이 유럽에 에스파냐라는 이름의 공포를 퍼뜨리는 데에 기여했을지라도, 그것들이 다시 한번 에스파냐의 강력하기보다는 신중한 정책에 길을 내어주었을지라도, 나는 그것들이 프랑스 정치의 **지속적인** 방향 전환에 깊이 영향을 미쳤다고는 생각하지 않는다. 미슐레와 다른 몇몇 역사가들과 달리 나는 1572년 8월 24일이 세기의 대전환점이었다고 생각하지 않는다. 당시에 그 소식은 제한된 결과만을 낳았다. 8월 24일 이후, 당황해서 어쩔 줄 모르는 프랑스의 정치는 일시적으로 이전의 주장으로부터 멀어졌지만, 앞으로 보게 될 것처럼 스스로에게 충실하게 남아 있을 것이다.

돈 후안 데 아우스트리아에게 주어진 명령과 명령 취소, 1572년 6-7월
1572년 8월, 성 바르톨로메오 사건은 그래도 역시 일종의 기권이었다. 모든 일이 마치 노름꾼 중의 한 사람인 프랑스 국왕이 갑자기 자기 패를 던져버린 것처럼 진행되었다. 우리는 어쨌든 프랑스 국왕이 패했다고 말하라는 유혹을 받는다. 그러나 그의 적은 그의 쇠락을 확신했고 이러한 포기를 기대했을 것인가? 1572년 6-7월 펠리페 2세의 기이한 지중해 정책은 오히려 그가 프랑스의 힘을 과대평가했다고 생각하게 만든다.

　1572년 6월까지 지중해에서 신성동맹에 대한 펠리페 2세의 정책보다 더 단순한 것은 없다. 1571년의 승리에서 비롯된 많은 계획들을 정리하기 위해서 교황은 로마에서 새로운 회의를 소집했다. 첫 번째 회의는 12월 11일에 열렸다.[156] 이번에는 합의 도출까지 두 달이면 충분했다. 1572년 2월 10일, 에스파냐 대표들, 즉 카스티야의 대기사단 단장과 그의 동생 후안 데 수니가, 이번에 합류한 추기경 파체코, 그리고 베네치아 대표인 파올로 티폴로와 조반니 소란초가 합의안에 서명했다.[157] 이번에는 베네치아 정부에 유리하게 토론이 끝났다. 실제로 합의안은 동맹국들이 레반트에서 활동할 것이라고 규정했는데,[158] 이는 단번에 에스파냐에게 중요한 북아프리카에 대한 계획들을 배제하는 결과를 가져왔다. 식량은 7개월분을 준비하기로 했고, 모레아에서 곧 봉기할 것이라고 생각되는 그리스인들을 지원하기 위해서 많은 물자들이 선적되었다. 상황에 따라서 투입될 일종의 예비군 1만 1,000명을 위한 숙영지가 오트란토에 설치될 것이다. 갤리 선 200척, 갤리어스 선 9척, 보급용 선박 40척, 병력 4만 명에 달하는 함대의 규모는 1571년의 것보다 오히려 더 컸다. 언제나 낙관적이었던 일정표는 교황의 함대와 에스파냐 함대가 메시나에 집결하는 시점을 3월 말로 잡았다. 그리고 나서 함대는 지체 없이 코르푸로 가서 베네치아 함대와 합류할 예정이었다.

　이와 같이 에스파냐는 레반트에서 베네치아의 사활이 걸린 이해관계를 수호하고, 1570년과 1571년처럼 베네치아를 위해서 희생할 것이다. 적어도 겉보기에는 그렇다. 그랑벨은 펠리페 2세에게 자신이 볼 때, 그렇게 불리한 것을 찾을 수 없다고 썼다. 신성동맹은 분명 (레반트 무역을 잃은 것에 불만을 품은 베네치아의 조급함과 프랑스 탓에) 지속되지 않을 것이기 때문에,

투르크의 세력을 꺾기 위해서 되도록 빨리 신성동맹을 이용하는 것이 낫다. 오직 레반트 원정만이 베네치아의 효과적인 협력을 이끌어낼 수 있을 것이다. 또한 교황을 크게 만족시키고, 이탈리아와 기독교 세계에 대해서뿐만 아니라 교황에 대해서도 사심 없는 태도를 취하는 것이 그에게 유리했다.[159] 분명 그렇다. 그러나 그랑벨의 논조는 조금은 누군가를 위로하거나 스스로를 위로하기 위한 것이었다.

펠리페 2세는 이 "유리한" 결정을 기꺼이 감수하지 않았음에 틀림없다. 왜냐하면, 그가 돈 후안에게 이른 봄에 레반트 원정에 앞서 초고속 여행의 형태로 비제르트와 튀니스에 대한 원정을 시도하라고 명령했기 때문이다. 이 원정을 준비하기 위해서 돈 후안은 메시나를 떠나 2월 8일에 팔레르모에 도착했다.[160] 테라노바 공작으로부터 돈을 받아내는 것이 문제였는데, 이는 처음부터 쉽지 않을 것이라고 예상되었다.[161] 식량이 있고 아프리카로 가는 출발점인 남쪽 해안으로 접근하는 것이 중요했다. 자금과 식량 없이 어떻게 원정을 할 수 있겠는가? 돈 후안은 갤리 선과 병사들을 요구하기 위해서 나폴리에서 그랑벨에게 편지를 썼다.[162] 그러나 그랑벨은 펠리페 2세의 희망을 공유하지 않았고, 2월 21일 돈 후안에게 다음과 같이 분명하게 말했다. "나는 이처럼 중요한 원정이 자금과 충분한 병력 없이 어떻게 이루어질 수 있는지 모릅니다. 일전에 전하에게 썼던 것처럼 나는 적정 규모의 군대와 함께 가는 것이 아니라면, 아프리카 원정을 원치 않습니다."[163] 돈 후안은 이러한 이유들을 인정하지 않았다. 그는 3월 2일에도 여전히 나폴리의 갤리 선들이 도착할 것이고, 바르바리 해안을 돌아서 코르푸에 당도할 수 있다는 희망을 가졌다.[164] 그러나 3월 중순, 그는 결정을 내렸다. 그의 참모부와 부왕 테라노바, 돈 후안 데 카르도나, 가브리오 세르벨로니, 사령관 페드로 벨라스케스 장군의 의견을 들은 뒤,[165] 그는 펠리페 2세에게 다음과 같이 보고했다. "저는 메시나로 되돌아가야 하는 이유들에 대해서 자세하게 설명 드리지 않을 것입니다. 왜냐하면 이 편지와 함께 동봉될 다른 사람들의 편지에서 아주 상세하게 그 이유들을 보시게 될 것이기 때문입니다. 그 이유들은 제가 절대로 달리 움직일 수 없을 만큼 아주 충분해 보입니다. 튀니스에서 적을 쫓아냈을 때, 전하께서 맛보시게 될 기쁨을 위해서 이 원정을 단행하는 것보다 더 하고 싶은 것은 없습니다."[166]

그러나 5월 1일, 교황 피우스 5세가 서거했다.[167] 이 죽음 하나만으로도 신성동맹의 모든 문제들이 다시 제기되었다. 팽팽한 정치적 긴장 속에 발생한 교황의 선종은 에스파냐의 급격한 정책 전환, 사건들로 말미암아 곧 철회되었지만 그래도 역시 완벽했던 반전의 기원이었다. 5월 20일, 펠리페 2세는 실제로 동생에게 레반트에서 갤리 선들의 출발을 연기하라는 (17일에 작성된) 단호한 명령을 내렸다. 이 명령을 받았을 때, 그가 이미 메시나를 떠났을 경우, 그는 가능한 빨리 메시나로 되돌아와야 한다. 6월 2일과 24일자 서신에서도 그 명령이 반복되었지만, 명령은 7월 4일에야 전달되었다. 이 때문에 6주일 동안 위기가 태풍의 속도로 이탈리아를 휩쓸었다. 그 효과는 돈 후안이 코르푸에서 동맹군들과 합류했을 때에도 여전히 진정되지 않았다.

5월 20일-7월 4일 : 세라노 신부는 충분히 주의를 기울이지 않았지만, 이 날짜들이 정확하게 그 시기에 문제를 제기한다. 처음으로 에스파냐 자료를 전부 읽은 세라노는 자연스럽게 그 문서들에 나타난 변론을 다시 채택했다. 펠리페 2세는 교황과 베네치아에게, 그의 행동에 놀란 유럽의 군주들에게, 그리고 이탈리아에 주재하는 자신의 대리인들에게 변명해야 했다. 그러나 펠리페 2세가 솔직하게 그의 진짜 동기와 공식적인 설명을 구분했기 때문에, 사람들은 이 공격적인 글을 글자 그대로 받아들이지 않았다.

공식적인 설명 : 펠리페 2세는 프랑스와의 관계 단절을 우려했기 때문에 돈 후안을 메시나에 묶어두었다고 주장했다.[168] 펠리페 2세가 이 위험을 고려했다는 것을 부정할 수는 없다. 그러나 1572년 5월에 특별히 그랬던 것은 아니다.

설명이 날짜들과 일치하지 않는다. 마드리드에서 본 에스파냐-프랑스 사이의 긴장의 역사 속에서 5월 17-20일도 7월 4일도 절정의 날짜는 아니다. 이 짧은 기간 동안 스트로치 함대나 부차적인 작전 무대에 관해서 결정적인 것은 없었다. 당시에 중요한 소식들이 들어올 가능성이 있는 곳은 네덜란드뿐이었다. 5월 20일경에도 여전히 마드리드에서 알고 있는 것은 브릴[네덜란드] 상륙 사건뿐이었다. 발랑시엔과 몽스에 대한 공격은 5월 23-24일의 일이었다.[169] 반대로 7월 4일, 프랑스의 위기는 펠리페 2세에게 왜 더 경미한 것으로 보였을까? 프랑스의 위기는 오히려 악화되었다. 펠리페 2세는 7월 4일부로 돈 후안에게 보낸 취소 명령에 수반된 고려들에서 이를 인정했다. 성 바르톨로메오는 아직도 멀었고, 누구도 이를 예견할 수 없었다.[170]

설명은 다른 곳에서 찾을 수 있었는데, 펠리페 2세와 돈 후안 사이의 교신을 연구하는 대신 펠리페 2세가 로마로 보낸 편지들, 특히 돈 후안 데 수니가에게 보낸 6월 2일과 24일자 편지들을 검토한다면 한층 더 명확해질 것이다.

펠리페 2세는 자신의 태도를 설명하기 위해서 또다른 이유, 즉 교황의 죽음을 활용했다. 새로운 교황 선출은 언제나 교황청의 정치는 말할 것도 없이 유럽의 정치를 위태롭게 했다는 것을 누구나 알기 때문에, 이는 훌륭한 핑계였다. 더구나 이번에는 로마가 에스파냐의 전쟁 예산, 따라서 그 함대에 의지했기 때문에 더더욱 그러했다. 생 구아르가 말했듯이, 새 교황은 "신성동맹의 일보다 자신 일과 자기 가문의 일을 바로잡는 데"에 더 신경을 쓰는 인물이었다.[171] 틀림없이 그러했다. 그러나 이는 여전히 핑계에 불과했는데, 펠리페 2세 자신도 나중에 그렇다고 실토했다. 교황의 죽음이 그를 자유롭게 했다는 의미에서 또는 마치 그가 약속의 속박으로부터 해방된 것처럼 만들 수 있었다는 의미에서 그 죽음은 분명 국왕이 내린 결정의 우연한 이유였다. 그러나 결정적인 이유는 레반트 원정이 펠리페 2세의 마음에 들지 않았다는 것이다. 그는 그 대신 다른 원정, 즉 알제 원정에 집착했다.

돈 후안에게 보내는 첫 번째 편지에서부터 국왕은 알제 문제를 언급했다. 돈 후안 데 수니가에게 보낸 6월 2일자 편지에서 펠리페 2세는 다음과 같이 썼다. "그대는 내가 동생에게 내린 명령이 무엇인지, 이전에 내렸던 명령들을 무시하고 교황의 선종을 핑계 삼아 함대를 메시나에 머무르게 하면서 내걸라고 권고했던 깃발들이 어떤 것인지를 알 것이오." 그러나 "'새로운 선거가 매우 신속하게 이루어졌기 때문에,' 그 선택이 '신성하고 바람직한' 것인 한, 우리는 이러한 이유를 더 이상 이용할 수 없소. 그러나 나는 생각을 바꾸지 않기로 결심했소. 나는 언제나 '알제 원정이 기독교 세계 전체와 특히 에스파냐의 이익에 부합하는 것'이라고 생각하오. 비록 나도 레반트 원정만큼 불확실한 일에 자금을 사용하는 대신 신성동맹과 그 모든 지출에서 그들이 어떤 결과를 끌어내기를 바라지만 말이오. 교황에게는 플랑드르 반란, 프랑스와 잉글랜드가 개입할 것이라는 의심, 그리고 프랑스의 무장에 관한 소식을 이유로 제시해야 했을 것이오. 무엇보다도 알제에 대해서는 말하지 마시오!"[172]

설명은 명쾌하다. 펠리페 2세는 집결한 군사력을 이용하여 투르크를 타격하고자 했다. 다만 그 타격을 에스파냐에 유용할 수 있는 지점에, 즉 언제나 에스파냐가 탐내던 지역의 일부인 북아프리카에서, 이슬람의 핵심적인 거점이자 서쪽의 역참이며, 인력, 선박, 물자를 공급하는 기지이자 에스파냐를 노리는 가공할 사략선들의 출발지인 알제에서 활용하고자 했다. 펠리페 2세의 결정을 이끌어낸 것은 이런 전통적인 정책이었다.[173]

그러면 7월 4일의 명령 취소, 신성동맹의 가맹국들이 처음 위치로 복귀한 것은 설명을 해야 한다. 펠리페 2세는 이탈리아, 베네치아, 새로운 교황 그레고리우스 13세, 그리고 에스파냐의 "대신들"이 격렬한 만장일치로 반대하자 양보한 것처럼 보인다. 격렬하게 항의했던 돈 후안은 말할 것도 없이, 루이스 데 레케센스는 밀라노에서, 그의 동생은 로마에서, 그랑벨은 나폴리에서 신성동맹의 성공에 집착했다. 이 총공세가 신중왕을 눌러 이겼다. 그들은 펠리페 2세에게 아뢰기를, 그가 이 게임에서 신용을 잃을 것이고, 그가 곧바로 투르크와 협상하도록 베네치아를 압박했으며, 그에게는 위신과 세력의 상실이 뒤따를 것이라고 했다. 이탈리아에서 에스파냐 대표들이 감히 그 계획에 대해서 말도 할 수 없을 정도로 알제에 대한 원정계획은 인구에 회자했다. 그리고 새 교황은 성전사면장과 보조금에 대한 권한을 보유하고 있었다. 그는 신성동맹에 유리하게 열정적인 교서를 썼다. 아무리 그가 유연하고 협조적인 인물이라고 하더라도 세상의 모든 핑계가 그를 납득시키지는 못할 것이다. 프랑스의 위험이 로마와 다른 곳에서는 심각하게 받아들여지지 않았다. 그랑벨 자신도 프랑스의 위험을 적절하게 조절하기 위해서 프랑스 국왕에게 큰 소리로 단호하게 말하기만 하면 된다고 생각했다. 돈 후안은 여전히 그에게 최선의 방법은 레반트 원정을 단행하는 것이라고 생각했다. 즉 그에게 새로운 레판토로 응답하는 것이다.

6월 12일 메시나에서 팔레르모로 이동한 돈 후안은 섬들을 거쳐서 갤리 선 1척을 보냈는데, 6일 만에 바르셀로나에 도착했다.[174] 사람들은 놀라운 속도로 이 배가 당도했다는 소식에 메시나에서 대재앙이 발생했다고 생각했다. 며칠 후에, 그 갤리 선은 다시 출항했다. 그 배는 7월 12일에 돈 후안에게 7월 4일의 그 귀중한 취소 명령을 전달했다.[175] 다른 한편, 국왕이 에스파냐 갤리 선들로부터 잔 안드레아 도리아의 함대를 분리시키라고 요구했기 때문에 그 명령이 주저 없이 집행되지는 않았다. 프랑스 국왕이 잘못된 행동을 할 경우, 도리아는 비제르트나 툴롱까지 밀어붙이는 임무를 받게될 것이다.[176]

모레아 원정

늦여름과 초가을에 코린토스 만에서 모레아[펠로폰네소스 반도의 별칭]의 서부 해안을 거쳐 마타팬[테나로] 곶에 이르는 긴 해안 지역이 커다란 전쟁에 휘말렸다. 산이 많아 급수장이 드물고, 암초가 숨어 있어서 접근이 쉽지 않은 이 해안 앞에는 이오니아 해의 광대한 공간이 있었다. 여름이 끝날 무렵부터 이 지역에는 돌풍을 동반한 거센 바람이 들판을 가로지르고, 가늘고 낮은 갤리 선들은 거의 항해할 수 없을 정도로 바다를 거칠게 만든다. 북쪽으로는 바람을 피할 수 있는 항구가 코르푸에만 있고, 달마티아 해안이나 마타판 곶의 다른 쪽 해안, 즉 에게 해에 면한 쪽은 좀더 안전했다. 이는 에게 해나 아드리아 해와 같은 좁은 바다의 특징이었다. 가을철의 악천후가 가장 먼저 파도를 일게 하는 지중해의 넓은 공간에 비해서, 이 지역은 어느 정도 늦게 가을철의 악천후를 맞는다.

사실, 동맹국들에게는 쓸 만한 기지가 별로 없는 이상한 전쟁 무대였다. 이 메마른 해안에 인접한 베네치아령의 섬들 가운데 어느 곳도 기지로서 적합하지 않았다. 너무 좁아서 겨우 배를 댈 수 있는 체리고[키테라] 섬은 포도원 이외의 다른 자원이 없어서 너무 빈약했고, 산이 많은 케팔리니아 [아르고스톨리온] 섬은 주민이 별로 없었다. 이 섬들 가운데 어느 곳도 안전한 피신처나, 꼭 필요한 식량을 제공하지 못했다. 그리고 모든 섬들이 해안으로부터 너무 멀리 떨어져 있어서 맞은편 해안을 공격해야 하는 함대가 여기에 머무를 수 없었다. 코린토스 만 북쪽의 산타 마우라[레프카다] 섬, 코린토스 만 안쪽의 레판토[나프팍토스], 그리고 반도의 남쪽에 있는 나바리노와 모돈[메토네]과 같은 후방 거점들과 편리한 피항지들은 모두가 투르크의 수중에 있었다.

몇몇 추방자들이 확인하고 약속했기 때문에, 동맹국들이 모레아 주민들의 봉기를 기대했다는 것은 사실이다. 그러나 이와 관련해서 아무것도 조직된 바 없었다. 단지 동맹에 대한 협의 과정에서 반란자들에게 줄 무기의 선적이 언급되었을 뿐이다. 돈 후안은 특별히 로도스 섬의 그리스인들에게만 알렸다. 그러나 동맹군이 현지에 도착했을 때, 폭동은커녕 봉기 비슷한 것도 없었다. 17세기 말에 베네치아가 모레아를 빼앗는 데에 성공할 때에도 부분적으로는 그리스와 힘을 합친 것이 성공의 요인이었다.[177] 그러나 16세기에 그리스는 움직이지 않았다. 투르크와 그들의 감시 때문이었는지, 아니면 그리스인들이 라틴인들, 특히 이전의 지배자였던 베네치아인들을 너무 잘 알아서 그들을 위해서 목숨을 걸지 않았기 때문이었는지는 말할 수 없다. 다른 한편, 그리스인들이 봉기할 것이라는 가설에서 모레아는 당연히 지상전의 무대가 될 것이었다. 모레아는 산악지대이기 때문에 가공할 투르크 기병의 대규모 전개는 배제되었다. 모레아는 투르크가 지배하는 도로들이 닿는 영역 밖에 있었고, 언제든 독립할 수 있었다. 그러나 이 경우에도 동맹국들의 선택은 어렵사리 이루어진 것처럼 보였고, 현지 주민들의 폭동에 관한 계산뿐만 아니라 우연이 동맹국들을 모레아 해안으로 이끌었던 것으로 보인다.

7월 12일, 돈 후안은 코르푸에서 동맹군에 합류하라는 명령을 받았다. 돈 후안은 즉시 마르칸토니오 콜론나에게 편지를 썼다. 콜론나는 질 데 안드라데의 지휘 아래 돈 후안으로부터 위임받은 에스파냐 갤리 선들을 이끌고 교황의 함대와 함께 코르푸에 막 도착했다. 베네치아 해군은 이미 코르푸에 와 있었다. 돈 후안의 편지를 받은 뒤에 동맹군은 신성동맹 총사령관의 도착을 기다려야만 했다. 그러나 콜론나와 포스카리니는 또다시 지연될 것을 우려하면서, 자기들끼리만 승리의 공을 차지하고, 필요하다면 자신을 정당화하기 위한 좋은 핑계를 확보하려고 7월 29일에 염려스러운 소식들이 들려오는 남쪽을 향해 출항했다. 들리는 말에 따르면, 이번에도 먼저 출항한 투르크 함대가 크레타, 잔티, 케팔로니아 해안을 유린했다. 투르크 군이 섬들을 약탈하게 놔두고, 그들의 귀중한 수확이 망가지는 것을 지켜보는 것이 레판토 해전의 승자들에게 걸맞는 태도인가? 함대는 전투 대형으로 코르푸를 출발했다. 항해 중에 함대는 베네치아 제독 키리노 휘하의 크레타 갤리 선들로 증강되었다. 함대는 31일 저녁에 잔티에 도착했고,[178] 3일 동안 여기에 머물렀다. 그때 함대는 투르크 함대가 모넴바시아에 있고 기독교 함대를 찾아 출항했다는 사실을 알았다. 따라서 함대는 그리스 남단으로 향했다. 두 함대는 8월 7일 그리스 남단의 체리고 섬 해안에서 조우했다.

울루지 알리의 함대는 무시해도 좋은 그런 함대가 아니었다. 투르크 제국은 사람들이 일반적으로 생각하는 것처럼 고갈되지 않는 풍족함 속에서가 아니라, 위험 때문에 제국의 모든 힘을 쏟아붓는 고통과 어려움 속에서 이 함대를 재건했다. 기독교 세계 전체가 겨우 내내 그 반향을 들었던 이 무시무시한 노력 끝에 갤리 선, 갤리오트 선, 푸스타 선을 모두 합해서 적어도 220척을 보유하게 되었다. 틀림없이 이 가운데 절반 이상이 최근에 건조되었고, 1571-1572년 겨울 동안 진수되었다. 이 함대에는 보병이 거의 없었다. 그러나 울루지 알리는 무장을 근대화했다. 대포와 총포를 갖추었는데, 그 화력은 궁병과 투석병이 많이 탑승했던 알리 파샤의 함대보다 우월했다. 울루지 알리는 알제 해군을 본보기로 매우 기동성 있는 함대를 건조하는 데에 성공했다. 그 갤리 선들은 더 가볍지만 골격이 튼튼하고, 기독교 측 갤리 선들보다 대포와 화물을 덜 실었기 때문에 언제나 경주에서 이겼다.

마지막으로, 투르크 함대는 두세 가지의 장점을 가졌다. 그 함대는 쓰라린 경험을 통해서 갤리어스 선의 중요성을 깨달았고, 이를 결코 잊지 않았다. 투르크 함대에는 부관들 사이의 경쟁심에 한 순간도 흔들리지 않은 탁월한 지휘관, 원정 초기에 콜론나나 원정 말의 돈 후안보다 자기 함대를 더 잘 통제하는 지휘관 울루지 알리가 있었다. 게다가 우방에 의지할 수 있는 이 함대는 가까이에 식량 창고, 예비 병력, 그리고 지상 포대를 확보했는데, 기독교 측은 메시나, 풀리아 또는 코르푸에서 선적한 물자와 화물선에 선적된 어느 정도 잘 보관된 비스킷에 의존할 수밖에 없었다. 갤리 선들은 갤리어스 선과 함께 물 위에 떠 있는 이 무겁고 거대한 창고들을 끌어야만 했다. 가느다란 함선들은 이 초인적인 작업으로 기진맥진했다. 그리고 울루지 알리는 효과적인 정책 하나만을 생각했다. 즉 기독교 함대가 투르크 세력의 교차로인 에게 해를 차지하는 것을 막으면서 동시에 겨울 동안 기적적으로 재건된 함대를 지켜내는 것이다. 8월 7일 그가 마르칸토니오 콜론나가 걸어온 싸움에 반응을 보인 것은 다른 저의가 있어서였다. 동맹군이 전부 모이지 않았다는 것을 그는 분명히 알고 있었고, 특히 끈질긴 에스파냐 갤리 선이나 에스파냐 보병대와는 싸우지 말아야 한다는 점을 잘 알고 있었다. 그의 정면에는 그만큼이나 보병이 없고 무거운 배로 어려움을 겪는 베네치아 해군이 사실상 혼자 버티고 있었다. 더구나 그는 베네치아 해군에 비해서 수적으로 우세했다.

7일 오후 늦게 체리고에서 얼마 떨어지지 않은 엘라포니소스 섬과 드라고네라 섬 주변에서 전투가 시작되었다. 동맹군 함대는 흉조를 알리는 것 같은 느린 속도로 전진했다. 동맹군 함대가 투르크 갤리 선들에 접근한 것은 오후 4시경이었다. 바람은 별로 유리하지 않았고 함대는 간신히 움직였다. 모든 공격, 그보다는 모든 속임수 공격을 하는 것은 가벼운 투르크 갤리 선들이었다. 동맹군은 매우 신중하게 대열을 지어 전진했는데, 레판토에서처럼 갤리어스 선과 라운드쉽들은 강력한 함포를 갖추고 병력을 가득 태웠기 때문이다. 동맹군은 이러한 강력한 보호막 뒤에 버티고 있었다. 울루지 알리는 이 거대한 해상 요새들을 우회해서 갤리 선 대 갤리 선으로 싸우기를 원했다. 이러한 작전에 실패한 울루지 알리는 전투를 포기했다. 그가 90척의 갤리 선들과 대열을 이루고 있었지만, 그의 함대 일부는 모넴바시아로 복귀했다. 후퇴하기 위해서 그는 함포를 무차별 사격하게 했고, 거대한 연막 뒤로 사라졌다. 그는 어려움 없이 나머지 함대와 합류했지만, 기독교 측 갤리 선들이 그가 서쪽 길을 택했다고 생각하게 만들고, 돈 후안이 이끌고 오는 갤리 선들과 그들을 분리시키기 위해서 현등(舷燈)을 켠 몇 척의 갤리 선들을 체리고로 보냈다. 10일의 두 번째 전투는 첫 번째 전투의 복사판이었다. 기독교 측은 그들의 "전함들"을 안전지대에 배치했고, 이러한 조치를 깰 수 없었던 투르크 함대는 발레의 무용수처럼 전장을 빠져나갔다.

원정 제1막의 기술적인 문제는 동맹군 함대의 둔중함과 무기력이었다.

대형 전함들은 예인하는 갤리 선들에 묶여 있었고, 예인하는 갤리 선들은 전함들의 느린 속도에 묶여 있었다. 동맹군은 타성에 젖은 지중해식 전쟁의 희생자였다. 혁명적이고 혁신적인 행동은 강력한 대형 전함들을 바람에 맡기는 것이었다.

두 번째 전투의 결말은 울루지 알리가 마타판 곶의 피난처로 후퇴한 것이었다. 동맹군 함대는 돈 후안의 함대와 합류하기 위해서 잔티로 향했다. 8월 10일 코르푸에 도착한 돈 후안은 함대가 현 위치에 관한 최소한의 정보도 남기지 않은 채 모두 떠났다는 것을 알게 되었다. 그는 화가 나서 시칠리아로 돌아가겠다고 말했다. 그러나 나쁜 소식들을 우려하며 명령과 취소 명령을 보내던 그는 마침내 9월 1일 코르푸에 함대를 집결시킬 수 있었다. 많은 시간을 빼앗겼다. 그러나 세라노 신부처럼 콜론나의 원정이 아무 쓸모가 없었다고 말해야 할까? 동맹군이 적어도 크레타와 잔티를 투르크 함대의 약탈로부터 구했다는 것은 거의 이론의 여지가 없어 보인다.

집결 뒤에 전체 점호에서, 갤리 선이 211척, 갤리오트 선 4척, 갤리어스 선 6척, 화물선 60척, 그리고 병력이 3만5,000명 내지 4만 명을 헤아렸다. 이 수치에는 일부 실수가 있을 것이다. 어떻게 함선들, 모험가들의 갤리 선 또는 자원한 모험가들, 이탈리아 최상위 귀족의 정확한 명부를 작성할 수 있겠는가? 반대로 이 거대한 함대에는 말이 200마리도 되지 않았고, 식량은 매우 드물었으며, 돈도 거의 없었다. 함대에 필요한 것이 엄청 많았다는 것은 사실이다. 이탈리아의 곳간들에, 펠리페 2세의 재정에, 이 함대는 밑 빠진 독이었다.

돈 후안은 곧바로 코르푸를 떠나지 않았다. 여기에서 논란이 있었다. 베네치아 갤리 선들은 병력 보충이 필요했지만 포스카리니가 이를 에스파냐 병사로 보충하는 데에 반대했기 때문에 그에게 교황 함대의 병력을 제공하고, 교황 함대는 펠리페 2세에게 월급을 받는 병사들로 충원해야 했다. 마침내 함대는 7월과 동일한 목적을 가지고, 즉 투르크 함대와 조우하기 위해서 출항했다. 돈 후안은 9월 12일 케팔로니아에 도착했고, 잔티를 경유해서 마침내 모레아 해안에 당도했다. 소식통에 따르면, 그 당시 울루지 알리는 나바리노에 있었다. 적을 기습하기 위해서 기독교 함대가 야간에 이동했으나 작전상의 실수로 그러한 시도는 실패했다. 기독교 함대는 해상 감시인에 의해서 제때에 발각되었기 때문에, 70여 척의 갤리 선과 나바리노에 있었던 울루지 알리가 그곳을 떠나 모돈으로 퇴각하는 것을 막을 수 없었다. 기독교 함대는 그를 뒤쫓았다. 이와 같이 모레아에서의 새로운 전쟁이 시작되었다. 그 전쟁은 이전의 것보다 더 극적이었지만 마찬가지로 실망스러운 것이었다.

9월 15일에 돈 후안은 자신의 함대가 퇴각하는 적을 공격하도록 놔두지 않았다. 16일 울루지 알리가 싸움을 걸었지만, 날이 어두워지자 모돈 포대의 사정권 안으로 피신했다. 이날 저녁에 적이 그의 후위 부대를 공격하게 놔두면서 푸에르톨롱고의 정박지로 물러나는 대신, 돈 후안이 적을 향해 돌아섰다면, 그는 모돈을 공략해서 투르크 함대를 격파할 기회를 잡을 수 있었을 것이다. 왜냐하면 봉쇄된 모돈의 항구 안에서는 혼란이 극에 달했기 때문이다. 나중에 세르반테스는 투르크 병사들이 모두 그들의 배를 버릴 준비를 하고 있었다고 말했다. "그들은 사람들이 조치를 취하기를 기다리지 않고 즉시 육지로 도망치기 위해서 소지품과 신발을 챙겼다."[179]

잃어버린 기회는 다시 오지 않았다. 울루지 알리는 재빠르게 움직였다. 기독교 측은 울루지 알리가 움직이지 않을 것이라고 생각했지만, 그는 곧바로 자기 함대의 일부를 무장해제해서 배에서 떼어낸 대포를 모돈 주변의 산 위에 배치했다. 이미 방비를 강화한 그 요새는 난공불락이었지만, 얼마 후 이곳을 지나갈 필리프 드 카네의 표현에 따르면, 아주 작은 요새여서 그 부두에는 갤리 선 20척이 겨우 정박할 수 있었다.[180] 그러나 이곳에서 배들은 항구 밖에서도 안전했다. 반대로 기독교 함대는 무한정 먼 바다에 머무를 수 없었다. 가까운 정박지까지 물러나야 했다. 진짜 포위당한 것이

울루지 알리였나? 모돈을 공격하기 위한 계획은 100가지나 있었다. 다른 계획들보다 한층 더 모험적인 계획들이 신중한 계획들과 대립했고, 종종 자명한 이치가 사실들을 거스른다. 그러나 울루지 알리는 가까운 시일 내에 가을철 악천후의 덕을 볼 수 있었다. 경우에 따라서 도움을 줄 수 있는 이 동맹자는 울루지 알리가 즉흥적으로 시작했고 비할 데 없이 운 좋게 잘 마무리하게 될 전쟁에 그 나름의 의미를 부여했다. 그의 적들은 어떤 희생을 치르더라도 때를 기다리겠다는 이 정책을 서서히, 결국 너무 늦게 알아차리게 되었다. 그들은 북쪽에서 모돈으로 가는 보급물자가 통과하는 나바리노를 점령함으로써 투르크 함대가 본거지에서 나오도록 강요할 수 있다고 생각했다. 요새는 방비가 부실했고 지원하기 어려웠다. 그러나 이 원정에는 불운이 따라다녔다. 작전지역에 대한 정보 부족, 젊은 알레산드로 파르네세가 지휘한 힘겨운 상륙, 에스파냐 보병대가 진입한 평야를 침수시킨 폭우, 나바리노 시에 전달된 경보와 포대의 효과적인 포격, 멀리서 낙타와 노새의 긴 행렬이 그 도시로 다가오는 것을 지켜보는 동안 도착한 기병대, 마지막으로 식량과 화약 보급의 부족, 돌풍에 나무가 뽑힌 평야에서 피할 데가 없었다는 사실 등 이 모든 것들이 부대의 진격을 어렵게 만들었다. 8,000명의 병사들을 다시 배에 태우는 일이 시급해졌다.

상륙 부대는 5일과 6일 사이 한밤중에 다시 바다로 나왔다. 이후 이틀 동안 모돈 앞에서 동맹군 함대는 다시 싸움을 걸었지만, 레판토 해전의 승전기념일인 바로 그날에도 헛수고만 했다. 기독교 측 전함을 추격하기 위해서 투르크 갤리 선 20여 척이 나왔을 때에도 동맹군은 이것을 이용하지도 못했다. 너무 육중한 돈 후안의 갤리 선들은 울루지 알리가 곧바로 불러들인 이 함선들이 그들의 기지로 서둘러 회항하는 것을 차단하지 못했다. 포위망을 풀어야 하는가? 아니면 마지막으로 항구로 쳐들어가야 하는가? 돈 후안은 공격 의지의 표시로 도리아, 세사 공작과 함께 뒤에 있던 갤리 선들에게 합류하라고 명령했다(그 갤리 선들은 그가 귀로에 올랐을 때인 10월

16일에야 코르푸에 도착했다). 사실, 베네치아는 투르크의 방어가 결국 붕괴되고 어찌 되든 간에 울루지 알리의 함대가 콘스탄티노플로 돌아가는 길에 악천후에 시달릴 것이라고 생각하면서 항구 봉쇄가 몇 주일 더 지속되기를 바랐다. 아마도 그들이 틀리지 않았을 것이다. 사람들은 힘에 부친 투르크 주둔군이 항복했을 것이라고 주장했다.[181] 그러나 다른 한편, 포스카리니는 복귀하면 베네치아의 끔찍한 재판을 받게 될 것을 염려했다고 고백했다. 왜냐하면 자네도 1570년에 키프로스 섬에 대한 원정 실패 뒤에 그 재판을 피하지 못했기 때문이다.

어쨌든 10월 8일 동맹군 함대는 모돈에 대한 공격을 포기하고 잔티로 퇴각했다. 9일 잔티에 도착한 함대는 13일에 케팔로니아를 거쳐서, 18일에는 코르푸 앞에 이르렀다. 이틀 뒤에 함대는 해산했다. 사람들은 레반트에서, 즉 코르푸나 카타로에서 겨울나기를 단념했을 뿐만 아니라 아드리아 해에 있는 투르크의 거점들에 대한 그 어떤 공격도 포기했다. 마르칸토니오 콜론나는 돈 후안의 견해에 동조함으로써 베네치아와의 토론에 종지부를 찍는 데에 일조했다. 세사 공작은 "베네치아인들은 그들이 보여주었던 것에 만족했습니다"라고 썼다.[182] 그러나 10월 24일, 포스카리니는 공화국에 다음과 같이 보고했다. "이 원정에서 이룬 것이 별로 없었던 이유는 단 하나, 에스파냐인들이 신성동맹을 돕는 대신 베네치아를 약화시키고 무너뜨리려고만 했기 때문입니다. 돈 후안의 지각과 원정 과정에서 드러난 우유부단함은 베네치아 공화국의 힘을 서서히 소진시키고, 신성동맹의 이해관계를 소홀히 하고 심지어 손해를 끼치면서 플랑드르에서 에스파냐 국왕의 이익을 확보하려는 이 계획에만 부응하는 것이었습니다. 에스파냐의 악의는 베네치아의 국익에 관련된 모든 것에서 분명히 드러났습니다."[183] 이보다 더 부당한 말이 있는가? 그러나 사실 가을이 끝날 무렵부터 모두가 신성동맹이 더 이상 존재하지 않는다고 생각하게 되었다. 에스파냐 함대는 세 무리로 나뉘어 신속하게 메시나로 돌아왔다. 돈 후안은 24일에 첫 번째 함대를 이

끌고 메시나에 당도했고, 26일에는 엄숙한 입성식을 거행했다.[184]

1572년에 일어난 일련의 "대"사건들에 대해서 자문한 한 당대인은 아마도 위와 같이 진술하지 않았을 것이다. 1572년에는 이 세계의 몇몇 위대한 인물들이 사라졌는데, 그는 그들에 대해서 생각했다. 5월 1일 피우스 5세의 서거가 알려졌다. 6월에는 나바르의 왕비가 별세했고, 그녀와 함께 프로테스탄트파는 그 영혼을 잃었다. 8월 24일에 학살당한 자들 가운데 콜리니 제독이 있었다. 그랑벨은 나폴리에서 닥스 주교, 즉 콜리니에게 의지했던 "이 위그노"가 더 이상 그의 보호자의 시대에 했던 것과 같은 역할을 할 수 없을 것이라고 생각했다.[185] 이 세계의 또다른 유력자, 즉 국가평의회 의장이자 위대한 종교재판관인 추기경 에스피노사는 허영심이 가득했고 고관대작들과 업무에 시달렸는데, 책상 위에 아직 개봉하지 않은 편지들을 가득 놓아둔 채 9월 16일 뇌출혈로 사망했다.[186] 반쯤 총애를 잃고 그 때문에 뇌출혈로 즉사한 것으로 보인다. 유럽의 반대편 끝에서 트란실바니아 대공이 1572년 초에 사망했다. 7월 7일에는 폴란드 국왕이 서거했다.[187] 이로 인해서 이듬해 앙주 공작의 폴란드 국왕 선출로 끝맺게 되는 이상한 위기가 시작되었다.[188]

반면에 레반트에서 부상당한 미겔 데 세르반테스는 외과의사의 무능함 때문에 왼손을 잃었다. 그리고 리스본에서 "안토니오 고사 루에스의 집에 머물던"[189] 무명의 작가 카몽이스는 해상 모험에 관한 책『우스 루지아다스 (Os Lusiadas)』를 출판했다. 이 무훈시는 거대하고 멀리 있는 지중해, 즉 포르투갈이 관리하는 인도양을 그의 그물망에 다시 넣었다.

3. 베네치아의 "배신"과 두 차례의 튀니스 함락 : 1573-1574년

너무나 예견되었던 일이 가을에 현실로 나타났다. 즉 베네치아의 "배신"이 1573년 3월 7일에 일어났다. 그 배신은 4월에 이탈리아에 알려졌고, 에스파냐에는 5월에 전해졌다. "배신"보다 오히려 포기라고 불러야 한다. 베네치아 공화국의 상황을 상상해보자. 교역, 산업, 재정에서 혼란에 빠졌고, 비용이 많이 드는 바다에서의 전쟁으로 기진맥진했으며, 식량 품귀와 가격 상승으로 일상생활에서 고통받고 있었다. 가장 고통받는 사람들, 즉 가난한 자들이 가장 용기 없는 자들은 분명 아니다. 돈 후안이 곤돌라 뱃사공들의 노래에서 거의 전설적인 영웅이 된 데에는 이유가 없지 않다. 그러나 베네치아 공화국을 이끌어가는 것은 가난한 사람들이 아니었고, 부자들의 회사는 투르크와의 간접교역에 만족할 수 없었다.

베네치아를 위한 변론

게다가 베네치아는 이스트리아 및 달마티아와의 국경에서 전쟁이 임박했음을 알았다. 싸움을 계속한다면 베네치아는 달마티아의 이 가변적인 국경을 보전할 수 없게 되지 않을까? 예를 한 가지만 든다면, 세베니코는 전문가들의 견해에 따르면, 유죄이다. 이미 3년이나 계속된 이 전쟁은 베네치아에 어떤 실질적인 이득도 가져다주지 못했다. 베네치아는 1571년에 키프로스와 아드리아 해의 영토에서 일련의 거점들을 잃었다. 1571-1572년의 원정에서 베네치아는 지불해야 할 거액의 영수증과 원한 이외에는 아무것도 얻지 못했다. 에스파냐가 베네치아를 약화시키고 이용하기 위해서 일을 꾸몄다는 확신을 반박할 수 있는 것은 하나도 없었다. 왜냐하면 베네치아는 에스파냐의 굴레와 영향을 피할 수 있었기 때문에, 땅으로 둘러싸이고 감시당하는 토스카나나 절반 이상 점령당한 사부아보다 더 이탈리아 독립의 보루가 될 수 있었다. 베네치아는 언제나 밀라노 방면에 걱정거리가 있었다. 베네치아가 "배신"을 하게 될 1573년 봄에, 베네치아의 첫 번째 조치는 서부 육지 영토에 있는 요새들의 방비를 강화하는 것이었다. 이웃들을 잘 알기 때문에 그에 대비한 것이다.

베네치아의 변명은 위와 같았다. 합의한 바와 달리, 베네치아 정부는 동맹국들에게 알리지 않았는데, 이 문제는 부수적이었다. 그 시대의 관행이었기 때문에, 비난은 대수롭지 않았다. 1572년 5월, 펠리페 2세는 약속을 취소하기를 주저했을까?

부지런하고 인내심 많은 일꾼인 닥스 주교를 통해서 투르크와의 협상이 주선되었다. 이미 지적한 바와 같이 닥스 주교는 1571년 5월에 오리엔트로 떠났고, 9월에야 겨우 베네치아에 도착했으며, 그 도시에 오랫동안 체류했다. 적절하지 않은 때, 즉 레판토에서의 대승이 불러온 환상과 희망의 시기에 도착한 그는 1572년 1월에 라구사에 도착하기 전에 자신에게 주어진 임무의 목적을 설명하고 또 설명했다. 신중한 베네치아인들이 협상에서 기대하는 것은 승리를 이용하여 유리한 조건으로 평화를 달성하고 게다가 키프로스를 되찾을 수 있는 가능성이었다. 이런 희망이 베네치아가 직접 참여한 또는 베네치아의 이름으로 대리인에게 위임한 모든 협상의 밑바탕에 깔려 있었다. 키프로스를 회복하는 것은, 소유자로서가 아니라 그곳의 요새들을 파괴하고,[190] 투르크의 가신으로서 그 섬을 보유하는 방식이었다. 실제로는 키프로스가 아니라 키프로스의 교역을 회복하는 것이었다. 위험한 상황에서 그밖의 것에 관해서는 라구사식이라고 규정할 수 있는 해결책을 받아들이는 것이다.

이러한 기대는 투르크 측의 어마어마한 요구에 의해서 금세 좌절을 겪었다.[191] 사실이든 아니든 간에 술탄이 베네치아와의 강화를 반대한다는 핑계를 내세워서 협상을 질질 끌었다. 이러한 상황에서 닥스 주교의 개입은 결정적이었다. 그는 투르크가 내세운 조건을 완화시켰고, 3월 7일에는 평화 협상에 대한 술탄의 승인을 받아냈다. 3월 13일 투르크의 요구 조건이 베네치아로 발송되어 4월 2일에 도착했다.[192] 도처에서 사람들이 수군거리게 될 감당하기 어려운 불명예스러운 조건들이었다. 베네치아는 키프로스를 양도하고 투르크는 달마티아에서 빼앗은 거점들을 포기한다. 베네치아는 알바니아의 정복지들을 반환하고 투르크 포로들을 몸값 없이 석방하고, 전쟁

배상금으로 30만 체키노를 1576년까지 지불한다. 이상의 조건을 이행하지 않으면, 조약은 무효로 간주될 것이다. 베네치아는 함대를 60척으로 제한하고 케팔로니아와 잔테에 대한 연공으로 2,500체키노를 부담한다. 베네치아의 도제 모체니고가 소집한 프레가디(Pregadi)의 참사회는 기정사실을 마주 대했다. 그 대가로 얻은 평화는 사실 오랫동안 불확실하고 불안정한,[193] 그러나 엄청난 혜택, 이익, 가능성을 가진 평화였다.

어쨌든 1573년의 협상은 성 바르톨로메오의 학살이 아무리 폭력적이고 그 결과가 충격적이었을지라도 샤를 9세가 펼친 정책의 필연적인 노선을 바꾸지 못했다는 것을 보여준다. 프랑스 정부는 에스파냐와 손잡고 이른바 가톨릭 동맹 안에서 에스파냐의 통제 아래에 파멸하는 것을 받아들이지 않았다. 카트린 드 메디시스와 그의 아들들이 보기에, 너무나 강한 이웃과의 전쟁은 계속될 것이고, 사람들이 얼마 지나지 않아 앙주 공작이 폴란드 국왕으로 선출될 때, 또는 독일 선제후들 특히 파펜스트라세(Pfaffenstrasse, 수도사의 거리)의 첫 번째 칼뱅파인 팔츠 선제후에 대한 프랑스의 압박에서 보게 될 것처럼, 너무나 강한 이웃과의 투쟁은 계속될 것이다. 잉글랜드와 네덜란드 쪽에서도 이를 보게 될 것이다. 제노바 쪽에서는 1573년부터 보게 될 것이다. 사람들은 에스파냐 첩자들의 보고 속에서 너무나 많이, 때로는 상상 속에서 이를 보게 될 것이다. 에스파냐 국왕과 대신들의 정보원들은 사실 파악에 만족하지 않고 예측을 한다. 이것이 그들의 역할이다. 1573년 7월 1일, 라로셸 평화조약으로 성 바르톨로메오의 학살에서 비롯된 분란이 종식되었을 때,[194] 그들이 몰두했던 것이 바로 예측이다. 프랑스 국왕이 위그노들에게 네덜란드 반란자들을 지원하러 가지 못하게 할 수 있겠는가! 에스파냐 제국의 강력하지만 맹목적인 조직에 의해서 수집된 이 소문들은 사실이든 거짓이든 증폭되었고, 수천 개의 골목길을 통해서 퍼져나갔으며, 그 과정에서 종종 형태와 생명을 가지게 되었다. 그림자 전쟁이 다시 시작되었다.

돈 후안의 튀니스 점령, 또 하나의 성과 없는 승리

베네치아에 대한 에스파냐의 정당한 불평들이 기록된 문서들, 즉 당대인과 역사가들이 지나치게 많이 활용했던 자료들을 열어볼 것도 없이, 에스파냐가 1571-1572년 겨울 동안보다 더 열심히 신성동맹을 위해서 노력했던 적이 없다는 점을 인정하자. 그 당시 에스파냐는 나폴리와 메시나,[195] 제노바와 바르셀로나에서 갤리 선들을 새로 건조하여 함선의 수를 늘렸다. 돈 후안의 비서였던 후안 데 소토의 보고서는 300척, 350척에 달하는 엄청난 수[196]를 제시한다. 완전히 미친 짓인가? 그렇기도 하고 그렇지 않기도 하다. 왜냐하면 후안 데 소토가 그 보고서에서 비교적 합리적인 해결책, 즉 이 갤리 선들을 민병대로 무장시키고, 특히 메시나에 조선소를 건설하거나, 건설 중인 조선소를 좀더 크게 만들고, 겨울 동안 갤리 선들을 보호하기 위해서 조선소에 지붕을 덮을 것을 제안하고 있기 때문이다.

따라서 에스파냐가 이보다 더 큰 노력을 한 적은 없었다. 그레고리우스 13세가 마드리드에 교황 대사로 파견한 파도바의 주교 오르마네토는 가장 성대한 최고의 영접을 받았지만, 사람들은 3월부터 섬들을 약탈하는 임무를 주어 100여 척의 갤리 선을 에게 해에 파견하자는 그의 제안에는 반대했다. 이번에는 투르크의 사례가 상상력을 자극할 것인가?[197] 바다의 중요성을 잘 아는 펠리페 2세와 그의 참모들은 사람들이 그들에게 제시하는 생각을 채택하려고 하지 않았다. 다시 한번 국왕은 원대한 계획이 아니라 가능한 계획을 선택했다.

에스파냐의 모든 대신들이 베네치아의 동맹 탈퇴를 단호하고 신중하게 받아들였다. 온화하고 친근한 성격의 교황도 그 소식을 접하고 서약을 저버린 베네치아 공화국에 대한 격렬한 분노에 사로잡혔다. 그는 베네치아 대사를 가혹하게 다루었고, 곧바로 자신이 베네치아에 부여했던 크고 작은 모든 은총을 취소했다. 그러고 나서 그는 진정하고 잊었다. 반대로 돈 후안, 그랑벨, 후안 데 수니가는 냉정함을 잃지 않았다. 분명 그들은 자주 이런 사태를 예견했었다. 가장 혈기 넘치는 돈 후안조차도 놀랄 만큼 잘 절제했다.

그 사이에 예견된 바와 같이 투르크 함대가 출항했다. 하지만 예상보다 늦게 출항했다. 한 목격자는 6월 1일 투르크 함대가 콘스탄티노플에서 출항하는 것을 보았다.[198] 그러나 필리프 드 카네는 투르크 함대가 15일에야 성들을 통과했고,[199] 7월 5일에 다르다넬스 해협을 통과했다고 주장했다.[200] 틀림없이 진실을 말하고 있는 코르푸의 6월 15일자 보고에 따르면, 함대의 출항은 두 차례에 걸쳐 이루어졌고, 7월 3일에 카라갈리가 첫 번째 선단을 이끌고 네그로폰테 섬에 도착했다. 갤리 선 200척이 나중에 피알리 파샤가 이끌고 온 100척의 다른 갤리 선들과 합류했다. 이러한 출항 지연이 이탈리아에서 보이는 낙관적인 전망을 설명해준다. 후안 데 수니가는 7월 31일 "투르크는 올해 어떠한 공격도 시도하지 않을 것이고, 다만 돈 후안의 움직임을 막기 위해서 출항했을 뿐"이라고 보고했다.[201] 그는 "투르크 함대는 질서가 안 잡혔습니다"라고 덧붙이면서 이후의 모든 보고서에서 되풀이될 구체적 사항들을 첨가했다. 투르크 함대는 그래도 계속 항해했고, 7월 28일 프레베자 인근에 닻을 내렸다. 투르크 함대가 풀리아 해안을 침공하고 라굴레트로 향할 것이라는 보고가 8월 3일 코르푸에서 들어왔다. 그들의 두 가지 목표는 에스파냐가 바르바리를 공격하지 못하도록 막고 다시 봉기한 알바니아인들을 진압하는 것이었다.[202] 8월 4일, 필리프 드 카네에 따르면, 투르크 함대는 돈 후안의 함대와 조우하거나 팔레르모로 가려는 어느 정도 진지한 의도를 가지고 아브루치로 항로를 잡았다.[203] 사실, 투르크 함대는 주저하는 것처럼 보였다. 투르크 함대는 한때 메시나로 항로를 잡고, 8월 8일 나폴리 해안의 콜로나 곶을 통과했다.[204] 그러나 투르크 함대는 8월 14일이 되자 사피엔자 섬 해안에서 배에 기름칠을 하고 프레베자로 돌아가는 것처럼 보였다. 사실 투르크 함대는 19일에 다시 출항했다.[205]

바로 이 대형 선단의 출항 이후 에스파냐 측에서는 걱정이 시작되었다. 서쪽으로 향한 이 투르크 함대가 프랑스 항구에서 겨울을 날 것이라는 소문이 퍼졌다. 돈 후안은 여름 내내 사르데냐에 주둔했던 보병대를 철수시키지 말라는 명령을 내렸다.[206] 투르크 함대가 프랑스에서 겨울을 날 것이라는 소문이 8월 25일경 로마에도 퍼졌지만,[207] 수니가는 이를 믿으려고 하지 않았다. 역사도 그 소문이 맞는지 틀리는지 말해줄 수 없다. 왜냐하면 투르크 함대는 항해 중에 폭풍을 만났기 때문이다. 갤리 선들이 침몰하거나 크게 파손되어,[208] 프레베자에 노와 돛대를 구하러 사람을 보내야 했다.[209] 투르크 함대가 후퇴하지 않을 수 없었던 것이 이 때문일까? 코르푸에서 온 8월 29일자 보고는 투르크 함대가 "구메니조스 제도"에 있다고 했다.[210] 큰 피해를 입고 혼란에 빠진 투르크 함대는 9월 초 기독교 측 해안이 아니라 [알바니아의] 발로나[블로레]에 있었다.[211] 그러나 9월 5일 투르크 함대는 오트란토 곶의 해안으로 향했고, 그곳에서 카스트로의 작은 요새를 점령했다.[212] 그리고 나서 투르크 함대는 22일 거의 아무런 성과 없이 230척의 함선과 함께 콘스탄티노플로 향했다.[213] 9월 말, 투르크 함대는 레판토에 당도했고, 식량을 보충했다.[214]

투르크 함대의 이번 항해는 왔다 갔다 했지만, 돈 후안 데 아우스트리아의 움직임을 멀리서 견제했다. 사실 오래 전부터 에스파냐 사회에서는 북아프리카 공략에 관한 이야기가 있었다. 겨우내 집결했던 군사력은 투르크 함대 전체를 대적할 수는 없었지만, 그래도 상당한 규모였다. 피렌체의 첩보원 델 카치아가 마드리드에서 한 보고에 따르면,[215] "여기 사람들은 자신들이 지켜보았던 엄청난 준비 작업, 축적된 자금,[216] 에스파냐에서 시행된 징발, 바르셀로나에서 완성된 갤리 선들의 진수 때문에 투르크나 알제, 또는 다른 곳에 대한 원정이 있을 것이라고 예측하고 있습니다. 사실상 그런 노력이 단지 투르크 함대를 막기 위한 것이라고는 생각할 수 없습니다."[217]

그러나 투르크 함대가 나폴리 해안 가까이에 있는 한, 그렇게 생각해서는 안 될 것이다. 또다시 제르바 섬의 위험을 무릅쓸 수는 없었다. 그러나 원정의 목표에 대해서는 돈 후안과 펠리페 2세[218] 그리고 에스파냐의 여론이 선호했던 알제와, 시칠리아가 요구했고 거점들의 인접성을 고려해서 마드리드의 평의회가 원했던 것처럼 보이는 비제르트와 튀니스 사이에서 망설였던 것으로 보인다. 어쨌든 선택이 이루어졌다. 알제 원정은 어느 정도 먼 미래로 미루어졌다.[219] 튀니스를 공격할 것이다.

그러나 아프리카 해안에 다다르기도 전에 이미 문제가 제기되었다. 튀니스를 점령하는 것은 좋다. 그러나 그 다음에 무엇을 할 것인가? 환상을 품지 말고, 1535년에 카를 5세가 했던 것처럼 비천한 꼭두각시 군주를 다시 세울 것인가? 돈 후안은 6월 26일 펠리페 2세에게 다음과 같이 보고했다. "튀니스 정복에 착수해야 하지만, 마울라이 하미다 왕에게 그 도시를 주어서는 안 된다는 것이 이곳 사람들의 의견입니다."[220] 도리아의 편지에 따르면, 펠리페 2세는 돈 후안에게 최종 결정권을 주었다.[221] 그 편지에서 도리아는 알제 원정계획이 적당한 계절을 놓쳤기 때문에 포기되었다고 언급했다. 그는 또한 서두르지 않는다면, 튀니스 원정에도 똑같은 위험이 나타날 것이라고 덧붙였다. "왜냐하면, 그 항해는 짧겠지만, 주지하다시피 트라파니에서 라 굴레트까지의 항해는 매우 어려워서 혹시 바르바리에 비가 올 경우, 갤리 선들은 항해가 불가능하여 두 달 이상을 트라파니에 머물러야 합니다." 돈 후안은 페르디난트 대공의 기병대를 불러오자고 말했다. 이는 매우 시간이 오래 걸리는 문제였다! 사람들은 수중에 있는 것을 활용한다. 롬바르디아에 있는 독일인들을 오게 하자. 이 정도면 충분할 것이다······.

7월 2일, 투르크 함대가 도착하기 전에 서두르라고 한 것은 좋은 조언이었다. 그러나 곧 그들의 움직임이 야기한 불안도 계산에 넣어야 했다. 이것이 새로운 지연 사유가 되어 다른 어려운 문제들, 즉 곡물 공급, 갤리 선들의 통솔, 병력 파견이나 자금 전달과 같은 문제들을 야기했다. 또다시 마지막 문제가 아주 첨예하게 제기되었다.[222] 이 문제 때문에 돈 후안은 메시나보다 더 큰 보급항인 나폴리로 이동했다. "서너 가지 질병에 시달리던" 병자였던 그는 가능한 한 빨리 시칠리아에 도달하기 위해서 서두르면서, 메시나를 들르지 않고 통과함으로써[223] 아프리카 문전에 위치한 팔레르모와 트라파니로 서둘러 갔다. 돈 후안이 준비 태세로 분주한 사이에, 돈 후안의 부관인 세사 공작은 투르크 함대가 발로나에서 겨울을 날 것이라는 소문에 신경을 썼다. 세사 공작은 자신이 돈 후안에게 제의한 바와 같이, 에스파냐인과 독일인 중에서 1만2,000명의 보병을 라운드쉽에 태워서 라 굴레트로 보내는 것이 적절할지에 대해서 펠리페 2세에게 문의했다.[224] 펠리페 2세는 그 나름대로 심각하게 투르크의 위험을 평가했다. 펠리페 2세는 테라노바에게 보낸 8월 12일자 편지에서, 튀니스 원정은 투르크 함대가 그 기회를 허용할 때에만 진행될 것이라고 쓴 바 있다.[225]

돈 후안에게는 이러한 신중한 의견들이 필요했다. 왜냐하면 8월 15일 바로 그 순간에, 그는 국왕에게 투르크 함대가 물러나지 않을지라도 원정을 강행하기로 결정했다고 선언할 것이기 때문이다.[226] 이와 같이 돈 후안은 자신의 혈기, 또는 약속을 신중하게 대하지 않는 교황의 명령에 굴복할 것인가? 교황은 우선 갤리 선들을 제공했다.[227] 그리고 교황은 돈 후안의 머리에 씌워질 튀니스의 왕관에 대해서도 언급했다. 당대인들과 역사가들에 의해서 이상하게 뒤죽박죽 얽혀버린 이 사소한 문제에 대해서, O. 폰 퇴르네의 정평 있는 견해에도 불구하고,[228] 나는 안토니오 페레스의 비방이 전적으로 틀렸다고 생각하지는 않는다. 확실히 돈 후안은 군주로서 책봉될 수 있다는 야망과 그에게 휴식을 용납하지 않는 불안 때문에 시달렸다. 퇴르네는 교황청이 튀니스가 함락될 때까지는 기다리면서 왕관에 대해서 말하지 않기를 바랐다. 가능한 일이다. 그러나 앞에서 인용한 6월의 편지에서 돈 후안은 마울라이 하미다를 다시 왕좌에 앉힌다는 생각을 버렸다. 튀니스에서 돈 후안은 꼭두각시를 왕이 아니라 총독으로 임명할 것이다. 여기에 다른 저의는 없는가? 한편 로마에서 교황은 (돈 후안의 승리를 아직 모르던) 10월 20일경 "튀니스를 점령한다면 이 왕국을 어느 무어인 왕에게도 주지 않고 유지하는 것이 최상일 것"이라고 선언했다.[229] 피우스 5세는 이미 돈 후안에게 이교도를 정복해서 획득한 첫 번째 나라를 주겠노라고 약속한 바 있다. 나라라고만 했을 뿐, 어느 나라인지는 중요하지 않았다. 사실상 돈 후안이 노린 것은 실질적인 권력이라기보다는 칭호였다. 상석권과 위계에 열광하는 유럽에서 젊은 왕자들은 누구나 왕관을 꿈꾼다. 알제의 왕관을 생각했던 앙주 공작은 폴란드에서 막 자신의 왕관을 차지했다. 서자라는 자신의 처지 때문에 상처 받고 각하라는 낮은 지위밖에 받지 못한 돈 후안은 1574년 샤를 9세의 서거 이후 공석이 된 프랑스의 왕좌를 차지하는 꿈을 꾸었고, 말년에는 네덜란드에서 잉글랜드 왕국에 대한 꿈에 사로잡혀 있었다.

따라서 이교도에 대한 성전을 원했던 그레고리우스 13세는 이런 종류의 약속을 함으로써 원정의 성공을 확실히 하려고 했다. 그러한 약속은 튀니스에서의 승리 이후보다 오히려 그 이전에 훨씬 더 잘 이해된다. 왜냐하면 돈 후안은 자금도 거의 없이 원정에 필요한 것을 모으고 마련하기 위해서 거의 기적을 행해야만 했기 때문이다.[230] 한입 한입 빵조각을 주듯이, 그에게 자금이 주어졌다.[231] 그리고 또! 그는 지불 기일이 12월 말인 10만 에퀴짜리 어음과 2월 10일이 지불기일인 8만 에퀴짜리 어음 두 건을 받지 않았는가! 에스코베도는 돈 후안에게 가불하기 위해서 이 어음들을 이용할 수 있을 것이라고 썼다. 악의적인 것인가? 그렇지는 않지만, 에스파냐의 재정 상태는 최악이었다. 메디나 델 캄포에서 빌린 돈의 액수는 겁이 날 정도였다고 에스코베도는 덧붙였다. "플랑드르가 우리를 파멸시키고 있습니다."

돈 후안은 9월 초에 메시나를 떠나 7일에 팔레르모에 도착했다.[232] 그는 세사 공작과 산타 크루스 후작을 자기 뒤에 남겨두었고, 트라파니에 J. 데 카르도나를 급파했다. 9월 2일 투르크 함대가 레반트로 철수하면서 산타 마우라 곶에 나타났다는 소식을 듣고 후안은 결심했다.[233] 그러나 에스파냐 함대는 바로 출발할 수 있을 만큼 준비가 되어 있지 않았다. 시칠리아 통령은 (시칠리아에는 페스케라 이후 더 이상 부왕이 없었다) 이 시간을 이용해서 바르바리에서 수립된 계획들에 대한 긴 비망록을 작성했다.[234] 27일 돈 후안은 팔레르모를 떠나 트라파니에 도착했다.[235] 이때 투르크 함대가 접근했는데, 그랑벨이 나폴리 왕국을 방어하기 위한 통상적인 조치들을 취할 정도로 위협적으로 보였다.[236] 아프리카 원정은 다시 위태로워졌다.

바람의 방해를 받은 돈 후안은 레판토 해전 기념일인 10월 7일에 아프리카를 공격했다.[237] 마르살라를 출발한 그는 파비냐나 섬[시칠리아의 에가디 제도의 하나, 마르살라의 북서쪽]에 도착했고, 오후 4시에 그곳을 떠났다. 8일 해가 질 무렵 그는 라 굴레트 앞에 당도했다. 9일 저녁때까지 그는 1만 3,000명의 이탈리아 병력, 9,000명의 에스파냐 병력, 5,000명의 독일 병력을 상륙시켰다. 그의 함대에는 갤리 선이 107척, 비전투용 선박이 31척, 토스카나 대공의 갤리언 선 여러 척, 식량을 실은 작은 배들, 호위함과 다른 개인 선박들이 있었다.[238] 10일 돈 후안이 라 굴레트로 진격하자, 그 도시의 주민들은 싸우지도 않고 도망쳤고, 돈 후안은 이튿날 어려움 없이 도시를 점령했다.[239] 성채에는 늙은이들만 남아 있었다.

돈 후안은 이 정복을 어떻게 처리할 것인가? 마드리드로부터 그 도시를 파괴하라는 명령이 하달되었지만, 이 명령은 돈 후안이 철수할 때까지 전달되지 않았다. 현장에서 지침을 받지 못했던 그는 튀니스의 성채에서 (11일 내지 12일에) 지휘관 회의를 소집했다. 돈 후안은 그의 참모들 이외에도 에스파냐, 이탈리아, 독일인 보병대의 연대장들, 그리고 몇몇 중대장들과 중요한 정보를 줄 수 있다고 판단된 다른 사람들을 불렀다. 이러한 소환은 우연일까? 아니면 돈 후안이 많은 사람들 속에 그의 참모들의 목소리를 묻어버리려고 했던 것일까? 어쨌든 급조된 지휘관 회의는 다수결로 그 도시를 에스파냐 국왕에게 바치기로 결의했다.[240] 돈 후안은 회의 결과를 바탕으로 명령서를 작성했다. 핵심적인 조치는 "포병" 가브리오 세르벨로니의 지휘 아래 이탈리아 병사 4,000과 에스파냐 병사 4,000, 총 8,000명의 병력을 함락된 튀니스에 남겨두는 것이다.[241] 이 조치는 다른 조치들, 특히 하프스 왕조의 왕자이자 퇴위한 왕 마울라이 하미다의 동생인 마울라이 무함마드의 총독 임명(말하자면, 이는 보호령의 수립이었다), 도시를 굽어보는 거대한 요새의 건설과 같은 조치들을 수반했다.[242]

그랑벨은 끊임없이 파도가 몰아치는 격동의 바다를 바라보면서 걱정했는데, 돈 후안이 비제르트도 그렇게 쉽게 함락시킬 수 있을지는 알 수 없었다. 사람들이 말하기를, 해적 소굴로 알려진 어느 정도 요새화된 비제르트의 항구에 투르크 함대가 피신해 있다고 했다.[243] 그러나 비제르트도 역시 저항 없이 항복했다.[244] 약탈이 자행된 튀니스에서 돈 후안은 단지 8일만 지체했다. 라 굴레트에서 4일 만에 준비를 마친 그는 24일에 다시 승선해서 포르토 파리나를 공략했다. 25일에는 비제르트에 당도했다. 그는 5일 뒤에 다시 출항해서 좋은 날씨 덕분에 파비냐나 섬에 도달했고, 11월 2일 팔레르모에 입항했다. 그 도시는 13일 전부터 튀니스 함락을 축하하는 불을 밝혔다.[245] 12일에 돈 후안은 이미 나폴리에 도착했고, 그랑벨은 카이사르의 경구 "왔노라, 보았노라, 이겼노라"를 그의 뜻에 따라서 다시 써먹을 수 있었다.[246]

분명 튀니스 원정은 군사적으로는 산보처럼 쉬웠다. 여름이 끝날 무렵, 과수원에 "무화과가 익었을 때" 며칠 동안 반짝 좋아진 날씨가 도움이 되었다. 과연 이것은 승리였는가?

튀니스의 상실 : 1574년 9월 13일

정복한다는 것은 단지 튀니스를 점령하는 것이 아니라 유지하는 것이다. 그러나 점령군은 하프스 왕국의 극히 일부만을 점령했다. 한순간도 내륙으로 밀고 들어가서 광대한 나라를 복속시키는 것은 꿈도 못 꾸었다.

이러한 상황에서 거대한 도시를 유지한다는 것은 어려운 문제들을 제기한다. 가장 큰 문제는 도시 수비대 임무를 맡은 8,000명의 병사들을 부양하는 것이었다. 여기에 라 굴레트 성채에 주둔한 수천 명이 추가되었다. 시칠리아와 나폴리의 관리들에게 이 임무는 과중한 것이었다. 예산도 없이 포도주, 소금에 절인 고기, 밀을 구해야 했고, 식량과 화약 운반을 점점 더 많이 떠맡았던 임대 선박들도 더 이상 없었다. 재정이 고갈된 시칠리아와 나폴리는 이 단순한 작업도 거의 해결할 수 없었다. 그랑벨의 불평은 푸념이 아니라 정당한 견해였다. 튀니스 왕국의 진짜 문제는 펠리페 2세로부터 돈 후안을 위해서 튀니스 국왕의 칭호를 얻어내기 위한 교황 대사 오르마네토의 노력뿐만 아니라 여기에도 있었다. 그 협상은 짧게 끝났고 작은 일화였을 뿐이다.

분명 돈 후안의 실패는 여러 가지 방식으로 설명될 수 있을 것이다. 펠리페 2세와 그의 이복동생 사이에 틈이 벌어졌다. 험담, 정보원들의 염탐, 아마도 안토니오 페레스의 악의(이 시기에는 확실한 조사 없이 그의 말을 믿어서는 안 된다), 마지막으로 국왕의 불신이 작용했을 것이다. 또한 그의 활동영역에 머물렀던 돈 후안은 에스파냐의 상황을 총체적으로 보지 못했다. 베네치아가 신성동맹을 탈퇴한 때로부터 펠리페 2세는 돈 후안이 생각한 것보다도 더 철저하게 자신이 직접 작성했거나 작성하게 한 것임에도 불구하고 원대한 지중해 정책을 포기했다. 그는 엄청난 재정위기에 빠져 1575년에 두 번째로 파산에 이르게 될 것이다. 안트베르펜 재정가들의 자금과 편의를 제공받지 못하게 된 그는 점점 더 제노바에 의존하게 되었다. 그러나 1573년 이후 제노바에서 신구 귀족, 즉 상공업에 종사하는 자들과 은행을 장악한 자들 사이에 분쟁이 발생했다. 사회적 위기였지만 정치적 위기이기도 했다. 신귀족들 뒤에는 프랑스 국왕이 있지 않은가? 그리고 제국의 위기이기도 했다. 왜냐하면 제노바는 자금 예탁뿐만 아니라 군대 파견을 위한 중계자였기 때문이다.

따라서 북아프리카 문제가 첨예하게 제기되었을 때, 펠리페 2세의 계산은 북아프리카, 제노바, 나아가 네덜란드에까지 미쳤다. 프랑스에 대해서도 음모를 꾸미기 시작했다. 이런 상황에서 튀니스에 머물러 있는 것은 현명하지 않았다. 튀니스 주둔은 새로운 지출 항목을 만드는 것이고, 앞으로 튀니스와 새로운 요새 사이에 노력을 분산해야 하기 때문에, 라 굴레트의 방비를 약화시키는 일이기도 했다. 불확실한 이익을 위해서 위험을 무릅쓰는 일에 속했다. 국왕은 교황 대사 오르마네토에게 이를 반복했고, 교황 대사는 돈가뭄이 마드리드에 논조와 계획들을 바꾸도록 강요했다는 것을 이해하려고 하지 않았다. "나의 명예와 평판에 반하는 타협보다는 오히려 내가 죽는 모습을 보게 될 것"이라고 선언한 국왕을 제외하면, 모두가 북부에서도 타협하기를 바랐다.[247] 에스파냐에서도 바람은 아무렇게나 불지 않는다. 그러나 돈 후안은 튀니스를 보전함으로써 그의 형이 기정사실을 대면하게 만들었고, 형은 승인하는 것이 바람직하다고 판단했다. 그러나 그 승인은 그해에만 유지되는 잠정적인 것이었다.

돈 후안은 육중한 기구를 만들었다. 그 기구가 독자적으로 작동할 수 있을지, 정복이 점령군을 먹여 살릴 수 있을지? 그의 지지자들은 그렇다고 주장했다. 소토도 1574년 5월 젊은 주군의 이름으로 마드리드에 그렇게 보고할 것이다. 추기경 그랑벨도 그해 1월부터 이와 같이 설명했다. 그랑벨은 돈 후안의 요구대로 비제르트와 포르토 파리나를 요새화한다면, 펠리페 2세가 아프리카 동쪽의 영토를 확보할 수 있는데, 이 영토가 바다로는 투르크와 알제의 소통을 방해하고 육지로는 그들의 왕래를 완전히 차단할 것이라고 생각했다. 게다가 요새가 완성되면, 튀니스 군주들이 향유하는 수입을 빼앗을 수 있고, 이는 에스파냐 국왕에게 이익이 될 것이다. 그 수입은 튀니스의 요새뿐만 아니라, 앞으로 건설될 요새들을 유지하는 데에도 충분할 것이다. 이 지역에서 기독교도들의 교역을 고무함으로써 이 수입을 증대할 수도 있을 것이다. 이를 위해서 원주민들의 선의를 확보해야 하고, 그들이 에스파냐 국왕의 지배에 감사할 수 있도록 그들을 통치할 정부를 세심하게 선택해야 할 것이다.[248]

그러나 바로 이것이 어려웠다. (병사들에게 집을 빼앗긴 부자들은 여전히 돌아오지 않았지만) 주민들은 10월 말부터 튀니스로 돌아왔는데, 경제생활이 정상화되었다고 말할 수는 없었다. 점령 당국과 원주민 정부가 늦지 않게 라 굴레트 세관에 관해서 협의했기 때문에 경제생활은 부분적으로 재개되었다. 총독은 주로 피혁 제품에 대해서 13퍼센트의 관세를 복원하라고 요구했다.[249] 돈 후안에게 정보를 준 에스파냐인들은 이 기회에 그들의 피보호자에 대한 실망을 표했다. 다른 한편, 유목민이든 정착민이든 간에 그 나라 전체가 기독교도의 정복을 받아들였다고 확실하게 말할 수 없었다. 콘스탄티노플의 투르크인들은 튀니스의 승리를 평가절하하며 "아랍인들," 즉 유목민들이 그 정복의 가치를 떨어뜨릴 것이라고 주장했다. 이 유목민들은 겨울에는 추위 때문에 남쪽으로 아주 멀리까지 내려가고, 투르크 함대가 바다로 나아가는 여름에는 해안 쪽으로 돌아왔다.

마드리드 사람들은 이러한 복잡한 사정을 감당할 준비가 되어 있지 않았다. 많은 다른 복잡한 사정들도 있었다. 함대의 손익 계산이 거의 완료되자, 돈 후안은 에스파냐 순방을 생각했지만, 4월 16일 제노바와 밀라노를 방문하라는 명령을 받았다. 동시에 국왕은 돈 후안을 대신들에 대한 권한을 가진 이탈리아 사령관으로 임명했다.[250] 제노바 사람들은 그의 존재가 정치적 분쟁들을 해결하는 데에 기여할 것이라고 기대했다. 그는 4월 29일부터 5월 6일까지 제노바에 머물렀다. 그러나 그의 핵심적인 임무는 롬바르디아를 겨냥한 것이었다. 마드리드 사람들의 생각에, 돈 후안의 도착이 프랑스를 불안하게 만들고, 에스파냐에서 분란거리를 찾으려는 프랑스를 막을 수 있기 때문이다. 국왕의 동생이 밀라노에 머무는 것은 플랑드르로 향하는 증원군의 통과를 활성화시킬 것이다. 왜냐하면 플랑드르 문제는 에스파냐의 큰 걱정거리로 남아 있었기 때문이다.

돈 후안에게 펠리페 2세의 명령은 실총(失寵)의 의미가 있었다. 자금이 없어서 놀랄 만큼 빠르게 해체되는 함대의 한심한 상황 때문에 그의 슬픔이 배가되었다. 돈 후안은 비제바노의 아름다운 성채에서 국왕에게 보고서를 제출하러 간 비서 후안 데 소토의 복귀를 목이 빠지게 기다리고 있었다. 피곤에 지쳤고, 기분이 좋지 않았던 그는 건강을 염려해서 아무 일도 하지 않았다. 심지어 튀니스, 함대, 보급에 관한 업무도 거부하면서 모든 일을 국왕의 대신들에게 맡겼다. 그랑벨이 말한 것처럼, 대신들은 이러한 방식으로 공을 넘기는 데에 항의했다. 그러는 사이 소토가 5월에 마드리드에 도착했다. 소토가 가져간 보고서들은 전쟁평의회나 국가평의회에서 천천히 검토되었다. 돈 후안이 꿈꾸었던 것은 대법원의 서류들 아래에 묻혔고, 위원들에게 자문을 구했던 질의서들 사이에서 분해되었다. 전쟁평의회의 의견서에 따르면, "튀니스 문제에 관해서는 계절이 너무 지나서 유지해야 할지 말아야 할지를 협의할 필요가 없어 보입니다. 왜냐하면 올 여름에 튀니스 점령을 유지하는 것은 당연하기 때문입니다. 다만 돈 후안과 모든 대신들에게 요새에 필요한 필수품 공급을 완수하라는 임무를 하달해야 합니다." 펠리페 2세는 여백에 "적절한 의견이지만, 사람들은 튀니스에 요새가 없었을 때와 똑같은 정도로 보급을 받을 수 있도록 라 굴레트에 관한 모든 것을 내 동생에게 위임한다"라고 기입했다.

튀니스에 에스파냐 병사들을 주둔시키지 않으면 모든 것을 잃을 것이 자명했기 때문에, 모두가 이에 동의했을지라도,[251] 돈 후안의 역할에 대해서는 견해가 갈렸다. 메디나 셀리 공작은 왕자가 플랑드르와 프랑스 때문에 롬바르디아에 파견되었는데, 총사령관이 네덜란드에 당도했고 또한 프랑스의 내부 상황이 점점 더 어려워지고 있기 때문에 그의 존재는 더 이상 필요하지 않다고 생각했다. 따라서 돈 후안이 다시 함대의 지휘권을 받아서 해상의 문제들, 즉 나폴리, 시칠리아, 바르바리 요새들의 방어를 전담해야 할 것이다. 프랑카비야 공작도 같은 생각이었다. 아길라 후작은 반대로 "이쪽 저쪽의 많은 문제들을 고려해야 한다"고 생각했다. 돈 후안에게 자금과 꼭 필요한 힘을 줄 수 없다면, 돈 후안을 다시 함대 사령관에 임명하는 것이 무슨 소용이 있겠는가? 쿠엥카 주교도 함대의 형편없는 상태에 대해서 상술하면서 같은 취지로 발언했다. 120척의 갤리 선이 있지만, 투르크와 대적하기에 충분한가? 불리한 상태에서 적을 만났을 때, 레판토의 승자는 적의 후위를 공격하다가 아마도 도주하거나, 더 심각하게는 젊음과 지나친 열정으로 경솔한 짓을 무릅쓸 수밖에 없는 궁지에 몰릴 것이다. 전쟁평의회 의장은 약간 산만하게 의견을 제시했다. 펠리페 2세는 다음과 같이 신중하게 결론을 내렸다. "왕제에게 트리폴리와 부지 사건이 겨울에 함대를 위험한 항해에 내몰아야 할 만큼 중요하지 않다고 알리라." 장황한 문서를 요약한 이 몇 줄의 언급에서 펠리페 2세가 얼마나 풍부한 정보와 조언, 그리고 관료들의 세심한 작업에 근거해서 정책을 세우는지를 알 수 있다.[252] 명령이 그 집행자들에게 하달되려면 한 달 이상의 시간이 필요할 때에는, 사건 현장에서 즉흥적으로 결정하기보다 사전에 모든 것을 고려하고 예측하는 것이 유용하다.

그러나 튀니스에 대해서는 결국 무엇 하나 예상대로 진행되지 않았기 때문에, 돈 후안은 스스로 알아서 움직여야 했다. 정보들에 따르면, 매우 강력하다고 알려진 투르크 함대는 너무 최신식인 갤리 선들 때문에 출발과 항해가 지연되어 1574년 7월 11일에 튀니스 만에 도착했다. 투르크 함대에는 230척의 갤리 선, 수십 척의 소형 함선들,[253] 그리고 4만 명의 병력이 있었다. 울루지 알리가 함대를 지휘했고, 육군은 시난 파샤의 지휘 아래에 있었다. 그를 제르바 섬의 승자와 혼동하지 말아야 하는데, 시난 파샤는 1573년에 몇 년간 반란상태에 있던 예멘을 진압한 인물이다. 라 굴레트는 놀랍게도 겨우 한 달간의 포위공격 뒤인 8월 25일에 함락되었다.[254] 푸에르토 카레로는 그 도시를 방어하지 않고 넘겼다. 튀니스 요새는 좀더 오래 버텼지만, 9월 13일 세르벨로니가 항복했다.

이 두 번의 패배를 어떻게 설명할 수 있을까? 튀니스 요새가 완성되지 않았는데, 이는 방어자들에게 매우 불리한 조건이었다. 떨어져 있는 두 요새가 서로를 도울 수 없었지만, 투르크 군은 원주민 보조군의 지원을 받았다. 물자 수송과 참호 파기에 참여한 유목민들은 시난 파샤에게 공병 부대를 제공했다. 반대로 기독교 주둔군은 수준도 낮았던 것으로 보인다. 그랑벨은 에스파냐에 의해서 너무나 자주 징발되었던 병사들은 더 이상 베테랑 수준이 아니라고 생각했다. 그러나 그랑벨은 자기 방어를 위해서 논거를 찾아야 했다. 그도 패전의 책임자 가운데 한 사람이었기 때문이다.

신속한 항복은 돈 후안의 임무를 어렵게 만들었다. 돈 후안은 그가 할 수 있는 일을 했다. 그는 7월 20일 튀니스 만에 상륙한 투르크 군에 관한 정확한 정보를 받기 전에 움직이기 시작했다. 그는 아프리카에서 멀리 떨어져 있었다. 자금이 없어서 사실상 버려진 함대를 어떻게 움직일 수 있을까? 돈 후안은 8월 3일 제노바에서 국왕으로부터 일련의 명령들을 받았다. 그 명령들 가운데 그의 계획에 유용한 것을 선택하는 일이 가능했을까? 8월 17일, 그는 27척의 갤리 선을 이끌고 나폴리에 도착했다.[255] 31일에는 팔레르모에 도착했지만, 이미 너무 늦었다.[256] 사람들은 여전히 푸에르토 카레로의 구원 요청에 응답하기 위해서 2척의 갤리 선을 보내는 것 이외에는 아무것도 하지 않았다. 그 갤리 선의 노꾼들은 성공할 경우 석방될 것이라는 약속을 받았다. 후안 데 카르도나는 8월 14일에 "튀니스 만에 진입하는 것은 어려운 일이기 때문에 그 갤리 선들이 도착할 수 있으리라고는 생각하지 않습니다"라고 보고했다.[257] 돈 후안의 참모인 가르시아는 27일 돈 후안에게 병력을 소규모 단위로 나누어 튀니스로부터 라 굴레트로 보내는 것이 해결책이라고 보고했다. 그러나 라 굴레트는 이미 이틀 전에 항복했다![258] 바로 그때 일종의 역설에 의해서 마드리드는 돈 후안이 그토록 기다렸던 후안 데 소토를 그의 주군에게 다시 보내기로 결정했다. 소토는 돈 후안을 다시 함대 사령관에 임명하는 명령서를 가지고 9월 23일 나폴리에 도착했는데, 이는 또다른 역설이었다. 우리에게 이 세부 정보들을 제공한 줄리오 델 카치아는 "그 사람들(에스파냐인들)이 70만 에퀴의 물자를 비축했고 이제 큰 위험을 드러내는 또다른 명령을 내렸습니다. 그 위험으로부터 우리를 구하소서!"라고 썼다.[259]

설상가상으로, 돈 후안은 9월에 악천후로 곤란을 겪었지만, 할 수 있는 최선을 다해 버렸다. 9월 20일 그는 40척의 갤리 선과 함께 도리아를 바르바리에 파견했고,[260] 산타 크루스를 나폴리로 보내서 독일 병력을 승선시켰다.[261] 돈 후안은 10월 3일에 교황의 갤리 선들을 제외하고 함대의 절반, 약 60여 척의 갤리 선들을 트라파니에 집결시켰다. 돈 후안은 가르시아의 의견에도 불구하고 라 굴레트까지 진격할 참이었다. 바로 그때, 돈 후안은 아프리카에서의 패전 소식과 후안 데 소토가 나폴리에 도착했다는 소식을 동시에 접했다. 돈 후안은 쓸쓸하게 "다섯 달 동안 아무 소식이 없다가 소토가 이처럼 좋은 소식을 나에게 가져오지 않았는가?"라고 탄식했다. "그는 나에게 무슨 일이 있었는지 알려줄 것이고, 이미 도래한 불행을 막을 수 있는 치유책을 처방해줄 것이다."[262] 돈 후안은 자신도 책임이 있다는 것을 알기 때문에 더욱 쓸쓸했다. 그랑벨과 마찬가지로 돈 후안도 이 사태를 잘못 보지는 않았다. 격하게 자신의 잘못을 인정하면서 국왕을 비롯한 다른 사람들의 잘못도 기꺼이 인정하는 돈 후안의 편지를 읽으면 이를 느낄 수 있다.[263] 10월 4일 돈 후안은 다시 형에게 편지를 썼다. 이번에는 후회보다는 망설임을, 자신이 입안한 계획들, 그리고 아무것도 하지 않겠다는 결심을 말하기 위해서 편지를 보냈다.[264] 사실, 그 자신이 생각했던 것처럼, 겨울의 문턱에 제르바 섬을 급습하는 것은 신중하지 않았다. 이는 투르크의 대승에 지역에서의 작은 승리로 대응하는 꼴이었다. 300해리의 여정 동안 모든 것이 순조롭다고 가정해도, 그 가운데 200해리의 여정은 계절의 변화로 말미암은 불리한 바람에 맞서 정박할 곳도 없이 나아가야 한다. 4,000 내지 5,000의 투르크 군을 몰아내기 위해서 튀니스로 되돌아가는 것이 합리적인가? 그리고 (그가 말하지 않았을지라도 틀림없이 그렇게 생각했을 것이다) 왜 그래야 하는가? 기껏해야 1573년의 원정을 재현하고 매우 흡사한 결과를 무릅쓰기 위해서? 돈 후안은 국왕의 명령을 받아야만 움직일 것이라고 결심했다. 돈 후안이 얼마나 신중해졌는가!

돈 후안은 악천후 때문에 10월 16일에야 팔레르모로 돌아왔다. 시칠리아의 수도에서 그는 후안 데 소토를 다시 만났고, 참모회의를 소집했으며, 가능한 활동에 대해서 각자의 의견을 물었다. 그리고 나서 겨울이 다가왔고 시칠리아가 메말라갔기 때문에 국왕의 응답을 기다리는 것이 무익하다고 판단했다. 사실 돈 후안은 한 가지 소망밖에 없었다. 에스파냐로 돌아가서 형을 만나 해명하는 것이었다. 가장 먼 길, 즉 해안을 따라[265] 항해를 계속하면서 돈 후안은 10월 29일 나폴리에 도착했다. 11월 21일 그는 에스파냐를 향해 출발했다.[266]

지중해에 마침내 평화가 오다

그 사이에 투르크 함대는 콘스탄티노플로 향했고, 제노바의 정보원에 따르면, 11월 15일 그곳에 247척의 갤리 선과 다른 선박들이 도착했다. 겉보기에 아주 성공적이었던 이 원정에는 엄청난 희생이 따랐다. 제노바의 정보원은 분명히 과장되고 전혀 진실성이 없는 소문들을 보고하면서 "1만5,000명의 노꾼과 병사들이 병에 걸려 사망했고, 라 굴레트와 튀니스에서 5만 명의 병력을 잃었다"고 썼다.[267] 그러나 거대한 투르크 제국에 수천의 인명 손실이 중요한 문제인가? 이 승리로 투르크 제국은 자부심을 회복했다. "그들은 더 이상 기독교 측의 어떤 요새도 두려워하지 않았다"라고 콘스탄티노플의 정보원이 말했다.[268] 그 당시에 누가 이것이 투르크 함대가 콘스탄티노플 항구에서 벌인 최후의 개선식이라는 것을 예견할 수 있었겠는가?

바로 이 순간에 마드리드에서, 또 이탈리아에서 에스파냐인들은 수많은 정부 문서들을 주고받는 참모들뿐만 아니라 돈 후안, 테라노바 공작, 그랑벨처럼 전선에 있었던 사람들만큼이나 거대한 투르크의 위협 앞에서 절망했다. 승리로 거만해진 투르크가 무슨 일을 벌이지 않겠는가? 밀라노의 "군예산 담당관" 페드로 데 이바라는 "신의 은총과 우리 주 예수가 흘린 피로써 투르크인들이 카르타고를 차지하지 못하게, 그리고 요새화하지 못하게 하소서"라고 보고했다.[269] 그랑벨은 자신의 손으로 "불가능한 일들이 언제나 가능하다고 주장하는 자들의 의견에 따라" 부디 약해지지 않기를, "제국의 신민들을 극단적인 절망 속에 빠뜨릴 정도로 괴롭히지 않기를. 도처에서 우리가 처한 상태를 볼 때, 나는 치유책을 찾기 위해서 내 목숨을 버려야 한다면, 살아 있는 나를 보지 않겠다고 전하게 맹세합니다." 그러나 돈 없이 무엇을 할 수 있겠는가? 해상에서의 군비 경쟁은 분명 미친 짓이다. "우위를 차지하기 위해서 투르크는 무력을 증강했습니다. 과거에 투르크가 보유했던 가장 큰 함대는 갤리 선 150척이었는데, 큰 효과를 보기에 충분한 수의 병력을 수송할 수는 없었습니다(왜냐하면 투르크의 모든 힘의 원천은 그 숫자에 있기 때문입니다). 오늘날 투르크 군은 300척의 갤리 선과 함께 그에 저항할 수 있는 요새가 없을 정도로 많은 병력을 보유하고 있습니다……."[270]

로마에서 격분한 그레고리우스 13세는 베네치아를 신성동맹에 복귀시키려고 노력했지만 헛수고였다.[271] 마드리드에는 국왕이 투르크에 맞서기 위해서 바르셀로나를 거쳐 이탈리아로 갈 것이라는 소문이 돌았다.[272] 사실 이는 로마가 자주 제안했던 것이다. 1574년 9월 16일에 국가평의회[273]는 오랑을 포기할 것인지 말 것인지를 논의했고, 국왕은 이 문제를 국가평의회에서 다시 논의하기로 하고 사전 검토를 위해서 전쟁평의회에 회부했다. 1574년 12월 23일 오랑에 파견된 베스파지아노 곤차가는 요새를 비우고 에스파냐인들을 유일한 거점인 메르스엘케비르로 철수시켜야 한다고 결론지은 훌륭한 보고서를 작성했다.[274] 멜리야에 대해서도 비슷한 검토가 이루어진 것처럼 보이는데, 제노바 대사는 공병장교 일 프라티노를 마요르카로 파견하는 것에 대해서 언급했다.[275] 이슬람과 대적하고 있는 모든 요새들을 세심하게 점검했다. 공포 때문에 더욱 주의를 기울였고 신중해졌다. 신성 로마제국 황제는 12월에 8년 동안의 새로운 휴전에 서명했다. 그 사이 포르투갈의 젊은 국왕 세바스티앙은 지브롤터 해협의 성채들을 시찰하기 위한 항해를 마치고 나서 샤리프[모로코]에 대한 공격을 단념했다.[276] 에스파냐는 동방의 적 앞에서 전에 없이 외톨이가 되었지만, 계속 비제르트, 포르토 파리나, 알제에 대한 계획을 언급했다. 그러나 생 구아르는 1574년 11월 26일 이에 대한 소문들을 기술하면서 "내가 보기에는 소문을 믿어야 할 것입니다"라고 공언했다.[277]

레판토 해전 3년 뒤의 에스파냐의 상황이 이러했다! 레판토의 승리가 "쓸모없었다면," 그 잘못은 사람들이 아니라 에스파냐 제국의 균형, 즉 지중해에 집중하지 못하게 하는 이 군사력 체계 때문이었다. 1574년 말에 에스파냐 사람들은 지중해를 돌아볼 여유가 없었다. 튀니스의 패전에서 회복할 여유도 없었다. 사람들은 돈 후안에게 롬바르디아 여행 뒤에 네덜란드 여행도 생각해보라고 제안했다. 마드리드에서 접하는 세간의 이야기에 변함없이 귀를 기울인 생 구아르는 10월 23일 다음과 같이 기록했다.[278] "내가 들은 바에 따르면, 라 굴레트가 어려움을 모면하고 투르크가 훨씬 더 큰일을 도모한다면 돈 후안은 1만8,000명의 이탈리아 병사들과 함께 플랑드르로 가라는 제안이 나왔습니다. 그러나 투르크가 라 굴레트를 점령한다면, 이와 같은 계획은 곧바로 뒤집힐 것입니다." 라 굴레트는 이미 함락되었다. 돈 후안은 그래도 네덜란드로 갈 것이다.

이상한 점은 레판토가 아무 쓸모가 없었다면, 튀니스에서 투르크의 승리도 그보다 더 결정적이지 않았다는 것이다. 퇴르네는 돈 후안 데 아우스트리아에 대한 매우 많은 자료들을 참조한 그의 저서에서 1574년의 패전을 늘 그렇듯이 정확하게 서술하고 나서 잠깐 동안 사건사에서 빠져나오려고 애썼다. 그에 따르면, "투르크가 튀니스에서 거둔 1574년의 승리는 오스만 제국이 급속히 쇠퇴하기 전에 획득한 마지막 승리였다. 만약 몇 년 뒤에 돈 후안이 아프리카 원정을 시도했다면, 튀니스는 아마도 에스파냐 영토로 남았을 것이고, 국왕에게 이 원정의 단행을 만류했던 자들에 맞서서 그는 자신이 옳았음을 인정받았을 것이다."

1574년 이후 적어도 1580년 이후에 투르크 **해상 세력**(해상으로 국한한다)

의 쇠퇴가 빨라졌다는 것은 사실이다. 게다가 그 쇠퇴는 갑작스러웠다. 제국이 레판토 해전에서 입은 타격이 아주 심각했을지라도, 레판토는 분명 그 직접적인 원인이 아니었다. 유럽의 두려움 때문이든 투르크의 허풍 때문이든, 그 제국의 자원은 역사가들의 상상 속에서만 무궁무진했다. 오스만 해군을 죽인 것은 지중해의 평화에서 기인한 활동 정지였다. 하루하루 사건의 흐름을 따라가면서는 거의 예상할 수 없었던 평화가 마침내 도래했다. 갑자기 지중해의 두 정치적 괴물, 즉 (랑케 식으로 말하면) 합스부르크 제국과 오스만 제국이 전쟁을 단념했다. 지중해가 더 이상 내기를 걸 만큼 중요한 목적이 아니었을까? 지중해가 너무나 전쟁에 단련되어서 전쟁이 투르크 함대의 황금기였던 바르바로사의 시대처럼 이익이 되지 못했을까? 어쨌든 지중해라는 전장에 일대일로 남게 된 두 제국은 더 이상 전력을 다해 맹목적으로 싸우지 않을 것이다. 레판토 해전도 완벽하게 성공시키지 못한 것을 몇 년에 걸친 평화가 완수할 것이다. 즉 평화가 투르크 함대의 숨통을 끊을 것이다. 더 이상 움직이지 않는, 재생되고 유지되지 못하는 허약한 기관이 사라지게 될 것이다. 더 이상 일할 수병도, 좋은 노꾼도 없었다. 갤리 선 선체는 조선소의 지붕 아래에서 썩어갔다.

그러나 돈 후안이 퇴르네의 생각처럼 일생일대의 기회를 놓친 것은 아니었다. 에스파냐가 지중해를 포기하지 않았다면, 투르크는 지중해에서 그들의 노력을 유지했을 것이다. 평화, 16세기 말의 준(準)평화는 서로가 적을 내버려둠으로써 성립되었다. 역사를 다시 써야 할 때 어떤 의견을 가질 수 있지만, 내 생각으로는, 에스파냐가 북아프리카에서 기회를 놓쳤다면, 그것은 레판토 해전 이후 몇 년 동안이라기보다는 오히려 16세기 초였다. 당시에 에스파냐는 자신이 추구하지 않았던 아메리카를 획득했기 때문에, 아프리카 땅에서는 과거에 에스파냐의 "역사적" 임무라고 불렀던 것, 그리고 오늘날 한층 더 새로운 표현인 에스파냐의 "지리적" 임무를 저버리고 새로운 그라나다 전쟁에서 승리했기 때문일 것이다. 죄인이 있다면, 죄인은 가톨릭

왕 페르디난드[2세]이며, 펠리페 2세는 아니고 돈 후안 데 아우스트리아는 더더욱 아니다. 그러나 거의 무의미한 이 모든 재판은 계속 제기될 것이다. 장차 경기변동을 전문으로 하는 역사가들이 그 재판을 다시 시작하고 방향을 잡아야 할 것이다.

제5장

에스파냐-투르크 휴전, 1577-1584년

 문헌들은 언제나 우리에게 에스파냐를 철저한 가톨릭 국가로 제시해왔다. 1574년에 당대인 생 구아르도 이미 그렇게 생각하고 있었다.[1] 당시에 프랑스 국왕은 에스파냐가 프랑스 프로테스탄트들에 대한 음모를 꾸미고 있다고 비난했고, 에스파냐는 필시 그 음모를 실행할 준비를 하고 있었다. 이러한 "종교 우선"의 관점이 언제나 옳은 것은 아닐 것이다. 신중왕의 평의회들에서보다 국가이성의 당위성을 더 많이 고려한 곳이 어디 있겠는가? 로마와의 다툼과 전쟁, 네덜란드에서 몇 가지 점에서 분명하게 반(反)교권적이었던 알바 공작의 태도, 그리고 펠리페 2세가 적어도 1572년까지 엘리자베스 여왕의 잉글랜드에 대해서 취했던 정책 등 모든 것이 이를 증언하고 있다. "이러한 사실을 인정하는 것이 아무리 역설적으로 들릴지라도, 그를 잉글랜드 종교개혁의 의도치 않은 동맹자라고 부를 수 있지 않을까?"[2] 펠리페 2세가 1580년 이후에 장악한 인도양의 포르투갈 영토에서 그가 전개한 종교정책은 관용이었다.

 그러나 에스파냐 정부가 이슬람 국가 및 세력들과 나눈 대화 및 타협보다 에스파냐 정부의 태도를 더 정확하게 보여주는 것은 없다. 사파비 왕조의 지원을 얻으려고 했던 것(피우스 5세 자신이 그럴 용의가 있었다), 알카세르 키비르에서 포르투갈의 참패[1578년, 기독교 포르투갈 군과 모로코 이슬람 교도 사이의 전쟁] 이후 몇 년 지나지 않아 펠리페 2세가 했던 것처럼 모로코의 샤리프와 동맹하는 것은 어쨌든 십자군 정신과는 다른 것이었다. 신성 로마 제국의 황제는 그 나름대로 투르크와의 대화를 계속 유지했다. 펠리페 2세의 외교는 콘스탄티노플에 관해서는 제국의 외교술과 심지어 관련 자료들까지도 물려받았다. 제국의 외교는 가족관계와 돈 때문에 계속 펠리페 2세에게 봉사했다. 예를 들면 헝가리에서 전쟁이 일어나면 그 전쟁은 언제나 부분적으로는 에스파냐가 의도적으로 조장한 것이다. 에스파냐는 황제의 이면공작을 구실로 콘스탄티노플로 향하는 길에 황제의 대사를 뒤따르는, 에스파냐 요원들로 구성된 온갖 종류의 대표단을 보냈다. 빈의 문서 자료를 토대로 작성된 함머의 저서에 소개되어 우리가 알고 있는 사례의 경우, 열 명이 활동하면서 사건들의 거대한 그물망 속으로 사라져서 거의 찾을 수 없게 되는 무수한 실 가닥을 당기고 있었다.

그러나 그 진행 과정의 가장 어두운 면을 통해서 1577-1581년에 나타난 지중해 정책의 대반전을 파악하기 위해서, 우리가 무엇보다도 먼저 다시 찾아내고자 하는 것이 바로 그들이다.

이어서 곧바로 우리는 이 전환기의 문제들을 전체적으로 검토할 것이다. 만약 투르크가 정복욕 때문에 동쪽으로 달려들어 1579년부터 페르시아와 전쟁을 벌이지 않았다면, 펠리페 2세의 에스파냐가 1580년에 서쪽으로 포르투갈 정복과 세계 정복에 나서지 않았다면, 우리가 가능한 한 정확하게 밝히고자 하는 마를리아니의 길고 황당무계한 투르크와의 협상이 (이를 거의 무시하는) 역사에 어떤 의미가 있었을까?

1. 마를리아니의 임무, 1578-1581년

우리는 이미 1558-1559년에 니콜로 세코와 프란키스가 빈과 제노바에 연락을 취하면서 투르크와 협상을 시도했음을 언급한 바 있다. 이어서 1564년과 1567년의 시도도 빈에 의해서 주도되었다. 그러나 우리는 이런 사건에 관한 서술에서 1569-1570년에 몰타 기사단의 일원인 후안 바렐리에게 부여된 임무도 언급해야 한다고 생각하지는 않았다.

과거로 돌아가서 : 평화를 위한 펠리페 2세의 첫 번째 시도들

위의 후안 또는 조반니 바렐리는 펠리페 2세의 10월 27일자 훈령을 가지고, 1569년 12월 카타니아[시칠리아 섬]에 왔다. 기사단에 복무하는 동안 그는 로도스 섬의 그리스 정교회 총대주교 후안 아시다(에스파냐 문서의 철자법을 그대로 따랐다)가 모레아에 사는 카르노타 베이라는 자와 공모하여 그 지방에서 투르크에 대한 반란을 일으킬 수 있다고 장담했던 사건에 간여했다. 그는 또한 콘스탄티노플의 해군 조선소를 불태우겠다고 약속했다. 소식이 전해지는 시간을 고려할 때, 베네치아의 사고가 이리한 생각을 자극했다고 보기에는 날짜들이 너무 근접했다(베네치아의 해군 조선소는 1569년 9월 13일 폭발했다). 어쨌든 알제에 대해서건 콘스탄티노플에 대해서건, 에스파냐의 "정보기관"에 이런 종류의 제의가 드물지 않게 들어왔다. 후안 바렐리의 제안을 검토한 페스케라[시칠리아의 부왕]는 기사 바렐리가 고인이 된 기사단장의 신임을 받았고, 모레아 사건을 알고 있었지만, 그 사건의 자세한 내막이나 투르크 함대를 불태우기 위해서 준비된 방법들은 몰랐다는 것을 간파했다. 페스케라는 이에 대해서 전해들은 정보만 국왕에게 보고했는데, 결국 그리스 총대주교의 중재로 궁지에서 빠져나올 수 있다고 생각하면서 조금은 경솔하게 더 이상 말하지 않기로 한 것이다.

그런데도 페스케라는 후안 바렐리와 직접 대화했고 그를 레반트로 파견했다. 그들이 합의한 바에 따라서, 후안 바렐리는 레반트에서 자신의 형제 가운데 한 사람을 보내주기를 기다리고 있었다. 그러나 베네치아의 신하인 그의 형제는 대형범선 엘 퀴냐도를 찾아와서 투르크 함대를 불태우기 위해서 필요한 폭약을 가지고 승선했지만, 항해에 나서기를 망설였다. 그는 베네치아와 사이가 좋지 않았기 때문에 통행증을 원했다. 그러나 이 문제를 수상쩍게 보던 베네치아 정부에 그러한 요구를 하는 것은 생각하지도 말아야 했다. 따라서 후안 바렐리를 정직한 상인으로 위장한 후, 그에게 화물과 엘 퀴냐도 호를, 총대주교와 요세프 미카스[낙소스 공작]에게 보내는 훈령을 맡겼다. 추가적인 예방책으로, 부왕 페스카라는 마치 포로들의 몸값을 치르러 가는 것처럼 자신의 이름으로 배를 출항시켰다.

폭약과 5만 에퀴 상당의 상품을 실은 그 배는 1월 24일 메시나를 출발했다. 그러나 레반트에서 모든 것이 실패로 끝났다. 막이 내리자 그리스 정교회 총대주교는 기사 바렐리가 모든 것을 망쳤다고 비난했다. 사실, 조선소 일도 실패했다. 사람들의 기대를 모았던 카르노타 베이는 모레아에서 죽었다. 총대주교는 사람들이 자신에게 보낸 선물을 찾으러 잔티에 사람을 보내야 했는데 아무것도 하지 않았다. 어쨌든 페스케라 후작은 1570년 6월에 보낸 석연치 않은 보고서에서 이 "중대한" 사건에 책임이 있는 자들에 대해서 언급하지 않았다.[3]

사람들은 이 모든 과정에 물밑 협상이 전혀 없었다고 말할지도 모르지만, 실제로는 그 반대였다. 이것이 다른 자료이다. 이제 우리는 교활하고 기만적인 에스파냐의 외교 때문에 짜증이 났거나 그런 척하는 노쇠한 메흐메트 소콜루와 함께 9년 뒤의 콘스탄티노플에 있다. 그의 맞은편에는 우리가 오래 이야기하게 될 에스파냐의 첩보원 조반니 마를리아니가 있다. "파샤는 나에게 다음과 같이 말했다. '에스파냐는 어떤 생각으로 이곳에 로사타를 파견했는지…….[4] 어떤 생각으로 몰타의 기사, 기사 바렐리를 보냈는지, 어떤 생각으로 돈 마르틴[데 아쿠냐]이 왔는지를 내게 설명하시오.'"[5]

휴전협정에 관한 바렐리의 임무가 있었다. 분명히 1570년 6월은 아니다. 조선소를 폭파하고 모레아에서 반란을 일으키기 위해서 한 번 왔었던 바렐리가 평화의 상징인 올리브 나뭇가지를 가지고 두 번째 방문을 했을 것이라고 가정해야 한다. 그것이 아니라면 그 당시 바렐리는 동시에 두 가지 임무를 잘(아니 오히려 잘못) 수행한 것이다. 에스파냐는 오리엔트에서의 외교 임무를 위해서 배교자들의 불법적인 세계와 연관된 첩자들과 그 하수인들을 이용했다. 이러한 관점에서 바렐리 사건이 의미가 있는데, 이 사건은 우리가 더 성과 있는 연구를 하기 위한 준비 작업이다.

메흐메트 소콜루의 명단에 있는 다음 인물인 마르틴 데 아쿠냐에 대해서 우리는 더 잘 알고 있다. 그는 1576년에 콘스탄티노플에 있었다. 그는 그 도시의 배교자들과 형제처럼 맺어진, 신분이 낮은 사람이었다. 그런데 그가 이탈리아에 돌아왔을 때, 1576년의 결정적인 협상을 주도했던 바로 그가 투르크 함대를 불태웠다고 자랑하지 않았나? 이 사실을 들은 메흐메트 소콜루는 이 대사의 석연치 않은 주장에 대해서 항의했다. 그러나 돈 마르틴을 잘 아는 에스파냐 정보기관은 그가 사실상 갤리 선 1척을 불태웠다고 인정했다. 이 이야기는 이상하게도 몇 가지 세부사항에서 1569-1570년 바렐리의 임무와 맞아떨어진다. 이 이야기는 열 건의 평화협상 시도들 가운데 우리가 단 한 건만 파악하고 있다고 생각하게 만든다. 은총 속으로 되돌아오고자 하는 배교자들, 레반트 전문가로 자처하는 포로 출신들, (에스파냐의 보고서들에 언급된 것처럼)[6] 언제나 밀착 감시해야 하는 그리스인들, 몰타 기사들, 알바니아인들, 신성 로마 제국이 파견한 자들, 그들의 대화 상대인 유대인, 살로몬 박사와 같은 독일인, 호렘베이 같은 통역관들이 이 수상한 무리를 이루었는데, 고용주들은 이들을 언제나 공식적으로 지원해주지는 않았다. 나중에 17세기에 가서야 예수회 중개자들의 시대가 올 것이다.[7]

1573년 이후 이 사람들은 그 어느 때보다 바빠졌다. 이 무렵부터 모험가들의 시장에 에스파냐의 주문이 밀려들었고, 따라서 오리엔트를 알고 그곳에서 무엇인가를 할 수 있는 사람들에게 좋은 보수가 지속적으로 제공되었다. 1576년에 미치광이 클로드 뒤 부르가 콘스탄티노플에서 모든 문제를 해결하기 위해서 신중왕에게 봉사했던 것도 바로 이 때문이다! 그곳 사람들은 1569년에 그가 얼마나 훌륭하게 일을 처리했는지 다 안다! 그는 10만 두카트만 요구했다. 사실 대재상을 매수하는 데에도 그보다 더 들지는 않았을 것이다![8]

돈 후안의 시대

1571년에는 돈 후안이 투르크인들과 직접 교신했다. 이것은 16세기의 전쟁에서 일반적인 절차였다. 셀림은 아마도 틀림없이 레판토 해전이 끝나고 나서 돈 후안에게 선물과 함께 편지를 보냈을 것이다.[9] 돈 후안은 셀림에게 환관 나톨리아의 아코마토를 통해서 이 모든 것을 받았으며, "당신의 명령에 따라서 기독교 측의 장비를 염탐하러 이쪽에 온" 그리스인 첩자 한 명을 돌려보낸다고 답신했다. "그를 죽일 수 있었으나, 나는 생명을 구해주었을 뿐만 아니라, 당신과 계속 전쟁을 하는 데에 필요한 나의 준비와 계획을 그가 자유롭게 볼 수 있게 했습니다." 우리는 출처가 명확하지 않은 이 자료들의 작성 일자도, 신빙성도 확신할 수 없다. 그러나 교신 자체는 존재했고, 이것은 당대인들에 의해서 확인되었다. 이 문서들이 그 증거이다. 그러나 1571년에 의례적인 언사와 낭만적인 도발이 결코 협상은 아니었다. 그러나 2년 뒤에는 진정한 의미의 대화가 진행되었다.

1573년 6월 30일, 그랑벨의 정보원 후안 퀴렌시가 콘스탄티노플에서 돌아왔다. 그는 확실한 정보 제공자였던가, 협상가였던가? 그렇다고 말할 수는 없다.[10] 그러나 6-7월에 에스파냐 요원들이 투르크로 향하고 있었다. 그들이 처음으로 그런 여행을 한 자들이라면, 그들의 파견이 결정된 것은 베네치아가 [신성동맹을] 이탈한 뒤라고 생각할 수 있을 것이다. 베네치아의 강화 소식을 펠리페 2세는 1573년 4월 23일에, 돈 후안은 4월 7일에 들었다. 실제로 이 임무는 일련의 임무들 가운데 하나였지만 아주 특이하다. 왜냐하면 이 6월에 에스파냐도 결국 더도 덜도 아니고 베네치아가 했던 것[투르크와의 강화]을 할 준비를 하고 있었기 때문이다.

7월 16일, 닥스 주교는 라구사에 있는 그의 정보원으로부터 이 여행에 대해서 전해들었다.[11] 열흘 뒤,[12] 그는 자신이 무엇을 뒤적거렸는지 정확하게 알게 되었다. 돈 후안은 알리 파샤의 아들이자 셀림의 친손자를 포로로 잡고, 최대한의 예의를 갖추어 그를 대접했다. 돈 후안은 술탄의 부인이 보내온 선물을 거절하면서, 그 대단한 선물을 그녀에게 되돌려보냈고 그녀는 그 선물을 셀림에게 다시 전달했다. 그녀는 그 선물을 셀림에게 건네주기를 원했었다. 이런 사정을 알려준 사람은 베네치아 주재 프랑스 대사 뒤 페리에였다.[13] 현실적인 교섭이 예의와 의례로 포장되었다. 사실, 알리 파샤의 아들이 몸값 없이 석방되어 7월 18일 콘스탄티노플에 도착했을 때, 그는 4명의 에스파냐인과 동행했다. 그중에는 돈 후안의 비서, 안토니오 데 빌야우(벨리야노), 세사 후작의 신하인 피렌체인 베르질리오 풀리도리가 있었다. 메흐메트 소콜루는 닥스 주교에게 이는 자신의 적들, 특히 요세프 미카스의 음모라고 알렸다. 그러나 소콜루는 에스파냐 국왕이 평화를 원한다면 그는 공납을 바치고 시칠리아의 몇몇 "요새들"을 넘겨주어야 할 것이라고 덧붙였다. 닥스 주교는 에스파냐 국왕이 사전 보장 없이 이런 일을 했다는 사실에 놀랐다. "내 생각에는 에스파냐 국왕께서 플랑드르 사태를 종식시키기 위해 이쪽 전선에서 평화를 실현해야 할 욕망과 필요 외에도 더 큰 곤란을 예상했던 것 같습니다. 아니면 이보다 훨씬 더 큰 다른 계획이 있었을지 모르겠습니다."[14]

정보를 취합해보면, 에스파냐가 공납에 대한 생각을 거부한 것처럼 보이지는 않는다. 신성 로마 제국의 대사가 황제의 공납과 함께 에스파냐의 공납도 바칠 수 있을 것이다. 그들은 피알리 파샤와 울루지 알리를 기다렸고 승리를 얻기 위해서 그들의 막강한 영향력에 기대했다. 수석 파샤인 무함마드 알리는 휴전협상을 몹시 싫어했고, 적어도 입으로는 그렇게 말했다. 그러나 그 어떤 것도 단언해서는 안 될 것이다. 주지하다시피, 술탄은 아주 인색했기 때문이다. 레판토 이래로 그는 해전을 끔찍하게 싫어했기 때문에 해상 전쟁에 따른 지출에 종지부를 찍고자 했다. 마지막으로 그는 동쪽에서 노쇠한 사파비 왕조가 멸망하기를 기다렸다. 따라서 에스파냐의 음모는 처음부터 실패할 운명은 아니었다. 프랑스 대사들은 과거 카를 5세의 시대뿐만 아니라 펠리페 2세의 시대에도 이런 종류의 시도를 여러 번 차단했었다. 그러나 이번에 에스파냐는 베네치아와 프랑스를 배제하고 이탈리아 전체에 레반트 무역을 개방하는 계획을 전면에 내세웠다. 레반트 무역에서 비롯될 물동량의 증가로 말미암아 투르크 술탄이 징수하는 세금도 크게 증가하지 않겠는가? 적어도 이런 이익을 술탄의 눈앞에 흔들어댈 것이다.[15]

우리가 또다시 요세프 미카스를 만나게 되는 이 시도에는(우리는 이 협상의 모든 요소들을 파악하고 있다) 토스카나인, 사부아를 전면에 내세운 토리노의 유대인들, 그리고 나중에는 루카인들도 개입했다. 사부아는 유대인들의 지원 아래에 니스에서 세력을 회복하려고 했고, 이는 코시모 데 메디치가 리보르노에서 했던 짓이다[1414년 리보르노 획득].[16] 상업에 대한 이 보편적인 욕망은 그 시대의 특징인가? 베네치아를 배제함으로써 여러 국가들의 탐욕을 자극했다(얼마나 차지하고 싶은 자리인가!). 1570-1573년 사이에 베네치아가 무역 경쟁에서 밀려났을 때, 그러한 갈망이 구체화되고 실현될 수 있는 기회가 있었다. 에스파냐의 정책은 이런 탐욕에서 비롯되었고 그로 인해서 강화되었다. 대사들과 요원들, 선물과 공약이 콘스탄티노플로 몰려들었다. 나중에 주교가 지적했듯이, 이 집단적인 쇄도는 결국 "에스파냐의 진출"에 이익이 되었고,[17] 돈 없는 맨손의 프랑스 대표로서는 실망감을 느낄 수밖에 없다. "파샤는 우리가 그의 손을 잡으면서 그 안에 아무것도 놓지 않는 것에 대해서 비웃었습니다."[18]

그러나 상황을 분명하게 파악하기 위해서는 협상이 진행되는 1573년과 1574년, 이 두 해의 차이에 주목해야 한다. 1573년 9월[19]에도 여전히 닥스 주교는 에스파냐가 성공할 수 있다고 믿었다. 에스파냐의 세력은 상당했다. 반면에 투르크는 예멘에서 어려움을 겪고 있었는데, 그에 대한 자세한 정보는 우리에게 풀리지 않는 수수께끼처럼 보인다. 그해에 시난 파샤가 실타래를 자르듯이 문제를 해결할 것이다.[20] 그러나 원정하기 좋은 계절의 마지막 순간에 돈 후안이 튀니스를 함락시킴으로써 닥스 주교가 염려하며 진행 상황을 지켜보았던 협상을 위태롭게 만든 듯했다. 만약 에스파냐와의 협상이 동시에 진행되던 신성 로마 제국 황제와의 협상과 같이 타결되었다면, 이는 베네치아를 놀라게 했을 것이다. 왜냐하면 베네치아가 독자적으로 추진하던 강화조약은 1573년 3월 7일에 타결되었지만 아직 조인되기 전이었기 때문이다. 그 조약은 투르크가 협상의 결과에 따라서 받게 될 선물, 특히 카타로와 자라를 받을 때인 1574년 2월에 가서야 조인될 것이다.[21] 이 모든 것이 우리에게 베네치아가 보인 극도의 불안과 전쟁 준비태세를 설명해준다. 베네치아의 외교 방식은 닥스 주교의 뒤에 바싹 붙어서 따라가는 것이었다. 베네치아가 도박에 건 것은 자신의 운명이었고, 베네치아의 이웃들은 그 운명을 의도적으로 위험에 빠뜨렸다. 충분한 무력도 갖추지 않았고, "오래 전부터 불만을 품은 주민들이 순순히 복종하지 않았던" 크레타가 선택된 희생양이었다.[22]

에스파냐-투르크 조약의 체결은 프랑스에게는 엄청난 충격이었을 것이다. 1574년 2월 닥스 주교는 자라와 세베니코 요새의 경계선에 관한 협상에서 베네치아와 투르크 사이의 협상 결렬을 피한 데에 매우 만족했다. 이번에도 프랑스가 모두의 표적이 된 베네치아를 또다시 구했다. 에스파냐와 제국은 결국 이 아슬아슬한 경쟁에서 패자가 되었다. 베네치아와 투르크의 강화조약 체결 이후 "저는 에스파냐를 더 이상 그렇게 걱정하지 않습니다"라고 프랑스 대사는 썼다.[23] 그를 지켜준 것이 튀니스 점령이라는 것을 그도 잘 알았다. 에스파냐는 튀니스를 점령함으로써 투르크가 바르바리의 투르크 영토에 통행하는 것을 차단했다. 프랑스 대사는 "만약 상황이 현재 상태로 유지된다면, 바르바리의 투르크 영토들은 잘 보호될 수 없을 것"이라고 1574년 2월에 보고했다.[24]

우리가 아는 몇 가지 사실은 이와 같다. 이 협상에 관한 모든 문서들은 분명 시망카스의 서류 뭉치 속에 있을 것이다. 프랑스의 외교 문서들에 따르면, 문제는 에스파냐가 휴전을 원했는지, 아니면 (베네치아가 투르크의 공격을 받을 경우 에스파냐가 지원을 아끼지 않겠다고 보장했을 때조차도) 단지 베네치아의 허를 찌르고자 했는지를 아는 것이다. 이 목표들은 모두 달성되지 못했다.

　그러나 이면공작은 계속되었고, 이 점에 대해서는 조금의 의심도 없다. 동일한 인물들이 일을 진행했는데, 이들은 정확한 훈령도 받지 못하고, 사건의 흐름이 결국 1574년 9월 투르크의 튀니스 재탈환으로 귀결되었기 때문에 혼란스러워했을 뿐이다. 9월 18일 닥스 주교는 카트린 드 메디시스에게 다음과 같이 보고했다. "15개월 전부터 이곳에 있었던 에스파냐인들과 피렌체인들은 막 떠나려고 합니다. 그들의 여권은 유효하지만 언제나 마지막 순간에 그들은 대사들이자 동시에 인질로 억류됩니다." 나중에 마를리아니는 "(이 나라에서) 협상은 언제나 위험합니다"라고 썼다. 무엇보다도 협상은 극도로 복잡했다. 1574년 베네치아 주재 에스파냐 대사는 콘스탄티노플에서의 교섭과 동시에 베네치아에서 투르크의 서기(secretario)와 리비오 첼리노 사이에 에스파냐-투르크 강화조약에 관한 회담이 있었다고 보고했다. 불행하게도 우리는 이 날짜를 알 수 없지만, 분명 베네치아의 강화조약이 조인된 이후일 것이다. 조약 체결 전이라면, 베네치아는 결코 그 협상이 자국의 영토에서 진행되도록 놔두지 않았을 것이다.[25] 1575년 2월[26]에도 여전히 그랑벨은 무라드 3세의 즉위에 대해서 이야기하면서 투르크와의 강화 문제를 제기했다. 그러나 셀림의 죽음으로 크게 변한 것은 없었다. 왜냐하면 새로운 술탄 아래에서도 1579년 한 광신도에 의해서 암살될 때까지 메흐메트 소콜루의 치세가 계속될 것이었기 때문이다. 사치를 좋아하고 실없는 무라드는 전임자보다 더 많이 그의 나라를 외국인에게 개방할 것이다. 특히 시대가 사람보다 훨씬 더 많이 변했기 때문에, 투르크는 새로운 생존 조건을 강제당할 것이다.

이상한 승리자, 마르틴 데 아쿠냐

에스파냐가 콘스탄티노플에서 대대적인 외교전을 펼친 1573년 이후 협상이 중단되었는가? 아마도 그랬을 것이다. 어쨌든 투르크의 수도에 에스파냐의 신임 대사 마르틴 데 아쿠냐가 도착할 때까지 교섭이 일시적으로 중단되었다.

나는 돈 마르틴이라는 이 이상한 인물을 정확하게 되살릴 수 있는 문서들을 찾지 못했다. 그렇지만 자료들은 샤리에르와 그의 후임들(친카이젠 또는 이요르가)이 돈 마르틴에 대해서 전해준 것, 즉 단지 이름과 쿠냘레타(Cugnaletta)라는 별명보다는 훨씬 더 많은 것을 알려준다. 1577년에 돈 마르틴이 역사 무대에 등장한다. 베네치아의 보고서에 따르면, 나폴리 부왕에게서 3,000두카트를 받아 나폴리를 출발한 돈 마르틴은 3월 6일 콘스탄티노플에 도착했다.[27] 그의 체류는 매우 짧았고, 4월 23일 베네치아로 복귀했다. 구스만 데 실바는 한 편지에서 돈 "가르시아" 데 아쿠냐는 포로를 석방시키기 위해서 통행증을 가지고 출발했지만, 콘스탄티노플에 간 것은 "오직 투르크와의 휴전을 협상하기 위해서였고, 그 덕분에 5년 동안의 휴전을 얻어낼 수 있었다"라고 설명한다. 실제로 시망카스에서 돈 마르틴이 투르크의 대신들과 협의하여 수정했던 협약 초안의 사본을 찾을 수 있다. 3월 18일자로 작성된[28] 그 협약안의 첫 줄은 "그 깊이를 헤아릴 수 없는 최고의 신은 두 황제의 마음에 영감과 계시를 주면서……"로 시작된다. 이 문장은 분명히 투르크어 원본을 떠올리게 한다. 게다가 돈 마르틴은 투르크 함대가 1577년에 출항하지 않을 것이라는 약속과 함께 파샤의 편지를 펠리페 2세에게 전달했다.

돈 마르틴의 작업은 신속했다. 이것은 잘된 일인가? 모든 에스파냐인들이 이에 동의한 것은 아니었다. 에스파냐로 복귀하던 돈 마르틴이 4월에 나폴리에 들렀을 때, 부왕으로서 그랑벨의 자리를 물려받은 몬데하르 후작이 아주 마지못해 그를 맞이했다. 이에 대해서 몬데하르는 보고서를 통해서 사과했다. 그러나 후작의 설명에 따르면, 이 인물은 "이탈리아에 왔던 가장 평판 나쁜 에스파냐인 가운데 한 명"이었다.[29] 돈 마르틴은 입이 매우 가벼웠다. 왜냐하면 돈 마르틴은 몬데하르에게 자신의 임무에 대해서 알려준 것들을 하나도 발설하지 않겠다고 맹세하게 한 후, 하루 뒤에 나폴리의 모든 사람들이 다 알게 만들었기 때문이다. 이는 그의 잘못이거나 아니면 수행원들의 잘못일 것이라고 몬데하르는 덧붙였으나, 이 일로 그가 분노했음은 상상하기 어렵지 않다. 부왕의 불공정한 태도도, 수행원들도 비난해서는 안 된다는 것이 분명해 보인다. 왜냐하면 돈 마르틴은 콘스탄티노플에서 정확하게 똑같은 짓을 했기 때문이다. 콘스탄티노플 주재 신성 로마 제국의 대사는 그가 사람들 사이에 숨어서 광장의 가장 나쁜 변절자들에게 자신을 내맡겼다는 사실에 놀랐다. "거리의 어린 아이들도 그와 그의 비밀을 모두 알았습니다."[30] 그는 또한 방탕한 자, 노름꾼, 술주정뱅이였다. 몬데하르는 돈 마르틴이 콘스탄티노플로 떠날 때에 그에게 3,000에퀴를 맡겼고, 돈 마르틴은 그 가운데 절반을 비단과 은화로 바꿔서 에스파냐로 보냈다. 그리고 그는 나머지 절반을 가지고 여행 중에 레체에서 도박을 했다. 돈 마르틴이 돌아오자 몬데하르는 그가 에스파냐로 갈 수 있도록 그에게 다시 자금을 마련해주어야 했다. 그러나 이번에는 과거와 미래에 대한 회계 보고를 요구했다.[31]

돈 마르틴은 6월에 에스파냐로 돌아왔고, 콘스탄티노플에서 그가 한 일을 모두 안토니오 페레스에게 구두로 보고했다.[32] 왜냐하면 자신이 임무를 잘 수행했다고 믿었기 때문이다. 아마도 그가 적당한 시기에 콘스탄티노플에 도착했기 때문일까? 어쨌든 그는 파샤로부터 투르크 함대가 울루지 알리의 간청에도 불구하고 출항하지 않을 것이라는 약속을 받았다.[33] 그는 특히 휴전협상을 신속하게 진전시키는 데에 성공했다. 결국 경솔한 언행, 좋지 않은 인간관계, 신중함의 결여도 협상에 도움이 되었을지 모른다. 물론 그는 "경력"도 없었다! 게다가 그는 에스파냐의 자존심을 배려할 생각도 하지 않았다. 마드리드에서는 이 점을 충분히 잘 알고 있었을까? 어쨌든 돈 마르틴은 공식적인 문서에 따르면, "건강상의 이유로" 오리엔트로 돌아가지 않았다. 그러나 이것은 전체 이야기를 한 문장으로 정리한 것이다. 1578년 국왕에게 쓴 편지에서 돈 마르틴은 한편으로는 그의 후임자가 파샤에게 보낸 비망록에 그가 한 약속들을 다시 기입할 수 없었던 이유를 설명했고, 다른 한편으로는 망설임 없이 자신이 했던 모든 것의 공을 스스로에게 돌렸다. 그 편지는 돈 마르틴의 원한과 그의 나무랄 데 없는 건강상태를 보여준다.[34] 틀림없이 그는 자신이 한 역할의 가치를 과장했다. 왜냐하면 8월에 콘스탄티노플로부터 오트란토를 거쳐 나폴리에 온 또다른 인물인 아우렐리오 데 산타 크루스 역시 투르크 황제의 타협적인 제안을 가져왔기 때문이다. 그는 투르크 황제도 "온화하고 평화를 사랑하며 문예에 몰두하며, 전쟁을 비롯해 그의 평안을 뒤흔들 수 있는 모든 것들을 혐오하기 때문에 휴전조약을 원하고 있습니다"라고 설명했다. 술탄 다음으로 높은 권력자인 무함마드 파샤는 75세를 넘긴 노인으로 전쟁을 혐오했다. 다른 대신들 가운데 유일하게 시난 파샤만이 공격성을 보였다. 그러나 그의 영향력은 크지 않았다.[35]

마르틴 데 아쿠냐에 관해서 꽤 음울한 마지막 한마디를 덧붙이겠다. 대영박물관에 소장된 한 문서에 따르면, 그는 우리가 진술했던 자세한 이야기가 끝나고 한참 뒤인 1568년 11월 6일 마드리드 인근의 핀토 성에서 왕명에 따라 처형되었다. 이와 관련해서 우리는 그가 투르크에서 저지른 비행 가운데 한 건에 관해서 조금 알고 있으며 그가 죽음을 맞이하게 된 종교적으로 감동적인 상황에 대해서는 상세한 정보를 가지고 있다.[36]

조반니 마를리아니

1577년 말, 펠리페 2세는 알바 공작의 권고에 따라서 콘스탄티노플에 가브리오 세르벨로니의 친척인 밀라노 출신의 기사 조반니 마를리아니를 파견했다. 그는 1574년에 튀니지 원정에 참전했다. 그때 부상을 당해서 한쪽 눈을 잃은 그는 포로로 잡혔다가 1576년에 라구사 상인 니콜로 프로다넬리의 알선으로 몸값을 치르고 투르크에서 풀려났다.[37] 국왕이 마를리아니에게 내린 훈령들은 1577년에 작성되었는데, 우리는 정확한 날짜가 나오지 않는 단편적인 조각들만 찾아냈다. 그 훈령들은 매우 일반적인 용어로 작성되었다. 훈령에 따르면, 마를리아니는 나폴리를 경유해야 하지만, 그곳에서 몬데하르 후작에게 사정을 알리는 것은 삼가야 한다. 그는 브루티라는 자와 동행할 것인데, 우리가 가진 정보는 그가 알바니아 사람, 황제 궁정의 "고관", 베네치아 정부의 연금을 받는 인물 등으로 기록한다.[38] 아마도 그는 이 모든 것에 해당될지도 모른다. 마를리아니는 건강 때문에 발목이 잡힌 마르틴 데 아쿠냐의 뒤를 이어서 휴전을 협상해야 한다고 지시를 받았을 것이다. 그리고 이 휴전에 몰타와 이탈리아 군주들도 참여하도록 주의를 기울일 것이다. 이처럼 중요한 협상의 기원을 밝히기 위한 자료는 이것이 전부인데, 너무 불충분하다.

마를리아니가 선택된 것은 그의 유능함 때문인가(마를리아니는 빈틈없고 솔직하며 유연하고 악착같을 뿐만 아니라 지칠 줄 모르고 글을 쓰는 사람이다)? 아니면 단지 협상을 돈 마르틴과 같은 종류의 사람에게서 빼앗아 진지하고 위엄 있는 사람에게 맡기려고 한 것인가? 공식적인 훈령도 남아 있지 않고, (마를리아니가 편지들에서 언급했던) 새로운 콘스탄티노플 주재 에스파냐 외교관에 대한 비밀 훈령도 없는 상태에서 이에 대해서 말하기는 어렵다.

나폴리 해안을 출발한 마를리아니와 수행원들은 11월 8일에 발로나에 도착했다.[39] 그들은 13일에 그곳을 출발해서 25일 모나스티르[마케도니아의 비톨라]에, 12월 12일에는 로도키오[테르키데]에 당도했다. 그곳에서 마를리아니는 이미 돈 마르틴 재임 시에 협상에 관여했던 통역관 호렘베이에게 그의 도착을 알렸다. 마를리아니는 12월 14일 콘스탄티노플에서 얼마 떨어지지 않은 포르토 피콜로에서 특별 전령을 통해서 통역관의 답신을 받았다. 마를리아니와 수행원들은 그날 저녁 콘스탄티노플에 입성했다. 그를 인도했던 전령장(傳令長)의 집에서 묵게 된 사절단의 단장은 자신의 거처에서 곧바로 호렘베이와 만났다. 그러나 몇 마디 인사만 교환하고 진지한 이야기는 다음 날로 미루었다.

그러나 이튿날부터 모든 상황이 나쁘게 돌아갔다. 마를리아니가 그에게 위임된 권한을 설명하자마자 호렘베이는 다음과 같이 말을 끊었다. "만약 내가 기독교인이라면 나는 돈 마르틴이 상상했던 이 거짓말들 앞에서 성호를 그렸을 것입니다. 파샤는 대사를 기다리고 있었습니다. 이것이 귀국의 전하에게 요청했던 것이고, 돈 마르틴이 여기에서 약속했던 것이며 사자(使者)를 통해서 돈 마르틴이 전달한 것입니다. 파샤는 이와 같이 생각이 바뀌었다는 사실에 크게 분노할 것입니다. 당신들에게 유감스러운 일이 일어나지 않기를 신께서 바라십니다."

실제로 통역관과 살로몬 박사처럼 파샤도 격렬하게 비난했다. 사람들이 주장하는 바에 따르면, 살로몬 박사는 독일 유대인으로, 경우에 따라서는 매우 비싸게 값을 치러야 하는 정계의 유력자였다(그 말의 저속한 의미에서 그가 매수되었다고 말하고자 하는 것은 아니다). 이 격렬한 비난은 진짜였나? 돈 마르틴이 거짓말을 한 것인가? 마를리아니의 진술과 그에 대해서 우리가 아는 바에 따르면, 그렇다고 생각되지만, 콘스탄티노플의 이 세계는 매우 복잡하기 때문에 역사가들도 대사들이나 하급 외교관들만큼이나 신중해야 한다. 게다가 이곳에서는 코미디도 나름대로 한몫을 한다. 분명한 것은 에스파냐가 다시 한번 은밀하게 일을 처리하고자 했다는 점이다. 만약 돈 마르틴이 1577년에 너무 깊이 개입했다면, 그가 에스파냐에 머물렀던 것은 아마도 그 때문일 것이다. 투르크는 오히려 눈에 띄는 훤칠한 대사를 원했다. 그러나 포로 출신의 애꾸눈을 한 음울한 인물을 보내왔기 때문에 조롱거리가 되기 쉬웠다. (휴전을 반대한) 울루지 알리에게도 프랑스인들에게도 비웃음을 샀다. 그의 수행원들도 낮은 신분 출신이었는데, 아우렐리오 브루티는 신분이 불확실했고, 아우렐리오 데 산타 크루스는 평범한 상인이자 포로 매입 전문가, 에스파냐 측의 정보원으로 반은 간첩이라고 알려졌다.

게다가 소규모의 사절단은 가능한 한 거의 잡음을 일으키지 않았다. 프랑스의 서신에 따르면, "그들은 드러나는 것도 알려지는 것도 원하지 않았습니다."[40] 드 릴 신부는 1월 22일에 다음과 같이 적었다. "사람들이 기대했던 선물을 가득 실은 화려한 사절단 대신 앞에서 언급했던 마리안이 휴전에 관한 권한을 가지고 은밀하게 나타났습니다."[41] 1년 동안 마를리아니는 그의 수하들에게 "노예의 옷을 입고" 다니게 하기도 했다. 그는 종종 얼굴을 가렸다. 어느 날 파샤의 접견을 기다리다가 마를리아니는 멀리서 베네치아의 대리인을 알아보고, 그 즉시 이제까지 파샤가 그를 접견했던 방으로 들어가 몸을 숨겼다. 그의 행동은 그 방에 있던 투르크 사람들의 격렬한 분노를 자아냈다. 마를리아니 자신이 이 일을 이야기했는데, 자랑한 것이라면 그의 비밀 엄수는 결코 병적인 비밀 사랑이 아니라 강요된 것이라는 데에 의심의 여지가 없다. 마를리아니의 협상에 관한 탁월한 사료인 『일지(*Tagebuch*)』의 초반부에서 게를라흐는 다음과 같이 언급했다. 에스파냐는 평화를 원했지만 그들은 동시에 "비밀을 보전하고 투르크 황제 앞에서 모욕당한 자가 되지 않기"를 원했다.[42] 우리는 파샤의 허장성세, 교황에 대한 조롱, 플랑드르 사태에 대한 농담, 오랑을 양도하라는 요구에서 드러나는 파샤의 분노를 이해할 수 있다.

그러나 평화는 에스파냐 쪽만큼이나 투르크 쪽에도 절박하게 필요했다. 대사가 없었기 때문에 마를리아니와 협상을 했다. 게다가 봄이 되기 전에 결판을 내야 했기 때문에 회담이 계속되었다. 2월 1일 이후에 분명히 긴장이 완화되었음을 마를리아니는 기록했다. 2월 7일, 1년 동안의 휴전,[43] 즉 일종의 전투 중지에 관한 신사협정이 체결되었다. 그 협정문에는 번역이 일치한다고 공인하는 통역관 호렘베이와 살로몬 아스카나지 박사의 증명서가 첨부되었다. 두 사람 모두 이 협상에서 결정적인 역할을 했다. 파샤는 상대방도 그에 상응하는 조치를 취한다는 조건 아래 1578년에 투르크 함대를 출항시키지 않겠다고 약속했다. 휴전은 모든 관련 국가들로 확대되었는데, 그 가운데 일부는 에스파냐 국왕이 지명했고, 다른 일부는 투르크 황제가 지명했다. 투르크 쪽에서 프랑스 국왕, 신성 로마 황제, 베네치아, 폴란드 국왕, "불필요했을지라도 협정문은 페스의 '군주'를 추가했다(협정문의 이 부분에 투르크의 엄청난 요구 조건이 삽입되었다). 페스의 군주는 투르크 황제의 깃발을 들었고 그에게 복종했기 때문에 불필요했다." 펠리페 2세 쪽에서는 교황, "몰타 섬과 이 섬에 주둔하는 성 요한 기사단," 제노바와 루카 공화국, 사부아, 피렌체, 페레라, 만토바, 팔레르모, 우르비노의 공작들, 마지막으로 피옴비노의 영주가 포함되었다. 포르투갈 국왕에 대해서는, 투르크 함대가 "백해[즉 에게 해]를 통해서" 지브롤터 너머에 있는 그의 영토들을 공격하지 않는다는 데에 합의했다. 홍해와 인도양에 관해서는 약속이 명확하지 않았다. 이 지역에서 일어날 일에 대해서는 신만이 알 것이다.

전체적으로 살펴보면, 에스파냐 외교가 원했던 것처럼, 게임을 시작하면서 소란 없이 지갑을 열지 않고 얻어낸 탁월한 성과였다. 협상은 신속했다. 1월 12일부터 2월 7일까지 지속된 협상은 마르틴 데 아쿠냐 때만큼 생생하게 전달되었다. 아마도 투르크에게 가장 중요한 것은 너무 늦지 않게 함대의 동원과 그에 따른 엄청난 비용 지출을 피하는 것이었다. 협상은 겨울이 끝나기 전에 결론이 나야만 좋은 결과를 가져왔다. 두 차례의 휴전조약 일자가 1577년 3월 18일과 1578년 2월 7일인 이유가 바로 이것이다.[44]

그러나 투르크는 계속 에스파냐에 정식 대사를 요구했다. 투르크는 외교에서 전(全) 유럽에 울려퍼질 눈부신 성공을 원했다. 2월 7일의 협정은 대사 교환에 관한 공식적인 약속을 결론에 실었다. 상황이 우호적이어서 마를리아니는 페라의 포도원에 3년 더 머물게 될 것이었는데, 이것이 그의 불행의 원인이 되었다.

마를리아니는 임무를 완수한 뒤인 1578년 봄에 유럽으로 돌아왔어야 하는 것이 아닌가? 안토니오 페레스에게 보낸 4월 30일자 통지문에 드러나듯이,[45] 필시 그는 기대했던 성과, 즉 2-3년간의 휴전을 성취하기만을 바라면서 귀환에 대해서 많이 생각하지 않았다. 그렇게 쉽게 성공한 협상의 열기와 환상 속에 마를리아니는 몇 가지를 기대할 수 있었다. 그는 라구사 출신의 친구 프로다넬리에게 돈 후안이 장블루[벨기에]에서 승리했다고 전해듣고 다른 경로로도 이를 확인했다. 그는 4월 말에 곧바로 이 기회를 활용해서 "박사"를 다시 움직이고자 했다. 마를리아니는 살로몬 박사에게 이렇게 공언했다. "항상 호렘베이와 투르크 황제에게 말했듯이, 나의 주군인 에스파냐 국왕 전하는 대사를 파견하는 데에 찬성하지 않으신다. 호렘베이는 나보다 오히려 아우렐리오[데 산타 크루스]의 말을 더 신임하는 것 같다. 신은 무슨 일이 일어날지 알고 계신다. 돈 후안이 승리를 구가하고, 투르크 황제가 위험과 고역(苦役)이 가득한 것으로 알려진 페르시아와의 전쟁에 말려들었기 때문에 나도 같은 생각이다. 그 전쟁은 플랑드르 전쟁에 필적할 만하다. 따라서 2-3년 동안 나의 주군인 에스파냐 국왕의 군대로부터 스스로를 지키고 나의 중재로 체결될 일시 휴전 방안에 동조하는 것이 그에게 이득이 될 것이라고 무함마드 파샤에게 알리시오."

이것은 대담한 시도였지만 시기상조였다. 파샤의 대답은 신속했고, 살로몬 박사가 마를리아니에게 전한 대로라면 우호적이었다. 파샤는 강조되었던 이유들에 대해서 결코 반박하지 않았다. 그러나 투르크 황제는 아직 젊고 영광을 갈망했다. 2월에 마를리아니는 그의 첫 인상에 빠져서 새 황제가 제안에 개방적이고 셀림보다 더 호의적이라고 묘사했다. 그러나 바로 그렇기 때문에, 울루지 알리의 상시적인 요청이 황제에게 영향이 없지 않을 것이라는 이야기도 들었다. 이 "바다의 장군"은 보잘것없는 함대를 가지고도 에스파냐를 격파할 수 있다고 자부했는데, 당시에 에스파냐는 정말 난처한 상황이었다. 그런데 파샤는 박사에게 "나는 매우 노골적으로 돈 마르틴에게 유리하게 말했지만 그에게 배신당했고, 더 이상 같은 일을 되풀이할 수는 없다"라고 말했다. 그는 크게 한숨 내쉬고 다음과 같이 탄식했다. "이 제국은 이제 발도 머리도 없다." 사람들은 마를리아니에게 시의 적절하게 멋진 말들을 되풀이했는데, 파샤가 에스파냐의 제안 설명을 칭찬하며 했던 말을 잊지 말자. "당신이 옳소, 박사."

그러나 결국 파샤는 대사 문제로 되돌아왔다. 만약 펠리페 2세가 대사를 파견한다면, 파샤는 그의 요구들을 받아줄 용의가 있었다. 그러나 그가 대사를 파견하지 않는다면, "나도 바다의 대장의 의견을 따를 것"이라고 파샤는 덧붙였다. 그리고 나서 파샤는 투르크 황제의 머리를 걸고 휴전 조건을 준수하기 위해서 세상의 모든 고통을 감내할 것이라고, 즉 대함대의 출항을 막겠다고 다짐했다. 이와 같이 파샤의 입에서 어르고 달래는 말들이 나왔다. 기독교 측과 투르크는 세련되게 게임을 했다. 마를리아니의 수많은 편지들에 자세하게 보고된 양측의 교섭은 여전히 계속 어떤 막연한 불안감을 보이고 있다. 그들은 서툴고 복잡한, 아니면 이쪽도 저쪽도 보다 미묘한 술책을 포기하지 않으면서 매우 빈틈없는 외교를 보여준다.

잠정적인 휴전조약의 초안을 에스파냐로 가져갈 "마를리아니의 사람"은 1578년 2월 12일에 콘스탄티노플을 출발했다. 그가 가져온 소식을 접한 마드리드의 국가평의회는 몇 차례 협의했다.[46] "국정 상황과 재정 상태, 사태를 수습하고 왕국을 강화해야 할 필요성을 고려해볼 때," 조약을 체결해야 한다는 데에 전원이 어려움 없이 동의했다. 투르크와 화해해야 한다는 데에 모두가 동의했다. 아무도 심층적 토론을 원하지 않았다. 오히려 위원들은 "의전과 위신의 문제"로 망설였다. 대사를 보낼 것인가, 보내지 않을 것인가? 파견할 경우 마를리아니에게 신임장을 보내는 것으로 끝낼 것인가? 토론은 이 문제에 집중되었다. 1576년 9월에 원칙적으로 대사 파견이 결정되었다. 한 통의 편지에 따르면, 나폴리 선단의 지휘관이었지만,[47] 잊힌 인물인 돈 후안 데 로카풀[48]이 대사직 수행을 위한 훈령을 받았다. 정확한 날짜가 없는 전반적인 지침은 협상의 전반을 상세하게 열거했다. 1578년 9월 12일에 로카풀이 콘스탄티노플로 부임할 수 없는 경우를 대비한 "두 번째 훈령"이 추가로 작성되었다.[49] 로카풀은 자신을 수행하던 에케바리 대위를 파견했는데, 대위는 두 번째 훈령을 휴대하고 마를리아니의 중재로 휴전조약이 체결되었는지를 확인할 임무를 받았다. 따라서 술탄에게 대사를 보내기로 한 결정은 확고한 것이 아니었다. 마지막 순간까지 대사 파견을 보류할 수 있는 가능성은 남아 있었다.

먼 곳에서 머물고 있는 마를리아니에게 사정을 알리기 위해서는 아직도 3-4개월이 더 필요했다. 게를라흐의 『일지』에 따르면, 마를리아니의 "사람"은 1579년 1월 13일에야 콘스탄티노플로 돌아왔다.[50] 여정이 길었던 것은 아마도 겨울이었기 때문일 것이다. 지난 2년 동안 유지되었던 투르크 함대의 출항 정지를 1579년에도 갱신하기를 바란 에스파냐의 계산에 따른 것이었으리라. 프랑스는 곧 그렇게 생각했다. 실제로 좋은 소식의 도착, 즉 대사의 파견은 마를리아니의 임무를 수월하게 만들었다. 게다가 투르크는 페르시아와의 전쟁에 점점 더 말려들어가고 있어서 점차 다루기 쉬워졌다. 1579년 1월 16일 쥐예는 투르크가 "페르시아와 전쟁을 할 경우 생각보다 더 많은 문제들이 있을 것이므로, 에스파냐 국왕과의 평화를 확보할 필요가 있다고 느끼게 될 것입니다"라고 앙리 3세에게 보고했다.[51] 당시 베네치아에서 펠리페 2세를 대리하고 있던 후안 데 이디아케스는 1579년 2월 5일, 프랑스 대사를 통해서 콘스탄티노플에 있는 마를리아니가 더 이상 감금당하지 않았고, 새 옷을 입고 수행원들과 페라에 집을 임대하는 것에 대해서 의논했다는 이야기를 들었다. "그로부터 이곳 사람들은 휴전조약을 체결하기 위해서 기다리고 있는 전하의 사자(使者)가 곧 당도할 것이라고 결론을 내렸습니다."[52]

그러나 돈 후안 데 로카풀은 서두르지 않았다. 2월 9일, 그는 아직도 나폴리에 있었다. 3월 4일, 베네치아에서 사람들은 그가 콘스탄티노플에 거의 다 갔으리라고 생각했다. 마를리아니는 그를 영접하기 위해서 두 명을 보냈다.[53] 그러나 너무 일찍 보냈다. 소식에 따르면, 로카풀은 "와병 중"이었다. 두 번째 훈령과 에스파냐의 망설임이 알려지자 투르크인들도 와병설과 이 가엾은 인물을 괴롭혔던 "병의 재발"에 대해서 의심했다. 그럼에도 불구하고 마를리아니는 이전의 조건과 동일한 휴전조약에 서명했을까? 우리가 읽었던 자료들은 이에 대해서 언급하지 않는다. 정확성은 떨어지지만 프랑스의 편지를 보면 그렇다고 추정된다.[54] 어쨌든, 투르크 함대, 적어도 그 가운데 쉽게 기동할 수 있는 선단은 4월부터 울루지 알리의 지휘 아래에 흑해로 향했다. 따라서 나폴리에서 사람들은 비교적 일찍부터 투르크 함대가 "출항하지" 않을 것이라는 확신을 가졌다. 단순한 가설이지만, 이것이 로카풀의 여행 중지에 기여하지 않았을까?

병이 들었든 들지 않았든 간에 로카풀은 아드리아 해를 건너지 않았다. 8월 25일 에케바리 대위는 라구사에 도착했다. 후안 에스테반이라는 자와 동행한 그는 투르크 황제와 그의 대신들에게 보내는 선물, 그리고 마를리아니에게는 휴전조약 체결에 필요한 권한과 주의사항을 모두 가져왔다.[55] 이렇게 되면 마를리아니는 단순한 요원의 역할에서 진짜 대사의 역할로 승격될 것이었다. 바로 그때, 신임 프랑스 대사가 콘스탄티노플에 부임했다.[56] 9월 16일, 프랑스 대사는 노쇠한 메흐메트로부터 에스파냐와의 휴전협상이 잘 진행되고 있다고 들었고,[57] 당연히 곧 이를 가로막으려고 전력을 다했다. 무엇보다도 먼저 정보 전쟁이었다. 마를리아니는 콘스탄티노플에 알려진 에스파냐의 전쟁 준비는 포르투갈을 겨냥한 것이라고 설명했다. 포르투갈의 왕위 계승은 엔리케 추기경왕[58]의 죽음[1580] 이전부터 시작되었다. 프랑스는 콘스탄티노플에 떠도는 소문[59]을 이용해서 에스파냐의 목표는 알제라고 주장했다. 게다가 프랑스는 살루초 후작령 사태로 이탈리아에서의 전쟁이 불가피해졌다고 떠들어댔다. 모두 헛수고였다! 나중에 사람들은 에스파냐의 정책을 막지 못했다고 제르미니를 비난했다. 그러나 그는 이 작은 말싸움 이외에 다른 전투는 치를 수 없었다. 성 바르톨로메오 학살 사건 이후 레반트에서 프랑스의 위신은 실제로 바닥으로 떨어졌다. 프랑스가 무기력하고 서방에서 쇠퇴하고 있다는 증거인 이 사건은 콘스탄티노플에서 프랑스의 방책을 축소시켰다. 빈손으로는 협상을 할 수 없다. 게다가 프랑스의 정책으로 말미암아 투르크를 다시 유럽으로 끌어올 수 있는 유일한 인물, 즉 앙주 공작의 신하인 클로드 뒤 부르는 체포되었다. 그는 1579년 2월 베네치아에서 체포되어 미란돌라로 이송되었다.[60] 클로드 뒤 부르의 계획은 앙주 공작을 통해서 투르크가 네덜란드 원정에 관심을 가지게 만드는 것이었다. 앙주 공작은 침묵공 빌럼, 전 유럽의 프로테스탄트들, 마를리아니가 콘스탄티노플에 와 있다고 알려준 잉글랜드인들과 연대하고 있었다. 네덜란드에는 투르크의 정책을 부추길 만한 이유가 있었다. 그러나 페르시아와의 소모적인 전쟁에 말려든 투르크가 서방에서도 동시에 노선을 바꾼다는 것은 거의 불가능했다.

1580년은 결국 마를리아니에게 성공적인 작업의 한 해였다. 이 밀라노 사람의 임무는 (조카가 죽은 뒤에 카스티야의 기사단 단장이 되었고, 몬데하르 사망 이후 나폴리의 부왕이 된) 돈 후안 데 수니가의 지휘 아래에 있던 나폴리와 긴밀하게 연결되어 있어서 에스파냐를 왔다 갔다 하지 않아도 되었기 때문에 이전보다 한층 더 효율적이 되었다. 몬데하르 시대에는 반대로 그가 나폴리에 교섭 내용을 알리는 것이 금지되었다. 이것은 마를리아니의 과업이 수월해졌다고 말하는 것은 아니다. 남은 시간을 한담, 적지 않은 길이의 정보 보고서들에 뒤이은 장시간의 수다, 그리고 심지어 한때 페라 대성당에서 자리 선택을 놓고 제르미니와 상석권 다툼 속에서 보냈을지라도, 마를리아니는 몇 번이나 위태로운 시기를 통과했다.[61] 이 상석권 다툼은 쓸데없는 짓인가, 아니면 펠리페 2세가 동의하고 싶어하지 않는 양보 사항, 즉 콘스탄티노플에 상주하는 에스파냐 대사를 유지하는 것이 불가능하다는 것을 투르크인들에게 입증하려는 의도인가?

마를리아니에게는 다른 어려움이 있었다. 투르크 정치 무대의 주역들이 바뀌었다. 무함마드 파샤는 1579년 10월에 암살당했고, 그의 후임으로 머리는 별로 좋지 않지만 에스파냐에 우호적인 아흐메트 파샤가 임명되었다.[62] 그러나 그도 1580년 4월 27일에 사망했고, 무스타파 파샤가 그 자리를 승계했다. 인물 교체에 따라서 하위직에서 많은 이동이 있었다. 살로몬 박사는 자리를 지켰지만, 통역관 호렘베이는 사라졌다. 삼중은 아닐지라도 이중 첩자인 이상한 브루티가 다시 나타났다. 마를리아니는 그를 고발했지만, 그를 몰아낼 수는 없었다. 브루티의 수다와 배신은 마를리아니뿐만 아니라 시난, 아이다르, 잉글레스, 후안 데 브리오네 등 마를리아니를 위해서 일하는 요원들을 위험하게 할 수 있었다.[63] 두 명의 신인이 등장했는데, 투르크 재상부에서 일하는 베나비데스와 페드로 브레아였다. 유대인인 베나비데스는 재상부에서 작성된 문서들을 매우 잘 알았다(그는 종교 때문에 토요일에는 배를 탈 수 없었다). 페드로 브레아는 정체가 불분명하다. 그러나 둘 다 분명 이중 첩자였다. 우리는 그 하수인들, 라구사 상인 니콜로 프로다넬리와 그의 동생 마리노를 우연히 발견하게 된다. 그들의 배가 1580년 10월 나폴리에 있었음에 틀림없다.[64]

사실상 마를리아니는 상황을 좌우하고 있었지만, 그는 그 사실을 몰랐다. 이 때문에 마를리아니는 대재상의 면전에서 그에게 참혹한 장면을 보였던 울루지 알리의 허풍과 위협에 겁먹지 않고 그의 우세를 유지하기 어려웠다. 아마도 대신들이 꾸민 연출된 장면이었을 것이다. 여기에 다른 위협들이 더해졌기 때문에 우려할 만한 것이었다. 해군 조선소에서 울루지 알리는 "평화협상은 결렬될 것이다. 200척의 갤리 선과 100척의 마온 선을 무장시키라는 명령을 받았다"고 선언했다. 그러나 마를리아니는 버티는 사람이었다. 그는 위엄 있게 말했고, 위험을 피하지도 않았다. "휴전협정이 조인되기 전까지 에스파냐 국왕 전하의 이름으로 어떤 교섭도 하지 말고, 편지나 선물을 건네지도 않을 것이라고 결심했습니다"라고 확실하게 말했다.[65] 그리고 그는 함대가 봄에 출항하지 않는다는 약속을 받아내기 위해서 강경해졌다. 그에 대한 울루지 알리의 격렬하고 도가 지나친 언동[66]은 카푸단 파샤(해군 제독)의 좌절과 분노를 보여주었을 뿐이다. 이는 승자의 게임이 아니었다. 1580년 2월 26일자 콘스탄티노플의 보고는 마를리아니가 자신의 명예를 지키고 국왕에게 봉사하기 위해서 이 "투르크의 개들"[67]과 합의하는 것은 불가능하다고 주장했지만, 그 이전부터 모든 것이 해결되기 시작했다. 18일 아침, 살로몬 박사는 타협안을 가지고 마를리아니를 만나러 왔다. 문제는 군주들 사이의 협약이 아니라 "파샤와 마를리아니 사이의" 조율이었기 때문에, 의전상의 어려움을 해소하는 것은 손바닥 뒤집기였다.[68] 도중에 마를리아니가 심하게 흔들리며, 다시 한번 당했다고 느꼈던 적이 없었던 것은 아니지만, 3월 7일에 그가 썼듯이, 그는 "이미 50일 전부터 위험 속에 있었습니다."[69] 그는 이 날에도 완전히 마음을 놓을 수가 없었다. 그 날 마를리아니는 "나는 이 모든 교섭이 우리가 다시는 이 휴전조약 교섭을 하고 싶지 않을 정도로 격렬하게 파기되지 않을까 정말 걱정"이라고 소리쳤다.

그러나 합의가 임박했다. 페르시아, 포르투갈과의 전쟁이 불가피했고, 게다가 끔찍한 기근이 오리엔트를 유린하는 상황이 그 합의를 강요하고 있었다.[70] 불쌍한 마를리아니가 모든 것이 끝났다고 생각할 때마다 대화가 재개되었다. 박사나 어떤 다른 중재자가 돌아왔다. 다시 협의하는 데에 동의한 것은 파샤였다. 마를리아니는 안도의 한숨을 내쉬었다.[71] 그리고 나서 페스 왕국에 대한 새로운 분쟁이 있었다. 마를리아니는 그 왕국을 투르크 황제의 속국으로 인정하려고 하지 않았다.[72] 포르투갈에 대해서도 새로운 언쟁이 있었다.[73] 마를리아니는 처형될 위험에 처했고, 울루지 알리가 남아 있는 눈 한쪽을 뽑아내겠다고 그를 위협했다는 소문이 3월에 베네치아에 돌았다.[74] 그러나 3월 21일 마를리아니와 파샤는 관례적인 형태로 1581년 1월까지 10개월 동안 유효한 새로운 휴전조약에 서명한다. 이의제기를 피하기 위해서 이탈리아어로 작성된 협정문은 파샤의 수중에 둔 반면, 금장 글씨의 투르크어로 작성된 협정문은 마를리아니가 받아서 수니가에게 보냈다.[75]

이에 따라서 가까운 미래가 보장되었으므로, 대화는 잠시 중단되었고 양측은 약간의 여유를 누렸다. 후안 스테파노(에스테파노)는 이 소식을 전하고, 명령을 받으러 에스파냐로 갔다. 이번에는 기독교 세계도 소식을 들었다. 5월 초에 로마에도 소식이 전해졌는데, 사람들은 이 소식이 협상을 깨기 위해서 대사를 파견했다는 에스파냐의 이전 선언들과 부합되지 않는다고 지적했다.[76] 그러나 로마는 결코 항의할 생각이 없었다. 1580년에는 로마도 역시 지중해와 이슬람에 대한 전쟁을 포기하고, 아일랜드와 프로테스탄트와의 전쟁에 몰두했다.

마를리아니의 협상 과정을 주의 깊게 지켜보았던 제르미니는 그의 성공이 금(金)으로 산 것이라고 주장했다. 사실, 마를리아니가 주고받은 것은 수많은 약속들이었다.[77] 그리고 특히 상황 덕분에 성공할 수 있었다. 조인의 순간에 투르크에 작용했던 마지막 요소는 알제에 반란이 일어났다는 걱정스런 소식이었다. 펠리페 2세가 지중해에서 자유롭게 행동할 수 있게 된다면(펠리페 2세의 함대는 포르투갈 사태에 대비해서 출동할 수 있는 상태였다), 모든 것이 수포로 돌아갈 가능성이 있었다.[78] 베네치아는 이 점을 잘 이해하고 있었다. 지금까지 적대적이었지만 속내를 감추고 있던 베네치아는 태도를 바꾸어 다가올 평화 속에 끼어들고자 노력했다.

1580년의 휴전협정은 대부분의 제대로 된 역사책에 언급될 만한 권리가 있다. 왜냐하면 그 협정은 샤리에르의 고문서집과 1855년에 고타에서 출간된 언제나 매우 유용한 친카이젠의 책에서 조명을 받았기 때문이다.[79] 그러나 이상한 것은 그 협정이 긴 사슬의 고리들 가운데 하나일 뿐임에도 불구하고, 단발적이고 예외적인 사실로 소개되었다는 점이다. 이 사슬 없이는 휴전협정의 의미를 거의 이해할 수 없는데도 말이다.

1581년의 합의

콘스탄티노플에서는 평화조약이 곧 체결되리라는 것을 더 이상 아무도 의심하지 않았다. 그러나 평화조약 체결까지는 거의 1년이라는 시간이 필요했다. 여름은 간헐적인 대화 속에 지나갔다. 다툼은 더 이상 직함과 상석권에 관한 소모적인 논쟁이 아니라, 전령들이 가져오는 사건들에 관한 것이었다. 4월 5일, 라구사를 경유해서 추기경 엔리케[포르투갈 국왕]의 죽음이 알려졌다. "이 소식은 이곳 사람들의 생각에 미묘한 변화를 야기했습니다"라고 마를리아니는 썼다.[80] "대규모 인명피해도 긴 전쟁도 없이 이 왕국들이 에스파냐에 합병된다면, 전하의 힘은 사람들이 두려워할 정도로 커지게 될 것입니다. 그들은 (이제부터) 전하가 그들이 원하는 대로 휴전 또는 전투 중지에 동의하시기가 더 어려울 것이라고 생각할 것입니다." 다른 점에서 마를리아니는 울루지 알리의 반응을 걱정했다. 사람들에 따르면, 그는 갤리선 60척을 이끌고 알제로 가서 소요를 진압할 예정이었다. "그러나 다른 이들은 그가 이를 위해서 알제에 가지만, 페스 국왕에게도 타격을 가할 것이라고 말합니다. 만약 그의 출정이 확실해진다면, 저도 이를 방해할 준비가 되어 있습니다."[81] 그렇지 않으면 휴전협정을 위한 모든 조치가 위태로워질 것이다.[82] 이는 마를리아니 자신의 생각일 뿐만 아니라, 다른 경로를 통해서 소식을 들은 카스티야의 대기사단 단장이 그에게 써 보낸 것이기도 했다.[83] 알제 원정은 결국 이루어지지 않았지만, 이 문제는 여러 차례 논의되었다. 10월에 도착할, 알바 공작이 돈 안토니오에게 승리를 거두었다는 소식도 마찬가지였다. 승전 이후 알바 공작이 휘하 병사들에게 20만 도블론(doblón)을 나눠주었다는 사실을 알았을 때, 파샤는 돈을 나눠준 이유와 1도블론의 가치가 얼마인지를 묻기 위해서 마를리아니에게 사람을 보냈다. 마를리아니는 1도블론은 2에퀴에 해당한다고 서둘러 설명하고, 이를 모르는 사람이 없도록 협상 파트너에게 10여 개의 도블론을 건네주었다. 협상 파트너가 이렇게 물었다. 후안 데 에스테파노는 무엇을 하는가? 왜 이리

늦는가?[84] 여기에서 우리는 협상하는 양측이 주고받은 대화가 어떤 종류인지, 얼마나 의심이 많고 쓸데없는 것인지를 알 수 있다. 이때는 여름이었는데, 겨울이 되어야 진지한 이야기를 시작할 것이다.

12월에, 상황이 갑자기 긴박해졌다.[85] 돈 후안 데 에스테파노는 오지 않았다. 마를리아니는 어찌 할 바를 몰랐는데, 파샤는 에스파냐 국왕이 평화조약을 체결하라는 명령을 보냈는지, 아니면 보내지 않았는지 말하라고 마를리아니를 압박했다. 불행하게도 마를리아니의 대사 재임 시기 마지막 몇 개월을 추적할 수 있는 편지들이 일부 없어졌다. 12월 10일부터 20일 사이에 투르크의 요구는 한층 더 구체화된 것처럼 보인다(소식을 가져온 사람이 후안 데 에스테파노인지 아닌지 명시하지 않았지만). 바로 그때 기다렸던 명령들을 받았기 때문에, 마를리아니는 매우 난처해졌다. 그는 그 명령의 내용을 알고 나서 상당히 당황했다. 국왕은 마를리아니로 하여금 "바람직한 대등한 조건"에서 진행하기 어렵기 때문에 정식 휴전조약을 포기한다고 상대에게 전하도록 했다. 실제로 그는 제국 관리들이 상주 외교관과 협상하는 것과 같은 종류의 협정을 거부했다.[86]

마침내 해야 할 일에 집중하게 된 마를리아니는 가능한 한 빨리 일을 진행했다. 그의 12월 28일자 편지는 그가 아가(Agha)와 3시간 이상 나눈 대화를 보여준다. 12월 27일 해가 뜨기 전에 아가는 페라에서 이스탄불까지 마를리아니를 데려오기 위해서 자신의 카이크 선을 보냈다. 니콜로 프로다넬리가 면담이 진행되는 동안 통역을 했다. 마를리아니는 그의 통역에 만족해서 "그는 다른 어떤 사람보다도 현명하고 유능하다"라고 썼다. 틀림없이 마를리아니는 자신의 임무와 아가를 이해시켜야 하는 것 때문에 다소 난처해서 그를 선택했다. 그러나 아가는 아무것도 이해하지 못했다. 마를리아니가 술탄의 손에 입을 맞추러 갈 것인지, 말 것인지를 그가 물었을 때, 마를리아니는 거류민의 권리를 보장하는 협약(capitulation)이라면 가겠지만, 단순히 전투 중지(suspension)라면 가지 않을 것이라고 대답했다. 이는 우리가 문장

속의 두 단어 전투 중지와 협약의 서열을 이해할 수 있는 기회이다. 펠리페 2세는 후자를 원하지 않는다. 아가는 술탄이 협약을 허가한다고 말했고, 마를리아니는 이 경우 "평등"해지는 것인가라고 물었다. 그의 대화 상대자는 다시 이해하지 못했다. 이어서 아가가 보다 간단하지만 구체적인 질문을 했다. 마를리아니는 머무를 것인가? "나는 아니라고 답했고, 그는 나에게 그 이유를 물었습니다. 채택된 결정에 따라 교역이 없을 것이기 때문에 머무를 필요가 없다고 나는 그에게 답했습니다. 나는 살짝 웃으면서 이를 말했고, 그에게 진실을 말하고자 한다고 덧붙였습니다. 나는 두 가지 이유 때문에 이러한 결정을 내렸는데, 하나는 남을 대하는 이곳의 방식이 예의바르지 않다고 생각했기 때문이고, 다른 하나는 프랑스 대사관 서기가 기독교 세계 전체에 퍼뜨린, 그가 프랑스에서 이야기한 상석권 선언에 관한 소문 때문입니다."

에스파냐 대사는 그의 주장을 확실히 믿을 수 없었기 때문에, 술탄의 모후에게 5,000에퀴를 지불하는 예방조치를 취했는데, 모후는 이를 이용해서 더 많은 돈을 요구했다. 동시에 그는 국왕이 자신에게 부여한 권능을 내보이지 않기 위해서 위임장을 나폴리에 되돌려 보내야 한다는 핑계를 댔다.[87] 12월 10일 위험 징후를 감지한 그는 그해가 가기 전에 상대방을 거의 설득했기 때문에 능숙하게 얼버무렸다. 2월 4일, 콘스탄티노플을 출발한 몇 통의 편지와 보고가 3년 기한의 휴전조약이 체결되었다는 사실을 여러 곳에 알렸다.[88] 같은 날, 마를리아니는 돈 후안 데 수니가에게 다음과 같이 보고했다.[89] "성 요한 축일인 12월 27일, 나는 차우슈 파샤에게 가서, 전하를 직접 알현하는 영광을 느끼며 적절한 언어로 그에게 내 임무를 설명했습니다. 이후 나는 몇 차례 파샤와 함께 했는데, 마지막은 1월 25일이었습니다. 그날 파샤는 나를 만나자고 하여 술탄이 내가 전하께 알리러 갈 수 있도록 허가했다는 사실을 나에게 알렸습니다. 그는 내가 선린 관계를 확립하기 위해서 나의 직책을 수행하기를 바랐고, 이를 기다리면서, 3년간의 전투 중지가 이루어졌습니다." 이에 대해서 제르미니가 우리에게 말한 것에 따르면, 이번 협정은 거의 이전의 휴전조약을 갱신한 것이었다. 이번에는 3년 기한이라는 것이 다를 뿐이다.[90] 3월 3일에 그 소식을 접한 나폴리의 부왕은 서둘러 펠리페 2세에게 그 소식을 전했다. 부왕은 마를리아니가 협상을 매우 잘했지만, 교황이 이 문제를 이용해서 자기 돈주머니 끈을 죄지 않을지 자문했다.[91]

그렇다, 교황이 무슨 말을 할까? 돈 후안 데 수니가는 한때 로마 주재 대사였기 때문에, 이 문제를 누구보다도 더 많이 생각했다. 그는 선수를 치는 것이 현명하다고 판단했고, 3월 4일에[92] 다음과 같이 기묘한 로마용 버전의 편지를 썼다. 그는 펠리페 2세를 변호할 수 있는 가장 좋은 이유를 대면서 국왕이 휴전조약을 원하지 않는다고 마를리아니에게 알렸었다. 그러나 곧 콘스탄티노플에서는 포르투갈 정복이 끝날 때까지 마를리아니가 거짓말로 술탄을 속였다는 죄목으로 고발되어 몸에 말뚝을 박아 처형한다고 협박했다. 주지하다시피, 투르크인들은 그런 잔혹한 짓을 할 수 있다. 불쌍한 기사는 목숨을 구하기 위해서 1년간의 휴전을 약속했다. 투르크는 3년간의 휴전을 요구했고, 그 휴전조약을 이루어낸다는 조건으로 마를리아니는 그들에게 허가를 받아 기독교 세계로 돌아올 수 있었다. 그러나 투르크를 공격하고자 한다면, 당연히 이 약속을 깨는 것이 간단할 것이다. 왜냐하면 그 약속은 한편으로 "힘에 의해서" 강요되었기 때문이고, 다른 한편으로는 사략선들이 적대 행위를 재개할 명분을 제공할 것이기 때문이다. 그 편지에 따르면, 현재 우리는 불행하게도 여타의 문제들에 얽매여 있어서 투르크를 공격할 여유가 없다. 그러나 휴전은 그야말로 아무런 의미가 없다.

베네치아 대사도 1581년에 나폴리 부왕이 만든 이야기를 되풀이했다.[93] 그가 부왕의 이야기를 믿었을까? 로마에서는 그 이야기를 믿었을까? 틀림없이 누구도 상황을 아주 명확하게 밝히려고 하지 않았다. 무엇보다도 아일랜드에서 잉글랜드에 대한 반란이 일어난 것이 문제였다. 누가 잉글랜드에 맞설 수 있을까? 교황이 보기에 에스파냐가 아니면 누가 할 수 있을까?[94]

따라서 당대인들 가운데 베네치아의 배신을 말했던 것처럼, 에스파냐의 "배신"을 운위하는 사람은 아무도 없었다. 법칙을 확인해주는 유일한 예외인 에스파냐의 성직자는 격렬하고 아주 요란하게 항의했다. 다른 사람들보다 성직자들이 더 이교도에 대한 십자군에 집착했던 것은 아니지만, 전쟁이 끝난 이상 이참에 신설되었거나 유지되었던 세금들을 더 이상 납부하지 말 것을 요구했다. 그들의 요구는 헛수고였다.

에스파냐의 배신에 대해서 소송을 제기한 것은 후대의 역사가들이다. 베트젠과 R. 코네츠케의 몇몇 문장들을 규정하기에는 소송이라는 단어는 조금 강하다. "투르크에 대한 전쟁은 이와 같이 결국 포기되었다. 그와 함께 에스파냐의 영속적인 전통이 끊겼다. 이베리아 반도의 영적인 힘을 자극하고 결집했던 이슬람에 대한 종교전쟁은 계속되지 않았다. 아마도 재정복(reconquista)과 북아프리카에서 계속되었던 정복전쟁은 순수한 종교전쟁이 아니었을 수 있다. 그러나 이러한 정복사업들을 끊임없이 자극하고 추진시켰던 것, 그리고 그 정복사업들을 에스파냐 공동의 위대한 업적으로 느끼게 했던 것은 종교 정신이었다. 에스파냐 발전의 가장 강력한 원동력이 마비되었다"고 코네츠케는 썼다.[95]

전체적인 방향을 생각한다면 정확한 판단이지만, 몇 가지 점에서는 부당한 판단이다. 1580년대 이후 에스파냐에서 분출한 종교적 힘은 다른 쪽으로 방향을 바꾸었다. 이단에 대한 전쟁 역시 종교전쟁이지만, 전쟁의 모든 기본적인 구성요소들을 갖추고 있다. 게다가 사실상 무의미했던 1593년의 준(準)전쟁과 같은, 북아프리카와 투르크에 대한 공격이 몇 차례 더 있을 것이다.

어쨌든 이슬람에 대한 에스파냐의 대외관계사가 그 이전에는 더 많이 토막 나고 중단되고 왔다 갔다 했을지라도, 1580년대는 이 역사에서 하나의 단절이었다. 마를리아니의 대사직 수행 이후 사실상 평화가 확립되었다.

1581년의 휴전조약은 1584년에, 그리고 1587년에도 갱신된 것처럼 보인다.[96] 다시 전쟁이 발발했을 때에도, 그 전쟁들은 과거의 대규모 전쟁들과 공통점이 전혀 없었다. 휴전조약은 에스파냐 정치의 수완 좋은 방책 이상의 것이었다.[97]

그렇다고 해서, 우리는 1581년에 에스파냐가 배신했다고 말할 수 있는가? 최악의 경우 에스파냐도 자기 자신, 자국의 전통과 자기 존재를 배신할 것이다. 그러나 나라가 걸린 문제일 때, 이 배신들은 단지 지적인 개념일 뿐이다. 어쨌든 에스파냐는 지중해의 기독교 세계를 배신하지 않았고, 베네치아를 경우에 따라서 있을 수도 있는 복수에 내맡기지 않았으며, 에스파냐에 방위 부담을 주었던 이탈리아를 포기하지도 않았다. 오스만 제국과 협상했다고 누가 에스파냐를 비난할 수 있는가? 투르크를 유럽 무대에 끌어들인 것은 에스파냐가 아니다. 지중해에서 대규모 전쟁은 정치적 괴물인 거대 국가들의 능력도 넘어서는 것이다. 대국들은 각자 그들의 몫인 절반을 감당하기도 힘들었다. 배신과 체념은 다르다. 이 어렵고 암울한 협상의 시기에 돌연 전쟁을 지중해 권력 밖으로 밀어낸 이 시소의 움직임은 이중적이었다. 한편에서 포르투갈과 대서양을 향해 지중해라는 갇혀 있는 무대보다 훨씬 더 큰 해상 모험 속으로 에스파냐를 밀어넣었고, 다른 한편에서는, 투르크를 페르시아와 아시아의 깊숙한 곳들, 즉 캅카스, 카스피 해, 아르메니아, 나중에 인도양으로 향하게 했다.

2. 전쟁이 지중해 중앙부를 떠나다

우리는 투르크 전쟁사의 부침을 전부 설명할 수는 없지만, 그 전쟁사가 큰 폭의 변화를 겪었음을 안다. 술레이만 대제의 치세를 가장 압축적으로 요약하면 그 변화가 명백하게 드러난다.[98] 대제의 의지보다 이 변화들이 술레이만의 영광스러운 긴 치세에 리듬을 주었다. 시간이 흐름에 따라 투르크의 세력은 아시아로, 아프리카로, 지중해로, 그리고 발칸 북부의 유럽으로 계속 이동했다. 이런 움직임들 각각에 저항할 수 없는 추진력이 작용했다. 역사에 리듬이 있다면, 바로 투르크의 역사가 이러할 것이다. 그러나 역사가들이 그 개별적인 움직임들에 집착함에 따라 이해하기 어려운 역사가 되었다. 역사가들은 심연의 움직임들(예를 들면, 투르크 제국이 비잔틴 제국을 파괴하면서 동시에 확대했을 때에 비잔틴 제국으로부터 계승했던 것들), 투르크 세력이 외부 세계에 압박을 가했던 공격 전선들 사이에서 필요한 균형 맞추기를 하는 이 정치물리학에는 거의 관심이 없다.

페르시아에 맞선 투르크

우리는 1578년부터 1590년까지의 투르크 역사의 내면을 들여다볼 수 없으며, 또한 예를 들면, 함머가 논거로 삼은 여러 연대기들은 문제들을 사건사의 측면에서만 다룬다.

그리고 역사가들의 눈을 피한 것은 투르크뿐만 아니라, 그 너머에 있는 페르시아도 마찬가지이다. 투르크는 비교적 균질적이고 이해할 수 있지만, 페르시아는 우리가 모르는 다른 형태의 이슬람이고 다른 문명이다. 우리는 또한 페르시아, 투르크, 동방정교회 러시아 사이에 펼쳐져 있는 지역들에 대해서도 모른다. 마지막으로 또다른 요충지인 투르키스탄의 역할은 무엇인가? 또한 이 땅들 너머 남쪽에 거대한 인도양이 있다. 포르투갈은 인도양의 교역을 완전히 장악하지 못했고, 에스파냐는 1580년부터 인도양에서 어깨를 나란히 할 것이다. 실제로 그러했다기보다는 이론적으로 말이다.

그런데 1577-1580년 이후 투르크의 대(大)선회는 이 광대한 공간 전역을 문제 삼는 것이었다. 이는 당시 에스파냐를 대서양 방면으로 향하게 만든 것만큼이나 강력한 선회였다. 대양은 유럽의 새로운 재산이었다. 투르크도 아시아로 움직이면서 그와 같은 시각으로 고개를 돌렸는가? 어떤 자료도 우리에게 그렇게 말하지 않는다. 우리의 정보가 너무나 불연속적이어서 여기에서 우리는 피상적인 수준 이상으로는 나아갈 수 없다.

연대기들이 확실하게 보여주는 것은 페르시아가 정치적으로 매우 어려운 문제들과 싸우고 있었다는 것이다. 1522년부터 페르시아를 통치한 샤 타흐마스프[1524년 열 살의 나이로 즉위]가 1576년 5월에 암살당했다.[99] 이 암살은 곧이어 새로운 군주 하이다르의 피살, 이어서 이스마일 왕재[이스마일 2세]의 즉위로 이어졌다. 이스마일은 즉위하기 위해서 끔찍한 감옥에서 풀려났지만, 1577년 9월 24일까지 단지 16개월 동안 통치했다. 결국 거의 장님인 무함마드 쿠다반다 왕자가 권좌에 올랐다. 그는 아바스 대제의 아버지였다. 이 사건들과 몇몇 다른 요소들(특히 규명하기 어려운 그루지야족, 체르케스족, 투르크멘족, 쿠르드족들의 역할)은 페르시아의 취약성을 이해할 수 있게 해준다. 이런 사건들이 코스레우 파샤와 같은 투르크 국경 지대 족장들의 욕망, 시난 파샤, 무스타파 파샤 등 여러 해 동안 해군을 위해서 희생했던 모든 투르크 "군벌들(militaires)"의 정책을 설명해준다. 페르시아는 중심에서부터 분해되었기 때문에 이를 이용하는 것이 중요했다.

1578년 콘스탄티노플에서 여러 통의 편지가 발송되었다. 편지의 수신자는 현직에 있든 아니든, 복종적이든 아니든, 강력하든 아니든 간에 페르시아 북부 지역, 즉 시르반, 다게스탄, 그루지야, 체르케스의 왕족들이었다. 알리는 이 새로운 페르시아 전쟁의 첫 번째 원정에 관한 그의 저서『승리의 책(Livre de la Victoire)』에 이 편지들 중에서 10여 통을 수록했다.[100] 이 편지들은 "시르반 군주의 아들인 샤브로크 미르자, 쿠무크스와 카이탁스의 군주인 셈칼, 카스피 해 연안에 있는 다게스탄의 타바제란 총독, 예레밴[아르메니아의 수도]과 시르반 사이에 있는 지역의 군주인 레벤드의 아들 알렉산드르, 바흐슈 아트슈크 지역(이메레티[그루지야 서부])의 영주인 로나르사브의 아들 게오르기, 구리엘의 군주 그리고 민그렐리아(코르티스)의 왕자 다디안에게" 발송되었다. 이 이름들의 폭포는 흑해와 카스피 해 사이에 있는 식별이 가능한 공간을 정밀하게 보여준다. 이 지역은 1533-1536년과

1548-1552년에 이미 술레이만이 페르시아를 상대로 벌인 전쟁들의 무대가 되었다.

우리는 이 중간지대의 나라들에 대해서 아는 것이 별로 없고, 반 호(湖) 지역, 즉 1576-1578년에 왕족의 피로 붉게 물든 페르시아의 투르크 국경도 잘 모르지만, 그 당시 투르크의 제국주의가 카스피 해를 겨냥했던 것처럼 보인다. 카스피 해를 장악하는 것이 문제가 아니라 마잔다란 주[페르시아 북부 카스피 해를 면한 지방]의 해안을 직접 공략할 수 있는 통로를 확보하기만 하면 충분했다. 갤리 선은 이 바다에서는 거의 알려지지 않았기 때문에 더 효과적이었다. 서양인들은 이미 1568년의 전쟁 때, 그리고 돈 강-볼가 강 운하계획에서 이 전략적 목표에 대해서 주위를 환기시켰다. 그러나 투르크는 아직도 투르키스탄으로 통하는, 그리고 1556년에 러시아가 아스트라한을 점령하면서 단절되었던 아시아 내부의 길들과 연결되는 통로를 확보하려는 욕심이 없는가? 투르키스탄은 어쨌든 비단길이다. 페르시아가 16세기 말 샤 아바스의 위대한 치세에 경제를 부흥시킬 수 있었던 것은 부분적으로 아시아 내륙의 이 길들을 통해서였다. 그 길들은 또한 페르시아의 첫 번째 팽창의 원인이었다. 페르시아 도시들의 성장에서도 드러나는 그 팽창은 아주 멀리 잉글랜드 상인들을 끌어들였고, 아르메니아 상인들이 인도양의 모든 나라들을 넘어, 아시아와 유럽의 투르크 국가들에 퍼져나간 것에서도 드러난다. 몇몇 아르메니아 상인들은 1572년경 단치히에까지 왔다.[101] 세계를 가로지르는 이 상단의 중요한 거점인 타브리즈는 구미가 당기는 먹잇감이었다.

페르시아가 점점 더 쇠약해지고, 더구나 투르크가 그 적수에 대해서 명백히 기술적 우위를 누리게 되면서 투르크는 유혹을 느꼈다. 페르시아 측에는 대포가 없었고 화승총도 드물었다. 투르크는 많지는 않았지만 총포를 보유했고, 그것으로 충분했다. 그들 앞에 이름에 걸맞는 강력한 요새는 하나도 없었다. 투르크-페르시아의 드넓은 국경지대에 유일한 보호막은 사막뿐이었다. 일부는 자연적인 사막이었고, 다른 일부는 이란 군주들이 신중하게 정비해둔 전략적인 것이었다.[102]

물론 투르크와 페르시아 사이의 전쟁에서는 언제나 종교가 한몫을 한다. 파트와(Fatwa, 율법의 결정)는 시아파의 개들,[103] 즉 배교자이자 "붉은 모자"를 쓴 이단자들[104]에 대한 투쟁이 경건하고 거의 신성하다고 인정한다. "페르시아 종교"의 신봉자인 시아파는 중앙 아나톨리아를 비롯해서 투르크 제국의 아시아 영토 전역에 존재한다. 시아파는 1569년에 봉기했다.[105] 그러나 서양에서처럼 오리엔트에서도 순수하게 종교적인 전쟁은 없다. 투르크는 페르시아로 가는 길에 들어섬과 동시에 모든 종류의 종교적 열정들에 직면한다. 우리가 열거했던 것들 외에도 남자도, 여자도, 도로도, 재정 수입도 많은 그루지야의 매력을 추가하는 것이 적절할 것이다.

이는 투르크의 강력한 정책을 전제로 하는가? 그런 정책은 존재한다. 술레이만 대제의 죽음과 함께 시작되었다고 보는 이른바 쇠퇴는 잘못된 평가이다. 투르크는 막강한 세력으로 남아 있었고, 야만적이지 않고 오히려 잘 조직되고 훈련된 신중한 세력이었다. 투르크가 갑자기 지중해의 잘 알려진 땅들을 포기하고 동쪽으로 향했을지라도, 이것은 투르크가 "쇠퇴하고" 있음을 알리는 징조가 아니다. 투르크는 단지 운명을 따랐을 뿐이다.

페르시아와의 전쟁

투르크에게도 전쟁은 역시 힘든 시련이었다.

1578년 키프로스의 정복자 무스타파 장군(sérasker)의 첫 번째 원정은 처음부터 닥쳐올 모든 어려움들을 예고했다. 투르크는 대승을 거두었지만 (1578년 8월 9일 그루지야 국경에서 치른 악마의 성 전투의 승리처럼[106]), 그 승리는 매우 비싼 대가를 치르고 얻은 것이었다. 티플리스[트빌리시] 입성이 수월하게 이루어졌을지라도, 티플리스의 부대가 카나크 강까지 그리고 이 강을 넘어서 숲과 습지를 가로질렀던 긴 행군은 그렇지 않았다. 많은 병사들이 피로와 굶주림으로 죽어갔고 페르시아의 캔[지방의 지배자]들은 끊임없이 투르크 군을 괴롭혔다. 그러나 투르크 군은 9월에 카나크 강가에서 다시 한번 승리했다. 그루지야의 대부분이 그들 수중에 떨어졌다. 9월에 장군은 정복지를 4개의 지방으로 분할하고, 병력 및 대포와 함께 각 지방에 베이렐르베이(beglerbeg : 군관구 사령관)를 배치했다. 그들의 임무는 시르반을 비롯한 이 부유한 지방들에서 페르시아가 비단에 부과했던 세금을 징수하는 것이었다. 또한 장군은 처음부터 기꺼이 투르크의 정복을 받아들였던 토착 군주들과 화합할 줄 알았다. 가을이 오자, 그는 "다섯 차례의 전투와 질병으로"[107] 많은 희생을 치른 부대를 이끌고 에르주룸으로 철수했고, 그곳에서 겨울을 났다.

이 첫 번째 원정에서 드러난 어려움들은 무엇인가? 우선 적들의 집요함, 산악지대의 좁은 산길에서 잔인하고 갑작스런 기습을 감행할 수 있는 토착민들의 변화무쌍함, 특히 겨울마다 혹독한 날씨가 엄습하고, 산악, 삼림, 습지로 단절된 생존이 거의 불가능한 척박한 땅에서 먼 거리를 힘들게 이동해야 한다는 점 등이다. 1569년의 "러시아" 원정에서처럼 광대한 공간은 투르크 군에게 불리하게 작용했다. 군대가 콘스탄티노플에서 출정해서 에르주룸까지 가려면 65번 숙영해야 했고, 에르주룸에서 아레슈(이곳이 원정의 끝이었다)까지 69번의 숙영이 더 있고, 되돌아오기 위해서 또 그만큼의 여정이 있었다. 이 장거리 전쟁에는 짐을 많이 휴대하지 않은 기병대가 적합했다. 육중한 병참 지원, 보병대와 포병대를 갖춘 서양식으로 중무장한 군대는 적합하지 않았다.[108] 이상적인 도구는 1568년 원정 때에 복무했던 타타르인 기병이다. 또다시 타타르 기병의 지원을 확보하고, 그들이 힘을 쓰지 못하는 산악지대를 가로지르는 것이 아니라 캅카스 북쪽과 남쪽의 대평원, 특히 북쪽에서 그들을 활용해야 하는가(1580년에 우스만 파샤의 기습 때에 이를 입증하게 될 것이다)? 그러나 그런 다음에는 파괴된 지방에서 어떻게 생존하고 성공적으로 점령을 유지할 것인가?

어쨌든 페르시아는 겨울을 이용할 줄 알았고, 1578-1579년의 겨울에 공세로 전환했다. 본거지로부터 멀리 떨어져 임시 숙소에서 숙영하는, 더구나 지중해 기후에 익숙한 적들보다 페르시아 군은 아시아의 끔찍한 추위를 더 잘 견딜 수 있었다. 투르크의 거점들은 첫 번째 폭풍우를 견뎌냈지만, 일부는 두 번째 폭풍우에 굴복했다. 시르반 주둔군은 기지를 버리고 데르벤트까지 철수했다. 혹독한 겨울이었다. 시리아로부터의 보고가 심각했다는 것은 전혀 놀랄 일이 아니다.[109] 요원들이 이 소식을 전하자 콘스탄티노플의 에스파냐인들은 기뻐했다. "사람들은 전해[에스파냐 국왕]의 대사가 부임하리라는 것을 알았습니다. 이 일로 저는 많이 괴로워했는데, 지금은 때가 아니기 때문입니다. 대사가 와야 한다면, 반드시 대함대와 함께 와야 할 것입니다"라고 그들 가운데 한 명이 썼다.[110] 사람들은 전쟁이 지속될 것이라고 결론지었다.[111] 페르시아는 엄청난 요구를 했다.[112] 1579년 7월 8일, 베네치아 주재 에스파냐 대사는 "페르시아가 메소포타미아를 요구하는 것에 그치지 않고, 투르크가 그들 종파의 의례를 포기하기를 원합니다"라고 썼다.[113]

투르크의 불운은 패퇴의 모습이었다. 이 끔찍한 겨울 전쟁에서 요행히 살아서 콘스탄티노플로 돌아온 병사들은 비참한 몰골이었기 때문에 보는 사람들을 분노하게 만들었다.[114] 그래도 술탄은 그의 계획을 포기하기를 원하지 않았다. 장군은 1579년 내내, 적어도 일할 수 있는 계절 동안 카르스에 강력한 요새를 건설했다. 따라서 또다시 에르주룸에 군대를 집결시키고 군량미를 비축하고,[115] 트레비존드에 갤리 선 40척, 탄약, 대포와 목재를 보내야 했다.[116] 동시에 타타르와 멀리 인도의 몇몇 군주들과도 협상해야 했다. 그루지야인들이 페르시아 기병대와 동맹하고 그들에게 인질을 주었기 때문에, 실제로 카스빈과 시르반 주변에서 페르시아 기병대의 위협은 심각했다.[117]

남쪽에서 엄청난 노고 덕분에 카르스 요새가 건설되었다.[118] 목격자들은 이제 요새가 적의 공격으로부터 아군을 보호해준다고 콘스탄티노플에 보고했다. 마를리아니는 다음과 같이 보고했다. "새로운 요새는 매우 중요하고, 여러 가지 이유에서 투르크 황제로부터 높은 평가를 받았습니다. 왜냐하면 황제의 할아버지 술레이만이 할 수 없었던 것을 황제가 할 것이기 때문입니다. 술레이만이 위대한 지휘관이었다는 것을 부인할 수는 없습니다. 지난 이틀 동안 밤마다 불꽃놀이를 했고, 투르크 황제의 궁전에서 잔치를 벌였습니다. 나는 이 소식이 필요 이상으로 그를 거만하게 만들지 않을까 걱정입니다." 그러나 마를리아니는 며칠 뒤에 "나는 세르반(시르반인가?/저자)에서 일어났던 일이 카르스에도 일어날 수 있을 것이라고 기대하면서 안심할 것입니다. 세르반은 투르크에 의해서 점령되어 요새화되었지만, 투르크에 엄청난 손실을 안기고 페르시아에 의해서 탈환되었습니다."[119] 베네치아에서 들려오는 소식은 악평이 자자한데, 베네치아 사람들은 그 요새가 알레포의 절반 정도로 크고 둘레가 약 5킬로미터에 이른다고 말할 것이다![120]

다른 한편, 페르시아는 1579년 여름에 방어에 관한 구상에 머물러 있었던 것처럼 보인다. 베네치아 보고서에 따르면, 투르크 진영에서 창궐한 페스트 때문이고,[121] 우리의 생각에는, 투르크의 포병대와 군세를 감안할 때 그들의 동맹자인 겨울을 기다리기 위해서 그랬을 것이다. 그러나 그들의 위협은 상존했다. 베네치아에서 사람들은 페르시아 장병 25만 명이 국경에 집결해 있다고 말했다.[122] 이는 베네치아에서만 사실이다. 그러나 콘스탄티노플에서도 투르크 군이 카르스에 견고한 장벽을 세웠음에도 불구하고, 1578년 정복지의 중심인 티플리스가 적에게 포위되었다는 것을 알게 되었다.[123] 교통 사정 때문에 뒤늦게 9월에 전달된 소식을 듣고 베네치아에서는 페르시아 장군이 자신의 군대를 에르주룸에서 카르스로 진군시키면서 겪었던 어려움과 예니체리와 시파히의 반란에 대해서 이야기했다. 장군이 더 앞으로 나아가지 않을 핑계를 원해서 그 자신이 그들을 도발하지 않았는지 질문을 던진다.[124] 콘스탄티노플에서 10월에 공식적으로 낙관론이 퍼졌다. 원할 때에는 언제든 페르시아와 강화할 것이라고 말이다. 그럼에도 무스타파는 겨울나기에 들어가고 그의 부대를 에르주룸이 아니라 훨씬 더 서쪽으로 아마시아까지 후퇴시키라는 명령을 받았다.[125] 그러나 근접 포위되어 있던 티플리스는 메흐메트 소콜루의 아들인 하산 파샤에 의해서 포위가 풀렸고 그의 세심한 배려로 보급을 많이 받았다.[126] 그러나 겨울이 왔다. 그리고 곧 타타르의 대부대가 좋은 계절에 노략질을 했었던 다게스탄을 떠날 것이었다.[127] 이들은 (함머에 따르면 기병 2,000명의) 소규모 부대였지만, 한 달 만에 캅카스 북쪽의 준(準)사막지대를 통해서 카스피 해의 데르벤트로부터 크림 반도에 이르는 엄청난 거리를 주파했다는 것을 기억하자. 이 경로는 아르메니아의 험준한 산악지대를 가로지르는 길보다 훨씬 더 쉬운 공격 루트였다.

메흐메트 소콜루의 죽음, 아흐메트의 짧은 재상직 재임,[128] 시난 파샤의 에르주룸 군 사령관 임명,[129] 그리고 그루지야로 진군했을 때에 시난 파샤의 재상 임명도 전쟁의 상황을 바꾸지 못했다. 여름에 시난은 그의 부대를 긴 종대로 에르주룸에서 티플리스까지 진군시켰다. 그는 오스만의 그루지야 점령을 재조직했다. 그러고 나서 건초를 구하러 나간 그의 병사들의 패배를 설욕하기 위해서 그는 강력한 도시 타브리즈에 일격을 가하기로 결심했다. 그러나 이내 포기하고 겨울이 되기 전에 에르주룸으로 철수해야 했다. 평화 협상이 시작되었다. 시난은 허가를 받고 콘스탄티노플에 담판을 지으러 왔다. 곧 협상은 1582년까지 유효한 일종의 휴전으로 귀결되었다. 페르시아 대사인 이브라힘이 1582년 3월 29일, "한 해의 날 수만큼 많은 수의 사람들로 구성된 행렬을 이끌고" 콘스탄티노플에 들어왔다.[130]

그러나 그루지야에서의 어려움 때문에 투르크 군은 해야 할 일이 있었다. 1582년 여름[131] 다가올 겨울을 대비해서 에르주룸으로부터 티플리스에 병참을 조달해야 했다. 그런데 호송대는 그루지야인들과 페르시아 빨치산들의 기습을 받았다. 티플리스의 상황은 심각해졌다. 동시에 페르시아 대사의 활동은 짧게 끝났다. 이 일련의 실패는 페르시아 전쟁에 반대했다고 알려진 시난 파샤의 해임과 유배, 그리고 1582년 12월 5일 새로운 대재상 카우슈 파샤의 임명으로 이어졌다. 카우슈 파샤는 1581년 1월 협상의 마지막 단계에서 마를리아니와 대립했던 인물이다.

이 내부의 위기 때문에 전쟁이 지속되었다. 전쟁 지휘는 이때 대재상에 오른 루멜리아의 베이렐르베이인 페르하트에게 위임되었다. 그는 1583-1584년에 전쟁을 책임졌다. 그의 관심은 술탄의 명령에 따라서 흔들리는 국경들을 강화하는 것이었다. 1583년에 예레반과 같은 대규모 요새를 건설하고, 1584년에는 여러 개의 성과 로리와 토마니스 요새를 건설하고 보강한 것도 그 때문이다. 이와 같이 기이하게도 오스만 투르크 제국의 동쪽에 요새, 주둔군, 병참선을 갖춘 서양식의 국경이 형성되었다. 현명하지만 인내심이 필요하고 병사들에게는 힘든 정책이었다.

그러나 캅카스 북부에서 1582년부터(이곳에서 휴전은 진짜 휴전이 아니었다) 그리고 1583-1584년에 훨씬 더 격렬한 또다른 전쟁이 다게스탄 총독인 오스만 파샤의 촉구에 따라서 타타르 초원의 교역로들에서부터 시작되었다. 전쟁은 애쓰지 않아도 흑해로부터 카스피 해까지 번져나갔다. 술탄의 명령에 따라서,[132] 상당한 병력이 카파에 집결했다. 병사들뿐만 아니라 물자와 군량미, 86톤의 금을 이곳에 보냈다. 페르시아에서의 전쟁은 인간적으로 힘들고 부담스러울 뿐만 아니라 또한 막대한 자금을 삼켜버린다. 사람들은 곧 모스크의 재산을 차용하는 것에 대해서 이야기했다. 그러나 1583년 잉글랜드의 한 보고서는 병사들에게 월급으로 줄 은괴와 은화를 짊어진 페르시아인들을 묘사했다.[133] 우리는 투르크에서는 금, 페르시아에서는 은을 사용한다는 사실을 다시 보게 된다.

자페르 파샤의 지휘 아래 카파에 모인 원정군이 돈 강을 건너는 데에는 2주일이 걸렸다. 파샤는 진격로를 열기 위해서 캅카스 북부 인근의 부족들에게 보수를 지급하고 야생 사슴들이 몰려다니는 황무지를 지나 오랫동안 진군해야 했다.[134] 80일간의 행군 후에 그는 1582년 11월 14일에 데르벤트에 도착했고, 지친 상태에서 겨울을 날 채비를 했다. 봄에 오스만 파샤의 명령에 따라서 소규모 부대가 출정해서 페르시아 군을 격파하고 바쿠[아제르바이잔의 수도]까지 밀어붙였다. 그러고 나서 오스만은 자페르 파샤를 다게스탄에 주둔하게 하고 나머지 부대를 흑해로 철수시켰다. 그 부대는 철수하면서 최악의 난관에 봉착했다. 투르크 군은 테렉 강과 쿠바니 강 근처에서 러시아인들과 여러 차례 전투를 치른 후, 카파에 다다랐는데, 그곳에서 타타르족에 의해서 길이 차단되었다. 별로 충실하지 않은, 최소한 터놓고 말하지 않는 동맹자인 타타르족은 오스만이 요구한 것처럼 그들의 칸을 폐위시키기를 거부했다. 타타르족의 불복종을 바로잡기 위해서 오스만은 울루지 알리가 이끄는 투르크 갤리 선 함대를 투입해야 했다. 우리의 사료가 제공하는 수치들이 정확하다면, 오스만은 4,000명만 투입했다는 것을 기억하자. 울루지 알리는 이 특별한 원정의 진가를 보여준다. 그가 콘스탄티노플에 도착했을 때, 그는 술탄으로부터 매우 열광적인 환대를 받았다. 술탄은 4시간 동안 그의 긴 무용담을 청취했다. 이 면담이 있고 3주일 뒤에, 그는 대재상으로 임명되었다. 그리고 술탄은 그에게 타브리즈 함락의 임무와 함께 에르주룸 군의 지휘를 맡겼다.

　겨우내 크림 평정에 진력하여 결국 이 지역이 진정된 후 새로운 투르크 군 총사령관은 좋은 계절이 오자마자, 수적으로 축소된 군대를 이끌고 에르주룸을 떠났다. 여름이 끝날 무렵(1585년 9월), 그는 타브리즈를 공략해서 함락시켰다. 작물과 과수가 풍부한 평야지대 한복판에 있는 교역과 수공업의 중심지인 타브리즈는 굶주리고 지친 투르크 군에게는 횡재나 다름없었다. 그러나 끔찍한 약탈 뒤에는 서둘러서 이 도시를 요새화해야 했다. 왜냐하면 페르시아 군이 계속 싸움을 걸면서 요새 주변에 머물러 있었기 때문이다. 혁혁한 승리 이후, 오스만 파샤는 이런 전투가 벌어지던 어느 날(1585년 10월 29일) 저녁에 죽었다. 치갈라-자데가 군대를 겨울 숙영지로 인도했다. 그러나 페르시아 군은 싸움을 포기하지 않았다. 1585-1586년 겨울에

티플리스에서 타브리즈까지 투르크 국경선[limes : 고대 로마의 국경지대에 설치된 방어선]의 모든 요새들이 사파비 왕조의 신민들과 현지의 동맹자들에 의해서 포위되었다. 방어선이 다시 한번 버텨냈고, 타브리즈는 페르하트 파샤 장군 덕분에 제때에 포위망이 풀렸다. 페르하트 파샤는 두 번째로 아시아에 와서 지휘권을 행사했다. 서서히 하지만 어느 정도 확실하게 투르크가 다시 우위를 차지했다. 그러나 이후 2년 동안 전쟁의 성격이 바뀌었다. 페르시아는 갑자기 사실상 새로운 적인 코라산[이란 북동부]의 우즈베크족과 맞서 싸워야 했다. 이와 같이 페르시아는 등 뒤에서 기습을 당했고, 동시에 기병대 모집이 어려워졌다. 투르크 군은 타브리즈를 지나서 남쪽으로 진군했다. 에르주룸을 무대로 한 전쟁은 순식간에 바그다드를 무대로 한 전쟁이 되었다. 서둘러 모집한 쿠르드족 병사들로 증강된 페르하트 파샤의 군대는 1587년에 바그다드 근처의 그루 평야에서 페르시아 군을 격파한다. 이듬해, 투르크는 북쪽으로 방향을 돌려 타브리즈 주변의 카라바흐[아제르바이잔 남서부]를 공격했다. 그들은 겐쟈를 점령하고, 곧바로 다음 원정을 준비하면서 이를 요새화했다.

그러나 그 사이에 젊은 아바스는 자의반 타의반으로 부친이 아직 살아 있을 때에 정권을 넘겨받았다(1587년 6월). 현명한 그는 왕국을 압박하는 두 가지 위험, 즉 우즈베크와 오스만 사이에서 서쪽에 양보하는 것이 더 낫다는 것을 알았다. 1598년에 다시 페르시아의 화려한 사절단이 하이다르 미르차 왕자의 인솔 아래 콘스탄티노플에 왔다. 무라드가 호사스런 통치를 수립한 투르크의 수도에서는 영접도 화려했다. 협상은 길었지만 결말을 보았다. 1590년 3월 21일 12년간의 전쟁에 종지부를 찍는 평화조약이 체결되었다. 협상에서 투르크가 보여준 집요함이 보상을 받았다. 모든 정복지, 즉 그루지야, 시르반, 루리스탄[이란 서부], 샤라주르, 타브리즈와 그에 부속된 "아제르바이잔의 일부"가 술탄의 지배 아래에 들어왔다.[135] 요컨대 캅카스 산맥의 맞은편 전역, 캅카스에서 사람이 살 수 있는 모든 지역이 카스피

해로 열린 통로와 함께 오스만의 지배 아래에 복속된 것이다.

이것은 작은 승리가 아니다. 오히려 독특한 활력의 신호이고, 사실 유일한 신호도 아니다. 그러나 지중해의 역사가에게 중요한 것은 지중해에서 먼 카스피 해 방향으로 투르크의 힘을 고정시켰다는 것이다. 이러한 원심력에 의한 방향 전환이 적어도 1590년까지 지중해 무대에서 투르크의 부재를 설명해준다.

인도양에서의 투르크

투르크는 페르시아 전쟁과 동시에 아니 그 이후로도 인도양을 장악하기 위한 전쟁을 지속했음에 틀림없지만, 우리는 이에 대해서도 잘 모른다.

인도양은 적어도 그 서쪽 절반은 수세기 동안 이슬람의 호수였다. 포르투갈은 인도양에서 이슬람 세력을 몰아내는 데에 성공하지 못했다. 포르투갈은 적어도 1538년 이후에는 이슬람의 반복된 공격을 감내해야 했다. 이 공격에서 투르크는 중요한 역할을 했다. 그러나 오스만 제국이 유럽에 필적할 수 없었던 것은 아마도 제국이 결국 이 남방 공략에 성공하지 못했기 때문일 것이다. 제국은 좋은 함대가 필요했다. 투르크는 물론 가공할 함대를 보유했다. 그러나 그 함대는 좁은 홍해를 통해서만 인도양에 이를 수 있었고, 또 투르크의 항해술은 지중해의 기술이었다. 따라서 투르크는 지중해식 장비를 가지고 인도양의 경쟁자들을 공격했다. 갤리 선들은 해체되어 카라반을 통해서 수에즈까지 운송되었고, 거기에서 다시 조립되어 바다로 나아갔다. 이 갤리 선들을 이끌고 이집트 총독인 늙은 술레이만 파샤가 1538년 아덴을 점령했고, 그해 9월 디우[인도]까지 진출했지만 그곳을 점령할 수는 없었다. 1554년에 피리 레이스[136]는 갤리 선으로 포르투갈의 범선들에 운명을 걸고 맞서보았지만, 대양 항해용으로 건조된 범선들은 그의 노 젓는 배들을 눌러 이겼다. 시인이자 제독인 알리의 지휘 아래, 또다른 폭이 좁은 바다인 페르시아 만의 입구에 있는 바소라[바스라, 이라크 남부]

에 기지를 둔 함대는 1556년 구자라트 반도의 해안으로 향했는데, 거기에서 지휘관과 승조원들에 의해서 버려졌다. 이와 같이 인도양에서는 갤리선과 범선의 기이한 싸움을 목격할 수 있었다.[137]

인도양 방면으로의 투르크의 진출은 일반적으로 투르크와 페르시아 사이의 복잡한 분규와 연관되어 있었다. 이 전쟁들의 속편처럼 비교적 정기적으로 1533-1536년의 페르시아 전쟁, 이어서 술레이만 파샤의 원정, 1538년의 아덴 점령과 디우 봉쇄가 이어졌다. 1548-1552년의 페르시아 전쟁(이 전쟁은 첫 해 동안만 중요했다)과 1549년의 제2차 디우 봉쇄, 1554년 피리 레이스의 원정과 1556년 알리의 원정이 뒤를 이었다. 1585년경 페르시아 전쟁이 재개되었고, 포르투갈인들이 콘트라 코스타(Contra Costa)라고 명명한 아프리카 동해안을 따라서 인도양 전쟁이 다시 시작되었다.[138]

요컨대, 투르크-에스파냐 휴전조약은 지중해에만 적용되었다. 펠리페 2세는 포르투갈 관리들에게 불만을 품은 토착민 왕족들이 투르크에 지원을 요청하지 않도록 너그럽게 관용하라고 뒤늦게나마 권고했지만 헛수고였다.[139] 투르크는 그들이 불러줄 때까지 기다리지도 않았다. 1580년 이후에도 그들은 포르투갈 상선을 상대로 수입이 짭짤한 해적질을 계속했다. 1585년 미르 알리 베이[140]가 지휘하는 함대가 아프리카의 황금해안에까지 도달했다. 함대는 어려움 없이 모가디슈, 바라웨, 점보, 암파자를 점령했다. 몸바사의 군주는 자신이 투르크 궁정의 가신이라고 선언했다. 이듬해 미르 알리 베이는 포르투갈에 계속 충성하는 말린디, 파타와 킬리피를 제외한 황금해안의 모든 지점을 장악했다. 이것은 펠리페 2세가 생각했던 것처럼, 포르투갈인들이 원주민들을 멸시하고 학대한 결과인가?[141]

포르투갈의 반격은 느렸다. 1588년에 아라비아 남쪽 해안에서 함대 하나가 사라졌다.[142] 무적함대의 해인 1588년에 이베리아의 전쟁 기구는 아주 먼 곳에서 벌어지는 이 전쟁 이외에 다른 걱정거리가 있었다. 이 싸움에 걸린 판돈은 엄청났다. 투르크가 요새화하고자 했던 몸바사 뒤에 소팔라의 금광이 있었다. 그리고 더 중요한 것은 1588년에 포르투갈 함대가 바브엘만데브 방면에서 지키고자 노력했지만 헛수고였던 페르시아와 인도로 가는 길이었다. 포르투갈에는 다행스럽게도, 투르크 역시 먼 거리 때문에 힘이 고갈되어 한계에 다다랐다. 1589년에 미르 알리 베이는 단지 5척으로 공격해왔다. 흑인들의 격렬한 폭동이 해안을 따라 연이어 터지고, 원주민 지배자들과 투르크 침략자들을 모두 날려보내는 동안, 토메 데 수사의 포르투갈 함대는 몸바사 강에서 투르크 함대를 봉쇄하는 데에 성공했다. 포르투갈 선박 옆으로 피신한 미르 알리 베이를 비롯한 투르크인들만이 학살을 피할 수 있었다. 1589년에 오스만 투르크의 침략 시도들 가운데 가장 덜 알려지고 가장 기이한 사건들 가운데 하나가 이와 같이 끝났다.

포르투갈 전쟁, 세기의 전환기

미슐레는 성 바르톨로메오 학살의 해[1572]를 이 세기의 전환이라고 보았다. 그렇지만 전환이 있었다면, 오히려 포르투갈 전쟁과 함께 대서양과 세계 지배를 위한 큰 싸움이 시작된 1578-1583년의 시기와 일치한다. 에스파냐의 정책은 대서양과 서유럽으로 옮겨갔다. 그와 동시에 펠리페 2세의 치세 전반부를 결산한 1575년의 파산 직후, 귀금속의 유입으로 에스파냐가 쓸 수 있는 전쟁 자금이 갑자기 늘어났다. 이 "전환기" 이후 1579년부터 1592년까지 "은의 황금기"라고 부르는 것이 시작되었다.[143] 그때부터 펠리페 2세의 정책이 다른 곳에서처럼 네덜란드에서도 지나치게 격해지고 대담해졌다.

역사가들, 특히 다른 누구보다 사정을 잘 아는 포르투갈 역사가들이 이 극적인 변화를 놓칠 리 없었다. 그러나 그들은 너무 근시안적으로만 보았다. 물론 그들 나라의 운명은 대서양 역사의 중심에 있었지만, 그 운명이 대서양 역사 전체를 형성하는 것은 아니다. 서로 긴밀하게 연관된 대서양에서의 사건들은 곧 그 투쟁의 규모를 보여준다. 우리는 몇몇 다른 사람들처럼 그 사건들이 "근대"의 문을 열었다고 말하지는 않을 것이다.

에스파냐의 방향 전환은 명백히 드러났다. 1579년에 그랑벨 추기경이 마드리드에 왔다. 그는 1586년에 눈을 감을 때까지 7년 동안 그곳에 머물며, 처음에는 비공식적으로 나중에는 정식으로 총리직을 맡았다. 펠리페 2세 치세의 수세적이고 신중한 국면에서 공격적이고 제국주의적인 국면으로의 전환을 이러한 정부의 변화 탓으로 돌리려는 유혹은 대단했다(마틴 필립슨은 그 유혹을 피했다). 1580년까지 에스파냐의 정책은 "주전파"인 알바 공작과 그 추종자들의 정책이라기보다는 "주화파"인 루이 고메스 일파의 정책이었다. 생각해보면, 1567년 알바 공작의 원정이나 레판토 해전과 같이 예외가 없었던 것은 아니다. 게다가 두 정파 모두가 조직적인 것은 아니었다. 기껏해야 2개의 파벌이라고 말할 수 있을 것이다. 국왕은 언제나 그들 밖에 머물며 그들을 이용했고, 오히려 최상의 정보와 보다 쉬운 감시, 마지막으로 그의 완벽한 권위를 보장해주는 이 파벌 싸움에 만족했다. 이와 같이 두 파벌을 대립시키고 서로 의심하게 만듦으로써 펠리페 2세는 그에게 충성을 바치는 많은 사람들을 이용할 수 있었다. 펠리페 2세는 이 점에서 자신의 치세의 힘겨운 과업들 덕을 보았다. 1579년에는 치세 전반기를 지배했던 파벌의 사람들이 더 이상 없었다. 루이 고메스는 1573년에 죽었고, 안토니오 페레스를 중심으로 뭉친 그의 파벌은 더 이상 이전의 응집력을 가지지 못했다. 알바 공작은 1573년 12월에 네덜란드를 떠났고, 에스파냐에서 이전의 지위를 회복하지 못했다. 1575년에 공작은 갑자기 총애를 잃고 정치 생활에서 배제되었다.

1579년 3월 펠리페 2세는 그랑벨을 그의 곁으로 불러들였다. 펠리페 2세는 "짐은 특히 정부의 일과 근심거리에서 그대의 인덕과 도움이 필요하오. 그대가 빨리 도착하면 할수록, 짐은 만족할 것이오"라고 그에게 편지를 썼다.[144] 추기경은 당시 로마에 있었다. 예순두 살이라는 나이에도 불구하고 그는 모험을 받아들였지만, 바로 출발할 수는 없었다. 그는 로마에서 그리고 제노바에서 기다려야 했다. 7월 2일에야 그를 수행한 돈 후안 데 이디아 케스와 함께 에스파냐 해안에 당도했다. 추기경은 7월 8일 바르셀로나에서 하선했고, 곧 마차를 타고 더위를 피하기 위해서 밤에 여행했다. 이미 에스 코리알 궁전에 와 있던 국왕의 긴급 명령에 따라서, 그는 8월 초에 마드리 드가 아니라 산 로렌소에 도착했다. 국왕은 그를 구원자처럼 맞이했다.[145]

'구원자'는 적절한 단어이다. 펠리페 2세는 추기경이 에스코리알 궁전으 로 가서 가면을 벗어 던지고 안토니오 페레스와 그 공범자인 에볼리 공주에 게 일격을 가하기를 기대했다. 7월 28-29일 밤, 그들은 모두 체포되었다. 여기에서 이 날짜들은 중요하다. 왜냐하면 안토니오 페레스는 오래 전부터 공주의 정부(情夫)라고 의심을 받아왔지만, 국왕이 여전히 강력한 당파에 맞서기로 결심했던 것은 바로 그의 새 내각이 거의 자리를 잡았을 때였기 때문이다. 그랑벨의 도착과 함께 주화파의 몰락이 완성되었다. 여러 가지 극적인 그리고 끔찍하게 암울한 개인적인 동기들 때문이었다.[146] 뿐만 아니 라 상황의 압력 때문이기도 했다. 네덜란드에서 레케센스의 강화 시도가 실패로 끝났는데, 이는 알바 공작의 실패보다 더 울림이 컸다. 1578년 여름 부터 시작된 포르투갈 사태[왕위 계승 문제]에서 평화적인 방안은 성과가 없었다. 사람들은 이 문제에서 안토니오 페레스가 배신했다고 주장했다. 그 말은 여러 가지 해석을 가능하게 했지만, 제시된 증거들은 별로 신빙성이 없었다. 군주는 채택한 정책에 대해서 불만족이었다는 가설만 남아 있다.

따라서 큰 변화가 있었다. 여러 가지 측면에서 힘이 넘치고 지적인 인물 인 그랑벨이 펠리페 2세의 제국의 중심에 자리를 잡았다. 그는 국왕과 에스 파냐의 영광을 위해서 헌신하는 정직하고 의지가 강한 인물이다. 그도 역시 위대한 카를 5세 시대를 회상하고, 거기에서 본보기와 비교할 점을 찾는 데에 익숙한 반면, 그가 살아온 암울한 시대를 좋지 않게 생각하는 경향이 있는, 다른 세대에 속하는 늙은이였다. 그는 결단력이 있고 아이디어가 많 은 인물이었다. 처음부터 그의 영향은 지대했다. 1580년의 승리들을 만든 것도 바로 그랑벨이었다. 이러한 성공 이후, 펠리페 2세가 리스본에서 돌아왔을 때, 그의 영향력은 실질적이라기보다는 허울뿐이었다. 그 역시 국왕에게 이용당했다.

나는 에스파냐의 힘을 지중해에서 대서양으로 이동시킨 거대한 움직임에 대해서 말하고자 했는데, 이 대사건들과 그랑벨의 등장은 맞아 떨어지지 않는다. 마틴 필립슨 같은 세심한 연구자처럼, 우리도 인물 중심의 접근 때문에 길을 잃을 수 있다. 필립슨은 이러한 힘의 이동을 전혀 보지 못했다. 그는 에스파냐가 지중해에서의 전쟁을 포기하게 되었다는 사실에 주목하지 않았기 때문에, 투르크-에스파냐 휴전조약에 대한 추기경의 반대를 언급하면서 그의 선언을 살펴보는 데에 만족했다. 그러나 이때 추기경이 솔직하게 말했는지 여부는 아무도 확신할 수 없다.[147] 휴전조약이 체결되었고, 이 조약이 몇 년에 걸쳐서 그랑벨 "정부"에서도 여러 차례 갱신되었다는 것은 사실이다. 에스파냐가 지중해를 포기했다면, 그것은 추기경 때문에도, 추기경에 불구하고도 아니었다.

알카세르 키비르

지중해의 기독교 세계가 최후의 십자군을 보낸 것은 레판토 해전이 아니라, 그로부터 7년 뒤인 포르투갈의 원정이었다. 이 원정은 라라슈에까지 이르는 루코스 강 유역의, 탕헤르[탕제]에서 멀지 않은 알카세르 키비르에서의 참패(1578년 8월 4일)로 끝이 났다.[148] 스물다섯 살이나 먹었지만 여전히 어린아이였던 국왕 세바스티앙은 십자군의 이상에 사로잡혀 있었다. 아프리카 원정 전에 그를 만난 펠리페 2세는 모로코를 침공하지 말라고 그를 설득했지만 헛수고였다. 더디게 준비된 원정은 기습의 효과도 없었다. 샤리프 압드 알 말리크는 포르투갈의 전쟁 준비와 함대의 출항을 알고 있었고, 카디스에 머물면서 대응 조치를 강구하고 성전(聖戰)을 선포할 시간을 벌었다. 탕헤르에 상륙한 포르투갈의 소규모 부대는 곧이어 7월 12일 아실라로 이동했다. 이와 같이 포르투갈 군은 자기 수호를 결심한, 더구나 탁월한 기병, 대포, 그리고 (대개 안달루시아 출신인) 화승총수를 가진 나라를 침략했다. 포르투갈 마차들의 긴 행렬이 내륙으로 전진해 들어가면서 1578년 8월 4일 알카세르 키비르에서 전투가 벌어졌다. 국왕은 지휘 능력이 없었고, 잘 먹지 못하고 더위와 행군으로 지쳐 있던 기독교도 군대는 허약했다. 그에 맞서 모로코는 "대규모 징집"을 감행했다.[149] 기독교도 군대는 수적으로 압도되었다. 인접 지역의 산악 부족들은 포르투갈 군의 보급품을 약탈했다. 포르투갈 국왕은 전사했고, 기독교도 군대와 동행했던 폐위된 샤리프는 익사했다. 샤리프는 이따금 불리는 것처럼 '세 왕들의 회전(會戰)'이 있었던 그날 저녁에 병으로 쓰러졌다. 약 1-2만 명의 포르투갈 병사들이 이교도의 포로가 되었다.

포르투갈 역사상 가장 완벽한 패배였다고 말하지는 않더라도, 그 심각한 결과 때문에 알카세르 키비르 전투의 중요성은 과소평가될 수 없다. 그 전투는 모로코의 힘을 보여주었고, 기독교도들의 몸값으로 부자가 된 모로코의 새로운 군주 알 만수르는 압드 알 말리크의 동생인데, 승리한 자(El Mansour), 그리고 금도금한 자(El Dahabi)라고 불리게 되었다. 더구나 알카세르 키비르 전투는 포르투갈의 왕위 계승 문제를 야기했다. 세바스티앙은 후계자가 없었다. 그의 삼촌인 추기경 엔리케가 왕위를 승계했지만, 폐결핵에 걸린 이 허약한 늙은이의 치세는 한 장의 삽화에 불과했다.

포르투갈은 이렇게 격렬한 시련을 감당할 수 없었다. 그 제국은 본질적으로 일련의 상품 교환과 중계, 대서양에서 출발해서 향료와 후추의 형태로 돌아오게 될 금과 은의 운송에 기초하고 있었다. 그러나 아프리카와의 교역도 여기에 한몫했다. 알카세르 키비르와 함께 그 체제가 망가졌다. 게다가 이 나라의 귀족들 중의 대다수가 이교도의 포로가 되었다. 현금으로 지불할 수 없을 정도로 엄청난 그들의 몸값을 치르기 위해서 포르투갈은 보유하고 있던 정화(正貨)를 모두 떨어내고 보석과 귀금속을 모로코와 알제에 보내게 될 것이었다. 설상가상으로, 수많은 포로들은 이 작은 왕국의 군사적 틀이자 근간이었다. 이와 같이 여러 이유들이 합쳐지면서 포르투갈은 다른 어떤 시기보다 더 자신의 약점을 제어할 수 없게 되었다. 포르투갈의 몰락이라는 테제를 발전시킨 담론의 홍수 속에서 역사가들이 이 작은 왕국의 참상을 정확하게 가늠하기는 쉽지 않다. 그러나 포르투갈이 이미 쇠퇴라는 질병, 즉 잠복기가 완만한 병에 잠식되었을지라도 1578년 여름에 포르투갈이 당한 것은 갑작스런 졸도와 같은 것이었다. 상황은 포르투갈의 질병을 매우 악화시킬 것이다.

불행하게도, 환자는 무능한 의사에게 맡겨졌다. 예순세 살의 노쇠한 추기경은 행운왕 마누엘의 아들들 가운데 유일한 생존자였지만, 통풍과 결핵을 앓고 있었고, 그의 망설임과 원한 때문에 왕국의 고통을 가중시켰다. 그는 돈 세바스티앙의 우유부단하고 변덕스러운 통치 아래에서 너무 고통을 받았다. 권좌에 오른 그는 이를 기억하고 복수했다. 그의 첫 희생자들 가운데 한 사람은 파젠다의 막강한 비서였던 페드로 데 알코사바였다. 정치판에서 그를 쫓아낼 힘은 없었을지라도 추기경은 알코사바의 관직을 빼앗고 그와 그의 수많은 추종자들을 몰아냈다.

이러한 우둔한 행위가 에스파냐에게 음모의 길을 열어주었다. 펠리페 2세는 모계에 의해서 포르투갈 왕위에 대한 확실한 권리가 있었다. 펠리페 2세와 그가 탐냈던 이 왕좌 사이에는 역시 확실한 권리를 가진 경쟁자 브라간사 공작부인이 있었다. 그러나 "봉건영주"에 지나지 않았던 브라간사 가문은 에스파냐 국왕에 맞서 싸울 만한 위상은 아니었다. 또한 행운왕 마누엘의 서자 돈 루이스가 있었다. 그러나 크라토의 수도원장은 그의 출생이 약점이었다. 사실, 펠리페 2세와 포르투갈 왕좌 사이를 가로막는 것은 리스본의 늙은 군주뿐이었다. 1578년 가을부터 그의 나이와 불안정한 건강상태 때문에 왕위 계승 문제가 제기되었다. 펠리페 2세는 곧바로 포르투갈에 유연한 외교관인 크리스토발 데 모우라를 파견했다. 이 외교관이 아무리 많은 금을 나눠주거나 주겠다고 약속했을지라도, 처음으로 친(親)에스파냐 파가 형성된 것은 추기경 자신의 실책 때문이었다. 실제로 크리스토발 데 모우라는 페드로 데 알코사바와 접촉했다.

다른 한편, 추기경은 신앙심 때문에 포르투갈과 함께 자신을 예수회의 영적인 지배에 내맡겼다. 우리가 외세에 대해서 말하고 있는가? 사람들은 이 주제에 대해서 마틴 필립슨이 출간한 사료들을 잊었다. 이제까지 펠리페 2세에 의해서 무시되었던 예수회가 포르투갈에서는 그와 협력하기로 했다. 처음에 에스파냐의 조카에게 적대적이었고 오히려 조카딸 카타리나 데 브라간사에게 우호적이었던 엔리케 추기경은 차츰차츰 펠리페에게 유리한 준(準)공식적인 선언으로 기울게 되었다. 이러한 변화에 대해서는 여러 가지 설명들이 있지만, 예수회의 활동을 배제할 수 없을 것이다. 예수회 수장 E. 메르쿠리아노가 펠리페 2세의 요청에 동의한 것은 1579년 1월이었다.[150] (우선 에스파냐의 보고서에서 브라간사 공작부인에게 우호적이라고 언급된) 그의 추종자들에게 입장을 바꾸고 펠리페를 위해서 일하도록 만들기 위해서는 어느 정도 시간이 필요했다. 틀림없이 그들은 다른 무엇보다도 펠리페 2세가 유럽 안과 밖에서 그들에게 줄 수 있는 혜택을 원했다.

이러한 상황에서 포르투갈의 독립은 거의 보전될 수 없었다. 독립을 지키기 위해서는 싸울 준비를 하고 나라 안에서 해결책을 찾으려고 결단을 내려야 했을 것이다. 요컨대 브라간사 가문을 인정하거나, 부득이한 경우 크라토의 수도원장을 인정하는 것 말이다. 그러나 추기경 왕은 국방을 등한시했다. 국방은 막대한 지출을 의미했다. 늙은 왕이 유일하게 받아들인 것은 피달고[fidalgo : 귀족], 즉 모로코에 잡혀 있는 포로들의 몸값을 치르는 데에 필요한 지출이었다. 그는 알카세르 키비르의 포로들을 위해서는 결코 비용을 따지지 않았지만, 국가 방위에는 한푼도 쓰지 않았다. 아마도 그의 신민들, 적어도 부자와 특히 상인들은 그런 방향으로 길을 가는 데에 필요한 희생을 할 생각이 없었을 것이다.

또한 추기경 왕은 자신의 후계 문제에 대해서 신속하게 결정을 내려야 했다. 그렇지만 그는 프랑스의 전(前) 왕비인 샤를 9세의 미망인과 그 자신의 결혼을 협상하느라 귀중한 시간을 잃었다. 그 결혼은 교황의 특별 허가가 있어야만 가능했는데, 그레고리우스 13세는 추기경 왕에게 허가를 내리기를 주저했다. 로마 주재 에스파냐 대사는 협상을 방해하기 위해서 해야 할 일이 별로 없었다. 늙은 군주는 마지못해 단념했다. 그를 18세기의 수도원장이라고 생각하지는 말자. 그가 이 결혼을 생각하게 된 것은 국가이성 때문이었다. 그런 경우에 흔히 볼 수 있는 것처럼, 추기경 왕은 자신의 죽음이 임박했다고 생각하지 않은 유일한 인물이었다.

이 실패 이후 추기경 왕은 더 이상 자신의 후계 문제를 걱정하지 않았다. 분명 그는 신분의회를 소집했고, 모든 왕위 요구자들의 자격을 제출받아 심의할 중재위원회를 조직하려고 노력했다. 그러나 그는 자신에게 조금 남아 있던 힘을 크라토의 수도원장을 반대하는 데에 썼다. 추기경 왕은 그에게 서자라는 오점을 찍고, 그를 왕국에서 추방하려고 시도하면서 강한 증오심으로 괴롭혔다. 이 때문에 돈 안토니오는 잠시 에스파냐로 피신해야 했고, 조국에 돌아와서는 숨어 지낼 수밖에 없었다.

어쨌든, 펠리페 2세는 자신의 권리를 수호하기로 마음먹었다. 1579년부터 그는 조금 소란스럽게 군비를 갖추었다. 그는 이 사실을 유럽에, 특히 포르투갈에 알리고자 했다. 대군을 집결시킨 것은 아니지만, 군사력은 전쟁을 하기에 충분했다. 그러나 이를 위해서 상당액의 자금, 특히 토스카나 대공에게 빌린 40만 에퀴가 필요했고,[151] 이탈리아 주둔군에서 병력을 차출해야 했다. 2만여 명의 병력, 식량, 물자의 집결은 도처에 경보를 울리게 했다. 콘스탄티노플에서는 알제에 대한 공격을 예상했다. 엘리자베스 여왕은 펠리페가 잉글랜드 침공을 계획했다고 생각했다. 그러나 이 신경전이 포르투갈에서만큼 강하게 느껴졌던 곳은 없었다.

포르투갈은 나라 전체가 몹시 싫어했던 이웃의 지배를 거부했다. 도시의 서민들, 하급 성직자는 부자와 유력자들을 떨게 할 만큼 격렬하게 에스파냐를 증오했다. 민중의 공격적인 태도는 그들이 노골적으로 배신하는 것을 막았다. 따라서 "배신"은 은밀하게, 즉 위선적인 표정, 거짓된 언사, 애국적 수사, 신중한 획책의 형태로 이루어졌다. 부자와 지식인들은 이와 같이 민중을 적에게 팔아넘겼다. 부자들은 종종 플랑드르인, 독일인, 이탈리아인 등 외국인이었고, 게다가 전쟁이 초래할 재정적 착취를 감내할 생각이 없었다. 전쟁이 일어난다면 재정적 착취의 희생자가 될 것이었기 때문이다. 고위 성직자도, 귀족도 다시 말해서 군대도 부자들과 비슷한 생각이었다. 포르투갈의 동쪽은 자연에 의해서 방어되었다. 카스티야 고원에서 포르투갈 저지대로 이어지는 도로들은 밀집된 숲으로 가로막혀 있어서 통행이 어려웠다. 그러나 이러한 국경도 수호 의지가 있는 나라에 의해서만 유지될 수 있었다. 크리스토발 데 모우라가 뿌린 돈도, 국경지대의 에스파냐 "봉건 영주들"이 포르투갈 이웃들, 그 왕국의 안보가 달린 성과 마을과 요새의 주인들을 무장해제하기 위해서 벌인 협상도 모든 전투 의지를 사라지게 할 수는 없었다. 그러나 포르투갈 태생인 크리스토발 데 모우라 또는 한동안 리스본 주재 에스파냐 대사였던 오수나 공작 등 사람들의 행위보다 더, 그리고 합스부르크 왕가의 정책에서 매우 소중한 수단이었던 배반보다 훨씬 더 중요한 것은 다름 아닌 현실의 무게였다. 포르투갈은 아메리카의 은이 필요했고, 포르투갈 해군의 대부분은 이미 대서양에서 에스파냐를 위해서 일하고 있었다.[152] 리스본의 부자와 유력자들이 에스파냐에 협력한 것은 프로테스탄트 해적들과 정화의 부족 때문에 대양에서 어려움을 겪고 있던 포르투갈 제국의 절박한 필요, 즉 너무나 강력한 이웃과 싸울 것이 아니라 그에 의지해야 할 필요성 때문이었다. 아마도 1578-1580년의 사건들보다 오히려 이 사건들의 결과인 포르투갈의 오랜 복속과 에스파냐와의 연합이 이를 입증해주는 증거일 것이다. 1640년대의 재난들만이 이 연합을 깰 것이다. 아니 깰 수 있었다고 말하는 편이 나을 것이다. 또한 에스파냐는 이제 통합되었고 더 이상 적대적인 나라들로 분열되지 않았기 때문에(이와 관련해서 사람들이 자주 그 모습을 떠올리는 알푸바로타의 시대가 더 이상 아니다), 포르투갈은 에스파냐에 맞서서 라로셸, 네덜란드, 잉글랜드의 프로테스탄트 세력과 연합하지 않고는 독립을 유지할 수 없었다는 점을 잊어서는 안 된다. 에스파냐인들은 이 점을 교묘하게 강조했지만, 포르투갈인들은 이미 그것을 느끼고 있었다. 나중에 크라토의 수도원장이 여러 차례 그의 왕국으로 돌아오려고 시도했지만 실패한 것은 그가 잉글랜드의 배를 타고 왔고, 로마의 적들과 연대했으며, 심지어 1590년경에 투르크와 교섭을 시작했기 때문이다.

1580년의 일격

추기경 엔리케는 1580년 2월에 사망했다. 그의 유언에 따라서 지명된 섭정들 가운데 두세 명은 펠리페 2세에게 매수되었다.[153] 펠리페 2세는 그들이 왕위 계승 문제를 해결하도록 둘 것인가? 아니면, 중재자 역할을 하고자 하는 교황의 판단에 맡길 것인가? 사실 펠리페 2세는 자신이 시효에 의해서 소멸될 수 없는 권리, 즉 신이 부여한 권리를 가졌다고 생각했기 때문에, 이는 결코 섭정들이나 신분의회가 판단할 수 있는 문제가 아니라고 믿었다. 펠리페 2세는 세속적인 문제에 관한 교황의 최고권을 인정할 마음이 없었기 때문에 더 이상 교황의 중재도 바라지 않았다. 다른 한편, 지중해의 평화를 확보했고, 네덜란드, 프랑스, 잉글랜드에 대해서 자신감을 가지게 된 펠리페 2세는 불안정한 유럽의 위협 속에서 한숨 돌릴 틈을 기대할 수 있었다. 포르투갈은 기민하게 움직이기만 한다면 그의 사정권 안에 있었다. 따라서 그랑벨 추기경은 에스코리알 궁전에 도착하자마자 이 일에 박차를 가했다. 사태를 촉진시켰고, 국왕의 총애를 잃었지만 그 명성이 여전히 승리를 보증하는 것처럼 보이는 노쇠한 알바 공작을 군사령관에 지명하도록 한 것은 국왕이라기보다는 그랑벨이었다. 필요한 경우에는 개인적인 반감을 제쳐놓을 줄 아는 것이 그랑벨의 장점 가운데 하나였다. 이는 아마도 외국인인 그가 에스파냐인들, 가공할 당파들, 그리고 그들의 감수성을 고려해야 할 필요성을 느꼈기 때문일 것이다. 안토니오 페레스와 에볼리 공주에 대한 감형 조치를 부추긴 것이 그가 아니었을까?

간단한 군사훈련 같은 포르투갈 전쟁은 예정된 계획대로 진행되었다. 국경의 방어선은 스스로 붕괴되었고, 6월 12일 에스파냐 군은 바다호스를 통해서 포르투갈 영토로 진입했다. 강력한 엘바스 요새, 이어서 올리벤사 요새가 싸워보지도 않고 항복했다. 자타스 계곡을 통해서 리스본으로 가는 길이 열렸다. 그 사이에 범선과 갤리 선으로 구성된 에스파냐 함대가 7월 8일에 푸에르토 데 산타 마리아를 떠나 알가르베 해안의 라고스를 함락했고, 곧이어 타조 강[타호 강은 에스파냐령] 하구에 나타났다. 6월 19일에 산타렘에서 스스로 포르투갈 국왕이라고 선언한 크라토의 수도원장 돈 안토니오는 서민들의 지지 덕분에 개선장군처럼 리스본에 입성했다. 그러나 몇 개월 동안 페스트로 많은 주민들이 죽었고, 제대로 식량도 보급받지 못한 채 에스파냐 함대의 봉쇄 때문에 외부 세계와 차단된 대도시에서 버티기 위해서는 공안조치뿐만 아니라 더 많은 시간이 필요했다. 공안조치들, 특히 교회 및 수도원의 재산 몰수, 통화가치의 평가절하, 상인들에게 부과한 강제 공채 등 재정적 조치들이 채택되었다. 그러나 시간이 너무 부족했다. 왕위 요구자의 실패를 초래한 것은 (특히 단지 시간을 벌기 위해서 벌인 알바 공작과의 간접 협상에서 드러난) 이른바 수도원장의 결함이 아니라 에스파냐의 기민함이었다. 돈 안토니오의 주변에서 배신과 포기의 움직임이 이어졌다. 지상과 해상에서 공격당한 세투발[포르투갈 남서부]은 7월 18일 전투 없이 항복했지만, 그래도 약탈로부터 도시를 구하지는 못했다. 이렇게 침략군은 바다의 축소 모형처럼 넓은 타조 강 하구의 남쪽에 도달했다. 강은 분명 큰 장애물이었지만, 함대는 강의 북쪽에 있는 카스카이스까지 별 어려움 없이 에스파냐 부대들을 실어 날랐다. 작전은 서쪽과 테조 강 우안에서 수도를 공격함으로써 끝이 났다. 돈 안토니오는 몇몇 병사들과 함께 알칸타라 다리 위에서 리스본으로 통하는 길을 방어하려고 노력했다. 그러나 그날 저녁에 수도는 무조건 항복했다. 리스본은 정복자의 약탈을 면했으나, 적어도 수도의 몇몇 구역은 약탈당했다.

부상당한 수도원장은 수도를 가로질러 피신했고, 사카벵 인근의 작은 마을에 잠시 멈추어 치료를 받았다. 그는 다시 지지자들을 모았고, 코임브라를 지나 무력으로 포르투에 입성했다. 그는 포르투에 한 달 이상 머물면서 투쟁을 조직하려고 애썼지만, 리스본에서처럼 여러 차례 배신을 경험했다. 산초 다빌라가 이끄는 기병대의 기습을 받은 그는 10월 23일 이 마지막 피신처를 떠나, 포르투갈 북부에서 잉글랜드 선박이 그를 데리러 올 때까지 숨을 곳을 찾아야 했다.

포르투갈 점령에 단 넉 달이 걸렸다. 국가평의회에서 그랑벨은 펠리페 2세에게 카이사르가 움직임을 늦추지 않기 위해서 정복한 도시들을 점령하지 않고 인질만 잡았다는 것을 상기시켰다. 1580년에 침략자들은 앞으로 내달리기만 했고, 도처에서 배신자들이 그들에게 성문을 열어준 것처럼 보인다. 침략자들은 포르투갈 사람들 사이에 유능한 문지기들을 두었다. 대규모 지원군을 보낼 필요도, 국경지대의 영주들에게 지원을 요청하거나 이들 가신의 군대를 이용할 필요도 없었다. 다시 말하지만, 포르투갈은 스스로 버려져서 에스파냐에 양도되었다.

펠리페 2세는 영리하게도 1580년 이전부터 포르투갈 사람들이 오래 전부터 누려온 특권을 보장했다. 그는 그들에게 새로운 정치적, 경제적 특권도 인정했다. 포르투갈은 카스티야 왕국에 통합되지 않았다. 포르투갈은 독자적인 행정, 기구, 참사회를 유지했다. 요컨대, 펠리페 2세 한 사람이 두 나라의 왕관을 독차지했음에도 불구하고, 포르투갈은 아라곤보다 더 아라곤같이 그대로 남아 있었다. 포르투갈은 단지 "에스파냐의 자치령"이었다.[154] 이는 결코 1580년의 정복을 정당화하는 것이 아니라, 그 정복이 유지되었고, 지속적인 해결책이 되었다는 것을 설명해준다.

소식을 접한 서인도 제도도 전투 없이 에스파냐와 합병했다. 브라질도 마찬가지였다. 브라질로서는 서쪽 경계선 때문에 두 왕권의 결합은 오히려 기회였다. 아조레스 제도에 관해서는 심각한 문제가 있었다. 왜냐하면 펠리페 2세 제국의 갑작스런 확대는 대서양 문제를 제기하기 때문이다(에스파냐와 합병된 포르투갈의 해외 영토는 그 세기의 가장 거대한 2개의 식민제국을 그에게 주었다). 의식적으로든 아니면 무의식적으로든, 펠리페 2세의 혼합 제국은 어쩔 수 없이 대서양을 기반으로 하게 될 것이다.[155] 대서양은 제국 존속에 필수적인 연결 고리이자, 그가 죽기 전부터 보편 왕국이라고 불렸던 것을 달성하기 위한 토대였다.

에스파냐가 지중해를 떠나다

이제 우리는 지중해로부터 멀어졌다.

펠리페 2세는 리스본에 자리를 잡던 그날부터 그의 혼합 제국의 중심을 진정으로 광대한 대서양의 가장자리에 두었다. 펠리페 2세가 1580년부터 1583년까지 머물렀던 리스본은 카스티야의 땅으로 둘러싸인 마드리드보다 확실히 위치가 더 좋았을 뿐만 아니라, 더 잘 갖추어졌고 히스패닉 세계를 통치하기에 딱 좋은 도시였다. 대서양에서의 새로운 투쟁에 뛰어들게 될 바로 그때에는 특히 그러했다. 국왕이 궁전에서도 바라볼 수 있는 광경이자, 에스파냐 공주인 자신의 딸들에게 보내는 매력적인 편지에서 묘사했던 장면인 배들의 끊임없는 움직임은 제국을 떠받치는 경제 현실에 관한 매일매일 갱신되는 교훈이 아니겠는가? 마드리드가 지중해, 이탈리아, 또는 유럽 깊숙한 곳에서의 움직임을 파악할 수 있는 청취의 중심으로서 더 좋은 자리에 있었다면, 리스본은 대서양을 관찰할 수 있는 훌륭한 관측소였다. 펠리페 2세가 이 점을 완벽하게 이해했다면, 그리고 무적함대가 출정을 준비할 때에 그가 전쟁의 현실과 멀리 떨어져 있는 마드리드에 묶여 있지 않았다면, 아마도 지체와 재난을 피할 수 있었을 것이다!

　에스파냐의 정책은 서쪽으로 옮겨갔고, 거기에서 대서양의 강한 조류에 휩쓸렸다. 제도(諸島)를 구원하고 동시에 스트로치의 참패와 함께 프랑스 령 브라질의 꿈이 꺾였던 1582-1583년의 아조레스 사태, 1579년부터 세기 말까지 계속된 아일랜드 전쟁, 1588년 잉글랜드와의 전쟁 준비와 무적함대 의 출정, 1591-1597년 잉글랜드에 대한 펠리페 2세의 원정들, 브르타뉴의 부분적인 점령과 함께 프랑스에 대한 에스파냐의 개입, 잉글랜드와 네덜란 드의 대결, 대서양 전역에서 맹위를 떨친 프로테스탄트의 해적 행위, 이 모 든 사실들은 지중해 밖에서 벌어졌지만, 지중해와 완전히 무관한 것은 아니 었다. 지중해에 평화가 회복되었다면, 이는 전쟁이 이웃한 더 큰 바다, 즉 서쪽으로는 대서양, 동쪽으로는 페르시아 및 인도양에 진을 쳤기 때문이다. 투르크가 동쪽으로 방향을 전환했다면, 에스파냐는 서쪽으로 움직였다. 이 는 그 특성상 사건사가 설명할 수 없는 거대한 변동이다. 분명 이 책이 제안 하는 설명과 다른 설명들도 가능하다. 그러나 문제는 이론의 여지없이 명백 하게 드러난다. 지중해에서 오랫동안 대립했던 에스파냐 진영과 투르크 진 영이 서로에게서 멀어졌고, 그 결과 지중해에서는 1550년부터 1580년까지 지중해의 중요한 특징이었던 대국들 간의 전쟁이 모습을 감추었다.

제6장

역사 무대에서 밀려난 지중해

전통적인 해석을 따른 탁월한 저서 『에스파냐 제국의 부상(*The Rise of the Spanish Empire*)』[1]에서 로저 B. 메리먼은 펠리페 2세의 치세가 끝나는 1598년에 이야기를 끝맺었다. 이 책에서는 1580년 이후의 지중해 역사에 대한 언급은 발견할 수 없다. 에스파냐의 역사를 다루는 거의 모든 역사책에서 전형적으로 나타나는 이 침묵은 의미심장하다. 메리먼과 이야기로서의 역사에 만족하는 사람이 보기에, 큰 전쟁도 없고 마를리아니의 파견 이후로는 외교적 책략도 없었던 지중해는 갑자기 깊은 어둠 속으로 가라앉았다. 모든 탐조등이 꺼졌다. 아니 오히려 조명이 교차하는 것은 아예 다른 무대였다.

그러나 지중해는 결코 죽지 않았다. 어떻게 되었을까? 이에 대해서는 결코 에스파냐와 이탈리아 문서보관소의 통상적인 자료들에 물어서는 안 된다. 오늘날 언론이라고 불리는 것과 마찬가지로, 이탈리아를 비롯한 여러 나라들의 정부가 수집한 정보들은 큰 소리를 내는 사건들만 다루기 때문이다. 그런 정보들을 통해서는 지중해의 역사를 거의 파악할 수 없다. 베네치아, 피렌체, 로마 또는 바르셀로나에서 사람들은 지중해 밖의 사건들에 대해서 말하고 썼다. 사람들은 투르크-페르시아 휴전조약이 체결되었는지, 프랑스 국왕이 그의 신민들과 화해했는지, 포르투갈이 복종했는지, 무적함대의 출발 이전 펠리페 2세의 전쟁 준비가 대서양을 겨냥한 것인지 아니면 아프리카를 겨냥한 것인지를 물었다. 물론 가끔씩 지중해에 관한 소식이나 이야기가 편지에 기록되기도 했다. 그러나 이것은 우연히 기록된, 길을 잃은 꿈, 즉 베네치아, 로마, 토스카나 그리고 에스파냐의 반(反) 투르크 동맹에 대해서 수없이 반복된 계획들에 관한 것이다. 1587년 라 누의 반 투르크 계획보다 더 낫지 않다. 1592년에 대(大) 파루타가 그 계획들을 중요하게 생각했다는 것이 놀랍다.[2]

로마에서도 그런 생각과 행동이 유지되었고, 오랫동안 대서양으로 향하게 될 것이었다. 교황은 북방의 이단들에 대한 투쟁에서 에스파냐와 힘을 합쳤다. 피우스 5세가 이슬람과 싸우기 위해서 레판토 해전 전야에 했던 것처럼, 그레고리우스 13세와 식스투스 5세는 엘리자베스와 그의 동맹자들에 맞서 싸우기 위해서 펠리페 2세에게 막대한 "은총"을 내렸다. 이탈리아 전체가 가톨릭 교회를 위한 이 전투에 동참했다. 간단히 말해서, 지중해 세계의 모든 시선과 최상부의 정치적 힘이 지중해 세계의 가장자리에 집중되었다. 마치 카스피 해 쪽으로 방향을 돌린 투르크를 따라 하는 것처럼, 모두가 지중해로부터 등을 돌렸다. 모로코의 용병들이 1591년에 톰북투를 점령했고,[3] 펠리페 2세는 대서양의 지배자가 되려고, 아니 더 정확하게 말하면 그 지위를 유지하려고 노력했다.

1590년경까지 이러한 상황이 계속되었다. 그러나 1589년 8월 1일[4] 앙리 3세의 죽음으로 지중해에서도 그 영향을 느낄 수 있는 심각한 위기가 발생했다. 특히 베네치아에서는 유럽의 세력균형에 필수불가결한 요소로서, 많은 적들에 포위된 베네치아 공화국의 자유를 보장해주는 프랑스가 망하지 않을까 우려했다. 베네치아의 한 상인은 "사람들은 무엇을 믿어야 할지 무엇을 해야 할지도 몰랐다. 프랑스로부터 들려오는 이 소문들은 교역에 막대한 피해를 입혔다"라고 적었다.[5] 베네치아 정부는 위협을 심각하게 인식하고 스위스의 그라우뷘덴의 프로테스탄트들과 주저 없이 동맹했고, 8월에는 앙리 4세가 1590년 1월에 보낼 프랑스 대사 M. 드 메스를 받아들이기로 결정했다.[6] 식스투스 5세는 자문한다. 왜 이렇게 서두르는가? "베네치아 공화국은 나바르 왕국의 무엇을 두려워하는가? 공화국은 두려워할 필요가 없다. 필요할 경우, 우리는 총력을 기울여서 공화국을 방어할 것이기 때문이다."[7] 그러나 교황은 잘못 생각했다. 베네치아 공화국은 이미 에스파냐의 견딜 수 없는 우위를 보장해주는 가톨릭 동맹에 반대하는 조치를 취했다.

앙리 3세의 후계 문제로 야기된 위기의 영향은 1590년부터 점차 강해졌다. 술탄은 1590년에 마침내 페르시아와의 전쟁에서 해방되었다. 술탄이 다시 지중해로 복귀할 것인가, 아니면 발칸, 즉 헝가리로 돌아갈 것인가? 그도 아니면, (1593년부터 그가 실행하게 될 일이지만) 기독교 세계를 공격할 수 있는 이 두 방향에서, 두 가지 정책을 동시에 시도할 것인가? 술탄의 정책은 1550년부터 1580년까지의 극적인 양상을 다시 보여주는 것은 아닐지라도 지중해의 사건들에 조금씩 활기를 주었다. 그것은 1593년부터 다시 나타나게 될 거대 전쟁과 정책들의 환영(幻影)이었다. 그러나 허장성세였을 뿐, 말과 행동은 크게 달랐다. 전쟁은 더 이상 심각해지지 않았고, 끊임없는 협상으로 중단되었다. 투르크의 카푸단 파샤 치갈라는 1598년 아드리아 해의 베네치아 제독을 방문해서[8] 여러 가지 사안들과 함께 키프로스를 베네치아에 돌려줄 수 있다고 넌지시 암시했다. 또다른 해[9]에는 시칠리아 부왕의 동의하에 치갈라(그는 유명한 기독교 해적인 부친의 배에서 어렸을 때 납치된 시칠리아 출신의 배교자였다)는 자신의 어머니와 친척들을 자기 배에 오르게 했다. 이러한 공식적인 관용은 20여 년 전에는 있을 수 없는 일이었다.

1. 투르크의 어려움과 혼란

1580년부터 1589년까지 야만적인 전쟁이 대서양을 휩쓰는 동안, 연대기 작가들은 지중해에 관해서 할 이야기가 거의 없었다. 카이로, 트리폴리, 알제에 대한 투르크의 징벌적 원정은, 정확하게 확인조차 하기 어렵지만, 치안 유지 활동 이상의 것은 아니었다. 지중해의 기독교 세계에서는 에스파냐(또는 에스파냐에 봉사하는) 갤리 선들의 끊임없는 움직임 이외에는 눈에 띄는 것이 없었다. 갤리 선들은 이탈리아에서 에스파냐까지 쉴 새 없이 병사들을 실어 날랐다. 현지에서 충원된 이탈리아 병사들, 알프스 너머에서 모집되어 밀라노와 제노바로 내려오는 용병들,[10] 시칠리아나 나폴리에서 돌아오는 에스파냐 노병들, 그들을 대신하기 위해서 에스파냐에서 모집된 젊은 병사들, 몇 년 뒤에 "훈련"이 끝나게 되면 그들도 다시 바뀔 것이다. 이 시기에 밀라노는 특히 에스파냐 군사(軍事)의 중심이었다. 펠리페 2세의 병사들은 이곳으로부터 플랑드르까지 내륙을 관통하는 육로를 비롯해서 모든 방향으로 보내졌다. 이 롬바르디아의 대도시를 지나는 부대의 움직임만 보아도 펠리페 2세의 치세 동안 각 시기마다 에스파냐의 근심거리가 무엇이었는지, 그리고 제국의 형편이 어떠했는지를 알 수 있다.

에스파냐에서 돌아오는 갤리 선들은 제노바에 "보급품(bisognes)"과 함께 엄청난 양의 은을 가져다주었다. 이탈리아 전체가 이 백색의 금속 덕분에 부유해졌고, 이미 말했듯이, 이탈리아뿐만 아니라 지중해 전체가 부유해졌다. "주류(主流)" 역사에 제대로 기록되지 않았던 잔인한 해적 행위가 있었을지라도, 행복했다고 말할 수 있는 이 시기 지중해 세계의 현실은 이러했다. 다른 한편, 이 부차적인 전쟁도 역시 변화를 겪었고, 이에 관해서 두 가지의 사소한 사실을 기억해야 한다. 상징적인 첫 번째 사건은 울루지 알리가 1587년 7월에 67세의 나이로 사망한 것이다.[11] 누구도 그와 같은 경력을 다시 시작할 수 없을 것이다. 바르바로사와 드라구트의 마지막 상속자인 그와 함께 한 시대가 저물었다. 미래를 예고하는 두 번째 사건은 1586년 5척의 잉글랜드 상선이 시칠리아 갤리 선단을 타격한 것이다![12] 전열함(vaisseau de ligne)의 등장을 알리는 전주곡이었다.[13]

1589년 이후 : 북아프리카와 이슬람 세계에서의 반란들

1589년이 지중해의 평온을 깼다. 1589년에 유럽에서는 프랑스의 위기 때문에 위기가 고조되었고, 이슬람에서도 역시 여러 차례 경보가 울렸다.

정보가 아무리 불완전할지라도, 북아프리카에서 일어난 작은 사건들의 배후에, 1574년 튀니스 함락 이후 투르크가 지배했던 북아프리카 동부와 중부에 퍼진, 그리고 훨씬 더 멀리 아마도 지중해의 이슬람 세계 전체에 퍼진 전반적인 위기가 있다는 사실을 우리는 알고 있다. 이 폭동과 반란들이 새로운 것은 아니었다. 해군 제독과 베이렐르베이를 겸직한 울루지 알리가 자신을 대신하여 알제에 파견했던 부관들은 이전 몇 년 동안 여러 차례 어려움을 겪었다. 아마도 1587년 울루지 알리의 죽음이 사태를 악화시키지 않았을까? 어쨌든 당시 투르크 정부는 지역의 "왕들"이나 다름없는 베이렐르베이 체제를 3년 임기의 파샤 체제로 교체하는 것이 좋겠다고 판단했다.[14]

이는 기본적으로 투르크 정부에 대한 도전이었다. 투르크 당국에 맞서 해적들은 그들의 자유를 주장하거나 주장하고자 했다. 다른 한편, 아에도가 말했듯이, 정복자인 투르크는 무어인을 열등한 지위에 묶어두었기 때문에, 투르크와 "무어인"은 알제 시내에서조차 서로를 거의 외국인 대하듯이 했다. 마라부[Marabout : 이슬람 수도사]와 토착민의 운동은 지역에 따라서 그 나름의 특색을 보이는 종교적 반발이었지만, 언제나 투르크 침략자들에 반대했다는 것을 몇몇 자료들을 통해서 알 수 있다. "투르크인들이 발을 디딘 곳은 어디나 풀도 자라지 않고 폐허만 남았다"라고 트리폴리의 반란자가 말했다.[15] 어쨌든 우리가 보기에는 불분명하고 명확하지 않은 이 운동은 투르크가 더 이상 제해권(制海權)을 유지할 수 없게 됨에 따라서 마그레브와 투르크 사이를 묶어주었던 끈이 풀리기 시작한 것과 관련이 있다. 결정적이었던 것은 1587년 울루지 알리의 죽음이 아니라, 1582년 그의 알제 공략 실패였다.[16] 그는 알제뿐만 아니라 페스를 겨냥했었다. 역사가들은 오스만 제국의 쇠락이라고 결론짓는다. 정확하게 말하면, 투르크의 체제, 통화, 재정, 권력과 연결된 모든 이슬람 국가들에서, 아직은 일시적이지만 점차 확산되는 제약과 소요가 문제 아니었을까?

벌써 투르크의 패권이 끝난 것은 아니라고 하더라도, 이는 적어도 비용이 많이 드는 원대한 지중해 정책의 중지를 의미한다. 1589년 초에 베네치아의 정보원들은 여전히 알제의 전임 베이렐르베이인 하산 베네치아노가 거창한 계획을 꾸미고 있다고 보았다. 그는 겨울 동안 5척의 갤리오트 선을 이끌고 알제에서 콘스탄티노플까지 가는 데에 성공했는데, 그의 목적은 "기독교도의 전함들"이 항해 중인 그를 잡을 수 없다는 것을 보여줌으로써 "모욕을 주는 것"이었다.[17] 하산은 1월 10일에 투르크의 수도에 도착했다. 곧 새로운 "카푸단 파샤"가 울루지 알리의 시도를 되살리기 위해서 50-60척의 갤리 선을 무장시켜서 페스까지 밀고 들어갈 계획이라는 소문이 돌았다. 나폴리에 도착한 첩보들은 모레아의 밀과 비스킷 비축, 그리고 트리폴리로 향하는 갤리 선 100척에 관한 것이었다.[18] 이는 여러 해 동안 듣지 못했던 익숙하지 않은 큰 수치였고, 베네치아의 정보도 이 수치를 확인해주는 것처럼 보였다.[19] 이 소식은 에스파냐를 걱정하게 만들었고, 적의 동향을 염탐하기 위해서 봄에 레반트로 갤리 선들을 파견할 계획이 세워졌다.[20] 그러나 4월이 되자 콘스탄티노플의 조선소에서 사람들이 열심히 일하지 않는다는 것과 만약 원정이 있다고 해도 바르바리 원정을 위해서 기껏해야 50척의 갤리 선을 준비했다는 것이 알려졌다.[21] 한 달 뒤에 베네치아에서는 투르크 대함대는 없을 것이라고 확인했다.[22] 그러나 5월과 6월 말에 다시 30 내지 60척의 투르크 갤리 선들이 올 것이라는 정보가 있었기 때문에, 옛날처럼 국왕의 갤리 선들을 메시나에 집결시키기로 결정했다.[23]

사실 하산은 6월 18일에 출발했고, 22일에 네그로폰테 섬에 도착했다. 이튿날 그는 로도스, 알렉산드리아, 키프로스의 "수비대"와 합류했다. 정보에 따르면, 갤리 선과 갤리오트 선이 모두 합쳐서 80척에 달했지만, 그의 배들은 노를 젓는 노꾼이 부족했다[24](그 뒤의 첩보에 따르면, 이 수치는 과장된 것처럼 보인다). 그는 항해를 계속하기 위해서 7월 28일에도 여전히 모돈에서, 코론을 출발한 10척의 갤리 선을 기다렸다.[25] 아마도 그는 8월 1일에 베네치아가 제공한 수치에 따르면,[26] 30-44척의 갤리 선과 함께, 팔레르모에 전해진 정보에 따르면,[27] "기함을 제외하면 제대로 모양새도 갖추지 못한" 46척의 갤리 선과 4척의 갤리오트 선을 이끌고 떠난 듯하다.[28] 함대는 8,000명의 병력을 태우고 트리폴리를 향해 직진하는 항로를 잡았다. 함대는 시칠리아 해안에도 나타났지만, 시칠리아는 전혀 공격하지 않았다.[29]

이번 출항이 늦은 봄부터 콘스탄티노플을 유린했던 소요를 비롯한 수많은 장애에도 불구하고 이루어졌다는 사실을 모르면, 투르크의 이번 시도를 제대로 평가할 수 없을 것이다.[30] 가난과 군대의 기강 해이에서 비롯된 이 소요는 5월에는 파샤들이 자기 집에서조차 안심할 수 없을 정도로 매우 위협적이었다. "그들은 마치 적진에 있는 것처럼 자기 주위에 경호원을 배치했다."[31] 투르크의 수도에서 발생한 이 위기는 당시 이슬람 세계 전역에서 나타난 폭동들이 겉보기처럼 서로 무관한 것은 아님을 암시한다. "트리폴리로 갔던 투르크 함대에 대해서는 지금까지, 이 함대가 지난달 12일 트리폴리에 도착했고, 하산 아가가 그곳에서 봉기한 무어인들을 신속하게 진압하려고 노력했다는 사실 외에는 거의 알려진 것이 없습니다"라고 9월 8일 미란다 백작이 보고했다. 그러나 "반란 주모자인 마라부는 이에 저항하기 위해서 할 수 있는 것을 다 했습니다. 많은 병사들을 거느린 그는 기독교 함대가 그를 도와주러 오기를 바랐습니다. '이 무어인들을 지원하러 갔던 프로테스탄트 갤리 선'으로부터 전해들은 것입니다."[32] 이러한 사실은 몰타 기사단의 보고서에서도 확인되었다.[33]

하산의 원정이 확산시켰던 공포에도 불구하고, 그 원정은 기독교 세계를 겨냥한 것이 아니었다. 투르크는 에스파냐를 선제공격하고 에스파냐와 전쟁할 생각이 전혀 없었다. 투르크 함대는 갈 때도 돌아올 때도 나폴리나 시칠리아 해안을 전혀 침범하지 않았다. 이 시기에 펠리페 2세의 준(準)공식적인 대표가 여전히 콘스탄티노플에 있었고, 휴전 체제는 중단된 적이 없다. 8월과 9월에 펠리페 2세는 도리아에게 40여 척의 갤리 선을 에스파냐로 이끌고 와서 병력을 태워가라는 명령을 내렸다. 이는 다가올 어려움에 대비해서 나폴리와 시칠리아에 다시 에스파냐 보병연대를 배치해야 할 필요가 있다고 판단했지만, 당시로서는 크게 걱정하지 않았다는 증거이다.[34]

몇 개월 뒤, 콘스탄티노플의 정보통에 따르면, "그곳에 사는 모든 기독교도들은 하산 파샤가 지휘하는 갤리 선 35척이 엉망이 된 채 돌아오는 것을 보면서 그들이 귀환할 수 있게 내버려둠으로써 좋은 기회를 날려버렸다고 애석해했다. 사실, 이곳 사람들은 대다수의 노꾼과 상당수의 병사들이 전사한 뒤에 이 함대를 잃은 것으로 간주하고" 있었다.[35] 이 호전적인 보고서의 논조는 의미심장하다. 사람들이 조선소에서 일한다면, 이는 세계를 놀라게 하기 위한 것이다.

이 편지의 필자는 자신의 해석을 남기지 않았다. 그러나 그도 자기 주변에서 투르크 제국을 괴롭히는 어려움을 보지 않았는가? 하산 베네치아노의 원정이 (과거와 비교해서 지중해에 나타난 거대한 변화를 보여줄 뿐만 아니라) 투르크의 위기 상황을 구성하는 요소들을 잘 보여주는 사례가 아니라면 나는 이 원정을 강조하지 않았을 것이다. 우리는 그 위기 상황을 정확하게 알지 못하고 짐작만 할 뿐이다.

콘스탄티노플에서도, 트리폴리에서도 폭동이 일어났다. 두 도시 사이의 거리는 엄청나게 멀다. 그러나 폭동은 튀니지에서도 일어났다. 마하메트 카프시[36]라는 정보원은 1589년 11월부터 그곳에서도 투르크에 대한 현지인들의 분노가 커졌다고 보고했다. 개인적인 싸움에 끼어들어 몇 통의 화약 아니면 더 간단하게 돈 몇 푼을 구하는 어떤 외로운 모험가 또는 공상가의 요청인가? 아니다. 튀니지의 분노는 1590년 무엇인가를 보여주려는 듯이 격렬하게 폭발했다. 모든 『연대기』는 헤지라 999년의 메카 순례의 달[이슬람력

12월], 즉 1590년에 튀니스에서 봉기가 일어나서 거의 모든 불루크 바시(Boluk bashi)들이 살해되었다는 사실을 기록했다. 그들은 군대와 민중이 혐오하는 관리들로 모든 행정을 장악하고 있었다.[37] 트리폴리에서는 폭동이 새해에 시작되었다. 콘스탄티노플의 정보통에 따르면, 3월에 트리폴리의 파샤가 죽었고, 투르크인들은 절망적인 상황에서 항구로 피신했다. 그들을 구하기 위해서는 카이로의 기병대뿐만 아니라, 한 해 전처럼 50-60척의 갤리 선들을 보내야만 했다.[38] 그러나 술탄이 갤리 선 50척을 손쉽게 무장 대기시키던 그런 시대가 더 이상 아니었다. 콘스탄티노플에서 온 1590년 3월 16일자 보고서에 따르면, 대국 투르크도 경비를 줄이기 위해서 트리폴리 총독 자리를 누구든지 자기 돈으로 5척의 갤리 선을 무장시키고, 그 배들을 이끌고 원정에 참여하는 자에게 주겠다고 제안했다. 그러나 아무도 참여하지 않았다. 따라서 30척의 갤리 선을 준비하고, 에게 해 수비대의 갤리 선들과 그리스에서 징발한 몇 척의 푸스타 선을 추가했다는 소문이 돌았다.[39]

분명히 콘스탄티노플에서는 아프리카의 폭동이 지속되는 것을 매우 우려했다. 그러나 대응하기가 쉽지 않았다. 조선소에서 하루 이틀 사이에 함대를 다시 만들 수는 없었다. 봉급도 제대로 받지 못한 병사들은 불만이 많았다. 그러나 이러한 사정도 투르크인들이 300척의 갤리 선에 대해서 떠벌리고, 수석 파샤가 에스파냐, 신성 로마 제국 황제, 폴란드, 베네치아, 몰타를 위협하면서 점점 더 거만해지는 것을 막지 못했다. 페르시아와의 평화 조약 체결이 임박한 것처럼 보였기 때문에 이러한 위협은 어느 정도 경계심을 불러일으켰다. 베네치아는 크레타에 경계태세를 발령했고, 조선소의 작업을 독려했다.[40]

그러나 북아프리카의 위기는 지속되었다. 트리폴리를 탈출하는 데에 성공한 두 명의 기독교도 포로가 4월 초에 알바 백작에게 다음과 같이 알렸다. "마라부는 봉기를 계속하고 있습니다. 이탈리아에서는 올해 투르크 함대의 출항이 없을 것이라고 판단하지만, 그들(투르크인들)에게 필요한 작전이기 때문에 사람들은 반대로 생각합니다. 적이 그들에게서 트리폴리를 빼앗는다면, 그들은 (트리폴리에서) 알제에 이르기까지 바르바리에서 차지하고 있는 모든 것을 잃을 수도 있는 모험에 빠지게 될 것입니다. 이 트리폴리 요새를 잃는다면, 확실히 모든 것이 붕괴될 것입니다."[41] 베네치아에서는 투르크가 폴란드와 요란한 협상을 하는 동안 폭동의 진행을 예의 주시했다. "바르바리의 무어인 반란군이 트리폴리를 점령했고 튀니스의 병사들과 파샤를 비롯한 수비대 병사들을 참수했습니다. 요새는 투르크 수중에 남았지만 완전히 포위되었습니다"라는 소식이 막 도착했다고 베네치아 주재 에스파냐 대사가 보고했다. 사람들은 카이로에서 육로로 지원군이 올 것이라고 생각했다.[42] 그러나 같은 시기에 미란다 백작은 투르크가 또다시 이 해역으로 함대를 파견함으로써 사태가 결말을 맺게 될 것임을 알아차렸다.[43]

어쨌든 에스파냐는 걱정할 이유가 없었다. 프랑스 요원의 기록에 따르면, 그때 "마드리드에서 바라던 대로" 에스파냐-투르크 휴전조약이 3년 동안 연장되었다는 소식이 마드리드에 도착했기 때문에 더욱 그러했다.[44] 알바 백작은 시칠리아 해군에 경계령을 내려야 한다고 고집했지만, 간신히 회복된 투르크 함대와 경우에 따라서 파병할 수도 있는 이집트 기병대의 모든 전력을 붙잡아두는 데에는 북아프리카 사태만으로도 충분했다.[45] 사실 반란은 확산되는 경향이 있다. 알바 백작은 탁월한 관측 지점인 제노바 산호 채집자들의 섬 타바르카에 후안 사르미엔토라는 요원을 보냈었다. 총독 스피롤로와 그의 대리인 드 마지스가 그에게 비밀을 털어놓았다. (비밀리에 말했는데, 왜냐하면 명예롭던 제노바인들이 기독교 측에 정보를 넘겨주었다는 것을 투르크가 안다면, 목숨을 잃지 않겠는가!) "바르바리 전역이 투르크에 맞서 봉기했는데, 튀니스에서 특히 격렬했습니다. 그곳에서는 지불수단이 전혀 없는 파샤가 6개월이나 봉급이 밀린 병사들과 매우 난처한 처지에 빠졌기 때문입니다. 파샤의 부관과 참모가 포로가 되었습니다. 투르크인들은 바르바리 전역에서 도망쳤고 알제로 향하는 배에 올랐습니다."

사르미엔토는 다음과 같이 덧붙였다. "그들은 저에게도 전하와 왕자(에스파냐인들이 볼모로 데리고 있는 하프스 왕조의 왕자)에게 70척의 갤리 선을 보내라고 권고했다고 말했습니다. 무어인들이 재산을 약탈당하지 않도록 왕자와 전하가 합의만 한다면, 무어인들은 투르크인들이 라 굴레트 만에 나타나기만 해도 그들을 찢어 죽일 것입니다."[46] 제노바인들은 또한 "하산 아가가 트리폴리에 와서 그의 함대를 무방비 상태로 놓아둔 채 3,000명의 병사들을 이끌고 지상 작전을 폈을 때, 갤리 선 20척이면 투르크 갤리 선들을 모두 나포해서 불태울 수 있었을 텐데," 시칠리아가 갤리 선 20척을 파견하지 않았다는 사실에 놀라움을 표시했다.[47]

그러나 이때 에스파냐가 섣불리 움직이지 않은 이유를 잘 알고 있지 않는가? 트리폴리나 바르바리의 다른 지역 때문에 투르크-에스파냐 전쟁에 다시 불을 댕기는 것은 그들의 의도가 아니었다. 1590년 4월 알바 백작의 편지는 이를 분명하게 보여준다.[48] "노꾼과 보병을 가득 태운" 피렌체의 갤리 선들이 팔레르모에 막 도착했다. "사람들은 그 배들이 대기사단 단장의 갤리 선들과 몰타에서 합류하여 트리폴리를 공격하러 갈 것이고, 그렇게 함으로써 투르크가 함대를 서쪽으로 보낼 수 있는 기회를 주어 전하를 곤란하게 만들 것이라고 말했습니다." 이보다 더 확실하게 에스파냐 국왕을 곤란하게 만들 수는 없다. 알바는 나중에 피렌체 갤리 선들이 기사들과 함께 로도스와 알렉산드리아 사이에서 활동하는 갤리언 선 "상단(caravane)"을 기습하러 가려는 것 이외에 다른 의도가 없다는 것을 알고 안심했다.[49] 아무튼 에스파냐는 전쟁 재개를 피하기 위해서 투르크보다 훨씬 더 조심했다.

이러한 태도가 북아프리카의 반란들을 억제하는 데에 기여했다. 기껏해야 화승총 몇 자루 이외에는 제대로 무장을 갖추지 못한 토착민 반란자들은 요새화된 도시와 포병대의 지원까지 받는 화승총수 부대와 대적했다. 투르크 요새들의 임무는 쉽지 않았지만, 반란자들이 외부의 지원을 받지 못하는 한, 그들의 능력을 넘어서는 절망적인 것은 아니었다. 투르크를 궁지에 몰아녔었던 트리폴리의 마라부는 1590년 여름에 배신자들에 의해서 투르크에 넘겨졌다. 5월 초에 반란군이 모든 해안을 투르크인들에게 남겨두고 카우르로 후퇴했다는 보고가 들어왔다. 이것은 투르크 함대가 올 수 있는 시기에 취하는 정상적인 대응책이었다.[50] 얼마 후, 5월 21일자 보고는 나폴리에 마라부의 암살 소식을 전했다.[51] 콘스탄티노플에서 온 6월 8일자 보고에 따르면, "트리폴리와 바르바리의 몇몇 다른 지역에 봉기를 촉발했던 마라부의 살갗을, 기독교도들을 모욕하는 동시에 승리의 상징으로 십자가에 걸어 사람들의 왕래가 빈번한 광장에 세웠습니다. 그러고 나서 사람들은 그를 일반적인 교수대에 매달았습니다."[52] 6월 2일자 정보에 따르면, 훨씬 더 공격적인 인물이 이미 마라부를 계승했다.[53] 그러나 투르크는 이제 트리폴리를 전보다 덜 걱정하게 된 것처럼 보인다. 1590년에 투르크는 예를 들면, 튀니스 총독으로 임명된 자페르 파샤를 수행했던 갤리 선 10척과 같이 콘스탄티노플과 북아프리카를 정기적으로 왕래하는 소규모 갤리 선 선단[54] 이외에는 더 큰 규모의 어떤 해상 활동도 시도하지 않았다. 우리의 사료 조사와 분석이 정확하다면, 1591년에도, 1592년에도 더 이상 없었다. 이러한 시도가 절대적으로 필요한 것이 아니었기 때문인가, 아니면 투르크의 실제 능력을 넘어선 것이었기 때문인가? 그러나 북아프리카의 위기는 결국 토착민들보다 아프리카의 주둔지와 사실상 자치를 누리는 오스만 제국의 작은 식민지들에 있는 투르크인들에게 더 이익이 되었다는 것이 사실이다. 그 식민지들은 점점 더 자체적으로 그리고 독립적으로 생존해야 하지 않는가? 이러한 변화가 감지된 알제에서 최후의 승자는 해적선 선장들의 공화국인 타이파(taïfa)였고, 그 결과는 해적 행위의 증가였다. 튀니스에서도 마찬가지였는데, 그 세기말 이전부터 이미 해적 행위가 크게 성행했다. 사실상 이들 국가의 운명을 절반 이상 지배했던 바르바리 섭정들[튀니스, 알제, 트리폴리]의 모습이 이미 드러났다.[55] 다른 한편, 콘스탄티노플과의 접촉이 뜸해짐에 따라, 세기말의 북아프리카는 분명 과거보다 교역과 기독교 세계의 음모에 더 개방된, 바다 건너편에 있는 이웃들의 탐욕과 공격에 노출된 세계가 되었다. 한 프랑스의 상인이 넘기라고 제안한 것은 부지[베자이아]라는 도시 전체였다.[56] 쿠코의 국왕은 알제에 맞서서 자신을 지원해주면 항구 몇 개를 넘겨줄 것이었다.[57] 1607년에 토스카나의 갤리 선들은 본[안나바]을 별 어려움 없이 약탈할 것이다. 북아프리카에서 한 시대가 끝을 맺었다. 이제 북아프리카는 더 이상 오리엔트의 리듬에 맞춰서 살아가지 않게 되었다.

투르크의 재정 위기

1590-1593년의 위기가 투르크 전체의 역사와 어떻게 연결되는지를 이해해야 할 것이다. 여기저기에서 억제되었음에도 불구하고, 위기는 투르크 세계의 거의 모든 지방에서 나타났다가 사라지고 다시 나타났기 때문에 (북아프리카에 관한 것에서처럼) 지역적인 원인들뿐만 아니라, 일반적인 원인들이 있었음에 틀림없다. 예를 들면, 전형적인 반란과 폭동의 땅인 소아시아와 1589년 1월의 폭동 이후 시파히들이 1593년 1월에 또다시 봉기한 콘스탄티노플이 있다.[58]

이 모든 것이 아마도 1584년에 시작된 투르크의 재정 위기와 관련이 있을 것이다. 1574년[59]에 투르크 정부는 단번에 50퍼센트나 통화가치를 평가절하했던 페르시아의 예를 따라서 대규모로 화폐 개주(改鑄)를 시작했다. 어쨌든 투르크는 1술타니니(sultanini) 대 43마이딘(maidin)의 비율로 카이로에서 유통되던 (여전히 아프리카 금으로 주조되는) 금화를 병사들에게 봉급으로 주면서 85마이딘의 비율로 계산해서 지불했다. 이는 페르시아의 평가절하와 같은 50퍼센트에 달하는 비율이었다. 반면에 술타니니와 동등한 가치를 가졌던 베네치아 체키노(zechino)는 그와 동시에 60아스프르(aspre)에서 120아스프르로 평가절상되었다. 작은 은화 아스프르는 투르크 국가들의 기본 통화로, 병사들의 급여 지불에 사용되었다. 은화에 점점 더 많은 구리가 첨가되었고, 두께는 더 얇아졌다. 은화는 "아몬드 나무의 잎처럼 가벼워졌고, 이슬방울처럼 가치가 없었다"고 당대의 역사가는 한탄했다.[60] 1590년 시파히들의 반란은 이 악화(惡貨) 발행에 대한 반발이 아니었을까? 1590년 베네치아의 정보에 따르면,[61] 16세기 초에 40아스프르의 가치를 가졌던 투르크 은화(즉 피아스트르화 혹은 그루슈화)에 대한 통화 조작이 계속되었다. 메흐메트 3세의 치세(1595-1603)에도 통화가치의 폭락이 계속되어 체키노에 대한 환율이 120에서 130, 그리고 220아스프르까지 상승했지만, 조세 당국은 태연하게 계속 예전의 환율인 110아스프르로 계산했다. "제국은 너무 가난하고 너무 고갈되어 순철(純鐵)로 만든 아스프르가 유일한 통화로 유통되고 있습니다"라고 베네치아 주재 에스파냐 대사가 보고했다.[62] 이러한 보고는 분명 과장된 것이지만, 주류 역사가 거의 고려하지 않는 내부로부터의 붕괴를 그 나름의 방식으로 보여주는 것이다.

1584년부터 1603년까지 적어도 두 차례의 통화 위기가 이어졌는데, 통화가치의 변동 이상의 심각한 재정 위기였다. 지중해의 동쪽 끝은 시차를 두고, 서부가 이미 겪었던 것과 똑같은 난관에 봉착했다. 그러나 지중해 동부는 어려움을 완화할 수 있는 새로운 자원, 즉 대서양에 면한 이베리아 반도가 획득한 아메리카의 은이 전혀 없었다. 따라서 전반적으로 투르크의 파산과 쇠락은 군대에 대한 임금 체불과 중앙 정부의 활동 감소로 인하여 1590년 전후에 급속히 확산된 위기를 야기했다고 생각할 수 있다. 장벽이 이미 무너졌거나 막 붕괴되려고 하자, 여기저기에서 정치적, 종교적, 인종적, 그리고 사회적으로 매우 다양한 불만들이 드러나게 되었다. 통화가치 폭락의 결과, 광대한 제국 안에서 일련의 폭동과 반란들이 일어났다.[63]

그러나 이것은 잠정적인 설명일 뿐이다. 그 설명은 보완되고, 미묘한 차이가 반영되어야 하며, 확실하게 수정되어야 한다. 이 모든 것은 투르크 문서보관소에서 철저한 조사를 해야만 얻을 수 있을 것이다.

1593-1606년 : 헝가리 국경에 대한 공세 재개

1568년의 휴전조약 이후에도 아드리아 해부터 흑해에 이르는 유럽 대륙의 투르크 국경에서는 전쟁이 결코 중단되지 않았다. 전쟁이라기보다는 오히려 일종의 육상에서의 해적질이었다. 주민들 중에는 이런 전쟁으로 먹고 살아가는 전문가들이 있었다. 달마티아와 베네치아 국경에는 우스코크족과 마르톨로지족, 광대한 헝가리 국경에는 (바시 보주크[bashi-bazouk : 투르크 경기병]의 선조인) 아킨지족과 하이두크족이 있었고, 한편으로 폴란드와 모스코바 사이의, 그리고 다른 한편으로 도나우 강과 흑해 사이의 경계선이 명확하지 않은 넓은 지역에 타타르족과 캅카스족이 있었다. 이 끊임없는 게릴라전은 1568년에 9년 기한으로 체결되었고, 1579년과 1583년에 갱신된 휴전조약으로 시작된 긴 막간(幕間) 동안 번성했다.

1578년부터 투르크 군은 아시아로 방향을 돌렸기 때문에, 갑자기 투르크는 이 국경을 방치하게 되었고, 무질서가 시작되었다. 이 지역의 혼란은 그 성격상 북아프리카의 반란과 비슷하지 않았지만, 정부의 통제가 사라졌기 때문에 발생했다는 점에서는 똑같다. 1590년 6월 시난 파샤는 잉글랜드 여왕에게 폴란드 국경의 상황에 대해서 다음과 같이 설명했다. "투르크 황제는 페르시아 전쟁 동안 다른 전선에 싸우러 가지 않았는데, 폴란드의 캅카스족과 다른 족속의 도적들이 이 기회를 이용해서 끊임없이 투르크의 신민들을 괴롭혔습니다." 페르시아 전쟁을 끝낸 술탄은 이 도적들을 응징하고자 했다. 그러나 폴란드의 경우, 술탄이 우호적으로 분쟁을 해결하기로 마음먹었는데(실제로 1591년에 협정이 체결될 것이다[64]), 이는 오로지 폴란드에 관심이 있다고 말하는 잉글랜드 여왕의 개입 때문이었다. 여왕의 신민들은 폴란드에서 밀과 대포에 쓸 화약을 공급받았다. 시난은 폴란드 국왕이 직접 캅카스족을 처벌하겠다는 약속과 함께 폴란드 대사들이 가져온 선물에 대해서는 말하지 않았다.

가축과 마을에 대한 끊임없는 노략질로 황폐화된 투르크-폴란드의 국경지대의 상황은 국경선 어디에서나 볼 수 있었다. 폴란드와 러시아보다 더 위험한 이웃이었던 합스부르크 제국과의 국경선 중앙과 서쪽에서는 훨씬 더 심했다. 폴란드인들과 러시아인들은 종종 사람이 거의 살지 않는 버려진 지역이나 투르크가 직접 지배하지 못하는 루마니아를 통해서 남쪽으로 진출한다. 물론 투르크인들이 언제나 희생자라고 생각하지는 말자. 게릴라전은 일방통행식이 아니다. 신성 로마 제국 관리들의 말을 믿는다면, 투르크인들이 늘 침략을 시작했다. 투르크 국경에는 이 전염병 같은 전쟁에 참여하지 않는, 베이(beg)라고 불리는 작은 성주가 단 한 명도 없다. 베이는 작은 영지 안에 자신의 군대, 정부, 관리를 보유한 지배자였다. 국경의 기독교도 성주들, 슬로베니아와 크로아티아의 "가신(ban)"들은 사람들이 뭐라고 하든지 간에, 적의 공격을 물리치고, 억제하거나 "예방하는" 데에 만족하지 않았다. 예를 들면 1584년 10월에 그리고 2년 뒤인 1586년 12월에 요세프 폰 투른 백작과 "가신" 토마스 에뢰디는 케른텐[오스트리아 남부]에서 투르크 도적떼를 격파했다.[65] 사실, 각자가 최선을 다했고, 국지적 전투들은 종종 수백 수천 명의 포로가 발생하는 진짜 전투로 이어지기도 했다. 이런 시련 속에서 헝가리 전체가 기독교 지역이든 이슬람 지역이든 끔찍하게 약탈당했고, 케른텐, 슈타이어마르크 국경, 슬로베니아, 크로아티아, 카르니올라의 국경지역도 마찬가지였다. 그곳의 성채와 요새 도시들의 방어선, 산지나 강가의 습지들이 넘을 수 없는 장벽은 아니었다.[66] 공격하기 좋은 계절이 지속되는 한 결코 전쟁의 불씨는 꺼지지 않았다. 겨울 동안의 휴전도 깰 수 없는 것은 아니었다. 그 결과는 뻔했다. 이 국경지역에 적막한 땅이 생겨났다. 이 지역에서 대군을 이끌고 싸우는 것은 해결 불가능한 문제를 제기한다. 예를 들면, 최전방인 그란[에스테르곰] 요새에 보급을 하기 위해서는 부다로부터 대규모의 소떼 이동이 조직되었다. 그러나 기독교도들이 이를 가로챈다면, 가축을 빌려준 헝가리 평원의 농민들은 더 이상 쟁기를 끌 가축이 없어서 부인들에게 멍에를 씌워야 했을 것이다. 속죄받을 수 없는 비인간적인 전쟁이었다. 1590년대에 전쟁이 재개되었을 때, 투르크인들에게 그 전쟁은 페르시아 전쟁만큼이나 힘들고, 비용도 많이 들고, 매우 긴 (1593-1606) 제2의 페르시아 전쟁이었다.

이때까지 게릴라전에서 이득을 본 것이 기독교 측일지라도, 신성 로마 제국의 정책은 1568년의 휴전조약의 규정들을 준수했다. 1590년에 제국은 휴전조약을 8년간 연장하는 협상을 진행하면서 그 대가로 연간 3만 두카트의 관례적인 공물과 은으로 된 특별 선물을 받기로 했다. 이러한 무기력한 정책은 대물림된 열등감의 결과로, 특별한 설명이 필요 없다.

더 이해하기 어려운 것은 투르크의 태도이다. 페르시아와의 강화 이후 투르크는 다시 서쪽 무대에 등장하게 될 것이다. 허장성세와 허풍이 이를 예고했다. 그런데 혹시 그 위험한 침략이 예컨대 전적으로 베네치아를 향하지는 않을까? 베네치아 정부는 함대에 경계령을 내렸고, 1590년 봄과 1591년에 서둘러서 크레타를 요새화하고, 그곳에 단번에 2,000명의 보병을 파견했다.[67] 프랑스 대사와 잉글랜드 대사는 투르크 황제에게 지중해에 함대를 보내달라고 간청했다. 1589년[68]에 그리고 1591년 초에 콘스탄티노플에서는 폭동을 일으켰다고 알려진 에스파냐의 모리스코를 구원하러 갈 300척의 갤리 선이 준비되고 있다는 소문이 돌았다.[69] 그런데 폭풍우가 북쪽으로 방향을 바꾸었다.

아마도 1593년 보스니아 총독 하산이 크로아티아 시사크 성 싸움에서 패한 것이 원인일 것이다. 하산은 그 이전에 이미 우스코크족에 대한 대규모 작전을 수행했었다.[70] 1591년에 그는 크로이츠와 수아니치 사이의 지역을 유린했고, 1592년 봄에도 재차 공격했다.[71] 아마도 의도적인 도발이었을 것이다. 그런데 1593년 6월, 콘스탄티노플에 들어온 정보에 따르면, 이 지역에서 관행적인 소탕 작전이 쿨파[쿠파] 강변에서의 참패로 끝났다. 수천 명의 투르크 병사와 함께 하산이 전사했고, 엄청난 전리품이 승자의 수중에 떨어졌다.

이 소식은 그때까지도 유동적이었던 주화파와 주전파 사이의 균형을 한쪽으로 기울게 했다. 주전파의 선봉에는 기독교와 신성 로마 제국의 가차 없는 적이자, 헝가리 전쟁의 영웅이고, 그를 대재상으로 추대했던 군부의 영수 시난 파샤가 있었다. 교활하고 완고하며, 재물을 탐하는 이 인정사정 없는 알바니아인의 역할을 과소평가해서는 안 된다. 신성 로마 제국은 1591년에 시작된 협상에서 그의 가치를 제대로 평가하지 않는 잘못을 범했다. 시난이 권좌에 올랐다고 해서 관계가 즉각 단절되지는 않았다. 협상은 신성 로마 제국의 대사 폰 크레크비츠와 계속되었다. 루멜리아의 베이렐르베이인 시난 파샤의 아들이 중재자 역할을 했다.

시사크의 소식이 상당히 오랫동안 준비된 파란(波瀾)을 콘스탄티노플에서 터뜨리려는 것 이외에 다른 의미가 있을까? 페르시아 전쟁의 종식으로 술탄 정부는 부대의 해산과 재고용이라는 익숙한 문제에 봉착했다. 정부는 봉급을 받지 못한 병사들의 폭동에 직면해야 했다. 1590년의 폭동은 혁명의 양상을 띠었다. 무라드 3세의 변화무쌍한 기분만큼이나 이러한 상황이 제국의 운명에 영향을 미쳤고, 대재상과 함께 대신들이 수도 없이 바뀌었다. 수도에서 병사들을 쫓아내야 한다는 필요성에 의해서 유럽 대륙에서의 새로운 전쟁이 시작되었다. 일화로 가득한, 거의 사료에 가까운 함머의 오래된 저서에 따르면, (1594년에 잠시 재상으로 강등되었던) 대재상 페르하트는 수도의 길거리에서 봉급을 받지 못해 불만을 품은 시파히들에게 공격 당했다. 대재상은 그들에게 다음과 같이 말했다. "국경으로 가라. 너희들은 거기에서 봉급을 받게 될 것이다."[72] 1598년에 예니체리는 악화(惡貨)로 봉급을 받았기 때문에 또다시 봉기했는데, 4월 18일자 보고에 따르면, 그런 사람들과 함께 이 도시에서 사는 것은 불가능했다.[73] 3년 뒤에, 이번에는 시파히 차례였다. 3월 20일부터 25일까지[74] 똑같은 일이 벌어졌고, 이 폭동으로부터 한 달 후에 콘스탄티노플에서 온 편지들에 따르면, "군인들의 방종과 무례" 때문에 대부분의 상인들이 가게 문을 닫지 않을 수 없었다.[75]

1593년에 헝가리 전쟁은 적어도 콘스탄티노플의 놀고먹는 병사들에게 일자리를 주었다.

우리는 14년 동안(1593-1606) 지속된 이 전쟁을 군사적이고 외교적인 여러 사실들을 통해서 알고 있다.[76] 사료를 거의 베끼다시피 한 함머의 책에서 이 전쟁에 대한 서술은 불완전하다. 친카이젠과 이요르가의 서술도 실망스럽기는 마찬가지이다. 큰 흐름에 관심을 가지는 이 책에서 그 전쟁을 다시 서술할 생각은 없다.

큰 흐름을 파악하는 것조차 쉽지 않다. 왜냐하면 이 전쟁은 단조로운 전쟁이었고, 이미 작전지역의 자연조건에 의해서 규정되었기 때문이다. 아드리아 해에서 카르파티아 산맥까지 펼쳐진 광대한 지역의 이곳저곳에 성채와 요새들이 자리잡고 있었다. 해마다 양측은 상당히 많은 군대를 동원했다. 어느 쪽이든 먼저 움직인 군대가 어려움 없이 성채와 요새 도시들을 점령했다. 그곳에 주둔한 부대들은 그들의 임무를 그럭저럭 잘 수행했는데, 상황이 어렵다고 판단되면 바로 퇴각하거나 싸우지 않고 모든 방어 진지를 넘겨주곤 했다. 승자가 새로 점령한 지점들을 유지할 것인지, 말 것인지를 결정하는 것은 병력과 자금의 문제였다. 그러나 중요한 것은 요새들로 이어진 방어선에서 무방비 상태의 빈 공간이 결코 적진 깊숙이 공격해 들어갈 수 있는 기회를 주지 않는다는 사실이다. 그 이유는 여러 가지이다. 첫째, 인간에게 적대적인 이 황폐한 지역에서는 굶어 죽기 십상이다. 여기까지 보급품을 운반할 생각은 하지 말아야 한다. 또한 파괴당하지 않고 온전하게 남아 있는 요새들이 주둔 병력을 모아 승자의 퇴로를 차단할 위험도 있다. 특히 이러한 관점에서 보면, 신성 로마 제국의 군대는 헝가리 기병의 지원을 받아 상당히 발전했지만, 독자적인 하나의 군대로 볼 만한 기병을 아직 충분히 보유하지 못했다. 투르크는 기병을 보유했지만 생각보다는 많지 않았다. 투르크는 동맹국들에게 기병을 요청해야 했다. 1601년[77]에 투르크 갤리 선들은 타타르 기병을 태워서 헝가리로 이송했다. 물론 과거에 투르크는 기병의 강력한 공격에 의해서 발칸 반도를 정복했다. 또한 나중에 샤를 드 로렌과 외젠 공이 기독교도의 땅을 남쪽 멀리까지 확대할 수 있었던 것도 기병의 공격 덕분이었다. 그러나 1593년의 군대에는 대규모 작전에 필수적인 이 기병이 없었다.

1593년부터 1606년까지의 시기에 대한 서술은 일련의 포위공격, 기습당하고, 항복하고, 구원되고, 봉쇄되거나 봉쇄를 푼 도시들에 대한 매우 상세한 이야기들뿐이고, 결코 중요한 사항은 없다. 큰 사건은 기독교 군대에 의한 그란과 페스트 점령, 투르크 군에 의한 에를라우 점령과 그란 탈환(1605) 등 두세 건뿐이다. 양측 군대가 충돌한 경우는 드물었고, 3일 동안 계속된 대전투도 단 한 번뿐이었다. 그 전투는 처음에는 혼전이었지만 결국 술탄이 승리했다. 술탄은 1595년 10월 23일부터 26일까지 케레슈 평야에서 친히 군대를 지휘했다. 그러나 이 전투도 결정적인 전투는 아니었다. 겨울이 와서 어쩔 수 없이 휴전을 하게 된 술탄은 그의 군대를 부다와 베오그라드까지 철수시켜야 했다.

그러나 이 단조로운 작전 중에 전장의 범위는 비교적 분명하게 드러났다. 서쪽으로는 알프스 산맥, 동쪽으로는 카르파티아 산맥까지 펼쳐진 신성 로마 제국과의 국경은 산악 및 삼림지대에서 또다른 삼림과 산악지대로 뻗어 있다. 전쟁은 그 가운데인 헝가리에서 벌어졌다. 이 광대한 평야를 가로지르는 도나우 강과 티사 강이 중요한 교통로였고, 배들은 병력과 보급품을 수송하기 위해서 그 강들을 이용했다. 때에 따라서 전쟁은 급조된 다리들 덕분에 강 이쪽저쪽을 넘나들었다. 북쪽으로 가는 두 개의 경로 중에서 도나우 루트가 더 황폐했고 더 위험했다. 티사 계곡이 최상의 도로를 제공하지는 않았지만, 더 편안한 숙소와 편리한 보급을 기대할 수 있었다. 티사 계곡은 안전한 지역이라는 장점도 있었다.

이 전쟁의 교훈을 종합해서 말하자면, 신성 로마 제국 군대의 발전을 부정할 수 없다는 점이다. 제국의 군대가 거둔 최초의 승리들은 유럽에서 많은, 아마도 아주 많은 소문들을 낳았고,[78] 1595년에 경축되었다. 제국의 군대에게 전쟁이 뜻하지 않게 찾아온 것은 아니다. 그들은 위험이 다가오고 있음을 보았고, 제국의회와 에어블란트(Erbland : 세습영지)에 제때에 협력을 구했다. 그들은 적절한 시기에 이탈리아, 교황청, 토스카나의 원조를 받았다. 이 시기의 이탈리아는 부유했고, 투르크가 군침을 흘리던 대상이었기 때문에 실질적인 지원을 받았다. 교황은 황제에게 금전적인 지원을 약속하고 십일조 징수를 허락했다. 토스카나 대공은 군대를 보냈다.[79] 그리고 베네치아에 대해서는 신성 로마 제국의 황제 편에 서라는 엄청난 압력이 가해졌지만 헛수고였다. 베네치아 정부는 군사적 중립정책을 포기하지 않았고, 계속해서 심지어 베네치아 항구들에서 투르크에 물자를 공급함으로써 에스파냐를 크게 화나게 했다.[80] 폴란드와 모스코바 공국을 신성 로마 제국 편으로 끌어들이려고 했지만, 이 또한 성과가 없었다. 더 강조해야 할 것은 1555년 이후 거의 평온을 되찾은 독일이 장기간 평화와 성장을 누리게 되었다는 점이다. 독일은 1558년 이후 북부에서 발생할 수도 있었을 혼란을 피할 수 있었고, 1568년 이후 공식적으로 투르크와 친선관계를 회복했다. 독일의 힘은 국경에서 느껴졌는데, 이탈리아 군과 프랑스 군의 존재 때문에 기독교 세계 공동의 국경선이 되었다.

그러나 다른 국경선들은 술렁였다. 주요 전투지역 외에 제2의 작전지역들이 나타났다. 한편에는 크로아티아와 슬로베니아가 있었고, 다른 한편에는 콘스탄티노플도 자기 수요를 충당하는 밀 곡창지대이자 가축 저장소인 왈라키아, 몰도바와 같은 동쪽의 국가들이 전쟁의 운명에 또다른 영향을 끼쳤다. 또한 헝가리인, 루마니아인, 독일인들이 동시에 뒤섞인 복잡한 세계인 트란실바니아도 있었다. 요새화된 수공업 도시들에서 사는 독일인들, 이 호기심을 끄는 독일인 이식의 역사적 역할은 엄청났다. 그런데 정말로 헝가리 전쟁의 운명을 결정했던 것은 제3자, 즉 대체로 오늘날의 루마니아에 해당하는 나라들이었다. 처음에 그들이 신성 로마 제국 편에서 갑자기 전쟁에 개입함으로써 1594-1596년에 매우 심각한 위기가 야기되었는데, 투르크 제국은 케레슈에서 신의 도움으로 승리해서 간신히 그 위기에서 벗어날 수 있었다. 그러나 1605년에 트란실바니아가 이번에는 신성 로마 제국의 반대편에서 개입함으로써 투르크가 단번에 실지(失地)를 회복하고 지트바-토로크 평화조약(1606년 11월 11일)을 손쉽게 얻어낼 수 있었다.

1594년 헝가리의 상황은 여전히 불확실했지만, 트란실바니아, 왈라키아, 몰도바 세 조공국은 술탄에게 반기를 들고 신성 로마 황제 루돌프와 동맹을 맺었다.[81] 왈라키아에서 용감왕 미하이[1558-1601]는 그 나라의 구(舊)영주들을 학살했다. 이 세 반란은 투르크-신성 로마 제국의 전쟁을 잠시 잊게 할 정도였다. 그러나 폴란드, 러시아, 도나우 강 사이에 위치한 이 발칸 지역의 역할에 대해서 전통적인 역사는 다시 한번 전쟁 자체에 대해서라기보다는 오히려 전쟁의 주역들에 대한 논평만 제시할 뿐이다. 도나우 강 유역에서 형성되고 있던 십자군을 주도하려는 꿈을 꾸며 교황으로부터 자금을 지원받았던 트란실바니아의 무자비한 지배자 바토리 지기스문트,[82] 몰도바의 보이보드[voivode : 왕의 칭호가 없는 군주] 아론, 그리고 파악하기 어렵고 평가하기는 훨씬 더 어려운 인물인, 왈라키아와 광대한 주변 지역의 지배자인 용감왕 미하이가 그 전쟁의 주역들이다.

이 반란이 메흐메트 3세 즉위와 동시에 일어남으로써 반란의 영향이 더 강해졌다. 1595년 여름 시난 파샤는 용감왕 미하이에 맞서 그의 군대를 호되게 몰아붙였다. 그는 8월에 도나우 강을 건너 부쿠레슈티와 왈라키아의 수도였던 트르고비슈테를 점령했다. 그러나 공격적인 귀족들과 그 기병들의 표적이 된 그는 점령지에서 버틸 수가 없었다. 겨울이 다가오자 그는 급조된 목책들을 불태우고 철수해야 했는데, 그의 후퇴는 재앙으로 변했다. 그와 함께 부대의 극히 일부만이 다시 도나우 강을 건넜다. 그러나 승리한 적들은 눈 덮인 길을 따라 남쪽으로 밀고 내려와 브라일라와 이즈마일을 점령했다. 이즈마일은 최근에 투르크가 만든 도시로 도나우 강 하류에서 가장 강력한 요새였다.[83] 트란실바니아에서도 투르크 군의 상태는 더 양호하지 않았다. 원정 군단 가운데 하나를, 병력과 포대를 비롯한 물자를 모두 잃었다.[84] 신성 로마 제국의 군대는 8월 4일 그란의 포위를 풀려고 시도했던 작은 부대를 격파했다. 그 도시는 1595년 9월 2일 항복했다.

술탄이 이 위태로운 상황을 처리하기 위해서 친림했고, 1596년 10월 23-26일 케레슈 평야에서의 승리 덕분에 상황을 수습할 수 있었다. 따라서 군사행동 초기에 "독일"의 부흥을 부정할 수는 없지만, 그렇다고 과장하지는 말자. 특히 오스만 제국의 치유할 수 없는 쇠퇴를 말하지 않도록 다시 한번 주의하자. 비록 그 주제가 이미 당대의 서구인들 사이에서 이야기되었을지라도 말이다. 에스파냐 대사가 그 제국은 "한 마디 한 마디 해체되기" 시작했다고 지적했지만,[85] 그 증언은 아직 그 말이 가질 수 있는 의미를 완전히 다 함축하지는 못했다. 게다가 투르크는 신중했다. 트란실바니아와 "도나우 지방들"에 맞서 투르크는 때를 기다리면서 협상할 줄 알았다. 경험을 통해서 배운 투르크는 왈라키아의 말벌 집을 서둘러 건드리지 않았다. 투르크는 가능한 한 그들을 무력화시킬 수 있도록, 일시적으로 그들의 통제를 벗어난 이 풍요로운 평야로 폴란드인들을 끌어들였다.[86] 투르크는 용감왕 미하이의 군대로부터 몇 차례 심한 공격을 받았지만,[87] 훨씬 더 좋은 상황에서 신성 로마 제국의 황제에 대적할 수 있게 되었다.

한편, 전쟁 막바지에는 양측이 훨씬 더 대등하게 맞서 싸우면서, 단조롭고 비용이 많이 드는 전쟁으로 기진맥진해졌다. 재정적으로도,[88] 군사적으로도 고갈되었다. 투르크 병사들은 그들의 임무를 회피했지만,[89] 제국의 병사들도 마찬가지였다.[90] 전문가들에 따르면, 양측 모두 전력(戰力)이 부족했다.[91] 양측 모두 전쟁 초기의 열정이 식었다.[92] 1593년, 황제의 명령에 따라서 매일 정오에 투르크의 종(Türkenglocke)을 울렸는데, 이는 강한 적에 맞서 전쟁을 하고 있다는 사실을 매일 상기시키기 위해서였다. 1595년에 술탄 무라드는 다마스쿠스에서 헝가리까지 예언자의 녹색 깃발을 장엄하게 옮기게 했다. 그러나 1599년에는 아무도 그런 행위를 좋아하지 않았고, 대재상 이브라힘은 진지하게 평화협상을 시작했다.[93] 전쟁이 지루하게 계속됨에 따라 협상도 계속되었다. 양측 모두 "후방"은 "전선"보다 더 잘 버티지 못했다. 1600년경, 일명 야지지(Yaziji, 서방의 보고서들에 "문필가"로 지칭된 인물)[94]가 주도하는 폭동이 소아시아를 휩쓸어, 교통이 마비되고 앙카라가 완전히 봉쇄, 고립되었다.[95] 반란은 너무나 성공적이어서 부르사까지 위협할 정도였다.[96] 1601년 하산 파샤가 "문필가"를 격퇴하고 성대한 축제 속에 콘스탄티노플에 개선했다.[97] 1603년에는 아시아에서 페르시아에 대한 전쟁이 재개되었다. 이 전쟁은 상상할 수 없는 지출을 초래했고, 소아시아를 휩쓴 폭동이 제국에 가한 위협을 더 극적으로 만들었다.

그러나 이 전반적인 쇠퇴의 시기에 투르크는 북쪽에서 상황을 반전시키는 데에 성공했다. 그러기 위해서 투르크는 트란실바니아를 자기편으로 끌어들이기만 하면 되었다.[98] 1605년에 투르크는 그 당시 트란실바니아를 지배하고 있던 보츠카이에게 헝가리 왕관, 즉 신성 로마 황제와 대적하는 국경지대를 제외하고 투르크 지배 하의 헝가리 전체를 주겠노라고 약속했다. 산악지대의 이 초라한 군주는 선물로 받은 풍요로운 평야지대에 너무 마음이 끌렸다. 이런 약속은 단지 속임수였으며, 투르크에게 필요했던 교란작전이었다. 다른 한편 그들이 서쪽으로 크로아티아와 슈타이어마르크의 국경지대에 보냈던 타타르족의 지원을 받아, 투르크는 성공적으로 도나우 강유역에 진출할 수 있었다. 비세그라드 점령 직후인 1605년 9월 26일 그란이 다시 함락되었다. 이어서 베스프렘과 팔로타가 투르크의 수중에 떨어졌다. 이상은 대재상 랄라 무스타파의 가장 중요한 승리만 언급한 것이다.

그 결과 협상은 투르크에 좀더 유리하게 진행될 수 있었다. 투르크는 급박한 페르시아와의 전쟁 때문에, 그리고 1605년에 그들이 거둔 승리의 이득을 챙기기 위해서 협상을 서둘렀다. 1606년 11월 11일 마침내 평화조약이 체결되었다. 전쟁 이전의 상태가 복원되었고, 요새와 포로들이 반환되었다. 특별 협정을 통해서 신성 로마 황제와 다시 화해한 트란실바니아는 헝가리 왕좌를 포기했고, 술탄은 신성 로마 황제로부터 공물 대신 20만 두카트의 선물을 받았다. 1606년의 평화조약은 투르크와 신성 로마 제국이 대등한 위치에서 체결한 첫 번째 평화조약이었다.

2. 프랑스 내전으로부터 에스파냐에 대한 전쟁으로, 1589-1598년

지중해의 변두리이지만 때때로 지중해에 영향을 미친 서쪽에서 또다른 전쟁이 일어났다. 프랑스의 전쟁도 서방과 대서양 세계의 위기와 연결되었다. 여기에서도 우리에게 중요한 점은 모든 것을 이야기하는 것이 아니라 오로지 이 사건들과 안정을 되찾은 지중해의 역사 사이의 연관성을 지적하는 것이다. 이렇게 우리의 과업을 한정하더라도 여전히 쉽지 않다. 프랑스 종교전쟁은 사회적, 경제적 배경까지 말하지 않더라도 유럽의 종교적, 정치적 참극의 일부였다. 이러한 복합적인 문제들에서 어떻게 아무 탈 없이 우리의 한정된 관심사를 정확하게 잘라낼 수 있겠는가?

1589년부터 1598년까지 프랑스는 두 차례의 위기를 겪었다. 1589년부터 1595년까지는 주로 내부적인 위기였는데, 반란이 시작된 이래 프랑스가 겪은 최악의 위기였다. 이어서 1595년부터 1598년까지는 에스파냐와의 전쟁과 함께 대외적인 위기를 겪었다. 이 두 차례의 위기 모두 프랑스를 심하게 뒤흔들었지만, 우리의 주제와는 주변적인 사건으로서만 관련이 있다.

지중해 프랑스에서의 종교전쟁

무엇보다도 지중해에 면한 프랑스의 남부 지방은 종교전쟁에서 부차적인 역할밖에 하지 못했다. 전란의 원인이자 구실이었던 이단은 바다와 면한 프로방스 지방보다는 도피네 지방에서 이탈리아까지, 그리고 랑그도크 지방에서 에스파냐까지 세력을 넓히고자 했다. 랑그도크와 도피네 사이에 있는 프로방스는 상대적으로 평온했을 것이다. 하지만 이러한 사정도 프로방스에 소용돌이가 휘몰아치고, 1562년, 1568년, 1579년에 매우 위험한 상황이 발생하는 것을 막지는 못했다. 특히 1579년의 농민반란이 이 지방을 유린했다.[99] 그 당시 전쟁은 전염병 수준으로 발전하여 학살과 약탈이 만성화되었다. 프랑스의 다른 지방에서처럼 프로방스 지방에서도 1580년대부터는 모든 것이 흔들리고 해체되었다. 아직 프랑스 왕국에 완벽하게 통합되지 못한[100] 이 지방은 가난했지만 지방의 특권에 집착했고, 지역 간에 경쟁이 심했고, 도시들은 그들의 특권을 소중히 여겼으며, 귀족들은 언제나 소란스러웠다. 그러나 이 역사의 잔해들을 정돈하고, 지역에서 벌어진 귀족의 지지를 받은 카르시스트[carcistes : 카르세(Carcès) 백작을 따르는 프로방스의 비타협적인 가톨릭 동맹파]와 라자[razas : 종교적 관용을 지지하는 당파] 사이에서, 나중에는 가톨릭 동맹파(ligueurs)와 비가라[bigarrats : 국왕파의 별칭] 사이에서 벌어진 비열한 싸움의 책임을 정확하게 규명하는 것이 가능한가? 이 비극들은 앙리 3세의 치세 말에 그리고 1589년 8월 1일 국왕의 암살과 함께 악화되었다.[101]

1589년 이후부터 적어도 1593년까지 프랑스 참극의 중심 무대는 네덜란드에서부터 파리, 그리고 파리에서부터 노르망디와 브르타뉴까지, 언제나 북쪽이었다. 그러나 남부에서도 상황이 악화되었다. 다른 곳에서처럼 남부에서도 앙리 4세의 치세 초기에는 왕국이 도시와 영지, 자치적인 집단으로 조각이 났지만, 곧이어 빠르게 재건되었다. 모든 모래알이 다시 응집하여 옛 건물의 단단한 초석으로 복원되었다. 이 역사는 그 리듬은 단순하지만 자세히 들어가면 터무니없이 복잡해졌다. 각각의 모래알들은 그 나름의 연대기를 가졌고, 중요한 인물들은 각자 자신의 전기를 가졌다.

지중해 연안의 남부 지방에서, 전체적으로 6-7개의 모험이 교차했다. 랑그도크에서 몽모랑시와 주아외즈 공작의 운명이 마주쳤고, 에페르농 공작의 모험은 프로방스에서, 레디기에르 원수의 모험은 도피네와 그 주변에서,[102] 느무르 공작의 모험은 리오네에서,[103] 사부아 공작의 모험은 프로방스에서 제네바 호수 연안까지 펼쳐졌고, 마지막으로 펠리페 2세의 복잡한 책략이 작용했다. 이 모든 인물들 가운데 몽모랑시, 레디기에르, 에페르농 세 사람만이 앙리 4세를 위해서 봉사했다. 봉사라는 단어는 너무 단순하고, 적어도 에페르농 한 사람에게는 매우 적절하지 않다. 그는 다른 당대인들처럼 자기 자신을 위해서 일했고, 1594년 11월에 그 외국인[앙리 4세]의 대의에 합류했을 뿐이다.[104]

이 모험들은 서로 충돌하고 겹쳐지기 때문에 하나씩 따로따로 추적하기가 어렵다. 그러나 그 모험들은 대체로 서로 다른 운명을 가진, 지리적으로 거의 구별되는 두 개의 전쟁으로 분명하게 나뉘었다. 하나는 사실상 1592년 말에 끝난 랑그도크에서의 전쟁이었고, 다른 하나는 1596년에 가서야 끝나는 프로방스에서의 전쟁이었다. 이는 선험적인 가정에 반대되는 것처럼 보인다. 왜냐하면 에스파냐는 자기 문 앞에 있는 랑그도크에서는 1592년 이후에는 전쟁을 계속할 수 없었지만, 더 멀리 떨어져 있는 프로방스에서는 1596년까지 전쟁을 계속할 수 있었다는 것이기 때문이다. 상황이 이러한 역설을 설명해준다.

랑그도크에서는, 앙리 4세의 적들이 유리한 패를 쥐었다. 그들은 에스파냐 군의 지원을 받았다. 에스파냐 군은 세르다뉴와 루시용에 자리를 잡고 피레네 산맥의 북쪽으로 상당히 많이 진격했으며, 지중해에서의 제해권을 활용할 수 있었다. 또한 다른 좋은 패도 가지고 있었는데, 서쪽의 기엔에서는 가톨릭 동맹이 상당한 지지를 받았고, 동쪽의 프로방스는 이단자 국왕에 대해서 반대의 뜻을 표명했다.

그러나 새로운 국왕에게 헌신한 몽모랑시 공작은 몽펠리에에서 세력이 강했다. 게다가 그는 퐁생테스프리를 통해서 언제든지 개입할 준비가 되어 있는 도피네의 레디기에르 세력과 쉽게 힘을 합칠 수 있었다. 따라서 론 강의 길을 지배한, 아니면 적어도 마음대로 그 길을 차단할 수 있는 "국왕파"는 지중해 전역에 압력을 가할 수단을 보유했다. 다른 한편, 랑그도크 지방의 지중해는 유별났다. 리옹 만은 갤리 선에 적대적이고 겨울마다 악천후로 오랫동안 요동친다. 해군은 종종 실행할 수 없는 어려운 임무를 맡기는 펠리페 2세에게 이러한 사실을 보고했다.[105] 그 임무는 병력과 물자의 수송, 프랑스 사략선 추적, 또는 자주 요구되었지만 실행이 불가능했던 브리스콩 요새의 파괴와 같은 것이었다. 1588년 이후[106] 몽모랑시는 브리간틴과 프리깃으로 구성된 함대를 보유하고 있었는데, 카탈루냐의 선박 강탈자로 알려진 이 작은 쾌속 범선은 1589년 이후 나르본 항구 봉쇄에 유용하게 활용되었다. 에스파냐의 육중한 갤리 선들이 이런 쪽배들에 대적하기란 베네치아 갤리 선들이 우스코크의 배들에 맞섰을 때보다 더 효과적이지 못했다. 따라서 제해권이 없는 몽모랑시도 바다를 통해서 코르시카의 지원군[107]과 리보르노의 노(櫓)들[108]을 받을 수 있었다.

사실 가톨릭 동맹군에게는 보기보다 싸우기 어려운 승부였는데, 그들에게는 불행하게도 프랑스 원수의 아들인 별로 능숙하지 못한 주아외즈 공작이 그 일을 맡았다. 처음에는 모든 것이 순조로웠다. 그는 곧장 가까운 에스파냐로 방향을 돌렸다. 1590년 5월 8일자 에스파냐의 보고에 따르면, "국왕파"가 그 "도시(burgo)"를 지키고 있었음에도 불구하고,[109] 공작은 작전을 시작하자마자 중요한 거점인 카르카손을 점령했다. 그때 몽모랑시는 나르본 지방을 공격하기 위해서 그의 군대를 퐁생테스프리에 집결시켰다. 불안을 느낀 주아외즈 공작은 펠리페 2세에게 다음과 같이 썼다. "랑그도크에서 가톨릭의 문제는 곧바로 적어도 6월 중순까지 해결책을 찾지 못한다면, 이단자 국왕이 모든 것을 장악할지도 모른다고 걱정해야 할 정도입니다. 왜냐하면 국왕의 참모장이자 이 지방의 지배자인 몽모랑시가 대군을 동원하고 있기 때문입니다."[110]

암울한 그림이다. 왜냐하면 부유한 에스파냐로부터 언제나 더디게 오는 보조금과 지원을 획득하는 것이 이 편지의 목표였기 때문이다. 어쨌든 상황은 심각했다. 6월 12일에도 여전히 주아외즈는 아무것도 받지 못했고, 적들이 "이 수확기에 가톨릭 교도들을 공격하고 그들에게서 신성한 결심을 유지할 수 있는 모든 수단을 빼앗을" 채비를 하고 있다는 생각에 불안했다.[111] 6월 22일에 주아외즈는 부주교 빌마르탱을 에스파냐 국왕에게 보내면서 다시 요청하고 호소했다.[112] 약속했지만 아직도 이루어지지 않은 지원에 대해서 그는 7월 10일에도 다시 이의를 제기했다.[113] 공작은 그날 펠리페 2세에게 다음과 같이 썼다. "저는 전하께서 제가 감히 전하를 성가시게 할 정도로 이렇게 자주 우리의 필요에 대해서 말씀드리는 것을 용서해주시기를 간청합니다. 가톨릭 신앙의 보존을 위한 전하의 열정과 이 지방의 가톨릭을 지원하겠노라고 제게 약속하신 것을 지키시려는 그 신의를 안다면 제가 시도하지 말았어야 할 일입니다."[114] 8월에 펠리페 2세의 지원이 마침내 도착했는가? 그렇지 않다. 적어도 약속한 모든 지원이 도착한 것은 아니었다. 한 편지는 에스파냐의 갤리 선들이 다음에 나르본 주변에 주둔한 독일 병사들에게 보급할 것이라고 언급했고,[115] 다른 편지도 약속한 화약 일부가 도착했다고 확인한다.[116] 그러나 같은 시기에 봉급을 받지 못한 독일 용병들이 "적진"에 들어가기를, 다시 말해서 싸우기를 거부했다는 것을 우리는 알고 있다.[117] 요청은 반복되고 응답은 더디고, 근사한 약속은 늘 그렇듯이 실행되지 않고, 가끔씩 드물게 승리하면서 작은 승부가 계속되었다.

좋든 싫든 전쟁은 2년간 계속되었다. 그러나 1592년에 피레네 남쪽의 아라곤에서 중대 사태가 발생했다. 안토니오 페레스를 지키기 위해서 일부 지방이 반란을 일으켰다. 도망자 신세인 페레스와 그의 동료들은 베아른 지방으로 피신했다. 그곳에서 앙리 4세의 누이 카트린은 이 기회를 이용해서 피레네 북쪽에서 군대를 보내서 아라곤 지방을 공격했다.[118] 따라서 펠리페 2세는 자신이 병력을 피레네 남쪽에 묶어둘 수밖에 없었고, 주아외즈와 랑그도크의 가톨릭을 포기했다. 절망한 랑그도크의 가톨릭 군은 죽기 살기로 9월에 타른 강변의 빌뮈르를 점령하려고 애썼다. 이곳을 점령하면

케르시와 기엔 지방으로 갈 수 있다는 희망 때문이었는데, 다시 말해서 고향을 버리고[119] 다른 곳에서 투쟁을 계속하기 위함이었다. 1592년 11월 4일자의 보고에 따르면, 이 시도는 가톨릭 군이 보병과 포병 전부를 잃는 참패로 끝났다.[120] 패자들에게는 이제 "기독교인 중의 기독교인이고, 가톨릭 중의 가장 가톨릭인, 신 다음으로 모든 희망을 떠받치고 있는" 에스파냐 국왕이외에 달리 호소할 데가 없었다.[121] 그러나 그 호소도 성과가 없었다.

이듬해 초에 휴전조약이 체결되었고, 파리에는 1593년 2월 중순에 그 소식이 전해졌다.[122] 지중해 쪽의 랑그도크에서의 내전도 국왕파가 기대했던 것보다 훨씬 더 빨리 유리하게 끝났다.[123] 툴루즈 주변의 내륙 쪽 랑그도크에서는 1596년까지 싸움이 계속되었다. 그러나 1593년에 동쪽에서 거둔 승리는 매우 중요했다. 이 승리로 앙리 4세 치세 초기에 이탈리아 근처에서부터 대서양까지 펼쳐졌던 반란지역이 둘로 갈라졌다. "국왕파"는 베아른과 같이 그 둘 사이에 있는 지역에서 에스파냐 국경을 직접 대면하게 되었다.

프로방스에서 앙리 3세의 서거 전에 이미 시작되었던 내전은 랑그도크에서보다 더 오래 지속되었고, 그 복잡했던 마지막 국면 때문에 1598년에 에스파냐-프랑스 전쟁이 끝날 때까지 계속될 것이었다(그때 비로소 사부아 주둔군이 마르세유의 베르에서 철수했다).

1589년 4월부터, 즉 앙리 3세가 죽기 전부터, 프로방스는 왕국으로부터 분리, 독립했다. 정확하게 말하자면, 엑스 고등법원이 가톨릭 동맹에 가입하고, 마옌 공작을 "왕국의 국왕 대리"로 승인했다.[124] 고등법원의 소수파인 "국왕파"는 1589년 7월 페르튀이로 물러났다.[125] 엑스, 아를, 마르세유와 같이 큰 도시들은 가톨릭 동맹 편이었다(마르세유는 프로방스의 경계 밖에 있었지만, 프로방스 지방으로 간주되었다). 그들의 특권 뒤에 몸을 숨긴 이 도시들에 의해서 지배되는 프로방스 지방은 새로운 프랑스 국왕이 즉위하기 전부터 이미 편을 정했다. 1587년에 총독으로 임명된 에페르농 공작은 그의 동생 베르나르 드 노가레 드 라발레트에게 총독 자리를 넘겼다. 힘이 넘치고 활동적인 라발레트는 새로운 위험 앞에서도 포기하지 않았다. 국왕 정부에 충성하고 레디기에르의 세력과 민중 및 농민에게 의지한 그는 상황에 맞서 프로방스 중부와 남부를 탈환하는 데에 성공했다. 1590년 에스파냐의 보고서에 따르면,[126] 그는 바다 쪽에서 닥칠 수 있는 위험뿐만 아니라 사부아에 대비하기 위해서 툴롱을 요새화했다. 그러나 라발레트는 끔찍했던 내전기의 마지막 10년 동안, 가톨릭이든 프로테스탄트든, 프로방스를 지배하고자 했던 자들보다 더 완벽하게 프로방스를 장악하지는 못했다. 적어도 1596년까지는 서로를 적대하는 두 개의 프로방스가 있었다. 하나는 엑스를 중심으로 했고, 다른 하나는 국왕파의 임시 수도 페르튀이를 중심으로 했는데, 그들 사이의 경계선은 유동적이었으며 게다가 불분명한 경우가 많았다.

이 지방에서 가장 큰 도시인 마르세유는 두 번째 국왕파 시장인 랑슈가 암살당한 1588년 4월 이후[127] 가톨릭 동맹의 대의에 가담했고, 그 열정은 더 이상 변하지 않았다. 그런데 가톨릭 동맹과 뜻을 같이한다는 것은 조만간 에스파냐와 손을 잡게 될 것임을 의미했다.

그러나 1590년 여름에 프로방스에는 외국의 음모가 단 한 건, 즉 사부아 공작이 꾸민 음모뿐이었다. 사부아 공작은 강력하지만 멀리 있는 에스파냐 국왕보다 프로방스를 더 잘 교란할 수 있는, 움직이기 좋은 위치에 있는 작은 동업자였다. 카를로 에마누엘레는 그해 7월에 가톨릭 동맹의 음모가인 소(Sault) 백작부인 크리스틴 다게르의 선동에 이끌려 프로방스를 침공했다. 1590년 11월 17일 그는 엑스에 입성해서 고등법원의 영접을 받았다. 고등법원은 프로방스 총독직을 그에게 맡겼지만, 그가 그토록 원했던 프로방스 백작의 작위를 부여하지는 않았다.[128]

1590년 겨울에 다가올 프로방스 사태의 모든 요소들이 자리를 잡았다. 그럼에도 사태는 곧바로 전개되지 않았는데, 이는 당시 에스파냐가, 사부아 공작이 단독으로 자신의 의지를 강요하기에는 역부족이었던 프로방스 지방에 노력을 기울이는 대신, 1592년의 아라곤 위기와 같은 해 9월 10일 빌뮈르의 패주 때까지 랑그도크에 집중했기 때문이다. 그러나 1592년에 프로방스 지방은 지중해 프랑스에서 유일하게 활동 가능한 지역으로 남아 있었다. 에스파냐는 더 민첩하지도 더 서두르지도 않고, 사부아, 레디기에르, 라발레트 등 지역의 인물들을 무대에서 밀어내지 않으면서, 프로방스에서 그때까지 결코 해본 적이 없는 노력을 하게 될 것이다.

사부아 공작의 취약성을 입증하는 것은 1592년 겨울 동안 레디기에르가 라발레트와 협력해서 그리고 나중에는 혼자서(라발레트는 로크브륀 포위작전 중이던 1592년 1월 11일 치명적인 부상을 당했다[129]) 사부아의 군대를 바르 강 너머로 몰아낼 수 있었고, 봄에는 니스의 영지에 있는 사부아 공작을 기습하러 갔다는 사실이다. 프로방스에 흩어져 있는 사부아의 수비대는 봉쇄되거나 포위되지는 않았지만 위험을 느꼈다.[130] 그러나 여름이 오자 레디기에르가 알프스로 돌아갔고, 그 덕분에 사부아 군은 프로방스에서 다시 여름 진군을 할 수 있었다. 이 과정에서 사부아 군은 1592년 8월 칸과 앙티브를 점령했다.[131] 그러나 이러한 성공이 이전의 승리보다 더 결정적인 것은 아니었다. 이 가난한 지방에서 전쟁은 일련의 기습공격으로 전락했고, 승리는 실속이 없었다. 동생의 죽음으로 총독직을 다시 맡게 된 에페르농 공작은 가스코뉴 무리와 함께 마치 정복지에 온 곳처럼 이곳에 자리를 잡았다. 가을이 다가옴에 따라, 일련의 잔혹한 공격과 작전을 통해서 사부아로부터 칸과 앙티브를 탈환할 수 있었다. 상황이 역전된 것인가? "반국왕파" 프로방스의 대표들은 9월부터 가톨릭 왕에게 지원을 요청하면서 그와 한편이 되었다.[132] 장인인 마옌 공작에 의해서 1592년 가톨릭 동맹의 프로방스 총독에 임명된 카르세 백작은 1593년 초에도 똑같은 요구를 했다. 경고는 소용없었다. 사부아 공작을 두 차례나 외면했던 완벽한 승리는 이제 에페르농 공작에게도 주어지지 않았다. 그는 1593년 6-7월에 엑스를 차지하려고 애썼지만 헛수고였다.[133]

그때, 정확히 1593년 7월에 프랑스에서 국왕[앙리 4세]의 개종[가톨릭으로의 개종]이 발표되자 상황이 바뀌었다. 거대한 동참의 움직임이 이어졌고, 국왕과 평화로의 복귀가 뒤따랐다. 1594년 1월 5일, 엑스 고등법원이 국왕에게 충성의 맹세를 했다. 가톨릭 동맹 측 고등법원들 가운데 가장 먼저 앙리 4세를 인정한 엑스 고등법원[134]은 결정적인 것처럼 보이지만 실제로는 그렇지 않은 선언으로 1594년 새해를 시작했다. 프로방스에서 1594년은 분명 국왕의 개종과 국왕에 대한 지지의 해였을 뿐만 아니라, 최후의 음모와 폭동, 오산과 폭력, 수많은 흥정의 해이기도 했다.

그중에서도 하나의 정치적인 대사건이 두드러진다. 앙리 4세의 대의에 동참한 가톨릭 동맹 이탈자들은 서로 화합했고, 그들의 모든 분노를 에페르농에게 쏟아부었다. 에페르농의 행동은 명확해졌다. 그는 자신이 앙리 4세에게 사랑받지 못하고(공작은 1592년에 국왕을 압박해서 프로방스 총독 직을 받아낸 바 있다), 지방 귀족들에게 미움받고 있다는 것을 알았다. 수평선에서 막 떠오르려던 평화가 그의 권력과 그가 꿈꾸었던 공국의 독립을 끝장내리라는 것을 그는 오래 전부터 알고 있었다. 따라서 공작이 엑스의 주민들과 프로방스의 귀족들과 타협하지 않으려고 했으며, 그리고 앙리 4세가 난처한 상황에 놓인 프로방스에 파견한 이상한 요원 자크 드 보베 라 펭의 활동을 우려했던 이유가 있었다. 그러나 공작은 레디기에르와 몽모랑시로부터 이중의 압박을 받으며 국왕의 명령에 따라서 엑스의 주민들과 화해해야 했다. 그러나 레디기에르의 불신과 금창공[金瘡公, Balafré : 얼굴에 칼자국이 있는 사람. 프랑수아 드 기즈(1519-1563)를 지칭함]의 아들인 기즈 공작의 프로방스 총독 임명 소식을 알게 된 에페르농은 나중에 스스로가 말했듯이, 자신의 명예와 목숨을 구하기 위해서 반란을 일으키기로 결심했다.[135] 반란을 일으킨다는 것은 사부아 공작 및 에스파냐와 뜻을 같이한다는 것을 의미했다.[136] 그가 쓴 편지들과 에스파냐의 자료들에 따르면, 그는 1594년 11월부터 이미 위험을 무릅쓰기로 마음먹었다. 그러나 배신은 1년 뒤인 1595년 11월에 가서야 공식 문서로 명확하게 확인되었다.[137] 공작은 그가 프로방스 안팎에서 여전히 지배하고 있던 몇몇 도시들 그리고 가스코뉴 무리들과 함께 적에게 투항했다. 어쨌든 우리는 에스파냐 문서들 속에서 에페르농 공작이 자신의 소유라고 주장한, 프랑스 전역에 산재한 재산과 도시들의 명단을 발견했다.[138]

그러나 공작의 배신은 때늦은 것이었다. 1595년 11월 공작과 에스파냐 사이의 협약이 정식으로 작성되었을 무렵, 남부 지방의 운명은 이미 정해졌다. 그러나 에스파냐는 1594년에 노력을 배가하기로 결정했다. 밀라노 총독인 카스티야의 대원수 벨라스코는 많은 병력을 집결시켰고 사부아와 쥐라 산맥을 넘어 디종을 겨냥한 원정을 준비했다. 론 원수[139]는 그에게 기병을 유지하기 위해서 알리에 강변에 위치한 부르보네 지방의 물랭에 본부를 두라고 조언했다.[140] 이는 1595년 여름에 프랑스의 심장을 겨냥한 것이나 마찬가지였다. 6월 5일 퐁텐프랑세즈의 승리는 침략군의 퇴각을 결정지었다. 그 승리는 군사적 관점에서는 무의미했지만 중대한 결과를 낳았다. 앙리 4세가 남쪽으로 진군하면서 북쪽을 비워두었지만,[141] 그 대신 적의 우회 공격으로 위험에 빠질 수도 있는 거점들을 강화할 수 있었다.

1596년 에페르농 공작과 마르세유를 동시에 굴복시킴으로써 모든 것이 바로잡혔다. 기즈 공작은 큰 어려움 없이 이 두 장애물을 제거했다. 2월에 "국왕파"는 비도방에서 에페르농 공작의 소규모 군대를 격파했다.[142] 아르장 강에서도 전투가 벌어져서 많은 병사들이 익사했다. 다음 달(3월 26일)에, 공작은 국왕과의 강화조약에 서명했고,[143] 두 달 뒤에 프로방스를 떠났다.[144] 마르세유에 대해서 말하자면, 2월 16-17일 밤 배반자가 기즈 공작에게 성문을 열었다.[145]

마르세유의 역사에서 가장 소란스럽던 시기가 이렇게 끝이 났다. 마르세유에 대해서는 몇 마디를 덧붙일 만하다. 이 혼란기에 프랑스의 다른 많은 도시들처럼 마르세유는 사실상 자치를 누렸다. 독립적이고 가톨릭이고 친

(親)동맹 성격의 마르세유는 1588년 4월 이후 자신들의 열정에 사로잡혔다. 그러나 어떻게 왕국의 가장자리에서 살아갈 것인가? 반란 때문에 왕국이 분단되고 분해되었기 때문에 사실상 마르세유는 왕국의 밖에 있었다. 에스파냐가 밀을 요구했다는 사실이 이를 잘 보여준다.[146] 다른 한편, 가까이에서 벌어졌든 멀리에서 벌어졌든 그 도시를 에워싼 전쟁은 근대적인 전쟁은 아니었다. 그것은 물자보다 사람들이 부딪친 전투였고, 비싼 대가를 치렀다. 마르세유에서도 방어비용과 군비 지출은 과중했다. 이러한 희생을 감내하기 위해서 결연한 정책이 필요했다. 5년간 지속된 그 정책은 샤를 드 카소라는 인물을 통해서 구현되었다. 최근에 역사가 라울 뷔스케는 무슨 수를 써서라도 그를 복권시키려고 하는 대신에 새로운 각도에서 그를 조명했다.[147] 1591년 2월에 이 정열적인 지도자는 혁명적인 방법으로 시청을 장악했다. 사실 그 도시의 수장으로서 그는 세심하고 효율적인 행정가였다. 자신의 도시의 이익만 생각했던 그의 정책은 곧 사부아 공작의 위협적인 음모와 결별했다. 사부아 공작은 마르세유를 통해서 에스파냐와 직접 연락을 취하고자 했다. 공작은 1591년 3월 마르세유에 머물렀지만 그의 노력은 수포로 돌아갔고, 배신자를 통해서 (1591년 11월 16-17일) 생빅토르를 점령하려고 시도했지만 헛수고였다.[148] 마르세유는 소 백작부인에게 잠시 피난처를 제공하기는 했지만, 카소는 프로방스 귀족의 논쟁과 음모에 가담하지 않고 굳건하게 버텼다.

마르세유 안에서 카소가 시행한 정책, 즉 공공부조 사업이라고 불릴 만한 것, 인쇄술의 도입, 공공건축 사업, 특히 그가 누렸던 인기를 생각한다면, 그 "폭정"의 새로운 측면이 드러난다. 다른 모든 독재처럼 그의 독재도 의심하고, 감시에 의존하고, 이른바 잡범들을 증오했기 때문에 그들을 주저 없이 투옥하고, 추방하고, 그들의 재산을 몰수했다. 그러나 그 체제는 기이하게도 대중을 위했기 때문에 가난한 민중에게는 인기가 있었다. 에스파냐의 보고서는 1594년에 마르세유에서 부유한 상인이나 귀족에 대한 전쟁이 있었음을 보여준다. 그 보고에 따르면, "왜 그런 일이 일어났는지는 잘 모르지만, 분명 그들에게서 돈을 빼앗기 위해서였을 것입니다."[149] 자기 운명의 주인인 이 도시도 그 무거운 부담에 시달리지 않는가? 1594년에 구조 요청을 받은 교황과 토스카나 대공도 마르세유에 블랑카[blanca : 은이 극소량 들어간 구리 동전] 한푼도 빌려주려고 하지 않았다.[150] 그의 이념뿐만 아니라 필요 때문에 카소는 은혜, 혜택, 생존 수단을 얻기 위해서 강력한 에스파냐 쪽으로 기울 수밖에 없었다.[151]

마르세유는 상황 때문에 어쩔 수 없이 에스파냐가 벌인 도박에 끼어들었고, 모든 것을 걸었다. 1595년 11월 16일, 마르세유의 시장과 시정관들은 펠리페 2세에게 신중하지만 단호한 특별한 편지를 썼다. 이 편지는 잠시 살펴볼 가치가 있다.[152] "신께서 그의 대의를 지지하도록 우리의 영혼에 신성한 열정의 불길을 불어넣어주셨습니다. 프랑스에서 가톨릭 신앙의 이 엄청나고 위태로운 난파를 보면서, 우리는 하늘의 특별한 은총으로 신앙과 프랑스의 적들이 우리에게 가하고자 했던 그 많은 충격에 단호하게 맞설 것입니다. 우리를 완전하게 만드는 이 도시의 종교와 상태는, 우리를 여기에 머물게 하려는 신성한 소망과 함께, 이 성스러운 혁명에 동참한 모든 시민들과 우리가 목숨을 바쳐 이제까지 지켜왔습니다. 그러나 앙리 드 부르봉의 문제가 커짐에 따라 먹구름이 증가할 것이고, 이미 고갈된 공적 수단도 개인들의 금고도 이 거창하고도 유용한 사업을 실행하기에는 충분치 않다는 점을 예견하면서, 우리는 감히 눈을 들어 에스파냐 국왕 전하를 향해, 모든 가톨릭의 보호자인 전하에게 그토록 많은 장점을 가진 이 도시에 그 오랜 신앙과 충성을 위해서 전하의 자연스러운 온정의 빛을 내려주시기를 겸허하게 간청합니다."

적어도 이 자료에 따르면, 마르세유는 에스파냐 국왕에게 굴복하지 않았다. "배신"에도 등급이 있다. 마르세유(아니면 차라리 카소)는 단지 대의를 위한 싸움을 중지하지 않겠다고 선언한다. 1595년부터 1596년 사이에 팸플릿 형태로 인쇄된 꽤 긴 익명의 비망록도 그렇게 말하고 있다. 이 「이단자 이웃들과 반(反)기독교적이고 무신론적인 정치파들의 견해에 대한 마르세유 시의 프랑스 가톨릭의 대답」[153]은 비교적 널리 퍼진 팸플릿이지만, 종교전쟁기의 잘 알려진 "팸플릿" 전쟁에 새로운 것을 보태지는 못했다. 이 팸플릿은 객관성은 거의 신경 쓰지 않고 국왕파를 무신론자 취급하고 위그노를 난봉꾼으로 매도했다. 논증은 쉽게 이해되지만, 그 격렬하고 신랄한 논조를 만들었던 모든 것들이 긴 시간의 흐름 속에서 무의미해진 것처럼 보인다. 유일하게 지적할 것은 마르세유와 에스파냐의 관계에 대해서는 한마디도 없었다는 점이다.

그러나 이 화해는 불가피했다. 왜냐하면 에스파냐의 거대한 세력 뒤에 몸을 숨기거나, 아니면 국왕의 대리인인 에티엔 베르나르 의장과 합의해야 했기 때문이다. 베르나르는 마르세유에 와서 카소와 군대 시절의 동료인 루이 엑스에게 굉장한 약속을 했다. 그러나 너무나 과장된 이 약속들[154]은 속임수가 아니었나? 마르세유의 지배자들은 펠리페 2세와 화해하는 쪽을 택했다. 카소의 아들을 포함한 마르세유의 대표 3명이 에스파냐로 갔다. 그들은 이 기회에 1591년부터 1595년까지 마르세유에서 있었던 일들에 관해서 긴 역사를 작성하면서[155] 이른바 "독재자들," 즉 카소와 루이 엑스가 한 역할을 부각시켰다. 친척들, 동지들과 주민들의 지지를 받는 마르세유 명문가 출신인 그들은 이 도시에 가톨릭의 질서와 평화를 확립할 수 있었다. 어려움이 없지는 않았다. 왜냐하면 무장을 갖추고, 용병들을 모집하고, 노트르담 요새, 생 빅토르 요새, 생 장 망루를 점령하고, 포좌(砲座)인 "레알문"과 엑스 문을 지켜야 했기 때문이다. 이는 가장 "방어가 쉬운" 지점들이다. 또한 항구 입구에 아직 완성되지 않은 크레티앙 요새를 건설하고, 농경지를 안전하게 지키며, 마르세유 주민들이 "적들의 방해를 받지 않고 수확물을 거둘 수 있도록" 말들을 준비해야 했다.[156] 이제 앙리 드 부르봉은 교황에게 사면을 받았고, 승리를 구가했으며, 아들의 주인이 되었다(따라서 그 도시에 밀이 공급되었다). 마르세유는 피난민으로 가득 찼다. 그들 가운데 "고귀하고 학식 있는 인물인 엑스의 대주교 장브라르"도 있었는데, 그는 앙리 드 부르봉에 의해서 해임되었다. 앙리 4세가 제공한 구호물자에도 불구하고, 마르세유는 이 극단적인 상황에서 오로지 에스파냐 국왕의 "날개 아래에서만" 버틸 수 있었다. 펠리페 2세는 마르세유를 지원해야 했고, 그것도 신속하게 자금, 탄약, 병력, 함대를 보내서 지원해야 했다. 국왕의 군대가 마르세유 문턱까지 진격하고, 도시 안에서는 음모가 모의됨에 따라서 상황은 점점 더 긴장되었다.

1595년 12월[157]부터 도리아 공의 아들과 에스파냐 군 2개 중대의 깃발을 단 갤리 선단이, 국왕 군대의 입성을 저지하는 데에 늦지 않게 마르세유에 도착했다. 그러나 마르세유의 상황이 혼미해졌고, 주민들은 친구들조차도 믿지 못하게 되었다. 1596년 1월 21일,[158] 마르세유 대표들이 만족스러운 결과를 가지고 에스파냐 궁정을 떠났다. 마르세유는 에스파냐 국왕에게 굴복했지만 몸까지 주지는 않았다. 펠리페 2세는 마르세유에 병력을 파견할 수 있었고, 그의 갤리 선들은 마르세유 항을 자유롭게 이용할 수 있었다. 마르세유는 앙리와 협상하지 않을 것이며, 에스파냐의 친구만을 프랑스의 국왕으로 인정할 것이라고 약속했다. 마르세유 주민들은 비망록에서 "앙리 드 부르봉을 인정하지 않고, 그뿐만 아니라 에스파냐 국왕의 다른 적들에게도 가담하지 않을 것이며, 가톨릭을 유지, 보전할 것이며, 매우 기독교적이고 진정으로 가톨릭적인, 그리고 에스파냐 국왕과 우정과 형제애를 나누며 서로 양해할 수 있는 국왕을 프랑스에 모시기 위해서 신께서 흡족해하실 때까지 그들의 상태를 유지할 것"이라고 말했다. 마르세유 대표들은 1596년 2월 12일에도 여전히 바르셀로나에 있었다. 그곳에서 그들은 카탈루냐 밀을 요청하기 위해서 돈 후안 데 이디아케스에게 편지를 썼다.[159] 그러나 마르세유에서는 나흘 전인 7일 음모가 성공해서 카소가 암살당했고, 도시는 앙리 4세에게 넘어갔다.[160] 이 희소식이 전해졌을 때에 앙리 4세는 "이제

짐은 (진정한) 프랑스의 국왕"이라고 말했다고 전해진다.[161]

물론 프랑스 역사의 이 한 조각을 길게 강조하고, 훌륭한 선배 역사가들을 따라서 프로방스에서 물가 상승, 도시와 농촌의 극심한 가난, 도적떼의 창궐, 귀족의 무자비한 정치 등 종교전쟁 말기의 모든 특징들을 다시 찾아낼 수 있을 것이다. 에페르농을 통해서, 그리고 (인물의 성격은 매우 달랐지만) 도피네의 레디기에르, 브르타뉴의 메르퀴르, 부르고뉴의 마옌 등 프랑스의 지방에 할거한 이러한 "왕들"을 이해할 수도 있다. 또한 마르세유의 예를 통해서 분열 상태에서 도시들이 수행한 엄청난 역할, 그리고 프랑스의 재건을 이해해보려고 시도할 수도 있을 것이다.

가톨릭 동맹은 단지 광신적인 가톨릭들의 동맹이 아니었다. 또한 단순히 기즈 가문에 봉사하는 도구도 아니었다. 그것은 왕권을 강화하기 위해서 싸워야 했고 대부분 극복한 과거의 특권, 특히 도시국가나 다름없는 자치도시로의 회귀였다. 1586년 11월에 교수형에 처해진 변호사 르 브르통[162]은 분명 기이한 사람이다. 그러나 그가 국가를 해체해서 자기 운명의 주인인 작은 가톨릭 공화국으로 만들려고 계획하면서 자치도시로의 복귀를 꿈꾸었다는 사실을 찾아낸 것은 의미가 있다. 부르주아로부터 보잘것없는 장인들에 이르기까지 주민들로부터 사랑받은 이 도시들의 배신은 기즈 가문의 배신만큼이나 중요했다. 파리는 이러한 도시들의 확대된 본보기였다. 1595년에 페리아 공작은 알베르트 대공에게 앙리 3세 시대에 존재했던 것과 똑같은 원칙에 따라서 프랑스에 가톨릭 동맹을 다시 만들어보자고 제안했다. "그 동맹은 로렌 가문의 대공들이 아니라, 파리와 다른 도시들의 몇몇 부르주아들에 의해서 설립되었다. 처음에는 단지 서넛에 불과했지만, 매우 기독교적이고 진중한 상황에서 프랑스의 대부분과 최상층이 여기에 가담했다."[163] 이 가운데 몇몇은 여전히 브뤼셀에 있었다. 지도자들의 잘못과 배신에도 불구하고 대의가 전부 사라지지는 않았다.

이렇게 도시의 역할은 강조되고 심지어 과장되었다. 그러나 반란자들이 오래 살아남을 수 있었을까? 도로를 끊고 결과적으로 보급을 끊는 것은 그들의 자살행위나 마찬가지였다. 1593년 이후 반란자들이 앙리 4세의 재정복에 가담했다면, 이는 흔히 언급되는 이유들뿐만 아니라 그들이 살아가기 위해서 프랑스라는 공간이 필요했기 때문이 아닌가? 그럴 필요가 있었다면, 대륙의 도움 없이 바다만으로 살아갈 수 없는 마르세유의 경우는 지중해에서 육로와 해로의 밀접한 공존에 대해서 우리에게 새로운 가르침을 줄 것이다.

어쨌든 우리는 카소의 일화를 도시 자치체의 작은 틀 속에 자리매김하지 않는다면 결코 이해할 수 없을 것이다. 그에게 중요한 것은 처음부터 끝까지 자신의 도시를 배신하지 않는 것이었다. 그의 태도를 판결하고자 한다면, 오직 이러한 관점에서만 판단해야 할 것이다. 이를 입증하기 위해서는 그가 파견한 대표들이 에스파냐에서 쓴 비망록을 다시 읽어야 할 것이다. "마르세유의 대표들은 아주 오래 전 자신들의 도시가 세워졌을 때부터 1257년 프로방스 백작인 샤를 당주와 협상해서 많은 유보조건, 협정과 규약 아래에 그를 군주로 인정했을 때까지, 마르세유는 대부분의 시기를 고유의 법 아래에서 공화국의 형태로 살아왔다고 생각했다. 그 협정과 규약들 가운데 가장 중요한 것은 (그 당시 이 지역에 퍼져 있던 이단인) 발도파뿐만 아니라 믿음이 의심스러운 자는 누구도 마르세유에 들어올 수 없다는 것이었다"라고 비망록에 적혀 있다.[164]

에스파냐-프랑스 전쟁, 1595-1598년

1595-1598년에 벌어진 에스파냐-프랑스 전쟁의 전체적인 윤곽은 단 몇 단어로 묘사될 수 있다. 사실상 1589년부터 시작된, 심지어는 더 일찍부터 시작된 전쟁이라고 할 수 있다. 왜냐하면, 우리가 지금까지 한해 한해 살펴본 그 반세기 동안 프랑스와 에스파냐가 끊임없이 경쟁하면서 다투지 않은 시기가 거의 없기 때문이다.

어쨌든 이번에 전쟁은 1595년 1월 17일, 앙리 4세에 의해서 공식적으로 선포되었다. 파리에서 프레데리크 모렐에 의해서 인쇄된 선전포고문은 에스파냐 당국에도 전달되었다. 포고문에서 프랑스 국왕은 펠리페 2세에 대한 그의 불만을 대강 요약했다. 그에 따르면, 펠리페 2세는 "감히 신앙을 핑계 삼아 세상의 모든 다른 민족들 사이에서 언제나 찬미의 대상이 되는, 프랑스인들의 타고난 군주들과 주 하느님에 대한 충성을 노골적으로 침해했고, 자신과 그의 일족을 위해서 이 고귀한 왕관을 부당하게 탐하고 공개적으로 요구했다."[165] 이와 같이 양국의 분쟁을 군주권에 관한 문제로 규정한 것은 어느 정도 의미도 있고 현명한 것이다. 그러나 현실적으로는 사건에 거의 아무런 영향도 미치지 못했다. 페리아 공작은 오래 전부터 프랑스-에스파냐 전쟁은 프랑수아 1세와 앙리 2세 시대에 그러했듯이, 이번에도 "주변적일" 것이고, 양측이 기진맥진했을 때에 휴전으로 끝맺게 될 것이라고 예견했다.[166]

실제로 전쟁은 솜 강 유역, 부르고뉴, 프로방스, 툴루즈와 보르도 지역, 그리고 브르타뉴 등 왕국의 변경지대에만 영향을 미쳤다. 프랑스가 포위되었는가? 그렇기도 하고 아니기도 하다. 왜냐하면 에스파냐는 전쟁터에 인접해 있었고 함대를 보유했음에도 불구하고 프랑스를 둘러싼 거점들을 견고하게 유지하는 데에 실패했기 때문이다. 1596년에 툴루즈와 마르세유가 함락되었고, 1598년에는 끝까지 저항하던 메르퀴르 공작[167]이 항복했다. 그는 사실 2년 전부터 거의 활동하지 못했다. 어쨌든 왕국의 중심이 전쟁을 피할 수 있었다는 점이 중요하다. 프랑스는 그 크기 덕분에 방어되었다. 에스파냐 국왕이 점령할 도시, 매수할 사람, 또는 변절할 준비가 된 프로테스탄트를 찾았다면(푸아 지방의 몽베랑이라는 자가 그런 경우였다[168]), 이는 여전히 그리고 언제나 적국인 프랑스의 변방에서였다.

사실, 이탈리아에 주둔한 에스파냐 군이 알프스를 넘어 공격을 시도한 적이 있었다. 그러나 이것은 콩테까지의 왕복 여행에 불과했다. 우리가 이미 언급했듯이, 퐁텐프랑세즈에서의 승리는 에스파냐 군의 철수와 마옌의 최종 항복을 가져왔다. 그때 스위스 캉통[州]들의 단호한 저항만이 콩테의 점령을 막을 수 있었다.

좀더 심각한 전쟁이 한 번 더 네덜란드 국경지대에서 진행되었다. 에스파냐는 네덜란드에서 대승을 거두었고, 캉브레, 둘랑, 칼레 등 여러 거점들을 점령했으며, (1597년 3월 11일) 아미앵을 기습해서 함락했다. 그들에게 문제는, 1595년에 푸엔테스 백작에게 전달된 보고서에서 이미 설명했듯이, 점령지역에서 주둔군과 민간인들이 어려움과 동요 없이 살아갈 수 있도록 정복지를 유지하는 것이었다.[169]

그러나 아미앵의 승리는 프랑스에 경종을 울렸다. 이제 솜 강을 건너 파리로 가는 길이 열렸기 때문이다. 반격이 필요했다. 앙리 4세는 아미앵을 탈환하기로 결심했다. 따라서 재정적 수단을 열심히 찾아야 했고, 동맹국인 잉글랜드와 네덜란드에 호소해야 했다. 잉글랜드는 1596년에 에스파냐에 공식적으로 선전포고를 했다.[170] 이렇게 해서 아미앵 탈환 임무를 받은 프랑스 부대에는, 에스파냐의 정보에 따르면, 잉글랜드와 네덜란드 병사가 각각 2,000명씩 배치되었다.[171] 아미앵은 6개월 동안 포위공격을 당하고, 항복하기 9일 전에 에스파냐의 구출 작전은 실패로 끝난 후, 1597년 9월 25일에야 탈환되었다.[172] 이는 기독교 세계에서 널리 거론되었던 중대한 승리였다. 그러나 승자가 아미앵에 입성하자마자 모든 부대가 해체되어 더 이상 병사들을 볼 수 없었다. 다행히도 프랑스의 참상과 고갈은 오직 에스파냐 제국의 치유될 수 없는 피로와 1596년의 파산 선언 다음날의 재정적 궁핍에 견줄 수 있을 뿐이다.

모든 것이 마비되었다. 에스파냐의 핵심적인 거점인 밀라노에서 1597년 봄부터 병력 수송이 제대로 이루어지지 않았다.[173] 나폴리에서 이탈리아 병사들을 모집해서 제노바까지 그 다음에 플랑드르까지 그들을 이송하는 것이 문제였다. 밀라노 주둔 병력을 파견하는 것도 예정되어 있었다. 그러나 충분한 예산이 있었을까? 다른 걱정거리는 무모한 사부아 공작 카를로 에마누엘레를 어떻게 지원할 것인가라는 문제였다. 이를 위해서 에스파냐를 떠나 갤리 선을 타고 제노바로 향하는 에스파냐 병력을 활용할 수 있을까? 네덜란드에 있는 대공을 빼내기 위해서 프랑스 군을 이쪽에 묶어둘 필요가 있었다.[174] 마침내 모든 것이 준비되었고, 일부 병력은 플랑드르로 출발할 채비를 했다. 그때 새로운 어려움이 고개를 들었다. 그들이 지나갈 사부아의 도로는 안전한가? 레디기에르가 공세를 취하면 샹베리와 몽멜리앙을 빼앗길 위험이 있었다. 더구나 자금이 제때 도착하지 않는다면, 사부아, 피에몬테, 밀라노 지역도 마찬가지로 위험에 처할 것이다. 카스티야의 대원수는 친필로 국왕에게 이러한 사실을 보고했다.

북쪽에서도, 아펜첼과의 흥정에 많은 비용이 드는 스위스 쪽에서 동시에 수많은 문제들이 제기되었다. 게다가 아미앵 함락 직후, 이탈리아에서 친(親)프랑스 파가 고개를 들었고, 사부아 쪽도 점점 위태로워졌다. 이런 시기에 페레라 공작이 사망하자, 교황 클레멘스 8세는 즉각 교황청이 그를 승계해야 한다고 요구하고 나섰다. 1597년 11월 16일, 카스티야의 대원수는 펠리페 2세에게 다음과 같이 보고했다. "이탈리아에서 진행되는 대대적인 군대의 이동을 보는 것이 저를 정말로 힘들게 합니다. 저는 우리의 국경을 튼튼히 하는 일만 하면서 차분히 전하의 명령을 기다릴 것입니다. 제가 다른 명령을 받는다고 하더라도 필요에 따라 제가 해야 할 일을 할 것입니다. 따라서 교황이 대군을 모을 때, 이 나라의 빈곤과 참상을 헤아려주실 것을 전하께 간청합니다. 그는 당연히 프랑스 쪽으로 이끌립니다. 왜냐하면 베아른 공[앙리 4세]을 자기 아들이나 피조물처럼 좋아하기 때문입니다. 그동안의 대화와 상황을 고려해볼 때, 그는 전하에 관한 일들에 별로 호의적이지 않고, 전하의 위대한 나라에 불만이 있습니다. 그는 피렌체인입니다. 베네치아인들은 싸울 채비를 하고 다른 군주들은 우리를 좋아하지 않으며, 이들이 모두 밀라노에 등을 돌릴 수 있습니다. 이탈리아 사람들은 일반적으로 밀라노에서 에스파냐인들을 몰아내기를 원합니다. 이 모든 일들은 많은 병력, 많은 자금, 신속한 대응 이외에는 해결책이 없습니다. 신중하신 전하의 판단에 맡기겠습니다."[175]

베르뱅 평화조약

이 전쟁이 길어지면 누구에게 유리한가? 오로지 프로테스탄트 국가들과 대양에서 맹위를 떨치는 그들의 해군에 유리하다. 네덜란드 연합주는 가톨릭으로 남아 있는 남부 주들의 궁핍 덕분에 성장했다. 이 성장은 알레산드로 파르네세가 안트베르펜을 탈환했음에도 불구하고 에스코 강 하구를 점령한 네덜란드 연방에 의해서 그 도시가 붕괴된 덕분에 가능했다. 암스테르담이 성장하기 위해서 이 모든 불행이 필요했다. 동시에 런던과 브리스틀도 비약적으로 성장했다. 왜냐하면 모든 상황이 북쪽의 신흥세력에 유리했기 때문이다. 에스파냐는 대륙 봉쇄를 시도했음에도 불구하고 그들에게 열려 있었다. 왜냐하면 그들은 지중해를 힘으로 제압했고, 대서양을 정복했으며, 1595년 그 세기가 끝나기 전에 인도양도 장악할 것이기 때문이다. 이런 것들이 세기말에 있었던 중요한 사건들이다. 그에 비하면 에스파냐-프랑스 전쟁의 작은 사건들은 사소해 보인다. 프랑스와 에스파냐가 도시, 요새, 언덕들을 놓고 싸울 때, 네덜란드와 잉글랜드는 세계를 정복했다.

1595년부터 교황청의 정책은 위와 같은 사실을 이해한 것으로 보인다. 교황은 펠리페 2세에게 자신이 중재하겠다고 제안했고, 프랑스-에스파냐 평화조약을 위해서 노력했다. 클레멘스 8세는 로마에 충성하는 기독교도들 사이에서 벌어진 이 전쟁 때문에 로마, 교회, 가톨릭 세계가 고통 받는 만큼 평화조약 체결에 매진했다. 식스투스 5세 이래 교황은 가톨릭 프랑스의 구원을 위해서 노력해왔고, 결국 프랑스의 독립이라는 패를 던짐으로써 1593년의 개종 선언으로부터 2년 후에 로마의 사면을 받았던 앙리 4세의 대의에 찬동했다.

프랑스의 영토에 대한 욕심 때문에 방향을 잃은 사부아 공작을 제외하고, 독립 또는 준(準)독립 상태인 이탈리아[176]는 로마의 행동을 지지하면서 같은 방향으로 움직였다. 에스파냐의 멍에가 느슨해진 것을 기뻐하는 이 독립 상태의 이탈리아는 부유했고 활동적이었다. 맨 먼저 베네치아가 1590년부터 앙리 4세의 대사를 맞아들이면서 에스파냐의 정책에 도전했다. 토스카나 대공은 앙리 4세의 정책에 자금을 지원했다. 앙리 4세의 부채는 급속히 증가했다.[177] 채권자들은 담보로 마르세유 인근의 이프 성과 포메그 섬을 차지했다. 몇 년 뒤에 마리 드 메디시스와 앙리 4세의 결혼은 여러 가지 동기에서 결정되었지만, 이 연체금도 그중 하나였다.

어쨌든 1597년 9월에 아미앵을 탈환한 이후 앙리 4세는 승리자처럼 모습을 드러냈다. 그가 정말 네덜란드를 위협했는가? 그가 네덜란드로 진출하고자 했는가? 이는 다른 문제이다. 그러나 그가 이 대담한 정책을 원했든 아니면 브레스 또는 사부아 공작에 대한 또다른 원정을 원했든 간에, 그 정책들을 잘 추진하려면 동맹국들의 지지가 필수 불가결했다. 그런데 동맹국들은 그가 네덜란드에서든 이탈리아 방면에서든 결정적인 승리를 취하는 것을 원하지 않았다. 그들이 원했던 것은 전쟁의 지속이었다. 전쟁이 이어진다면, 그들은 에스파냐를 대륙에서의 전쟁에 묶어두고, 해상 원정의 이익을 독차지하게 될 것이었다. 에밀 부르주아가 생각했던 것처럼,[178] 앙리 4세는 이 결정적인 순간에 동맹국들에게 버림받았다고, 아니면 적어도 제대로 지지받지 못했다고 느꼈을 것이다. 그 결과, 그는 왕국의 상태를 고려해볼 때, 그토록 필요했던 평화조약으로 더 기울게 되었다.

그러나 평화조약은 에스파냐에게도 필요하지 않았는가? 1596년의 파산 선언으로 거대한 체제가 마비되었다. 죽음이 임박했다고 느낀 펠리페 2세는 그의 사랑하는 공주 클라라 이사벨 에우헤니아에게 네덜란드를 물려줄 생각을 했다. 그녀는 펠리페 2세가 어두운 인생의 말년에 특별히 좋아했던 동반자였고, 책을 읽어주는 사람이자 비서였으며, 속내를 이야기할 수 있는 사람으로 그의 기쁨이었다. 그의 계획은 1595년에 불안한 네덜란드 정부를 맡은 알베르트 대공과 그녀를 결혼시키는 것이었다. 펠리페 2세는 장차 펠리페 3세가 될 그의 아들 주변에, 그가 마음에 두고 있는 해결책에 적대적인 세력이 나타나기 시작함에 따라 딸의 장래에 관해서 신속하게 결정을 내려야 할 필요성을 느꼈다. 역사가 매슈 패리스는 대공이 "결혼에 대한 열의를 불태웠다"라고 썼다. 이 사실도 펠리페 2세가 베르뱅 평화조약으로 이끌려간 크고 작은 이유들 가운데 포함되는가? 피로, 휴식의 필요성, 아마도 에스파냐의 계산도 작용했을 것이다. 선택보다는 필요에 의해서 에스파냐의 외교를 그렇게 자주 지배해온 계산들 말이다. 펠리페 2세의 외교는 또다른 두 적대국 잉글랜드와 네덜란드에 보다 신속하게 대응하기 위해서 비싼 대가를 치르고서라도 프랑스와 평화조약을 맺고자 하지 않았나? 어쨌든 세실 경은 에스파냐와의 조약 체결을 끝까지 막기 위해서 앙리 4세를 찾아갔다. 그 당시 에스파냐 함대가 브리튼 섬을 향해 항해하고 있었다는 사실을 잊지 말자. 프랑스와의 평화조약이 체결되자마자 알베르트 대공이 가장 먼저 한 일은 그의 군대를 북쪽으로 돌리는 것이었다는 사실도 잊지 말자. 이런 종류의 계산들이 에스파냐의 결정에 끼어들었을 것이다.

그러나 사건의 맥락을 이해하기 위해서는 다시 한번 로마를 주시해야 한다. 가톨릭 종교개혁이 한창이고, 이탈리아 금융이 번성하고, 서방의 적들은 지쳐 있던 그 세기 말에 로마는 크게 성장했다. 당시 교황 클레멘스 8세가 작지만 어려운 문제였던 페레라 공작 문제를 자기 뜻대로 신속하게 해결했다는 사실이 이 갑작스런 세력 증대를 입증하는 증거이다. 이탈리아의 큰 항구들 가운데 하나인 로마는 활기찬 도시였고, 이탈리아라는 정치, 외교의 각축장에서 중요한 위치를 차지했으며, 광대한 국토의 한복판에 있었다. 교황은 프랑스나 에스파냐, 베네치아가 끼어들 시간과 용기를 가지지 못하도록 이 도시를 손에 넣었다.[179]

로마의 중요성이 점점 커진 이유들 중의 하나는 로마가 독자적인 정책과 해법을 가지게 되었다는 점이다. 그 정책은 몇몇 명석한 자들의 계산에 의해서라기보다는 가톨릭 세계 전체의 소망과 상황에 의해서 부과된 것이다. 로마가 요구한 것은 때로는 북쪽의 프로테스탄트와 부딪치고 때로는 동쪽의 투르크를 향하는 가톨릭 세계의 의지이고 심오한 움직임이었다. 1580년에 로마는 보편적인 흐름을 따랐는데, 이슬람에 대한 전쟁으로부터 프로테스탄트에 대한 전쟁으로 방향을 전환하는 데에 열렬히 동조했다. 반(反) 프로테스탄트 운동은 16세기 말에 끝났는데, 그에 대한 가장 확실한 증거는 그때 로마가 동쪽의 투르크에 대한 성전을 조직하려고 했다는 사실이다.

가톨릭 세계에 관한 한, 16세기는 십자군의 분위기 속에서 끝났고, 그 영향 아래에 17세기가 시작되었다. 1593년부터 투르크에 대한 전쟁은 유럽의 동쪽, 즉 헝가리와 지중해에서 현실이 되었다. 그 전쟁은 결코 전면전으로 확대되지 않으면서 1606년의 평화조약 체결까지 13년 동안 상시적인 위협으로 간주되었다. 1598년에 메르퀴르 공작은 헝가리 전쟁에 참전하기 위해서 프랑스의 서쪽 끝 브르타뉴를 떠났다. 그의 모험은 상징적인 의미가 있다. 수천수만의 신자들이 당시에 붕괴되기 직전이라고 생각된 투르크 제국을 산산조각 내는 꿈을 꾸었다. 네덜란드 주재 교황 대사인 프랑지파니는 1597년 9월, 알도브란디노에게 "플랑드르에 있는 전투원 가운데 4분의 1만이라도 투르크와 싸우러 보낸다면……"이라고 썼다.[180] 이는 가톨릭과 비(非) 가톨릭이 다함께 표명하기 시작한 소망이었다. 우리는 1587년까지 거슬러올라가는 라 누의 반(反) 투르크 계획을 알고 있다.

1598년 5월 2일에 조인된 베르뱅 평화조약은 6월 5일 프랑스 국왕에 의해서 비준되었다.[181] 그 조약으로 앙리 4세는 1559년 카토-캉브레지 조약으로 획정된 대로의 프랑스 왕국을 되찾았다. 따라서 에스파냐는 평화조약에 따라서 정복지를 즉각 포기해야 했다. 특히 브르타뉴에서 확보한 거점들에서 철수하고, 칼레를 비롯한 북쪽 국경지대의 정복지들을 포기해야 했다. 칼레의 반환은 중요했다. 전체적으로 평화조약은 프랑스에 유리한 것처럼 보였다. 장차 앙리 4세의 재상이 될 벨리에브르는 "이 조약은 프랑스가 지난 500년간 체결했던 것들 중에서 가장 유리한 평화조약"이라고 과장해서 말했다. 공식적인 발언이지만 완전히 부정확한 말은 아니었다. 베르뱅 평화조약이 대외정복을 인정하지 않았을지라도, 그 조약은 결정적으로 왕국의 영토를 보전했다. 평화조약은 프랑스에 절대적으로 필요했던 평화, 즉 여러 해 동안 외국에게 내맡겨졌던, 너무 열정적으로, 너무 맹목적으로 자기 자신에 반기를 들었던 나라의 상처를 치유할 수단을 가져다주었다. 1595년 이후 하강국면에 들어선 콩종튀르(conjoncture)가 이러한 반전에 기여했다는 것은 의심의 여지가 없다.[182]

3. 전쟁은 바다에서 일어나지 않을 것이다

이 장에서 열거한 국지전들은 몇 건은 지중해 동쪽에서 다른 몇 건은 지중해 서쪽에서 벌어졌고 서로 관련이 없었다. 그러나 직접 연결되지 않아도 멀리서 서로 간섭했음에 틀림없다. 그 이유는 무엇일까? 그들을 갈라놓는 바다는 전면전에 이용되기를 거부하면서 철저하게 중립을 지켰다. 사실 바다만이 전면전을 조직하고 확산시킬 수 있었다.

그러나 1589년부터 세기말까지, 그리고 그 이후에도 바다에서 싸움이 벌어졌다. 그러나 이 전쟁은 "평화" 시대의 지중해 전쟁, 즉 사략질 이상은 아니었다. 무정부적이고 별로 중요하지 않은 이 개인적인 전쟁은 전장의 범위가 종종 매우 좁았고, 투입된 무력도 보잘것없었다. 지적할 것은 1591년부터 특히 1593년, 1595년, 1601년에 대규모 해전의 시도가 있었다는 점이다. 그러한 시도들을 살펴보아야 하는데, 그것들의 미약한 영향력과 실패를 지적하는 것은 결국 새로운 시대의 도래를 보여주기 때문이다.

1591년의 허위 경보

1589년 투르크-페르시아 평화협상이 시작된 이래, 특히 1590년에 이 평화조약이 조인된 이후부터 투르크의 관심은 다시 서쪽으로 향했다. 우리는 1590년 여름과 가을에 걸쳐 진행된 하산 베네치아노의 트리폴리에 대한 소규모 해상 원정을 언급한 바 있다. 목표가 제한적이었던 이 원정은 지중해에서 투르크의 새로운 활동이 시작되었음을 알렸다.

그러나 휴식이 길어지고 너무 오랫동안 활동하지 않은 탓에 투르크 해군의 조직 자체가 해체되었다. 그 조직과 토대는 느리고 불완전하게만 재건될 수 있었다. 자격을 갖춘 수병이 부족했고, 조선소에는 숙련된 노동자들이 없었으며, 꼭 필요한 해군 보병대도 충분하지 않았다.[183] 1581년 알제에 대한 울루지 알리의 마지막 원정 이후, 10년 만에 모든 것이 망가졌다. 자금이 부족했고 기독교 해적들이 오랫동안 투르크의 힘의 원천이었던 에게 해를 유린했기 때문에 재건 노력은 그만큼 더 힘이 들었다.

1590년의 트리폴리 원정은 응징할 목표들이 엄격하게 제한되어 있었기 때문에 이 원정은 에스파냐-투르크 전쟁을 되살리지 않았다. 에스파냐도 투르크도 관계 단절의 구실을 찾으려고 하지 않았다. 하산의 갤리 선들이 모돈을 출발해서 아프리카로 향했을 때, 함대는 과거의 전통과 달리 나폴리와 시칠리아를 지나면서 그 해안을 털끝 하나 건드리지 않았다. 다른 한편, 그 시기에 콘스탄티노플에는 에스파냐 정보원 후안 데 세니가 있었는데, 그의 문서철에는 안타깝게도 그의 임무에 대한 설명보다는 개인적인 불평들로 채워진 꽤 많은 서신들이 보관되어 있었다. 그의 존재를 통해서 생각해보면, 1593년까지 휴전조약이 어느 정도 공식적으로 유지되고 있었다는 추측이 가능하다. 어쨌든 잉글랜드와 프랑스 요원들의 반복된 요구와 노력에도 불구하고,[184] 유럽의 반(反) 에스파냐 세력이 바다에서 강력한 에스파냐에 대한 이슬람의 전쟁을 되살리려고 노력했지만 헛수고였다. 1591년에 "바다의 장군" 하산 파샤의 지지를 받은 잉글랜드 대표는 술탄에게 펠리페

2세가 프랑스 주둔군을 증강하기 위해서 이탈리아 해안 거점들에서 통상적인 주둔 병력 가운데 상당수를 철수시켰다고 설명했다. 그는 술탄에게 이러한 상황에서 투르크가 많은 영토를 빼앗는 것은 쉬운 일이라고 강조했다.

쓸모없는 시도였지만, 반향을 불러일으켰다. 대외용으로 작성된 담화들에서 매우 큰소리로 공표된 투르크의 모든 계획들은 잉글랜드와 프랑스의 정보원들에게 실패보다는 성공을 약속하는 듯했기 때문이다. 서로 모순되는 수많은 소문들이 지중해를 떠돌기 시작했다. 그 소문들은 틀림없이 과거의 위풍당당하던 투르크 함대가 남겨놓은 그 무시무시한 기억에 의해서 부풀려졌을 것이다. 소문에 따르면, 300척의 갤리 선들이 봄에 풀리아와 로마 해안으로 몰려올 것이다. 이어서 그 함대는 툴롱에서 겨울을 나고, 그라나다까지 밀고 들어갈 것이다. 그라나다에서는 모리스코들이 이미 봉기해 있을 것이다(이 소문도 나머지처럼 거짓이다). 좀더 절제된 소문들은 베네치아나 몰타 정도로 만족했을 것이다. 왜냐하면 몰타 기사단은 여전히 메카로 가는 순례자들을 태운 소형 갤리오트 선을 잡으러 다녔기 때문이다.[185] 베네치아인들은 레반트에 온 기독교 사략선들이 많은 지원자와 공모자들을 찾는 크레타를 걱정했다.[186] 베네치아 당국의 노력에도 불구하고 말이다.

틀림없이 가장 나은 정보를 가진 후안 데 세니가 콘스탄티노플로부터 이곳 사람들이 원대한 계획들에 대해서 말하지만 올해에 실행되지는 않을 것이라고 보고했다.[187] 투르크는 프랑스 국왕과 잉글랜드 여왕에게 문서로 약속했지만, 그 약속은 단지 1592년 봄을 위한 것이었다.[188] 모든 준비는 장기간에 걸쳐 진행되었다. 술탄은 파샤들과 산작(sandjac : 소군관구 사령관)들의 "자발적인" 기부, 유대인들에 대한 과세, 서양 측의 정보로는 자세한 내용을 확인하기 어려운 세금 등 일련의 재정 조치들을 준비했다. 사실 그는 준비만 했다.[189]

따라서 6월 중순부터 봄에 온다던 대함대에 대해서 더 이상 말을 하지 않았다.[190] 그러면 예정되었던 소규모 함대는 출항할 것인가?[191] 일부는 그렇게 생각했다. 그 함대는 출항하겠지만, 단지 이집트, 바르바리, 아니면 아마도 프로방스로 갈 것이다.[192] 게다가 40-60척의 갤리 선도 모으기 어려울 것이다. 이 정보들은 페라에서 온 어떤 사람이 베네치아에서 프란시스코 데 베라에게 확인해준 것이다.[193] 5월에는 좀더 낙관적이었다. 계절이 지나감에도 불구하고 투르크는 갤리 선들을 무장시키려고 서두르지 않았고, 이 듬해를 위해서 준비할 마음도 없는 것처럼 보였다.[194] 기껏해야 20여 척의 돛단배들이 에게 해 경비를 위해서, 즉 투르크의 해상 교통을 보호하기 위해서 출항할 것이다.[195]

그 보고에 따르면, 300척의 투르크 갤리 선들과 그에 합세할 준비가 된 잉글랜드 전함 200척에 대한 소문들이 계속 돌았다.[196] 이 소문들에 다른 몇 가지 소문들이 더해졌다. 콘스탄티노플 조선소가 작업을 재개했고 에게 해에서 기술자들을 불러들였는데, 이는 1591년 3월 초의 일이다.[197] 4월에 투르크는 트란실바니아에 엄청난 양의 아마와 대마를 주문했다. 미래의 함대에 쓸 돛과 밧줄을 만들기 위한 것이 아니라면 무엇 때문이겠는가?[198] 6월에 조선소가 다시 활기를 띠었다. 흑해에서 갤리 선 건조가 시작되었다. 낡은 갤리 선들은 수리되었다. 화물선들이 콘스탄티노플에 도착했다.[199] 지금 당장은 걱정할 것이 없지만, 앞으로는? 투르크는 1591년에 중요한 원정을 하지 않았지만, 기독교 세계에서는 근심이 커져갔다(몇 척의 경비용 갤리 선들이 출항했고, 바르바리에서 임무를 끝낸 갤리 선 6척이 초췌한 모습으로 콘스탄티노플에 돌아왔다는 보고가 6월 15일 들어왔다[200]). 메카티[201]는 베네치아가 1591년에 투르크에 대한 공포 속에서 살았다고 이야기한다. 적어도 베네치아가 무장을 갖추고, 갤리 선들을 준비하고, 크레타에 군대를 보냈다는 것은 사실이다.[202]

이런 위기감은 이해할 만하다. 페르시아와의 전쟁을 끝낸 투르크가 공격해올 가능성을 고려해야 했을 것이다. 왜냐하면 기독교 세계가 대응조치를 취하고 긴장을 유지하지 않을 수 없게 투르크가 공갈, 협박하는 정책을 지

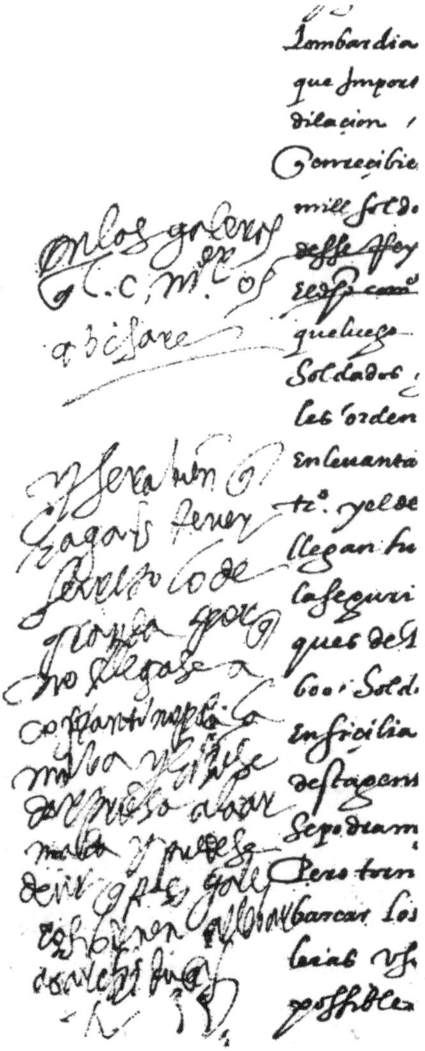

도표 67 펠리페 2세의 메모, 1569년 1월 20일

펠리페 2세가 마드리드에서 나폴리 부왕인 알칼라 공작에게 보낸 1569년 1월 20일자 편지 (Simancas Eº 1057, fº 105)의 여백에 쓴 두 가지 지적 사항. 1) en las galeras que el C[omendor] M[ay]or os avisare. 2) y sera bien que hagais tener secreto lo de Gran[a]da porq[ue] no llegasse a Gonstantinopla la nueva y hiziese dar priesa al armada y puedese decir q[ue e]stas galeras vienen a llevar al archi duq[ue]. 저자는 두 번째 지적사항을 다음과 같이 번역했다. "그라나다 사건에 관한 소식이 콘스탄티노플에 알려져서 투르크의 대함대가 출항을 서두르지 않도록 그 사건을 비밀에 부치는 것이 좋을 것이다." 그라나다는 1569년 크리스마스 밤에 봉기했다. 그러나 국왕의 편지가 나폴리에 도착했을 때에는 이미 그 소식이 나폴리 거리에 퍼져 있었다.

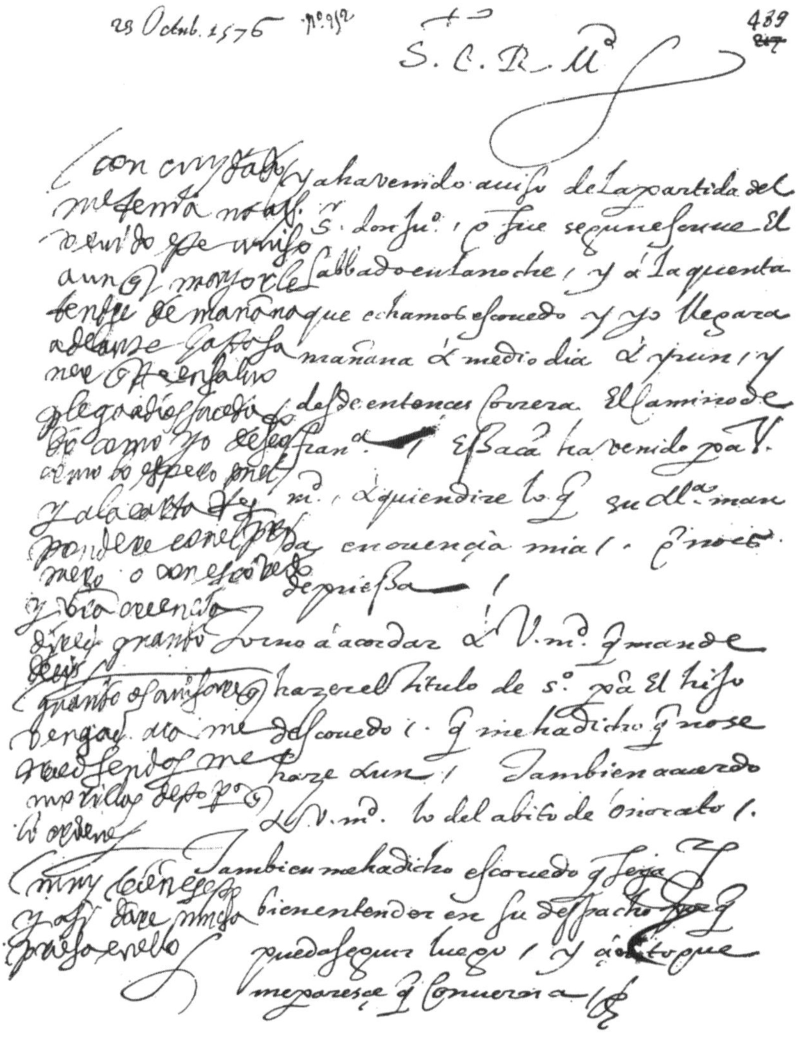

도표 68 펠리페 2세의 메모, 1576년 10월 23일

1576년 10월 29일 안토니오 페레스가 펠리페 2세에게 보낸 이 편지는 돈 후안 데 아우스트리아가 네덜란드로 떠났다는 사실과 에스코베도의 두 가지 요구사항을 국왕에게 알리고 있다. 펠리페 2세는 여백에 각 문단의 내용에 대한 답변을 적었다. 자신도 네덜란드로 가겠다는 에스코베도의 요구에 대해서 펠리페 2세는 다음과 같이 썼다. "muy bien es esto y asi dare mucha priesa en ello(이것은 큰일이다 이것으로 그것을 서둘러 행할 기회가 생겼다)" Simancas, Eo 487. 이 페이지는 복사하면서 상당히 축소되었다. 여기에서 언급된 에스코베도는 1577년 3월 31일에 암살당했다. 이 텍스트는 J. M. Guardia, Perez, *L'art de gouverner*(Paris, 1867), LIV쪽 다음에 실려 있다.

속했기 때문이다. 아마도 투르크의 의도는 새로운 휴전조약을 협상할 에스파냐 대사의 부임을 재촉하는 것이었는지도 모른다. 대사는 관례적으로 적어도 파샤들에게 협상에 수반되는 상당한 액수의 돈을 가져왔기 때문이다. 1591년은 에스파냐와의 휴전이 만료되어 갱신되어야 할 해였다. 우리는 앞에서 정보원이자 첩자이고 대표였던 메노르카 출신의 후안 데 세니가 콘스탄티노플에 있었다는 사실을 지적한 바 있다.[203] 프란시스코 데 베라의 편지[204]는 또다른 에스파냐 정보원 갈레아초 베르논의 존재를 언급하고 있다(적어도 에스파냐 문서에 나온 그의 이름이 이와 같다). 그런데 콘스탄티노플에서 활약하고 있다고 알려진 이 인물은 에스파냐 대사에게, 사람들이 말하는 것처럼, 페르시아와의 전쟁이 재개될 경우 "투르크에 이미 파견 사실이 알려진" 후안과 에스테파노 데 페라리를 콘스탄티노플에 보낼 필요가 없을 것이라고 말했다. 이들이 휴전조약 갱신을 위해서 파견된 것은 확실하지 않은가? 또다른 에스파냐 정보원인 이탈리아인 조반니 카스텔리네의 편지[205]에서도 우리는 이 애매한 문제에 대한 언급 몇 마디를 발견할 수 있다. 그의 설명에 따르면,[206] "시난(파샤)이 아직 도착하지 않은 에스파냐인이 어떻게 되었는지를 물었습니다. 그가 돈을 가지고 와야 할 시간이 지났습니다."[207] 따라서 투르크-에스파냐 휴전조약 문제는 계속해서 협상의 대상이었고, 외교사절을 파견해야 할 일이었다. 그러나 1591년에 휴전조약이 관례적인 3년 연장에 성공했는지 우리는 알 수 없다.

어쨌든 1592년 봄은 평온했다. 펠리페 2세는 1591년 11월 28일자 편지에서 나폴리 부왕인 미란다 백작에게 필요할 경우 몰타를 구조할 준비를 하라고 명령했다. 부왕은 그럴 필요성은 없을 것이라고 대답했다.[208] 사실 그해에는 치갈라의 명령에 따라서 투르크 갤리 선 몇 척이 한두 차례 출항했을 뿐이다.[209] 10월에 신임 바다의 장군이 발로나에 왔지만,[210] 그 해가 얼마 남지 않은 점을 고려해볼 때, 관례적인 선물을 받기 위해서 왔을 뿐이었다. 그러나 미란다는 만약을 대비해서 갤리 선 16척을 메시나에 집결시키라고 지시했다. 정확한 정보는 없지만, 이 정도 수치만으로도 치갈라의 군세(軍勢)가 별 것 아니었다는 것을 확인하기에는 충분하다. 다른 한편, 악천후 때문에 기독교 갤리 선들은 즉시 나폴리에서 시칠리아로 갈 수 없었는데, 기다리는 사이에 치갈라가 콘스탄티노플로 출발했다는 정보가 들어왔고 출동 취소 명령을 받았다.[211] 이 사소한 사실들에서 어떤 결론을 이끌어낼 수 있을까? 1591년에 공식적인 협정이 체결되었다면, 펠리페 2세는 몰타에 관해서 단호한 명령을 내리지 않았을 것이고, 미란다 백작도 메시나에 갤리 선들을 보내기로 결정하지 않았을 것이다. 펠리페 2세도 미란다 백작도 협정에 대해서 언급하지 않았고, 그 협정을 어느 정도 신뢰할 수 있는지에 대해서도 말하지 않았다. 확실한 것은 콘스탄티노플에서 협상이 완전히 깨지지는 않았다는 사실이다. 프란시스코 데 베라는 잘 알려지지 않은 리포마노 사건의 몇 가닥을 손에 잡은 것처럼 보인다.[212] 에스파냐 비밀요원으로 추정되는 리포마노는 1591년에 콘스탄티노플에서 베네치아인들에게 붙잡혀서 귀국하던 중에 자살을 선택했다. 이 모호한 사건은 우리가 투르크의 수도에서 진행된 협상의 진실을 더 잘 이해할 수 있도록 도와주지 않는다.

아마도 이 이면공작의 실패가 1593년 투르크 함대에 의한 칼라브리아 해안의 약탈과 같은 사건의 이유가 될 수도 있다. 시칠리아와 나폴리는 제때에 통보받아서 필요할 때, 그들의 전통적인 보안조치를 취했다. 그러나 시칠리아로 가는 것처럼 속인 후, 100여 척의 투르크 범선들이 갑자기 메시나 맞은편 포사 산 조반니에 나타나서 레조와 인근의 14개 마을을 약탈한 다음,[213] 방어태세를 갖춘 해안은 더 이상 공격하지 않고 발로나로 돌아갔다. 이처럼 비공식적인 전투가 끊임없이 지속되었는데, 이는 에스파냐 함대와 투르크 함대 사이의 본격적인 전쟁의 약화된 판본에 해당한다. 정확한 날짜를 확인할 수는 없지만, 아마도 1595년[214]에 시칠리아와 나폴리의 갤리 선들이 파트라스[그리스]를 약탈하고, 더구나 오리엔트에서 해적질에 참여함으로써 보란 듯이 복수했다. 마케다 공작의 갤리 선에 타고 있던 알론소 데 콘트레라스는 하루 일당 3에퀴를 받는 병사로서 이 수지맞는 약탈작전에 참여하고 돌아오는 길에, "챙까지 은화가 가득 찬 모자"를 그의 몫으로 받았다.[215] 이 작은 전쟁에 관해서는 많은 사실들이 알려지지 않았지만, 때때로 (투르크 쪽에서) 모리스코의 이주와 관련해서, 그리고 밤에 불을 밝히고 해안을 따라 움직이는 수상한 배들이 칼라브리아에 접근해서 불안했다는 보고들이 있었다.[216] 그러나 이 작은 전쟁은 진짜 전쟁은 아니다.

1594년에 치갈라의 함대가 출항했다.[217] 7월 말에 콘스탄티노플을 출발해서 8월 22일에 푸에르토 피게레도에 입항했다.[218] 당시 무방비 상태였던 시칠리아 왕국은 투르크 함대가 온다는 소식에 공포에 떨었다.[219] 실제로 9월 9일, 나폴리에서는 도리아 공의 갤리 선들이 도착하기를 기다렸다.[220] 경보가 실제 공격으로 진행되었다면, 에스파냐 측 방어태세의 잘못이 드러났을 것이다. 그러나 9월 중순에는 시칠리아 해안에서 민병대를 철수시키고 평상시 경계태세만 유지할 정도로 마음을 놓을 수 있었다.[221] 90, 100 또는 120척 규모라고 알려진 투르크 함대가 콘스탄티노플로 일찍 귀환했다.[222] 롬바르디아 군에 징집되어 그때까지 대기하고 있던 나폴리 병사 2,500명은 10월 8일에 북쪽으로 출발했다.

1595년에도 마찬가지로 허위 경보가 있었다. 투르크 함대는 7월 31일에 관측 기지이자 대기 장소인 모돈에 도착했다.[223] 이탈리아는 즉시 경계태세를 취했다. 에스파냐는 메시나에 갤리 선들을 집결시킬 준비를 했다.[224] 그러나 나중에 확인된 비밀 정보들에 따르면, 투르크는 출항하지 않을 것이었다.[225] 따라서 에스파냐 함대는 별 일 없이 평상시처럼 서쪽에서의 수송작전에 투입되었고, 투르크의 위협은 계속해서 그림자 연극일 뿐이었다.[226]

잔 안드레아 도리아는 투르크 함대와 싸우기를 원하지 않았다 : 1596년 8-9월

1596년은 우리가 아는 바와 같이 투르크가 헝가리 전장에서 심각한 위기를 맞은 해이고, 참혹한 케레슈 전투가 벌어진 해였다. 그러나 투르크는 기독교 서방뿐만 아니라 소요 상태에 있는 알바니아로부터도 스스로를 지켜야 했기 때문에, 이 해에도 그리스 해안의 방어 거점들을 유지했다. 알바니아는 한 세기 동안 거의 평온한 시기가 없었다.[227] 알바니아는 봉기할 태세였다. 로마와 피렌체에서는 알바니아에 상륙작전을 시도해야 한다고 생각했다. 그러나 베네치아는 경우에 따라서 국경 가까이에서 일어날 수도 있는 이 전쟁에 너무나 많은 이해관계가 걸려 있었다. 베네치아는 중립을 유지하고자 했기 때문에 모험에 말려들 수도 전쟁이 터지게 놔둘 수도 없었다. 그러나 에스파냐와 투르크의 함대가 싸우는 것을 보고 싶어했던 교황은 에스파냐를 들볶았다.[228] 1572년에 로마는 투르크에 대한 유럽의 전쟁인 해상 전투에 참여할 수 없었다. 1596년에 로마는 헝가리에서 벌어진 유럽 대전에 해상 전쟁을 추가할 수 없었다. 1596년 여름에 개입해달라는 요청을 받은 잔 안드레아 도리아는 그가 받은 훈령 뒤로 숨었다. 압박이 심해지자, 그는 펠리페 2세에게 의견을 구했지만, 도리아의 말은 국왕의 의도를 바탕에 두고 이미 마음속으로 결정한 바를 보여줄 뿐이었다. 그는 다음과 같이 보고했다. "제가 지난달 말에 전하께 편지를 보냈습니다만, 오늘 다음과 같이 덧붙이고자 합니다. 이번 달 2일 대공과 교황의 갤리 선들이 도착했습니다. 대공의 갤리 선들은 제게 전달된 대공의 편지 사본에서 볼 수 있는 요구를 했습니다. 저는 시칠리아 왕국의 수장에게 곧바로 알렸지만, 그가 어떤 결정을 내릴지 모르겠습니다. 교황 성하는 제게 적 함대를 찾아서 맞서 싸우라고 요구합니다. 그러나 적 함대는 함정 수에서 압도적으로 우세하기 때문에, 그리고 현재 수송 중인 병력뿐만 아니라 투르크 해안에서 원하는 만큼 무장 병력을 더 태울 수 있기 때문에, 이 문제에서 교황의 말씀을 따르는 것은 바람직해 보이지 않습니다. 다른 한편, 교황 성하는 알바니아에서 온 정보에 의거해서 제가 그곳에 부대를 상륙시켜야 한다고 주장합니다. 저는 전하의 갤리 선으로 기독교 측 해안을 지키라는 명령을 받았을 뿐, 전하로부터 알바니아에 관한 명령은 받지 못했다고 교황께 대답했습니다."[229]

따라서 잔 안드레아 도리아는 적을 교란하기 위해서 갤리 선 몇 척을 레반트에 파견하는 데에 만족했다. 그러고 나서 메시나에서 사태를 예의주시하며 차분하게 기다렸다. 8월 13일[230] 그는 펠리페 2세에게 "적과 맞설 필요가 없다면," 전 함대를 이끌고 에스파냐로 귀환하겠다고 알렸고, 조금 늦게 9월에 그렇게 했다.[231] 투르크 갤리 선들은 같은 달 나바리노에 도착했다. 교황이 확인했듯이, 투르크 측의 상태는 좋지 않았다. 투르크 함대는 기항지를 넘어서지 않았고,[232] 날씨가 나빠지기만 하면 귀항했다.[233]

1597-1600년

기독교 세계는 1597년 초에 35-40척의 투르크 갤리 선들이 출항할 것이라는 소식에 또다시 근심하게 되었다.[234] 이번에는 정보가 사실로 확인되었지만, 아마도 순전히 우연이었을 것이다. 왜냐하면 다른 정보들은 낙관적으로 투르크 함대가 출항하기 힘들 것이라고 예측했기 때문이다.[235] 8월 초에, 베네치아에서는 투르크 함대가 이미 콘스탄티노플에서 출항했음을 알았다. 규모가 작은 이 함대는 몰타의 갤리 선들을 겨냥했는데, 그들이 오리엔트에서 기습을 감행해서 "잠자는 개를 깨웠기" 때문이라고, 베네치아 주재 에스파냐 대사가 보고했다.[236] 이 시기에 에스파냐는 분명 잠자고 있는 투르크를 훨씬 더 선호했다. 이 함대는 규모는 작았을지라도, 사략선들의 소형 함대처럼 기동성 있고 효율적이어서 진짜 함대만큼, 아니 그보다 더 치명적일 수 있었다. 투르크의 함대는 30척의 갤리 선과 4척의 갤리언 선으로 구성되었고, 함대 사령관은 마미 파샤이며, 7월 2일 콘스탄티노플에서 출항했다는 사실이 곧 알려졌다. 목적은 포난트의 사략선들에 맞서 싸우고, 가능하면 수익이 좋은 해적질을 하는 것이었다. 이와 같이 대국들의 전쟁이 단순한 사략질로 바뀌었다. 이니고 데 멘도사는 에스파냐의 무기력과 무저항의 정신이 투르크가 싸울 생각을 하도록 만드는 것이 아닌지 자

문하기 시작했다.[237]

그러나 마미 파샤의 함대는 분명 알제의 해적선 함대만도 못했고, 출발할 때에 적절하게 무장을 갖추지도 못했다. 애초의 목표에도 불구하고, 함대는 금방 기지로 돌아왔는데, 귀환 도중에 꽤 큰 타격을 입었다.[238]

1598년에도 특별히 언급할 것이 없는데, 무엇보다 놀라운 것은 다시 한 번 투르크 함대가 출항했다는 사실이다.[239] 7월 26일, 투르크 함대는 치갈라의 지휘 아래에 콘스탄티노플을 출발했다.[240] 일곱 망루[Sept Tours, 이스탄불의 지역 이름]를 통과한 뒤, 함대는 식량과 자금 부족에 시달리고, 선내에서 페스트가 발생했다는 보고에도 불구하고 항해를 계속했다.[241] 45척의 갤리 선으로 구성된 함대는 전년도의 함대보다 무장을 더 잘 갖추었지만, 상대적인 것일 뿐이었다. 치갈라는 9월에 자킨토스 섬에 도착했지만,[242] 틀림없이 갤리 선들이 장거리 원정을 감행하기에는 너무 낡았기 때문에[243] 기독교 세계를 공격하지 않았다. 1598년에도 아무런 목적 없이 투르크 함대가 출항했지만, 전쟁은 선포되지 않았다. 이번에는 콘스탄티노플의 유대인들이 에스파냐를 위해서 휴전협상을 시도했다.[244]

1599년에도 평온했다. 1600년에 치갈라가 19척의 갤리 선을 이끌고 출항했는데, 일곱 망루에 도착했을 때에는 10척뿐이었다. 나머지 9척의 갤리 선들은 다른 배의 인원과 돛을 보강하기 위해서 무장해제 되었다.[245] 서부 지중해도 정말 평온했다. 에스파냐에서는 알베르트 대공의 요청에 응해서 갤리 선을 플랑드르로 파견하는 사안이 검토되었다.[246]

1601년에는 허위 경보였는가, 아니면 기회를 놓친 것인가?

에스파냐가 이듬해에 해상작전 준비를 시작한 것 또한 놀라운 일이다. 에스파냐가 지중해로 시선을 돌리게 한 것은 살루초 문제로 야기된 사부아에 대한 앙리 4세의 전쟁,[247] 또는 토스카나에 대한 계획들이다. 아니면 바르셀로나에서 제노바까지의 항로를 보호해야 할 필요성 또는 단지 프랑스와의 전쟁으로부터 해방된 이베리아 반도가 지중해에서 쓸 수 있는 힘이 더 많아졌기 때문인가? 어쨌든 1601년에 지중해에서 오랫동안 사용되지 않았던 에스파냐의 군사력이 전개되는 것을 목도하게 된다. 마드리드의 지배 아래에 있는 이탈리아가 전쟁 준비를 했다.[248] 베네치아는 독일 용병들이 병사들로 가득한 밀라노로 가기 위해서 허가 없이 자신의 영토를 가로질렀기 때문에 더 많이 걱정했다. 당연히 베네치아도 무장을 갖추었다.[249] 푸엔테스 백작이 베네치아를 안심시키려고 했지만, 확실히 그리고 당연히 성과가 없었다.[250] 이 전쟁 준비, 병사와 함정의 이동은 평화에 대한 위협에 과민하게 반응하는 이탈리아 전역에 즉각 위기감을 불러왔다. 이브라힘 파샤[251]가 파견한 마르세유 출신 배교자 바르톨로메 코레시[252]가 원대한 계획을 가지고 프랑스와 잉글랜드에 가지 않았나? 그는 4월에 베네치아를 거쳐 피렌체와 리보르노에 갔다.

앙리 4세는 전쟁이 일어나리라고는 생각하지 않았다. 그는 M. 드 빌리에에게 다음과 같이 편지를 썼다.[253] 푸엔테스 백작이 이탈리아를 불안하게 만들지라도 그는 교황의 반대에 부딪칠 것이고, "교황이 없으면 (에스파냐) 국왕은 일을 처리하기가 매우 어려워질 것이다." 다른 한편, 펠리페 3세는 더 이상의 분쟁이 필요 없었다. 앙리 4세가 빌리에에게 보낸 1601년 5월 16일자 편지를 보면,[254] "사실, 나는 에스파냐인들이 지금 네덜란드에서 전쟁을 하고 있기 때문에, 이탈리아든 다른 곳에서든 전쟁을 원한다고 생각하지 않네. 네덜란드 전쟁은 그들에게 꽤나 부담스럽고, 무엇보다 자금이 거의 없기 때문이네." 다른 한편, 이 시기에 이탈리아의 불안이 진정되었다. 베네치아는 동원을 해제했다.[255] 실제로 5월 27일 펠리페 3세가 마침내 베르뱅 평화조약을 "지키겠다고 맹세했을" 때, 위기는 종결되었다.[256]

그러나 처음에 이탈리아에 집중되었던 이 위기는 여름에 갑자기 바다로 옮겨갔다. 콘스탄티노플의 정보에 따르면, 이번에는 동방이 아니라 서방에 대한 내용을 담고 있었다. 6월 중순에 에스파냐가 강력한 함대를 준비하고 있었고, 치갈라는 이 위협에 대응하기 위해서 해적선들의 협조를 받더라도 30 내지 50척의 갤리 선밖에 모을 수 없었기 때문에 큰 혼란에 빠졌다.[257] 프랑스에서도 에스파냐 함대의 집결에 대해서 알게 되었다. 앙리 4세는 6월 25일에 다음과 같이 썼다.[258] "제노바에서 준비하고 있는 해군은 투르크 제국을 위협하고 주변 국가들에게 두려움을 주지만, 나는 그 함대가 푸엔테스 백작의 다른 행동들처럼 실제로 고통을 주기보다는 소리만 요란했으면 좋겠네." 투르크는 경계태세를 취하면서 다르다넬스 해협 입구에 있는 테네도스 섬까지 30여 척의 갤리 선을 전진 배치했다.[259] 프랑스 국왕은 투르크 함대의 출항을 심각하게 받아들이지 않았다. 그의 7월 15일자 편지에 따르면, "나는 소문이 실제보다 과장되기 마련이라고 생각하네."[260]

기독교 함대는 한층 위협적으로 보였지만, 어디를 공격할지는 아무도 몰랐다.[261] 베네치아는 카스텔누오보를 빼앗기 위해서 알바니아로 가야 한다고 주장했다. 8월 5일, 잔 안드레아 도리아 대공은 자기 함대를 이끌고 트라파니를 떠났다.[262] 콘스탄티노플에서는 위험을 과장했지만, 이번에도 상황은 이상하게 반전되었다. 풍문으로는 기독교 함대가 갤리 선 90척과 갤리언 선 40척으로 구성되었다고 알려졌다.[263] 나바리노에 도착한 치갈라는 신중하게 40척의 갤리 선과 함께 항구에서 대기했다.[264]

그러나 이것은 결코 제2의 레판토 해전은 아니었다. 도리아의 출발점이 트라파니였다는 사실만으로도 에스파냐의 관심이 레반트가 아니라 북아프리카였다는 것을 알 수 있다. 실제로 에스파냐 함대는 알제 공격에 알맞게 준비되었다. 바르바리 항구를 기습하고자 했지만,[265] 다시 한번 날씨가 모든 기대를 저버렸다. 지휘관의 과감성 부족 때문에 함대는 회항해야만 했다. 9월 14일에 에스파냐 주재 프랑스 대사[266]는 함대가 작전에 실패했다고 보고했다. "상륙 지점 4리유 전방에서 함대를 덮친 폭풍우 때문에 작전이 실패했다고 발표했습니다. 폭풍우로 갤리 선들이 심하게 흩어지고 부서져서 그들의 계획을 파기할 수밖에 없었습니다." 1830년[프랑스의 알제리 정복] 이전 알제에 대한 기독교 세계의 공격 실패의 기나긴 목록에 또 한 번의 기회 상실을 추가해야 하는가? 적어도 로마는 그렇게 생각했다. 세사 공작은 교황이 "그 함대에 닥친 불행 때문에 얼마나 마음이 아픈지를 보여주었습니다"라고 말했다.[267] 교황은 특히 아프리카로 힘이 분산되었기 때문에 성과를 낼 수 있는 레반트 원정이 불가능해졌다고 생각했다. 이와 같이 17세기 초에 기이하게도 아프리카에 관심을 둔 에스파냐와 동방을 주시한 이탈리아 사이에 이 끝나지 않는 다툼이 다시 시작되었다.

그 점에서 지중해의 상황을 잘 보여주는 이 원정이 만약에 성공했다고 하더라도, 원정은 국지적인 전쟁으로 귀결될 수밖에 없었다. 에스파냐 함대는 투르크 함대를 만나지 못했을 것이기 때문이다. 선단들, 보강된 갤리 선과 갤리언 선들 사이의 대규모 전쟁은 다시 바다를 차지하지 못했다. 상황뿐만 아니라, 병력, 계산, 계획들, 강력한 흐름이 그런 값비싼 대규모 전쟁의 부활을 막았다. 대규모 전쟁의 쇠퇴는 16세기 말에 이미 드러나고 가시화된 지중해의 쇠퇴의 전조였다.

펠리페 2세의 죽음, 1598년 9월 13일[268]

지중해 무대에서 벌어진 사건들을 서술하면서, 우리는 바다와 세계를 떠들썩하게 할 사건 하나를 있어야 할 자리에서 언급하지 않았다. 즉 정적들에게는 영원히 끝날 것 같지 않던 긴 치세 끝에, 1598년 9월 13일 저녁, 에스코리알 궁전에서 일어난 펠리페 2세의 죽음 말이다.

생략해도 되는가? 과연 신중왕의 사망이 에스파냐 정책에 큰 변화를 의미했는가? 동방에 대해서 에스파냐의 정책(1601년에 노쇠한 도리아가 시도한 알제 원정도 아무것도 바꾸지 못했다)은 투르크와의 전쟁을 바라지 않기 때문에 계속 신중했을 것이다.[269] 에스파냐의 요원들은 콘스탄티노플에서 계속 음모를 꾸미면서 불가능한 것을 협상하고 충돌을 피하기 위해서 노력했다. 사람들이 전쟁을 이야기하더라도, 이는 바르바리에 대한 제한적인 전쟁일 뿐이었다. 에스파냐 내에서도 결정적인 변화는 없었다. 오래 전부터 작동하던 힘들만이 계속 움직였다. 우리는 특히 새로운 치세 하의 이른바 영주의 반동에 대해서 언급한 바 있다. 모든 것은 계속되었다. 매우 더디게 달성되었지만, 펠리페 2세 치세 말기의 무질서하지만 강력한 노력 덕분에 평화로 복귀할 수 있었다. 1598년의 베르뱅 평화조약은 서거한 국왕의 작품이었다. 잉글랜드와의 평화조약은 6년 뒤의 일이고(1604), 네덜란드 연합주와의 강화는 11년 뒤의 일이다(1609). 그러나 둘 다 그 이전의 흐름에 의해서 결정되었다.

죽음보다 펠리페 2세라는 이 불가사의한 인물을 더 잘 보여주는 것은 없다. 그의 죽음은 자세한 내막을 말하기를 주저할 정도로 종종 매우 비장하게 운위되는 탄복할 만한 것이었다. 그의 죽음은 확실히 왕의 죽음이었고, 중재자로서 교회가 보유한 권력의 힘을 확신한 기독교인의 죽음이었다.

6월에 처음 심한 통증이 발생하자, 그는 의사의 만류에도 불구하고, 죽음을 맞이하기 위해서 에스코리알 궁전으로 갔다. 그곳에서 그는 53일 동안 고통 속에서 병마와 싸우다가 패혈증으로 사망했다. 그의 죽음은 결코 종교개혁 시대의 우상으로서의 자부심으로 충만하지는 않았다.[270] 국왕은 외로이 죽기 위해서 에스코리알 궁전에 온 것이 아니다. 그는 조상들이 있는 곳으로 왔고, 그 죽음들이 그를 기다렸다. 장차 펠리페 3세가 될 그의 아들, 플랑드르로 떠나게 될 공주, 병든 그를 곁에서 지켰던 고위 성직자와 고관대작들이 함께 왔다. 그는 가능한 한 많은 사람들이 지켜보는 가운데 죽음을 맞이했는데, 그 단어가 가진 최상의 의미에서 사회적이고 의례적인 죽음이었다고 말할 수 있다. 그의 최후를 지켜본 것은, 흔히 말하는 것처럼 '자부심, 고독, 상상력'이 아니라, 그 자체로서 하나의 예술작품이라고 할 수 있는 질서정연하게 대열을 이룬 왕가의 조직, 성자의 군대, 기도자의 무리였다. 그 인생 자체가 종교적인 것과 세속적인 것을 구분하는 것으로 요약된다고 많은 사람들은 이야기해왔다. 적들은 가장 말도 안 되는 비방으로

깎아내렸고, 지지자들은 조금 성급하게 후광으로 장식했던 이 인물은 아마도 카르멜 수도회 혁명의 분위기 속에서, 가장 순수한 종교적 삶의 흐름 속에서 이해되어야 할 것이다.

그러나 군주는 그 이름이 이어주고 보증하는 역사의 힘인가? 역사의 힘은 고독하고 불가해한 한 개인을 넘어서는 문제이다. 우리 역사가들은 그에게 제대로 다가가지 못했다. 그는 우리를 마치 대사들을 대하듯이 가장 세련되게 예의를 갖춰 맞이하고, 경청하고, 낮은 목소리로 종종 이해할 수 없게 대답하지만, 자신에 대해서는 결코 이야기하지 않는다. 그는 죽기 전 3일 동안 자신이 살아오면서 저지른 잘못들에 대해서 고해했다. 그러나 평가에 있어서 정당하든 정당하지 않든, 긴 인생의 미로에서 어느 정도 방황했던 자기 양심의 법정에서 헤아린 이 잘못들을 누가 확실하게 생각해낼 수 있겠는가? 여기에 그의 인생의 중요한 문제들 중의 하나, 즉 그의 생생한 초상화 좀더 정확하게 말하자면 초상화들에 남겨두어야 할 어두운 부분이 있었다. 살아가면서 바뀌지 않는 사람이 있는가? 스무 살의 왕자를 보여주는 티치아노의 초상화로부터 치세 말년의 어두운 그림자를 보여주는 판토하 데 라 크루스의 무시무시하면서도 감동적인 그림에 이르기까지 그의 인생은 파란만장했다.

우리가 파악할 수 있는 인물은 국왕의 역할을 하는 군주였다. 그는 서로 교차하는 씨줄과 날줄로 세계와 제국이라는 캔버스를 짜듯이, 끊임없이 보고들이 교차하는 네거리의 중심에 서 있었다. 그는 세계의 모든 지평선으로부터 쏟아져 들어오는 소식들을 통해서 살아 있는 역사에 연결되어 있었고, 사람들과 거리를 두고 생각에 잠긴 채 집무실 책상에서 보고서들을 검토하고 속필로 메모를 남기는 독서가였다. 사실 그는 제국의 모든 약점과 장점의 종합과 같은 그런 사람이었다. 네덜란드에서의 알바 공작과 파르네세, 지중해에서의 돈 후안과 같은 그의 부관들은 한 부분, 즉 거대한 모험에서 그들의 관할 지역밖에 볼 수 없었다. 오케스트라의 지휘자와 그의 연주자들을 갈라놓는 것이 바로 이 차이이다.

　그는 통찰력 있는 사람은 아니었다. 그는 끊임없이 이어지는 상세한 보고들 속에서 그가 해야 할 일을 보았다. 그의 지적사항들은 명령, 논평, 게다가 오탈자나 지리에 관한 교정까지 어느 하나 구체적이지 않은 것이 없었다. 그의 펜 끝에서는 결코 포괄적인 구상도 원대한 계획도 나오지 않았다. 나는 지중해라는 단어가 우리가 그 단어에 부여한 모습으로 언젠가 그의 정신 속에 맴돌았을 것이라고 생각하지 않는다. 우리가 늘 떠올리는 빛과 푸른 바다의 모습도 떠올리지 않았을 것이다. 그 단어는 중대한 문제들을 가진 특정 지역도, 명확하게 구상된 정책의 틀도 의미하지 않았다. 지리는 왕자들의 교육에 포함되지 않았다. 이 모든 것이 1598년 9월에 끝난 긴 임종의 고통이 지중해 역사에서 중요한 사건이 될 수 없는 이유라고 할 수 있다. 이렇게 해서 인물의 역사와 구조의 역사, 나아가 공간의 역사 사이의 거리가 다시 드러난다.

결론

이 책이 출간된 지도 곧 20년이 된다. 이 책은 이의제기도 있었고, 인용되기도 했고, (매우 드물게) 비판당하기도 했고, (너무 자주) 칭찬받기도 했다. 어쨌든 나는 마침내 이 책의 설명을 보완하고, 관점을 옹호하고, 편견을 숙고하고, 오류를 수정할 수 있는 기회를 가졌다. 나는 개정판을 내기 위해서 이 책을 진지하게 다시 읽고 대폭 손질하여 개정했다. 그러나 책은 저자로부터 독립하여 존재하고, 독자적인 삶을 가진다는 것이 사실이다. 근본적으로 바꾸지는 않았지만, 내용을 개정하고, 주와 지도, 삽화, 세목들을 가필할 수 있었다. 베네치아에서는 종종 그 도시 밖에서 구입한 선박을 들여와서 세심하게 점검하고 솜씨 좋은 목수들이 보완했지만, 그래도 역시 달마티아나 네덜란드의 조선소에서 건조된 그 상태의 배였고, 언제나 한눈에 이를 알아볼 수 있었다.

교정자의 장시간에 걸친 수고에도 불구하고, 이 책의 초판을 읽은 독자들은 별 어려움 없이 이 책을 알아볼 것이다. 이 책의 결론, 의도, 의미는 어제의 것과 똑같다. 지중해라는 거대한 무대를 가로지르며, 근대 세계가 시작되는 그 모호한 시기에 대해서, 엄청난 양의 새로운 사료들을 활용해서 이 책이 나왔다. 또한 이 책은 3개의 연속된 부와 장에 따라서, 또는 3개의 다른 "차원"에서, 더 잘 표현하자면 3개의 다른 시간 개념에 따라서 쓰인, 일종의 전체사를 위한 시도이다. 그 목적은 그것들 사이의 간극을 유지한 채 과거의 다양한 모든 시간들을 파악하고, 그 시간들의 공존, 간섭, 충돌,

그리고 다양한 두께를 상기시키는 것이다. 역사는 자신의 선율에 맞추어 노래를 부르며 여러 목소리들이 서로 영향을 미칠 것이다. 그때 그 목소리들은 너무나 자주 서로를 가리는 그 명백한 불편함을 가져올 것이다. 언제나 합창을 멀리 밀어내며 독창으로 부각되는 하나의 목소리만 있었던 것은 아니다. 어떻게 사람들은 현실에서는 공존하는 이 서로 다른 역사들을 단 한순간의 마치 투명한 일치 속에서 평가할 수 있을까? 나는 이 책의 세 부분에 공통된 여러 주제들과 친숙한 선율과 마찬가지로, 여기저기에서 자주 쓰는 몇몇 단어들, 설명들을 통해서 그러한 인상을 주려고 노력했다. 그러나 두세 개의 시간성만 있는 것이 아니라 10여 개의 시간성이 있고, 그 각각이 특정한 하나의 역사와 연결되어 있기 때문에 이는 어려운 일이다. (역사가에게 봉사하는) 한 묶음의 인간과학들에서 파악된 그 시간성들의 종합만이 전체사이기 때문에, 그 모습을 완벽하게 재구성하는 것은 여전히 매우 어렵다.

1

이 역사책에 지리(地理)에 관한 내용을 너무 많이 포함시켰다고 나를 비난한 사람은 없다. 이 책은 시간 밖의 존재로 인식된 지리로 시작하고, 이 두꺼운 책의 첫 장부터 마지막 장까지 지리의 심상(心像)과 실제가 끊임없이 나타난다. 그 창조적인 공간, 놀랍도록 자유로운 수로(에른스트 라브루스가 말했듯이, 자동적인 자유교역), 다르지만 비슷한 땅들, 이동으로부터 태어난 도시들, 상호보완적인 주민들과 타고난 적대관계를 가진 지중해는 인간들이 계속 다듬어가는 작품이지만, 인간들은 풍요롭지 않고 종종 야만적인, 장기지속적으로 반대와 제약을 가하는 자연을 다듬어야 했다. 모든 문명은 건설, 난관, 긴장이다. 지중해의 문명들은 종종 눈에 보이는 수천의 장애에 맞서 싸워왔다. 그 문명들은 때때로 세련되지 못한 인적 자원을 사용했고, 이 지중해를 둘러싼 거대한 대륙들과 끝도 없이 맹목적으로 싸웠다. 광대한 인도양 또는 대서양과 부딪쳤다.

따라서 나는 지리적 관찰의 틀과 줄기를 따라서, 지중해 역사의 국지성, 영구성, 불변성, 반복성, "규칙성"에 대해서, 과거 인간들의 삶의 단조로운 구조 또는 양상들 전부가 아니라 그 가운데 가장 중요하고 일상생활에 영향을 미친 것들을 연구했다. 이러한 규칙성들이 이 책의 표준 도면이자 특별한 요소이고, 가장 생생한 모습들이다. 사람들은 이를 활용해서 손쉽게 앨범을 채울 수 있을 것이다. 그 규칙성들은 시간을 초월하여 실제의 삶 속에서, 가브리엘 오디지오, 장 지오노, 카를로 레비, 로렌스 더럴, 앙드레 샹송의 여행이나 책에서 우연히 다시 나타난다. 언젠가 지중해를 만나게 될 서방의 모든 작가들에게 이 규칙성은 "장기지속"보다 더 나은 역사 문제로 제기될 것이다. 나도 오디지오나 더럴처럼 고대가 오늘날 지중해 연안에 살아 있다고 생각한다. 로도스나 키프로스의 "담배 연기 가득한 선술집 드라곤에서 카드 놀이를 하는 어부들을 보라. 그래야만 당신은 진짜 율리시즈가 어떠했을지를 생각할 수 있을 것이다." 나는 또한 카를로 레비와 마찬가지로 그의 아름다운 소설 『그리스도는 에볼리에 머물렀다(*Cristo si è fermato a Eboli*)』의 진짜 주제인 그 절망의 땅이 시간의 어둠 속으로 사라졌다고 생각한다. (루이 고메스 공이 자신의 칭호로 따왔던) 에볼리는 살레르노 근처 해안가에 있는데, 그곳으로부터 산으로 곧장 길이 나 있다. 그리스도(달리 말하면, 문명, 형평성, 삶의 즐거움)는 "하얀 석회 절벽 위에" 수목도 없는 메마른 경사면의 동굴 속에 있는 가랴노 마을까지 루카니애바실리카타] 산악지대를 계속 걸어갈 수가 없었다. 거기에서 불쌍한 하층민들은 오늘날에도 새로운 특권층들, 즉 약사, 의사, 교사, 그리고 농민이 피하고, 두려워하고, 달아나려고 하는 모든 사람들에게 언제나처럼 부당하게 정기적으로 돈을 뜯기고 있다. 그들의 집에는 복수, 도적질, 절약, 원시적인 도구들 같은 것이 있다. 거의 버려지다시피 한 마을에 아메리카로부터 수많은 새로운 물건과 신기한 도구들을 가지고 한 이주민이 올 수도 있다. 그러나 그는 이 시대에 뒤떨어지고 고립된 작은 세계에게서 아무것도 바꿀 수 없을 것이다. 이와 같이 지중해의 모습은 심원한데, 지리학자(여행가나 소설가)의 통찰력 없이는, 그것의 진짜 윤곽과 억압적인 현실을 파악할 수 없을 것이다.

2

16세기 지중해의 집단적인 운명, 그리고 완전한 의미에서의 지중해의 "사회사"를 밝혀내려는 우리의 두 번째 과업은, 시작부터 결론에 이르기까지, 물질생활의 악화라는 은밀하며 답도 없는 문제, 그리고 과거 역사가들의 표현을 빌리면, 투르크, 이슬람 세계, 이탈리아 그리고 이베리아의 우위가 왜 연속적으로 쇠퇴했는가 하는 문제, 또는 오늘날 경제학자들의 언어로 말하자면 (공공재정, 투자 산업, 항해 등) 그 원동력이 왜 파괴되었는지, 아니면 고장이 났는지라는 문제와 부딪쳤다. 독일 사상의 영향을 받았든 받지 않았든 간에 역사가들은, 로마 세계의 운명이 이미 완벽한 본보기를 제공했듯이, 문명에는 그 자체에 고유한 쇠퇴의 과정이 존재한다고 주장했는데, 오트마르 슈판[오스트리아의 경제학자, 1878-1950]과 그의 보편주의 학파의 제자인 에리히 베버[1]가 아마도 그런 주장을 한 마지막 세대일 것이다. 에리히 베버에 따르면, 다른 법칙들 가운데 몰락(Verfall)은 언제나 동시대의 어떤 상승(Aufstieg)에 의해서 상쇄될 것이다. 마치 인류의 공동생활에서는 잃는 것이 하나도 없다고 할 수 있다. 또한 마찬가지로 엄격한 토인비나 슈펭글러의 주장에 대해서 말할 수도 있을 것이다. 나는 바로 이런 너무 단순한 견해들과 그것들이 제시하는 거창한 설명들에 맞서 싸웠다. 사실, 이런 거창한 설명 도식에 지중해 운명이라는 사례를 쉽게 끼워넣을 수 있는가? 분명 쇠퇴에 관한 모델이 하나만 있는 것은 아니다. 이 기본적인 구조들로부터 각각의 개별 사례들을 위한 모델을 만들어야 한다.

쇠퇴라는 이 부정확한 단어에 주어진 함의가 무엇이든 간에, 지중해는 불가역적이고 특히 때 이른 퇴행 과정을 체념하며 참아내는 쉬운 먹잇감은 아니었다. 나는 1949년에 이미 1620년 전에는 쇠퇴가 나타나지 않았다고 말했다. 완전히 확신할 수는 없지만, 이제 나는 기꺼이 1650년 전에는 쇠퇴가 나타나지 않았다고 말하겠다. 어쨌든 지난 10년간 출간된 지중해 지역의 운명에 대한 가장 훌륭한 저서 3권, 즉 프로방스에 관한 르네 베렐의 저서, 랑그도크에 대한 르 루아 라뒤리의 저서, 카탈루냐에 관한 피에르 빌라르의 저서도 나의 주장과 상반되지 않는다. 내 생각으로는, 지중해의 전성기가 끝났음을 알리는 대(大)파열 뒤에 지중해 전체의 새로운 파노라마를 재구성하고자 한다면, 더 늦은 시기인 1650년이나 1680년을 선택해야 할 것이다.

또한 지역 연구들 덕분에 한층 더 정확성을 기할 수 있게 됨에 따라서, 이 책에서 불완전하게 시도했던 계산, 추산, 크기의 수준(ordre de grandeur)의 파악 등을 더 진척시켜야 한다. 이렇게 함으로써 성장과 국가재정의 문제들에 몰두했던 경제학자들(프랑스에서는 프랑수아 페루, 장 푸라스티에, 장 마르체우스키)의 성취에 더 가까이 다가갈 수 있을 것이다. 그들을 따라간다면, 명확한 사실을 곧 다시 발견하게 될 것이다. 즉 16세기의 지중해는 우선 농민, 분익(分益) 소작농, 지주들의 세계였다는 점이다. 수확은 가장 중요한 일이었고, 그밖의 모든 것은 축적의 결과물이자, 도시로의 과도한 전용의 결과물인 상부구조(superstructure)였다. 무엇보다 먼저, 농민과 밀, 다시 말해서 식량과 주민의 수가 이 시대의 운명을 결정하는 무언의 법칙이었다. 단기적으로든 장기적으로든 농업 활동이 모든 것을 좌우했다. 농업 활동이 인구 증가의 무게, 모든 시선을 잡아끌 만큼 눈부신 도시의 사치를 떠받칠 수 있는가? 이것이 일상생활에서도, 100년을 통틀어서도 가장 중요한 문제였다. 그에 비하면 나머지는 거의 무의미하다.

예를 들면, 16세기 말 이탈리아에서는 농촌에 대한 대규모 투자가 이루어졌다. 나는 이것을 때 이른 쇠퇴의 신호로 보아야 할지 망설여진다. 이는 오히려 건강한 반응이었다고 할 수도 있다. 이렇게 해서 이탈리아에서는 귀중한 균형이 유지될 것이기 때문이다. 이것은 물질적 균형으로 해석될 수 있는데, 왜냐하면 대규모의 강력한 토지 소유는 어디에서나 장기적으로 착취와 훼방을 초래하기 때문이다. 카스티야에서도 마찬가지였다.[2] 오늘날 역사가들은 카스티야에서 물질적 균형이 17세기 중반까지 지속되었다고 말한다. 이는 예전의 내 견해를 수정하는 것이다. 이와 같이 나는 1580년대의 짧지만 격렬했던 위기는 에스파냐 제국이 포르투갈과 대서양으로 방향을 돌렸기 때문에 발생했다고 생각했었다. "고상한" 설명이다. 펠리페 루이스 마르틴[3]에 따르면, 그 위기는 무엇보다 1580년대에 이베리아 반도의 심각한 식량위기에 의해서 촉발된 과정일 뿐이다. 따라서 에른스트 라브루스의 도식에 따르면 "구체제의 위기"였다.

요컨대 위기들에 대한 콩종튀르(conjoncture)의 역사를 파악하기 위해서도 종종 구조(structure)의 더딘 역사를 먼저 이야기해야 할 것이다. 모든 것을 이 기준이 되는 수면(水面)과 비교해야 한다. 도시들의 위업(1949년에 나를 사로잡았던 것으로 문명의 기원이다), 단기간의 운동으로 모든 것을 흔들지만 그 자체는 다른 것에 의해서 좌우되지 않는 것처럼 성급하게 설명해버리는 콩종튀르의 역사 등 모든 것이 해수면과 같은 이 수준에서 비교되어야 한다. 사실, 삶 속에서 지속적으로 조우하는 이 운동들과 불변성으로부터 새로운 경제사를 재구성해야 한다. 가장 큰 소리를 내는 것이 가장 중요한 것은 아니다.

어쨌든, 지중해의 영광이 끝난 것은 1590년대에 장기적 경향이 뒤집혔기 때문도 아니고, 1619-1621년의 위기가 준 충격 때문도 아니다. 더 상세한 정보를 확보하지 못한다면, 북유럽과 남유럽 사이에 "고전적인" 콩종튀르의 불일치가 파국을 초래했다는 견해도 더 이상 믿을 수 없다. 그러한 편차가 존재했다면, 지중해의 번영을 파괴하는 동시에 북유럽의 패권을 확립했을 것이다. 이러한 이중의 설명은 이중적으로 효율적이기는 하지만, 재검토가 필요하다.

이와 같이 더디게 움직이는 것과 빠르게 움직이는 것 사이를, 그리고 구조와 콩종튀르 사이를 분리하는 것은 여전히 결론을 내리기 어려운 논쟁의 한복판에 남아 있다. 어떤 움직임이 다른 어떤 움직임을 좌우하는지, 아니면 그 반대인지 확실하지는 않더라도, 이러한 움직임들을 서로의 관계 속에서 미리 구분해야 한다. 그 움직임들을 확인하고, 구분하고, 대조하는 것이 우리의 첫 번째 관심거리이고 가장 먼저 해야 할 일이다. 불행하게도 16, 17세기의 "국민소득"의 전반적인 변화를 추적하는 것은 불가능하다. 그러나 지금부터 우리는 질 카스테르가 툴루즈에 대해서,[4] 카를로 치폴라와 주세페 알레아티[5]가 파비아에 대해서 했던 것처럼 도시의 콩종튀르를 연구할 수 있다. 도시들은 여러 방면에서 관례적인 가격 곡선이나 임금 곡선보다 더 실제적인, 적어도 그만큼 사실적인 콩종튀르를 기록했다.

결국 문제는 모순되는 연대기들을 조율하는 것이다. 콩종튀르에 따라서 국가와 문명들, 그 국가와 문명의 주역들, 그들의 한계와 의지들이 어떻게 부침했는가? 나는 국가에 대해서 살펴보았는데, 이 경우 난세는 국가의 팽창에 유리한 것으로 보였다. 문명에 대해서도 마찬가지였을까? 문명의 번성은 종종 경기가 하강하던 시기에 나타났다. 도시국가가 가을을 맞을 때, 심지어 (베네치아와 볼로냐의 경우) 겨울 동안에 이탈리아 르네상스가 만개했다. 강대한 제국의 문명들이 자신을 과시한 시기는 거대한 해상제국들의 가을이었다. 이스탄불, 로마, 마드리드의 제국이 그러했다. 16세기 말과 17세기 초에 이 찬란한 그림자들이 반세기 전에 대제국들이 버티고 있던 바로 그곳에서 어른거렸다.

3

이런 문제들에 비해서, 사건들과 개인들의 역할은 작아졌다. 이는 관점의 문제이다. 과연 우리의 관점은 정당한가? 사건들에 대해서 말하자면, "우리가 첫 번째 자리에 놓은 사건들의 공식적인 행렬은 상황을 아주 조금 바꾸었을 뿐, 인간의 근본적인 구조는 거의 아무것도 바꾸지 못했다." 지중해에 열광했던 현대 소설가 로렌스 더럴은 그렇다고 생각했다. 그러나 역사가와 철학자들이 내게 물었듯이, 이 게임에서 인간은, 인간의 역할, 그리고 인간의 자유는 무엇인가? 철학자 프랑수아 바스티드가 나에게 반론을 제기했듯이, 역사는 곧 전개이고 작용이라면, 한 세기 동안 지속되는 경향도 "사건"이라고 말할 수는 없는가? 분명 그렇지만, 폴 라콩브와 프랑수아 시미앙이 그러했듯이 내가 역사라는 큰 바다에서 "사건"이라는 이름 하에 분류해놓은 것은 단순하고 감동적인 사건들이고, 특히 전통적인 역사에서 말하는 "주목할 만한 사실들"이다.

나는 이 반짝거리는 먼지들이 가치가 없다거나, 미시사로부터 출발하여 전체사를 재구성할 수는 없다고 주장하지 않는다. 미시사가 떠올리게 하는, 내 생각에는 잘못된 미시사회학은 평판이 아주 나쁘지는 않다. 미시사회학이 반복적인 것들을 대상으로 하는 데에 반해서 사건들을 다루는 미시사의 대상은 독특하고 예외적인 것들이다. 사실, 일련의 "사회 드라마"라고 할 수 있다. 그러나 베네데토 크로체가 말하듯이, 예컨대 1610년 앙리 4세의 암살이나 혹은 우리가 연구하는 시대를 벗어나서 1883년 쥘 페리 내각의 등장 같은 사건들 속에서 인간의 역사 전체를 파악할 수 있다는 주장은 그럴 만한 이유가 있다. 인간의 역사는 각각의 소리들이 울리는 음악과 같기 때문이다.

나는 사건들의 영향력 또는 인간의 자유에 대해서 이미 수많은 질문을 받았고, 앞으로도 더 많이 받겠지만, 철학자가 아니기 때문에 그 문제들에 대해서는 오래 생각해보지 않았다고 솔직히 고백한다. 다양한 의미를 담고 있고, 지난 수세기 동안 그 의미가 완전히 똑같지 않았던 이 자유라는 단어에 대해서는 합의가 이루어져야 한다. 적어도 집단의 자유와 개인의 자유를 구별해야 한다. 1966년에 프랑스라는 집단의 자유는 무엇인가? 1571년에 하나의 세력권으로서 에스파냐의 자유, 또는 펠리페 2세의 자유, 또는 함선, 동맹자, 병사들과 함께 바다 한가운데에서 사라진 돈 후안 데 아우스트리아의 자유는 정확하게 무엇인가? 내게는 이 각각의 자유들이 감옥이나 다름없는 협소한 섬처럼 보인다.

이 협소한 한계들을 확인하는 것이 역사에서 개인의 역할을 부정하는 것인가? 나는 결코 그렇게 생각하지 않는다. 선택의 기회가 당신에게 두세 번만 주어지기 때문에 문제가 제기되지 않는 것이 아니다. 당신은 그 기회들을 감당할 수 있을까, 없을까? 효과적으로 감당할 수 있을까? 이해했든 이해하지 못했든 간에, 당신이 포착할 수 있는 것은 바로 이 기회들뿐이다. 나는 역설적으로 위대한 인물은 자기가 할 수 있는 것의 한계를 정확하게 가늠할 수 있는 자라고 결론지을 것이다. 그는 그 한계 안에 머무르고 그 불가피성을 활용하면서 거기에 자신의 힘을 보탤 줄 안다. 역사의 흐름에 거스르는 모든 노력은 실패로 귀결될 뿐인데, 역사의 흐름은 언제나 선명하게 드러나지 않는다.

따라서 언제나 나는 한 인간을 볼 때, 그 스스로 만들어가지 못하는 운명 속에 갇힌 그를, 그의 앞과 뒤에 "장기지속"의 끝이 없는 길을 그려내는 풍경 속에서 보려고 한다. 나의 모든 책임 아래에 말하건대, 내가 본 역사적 설명 속에서 마침내 승리하는 것은 언제나 장기지속의 시간이었다. 장기지속의 시간은 많은 사건들, 그 흐름 속으로 끌려들어가지 않고 멀어지는 모든 사건들을 부정하고, 인간의 자유와 우연의 역할을 제한한다. 나는 그 기질상 사건에 별로 끌리지 않는, 같은 징후의 사건들의 집합인 콩종튀르에는 절반만 끌리는 "구조주의자"이다. 그러나 그 역사가의 "구조주의"는 같은 이름 아래에 다른 인간과학들을 혼란에 빠트린 방법론과는 아무 상관이 없다.[6] 그의 구조주의는 기능으로 표현되는 관계들의 수학적 추상화가 아니라, 보다 구체적이고, 보다 일상적이고, 보다 강고하고, 보다 익명의 인간적인, 삶의 원천 그 자체를 향해 나아가는 것이다.

1965년 6월 26일

주

문서보관소 약어

1. A.C. 코뮌 문서보관소
2. A.Dép. 도립 문서보관소
3. A.d.S. Archivio di Stato
4. A.E. 파리 외교부 문서보관소
5. A.H.N. 마드리드 국립 문서보관소
6. A.N.K. 파리 국립 문서보관소, K 계열
7. B.M. 런던 대영박물관
8. B.N. 국립 박물관, F(피렌체), M.(마드리드), 다른 설명이 없으면 (파리)
9. C.S.P. 영국 공문서 기록부
10. CODOIN 에스파냐 역사 관련 미간행 문서집
11. G.G.A. 알제리 Ex-Govenment Général de l'Algérie
12. P.R.O. 런던 공문서 기록소
13. Sim. 시망카스
14. Sim. E° 시망카스 국가 계열

제III부

1. R. BUSCH-ZANTNER.

제1장

1. 카를 5세와 프랑수아 1세가 모까지 진출하게 한 황제군의 습격 이후이다. Ernest Lavisse, *Hist. de France*, V, 2, p. 116. 이날은 9월 18일이 맞다. Jean Dumont, *Corps universel diplomatique*, Amsterdam, 1726-1731, IV, 2, pp. 280-287, 11월 18일이라는 로마냉의 기록은 오류이다. S. Romanin, *Storia documentata di Venezia*, Venise, 1853-1861, VI, p. 212.

2. A. E. Esp. 224, 1545년 12월 5일 마드리드에서 펠리페가 후안 데 베가에게 보낸 편지. 로마인의 왕[카를 5세]과 술탄 사이의 휴전협정에 대해서는 원본인, f° 342. 1547년의 휴전협정 갱신에 대해서는, B.N., Paris Ital. 227.

3. E. Lavisse, *op. cit.*, V, 2, p. 117 ; Georg Mentz, *Deutsche Geschichte, 1493-1618*, Tübingen, 1913, p. 227.

4. *Ibid.*, p. 117 (8 juin), Henri Hauser et Augustin Renaudet, *Les débuts de l'âge moderne*, 2ᵉ édit., 1946, p. 468.

5. 오스만 제국 함대 사령관 임명, 1533년과 그의 사망 일자에 대해서는 Charles-André Julien, *H. de l'Afrique du Nord*, Paris, 1931, p. 521. 이 인물의 생애에 대해서는 많이 각색되기는 했지만 때로 대단히 정확한 폴 아샤르의 로맨스 소설을 참조. Paul Achard, *La vie extraordinaire des frères Barberousse, corsaires et rois d'Alger*, Paris, 1939.

6. O. de Selve, *op. cit.*, p. 95 ; S. Romanin, *op. cit.*, VI, p. 23.

7. E. Lavisse, *op. cit.*, V, 2, p. 122 ; S. Romanin, VI, p. 222 ; O. de Selve, *op. cit.*, pp. 124 et 126.

8. C. Capasso. "Barbarossa e Carlo V", in: *Rivista storica ital.*, 1932, pp. 169-209.

9. *Ibid.*, p. 172 et note 1 ; C. Manfroni. *Storia della marina italiana*, Rome, 1896 p. 325 et *sq.* ; Hermann Cardauns, *Von Nizza bis Crépy*, 1923, p. 24 et 29 ; C. Capasso, *Paolo III*, Messine, 1924, p. 452 ; Alberto Guglielmotti, *La guerra dei pirati e la marina pontificia dal 1500 al 1560*, Florence, 1876, t. II, p.5 et *sq.*

10. E. Lavisse, *op. cit.*, V, 2, p. 112.

11. N. Iorga, *G. des osm. Reiches*, Gotha, 1908-1913, III, p. 76 et *sq.* 서쪽에서의 투르크 정책의 전체와 아시아의 복잡함에 대해서는, *ibid.*, p. 116 et *sq.*

12. *Ibid.*, p. 117.

13. 이 책 제II부 제3장, 254쪽.

14. 이 책 제II부 제7장, 646쪽.

15. 이 책 제II부 제3장, 341-342쪽.

16. *Hispania victrix*, Medina del Campo. 1570.

17. Charles Monchicourt, "Épisodes de la carrière tunisienne de Dragut, 1550-1551", in: *Rev. tun.*, 1917, p. 7 et *sq.* 장 모레의 공적에 대해서.

18. *Ibid.*, p. 11. 드라구트의 생애에 대해서는 투르크 역사가의 다음 도서를 참조. Ali Riza Seifi, *Dorghut Re is*, 2ᵉ éd., Constantinople, 1910 (édition en alphabet turco-latin, 1932).

19. *Ibid.*, p. 11.

20. *Archivio storico ital.*, t. IX, p. 124 (24 mars 1550).

21. F. Braudel, "Les Espagnols et l'Afrique du Nord de 1492 à 1577", in: *Revue Africaine*, 1928, p. 352 et *sq.*

22. Carl Lanz, *Correspondenz des Kaisers Karl V*, Leipzig 1846, III pp. 3-4 (1550년 4월 2일).

23. *Archivio storico ital.*, IX, p. 124 (1550년 4월 20일).

24. *Ibid.*, pp. 126-127.

25. *Ibid.*, p. 125.

26. *Ibid.*, pp. 126-127.

27. *Ibid.*, p. 127 (1550년 5월 11일).

28. *Ibid.*

29. *Ibid.*, pp. 129-130 (1550년 6월 10일).

30. *Ibid.*, p. 132 (1550년 7월 5일).

31. *Ibid.*, p. 131 (1550년 6월 16일).

32. 메르시에의 기술은 오류이다. E. Mercier, *Hist. de l'Afrique septentrionale*, Paris, 1891, III, p. 72.

33. *Archivio storico ital*, t. IX, p. 132, C. Monchicourt, *art. cit.*, p. 12.

34. A. S. Florence, Mediceo 2077, f° 45.

35. 아프리카 총독과 족장 술레이만 벤 사이드(Soliman ben Saïd)의 협정 ; 1551년 3월 19일, Sim. E° 1193.

36. E. Pélissier de Raynaud. *Mém. historiques et géographiques*, Paris, 1844, p.83.

37. Charles Monchicourt, "Études Kairouanaises", 1ᵉ Partie: "Kairouan sous le Chabbîa", in: *Revue Tunisienne*, 1932, pp. 1-91 et 307-343 ; 1933, pp. 285-319.

38. 에스파냐에서 군대의 소개(疏開)에 대해서는 Alphonse Rousseau, *Annales tunisiennes*, Alger, 1864, p. 25는 오류이다. E. Pelissier de Raynaud, *op. cit.*, p. 83 ; Charles Féraud, *Annales Tripolitaines*, Paris, 1927, p. 56 참조.

39. C. Lanz, *op. cit.*, III, pp. 9-11.

40. S. Romanin, *op. cit.*, VI, p. 214 ; 1545년 12월 13일, P. Richard, *H. des Conciles*, Paris, 1930, t. IX, 1, p. 222.

41. P. Richard, *op. cit.*, IX, 1, p. 214.

42. *Ibid.*, p. 209 et *sq.*

43. *Ibid.*, p. 214 et Buschbell, "Die Sendung des Pedro Marquina……", in: *Span. Forsch. der Görresgesellschaft*, Münster, 1928, 1, 10, p. 311 et *sq.* 1574년의 양보에 대해서는, J. J. Döllinger, *Dokumente zur Geschichte Karls V……*, Regensburg, 1862, p. 72 et *sq.*

44. Buschbell, *art. cit.*, p. 316에서 인용.

45. S. Romanin, *op. cit.*, VI, p. 221, 1548년의 로렌초 콘타리니의 보고에 의함.

46. Georg Mentz, *op. cit.*, p. 209.

47. G. de Leva, *Storia documentata di Carlo V……*, Venise, 1863-1881, III, p. 320 et *sq.*

48. Joseph Lortz, *Die Reformation in Deutschland*, Fribourg-en-Brisgau, 1941, II, p. 264, note 1.

49. 도메니코 모로시노와 프란체스코 바도에르가 도제에게 보낸 편지, 아우크스부르크, 1550년 9월 15일, G. Turba, *Venetianische Depeschen*, 1, 2, p. 451 et *sq.*

50. *Ibid.*, p. 478, 아우크스부르크, 1550년 11월 30일.

51. *Ibid.*, p. 509, 아우크스부르크, 1551년 2월 15일.

52. B.N., Paris, Ital. 227, S. Romanin, *op. cit.*, VI, p. 214.

53. 1548년 3월 이후이다. Germaine Ganier, *La politique du Connétable Anne de Montmorency*, diplôme de l'École des Hautes Études, le Havre (1957) 참조.

54. P. Richard, *op. cit.*, IX, 1, p. 439.

55. 세부적인 사실들 일부가 알려져 있다. Fernand Hayward, *Histoire de la Maison de Savoie*, 1941, II, p. 12.

56. Juan Christoval Calvete de Estrella, *El felicisimo viaje del……Principe don Felipe*, Anvers, 1552.

57. L. Pfandl, *Philippe II, op. cit.*, p. 170.

58. L. Pfandl, *op. cit.*, p. 161.

59. C. Lanz, *op. cit.*, III, p. 20.

60. F. Auguste Mignet, *Charles Quint, son abdication et sa mort*, Paris, 1868, p. 39 et note 1.

61. 1551년 10월 6일의 결정, Simancas Capitulaciones con la casa de Austria, 4.

62. 랑케의 말대로 오스트리아 외교의 걸작 중 하나라고 말할 수 있을까?

63. L. Pfandl, *Philippe II, op. cit.*, p. 159.

64. 1548년의 베네치아인 모체니고. L. Pfandl. *op. cit.*, p. 199.

65. 카를 5세가 페르디난트에게 보낸 편지, 뮌헨, 1551년 8월 15일, C. Lanz, *op. cit.*, III, 68-71.

66. A.N., 1489 ; W. Oncken, *op. cit.*, XII (édit. portug.), p. 1047 ; S. Romanin, *op. cit.*, VI p. 224.

67. A.N., K 1489.

68. *Ibid.*

69. 1550년 1월 27일 시몬 르나르 편지, *Ibid.*

70. 여기서는 앞에서 인용된 바 있는 가니에(Ganier)의 연구를 인용한다.

71. A.N., K 1489, copie.

72. *Ibid.*, 푸아시, 1550년 4월 25일. 에스파냐어로 해독 및 번역.

73. 오랑 지방 침공에 대해서는, 1550년 8월 17일의 보고서. *Aixarife passa en Argel con un gruesso exercito por conquistar……, Ibid.* 참조.

74. *Ibid.*, 시몽 르나르가 국왕 및 보헤미아 여왕에게 보낸 편지, 1550년 8월 31일.

75. *Ibid.*

76. *Ibid.*

77. 동일 서지사항, A.N., K 1489.

78. 파노가 율리우스 3세에게 보낸 편지, 1551년 7월 15일. *Nunt.-Berichte aus Deutschland*, Berlin, 1901, I, 12, p. 44 *et sq.*

79. 1530년 이후의 일이다. 트리폴리는 1510년에 페드로 나바로에 의해서 점령되었다. F. Braudel. *art. cit,.* in: *Revue Africaine*, 1928, p. 223.

80. C. Monchicourt, "Épisodes de la carrière tunisienne de Dragut", in: *Rev. Tunisienne*, 1917, pp. 317-324.

81. Giacomo Bosio, *I Cavalieri gerosolimitani a Tripoli negli anni 1530-31*, p.p. S. Aurigemma, 1937, p. 129.

82. J. W. Zinkeisen, *op. cit.*, II, 869.

83. G. Bosio, *op. cit.*, p. 164.

84. G. Turba, *Venetianische Depeschen*, 12, p. 507, 아우크스부르크, 1551년 2월 10일.

85. 1551년 7월 15일, 아우크스부르크에서 교황 대사가 율리우스 3세에게 보낸 편지. "……현재는 만약 아프리카에서 전투를 일으키지 않으면 안 된다고 해도, 전투가 일어날 장소에 대해서 정하는 것은 기다려야 합니다." *N.-Berichte aus Deutschland*, I, 12, p. 44 *et sq.*

86. G. Bosio, *op. cit.*, p. 164.

87. E. Rossi. *Il dominio degli Spagnuoli e dei Cavalieri di Malta a Tripoli*, Airoldi, 1937, p. 70 ; Charles Féraud, *Ann. trip.*, p. 40은 6,000명. C. Monchicourt, "Dragut amiral turc", in: *Revue tun.*, 1930, p. 5 별책에서는 5,000명. Giovanni Francesco Bela, *Melite illustrata*, cité par Julius Beloch, *op. cit.*, I, p. 165은 6,000명.

88. 세부사실에 대해서는 특히 C. Féraud, *op. cit.*, p. 40 참조. 올메데스의 탐욕에 대해서는 E. Rossi et G. Bosio, *op. cit.* 참조.

89. 포위 작전 이야기에 대해서는 앞에서 본 저작 외에, Salomone Marino, "I siciliani nelle guerre contro l'Infedeli nel secolo XVI", in: *A. Storico Siciliano*, XXXVII, pp. 1-29 ; C. Manfroni, *op. cit.*, pp. 43-44 ; Jean Chesneau, *Voyage de Monsieur d'Aramon dans le Levant*, 1887, p. 52 ; Nicolas de Nicolaï, *Navig. et pérégrinations……*, 1576, p. 44.

90. 시몽 르나르가 카를 5세에게 보낸 편지, 1551년 8월 5일, A.N., K 1489.

91. *Ibid.*

92. 시몽 르나르가 펠리페에게 보낸 편지, 오를레앙, 1551년 8월 5일, A.N., K 1489.

93. 위의 각주 90번 참조.

94. 시몽 르나르가 여왕 폐하에게 보낸 편지, 블루아, 1551년 4월 11일, A.N., K 1489.

95. J. W. Zinkeisen, *op. cit.*, II, p. 869.

96. 발렌시아, 1551년 8월 15일, *Colección de documentos ineditos* (abréviation *CODOIN*), V, 117.

97. 몰타, 1551년 8월 24일, Guillaume Ribier, *Lettres et mémoires d'État*, Paris, 1666, pp. 387-389.

98. M. Tridon, *Simon Renard, ses ambassades, ses négociations, sa lutte avec le cardinal Granvelle*, Besançon, 1882, p. 54.

99. *Ibid.*, p. 55 et 65. 앙리 2세의 대사는 마리야크(Marillac) 주교와 바스퐁텐(Bassefontaine) 신부이다.

100. S. Romanin, *op. cit.*, VI, p. 225.

101. 앙투안 드 부르봉이 M. 뒤미에르에게 보낸 편지, 쿠시, 1551년 9월 8일, *Lettres d'Antoine de Bourbon*, p.p. le marquis de Rochambeau, 1877, p. 26 et note 2.

102. 펠리페가 시몽 르나르에게 보낸 편지, 토로, 1551년 9월 27일, A.N., K 1489, min.

103. *Ibid.*

104. Avisos del embassador de Francia, 1551년 9월, A.N., K 1489.

105. W. Oncken, *op. cit.*, XII, p. 1064, 3 et 5 oct. 1551.

106. Eduard Fueter, *Geschichte des europäischen Staatensystems*, Munich, 1919, p. 321.

107. 헝가리의 마리아가 아라스 주교에게 보낸 편지, 1551년 10월 5일, C. Lanz, op. cit., III, pp. 81-82.

108. 이곳에서 상황은 황제 측에 불리하게 돌아간다. 프란체스코 바도에르가 도제에게 보낸 편지, 베네치아, 1551년 10월 22일, G. Turba, *Venet. Depeschen, op. cit.*, I, 2, p. 518 et *sq.* 투르크는 티미쇼아라를 위협하고 있었다.

109. 카마이아니가 율리우스 3세에게 보낸 편지, 브릭센, 1551년 10월 28일, *Nunt. -Ber. aus Deutschland.* Série I, 12, p. 91 et *sq* ; 파노가 몬테풀치아노에게 보낸 편지, 인스부르크, 1551년 11월 6일, *ibid.*, p. 97 et *sq*, 1551년 12월 14일, *ibid.*, p. 111.

110. 카를 5세가 펠리페에게 보낸 편지, 필라흐, 1552년 6월 9일, J. J. Döllinger, *op. cit.*, p. 200 et *sq.*

111. E. Lavisse, V, 2, p. 149 ; G. Zeller, *La réunion de Metz à la France, 1552-1648,* 2 vol., Paris-Strasbourg, 1927, I, pp. 35-36, 285-9, 305-6.

112. E. Lavisse, V, 2, p. 150.

113. G. Zeller, *Le siège de Metz par Charles-Quint, oct. -déc. 1552,* Nancy, 1943.

114. J. W. Zinkeisen, *op. cit.,* II, 873.

115. 카를 5세가 받아들인 협정, 인스부르크, 1552년 5월 10일, Simancas, *Ptronato Real,* n° 1527.

116. S. Romanin, *op. cit.,* VI, p. 226, Henri Hauser, *Prépondérance espagnole,* 2ᵉ édit., 1940, p. 475.

117. 이 날짜들에 대해서는 C. Monchicourt, art. cit., tiré à part, p. 6 참조. références à E. Charrière, op. cit., II, pp. 167, 169, 179-181, 182 note, 200, 201. 폰차의 패배에 대해서는 Édouard Petit, *André Doria, un amiral condottiere au XVIe S.,* 1887, p. 321. 테라치나의 패배 다음 날 투르크는 군대를 호송하던 갤리 선 7척을 나포한다. C. Manfroni, *op. cit.,* III, p. 382.

118. *CODOIN,* V, p. 123.

119. C. Monchicourt, *art. cit.,* p. 7.

120. Relacion del viaje de las galeras de Francia despues del ultimo aviso s.d. (le jeudi 25 août ou 25 sept. 1552). A.N., K 1489. 베네치아의 거부에 대해서는 S. Romanin, *op. cit.,* VI, 226 ; 이 문제에 대한 자료들은 V. Lamansky, *op. cit.* 참조. 제노바와 나폴리의 저항이 야기한 곤란한 상황에 대해서는 C. Manfroni, *op. cit.,* III, 382-383 참조.

121. 1553년 7월 11일. W. Oncken, éd. portugaise, *op. cit.,* XII, 1084.

122. Richard Ehrenberg, *Das Zeitalter der Fugger,* Iéna, 1896, I, pp. 152-154.

123. G. Turba, *Venet. Depeschen,* I, 2, p. 526, 인스부르크, 1552년 5월 13일.

124. 이 책 제II부 제2장, 165쪽 이하 참조.

125. G. Zeller, *L'organisation défensive des frontières du Nord et de l'Est au XVIIᵉ siècle,* Nancy-Paris-Strasbourg, 1928, p. 4.

126. *La prépondérance espagnole, op. cit.,* p. 475.

127. H. Hauser, *La prépondérance espagnole, op. cit.,* p. 475에서 인용.

128. Henry Joly, *La Corse française au XVIᵉ siècle,* Lyon, 1942, p. 55.

129. D. de Haedo, *Epitome de los Reyes de Argel,* fº 66 Vº et *sq.*

130. C. Lanz, *op. cit.,* III, p. 576, G. de Ribier, *op. cit.,* II, p. 436.

131. C. Manfroni, *op. cit.,* III, p. 386.

132. 폴 드 테르므가 몽모랑시에게 보낸 편지, 카스틸리오네 델라 페스카라, 1553년 8월 23

일, B.N., Paris, Fr. 20,642, f° 165, 사본, H. Joly, *op. cit.*, p. 55에서 인용.

133. J. Chesneau, *Le voyage de Monsieur d'Aramon, op. cit.*, p. 161.

134. H. Joly, *op. cit.*, 53. 일종의 프랑스 영토로 간주된 나폴리 왕국의 약탈을 피하기 위한 우회로였다.

135. *Ibid.*, p. 385, C. Monchicourt, *art. cit.*

136. R. Hakluyt, *The principal navigations……*, II, p. 112.

137. Tommaseo, *Proemio alle lettere di Pasquale Paoli*, p. CLIII, cité par H. Joly, *op. cit.*, p. 28.

138. H. JOLY, *op. cit.*, p. 8.

139. *Ibid.*, p. 9.

140. *Ibid.*, pp. 71 et 72.

141. *Ibid.*, p. 117.

142. *Ibid.*, p. 14, note 1.

143. 17일의 일이다. H. Joly. *op. cit.*, p. 106, et non le 27, C. Manfroni, *op. cit.*, III, p. 389.

144. W. Oncken, *op. cit.*, XII, p. 1086, le 6 juillet.

145. 다 물라가 도제에게 보낸 편지, 브뤼셀, 1553년 7월 29일, G. Turba, *Venetianische Depeschen*, I, 2, p. 617. 메리 튜더의 잉글랜드 여왕 즉위를 인정한 부분에 대해서는 *Reconocimiento de Maria Tudor por Reina d'Inglaterra*, Simancas E° 505-506, f° 7.

146. Enrique Pacheco y de leiva, "Grave error politico de Carlos I", in: *Rev. de Archivos, Bibl. y Museos*, 1921, pp. 60-84.

147. 그랑벨이 르나르에게 보낸 편지, 1553년 1월 14일, M. Tridon, *op. cit.*, p. 85에서 인용.

148. M. Tridon, *op. cit.*, p. 84. 1553년 12월 이후 결과가 나타나기 시작했다. 카를 5세가 포르투갈 왕비에게 보낸 편지, 브뤼셀, 1553년 11월 21일, E. Pacheco, *art. cit.*, pp. 279-280에 수록.

149. W. Oncken, *op. cit.*, XII, p. 1086.

150. Ch. de la Roncière, *H. de la marine française*, 1934, III, pp. 491-492.

151. 다 물라가 도제에게 보낸 편지, 브뤼셀, 1553년 12월 30일, G. Turba, *op. cit.*, I, 2, p. 640.

152. 카를 5세가 펠리페에게 보낸 편지, 1554년 1월 1일, A. E. Esp. 229, F° 79. 잉글랜드에서 소란초의 태도에 대해서는 다 물라의 편지, 1554년 3월 2일. G. Turba, *op. cit.*, I, 2, p. 645, note 2.

153. 원수(元帥)가 파리 추기경(로마에 있는)에게 보낸 편지, 파리, 1554년 2월 3일, A.N., K 1489 (이탈리아어 사본). 시몽 르나르가 카를 5세에게 보낸 편지, 런던, 1554년 1월 29일, A. E. Esp. 229, f° 79 ; 시몽 르나르가 카를 5세에게 보낸 편지, 1554년 2월 8일, f° 80 ; 1554년 2월 19일, 1554년 3월, *ibid.* ; *CODOIN*, III, p. 458.

154. E. Lavisse, *op. cit.*, V, 2, p. 158.

155. 프랑스는 이를 위해서 칼레 주위에 군대를 주둔시켰다. 원수가 파리 추기경에게 보낸 편지, 파리, 1554년 2월 3일, 이탈리아어 사본, A.N., K 1489.

156. 카를 5세가 펠리페에게 보낸 편지, 브뤼셀, 1554년 3월 13일, A. E. Esp. 229, f° 81 ; 1554년 3월 21일, F° 82 ; 1554년 4월 1일, F° 83 ; 1554년 4월 3일, F° 84. 다 물라가 도제에게 보낸 편지, 브뤼셀, 1554년 5월 20일. G. Turba, op. cit., I, 2, p. 648 et sq.

157. E. Lavisse, op. cit., V, 2, p. 137.

158. 프랑스의 보고서, 낭트, 1552년 6월 26일, A.N., K 1489.

159. 프랑스의 보고서, 1554년 4월 3일, A.d.S. Florence, Mediceo 424, f° 5, H. Joly, op. cit., p. 119에서 인용.

160. H. Joly, op. cit., p. 118.

161. C. Manfroni, op. cit., III, p. 392 및 E. Charrière, op. cit. 참조.

162. H. Joly, op. cit., p. 122.

163. 이 작전 중에 레오네 스트로치가 사망했다.

164. C. Manfroni, op. cit., III, p. 391.

165. Ibid., p. 392 ; E. Charrière, Négociations……, II, p. 351.

166. 사리아 후작이 후아나 공주에게 보낸 편지, 로마, 1555년 11월 22일, J. J. Döllinger, op. cit., pp. 214-216.

167. 겨울 동안 제노바 함대는 은신처를 벗어난다. 안드레아 도리아는 1556년 1월 코르시카 북부 연안의 서남풍으로 인해서 휘하의 갤리 선 12척 중 9척을 잃는다. 이는 시작에 불과했다. C. Manfroni, op. cit., III, p. 394.

168. Lucien Romier, Les origines politiques des guerres de religion, Paris, 1914, II, pp. 393-440.

169. Coggiola, "Ascanio della Corna", p. 114, note 1, déc. 1555.

170. D. de Haedo, Epitome,……op. cit., fos 68 et 68 v°.

171. 이 책 제III부 제2장 137-139쪽 참조.

172. Paule Wintzer, "Bougie, place forte espagnole", in: B. Soc. géogr. d'Alger, 1932, pp. 185-222, 특히 p. 204 et sq., et 221.

173. Diego Suárez, Hist. del maestre ultimo que fue de Montesa……, Madrid, 1889, pp. 106-107.

174. Luis de Cabrera, Felipe II, Rey de España, Madrid, 1877, I, p. 42.

175. Peticiones del Cardenal de Toledo para la jornada de Argel y Bugia y Conquista de Africa, Simancas E° 511-513.

176. Paule Wintzer, art. cit., p. 221. 알론소에 대한 호의에 대해서는, Diego Suárez, op. cit., p. 107.

177. 알바 공작이 후아나 공주에게 보낸 편지, 1556년 3월 29일, Simancas E° 1049, f° 11.

178. G. Mecatti, Storia cronologica della Città di Firenze, op. cit., II, p. 697.

179. Coggiola, "Ascanio……", p. 97.

180. H. Joly, op. cit., p. 122 ; S. Romanin, op. cit., VI, p. 230.

181. H. Joly, op. cit., p. 120.

182. Simancas P° Real, n° 1538, 1555년 10월 13일, Coggiola, art. cit., p. 246.

183. 펠리페가 후아나 공주에게 보낸 편지, 윈저, 1554년 8월 9일, A. E. Esp. 229, f° 84. Viaje de Felippe II (sic) à Inglaterra quanao en 1555 fué a casar con la Reina Dª Maria, *CODOIN*, I, p. 564.

184. 이 날짜를 정확히 파악하는 것은 힘들다. 나폴리 왕국을 포기하겠다는 카를 5세의 쪽지는 1554년 7월 25일 섭정 피게로아를 통해서 펠리페에게 전달되었다(Simancas Eᵒ 3636, 1554년 7월 25일, G. Mecatti, *op. cit.*, II, 693). 같은 해 10월 2일, 율리우스 3세는 나폴리와 시칠리아 왕국을 펠리페에게 수여하는 것에 양보했고(Simancas Eᵒ 3638, 1554년 10월 23일), 11월 18일 교황은 그에게 시칠리아 왕국과 예루살렘 왕국을 봉토로 양도했다(Simancas Eᵒ 1533, Rome, 1554년 11월 18일). 나폴리에 대해서는 Lodovico Bianchini, *Della Storia delle Finanze del Regno di Napoli*, 1839, pp. 52-53. 카를 5세가 나폴리 왕국을 포기한 것은 그의 말대로라면 1556년 1월 16일의 일이지만, 이는 "카스티야의 왕 카를로스와 후아나"의 이름으로 행해졌으므로, 이는 필시 1555년 광녀왕 후아나가 사망하기 전의 일일 것이다.

185. 간단한 줄거리를 위해서는 Charles Bratli, *Philippe II, roi d'Espagne*, Paris, 1912, p. 87 et *sq*. ou L. Pfandl, *op. cit.*, p. 272 et *sq*. 참조.

186. *Renuncia de Carlos V en favor de Felipe II de los reinos de Castilla*, Simancas Eᵒ 511-513.

187. 예를 들면 페르디난트가 펠리페 2세에게 보낸 편지, 빈, 1556년 5월 24일, *CODOIN*, II, p. 421 혹은 카를 5세가 페르디난트에게 보낸 편지, 브뤼셀, 1556년 8월 8일, *ibid.*, pp. 707-709.

188. 이 책 제III부 제1장, 32-33쪽.

189. *CODOIN*, XCVIII, p. 24.

190. 이 문제에 대해서는 Francis Decrue de Stoutz, *Anne de Montmorency*, Paris, 1899, II, p. 1의 생각에 반하여 H. Joly, *op. cit.*, p. 126의 논증을 참조.

191. A. d'Aubigné, *Histoire universelle*, Paris, 1886, I, p. 125 ; B. Lavisse, *op. cit.*, V, 2, p. 160. 이들 책에는 2월 15일로 기술되어 있지만, 프랑스 국왕이 휴전협정을 공표한 것은 13일부터이다(1556년 2월 13일, A.N., K 1489). F. Hayward, *op. cit.*, II, 18.

192. 페르디난트가 카를 5세에게 보낸 편지, 빈, 1556년 5월 22일, C. Lanz, *op. cit.*, III, p. 69, 702.

193. 카를 5세는 1556년 10월 6일 라레도에 상륙했다. L. P. Gachard, *Retraite at mort de Charles Quint*, Bruxelles, 1854, p. 137.

194. 펠리페 2세가 후아나 공주에게 보낸 편지, 런던, 1557년 4월 13일, A.E. Esp., 232, f° 232.

195. 바도에로가 원로원에 보낸 편지, 브뤼셀, 1556년 3월 7일, Coggiola, *art. cit.*, p. 108, note.

196. 나바게로가 원로원에 보낸 편지, 로마, 1556년 2월 21일, Coggiola, *art. cit.*, pp. 232-233.

197. 바도에로가 원로원에 보낸 편지, 브뤼셀, 1556년 3월 1일, Coggiola, *art. cit.*, p. l08, note.

198. *Ibid.*

199. 베르나르도 나바게로의 보고, 1558년, E. Albèri, *Relazioni*……, II, 3, p. 389.

200. Ernesto Pontieri, "Il papato e la sua funzione morale e politica in Italia durante la preponderanza spagnuola", in: *Archivio storico italiano*, 1938, t. II, p. 72.

201. E. Lavisse, *op. cit.*, V, 2, p. 163.

202. 앙리 2세가 오타비오 파르네세에게 보낸 편지, 퐁텐블로, 1556년 6월 29일, Coggiola, *art. cit.*, pp. 256-257 ; F. Decrue, *Anne de Montmorency*, II, p. 186.

203. H. Patry, "Coligny et la Papauté en 1556-1557", in: *Bul. de la Soc. de l'hist. du protestantisme français*, t, 41, 1902, pp. 577-585.

204. 알바 공작은 11월 4일 오스티아로 복귀했다. 그곳에서 무슨 일이 벌어지고 있는지 파악하기 위해서 당시(1556년 12월) 프랑스로 파견된 자에 따르면(A.N., K 1490), 휴전은 11월 18일 조인되었고(Sim. Patronato Real, n° 1580), 12월 27일까지 연장되었다(*ibid.*, n° 1591).

205. *Opere*, Milan, 1806, pp. 119-131, Coggiola, p. 225 et *sq.*에서 인용.

206. 같은 날, 펠리페 2세가 카라파 추기경에게 보낸 편지, Simancas *Patronato Real*, n° 1614.

207. 예를 들면, 콜론나 가문은 누구나 알고 있는 에스파냐 편이었는데, 교황이 콜론나 가문의 토지를 빼앗은 콜론나 가문의 사건. 또한 나폴리와의 변함없는 험악한 관계에 대해서.

208. Lo que contienen dos cartas del embaxador en Francia de 9 y 13 de julio 1556, A.N., K 1489.

209. D. de Haedo ; *op. cit.*, f° 69 v° et 70 ; Jean Cazenave, "Un Corse, roi d'Alger (Hassan Corso", in: *Rev. Afrique Latine*, 1923, pp. 397-404 ; Socorro de Oran, Simancas E° 511-513.

210. E. Lavisse, *op. cit.*, V, 2, p. 167.

211. 1월 25일 프랑스로 파견된 한 인물과 페르피냥으로 파견된 볼비오는 1557년 1월 28일에 다음과 같이 보고한다(A.N., K 1490). 피에몬테에 보병 3만, 기병 1만. 여백에는 "모두 거짓 정보이다"라고 적혀 있다. 더 정통한 시몽 르나르(1557년 1월 12일에 시몽 르나르가 펠리페 2세에게 보낸 편지)는 총 1만2,000의 병사를 보고했다. A.N., K 1490.

212. 시몽 르나르가 펠리페 2세에게 보낸 편지, 1557년 1월 12일, A.N., K 1490.

213. *Ibid.*

214. 칼비, 1557년 9월 14일. Capitulación publica sobre la paz entre Felipe II y Paulo IV ortogada entre el duque de Alba y el Cardinal Caraffa. Simancas *Patronato Real*, n° 1626. 팔리아노의 축성에 관한 비밀 조항은 *Ibid.*, n° 1625.

215. Palmerino B. Com. Palerme Qq D 84. 9월 11일이란 기록은 오류가 아닐까?

216. 후안 바스케스가 카를 5세에게 보낸 편지, 바야돌리드, 1557년 11월 18일, L. P. Gachard, *La retraite*……, I, doc. n° CXXI.

217. Paul Herre, *Papsttum und Papstwahl im Zeitalter Philipps II.*, Leipzig, 1907.

218. 펠리페 2세가 카를 5세에게 보낸 편지, 보르부아, 1557년 8월 11일, A.N., K 1490. 이 문서함에는 생 캉탱 전투에 대한 많은 자료가 있다.

219. 펠리페 2세가 카를 5세에게 보낸 편지. 주 218 참조.

220. *Ibid.*

221. 펠리페 2세가 페리아 백작에게 보낸 편지, 1558년 6월 29일, *CODOIN*, LXXXVII, p. 68.

222. Cesaréo Fernández Duro, *Armada española*, Madrid, 1895-1903, II, p. 9 et *sq*. 도제와 제노바 총독이 에스파냐 주재 대사인 자코모 데 네그로에게 보낸 편지, 제노바, 1558년 5월 23일, A.d.S. Gênes, Inghilterra, I, 2273. 라 비뉴 대사의 역할에 대해서는, 피에로가 피렌체 대공에게 보낸 편지, 베네치아, 1558년 1월 22일, Mediceo 2974, f° 124. 함대는 평소보다 일찍 당도했다. 콘스탄티노플로부터의 보고, 1558년 4월 10일, Simancas E° 1049, f° 40.

223. 칼라브리아 총독 페드로 데 우리에스가 나폴리 부왕에게 보낸 편지, 1558년 6월 7일, Simancas E° 1049, f° 43. 에스킬라체는 13일에 함락되고, 이후 레조의 약탈이 이어졌다. C. Manfroni, *op. cit.*, III, p. 401.

224. Instruction data Mag^co Fran^co Coste misso ad classem Turchorum pro rebus publicis, 제노바, 1558년 6월 20일, 원본은 A.d.S. Gênes, Costantinopoli 1558-1565, 1-2169. C. Manproni, *op. cit.*, III. p. 401, note, 만프로니는 이 지령의 다른 사본을 인용한 것으로 보인다.

225. 함대는 토레 델 그레코(Torre del Greco) 앞을 지나갔다. 시구엔차 추기경이 폐하에게 보낸 편지, 로마, 1558년 6월 16일, Simancas E° 1889, f° 142, A. E. Esp. 290, f° 27.

226. 돈 후안 만리케가 폐하에게 보낸 편지, 1558년 6월 26일, 나폴리, Simancas E° 1049, f° 41.

227. C. Fernandez Duro, *Armada Española*……, II, p. 11.

228. *Ibid.*, p. 12.

229. G. Turba, *op. cit.*, I, 3, p. 81, note 3.

230. 마리노 데 카발리가 도제에게 보낸 편지, 페라, 1558년 12월 16일, A.d.S. Venise, Senato Secreta, Cost., Filza 2 B, f° 102.

231. *Les origines politiques des guerres de religion*, Paris, 2 vol., 1913-1914.

232. *Le traité de Cateau-cambresis*, 1889.

233. Guy de Brémond d'Ars, *Le père de Mmé de Rambouillet, jean de Vivonne, sa vie et ses ambassades*, Paris, 1884, p. 14 ; Lucien Romier, *Origines, op. cit.*, II, livre V, chap. II, pp. 83-86 ; B.N., OC 1534. f° 93, etc.

234. 엘리자베트가 펠리페 2세에게 보낸 편지, 웨스트민스터, 1558년 10월 3일, A.N., K 1491 B 10, n° 110(원문은 라틴어).

235. Baron A. Ruble, *op. cit.* ci-dessus à la note 231, p. 55.

236. 앙리 3세의 편지, 1574년 9월 25일, 사본, Simancas E° 1241.

237. *op. cit.*, VII, pp. 198, 205.

238. T. A. D'aubigné, *op. cit.*, I, p. 41.

239. "그들은 귀하를 통해서 프랑스와 잉글랜드가 세습적인 전쟁을 끝내고 평화를 찾기를 원합니다."

240. Apuntamientos para embiar a España(일자 미상, 1559년 5-6월), Simancas E° 137, f°s 95-97. 이 중요한 문서의 다른 사본은 A. E., Esp., 290. 주요 인물들의 회합과 잉글랜드와

스코틀랜드의 복잡함으로 인해서 국왕이 그해 겨울 동안 플랑드르에 머물기를 바라는 이들의 열망에 대해서는, 미네르보티가 공작에게 보낸 편지, 1559년 7월 2일, A.d.S., Florence, Mediceo, 4029.

241. 알바 공작이 펠리페 2세에게 보낸 편지, 파리, 1559년 6월 26일, A.N., K 1492, B 10, f° 43 a.

242. 알바 공작이 펠리페 2세에게 보낸 편지, 1559년 6월, ibid., f° 44.

243. Ibid.

244. 1559년 7월 11일, 파리, ibid., f° 49.

245. J. Dureng, "La complicité de l'Angleterre dans le complot d'Amboise", in: Rev. Hist. mod., t. VI, p. 248 et sq. ; Lucien Romier, La conjuration d'Amboise, 3ᵉ édit., p. 73 ; E. Charrière, op. cit., II, p. 595.

246. 루이 고메스와 알바 공작이 펠리페 2세에게 보낸 편지, 파리, 1559년 7월 8일, A.N., K 1492, f° 48, 앙리 2세가 사망했다.

247. L. P. Gachard, op. cit., I, p. 122 et sq., 1555년 5월 27일.

248. Ibid., p. 124, 헝가리 왕비가 아라스 주교에게 보낸 편지, 1556년 5월 29일.

249. Ibid., I, p. XLI et sq ; pp. 341-352 ; II, p. CXXXVII et sq, p. 390.

250. Storiae de rebus Hispaniae······, le tome I (le seul publié) de la continuation, par le P. Manuel José de Medrano, Madrid, 1741.

251. 오류가 빈번하고 연대기의 부정확함은 일반적인 현상이었다. 펠리페 2세는 8월 25일 블리싱겐에서 승선하여 9월 8일 라레도에서 하선했다. 캄파냐를 향해 국왕이 돛을 올린 것은 27일, 그레고리오 레티에게는 26일이다. 로버트슨과 프레스콧 계보의 현대 역사가들은 과거의 자료를 계속 이용하고 있다.

252. 간추린 여정을 보려면 C. Bratli, op. cit., p. 188, note 280, et pp. 101-102.

253. Essai sur l'administrarion de la Castille au XVIᵉ siècle, 1860, pp. 43-44.

254. E. Albèri, Relazioni, I, 1, p. 293 et sq., juillet 1546.

255. M. Philippson, Ein Ministerium unter Philipp II. Kardinal Granvella am spanischen Hofe, 1579-1586, 1895.

256. 다음의 논문 참조. C. Perez-Bustamante, "Las instrucciones de Felipe II à Juan Bautista de Tassis", in: Rev. de la Biblioteca, Archivo y Museo, t. V, 1928, pp. 241-258.

257. Simancas E° 343.

258. Louis Paris, op. cit., p. 42, note 1.

259. Ibid., p. 42.

260. 장 드 방드네스가 8월 23일에 기록한 간추린 이야기는 다음과 같다. "성 바르톨로메오 축일인 목요일, 전하는 앞서 언급한 손부리[수부리]에서 저녁식사를 했다. 식사 후 블레싱겐으로 이동했다. 밤 11시경 승선했고 금요일 뒤늦게 돛을 올릴 때까지 항구에 정박한 채 머물렀다. 그날 아침 9시경 네덜란드의 제후들과 영주들이 국왕과 그 수하들에게 작별인사를 했다. 자신들의 국왕이 그들을 포기하고 떠나는 모습을 보면서도 회한이나 탄식, 눈물과 연민은 전혀 없었다······. 정오경 파르마 공작부인이 아들이 대공과 다른 영주들을 대동하

고 도착하여 전하에게 작별인사를 했다. 저녁이 되어 전하는 돛을 올리고 순풍을 받으며 해협과 됭케르크와 칼레, 도버의 암초와 해협을 통과하여 비크(Vicq) 섬 인근의 지류까지 항해했다. 에스파냐 연안에 들어서서 우리는 안정을 찾고 바다에서 15일을 머물렀다. 9월 8일 성모일에 전하와 함대 일부가 라레도에서 휴식을 취했다. 전하는 라레도에 상륙하여 교회를 찾아 미사를 올리고 그곳에서 숙박한 후 금요일에 출발했다. 그날 내내 우리는 가능한 한 하선을 자제했다. 일부 무거운 우르크 선과 그 밖의 다른 배들은 그렇게 일찍 도착할 수 없었다. 토요일 국왕 전하는 오후 1시경 라레도에서 약 2킬로미터 떨어진 콜리브레로 가기 위해서 라레도를 출발했다. 몇 시간 후 바다와 육지에 격렬한 폭풍우가 몰아쳤고 항구에 정박해 있던 배들은 견디지 못하고 가라앉거나 좌초되었다. 선원과 배를 잃는 모습은 크나큰 슬픔이었다. 다른 배들은 바다에서 운을 거는 수밖에 없었다. 육지에서는 나무가 뿌리째 뽑히고 지붕의 기와가 날아다녔다. 폭풍우는 밤새 계속되었다." in: L. P. Gachard et Piot, *Collection des voyages des souverains des Pays-Bas*, 1876-1882, IV, p. 68 et *sq*.

261. 아르딩겔리의 증언을 간추리면 다음과 같다. 아르딩겔리는 젤란드로 이동하는 펠리페 2세를 동행하면서 그와의 관계를 확실히 한다. 8월 23일 그는 파르마의 마르가리타에게 펠리페 2세에게 작별인사를 하러 오라고 알린다. 25일에 승선한 그는 왕자의 건강에 대한 소식을 전하기 위해서 조우한 함선이 제공한 호사를 누린다. 8월 26일, 칼레와 도버 사이에서 그는 모든 일이 예정대로 진행되고 있으며 모래톱 사이를 안전히 통과하기 위해서 물길 안내인이 탑승했음을 알린다. 27일의 기록에 따르면, 펠리페 2세는 와이트 섬에 도착하기 전까지는 물길 안내인을 계속 배에 두고자 했다. 항해 속도가 늦어진 것은 아마 국왕 때문이었을 것이다. 바람은 있었지만, 왕은 네덜란드 화물 범선과 떨어지려고 하지 않았다. 그랬다면 함대는 벌써 120킬로미터는 더 전진했을 것이다. 그는 "항해는 순조로울 수밖에 없었다. 위험한 곳은 지나쳤고 8일 후면 에스파냐에 당도할 것이다"라고 끝맺는다. 항해 중에 만난 에스파냐의 작은 배는 31일자 편지를 배달한다. 항해는 좋은 날씨 속에 계속되었다. "오늘밤이면 해협을 벗어날 것이다……." 이후 서신은 9월 8일까지 중단된다. 이날 아르딩겔리는 이렇게 적는다. "신의 가호하에 우리는 마침내 라레도 항구에 모두 안전하게 도착했다. 잉글랜드 해협을 벗어난 이후 변덕스런 날씨로 인해서 선원들은 여러 차례 당황했다. 때로는 잔잔한 바다에 때로는 역풍에 고생하기는 했지만, 신의 가호로 태풍을 만나지는 않았다. 마침내 어제 저녁 불어온 미스트랄 덕에 우리는 오늘 밤 육지에 닿을 수 있었다……." 10일 여전히 라레도에서(그는 14일이 되어서야 항구를 벗어났다) 아르딩겔리는 이렇게 적는다. "지난 토요일(9월 9일) 오후 무시무시한 태풍이 몰아쳤지만, 다행스럽게도 우리는 육지에 머물고 있었다. 항구에 정박해 있던 함대는 어렵게 무사할 수 있었다. ……3척의 배가 측면으로 기울었지만, 인명과 상품의 손실은 없었다. 뒤따르던 우르크 선들은 필시 큰 위험에 직면했을 것이다. 아직까지 어떤 소식도 없어서 걱정이 이만저만이 아니다." 그러나 13일이 되자, "플랑드르 선단"은 "지난 태풍으로 인한 어떤 피해도 없이" 도착했다. 모두 기쁨에 넘쳤다. 우르크 선들은 펠리페 2세를 따르던 영주들의 수하들과 재산을 싣고 있었다. 아르딩겔리의 이 편지들은 나폴리의 파르네세 문서보관소에 소장되어 있다. Spagna fascio 2, du f° 186 au f° 251.

262. 펠리페 2세가 샹토네에게 보낸 편지, 1559년 9월 26일(분류 오류. 1560년이 아님), A.N.,

K 1493, B 11, f° 100 (원본) "과인이 에스파냐로 오면서 승선한 함대와 함께 온 선박들 중에서 단 1척만이 현재까지 모습을 보이지 않고 있소. 그 배는 산탄데르의 프란체스코 볼리바르의 것이오. 이 배는 이탈리아 참사회 소속 관리인들과 내 서기관들 그리고 다른 시종들의 의상을 싣고 있었소. 그대는 이 편지에 동봉된 보고서를 통해서 그 내용을 볼 수 있을 것이오……." 소문에 따르면 이 배는 라로셸에 당도했다고 전해진다. 이 배에 대해서는 L. P. Gachard, *Retraite……, op. cit.*, II, p. LVII.

263. G. Leti. *La vie de Philippe II*, 1679, I, p. 135.

264. L. P. Gachard, *Retraite……, op. cit.*, I, p. 122 et *sq.*

265. *Actas de las Cortés de Castilla*, 1558, I.

266. *CODOIN*, XXVII.

267. *Ibid.*, p. 202.

268. L. P. Gachard, *Retraite……, op. cit.*, II, p. 401 et *sq.* 특히 다음의 고전적인 저작을 참조. E. Schäfer et de Marcel Bataillon ; E. Albèri, *op. cit.*, I, III, pp. 401-402.

269. Juan Ortega y Rubio, *Historia de Valladolid*, 1881, II p. 57 (최초의 처형) ; p. 58 (두 번째 처형) ; p. 64: 국왕의 도착까지 희생자의 절반을 남겨두었다.

270. C. Bratli, *op. cit.*, p. 93.

271. M. Bataillon, *op. cit.*, p. 555 et *sq.*, 뤼시앵 페브르의 다음 서평 참조. "Une conquête de l'histoire: l'Espagne d'Érasme", in: *Ann. d'hist. soc.*, t. XI, 1939, pp. 28-42.

272. *Op. cit.*, p. 533 et *sq.*, 나쁜 조언자로서 경제 후퇴를 고려해야 할까? 이 책 제II부 제8장, 710-712쪽.

273. Simancas E° 137, f° 123 et 124.

274. 루이스 키하다가 펠리페 2세에게 보낸 편지, 1558년 5월 1일, J. J. Döllinger, *op. cit.*, p. 243.

275. 샤를 9세 앞으로 온 세비야 대주교의 메모, 1558년 6월 2일, L. P. Gachard, *La retraite ……, op. cit.*, II, pp. 417-425: 바스케스는 카를 5세에게 1558년 7월 5일에 다음과 같이 쓰고 있다. "신께 찬사를 바치며, 불행은 생각했던 것보다 크지 않습니다." *ibid.*, pp. 447-449.

276. Relation de Marcantonio da Mula, E. Albèri, *Relazioni ……*, I, 3, p. 402 et *sq.*

277. 1559년 3월 6일과 11일, E. Charrière, *Négociations……, op. cit.*, II, p. 563.

278. "La primera crisis de hacienda en tiempo de Felipe II", in: *Revista de España*, I, 1868, pp. 317-361.

279. *Ibid.*

280. *Ibid.*

281. L. P. Gachard, *La Retraite ……, op. cit.*, I, pp. 206-207, 1557년 11월 7일, et II, pp. 278-279, 1557년 11월 15일.

282. *Ibid.*, I, pp. 240-242, 1558년 1월 5일.

283. Simancas, E° 137.

284. L. P. Gachard, *op. cit.*, I, pp. 137-139, 1557년 4월 1일 ; pp. 148-149, 1557년 5월

12일 ; 이 문제와 관리들의 처벌에 대해서는, A. E. Esp. 296, 1557년 6월 8일과 9일 ; 귀금속을 실은 한 선박의 포르투갈 회항에 대해서는 L. P. Gachard, *op. cit.*, I, pp. 142-144.

285. *Ibid.*, I, p. 172, 마르틴 데 가스텔이 후안 바스케스에게 보낸 편지, 1557년 9월 18일.

286. Juan A. Llorente, *La primera crisis……*, *art. cit.* 앞의 주 278 참조.

287. A. H. N. Inquisition de Valence, Libro I.

288. *Ibid.*, 이는 판결의 이행에 대한 바르셀로나의 요청에 관한 것이다.

289. 이 문제에 대해서는 K. Haebler와 de R. Ehrenberg의 고전, 그리고 이 책의 제II부 제2장, 191쪽 이하 참조.

290. 푸거 가문과의 조약 전문은 A.d.S. Naples, Carte Farnesiane, fasc. 1634.

291. B.N., Paris, Fr. 15,875, fᵒ 476 et 476 vᵒ.

292. B.N., Paris, Fr. 15,875, fᵒ 478 à 479.

293. A.d.S. Naples, Carte Farnesiane, fasc. 1634.

294. 물론 그럭저럭 만족했으며, 처음에는 불만이기도 했다. 압류의 3분의 1은 상쇄되었으며 남은 금액은 금리 20퍼센트의 공채로 지불되었다. 펠리페 2세가 후아나 공주에게 보낸 편지, 1559년 6월 26일, Simancas Eᵒ 137, fᵒ 121.

295. 펠리페 2세가 후아나 공주에게 보낸 편지, 브뤼셀, 1559년 6월 26일, Simancas Eᵒ 137, fᵒˢ 123 et 124.

296. Simancas Eᵒ 137, 1559년 7월 13일.

297. Manuel Danvila, *El poder civil en España, Madrid*, 1885, V, p. 364 et *sq.*

298. M. Danvila, *op. cit.*, V, p. 346 et *sq.*

299. 예를 들면 부르고스(1559년 2월 10일), 세비야(Simancas Eᵒ 137), 과달라하라(B.N., Paris, Esp. 278, fᵒ 13 à 14, 5 nov. 1557).

300. 그라나다의 횡령당한 땅에 대한 조사와 관련해서 나는 후아나 공주에게 보낸 펠리페 2세의 1559년 7월 29일 자 편지에 등장하는 "바야돌리드의 재판관" 산티아고 박사라는 조사관의 이름만 알고 있다. Simancas Eᵒ 518, fᵒˢ 20 et 21. 펠리페 2세의 다른 편지에도 간단한 언급이 있다. Simancas Eᵒ 137, fᵒ 139.

301. 이 문제에 대해서는 후아나 공주의 1559년 4월 27일의 답장을 보라. Simancas Eᵒ 137, fᵒ 139 ; M. Danvila, *op. cit.*, V, p. 372.

302. Simancas Eᵒ 137.

303. 주 304 참조.

304. 1559년 7월 13일, Simancas Eᵒ 137.

305. 이 인물의 임무에 대해서는 여러 기록이 남아 있다(이 자의 이름은 Granvelle, *Papiers d'État*, op. cit., V, p. 454에 나오는 Lasco가 아니라 Velasco이다). 펠리페 2세의 1559년 6월 18일 자 편지에도 이 임무가 언급된다. Simancas Eᵒ 137 및 5월 20일, *ibid.*, fᵒ 116.

306. Granvelle, *op. cit.*, V, p. 606.

307. L. P. Gachard, *La Retraite……*, *op. cit.*, II, p. LIII-LIV ; M. Danvila. *op. cit.*, V, p. 351 (1557).

308. Granvelle, *Papiers d'État*, V, pp. 641-644.

309. *Ibid.*, Tolède, 27 déc. 1559, p. 627.

310. 에스파냐의 새로운 왕비의 지참금.

311. 펠리페 2세가 계획한 네덜란드 여행(1566-1568)에 대한 암시이다. *Actas de las Cortès de Castilla*, III, pp. 15-24.

312. 1559년 7월 14일에 공주가 보낸 편지의 여백에 펠리페 2세가 남긴 메모. Simancas E° 137, f° 229. 이 텍스트는 나의 요청으로 당시 시망카스의 수석 기록보관 담당자인 미겔 보르도나우 박사에 의해서 확인되었다.

제2장

1. *Instrucciòn de lo que vos el Reverendo padre obispo del Aguila habéis de decir a la Majestad del Serenissimo Rey é Emperador, nuestro muy caro y muy amado tío donde de presente os enviamos.* 브뤼셀, 1558년 5월 21일, *CODOIN*, XCVIII, pp. 6-10.

2. "투르크 궁정에서 정보원으로 활동하며" 콘스탄티노플에서 정세를 살피는 임무를 수행했던 인물은 의심의 여지없이 프란시스코 데 프란키스 토르토리노(Francisco de Franchis Tortonrino)이다. 키오스 섬의 마온 센[투르크의 대형 갤리 센]에 등록된 제노바인이었다. 1558년 여름 피알리 파샤와의 부적절한 내통 이후 제노바에서 임무를 부여받은 그는 펠리페 2세에게도 봉사를 제안했음에 틀림없다. 제노바 고문서보관소에 소장된 정성스레 기록된 한 장부는 프란시스코 데 프란키스의 여정을 상세히 전하고 있다(Constantinopoli, 1. 2169). 영사들의 서신도 나폴리와 메시나에서 그의 활동, 에스파냐 당국과의 마찰, 그리고 베네치아로의 복귀에 대해서 말해준다. A.d.S. Gênes, Napoli, Lette Consoli, 2. 2635 ; 그레고리오 레티는 니콜로 그리티(Nicolo Gritti)라는 자와 함께한 그의 임무에 대해서 이야기하고 있다. Gregorio Leti, *op. cit.*, I, p. 302.

3. *CODOIN*, XCVIII, pp. 53-54.

4. 브뤼셀, 1559년 3월 6일, Simancas E° 485.

5. 대 투르크 교섭에 관하여, 니콜로 세코에 대한 국왕의 지령, 브뤼셀, 1559년 3월 6일, Simancas E° 485.

6. 브뤼셀, 1559년 4월 8일, Simancas E° 1210.

7. 셀림과 바야지드.

8. 1559년 6월 15일, Simancas E° 1124, f° 295.

9. 세사 공작으로부터 1559년 12월 1일, 4일, 7일 자의 서간 요약(12월 4일), Simancas E° 1210, f° 142.

10. 1560년 1월 10일, Simancas E° 1050, f° 9.

11. 도제에게 온 편지, 빈, 1559년 10월 25일, G. Turba, *op. cit.*, I, 3, p. 108 et sq.

12. 같은, 1559년 11월 22일, *ibid.*, p. 120 et sq.

13. 국왕이 시칠리아 부왕에게 보낸 편지, 1559년 4월 4일, 브뤼셀, Simancas E° 1124, f° 304.

14. E. Charrière, *op. cit.*, II, p. 596, note.

15. *Ibid.*, p. 603.

16. 마리노 데 카발리가 도제에게 보낸 편지, 1559년 3월 18일, 페라, A.d.S., Venise, Senato Secreta, Constant. Filza 2/B.

17. D. de Haedo, *op. cit.*, p. 73, 74. 에스파냐의 북아프카 정책에 대해서는, *Revue Africaine*, 1928 ; Jean Cazenave. *Les sources de l'histoire d'Oran*, 1933.

18. Jean Nicot, *Correspondance······*, p.p. E. Falgairolle, p.7.

19. 카디스.

20. 국왕 앞으로 온 편지, 1559년 6월 20일, Simancas E° 485.

21. 이 단락의 모든 세부 사항에 대해서는 엄밀한 조사의 모범인 Charles Monchicourt, *L'expédition espagnole contre l'île de Djerba*, Paris, 1913 참조. 원칙적으로 이 책의 전거들은 위의 책에서 사용되지 않은 자료들에 해당한다.

22. 시칠리아 부왕 앞으로 온 편지, 같은 날, Simancas E° 1124, f° 300 ; [몰타 기사단의] 기사 분단장 기므랑에게 온 지시, *ibid.*, f°ˢ 278 at 279 ; 몰타 기사단장 앞으로 온 편지, 같은 날, *ibid.*, f° 302, etc.

23. Don Lorenzo van der Hammeny Leon, *Don Felipe El Prudente······*, Madrid, 1625, f° 146 v°.

24. 프로방스어로 장 드 라 발레트, 몰타 기사단장(1557-1568). 그는 1546년부터 1549년까지 트리폴리를 지배했다. G. Bosio, *I Cavalierl gerosolimitani a Tripoli*, p.p. S. Aurigemma, 1937, pp. 271-272 참조.

25. *Op. cit.*, pp. 82-83.

26. 메디나 셀리 공작이 펠리페 2세에게 보낸 편지, 1559년 7월 20일, Simancas E° 1, f° 204.

27. 6월 15일의 결정, 20일의 보고서.

28. C. Monchicourt, *op. cit.*, p. 93. 이 책에 따르면 돈 후안 데 멘도사는 스스로의 의지로 행동했다. 메리먼(R. B. Merriman)은 펠리페 2세의 편지(앞의 주 8과 22를 보라)를 근거로 돈 후안이 명령을 받았을 것이라는 가설을 제시한다. 이 문제와 에스파냐 연안의 무장해제에 대해서는 다음을 참조. 오베스핀이 국왕에게 보낸 편지, 1559년 7월 20일, E. Charrière, *op. cit.*, II, p. 600, note ; L. Paris, *Nég. sous François II*, p. 24 ; C. Duro, *op. cit.*, II, p. 46.

29. A. de Herreara, *op. cit.*, I. p. 14의 기묘한 지적 ; 1559년 이후 군대 해산의 문제가 도처에서 제기된다. 원정 계획이야말로 에스파냐 지배하의 이탈리아에서 "피에몬테 전쟁의 퇴역병으로 이교도와의 전쟁에 투입될 수 있는" 병사들을 처리하는 방법이 아닌가?

30. 펠리페 2세가 기사단장 기므랑에게 보낸 편지, 1559년 7월 14일, 겐트, Simancas E° 1124, f° 331.

31. 시칠리아 부왕 앞으로 온 편지, 1559년 7월 14일, 겐트, Simancas E° 1124, f° 321

32. 기사단장 기므랑 앞으로 온 편지, 1559년 8월 7일, 겐트, Simancas E° 1124, f° 330.

33. 피게로아가 후아나 공주에게 보낸 편지, 1559년 8월 7일, 제노바, Simancas E° 1388, f°ˢ 162-163.

34. 잔 안드레아 도리아가 펠리페 2세에게 보낸 편지, 1559년 8월 10일, 메시나, Simancas E° 1124, f° 335, 이탈리아어로 쓰여 있다. 나중에 도리아는 에스파냐어로만 국왕과 서신을 왕래한다.

35. 세사 공작이 국왕에게 보낸 편지, 1559년 8월 11일, 밀라노, Simancas E° 1210, f° 203.

36. 피게로아가 펠리페 2세에게 보낸 편지, 1559년 9월 14일, 제노바, Simancas E° 1388.

37. 잔 안드레아 도리아가 펠리페 2세에게 보낸 편지, 1559년 9월 14일, 메시나, Simancas E° 1124, f° 336.

38. *Ibid.*

39. 펠리페 2세가 메디나 셀리 공작에게 보낸 편지, 1559년 10월 8일, 바야돌리드, Simancas E° 1124, f° 325-326.

40. 펠리페 2세 앞으로 온 편지, Simancas E° 1124, f° 270.

41. 이러한 지연에 대해서는 수많은 자료들이 있지만, 특히 다음을 참조. Simancas E° 1049, f°ˢ 185, 188, 189, 225, 227, 251, 272.

42. 로멜리노가 제노바 정부에 보낸 편지, 1559년 12월 10일, 메시나, A.d.S., Gênes, Lettere Consoli, Napoli-Messina, 1-2634.

43. C. Monchicourt, *op. cit.*, p. 88.

44. *Ibid.*, p. 92.

45. 로멜리노가 제노바 정부에 보낸 편지, 1559년 8월 24일, 메시나, 앞의 주 42와 같은 자료 참조.

46. *Op. cit.*, I, p. 15.

47. 피게로아가 펠리페 2세에게 보낸 편지, 1559년 10월 27일, 제노바, Simancas E° 1388, f° 16.

48. 마리노 데 카발리가 도제에게 보낸 편지, (1560년) 1월 29일, 페라, A.d.S., Venise, Senato Secreta, Cost. 2/B, f° 222 v°.

49. C. Monchicourt, *op. cit.*, p. 100.

50. 예를 들면 1560년 1월 31일, *C. S. P.* VII, p. 150.

51. 자코모 소란초가 도제에게 보낸 편지, 1560년 2월 3일, 빈, G. Turba, *op. cit.*, I, p. 134.

52. 메시나, 1560년 4월 3일, A.d.S., Gênes, Lettere Consoli, Napoli-Messina, 1-2634.

53. 대리인이 도제에게 보낸 편지, 1560년 3월 30일, 페라, A.d.S., Venise, Senato Secreta, Cost. 2/B.

54. 『D. 알바로 회상록』에 들어 있는 공작의 각서, C. Monchicourt, *op. cit.*, p. 100, note 2.

55. 1560년 4월 3일, A.d.S. Gênes, Lettere Consoli……, 1-2634.

56. 나폴리 부왕이 펠리페 2세에게 보낸 편지, 1560년 4월 4일, Simancas E° 1050, f° 28, 메디나 셀리 공작에게 보낸 편지 ; 4월 20일. *ibid.*, f° 32, 국왕에게 보낸 편지 ; 4월 21일, f° 32.

57. 국왕에게 보낸 편지, 1560년 5월 5일, Simancas E° 1050, f° 36.

58. *Ibid.*, f° 39.

59. 국왕에게 보낸 편지, 1560년 5월 16일, *ibid.*, f° 40.

60. P. 32 et 32 v°, C. Monchicourt, *op. cit.*, p. 109에 인용.

61. 순찰사 키로가가 국왕에게 보낸 편지, 1560년 6월 3일, 나폴리, Simancas E° 1050, f° 63.

62. 마키아벨리 아들의 우호적인 평가. C. Monchicourt, *op. cit.*, p. 111.

63. 제노바 정부가 사울리에게 보낸 편지, 1560년 5월 19일, 제노바, A.d.S., Gênes, L. M.

Spagna 3. 2412.

64. 국왕에게 보낸 편지, 1560년 5월 30일, Sim. E° 485.

65. 알칼라 공작이 펠리페 2세에게 보낸 편지, 1560년 5월 31일, 나폴리, Simancas E° 1050, f° 56.

66. 동일, 1560년 6월 1일, *ibid.*, f° 60.

67. 피게로아의 편지 한 통과 치갈라 추기경과 제노바 대사들이 보낸 통지를 통해서이다. 펠리페 2세가 나폴리 부왕에게 보낸 편지, 1570년 6월 2일, Simancas E° 1050, f° 63. 피해 수치에 대해서는 1560년 6월 16일, 그레섬이 65척이라고 말하고 있다. Ms. Record Office, n° 194.

68. 티에폴로가 도제에게 보낸 편지, 1560년 6월 2일, 톨레도, *C.S.P. Venetian*, VII, pp. 212-213

69. *Ibid.*

70. *Ibid.*

71. 펠리페 2세가 알칼라 공작에게 보낸 편지, 1560년 6월 8일, 톨레도, E° 1050, f° 69.

72. 바르셀로나, 1560년 6월 9일, Sim. E° 327.

73. 돈 가르시아 데 톨레도가 펠리페 2세에게 보낸 편지, 1560년 6월 12일, 바르셀로나, Simancas E° 327.

74. 펠리페 2세가 돈 가르시아 데 톨레도에게 보낸 편지, 1560년 6월 15일, 톨레도, Simancas E° 327. D. 가르시아가 보낸 답신, 발신지는 바르셀로나, 6월 23일, *ibid.*

75. 피게로아의 편지, 1560년 7월 3, 5, 10, 12일, Simancas E° 1389.

76. *Ibid.*

77. *Ibid.*

78. 메디나 셀리 공작이 국왕에게 보낸 편지, 1560년 7월 9일, C. Monchicourt, *op. cit.*, p. 237.

79. 알칼라 공작이 펠리페 2세에게 보낸 편지, 1560년 10월 9일, 나폴리, Simancas E° 1050, f° 137.

80. 미키엘이 도제에게 보낸 편지, 1560년 6월 22일, 샤르트르, *C.S.P. Venetian*, VII, p. 228.

81. *C.S.P. Venetian*, VII, p. 229. 알바 공작이 펠리페 2세에게 보낸 편지, 1560년 9월 19일, 알바, 원본, Sim. E° 139. 사본이 존재한다.

82. B.N., Paris, Esp. 161, f°ˢ 15 à 21. 프랑스와 에스파냐의 공조 소문에 대해서는 E. Charrière, *op. cit.*, II. pp. 621-623을 볼 것.

83. 국왕이 리모주 주교에게 보낸 편지, 1560년 9월 16일, L. Paris, *op. cit.*, pp. 523-530.

84. 샹토네가 펠리페 2세에게 보낸 편지, 1560년 2월 2일, A.N., K 1493, f° 39 ; L. Romier, *La conjuration d'Amboise*, 1923, p. 123. 에스파냐 왕비가 카트린 드 메디시스에게 보낸 편지, 1560년 9월, L. Paris, *Négoc. sous le règne de François II*, p. 510.

85. 샹토네가 펠리페 2세에게 보낸 편지, 1560년 8월 31일, 플룅, A.N., K 1493, f° 83 ; 1560년 9월 3일, L. Paris, *op. cit.*, pp. 506-509.

86. 1560년 7월 3일, *CODOIN*, XCVIII, pp. 155-158.

87. Simancas E° 1389.

88. Simancas E° 1050, f° 84.

89. 1560년 7월 13일, E. Charrière, *op. cit.*, II, pp. 616-618.

90. 콘스탄티노플, 1560년 7월 17일과 27일. *ibid.*, 618-621.

91. 피게로아가 폐하에게 보낸 편지, 1560년 7월 26일, 제노바, Simancas E° 1389. 그의 사기 행각에 대해서는 사울리가 제노바 공화국에 보낸 편지, 톨레도, 1560년 12월 14일, A.d.S., Gênes, Lettere Ministri, Spagna 2. 2411.

92. 1560년 8월 6일, Simancas E° 445, 사본.

93. *Op. cit.*, II, p. 36.

94. B.N., Madrid, Ms 11085, 1561년 4월 9일.

95. C. Monchicourt, *op. cit.*, p. 133 ; 잔 안드레아 도리아는 1560년 8월 8일에 몰타 섬에 도착했다. 잔 안드레아 도리아가 펠리페 2세에게 보낸 편지, 1560년 8월 8일, Simancas E° 1125. 트리폴리를 기습하려던 차에 그는 요새의 함락 소식을 들었다. 동일, 1560년 9월 9일, *ibid.*

96. 1560년 8월 18일, Simancas E° 1050, f° 120.

97. C. Monchicourt, *op. cit.*, p. 134.

98. G. 에르난데스가 펠리페 2세에게 보낸 편지, 1560년 8월 21일, 베네치아, Simancas E° 1325.

99. C. Monchicourt, *op. cit.*, p. 134.

100. 코르푸 섬, 1560년 9월 4일, Simancas E° 1050, f° 129.

101. 나폴리 부왕이 펠리페 2세에게 보낸 편지, Simancas E° 1050, f° 128.

102. *Op. cit.*, II, pp. 245 et *sq.*

103. R. B. Merriman, *op. cit.*, IV, p. 107.

104. 몬텔레오네가 국왕에게 보낸 편지, 1560년 8월 30일, Simancas E° 1050, f° 121. 알칼라 공작이 국왕에게 보낸 편지, 나폴리, 1560년 9월 3일, *ibid.*, f° 124.

105. 루나 백작이 국왕에게 보낸 편지, 1560년 12월 28일, *CODOIN*, XCVIII, pp. 189-192.

106. 피렌체, 1560년 7월 10일, Sim. E° 1446.

107. G. 에르난데스가 펠리페 2세에게 보낸 편지, 베네치아, 1560년 7월 20일, Simancas E° 1324, f° 47.

108. 1560년 11월 12일 페라에서 페로가 도제에게 보낸 편지 ; A.d.S., Venise, Senato Secreta, Cost. 2/B, f°ˢ 290-291.

109. 1560년 9월 19일, B.N., Esp. 161, f°ˢ 15 à 21.

110. 1560년 10월 9일, Simancas E° 1850, f° 139. J 데 멘도사가 국왕에게 보낸 편지, 1560년 9월 1일, 팔라모스, Sim. E° 327.

111. 1560년 8월 26일, Simancas E° 1058, f° 118.

112. C. Monchicourt, p. 237.

113. 카리아리, 1560년 8월 25일, Simancas E° 327.

114. *CODOIN*, VIII, p. 560.

115. 부스키아 박사에 대해서는 그가 남긴 몇 통의 편지들을 보라. A.N., Paris, série K, 1493, B 11, f° 111(1560년 9월 20, 28, 30일, 10월 4, 8, 13일). 레반트의 허황된 정보원들에 대해서는 그랑벨이 펠리페 2세에게 보낸 편지, 나폴리, 1572년 1월 31일, Simancas E° 1061.

116. *CODOIN*, XCVIII, p. 182.

117. 펠리페 2세가 기사 분단장 및 D. J. 데 수니가에게 보낸 편지, 마드리드, 1560년 10월 23일, Simancas E° 1324, f° 48.

118. 돌루가 로렌 추기경에게 보낸 편지, 콘스탄티노플, 1561년 3월 5일, E. Charrière, *op. cit.*, II pp. 652-653, cherté, misère, peste.

119. *Ibid.*

120. 라구사, 1561년 1월 2일, Simancas E° 1051, f° 11.

121. 나폴리 부왕이 펠리페 2세에게 보낸 편지, 1561년 1월 6일, Simancas E° 1051, f° l2.

122. 국왕에게 온 편지, 트라파니, Simancas E° 1126.

123. 펠리페 2세가 마요르카 부왕에게 보낸 편지, 1561년 2월 28일, 아란후에스, Simancas E° 328.

124. 코르푸, 1561년 3월 30일, Simancas E° 1051, f° 51.

125. 안토니오 도리아의 보고서, 1561년 4월 18일, Simancas E° 1051, f° 62.

126. 콘스탄티노플, 1561년 4월 9일, Simancas E° 1051, f° 54.

127. 1561년 4월 12일, 14일, Simancas E° 1051, f° 55 ; 리스마, 1561년 4월 16일, *ibid.*, f° 56.

128. 알론소 데 라 쿠에바가 나폴리 부왕에게 보낸 편지, 1561년 4월 17일, 라 굴레트, E° 1051, f° 57.

129. 나폴리 부왕이 마르칸토니오 콜론나에게 보낸 편지, 1561년 5월 9일, 나폴리, Simancas E° 1051, f° 78.

130. 나폴리 부왕이 펠리페 2세에게 보낸 편지, 1561년 8월 9일, Simancas E° 1051, f° 119.

131. 마드리드, 1561년 9월 5일, B.N., Paris, Fr. 16103, f° 44 et *sq.*

132. "레반트……코르푸를 둘러싼 풍문", 1561년 8월 10일, Simancas E° 1051, f° 120.

133. E. Charrière, *op. cit.*, II, pp. 657-658.

134. *Ibid.*, pp. 653-654.

135. 시칠리아 부왕이 펠리페 2세에게 보낸 편지, 1561년 6월 8일, 메시나, Simancas E° 1126. 나폴리 부왕이 국왕에게 보낸 편지, 1561년 7월 7일, 나폴리.

136. E. Charrière, *op. cit.*, II. p. 661.

137. 페로가 도제에게 보낸 편지, 1561년 7월 10일, 페라, A.d.S. Venise, Secreta Senato Cost. 3/C. 루스템 파샤는 7월 9일에 사망.

138. 리모주 주교가 국왕에게 보낸 편지, 1561년 9월 5일, 마드리드, B.N., Paris, Fr. 16,103, f° 44 et *sq.*

139. E. Charrière, *op. cit.*, II, pp. 657-658.

140. *CODOIN*, XCII, pp. 240-244.

141. 1562년 5월 28일, Simancas E° 1052, f° 27.

142. 삼피에로는 1563년 1월이 되어서야 콘스탄티노플에 당도했다. 다수의 제노바 자료들을 볼 것. A.d.S., Gênes, Spagna, 3.2412 et Constantinopoli, 1.2169.

143. 나폴리 부왕이 마르칸토니오 콜론나에게 보낸 편지, 1562년 5월 24일, Simancas E° 1051, f° 87.

144. 펠리페 2세가 나폴리 부왕에게 보낸 편지, 1562년 6월 14일, Simancas E°, 1051 f° 96.

145. 위의 143번 주를 볼 것.

146. 다니엘 바르바리고가 도제에게 보낸 편지, 1562년 8월 5일, 페라, A.d.S. Venise, Senato Secreta 3/C ; 베네치아, 1562년 8월 20일, 8년간의 휴전협정이 체결된다, *CODOIN*, XCVII, pp. 369-372, C. Monchicourt, *op. cit.*, p. 142.

147. 콘스탄티노플, 1562년 8월 30일, E. charrière, *op. cit.*, II, pp. 702-707.

148. 1563년 1월 6-17일, *ibid.*, pp. 716-719.

149. 펠리페 2세가 사부아 공작 및 피렌체 공에게 보낸 편지, 에스코리알, 1563년 3월 8일, Simancas E° 1393.

150. Simancas E° 1052, f° 169.

151. 나르본, 1564년 1월 2일, Edmond Cabiè, *Ambassade en Espagne de Jean Ebrard, Seigneur de Saint-Sulpice*, Albi, 1903, p. 212.

152. 콘스탄티노플, 1564년 2월 12일, Simancas E° 1053, f° 19.

153. 나폴리 부왕이 펠리페 2세에게 보낸 편지, 1564년 2월 17일, 나폴리, Simancas E° 1053, f° 22.

154. 펠리페 2세에게 온 편지, 파리, 1564년 3월 17일, A.N., K 1501, n° 48 G.

155. 생 쉴피스에서 국왕에게 보낸 편지, 1564년 3월 11일, E. Cabié, *op. cit.*, pp. 262-263.

156. *Ibid.*, p. 269, 29 mai 1564.

157. Simancas E° 1053, f° 54.

158. 1564년 7월 초. E. Cabié, *op. cit.*, p. 270.

159. *Ibid.*, p. 279.

160. A.d.S. Gênes, L. M. Spagna, 3. 2412.

161. 도제에게 온 편지, G. Turba, *op. cit.*, I, 3, pp. 289-290.

162. 디에고 수아레스, le Général Didier, *Hist. d'Oran*, 1927, VI, p. 99, note 5에 의함.

163. 1561년 8월 24일. B.N., Paris, Fr. 16,103.

164. C. Duro, *op. cit.*, II, p. 44. Voir tome I, chapitre V, pp. 409-410.

165. 리모주 주교가 국왕에게 보낸 편지, 1561년 9월 5일, B.N., Paris, Fr. 16,103, f° 44 et *sq.*

166. Simancas E° 1051, f° 131.

167. *Ibid.*, f° 139.

168. *Ibid.*, f° 49.

169. 시칠리아 부왕이 펠리페 2세에게 보낸 편지, 1561년 11월 8일, 팔레르모, Simancas E° 1126.

170. 상동 (s.d. dans mes fiches), *ibid.*

171. 리모주 주교가 왕비에게 보낸 편지, 1562년 1월 3일, 마드리드, B.N., Paris Fr. 16,103, f° 129 v°. 1562년 6월, 에스파냐인들은 여전히 라 굴레트에 있었다. J. 데 멘도사 항해 보고서, Simancas E° 1052, f° 33.

172. 알론소 데 라 쿠에바가 시칠리아 부왕에게 보낸 편지, 1562년 3월 1일, Simancas E° 1127.

173. 피게로아가 펠리페 2세에게 보낸 편지, 1562년 5월 9일, 제노바, Simancas E° 1391.

174. J. 데 멘도사 항해 보고서, Simancas E° 1052, f° 33 ; D. J. 데 멘도사는 1562년 5월 9일, 팔레르모로 귀환한다, Simancas E° 1127.

175. *Per lettere di Marsiglia*, 21 mai, A.d.S. Gênes, L. M. Spagna 3. 2412.

176. 나폴리 부왕이 펠리페 2세에게 보낸 편지, 1562년 7월 4일, Simancas E° 1052, f° 45.

177. 알제, 1562년 7월 12일, A.d.S. Gênes, L. M. Spagna 3. 2412.

178. 사울리가 제노바 정부에 보낸 편지, 1562년 9월 13일, 바르셀로나, *ibid.*

179. 국왕에게 온 편지, 라 굴레트, 1562년 9월 30일, Simancas E° 486.

180. 생쉴피스에서 국왕에게 보낸 편지, 1562년 10월 26일, E. Cabié, *op. cit.*, p. 90.

181. N° 345, p. 83.

182. *Relacion de como se perdieron las galeras en la Herradura*, 1562, Simancas E° 444, f° 217 ; 뒤로(C. Duro, *op. cit.*, II, pp. 47 et *sq.*)는 이 자료들을 참조하지 못한 것으로 보인다.

183. J. 데 피게로아가 나폴리 부왕에게 보낸 편지, 1562년 11월 8일, 가에타, Simancas E° 1052, f° 67.

184. C. Duro, *op. cit.*, II, p.48.

185. Agostinho Gavy de Mendonça, *Historia do famoso cero que o xarife pos a fortaleza de Mazagão no ano de 1562*, Lisbonne, 1607.

186. C. Duro, *op. cit.*, II, p. 49.

187. 4월 3일 또는 4일이다. 전통적인 설명에 따르면 4월 8일 이전은 아닐 것이다. 이날 알제 인들은 여전히 도시에서 약 8킬로미터 떨어진 내륙에 있었다. 펠리페 2세가 피게로아에게 보낸 편지, 세고비아, 1563년 4월 18일, Simancas E° 1392. *Lo que ha passado en el campo de Oran y Almarçaquibir……*, Tolède, 1563 ; Pièce, B.N., Paris, Oi 69.

188. D. de Haedo, *op. cit.*, p. 75 v°.

189. 알카우데테 백작의 편지 요약, 1563년 3월, Simancas E° 486.

190. *Relacion de lo que se entiende de Oran por cartas del Conde de Alcaudete de dos de junio 1563 rescibidas a cinco del mismo*, Simancas E° 486.

191. *Lo que ha passado……*, B.N., Paris, Oi 69.

192. 국왕은 사건의 상세내용을 4월 18일의 편지에서 상기하고 있다, Simancas E° 1392.

193. 시칠리아 부왕이 펠리페 2세에게 보낸 편지, 1563년 4월 23일, 메시나, Simancas E° 1127.

194. 마드리드, 1563년 4월 23일, Simancas E° 330.

195. Simancas E° 1052, f° 156.

196. 국왕의 편지에서 인용된 이 편지에 대해서는 주 197을 볼 것.

197. 마드리드, Simancas E° 1392.

198. *Ibid.*

199. Simancas E° 1392.

200. 이 날짜는 펠리페 2세에게 온 나폴리 부왕의 답신이 지적한 바에 의한 것이다. 1563년 7월 23일. 1563, Simancas E° 1052, f° 207.

201. 이 점에 대해서 메리먼은 초인적인 노력이라고 말하고 있다. 과하지 않은가? R. B. Merriman, *op. cit.*, IV, p. 110.

202. 살라사르(Salazar)에 따르면 2일, 카브레라(Cabrera)에 따르면 6일이다. Duro, *op. cit.*, II, pp. 55-59.

203. 고메스 베르두고가 프란시스코 데 에라소에게 보낸 편지, 1563년 8월 29일, Simancas E° 143, f° 117.

204. 산초 데 레이바가 국왕에게 보낸 편지, 1564년 1월 13일, 나폴리, Simancas E° 1053, f° 8. 하지만 우리가 아는 바에 따르면 산초 데 레이바는 라 굴레트를 향해 출발했다. 1564년 2월 17일 나폴리에서 부왕이 폐하에게 보낸 편지, Simancas E° 1053, f° 22.

205. 펠리페 2세가 D. 가르시아 데 톨레도에게 보낸 편지, 1564년 4월, 발렌시아, *CODOIN*, XXVII. p. 398.

206. 이 미공개 문서에는 주문을 받은 말라가의 어용상인들이 함재(艦載) 보트의 제작에 착수하기까지의 문서가 포함되어 있다. *CODOIN*, XXVII, p. 410, 1564년 5월 17일.

207. 1564년 6월 12일, E. Cabié, *op. cit.*, p. 270.

208. D. 후안 데 카파타가 에라소에게 보낸 편지, 1564년 6월 15일, *ibid.*, f° 63. (208/209 순서 바꾸었음)

209. D. 가르시아 데 톨레도가 펠리페 2세에게 보낸 편지, 1564년 6월 15일, 나폴리, Simancas E° 1053, f° 64.

210. 나폴리 부왕이 펠리페 2세에게 보낸 편지, 1564년 6월 15일, *ibid.*, f° 60.

211. 돈 가르시아 데 톨레도가 보낸 편지의 여백에 국왕이 자필로 남긴 메모, 나폴리, 1564년 6월 16일, Simancas E° 1053, f° 65.

212. J. B. E. Jurien de La Gravière, *Les Chevaliers de Malte*, Paris, 1887, I, p. 98.

213. *Ibid.*, p. 99.

214. 이는 뒤로의 수치들이다. 8월 29일 생쉴피스는 카디스에서만 62척의 갤리 선을 이야기한 바 있다(E. Cabié, *op. cit.*, pp. 291-292). 1564년 8월 13일 프랑스에서는 70여 척이라고 이야기한다. A.N., K 1502, n° 296.

215. J. B. E. Jurien de La Gravière, *op. cit.*, I, p. 111, note 1.

216. 돈 가르시아 데 톨레도가 폐하에게 보낸 편지, 1564년 9월 19일, 말라가, *CODOIN*, XXVII, p. 527.

217. 펠리페 2세가 피게로아에게 보낸 편지, 1564년 8월 3일, E° 931가 아니라 Simancas E° 1393, 잘못 인쇄됨, Fernand Braudel, in: *Rev. Afr.*, 1928, p. 395, note 1.

218. 피게로아가 국왕에게 보낸 편지, 제노바, 1564년 6월 27일, Simancas E° 1393.

219. 특히 진위와 관계없이 새로운 정보와 추측의 중심지인 베네치아에서 그랬다. G. 에르난데스가 펠리페 2세에게 보낸 편지, 베네치아, 1564년 9월 12일, Simancas E° 1325.

220. 상동, *ibid.*

221. 펠리페 2세가 D. 가르시아 데 톨레도에게 보낸 편지, 1564,년 7월 18일, Simancas E° 1393.

222. 1564년 8월 2일, A.N., K 1502.

223. 펠리페 2세가 피게로아에게 보낸 편지, 1564년 8월 3일, Simancas E° 1393.

224. Simancas E° 1393.

225. D. 프란세스 데 알라바가 펠리페 2세에게 보낸 편지, 1564년 8월 33일, A.N., K 1502, n° 96.

226. 1564년 9월 3일에 도착한 "프랑스 정보……", Simancas E° 351.

227. 1564년 9월 22일, 마드리드에서 가르체스가 피렌체 공에게 보낸 편지, A.d.S. Florence, Mediceo 4897, f° 36 v°.

228. 펠리페 2세가 피렌체 공에게 보낸 편지, 마드리드, 1564년 9월 23일, Simancas E° 1446, f° 112.

229. 사울리가 제노바 정부에 보낸 편지, 마드리드, 1564년 9월 24일, A.d.S. Gênes. L. M. Spagna 3. 2412.

230. 10월 9일. *ibid.*

231. 펠리페 2세가 피게로아에게 보낸 편지, 마드리드, 1564년 10월 25일, Simancas E° 1393.

232. *Ibid.*

233. 피게로아가 펠리페 2세에게 보낸 편지, 제노바, 1564년 10월 27일, Simancas E° 1393.

234. 상동, 11월 8일, Simancas E° 1054, f° 21.

235. A.N., K 1502, B l8, n° 51 *a*.

236. 펠리페 2세가 프란세스 데 알라바에게 보낸 편지, 1564년 12월 31일, A.N., K 1502, B 18, n° 77.

237. 피게로아가 프란세스 데 알라바에게 보낸 편지, 제노바, 1564년 12월 1일, A.N., K 1502, B 18, n° 60.

238. *Ibid.* 이 프리깃 함들 중 1척에는 삼피에로의 친구인 코르시카인 피오바넬로(Piovanelo)가 탑승해 있었다. 그는 여행 중 바르바리 해적선에 사로잡혔다.

239. *Ibid.*

240. *Ibid.*

241. 피게로아가 펠리페 2세에게 보낸 편지, 1564년 12월 3일, Simancas E° 1393.

242. 상동, 1564년 12월 21일, *ibid.*

243. 잠시 이 주장에 대해서 생각해보자. 폐하가 샹토네에게 보낸 편지, 마드리드, 1562년 11월 10일, A.N., K 1496, B. 14, n° 126. 펠리페 2세는 오랜 동맹관계로 인해서 잉글랜드 여왕에 반대할 수 없다고 생쉴피스에게 고백했다.

244. 대화는 이미 9월에 시작되었다. 리모주 주교가 카트린 드 메디시스에게 보낸 편지, 마드리드, 1561년 9월 24일, B.N., Paris Fr. 15875 f° 194 ; 샹토네가 펠리페 2세에게 보낸 편지,

생클루, 1561년 11월 21일, A.N., K 1494, B 12, n° 111 ; 상동, 푸아시, 1561년 11월 28일, *ibid.*, n° 115.

245. G. 소란초가 도제에게 보낸 편지, 베네치아, 1561년 12월 25일. 팜플로나에서 발각된 나바르 국왕을 위한 음모. G. Turbq, *op. cit.*, 1, pp. 195 et *sq.*

246. 모로네가 알바 공작에게 보낸 편지, 로마, 1561년 10월 2일, Joseph Susta, *Die Römische Curie und das Konzil von Trient unter Pius IV.*, Vienne, 1904, I, p. 259.

247. 알바 공작이 샹토네에게 보낸 편지, 마드리드, 1562년 1월 18일, A.N., K 1496, B. 14, n° 38.

248. 피게로아가 펠리페 2세에게 보낸 편지, 1562년 10월 9일, Simancas E° 1391.

249. 생쉴피스가 카트린 드 메디시스에게 보낸 편지, 마드리드, 1562년 11월 25일, B.N., Paris, Fr. 15877, f° 386.

250. C. Monchicourt, *op. cit.*, p. 88.

251. 펠리페 2세가 나폴리 부왕에게 보낸 편지, 톨레도, 1560년 6월 8일, Sim. E° 1059, f° 69.

252. 제노바의 추정은 흥미로운 명세서를 제공한다(Conto che si fa delle galere che S. Mta Cattca potrà metere insieme. A.d.S. Gênes, L. M. Spagna 2. 2411 [1560]). 에스파냐 갤리 선 20척, 제노바 6척, 제르바에 있는 함선을 제외한 도리아의 함선 6척, 피렌체 공작의 배 3척, 사부아 공작 2척, 니콜레라(Nicolera) 남작의 배 1척, 포르투갈 국왕 함선 4척, 파올 로 산타 피오레(Paolo Santa Fiore) 2척, 구호선(delle salve) 23척 등 총 67척. 1560년의 한 시칠리아 문서(Simancas E° 1125)는 74척이라는 수치를 제시한다. 교황의 갤리 선 2척, 에 스파냐 20척, 도리아 공 10척, 제노바 8척, 교회 소속 갤리 선 8척, 피렌체 공작 7척, 사부아 공작 6척, 안토니오 도리아의 배 4척, 치갈라의 배 2척, 비텔리 3척, 스테파노 데 마리 (Stefano de Mari)의 배 1척.

253. L. Bianchini, *op. cit.*, I, p. 54.

254. 나폴리 부왕이 국왕에게 보낸 편지, Simancas E° 1050, f° 137.

255. 피게로아가 국왕에게 보낸 편지의 요약, 1560년 6월 3, 5, 10, 12일, Simancas E° 1389.

256. 나폴리 부왕이 펠리페 2세에게 보낸 편지, 나폴리, 1561년 1월 12일, Simancas E° 1051, f° 17.

257. L. Von Pastor, *op. cit.*, XVI p. 256 et note 1.

258. *Ibid.*

259. *Ibid.*, p. 257.

260. *Ibid.*

261. 티에폴로가 도제에게 보낸 편지, 톨레도, 1561년 3월 26일, *C.S.P. Venetian*, VII, p. 305.

262. 라 파라바 후작 페르난도 데 실바의 지적에 의함, 1561년 4월 1일, Simancas E° 1126.

263. 사울리가 제노바 정부에 보낸 편지, 톨레도, 1561년 4월 27일, A.d.S. Gênes, L.M. Spagna, 22411.

264. 티에폴로가 도제에게 보낸 편지, 1561년 4월 26일, *C.S.P. Venetian*, VII, p. 310.

265. 메디나 셀리 공작이 나폴리 부왕에게 보낸 편지, 1561년 6월 30일, Simancas E° 1051,

f° 100, 사본.

266. 리모주 주교가 국왕에게 보낸 편지, 마드리드, 1561년 9월 5일, B.N., Paris, Fr. 16103. f° 44 et *sq.* 사본, 그리고, 상동, 이미 인용한 1561년 8월 12일자 편지.

267. *Los puntos en que han hablado a S. M Mos. Dosance y el embax^(or) Limoges*, Madrid, 10 déc. 1561, A. N., K. 1495, B. 13, n° 96.

268. 주아외즈가 국왕에게 보낸 편지, 나르본, 1561년 12월 28일, B.N., Paris, Fr. 15875, f° 460.

269. 리모주 주교로부터의 보고서, 1562년 1월 27일, B.N., Paris, Fr. 16103, f° 144 v°, 사본.

270. 펠리페 2세가 나폴리 부왕에게 보낸 편지, 1562년 6월 14일, Simancas E° 1052, f° 96. 함대 구성은 다음과 같다. *a*) 돈 후안 멘도사의 함대: 에스파냐 갤리 선 12척(이중 4척은 세비야 수도원장과 시행정관 휘하 함선), 나폴리 6척, 안토니오 도리아 6척, 페데리코 보로메오(Federico Borromeo) 남작 4척 ; 에스테파노 도리아(Estefano Doria) 2척, 벤디넬리 사울리(Bendineli Sauli) 2척 ; *b*) 안드레아 도리아의 함대: 새로운 계약에 따른 자신의 갤리 선 12척, 교회 소속 4척, 마르코 첸투리오네(Marco Centurione) 4척, 테라노바(Terranova) 공작 2척, 치갈라 2척.

271. C. Duro, *op. cit.*, II, p. 49.

272. 펠리페 2세가 사부아 공작 및 피렌체 공에게 보낸 편지, S. 로렌소, 1563년 3월 8일, Simancas E° 1392.

273. C. Duro, *op. cit.*, III, p. 67.

274. 산초 데 레이바가 펠리페 2세에게 보낸 편지, 나폴리, 1564년 1월 13일, Simancas E° 1053, f° 8.

275. 나폴리 부왕이 국왕에게 보낸 편지, 1564년 6월 15일, Simancas E° 1053, f° 60.

276. 1564년 6월 29일. *ibid.*, f° 73.

277. J. Von Hamer, *op. cit.*, VI, p. 118.

278. C. Duro, *op. cit.*, III, p. 61, note 2 et p. 62, note 1.

279. *ibid.*, p. 64, note 3.

280. D. G. 데 톨레도가 에라소에게 보낸 편지, 말라가, 1564년 8월 17일, *CODOIN*, XXVII, p. 452, C. Duro, *op. cit.*, III, pp. 65-66에서 인용.

281. 1564년 8월 22일, C. Duro, *op. cit.*, III, p. 66에서 인용.

282. 그리고 나폴리 갤리 선도 해당한다. G. 데 톨레도가 나폴리 부왕에게 보낸 편지, 1565년 1월 23일, Simancas E° 1054, f° 52.

283. D. G. 데 톨레도가 펠리페 2세에게 보낸 편지, 가에타, 1564년 12월 14일, *CODOIN*, Ci, pp. 93-105.

284. 레오나르도 콘타리니가 도제에게 보낸 편지, 베네치아, 1564년 12월 29일, G. Turba, *op. cit.*, I, 3, p. 289.

285. D. G. 데 톨레도가 국왕에게 보낸 편지, 나폴리, 1565년 1월 7일, *CODOIN*, XXVII, p. 558.

286. E. Charière, *op. cit.*, II, pp. 774-776.

287. 콘스탄티노플, 1565년 2월 10일, Simancas E° 1054, f° 64.

288. 알바로 데 바산이 펠리페 2세에게 보낸 편지, 오랑, 1565년 3월 10일, Simancas E° 486, voir E. Cat, *Mission bibliographique en Espagne*, 1891, pp. 122-126.

289. 로드리고 포르틸리요가 국왕에게 보낸 편지, 메르스엘케비르, 1565년 3월 13일, Simancas E° 485.

290. 나폴리 부왕이 펠리페 2세에게 보낸 편지, 1565년 3월 14일, Simancas E° 1054, f° 70.

291. 프랑카빌라가 폐하에게 보낸 편지, 바르셀로나, 1565년 3월 19일, Simancas E° 332. 펠리페 2세가 말라가의 납입업자에게 보낸 편지, 마드리드, 1565년 3월 30일, Simancas E° 145.

292. 콘스탄티노플, 1565년 3월 20일, 코르푸 섬, 3월 29일, 라구사, 4월 8일, Simancas E° 1054, f° 71 ; Jurien de La Gravière, *op. cit.*, I, p. 169에는 3월 20일이 아니라 22일이다.

293. 4월 6일, 마드리드에서 토스카나 대사 가르체스(Garces)는 펠리페 2세에게 피렌체를 통해서 전달된 레반트에 대한 의견서들을 제출했다. 이 의견서들은 함대의 규모는 알리고 있지만 목적에 대해서는 침묵한다. 가르체스가 피렌체 공에게 보낸 편지, 마드리드, 1565년 4월 6일, A.d.S., Florence, Mediceo, 1897, f° 88. 마찬가지로 페트레몰(Pétrémol) 역시 뒤 페리에(Du Ferrier)에게 보낸 1565년 4월 7일자 편지(E. Charrière, *op. cit.*, II, pp. 783 à 785)에서 30일 주력 함대의 콘스탄티노플 출발을 알리지만, 항해의 목적지가 몰타인지라 굴레트인지는 알지 못한다. 1565년 4월 8일자 콘스탄티노플의 한 보고서 역시 3월 30일을 언급하고 있다. Simancas E° 1054, f° 85.

294. 펠리페 2세가 카르타헤나의 참사 회장(말라가의 납입업자 알베르토 크라비호)에게 보낸 편지, 마드리드, 1565년 3월 22일, Simancas E° 145.

295. 아란후에스, 1565년 4월 7일, Simancas E° 145.

296. 나폴리 부왕이 펠리페 2세에게 보낸 편지, 나폴리, 1565년 4월 8일, Sirnancas E° 1054, f° 80.

297. 상동, 나폴리, 1565년 4월 8일, *ibid.*, f° 81.

298. *Ibid.*, f° 94, 코르푸로부터의 보고, 1565년 4월 30일.

299. *Ibid.*

300. J. B. E. Jurien de La Gravière, *op. cit.*, I, p. 172.

301. *Ibid.*

302. Simancas E° 1125.

303. Simancas E° 1054, f° 106.

304. Recidiba a VI de junio, 앞의 자료에 대한 메모.

305. C. Duro, *op. cit.*, III, p. 76 et *sq.*

306. P. Herre, *op. cit.*, p. 53 ; H. Kretschmayr, *op. cit.*, III, p. 48.

307. J. B. E. Jurien de La Gravière, *op. cit.*, II, p. 140.

308. 5월 알바로 데 바산의 휘하에는 19척의 갤리 선이 있었다. 테요가 펠리페 2세에게 보낸 편지, 세비야, 1565년 5월 29일, Simancas E° 145, f° 284. 함대의 규모는 계속 커져서 나폴리에 도착했을 때는 42척의 갤리 선이 있었다.

309. J. B. E. Jurien de La Gravière, *op. cit.*, II, p. 167.

310. *Ibid.*, p. 172 et *sq.*

311. Por cartas del Duque de Seminara de Otranto a 29 de 7bre, 1565, Simancas E° 1054, f° 207. 22일, 돈 가르시아는 "필연적으로 이곳을 통과할 수밖에 없는" 투르크 함대를 기다리기 위해서 베네치아 영유의 체리고 섬[키테라 섬]을 출발하여 자킨토스와 메토네 중간에 위치한 무인도 스트라파리아 앞에 있었다.

312. J. B. E. Jurien de La Gravière, *op. cit.*, II, p. 224.

313. 알칼라 공작이 펠리페 2세에게 보낸 편지, 나폴리, 1565년 9월 12일, Simancas E° 1054, f° 194.

314. 페드로 다빌라가 G. 페레스에게 보낸 편지, 로마, 1565년 9월 22일, J. J. Döllinger, p. 629. 자정이 되었을 무렵 파체코 추기경은 승리의 소식을 담은 서신을 국왕에게 보냈다. 파체코 추기경이 펠리페 2세에게 보낸 편지, 1565년 9월 23일, *CODOIN*, Ci, pp. 106-107.

315. 콘스탄티노플, 1565년 10월 6일, Simancas E° 1054, f° 210 ; 페트레몰이 샤를 9세에게 보낸 편지, 콘스탄티노플, 1565년 10월 7일, E. Charrière, *op. cit.*, II, pp. 804-805.

316. 앞의 주 315 참조.

317. 가르체스가 피렌체 공에게 보낸 편지, 마드리드, 1565년 9월 22일, 원문은 에스파냐어. A.d.S. Florence, Mediceo 4897, f° 148.

318. Jurien de La Gravière, *op. cit.*, II, p. 201에서 인용.

319. 파체코 추기경이 펠리페 2세에게 보낸 편지, 로마, 1565년 9월 23일, *CODOIN*, Ci, pp. 106-107.

320. Fourquevaux, *op. cit.*, I. pp. 10-14.

321. 콘스탄티노플, 1565년 9월 23일, Simancas E° 1054, f° 205.

322. Fourquevaux, *op. cit.*, I. p. 6.

323. *Ibid.*, p. 13.

324. 콘스탄티노플, 1525년 12월 16일, Simancas E° 1055, f° 14.

325. 펠리페 2세가 피게로아에게 보낸 편지, 1565년 11월 5일, Simancas E° 1394.

326. 푸르크보가 국왕에게 보낸 편지, 1565년 11월 21일, Fourquevaux, *op. cit.*, I, pp. 10-14.

327. A.d.S. Florence, Mediceo 4897 *bis*, 1565년 12월 29일, Fourquevaux, *op. cit.*, I, 36. 2만 5,000에퀴에 더해 3,000명의 에스파냐 병사.

328. 가르시 에르난데스가 펠리페 2세에게 보낸 편지, 베네치아, 1565년 7월 26일, Simancas E° 1325.

329. 생쉴피스, 1565년 1월 22일. E. Cabié, *op. cit.*, p. 338. 펠리페 2세가 피게로아에게 보낸 편지, 1565년 2월 3일 ; 가르체스가 피렌체 공에게 보낸 편지, A.d.S. Florence, Mediceo 4899, f° 64.

330. 바욘, 1565년 7월 1일 ; A.N., K 1504, B 19, n° 46.

331. Luis Cabrera de Córdoba, *op. cit.*, I, p. 423은 6월 8일 혹은 14일이라고 한다.

332. 알바 공작 및 D. J. 만리케가 국왕에게 보낸 편지, 생장드뤼즈, 1565년 6월 11일, A.N., K 1504, B 19.

333. 상동, 바욘, 1565년 6월 28일과 29일, *ibid.*, n° 37 (résumé).

334. 프란세스 데 알라바가 펠리페 2세에게 보낸 편지, 툴루즈, 1565년 2월 7일, A. N., K 1503, B 19, n° 33 a. 여백에 써넣은 펠리페 2세의 자필 메모.

335. 실제로는 배송에 걸리는 시간을 고려해야 한다.

336. 생쉴피스에서 카트린 드 메디시스에게 보낸 편지, 1565년 3월 16일, E. Cabié, pp. 357-358.

337. 아란후에스, 1565년 6월 12일, A. N., K 1504, B 19. n° 11.

338. 엄밀히 말해서 이 약탈 사건은 허구일 가능성이 충분하다. H. Forneron, *Hist. de Philippe II*, I, p. 322.

339. 주 333 참조.

340. *Op. cit.*, I. p. 20, 25 déc. 1565.

341. D. 프란세스 데 알라바가 펠리페 2세에게 보낸 편지, 1565년 12월 13일, 자필. A. N., K 1504, B 19, n° 95.

제3장

1. Jean Héritier, *Catherine de Médicis*, 1940, p. 439.

2. 상세한 약력에 대해서는 L. von Pastor, op. cit.. XVII, pp. 37-59.

3. 쿠사노의 보고서, 1566년 1월 26일, Arch. de Vienne, L. von Pastor, *op. cit.*, XVII, p. 42 et note 2에서 인용.

4. *Ibid.*, p. 44.

5. *Ibid.*, p. 45.

6. 펠리페 2세가 개입할 기미가 보였을 뿐이다. L. Wahrmund, *das Ausschliessungsrecht (jus exclusiva) der kath. Staaten Österreich, Frankreich und Sanien bei den Papstwahlen*, Vienne, 1888, p. 26. 레케센스가 펠리페 2세에게 보낸 편지, 로마, 1566년 1월 7일: '오직 폐하께서 협력해주신 덕분이었습니다' ; Luciano Serrano. *Correspondencia diplomatica entre España y la Santa Sede*, Madrid, 1914, I, p. 77 et note 2.

7. 레케센스가 펠리페 2세에게 보낸 편지, 1565년 1월 5일, in: J. J. Döllinger, *op. cit.*, I, pp. 571-578, L. von Pator, *op. cit.*, XVII, p. 11 et 59에서 인용.

8. *Ibid.*, pp. 48-49.

9. 차시우스가 알베르트 2세 대공에게 보낸 편지, F. Hartlaub, *Don Juan d'Austria*, Berlin, 1940, p. 35 ; V. Bibl, *Maximilian II. der rätselhafte Kaiser*, 1929, p. 303.

10. 피우스 5세가 펠리페 2세에게 보낸 편지, 로마, 1566년 1월 24일, L. Serrano, *op. cit.*, I, p. 67.

11. 로마, 1566년 1월 11일, *ibid.*, I, p. 90.

12. 레케센스가 국왕에게 보낸 편지, 로마, 1565년 12월 30일, L. Serrano, *op. cit.*, I, p. 67.

13. 펠리페 2세가 샹토네에게 보낸 편지, 마드리드, 1566년 1월 16일, *CODOIN*, Ci, pp. 119-123 ; 프란세스 데 알라바에게 온 편지, 마드리드, 1566년 1월 16일, A.N., K 1505, B 20, n° 65 ; 노빌리가 대공에게 보낸 편지, 마드리드, 1566년 1월 18일, A.d.S. Florence, Mediceo, 4897 *bis* ; 상동, 1566년 1월 21일, *ibid*.

14. 예를 들면 토스카나 정보원의 보고, 1566년 1월 15일, 앞의 주 13 참조.

15. 노빌리의 편지, 1566년 1월 18일 및 2월 16일 ; 1566년 1월 17일, Fourquevaux, *op. cit.*, I, p. 47 ; 1월 22일, pp. 47-48 ; 2월 11일, p. 52.

16. I, p. 61.

17. 나폴리 부왕이 펠리페 2세에게 보낸 편지, 1566년 1월 23일, Simancas E° 1055, f° 11.수도 원장 D. 안토니오 데 톨레도에게 내려진 통보, 1566년 2월 18일, Simancas E° 1131.

18. 나폴리 부왕에게 온 편지, 1566년 1월 23일 (앞의 주 17 참조). 가르시아 데 톨레도가 나폴리 부왕에게 보낸 편지, 나폴리, 1566년 2월 2일, Simancas E° 1055, f° 24 ; 나폴리 부왕이 펠리페 2세에게 보낸 편지, 나폴리, 1566년 4월 16일, Simancas E° 1055, f° 103. 시칠리아 공국의 부담하에 나폴리에서 제작될 예정인 갤리 선 15척에 대해서 말하자면, 제노바에서 8척을 건조할 수 있지 않았을까?

19. Simancas E° 1055, f° 7.

20. *Ibid.* "……도나우 강에 관해서는 함대가 강을 통행할 수 있도록 배와 조선용 도구를 제작 해야 한다."

21. 콘스탄티노플로부터의 보고, 1566년 2월 27일, Simancas E° 1055, f° 53.

22. *Ibid.*, 코르푸로부터의 보고, 2월 28일, 체사레 데 파르마와 안니발레 프로토티코의 편지 에 의함, Simancas E° 1055, f° 49. 이 보고서는 여전히 투르크 해에 머물고 있는 80-90척의 갤리 선만을 언급할 뿐이다. 키오스로부터의 보고, 1566년 3월 1일, Simancas E° 1055, f° 67 et 68. 1566년 3월 15일자 콘스탄티노플 보고서와 3월 25일자 레판토 보고서만이 갤리 선 130척을 언급한다. Simancas E° 1055, f° 54.

23. 빈 행군으로 인해서 헝가리 전쟁은 그 어느 때보다 더 중요해졌다. 라구사로부터의 보고, 1566년 2월 26일, Simancas E° 1055, f° 61. 3월 15일 콘스탄티노플로부터 소피아로 향하는 군대의 이동이 보고되었다. Simancas E° 1055, f° 64. 16일 코르푸 섬으로부터 시파히[기병] 가 아드리아노플에 집결하고 콘스탄티노플에서 수많은 대포가 주조되고 있다는 정보가 입수되었다(1566년 3월 16일, 코르푸로부터의 보고에 의함, Simancas E° 1055, f°ˢ 67 et 68).

24. B. 페레로가 제노바 공화국에 보낸 편지, 콘스탄티노플, 1566년 2월 9일, A.d.S. Gênes, Constantinopoli 22170. 3월 16일 코르푸 섬에서 발송된 편지에 의해서 확인되었다. Simancas E° 1055, f°ˢ 67-68.

25. L. Serrano, *op. cit.*, I, p. 184.

26. 1566년 3월 29일, Fourquevaux, *op. cit.*, I, p. 64.

27. 1566년 4월 20일, Simancas E° 1055, f° 104.

28. 라구사로부터의 보고, 1566년 4월 27일, Simancas E° 1055, f° 13. 코르푸로부터의 보고, 1566년 5월 3일, Simancas E° 1055, f° 124.

29. 1566년 7월 16일자 콘스탄티노플에서 발송된 편지들에 의한 것이다. A.d.S. Gênes, Constantinople, 22170.

30. Avvisi venuti con la reggia fregata da Levante dall'ysola de Corfu de dove partete alli 10 di maggio 1566, Simancas E° 1055.

31. 코르푸, 7월 11일, 오트란토에 12일에 도착한 보고, Simancas E° 1055.

32. 갤리온 선 중 1척의 선주에게서 온 보고서, Simancas E° 1055, fº 163.

33. G. 에르난데스가 폐하에게 보낸 편지, 베네치아, 1566년 8월 1일, Simancas E° 1365. 카프르소 후작이 알칼라 공작에게 보낸 편지, 바리, 1566년 7월 24일, Simancas 1055, fº 180.

34. 기사단장이 펠리페 2세에게 보낸 편지, 몰타, 1566년 7월 25일, Simancas E° 1131. 펠리페 2세가 J. A. 도리아에게 보낸 편지, 보스케 데 세고비아, 1566년 8월 11일, Simancas E° 1395.

35. 가르시 에르난데스가 국왕에게 보낸 편지, 베네치아, 1566년 8월 1일, Simancas E° 1325.

36. 아브루치 총독이 보낸 편지, 1566년 8월 1일, Simancas E° 1055, fº 165 ; Relacion de lo que la armada del Turco ha hecho en el Reyno de Napoles desde que fue descubierta hasta los seys de agosto 1566, Simancas E° 1325.

37. 1566년 8월 7일 산 후안 레돈도가 D. 데 멘도사에게 보낸 편지에 의함, Simancas E° 1055, fº 171.

38. 나폴리 부왕이 펠리페 2세에게 보낸 편지, 나폴리, 1566년 8월 16일, Simancas E° 1055, fº 177 ; Fourquevaux, op. cit., I, pp. 110-111, 123.

39. 베스테(바스토인가?)의 카스티야인 J. 다사의 편지에 의함, 1566년 8월 6일, Simancas E° 1055, fº 169. Lo que se entiende de la armada por carta de Bari de los 19 de agosto 1566, Simancas E° 1055, fº 178 ; 나폴리 부왕이 펠리페 2세에게 보낸 편지, 나폴리, 1566년 9월 5일, E° 1055, fº 190.

40. 나폴리 부왕이 펠리페 2세에게 보낸 편지, 나폴리, 1566년 9월 14일, E° 1055, fº 197.

41. 상동, 나폴리, 1566년 9월 27일, ibid., fº 200.

42. Fourquevaux. op. cit., I. pp. 84-85, 1566년 5월 6일 ; 노빌리가 대공에게 보낸 편지, 마드리드, 1566년 5월 6일, A.d.S. Florence, Mediceo 4897 bis "여러 사람들이 전하가 전쟁을 계속하려고 한다고 말한다…… 아르게리 역시 참사회에서 국왕 펠리페 2세가 몸소 전쟁에 나가길 원한다고 말한다. 하지만 나는 그렇게 생각하지 않는다……", 상동, 1566년 5월 7일, ibid.

43. G. Cappelletti, op. cit., VIII, p. 373.

44. 나폴리 부왕이 펠리페 2세에게 보낸 편지, 나폴리, 1566년 8월 6일, Simancas E° 1055, fº 168.

45. 1566년 6월 7일, Simancas E° 1055, fº 170.

46. Edmond Falgairolle, Une expédition française à l'île de Madère en 1556, 1895 ; 노빌리가 대공에게 보낸 편지, 마드리드, 1566년 10월 6일, A.d.S. Florence, Mediceo, 4897 bis ; Calendar of State Papers. venet. VII, 1566년 11월 12일, p. 386 ; 샤를 9세에게 인정받지 못한 몽뤼크에 대해서는: 국왕이 푸르크보에게 보낸 편지, 생모르데포세, 1566년 11월 14일, pp. 59-60 ; 포르투갈인은 침략자이다, 1566년 11월 29일, Fourquevaux, op. cit., I, p. 144.

47. Josef von Hammer-Purgstall, Hist. de l'Empire ottoman, Paris, 1835-1843, VI, p. 206.

48. Ibid., p. 215.

49. Georg Mentz, *Deutsche Geschichte*, Tübingen, 1913, p. 278.

50. 구스만 데 실바가 국왕에게 보낸 편지, 런던, 1566년 4월 29일, *CODOIN*, LXXXIX, p. 308.

51. 노빌리가 대공에게 보낸 편지, 마드리드, 1566년 3월 23일, A.d.S. Florence, Mediceo 4897 *bis*.

52. 레오나르도 콘타리니가 도제에게 보낸 편지, 아우크스부르크, 1566년 3월 30일, in: G. Turba, *op. cit.*, I, 3, p. 313.

53. 노빌리가 대공에게 보낸 편지, 마드리드, 1566년 6월 6일, A.d.S. Florence, Mediceo, 4897 *bis*.

54. Georg Mentz, *op. cit.*, p. 278.

55. 레오나르도 콘타리니가 도제에게 보낸 편지, 아우크스부르크, 1566년 6월 1일, in: G. Turba, *op. cit.*, I, 3, p. 320.

56. 상동, 1566년 6월 20일, *ibid.*, p. 324.

57. 1566년 8월 18일, *op. cit.*, I, p. 109.

58. 샤를 9세가 푸르크보에게 보낸 편지, 오르캄프, 1566년 8월 20일, C. Douais, *Lettres······à M. de Fourquevaux*, p. 49.

59. J. von Hammer, *op. cit.*, VI, p. 216.

60. *Ibid.*, p. 219, 이 강은 샤바츠에서는 도나우 강이라고 말한다.

61. *Ibid.*, p. 223.

62. *Ibid.*, p. 224.

63. *Ibid.*, p. 231 ; F. Hartlaub, *op. cit.*, p. 23 ; 이 건에 대해서는 콘스탄티노플에서 보낸 엄청난 미공개 보고서가 있다, 1566년 9월 23일, Simancas E° 1055, f° 198 ; 나폴리 부왕이 펠리페 2세에게 보낸 편지, 1566년 11월 5일, *ibid.*, f° 215.

64. 예를 들면 N. 이요르가 ; 그밖에 Paul Herre, *Europäische Politik im Cyprischen Krieg*, Leipzig, 1902, p. 8.

65. 고리치아로부터의 보고, 1566년 9월 1일, Simancas E° 1395.

66. 프란세스 데 알라바가 국왕에게 보낸 편지, 파리, 1566년 11월 10일, A.N., K 1506, B 20, n° 76.

67. 상동, 파리, 1566년 12월 8일, *ibid.* n° 88, "황제가 투르크와 협정을 체결할지도 모른다는 의혹이 떠돌고 있다."

68. 생쉴피스의 보고서, 1566년 9월 27일, Fourquevaux, *op. cit.*, I, p. 134.

69. 지나치게 많은 자료들로 인해서 다소 혼란스럽지만, 피에르 쇼뉘의 논문을 볼 것. Pierre Chaunu, "Séville et la 'Belgique'", in: *Revue du Nord*, avril-juin 1960. 그는 네덜란드 사건을, 에스파냐 제국의 역사와 국제 정세 속에 자리한 세비야의 시점에서 파악하고자 한다.

70. Léon Van Der Essen, *Alexandre Farnèse*, Bruxelles, 1933, I, pp. 125-126.

71. Georges Pagès, "Les paix de religion et l'Édit de Nantes", in: *Rev. d'hist. mod.*, 1936, pp. 393-413.

72. W. Platzhoff, *op. cit.*, p. 20.

73. L. Serrano, *op. cit.*, I, n° 122, p. 316, 8월 12일, B. de Meester, *Le Saint-Siège et les troubles des Pays-Bas, 1566-1572*, Louvain, 1934, p. 20-21에서 인용.

74. *Ibid.*, I, p. 131.

75. *Ibid.*, I, p. 67.

76. 4월 30일. *Ibid.*, I, p. 84.

77. *Ibid.*, I, p. 104 ; 노빌리가 대공에게 보낸 편지, 마드리드, 1566년 8월 11일, A.d.S. Florence, Mediceo. 4897 *bis*.

78. 1566년 8월 18일. *op. cit.*, I, p. 109.

79. H. Forneron, *op. cit.*, II, p. 230.

80. 펠리페 2세가 프란세스 데 알라바에게 보낸 편지, 보스케 데 세고비아, 1566년 10월 3일, A.N., K 1506.

81. 프란세스 데 알라바가 펠리페 2세에게 보낸 편지, 파리, 1566년 9월 21일, A.N., K 1506, n° 57.

82. 황제에 대한 펠리페 2세의 불신에 대해서는, 푸르크보가 여왕에게 보낸 편지, 마드리드, 1566년 11월 2일, Fourquevaux, *op. cit.*, III, pp. 25-26. 펠리페 2세는 당연히 카트린 드 메디시스에 대해서 경계심을 품었다.

83. 생쉴피스의 보고, 1566년 9월 21일, Fourquevaux, *op. cit.*, I, p. 133.

84. *Ibid.*, p. 134.

85. 프란세스 데 알라바가 국왕에게 보낸 편지, 파리, 1566년 10월 4일, 20일에 도착, A.N., K 1506, n° 62.

86. 펠리페 2세가 프란세스 데 알라바에게 보낸 편지, 아란후에스, 1566년 11월 30일, A.N., K 1506, n° 87.

87. 푸르크보가 국왕에게 보낸 편지, 마드리드, 1566년 12월 9일, Fourquevaux, *op. cit.*, I, p. 147.

88. L. Serrano, *op. cit.*, I, pp. 425-426.

89. Paul Herre, *op. cit.*, p. 41, 카스타냐(Castagna)가 알레산드리노에게 보낸 편지, 마드리드, 1567년 1월 13일 ; Fourquevaux, *op. cit.*, I, p. 172 et *sq.*, 1567년 11월 8일.

90. *Ibid.*, I, p. 147.

91. 1567년 1월 4일. *ibid.*, I, p. 160.

92. 구스만 데 실바가 국왕에게 보낸 편지, 런던, 1566년 10월 5일, *CODOIN*, LXXXIX, p. 381.

93. 상동, 런던, 1566년 12월 10일, *ibid.*, p. 416.

94. 상동, 런던, 1566년 1월 18일, *ibid.*, p. 427.

95. 안트베르펜, 1567년 5월 24일, Van Houtte, "Un journal manuscrit intéressant 1557-1648: les Avvisi", in: *Bull. de la Comm. Royale d'hist.*, I, 1926, LXXXIX (4e bull.), p. 375.

96. Fourquevaux, *op. cit.*, I, p. 166, 1567년 1월 4일.

97. 콘스탄티노플로부터의 보고, 1567년 5월 10일, Simancas E° 1056, f° 23 ; 케팔로니아, 1567년 3월 24, 26일, 4월 5, 10일, *ibid.*, f° 34 ; Copia de capitulo de carta que scrive

Baltasar Prototico de la Chefalonia a 10 de avril a D. Garcia de Toledo, *ibid.*, f° 38 ; 상동, 1567년 4월 12일, f° 36 ; Memoria de lo que yo Juan Dorta he entendido de los que goviernan en Gorfo (*sic*) es lo siguiente (1567년 4월 24일), f° 45, 케팔로니아, 4월 21일, f° 47 ; 코르 푸, 4월 28일, *ibid.*, 콘스탄티노플로부터의 보고, 1567년 5월 17일, f° 60 ; 푸르크보가 국왕 에게 보낸 편지, 마드리드, 1567년 8월 2일, Fourquevaux, *op. cit.*, I, p. 248, "사파비 왕조 에서는 전에 서술한 투르크에 사절을 보내는 등, 어떤 움직임도 없습니다" ; 콘스탄티노플 로부터의 보고, 1568년 1월 8일, Simancas E° 1056, f° 126. 페르시아 대사를 만나고 나서야 그들의 도착을 믿게 될 것이다.

98. J. von Hammer, *op. cit.*, VI, pp. 313-317 ; 샹토네가 펠리페 2세에게 보낸 편지, 빈, 1567년 6월 4일, *CODOIN*, Ci, pp. 151-152 ; G. 에르난데스가 펠리페 2세에게 보낸 편지, 베네치아, 1567년 1월 26일, Simancas E° 1326. 오래 전부터 준비된 이 협정은 푸르크보가 이미 1567년 6월 30일에 예고한 것처럼 3년이 아니라 8년짜리였다(Fourquevaux, *op. cit.*, I, p. 219). 전쟁은 완만하게 진행되었지만, 그럼에도 황제는 1567년 8월 24일에 에스파냐 에 지원금을 요청했다(*ibid.*, I, p. 255). 트란실바니아 변경에서 벌어진 대규모 전초전에 대해서는, 샹토네가 펠리페 2세에게 보낸 편지, 빈, 1567년 8월 30일, *CODOIN*, Ci, p. 263. 1567년 12월 25일, 뒷거래의 결과에 대해서 황제는 노심초사한다(Fourquevaux, *op. cit.*, I, 311 ; 노빌리가 대공에게 보낸 편지, 1567년 12월 25일, A.d.S. Florence, Mediceo, 4898, f° 153). Lo que se escrive de C. por cartas de VII de março 1568, Simancas E° 1056, f° 135. 프랑스 국왕, 폴란드 국왕 그리고 베네치아의 개입으로 10년간의 협정이 체결될 것이라는 소문이었다.

99. 콘스탄티노플, 1567년 5월 10일, Simancas E° 1056, f° 23, 발로나[블로리] 지방과 소포티 코 지방에서 일어난 알바니아인들의 반란 ; 코르푸 섬, 1567년 4월 28일, *ibid.*, f° 47 ; 나폴 리 부왕이 펠리페 2세에게 보낸 편지, 1567년 5월 11일, Simancas E° 1056, f° 57. 반란을 일으킨 알바니아인은 줄라티(Zulati), 프로쿠나티(Procunati), 로포제(Lopoze), 트리비조티 (Tribizoti)이다. De la Cimarra a XII de Junio 1567, *ibid.*, f° 6 ; 코르푸, 1567년 12월 26일, *ibid.*, f° 131.

100. 예멘의 반란, 콘스탄티노플, 1567년 5월 10일. 앞의 주 99를 볼 것 ; Copia de un capitulo de carta que scrive de Venecia J. Lopez en XXI de hen° 1568, Simancas E° 1066, f° 130 ; 콘스탄티노플, 1568년 11월 17일, Simancas E° 1057, f° 2.

101. ……*Que el Turco attiende solo a dar se plazer y buen tiempo y a comer y a bever dexando todo el govierno en manos del primer Baxa*, 콘스탄티노플, 1567년 5월 10일, Simancas E° 1056 ; "……투르크 황제는 자신의 즐거움을 계속하고, 이대로라면, 신이 용서하신다면, 경우에 따라서는 이 제국이 파멸에 이르게 된다고 많은 사람들은 보고 있다", 콘스탄티노 플, 1567년 5월 17일, Simancas E° 1056, f° 60.

102. *Op. cit.*, p. 24.

103. *Op. cit.*, p. 54. 그밖에 Vic^te A. de La Jonquière, *Histoire de l'Empire ottoman*, t. I, 1914, p. 204도 참조.

104. 가르체스가 대공에게 보낸 편지, 마드리드, 1566년 2월 13일, A.d.S. Florence, Mediceo,

4897, f° 116.

105. 콘스탄티노플, 1566년 4월 30일, Simancas E° 1395.

106. Simancas E° 1055, f° 77.

107. *Ibid.*, 76 v°.

108. *Relacion de lo que refiere uno de los hombres que el Marques de Capurso embio a Constantinopla por orden del Duque de Alcala por octubre passado* (1567), Simancas E° 1056 (파일의 번호가 지워져 있어서 특정 불가능하다).

109. 코르푸, 1567년 12월 26일, 레체에 도착한 보고, 1568년 1월 12일, Simancas E° 1056, f° 131.

110. 콘스탄티노플, 1567년 3월 5일, Simancas E° 1058, f° 133.

111. 콘스탄티노플, 1568년 11월 17일, Simancas E° 1057 f° 2.

112. 카탈루냐의 식량 부족에 대해서는, 1566년 5월 3일, Simancas E° 336 ; 제노바의 식량 부족에 대해서는, 피게로아가 펠리페 2세에게 보낸 편지, 제노바, 1566년 3월 26일, Simancas E° 1395 ; 아라곤의 식량 부족에 대해서는, 1567년 2월 13일. Fourquevaux, *op. cit.*, III, p. 36 ; 시칠리아는 1567-1568년 209,518살마의 곡물을 대량 수출했지만, 1568-1569년에는 93,337살마에 그쳤다. *Relationi delli fromenti estratti del regno de Sicilia*, 1570, Simancas E° 1124. 1567-1568년의 대량 수출은 지중해 세계의 심각한 결핍과 관련된 것이 아닐까?

113. 1567년 8월 10일, 콘스탄티노플. 보고서는 10월 20일 레체에 도착했다. Simancas E° 1056, f° 80 ; 1567년 10월 20일(이탈리아) 콘스탄티노플, *ibid.*, f° 91 ; 5월 16일(1568년) 콘스탄티노플, *ibid.*, f° 16.

114. 시칠리아 왕국 통령 테라노바 공작이 안토니오 페레스에게 보낸 편지, 팔레르모, 1568년 9월 30일, Simancas E° 1132 ; 피스카레가 국왕에게 보낸 편지, 팔레르모, 1568년 10월 18일, *ibid.*

115. 튀니스는 1567년 5월 21일, 알제와 제르바는 1567년 2월 15일. Fourquevaux, *op. cit*, I, p. 180 ; 3월 15일, *ibid.*, p. 190. 1567년 1월 이후 에스파냐는 더 이상 투르크 함대가 나타나지 않을 것이라고 거의 확신하게 되었음을 지적하자. 레체, 1567년 1월 29일, Simancas E° 1056, f° 17.

116. 나폴리 부왕이 국왕에게 보낸 편지, 1567년 5월 11일, Simancas E° 1056, f° 57.

117. 분위기가 고조된 것은 아니지만 당시 서부에서 파견된 다수의 갤리 선이 동원되었다.

118. 샹토네가 국왕에게 보낸 편지, 빈, 1568년 2월 18일, *CODOIN*, pp. 469-479.

119. 가르시 에르난데스가 국왕에게 보낸 편지, 베네치아, 1567년 1월 25일, Simancas E° 1326. 화가 티치아노인가?

120. 국왕에게 온 편지, 1567년 5월 6일, A.N., K 1508 B 21, n° 6. 행간에 해독된 구절들.

121. 푸르크보가 여왕에게 보낸 편지, 마드리드, 1563년 5월 3일, Fourquevaux, *op. cit.*, III, p. 42 ; 5월 8일, I, p. 351. 펠리페 2세는 투르크와 제국의 협정에 개입하려고 하지 않았다.

122. 샹토네가 국왕에게 보낸 편지, 빈, 1567년 5월 23일, *CODOIN*, Ci, pp. 213-219.

123. 펠리페 2세가 샹토네에게 보낸 편지, 마드리드, 1567년 9월 26일, *ibid.*, pp. 280-281.

124. 메흐메트 소콜루는 라구사 인근의 트레비니 출신으로 알려져 있다.

125. 샹토네가 펠리페 2세에게 보낸 편지, 빈, 1568년 2월 28일, *CODOIN*, Ci, pp. 378-379.

126. 상동, 빈, 1568년 6월 12일, *ibid.*, pp. 432-436.

127. 펠리페 2세가 샹토네에게 보낸 편지, 마드리드, 1568년 7월 18일, *ibid.*, p. 450.

128. 마드리드, 1568년 8월 24일, Fourquevaux, *op. cit.*, I, p. 256.

129. 노빌리가 대공에게 보낸 편지, 마드리드, 1567년 6월, A.d.S. Florence, Mediceo 4898, f° 246 ; J. A. 도리아가 국왕에게 보낸 편지, 카디스, 1567년 6월 26일, Simancas E° 149. 도리아의 말라가 도착은 7월 11일이다. 지방감독관들이 펠리페 2세에게 보낸 편지, 1567년 7월 12일, Simancas E° 149, f° 197.

130. 푸르크보가 국왕에게 보낸 편지, 1567년 3월 2일, Fourquevaux, *op. cit.*, I, pp. 187-192.

131. 상동. 1567년 1월 4일. *ibid.*, I. p. 160 ; 나폴리 부왕이 국왕에게 보낸 편지, 1567년 1월 8일, Simancas E° 1056, f° 11.

132. 1567년 1월 8일. 앞의 주를 볼 것.

133. 1567년 2월 13일, Fourquevaux, *op. cit.*, I, p. 177.

134. 1567년 1월 18일, *ibid.*, I, p. 169 ; 샤를 9세가 푸르크보에게 보낸 편지, 1567년 2월 25일, *ibid.*, p. 83.

135. 스위스 캉통과의 문제, 1567년 4월 18일, A.N., K 150, n° 98, 베네치아의 근심에 대해서는 가르시 에르난데스가 국왕에게 보낸 편지, 베네치아, 1567년 4월 13일, Simancas E° 1326. 이동 중에 제네바를 공격할 것인가? 마드리드, 1567년 4월 15일, Fourquevaux, *op. cit.*, I, pp. 202-203. 로렌 공작의 근심에 대해서는 프란세스 데 알라바가 펠리페 2세에게 보낸 편지, 파리, 1567년 4월 17일, A.N., K 1507, n° 104.

136. 소소한 사례들로 쌀과 잠두를 실은 말라가 선박 3척의 출항을 들 수 있다. 디에고 로페스 데 아길레라가 펠리페 2세에게 보낸 편지, Simancas E° 149, f° 205.

137. 1567년 6월 30일, Fourquevaux, *op. cit.*, I, p. 220.

138. 1567년 2월 15일, *ibid.*, p. 180 ; 노빌리가 대공에게 보낸 편지, 마드리드, 1567년 2월 15일, A.d.S. Florence, Mediceo 4897 *bis*. "어제, 우리가 받은 소식에 따르면, 이 말라가 해변에 건빵, 무기, 탄약을 싣고 병사들을 태운 27척의 대형 선박과 작은 배들이 바다가 거칠어지면서 파도에 떠밀려갔다……"

139. 푸르크보가 국왕에게 보낸 편지, 마드리드, 1567년 4월 15일, Fourquevaux, *op. cit.*, I, p. 202. 나폴리 부왕은 "투르크 군대가 나타나지 않을 것"이라고 펠리페 2세에게 알렸다. 나폴리 부왕이 펠리페 2세에게 보낸 편지, 포추올리, 1567년 4월 4일, Simancas E° 1056, f° 31.

140. 그는 26일 저녁 승선했다. 알바 공작이 펠리페 2세에게 보낸 편지, 카르타헤나, 1567년 4월 26일, *CODOIN*, IV, p. 351. 상동, 카르타헤나, 4월 76일, *ibid.*, p. 354. 따라서 그는 푸르크보의 편지 내용처럼 17일에 출발한 것이 아니다. Fourquevaux, *op. cit.*, I, p. 209 ; 노빌리가 대공에게 보낸 편지, 마드리드, 1567년 5월 3일, A.d.S. Florence, Mediceo 4898, f°s 50 et 50 V° ; 상동, 1567년 5월 4일, *ibid.*, 4897 *bis* ; 상동, 1567년 5월 12일, *ibid.*, 4898, f°s 58 et 59 V°, "지난달 27일에 알바 공작이 카르타헤나에서 출발했으므로 사람들은

이제 공작이 이탈리아에 도착하는 것을 기다리고 있다."

141. 피게로아가 펠리페 2세에게 보낸 편지, 제노바, 1567년 8월 2일, Simancas E° 1390.

142. A. de Ruble, *Le traité du Cateau-Cambresis op. cit.*, p. 82.

143. 아다모 첸투리오네는 코르시카 섬을 가톨릭 왕에게 양도해야 한다고 주장하기에 이르렀다. 피게로아가 펠리페 2세에게 보낸 편지, 제노바 1567년 8월 8일, Sim. 1390. 이런 제안을 받은 피게로아는 그것을 거절했다.

144. 피게로아가 펠리페 2세에게 보낸 편지, 제노바, 1568년 5월 15일, Simancas E° 1390.

145. 노빌리가 대공에게 보낸 편지, 마드리드, 1567년 5월 12일, A.d.S. Florence, Mediceo, 4898 ; 네덜란드 정세의 우호적인 변화에 대해서는, 프란세스 데 알라바가 펠리페 2세에게 보낸 편지, 파리, 1567년 4월 9일, A.N., K 1507, n° 99 ; 상동, 파리, 1567년 5월 5일, *ibid.*, K 1508, B 21, n° 16 *b* ; 그는 마르가리타 데 파르마에게 "신의 가호하에 전하께서는 완전한 복종을 확보하셨습니다"라고 전한다.

146. 1567년 1월 4일, Fourquevaux, *op. cit.*, I, p. 156.

147. *Ibid.*, I, p. 165 ; 노빌리가 대공에게 보낸 편지, 1566년 12월 7일, A.d.S. Florence, Mediceo 4898, f° 8. 노빌리는 같은 소식을 미리 알리지만, 루이 고메스가 수를 썼다.

148. 카스타냐가 알레산드리노에게 보낸 편지, 마드리드, 1567년 1월 7일, Paul Herre, *op. cit.*, p. 41에서 인용. 같은 날, 루이 고메스는 투르크에 대해서 프랑스가 취할 수 있는 행동을 알아보려고 프랑스 대사를 탐문하다가 집어치우게 될 것이다. 푸르크보가 국왕에게 보낸 편지, 마드리드, 1567년 4월 15일, Fourquevaux, *op. cit.*, I, p. 204.

149. 푸르크보, 1567년 1월 18일, *ibid.*, I, p. 170.

150. 시지스몬도 데 카발리가 베네치아 정부에 보낸 편지, 마드리드, 1568년 5월 7일, *C. S. P. Venetian*, VII, pp. 423-424.

151. 1567년 1월 23일, Fourquevaux, *op. cit.*, I, p. 183. 이는 프랑스 국왕과 참사들에 대한 알라바의 말이다. 프란세스 데 알라바가 펠리페 2세에게 보낸 편지(파리, 1567년 4월 23일, A.N., K 1507, n° 106): "전하의 통과를 두려워하는 분위기가 날마다 커지고 있습니다."

152. 샤를 9세가 푸르크보에게 보낸 편지, 파리, 1567년 11월 14일, C. Douais, *Lettres de Charles IX à M. de Fourquevaux*, p. 129 *et sq.*, 생드니 승리의 소식. 프로테스탄트 진영의 플랑드르 귀족들의 출발에 대해서는 프란세스 데 알라바가 국왕에게 보낸 편지, 파리, 1567년 10월 23일, A.N., K 1508, B 21, n° 81.

153. E. Lavisse, *Histoire de France*, VI, I, p. 100.

154. R. B. Merriman, *op. cit.*, IV, p. 289.

155. 노빌리가 공작에게 보낸 편지, 마드리드, 1567년 10월 30일, A.d.S. Florence, Mediceo 4898, f° 122.

156. 마드리드, 1567년 4월 15일, Fourquevaux, *op. cit.*, I, p. 201 ; 레케센스가 국왕에게 보낸 편지, 로마, 1567년 4월 19일, L. Serrano, *op. cit.*, II, p. 90.

157. 구스만 데 실바가 국왕에게 보낸 편지, 1567년 6월 21일, A.E. Esp. 270, au f° 175. 반 프로테스탄트 동맹에 대한 이탈리아어 보고서.

158. L. van Der Essen, *op. cit.*, I, p. 151, 캄파나와 스트라다에 대한 언급.

159. 푸르크보가 여왕에게 보낸 편지, 1567년 2월 23일, Fourquevaux, *op. cit.*, III, p. 58 ; 그랑벨이 국왕에게 보낸 편지, 로마, 1567년 3월 14일, *Correspondance*, I, p. 294. 네덜란드 발 비보를 그다음 날 저녁에 곧바로 접한 국왕은 이탈리아 여행을 결정했다. 1567년 5월 24일, Fourquevaux, I, p. 192 ; 이탈리아에서는 국왕이 플랑드르로 가지 않을 것이라는 소식이 퍼져나갔다. 그랑벨이 국왕에게 보낸 편지, 로마, 1567년 4월 15일, *Corresp.*, II, p. 382. 이 여행은 알제 원정을 위한 구실일까? 노빌리가 대공에게 보낸 편지, 마드리드, 1567년 5월 4일, A.d.S. Florence, Mediceo, 4897 *bis* ; 출발은 확실하지만, 보헤미아의 제후들은 아무런 준비도 하지 않는다. 노빌리가 대공에게 보낸 편지, 1567년 6월 18일, *ibid.*, 4898, f^s 62 et 62 v°. 하지만 같은 날 노빌리는 이들의 출발을 알린다. *ibid.*, f° 67 v°. 여행의 준비에 대해서는 *ibid.*, 4897 *bis*, 6월 26일 ; 펠리페 2세의 출발 명령에 대해서는 푸르크보가 여왕에게 보낸 편지, 마드리드, 1567년 6월 30일, Fourquevaux, *op. cit.*, I, p. 228: "이는 카스티야인들의 술책일지도 모르지만, 어쨌든 명령이 내려졌습니다." 펠리페 2세가 그랑벨에게 보낸 편지, 마드리드, 1567년 7월 12일, *CODOIN*, IV, p. 373은 결연한 출발 의지를 보여준다 ; 노빌리가 대공에게 보낸 편지, 마드리드, 1567년 7월 17일, A.d.S. Florence, Mediceo 4898, f° 77. "……전하의 플랑드르 진군의 기운(機運)은 확실히 다시 돌아오고 있으며, 모든 귀족이 확실히 이 일을 단언하고 있습니다……." 푸르크보가 국왕에게 보낸 편지, 1567년 7월 말, Fourquevaux, *op. cit.*, I. p. 241. 펠리페 2세가 어느 바다를 선택할지에 대해서는 알 수 없다. 노빌리가 대공에게 보낸 편지, 마드리드, 1567년 7월 24일, Mediceo, 4898, f^s 75 et 75 v°. 페드로 멜렌데스는 국왕 함대를 지휘하기 위해서 때마침 플로리다에서 도착한다 ; 프란세스 데 알라바가 카트린 드 메디시스에게 보낸 편지, 파리, 1567년 8월 2일, A.N., K 1508, B 21, n° 42. 네덜란드 총독은 국왕의 함대를 마중하러 함대를 파견한다 ; 그랑벨은 이 출발을 환영한다. 그랑벨이 국왕에게 보낸 편지, 로마, 1567년 8월 17일: "비록 에스파냐와 플랑드르 그리고 특히 이곳 사람은 대부분 국왕 전하의 여행을 믿지 않은 채 제멋대로 떠들고 있습니다……." 얼마 후 푸르크보는 여왕에게 다음과 같이 전한다. "에스파냐 국왕이 9월에 출발하는 것은 자신과 자신의 사람들을 버리고자 하는 절망적인 인간의 항해가 될 것입니다." ; G. 코레르가 도제에게 보낸 편지, 콩피에뉴, 1567년 9월 4일, *C.S.P. Venetian*, VII, p. 403. 상인들의 편지에 따르면, 에스파냐 국왕은 "도착할 기미가 보이지 않는다." 구스만 데 실바가 국왕에게 보낸 편지, 런던, 1567년 9월 6일, *CODOIN*, LXXXIX, p. 541. 프랑스 대사에 의하면 펠리페 2세는 코루냐가 아니라 산탄데르를 통과할 것이었다. 만일 이 여행이 없었다면, 알제 원정이 일어났을 것이다. 국왕은 "겨울이 다가오는 데다 힘든 여정과 질병으로 인해서" 서쪽 바다를 통해서 플랑드르로 더 이상 나아가지 않는다. 펠리페 2세가 피렌체 공작, 페라라 공작, 우리비노 공작, 만토바 공작에게 보낸 편지, 마드리드, 1567년 9월 22일. 푸르크보가 국왕에게 보낸 편지, 마드리드, 1567년 9월 23일, *op. cit.*, I, p. 367에 의하면 여행은 봄으로 연기된다. 나폴리 부왕이 국왕에게 보낸 편지, 나폴리, 1567년 9월 31일, Simancas E° 1056, f° 96. 나폴리 부왕은 여행이 이듬해 봄으로 연기되었음을 알리는 편지를 받았다. 노빌리가 대공에게 보낸 편지, 1567년 11월 17일, Nediceo 4898, f° 128에 따르면, 양식 있는 사람들은 모두 이 여행을 지지했다 ; 상동, *ibid.*, f° 137, 1567년 11월 27일. 돈 디에고 데 코르도바는 국왕

대기실에서 그에게 펠리페 2세는 에스파냐 군대의 공백을 메우기에 충분한 병력을 이끌로 플랑드르로 향할 것이라고 말한다. 로렌 추기경이 펠리페 2세에게 보낸 편지, 랭스, 1568년 1월 16일, A.N., K 1509, B 22, n° 2 *a*. 국왕을 네덜란드로 향하게 하여 이단자들에 대한 진압을 지속하기 위해서이다 ; 프란세스 데 알라바가 국왕에게 보낸 편지, 파리, 1568년 3월 27일, A.N., K 1509, B 22, n° 35 *a*, "문제의 제국은 이미 평온해졌으나, 전하가 지원군을 이끌고 오시는 것을 고대하고 있습니다."

160. E. Haury, "Projet d'entrevue de Catherine de Médicis et de Philippe II devant Boulogne", in: *Bull. de la Soc. acad. de Boulogne-sur-Mer*, t. VI (extrait B.N., Paris, in-8° Lb 33/543) ; 푸르크보가 여왕에게 보낸 편지, 마드리드, 1567년 8월 24일, Fourquevaux, *op. cit.*, I, p. 254.

161. 8월 24일. Van Houtte, *art. cit.*, p. 376.

162. 앞의 159번 주 마지막을 볼 것. 프란세스 데 알라바가 국왕에게 보낸 편지, 1568년 3월 1일, A.N., K 1509, B 22, f° 26. 이 문서는 알바 공이 느낀 네덜란드의 불안을 암시한다.

163. 앞에서 말했듯이 빅토르 비블(Viktor Bibl)의 *Der Tod des Don Carlos*는 믿을 만하지 못하다.

164. 푸르크보가 국왕에게 보낸 편지, 마드리드, 1568년 7월 26일, Fourquevaux,, *op. cit.*, I, p. 371. 카를로스 왕자의 사망으로 국왕은 여러 근심에서 벗어났고 "자신의 부재 동안 일어날 수 있는 반란의 위험을 걱정하지 않고 왕국을 마음대로 떠날 수 있게 되었다."

165. *Philippe II*, p. 128.

166. H. Pirenne, *H. de Belgique*, Bruxelles, 1911, IV, p. 13. 이 시기 펠리페 2세는 오라녀 공의 준동을 전혀 염려하지 않았다. 펠리페 2세가 프란세스 데 알라바에게 보낸 편지, 아란후에스, 1568년 5월 13일, A.N., K 1511, B 22, n° 31.

167. H. Pirenne, *ibid.*, p. 14 et 15. 승리를 알리는 알바 공작이 펠리페 2세게에 보낸 편지, 카토-캉브레지, 1568년 11월 23일. 이 편지는 도처에 사본이 존재한다. B.N., Paris, Esp. 361 ; Gachard, *Correspondance de Philippe II*, II, p. 49 ; *CODOIN*, IV, p. 506. 1569년 오라녀 공의 프랑스 전투에 대해서는 미발표 자료(편저), Kervyn de Lettenhove, *Com. Royale d'Histoire*, 4ᵉ série, 1886, XIII, pp. 66-74.

168. Van Houtte, *art. cit.*, pp. 385. 386, 1569년 4월 16일 ; 대 잉글랜드 전쟁에 대한 소문, M. 드 고미에쿠르가 사야스에게 보낸 편지, 파리, 1569년 8월 2일, "몇몇의 보고가 말하는 바에 따르면, 잉글랜드 여왕은 노르망디를 위해서 무장을 하고, 플랑드르를 향해서 무장을 하고 있는 것이 아니냐고 사람들은 우려하고 있습니다": Van Houtte, *art. cit.*, p. 388. 1569년의 이 심각한 위기에 대해서는 이 책 제II부 제2장 참조.

169. G. 데 스페스가 국왕에게 보낸 편지, 런던, 1569년 6월 1일, *CODOIN*, XC, p. 254 ; 상동, *ibid.*, p. 276, 런던, 1589년 8월 5일: "양모의 처리에 무의 한 종을 사용할 정도로 이곳에서는 중요한 기름이 부족합니다……."

170. B.N. Madrid, Ms 1750, f°ˢ 281-283. 잉글랜드 문제 전반에 관해서는 O. von Törne의 역작, *Don Juan d'Autriche*, I, Helsingfors, 1915를 볼 것.

171. 스코틀랜드 인근 지역과 아일랜드의 분쟁에 대해서는, 1570년 1월 8일, *CODOIN*, XC,

p. 171.

172. 로마, 1569년 11월 3일, L. Serrano, *op. cit.*, III, p. 186. "이사벨에 대한 영국의 반란에 대한 교황의 계획. 수니가의 생각으로는 만약 국왕이 이 건에 개입한다면, 십자군의 권리를 부여받게 된다", Simancas E° 106, 1569년 11월 5일 ; *C. S. P. Venetian*, VII, p. 479 ; 런던, 1569년 12월 24일, *CODOIN*, XC, p. 316 ; 12월 26일, p. 317. Conquista de Inglaterra y comission alli del consejero d'Assonleville, Simancas E° 541. Estado de los negocios de Inglaterra, *ibid.* 알바 공의 관점에 대해서는 D. J. 데 수니가에게 보낸 편지(Simancas E° 913, copie aux A. E. Esp. 295, f⁰ˢ 186 à 188)를 볼 것. 독일과 프랑스와 전쟁하면서 잉글랜드를 정복하는 것은 불가능했다.

173. E. Lavisse, *op. cit.*, VI, 1, p. 106 et sq.

174. 알칼라 공작이 교황에게 보낸 편지, 1568년 7월 24일, Simancas E° 1856, f⁰ 17.

175. E. Lavisse, *op. cit.*, VI, 1, p. 111.

176. 프란세스 데 알라바가 국왕에게 보낸 편지, 파리, 1569년 6월 9일, A.N., K 1514, B 26, n⁰ 122.

177. 프란세스 데 알라바가 알바 공작에게 보낸 편지, 오를레앙, 1569년 6월 19일, A.N., K 1513, B 25, n⁰ 54. 후안 만리케는 나바르 왕국의 국경을 순찰한다. J. 데 사마니에가(J. de Samaniega)가 파르마 공작에게 보낸 편지, 마드리드, 1569년 7월 12일, A.d.S. Naples, Farnesiane, Spagna 5/1 f⁰ 272 ; 같은 내용의 지적, 카스타냐가 알레산드리노에게 보낸 편지, 1569년 7월 13일, L. Serrano, *op. cit.*, I, p. 112. 나바르에 대해서, 특히 프랑스의 내전이 종식되었을 경우를 걱정한다. 1569년 8월 19일, Fourquevaux, II, p. 110 ; 1569년 9월 17일, *ibid.*, p. 117.

178. 프란세스 데 알라바가 국왕에게 보낸 편지, 투르, 1569년 10월 29일, A.N., K 1512, B 24, n⁰ 139.

179. 콘스탄티노플, 1569년 3월 14일, E. Charrière, *op. cit.*, III, p. 57-61. 콘스탄티노플, 1569년 3월 26일, Simancas E° 1057, f⁰ 45, 페레로가 제노바 정부에 보낸 편지 ; 콘스탄티노플, 1569년 6월 11일, A.d.S. Gênes, Cost. 2/2170. C. 1569년 11월 16일, Simancas E° 105, f⁰ 3. 토마스 데 코르노사(Thomas de Cornoça)가 국왕에게 보낸 편지, 베네치아, 1569년 12월 9일, Simancas E° 1326: 술탄은 모스크바, 아라비아, 페르시아 지역에서도 병력이 필요했으므로 투르크 함대의 무장은 느리게 진행되었다. 콘스탄티노플, 1569년 12월 10일, Simancas E° 1058, f⁰ 6.

180. 플라초프가 지적한 것보다는 적다. W. Platzhoff, *op. cit.*, p. 32.

181. 콘스탄티노플, 1569년 8월 21일, Simancas E° 1057, f⁰ 27: "……그(페르시아 신 국왕)는 볼가 강이 단절되기를 바라지 않았다. 왜냐하면 그렇게 되면 자국까지 배로 올 때 다른 곳으로 돌아서 와야 하는 불행이 생기기 때문이다……."

182. 프라하, 베네치아를 경유하여 들어온 콘스탄티노플로부터의 보고, 1570년 8월 21일, A.N., K 1515, B 27, n. 21. 돈 볼가 운하의 문제와 겨울 전쟁의 내용에 대해서는, J. von HAMMER, O. Cit., VI, p. 338 et sq.

183. 프란세스 데 알라바가 국왕에게 보낸 편지, 파리, 1569년 2월 4일, A.N., K 1514, B

26, n° 41: "아라비아가 사파비 왕조의 지원으로 번영하고 있기 때문에 투르크는 크게 곤혹 스러워하며, 진절머리를 내고 있습니다……." 알렉산드리아, 1569년 4월 14일, Simancas E° 1325. 이 예멘 전쟁에 대한 상세한 정보가 많이 쌓여 있지만, 그중에는 마침 투르크 지방총독들에 의한 부당징수만이 계기가 된 전쟁이 일어난 듯이 말하고 있다. 이런 상세한 정보는 엄청난 수에 이르기 때문에 이해를 거의 넘어선다. 상동. J. von Hammer, *op. cit.*, VI, p. 342 et *sq.*의 이야기도 이해가 불가능하지만, 흥미롭게도 이 이야기는 우리가 모은 자료의 지적을 전부 재현하고 있다. 콘스탄티노플, 1569년 6월 11일, 앞의 주 179 참조: 투르크인은 십중팔구 예멘의 질서를 회복할 것이다. 콘스탄티노플, 1569년 10월 16일, E. Charrière, *op. cit.*, II, pp. 82-99. 토마스 코르노사가 국왕에게 보낸 편지, 베네치아, 1569 년 9월 29일, Simancas 1326, 투르크인이 다시 아덴을 점령했는가? 아라비아를 항복시킨 후, 수에즈 지협에 운하를 건설하는 계획에 대해서는, J. von Hammer, *op. cit.*, VI, p. 341.

184. 콘스탄티노플, 1569년 10월 16일, E. Charrière, *op. cit.*, III, pp. 82-90. 예멘에 80만 두카트, 시리아에 100만 두카트.

185. 나폴리 부왕이 국왕에게 보낸 편지, 1569년 7월 14일, Simancas E° 1057, f° 18. 이 해에 는 투르크 함대가 출몰하지 않았다. 프란세스 데 알라바가 카야스에게 보낸 편지, 파리, 1569년 1월 15일, A.N., K 1514, B 26, n° 23. 투르크가 라 굴레트나 알렉산드리아를 공격 할 것이라는 전혀 다른 소문 ; 나폴리 부왕이 국왕에게 보낸 편지, 나폴리, 1569년 1월 19일, Simancas E° 1057, f° 2에도 함대 이야기는 없다. 코르노사가 국왕에게 보낸 편지, 베네치아, 1569년 1월 24일, Simancas E° 1326은 아라비아 문제로 인해서 함대가 나타나지 않을 것이라고 전한다 ; 1569년 1월 28일, 콘스탄티노플의 문서 역시 마찬가지이다. 182번 주 참조 ; 1569년 3월 12일, E. Charrière, *op. cit.*, III, pp. 57-61. J. 로페스가 국왕에게 보낸 편지, 베네치아, 1569년 7월 2일, Simancas E° 1326: "베네치아는 알렉산드리아와 시 리아로 갤리 선을 파견하기로 결정했다. 이는 올해 투르크 함대가 오지 않을 것임을 의미한 다……."

186. 페스카라가 국왕에게 보낸 편지, 메시나, 1569년 8월 31일과 9월 2일, Simancas E° 1132.

187. 페레로가 제노바 정부에 보낸 편지, 콘스탄티노플, 1569년 7월 23일, A.d.S. Gênes, Cost. 2/2170. 콘스탄티노플, 5월 24, 29일(7월 18일에 나폴리에 들어온 보고, Simancas E° 1057, f° 59). 콘스탄티노플, 1569년 8월 7일, Simancas E° 1057, f° 72: "해군 조선소를 급히 서둘 러서 작업을 계속하고 있으며 거의 숨지지 않는다" ; 콘스탄티노플, 1569년 9월 18일, Simancas E° 1057, f° 76 ; 콘스탄티노플, 1569년 9월 18일, Simancas E° 1057, f° 76 ; 콘스 탄티노플, 1569년 9월 29일과 10월 2일, *ibid.*, f° 9 ; 콘스탄티노플, 1569년 11월 16일, Simancas E° 1058, f° 3 ; 콘스탄티노플, 1569년 12월 26일, Simancas E° 1058, f° 8: "이 함대의 조선소는 에스파냐에 대비하기 위해서……" 이러한 주장에 대해서는, 빈 문서 보관 소에 있는 대관 바르바로의 보고서, J. von Hammer, *op. cit.*, VI p. 336, notes 1 et 2.

188. P. Herre, *op. cit.*, p. 15. 훌리안 로페스가 국왕에게 보낸 편지, 베네치아, 1569년 9월 15일, Simancas E° 1326. 다른 관점에서 훌리오 체자르 카라키알로(Julio Cesar Carrachialo) 라고 불리는 인물의 콘스탄티노플 병기창 방화 계획을 보려면, 나폴리 부왕이 국왕에게 보낸 편지, 1569년 3월 23일, Simancas E° 1057, f° 43.

189. 나폴리 부황의 편지의 요약, 1569년 8월 22, 26, 29, 31일, Simancas E° 1056, f° 192.

190. 마드리드, 1569년 1월 5일, L. Serrano, *op. cit.*, III, pp. 23-24.

191. 사울리가 제노바 정부에 보낸 편지, 1569년 1월 5일, A.d.S. Gênes, Lettere Ministri Spagna 4, 2413.

192. 앞의 주 190을 볼 것.

193. Pedro de Medina, *op. cit.*, p. 147 v°.

194. 앞의 주 191을 볼 것.

195. *Ibid.*

196. Hurtado de Mendoza, *op. cit.*, p. 71.

197. 1569년 1월 13일, Fourquevaux, *op. cit.*, II, p. 45.

198. 1569년 2월 28일, *ibid.*, II, p. 56.

199. 에스파냐로부터의 보고, 1569년 3월 20일, *ibid.*, II. p. 62.

200. 사울리가 제노바 정부에 보낸 편지, 마드리드, 1569년 4월 14일, A.d.S. Gênes, Lettere Ministri, Spagna 1/2413.

201. 펠리페 2세가 레케센스에게 보낸 편지, 1569년 1월 15일, Simancas E° 910, 갤리 선 24 내지 28척을 이끌고 에스파냐 연안으로 이동하라는 명령.

202. Simancas E° 1057, f° 105, 마드리드, 1569년 1월 20일.

203. 나폴리 부왕이 국왕에게 보낸 편지, 나폴리, 1569년 2월 19일, Simancas E° 1057, f° 36.

204. 페레로가 제노바 정부에 보낸 편지, 콘스탄티노플, 1569년 7월 23일., A.d.S. Gênes, Constantinopoli, 2/2170: "그라나다의 무어인들은 이곳의 위대한 영주와 모든 유력자들에게 무기뿐만 아니라 병력도 대량으로 지원해주기를 간청하는 편지를 보내며," 1570년 함대의 파견을 요청한다: 지브롤터 해협 지역은 방어가 취약해서 공격이 용이했다. A. de Herreara, *Libro de agricultura……*, *op. cit.*, 1598. 헤레라는 첫 번째 대화에서 그라나다의 폭동 소식이 콘스탄티노플에까지 알려졌지만, 처음에는 다들 지어낸 이야기, 즉 별 관심 없는 것에 대한 일종의 풍문(*segun se dize*)으로 받아들였다고 전한다.

205. 1569년 1월 13일, Fourquevaux, *op. cit.*, II, pp. 47-48.

206. *Ibid.*, p. 45.

207. *Ibid.*, p. 46.

208. 샤를 9세가 푸르크보에게 보낸 편지, 메츠, 1569년 3월 14일, C. Douais, *Lettres de Charles IX à M. de Fourquevaux*, p. 206.

209. H. Forneron, *op. cit.*, II, p. 161.

210. 1569년 1월 23일, Fourquevaux, *op. cit.*, II, p. 51.

211. *Avisos sobre cosas tocantes al Reyno de Granada*, 1569, Simancas E° 151, f° 83.

212. Fourquevaux, *op. cit.*, II, p. 56.

213. 게라우 데 스페스가 국왕에게 보낸 편지, 런던, 1569년 4월 2일, *CODOIN*, XC, p. 219 ; 상동, 1569년 5월 9일, *ibid.*, p. 228. 인용은 두 번째 편지의 내용이다.

214. 바야흐로 아메리카의 개척전쟁인가, G. Friederici, *Der Charakter……*, *op. cit.*, I, p. 463.

반란자들의 왕 무하마드 이븐 우마이야가 돈 후안 아우스트리아에게 보낸 기묘한 편지에서 매일같이 6명에서 10명의 기독교 포로들이 도착하고 있다고 말한다. 무하마드 이븐 우마이야가 돈 후안 아우스트리아에게 보낸 편지, 페레이라, 1569년 7월 23일, Arch. Gouv. Gal de l'Algérie, Registre n° 1686, f° 175-179.

215. 미겔 오르비에토(Michel Orvieto)가 마르가리타 디 파르마에게 보낸 편지, 마드리드, 1569년 4월 1일, A.d.S. Naples, Farnesiane, Spagna, fasc. 5/1, f° 242는 에스파냐로 향하는 갤리 선의 이동을 이야기하고 있다. 페스카라가 알칼라 공작에게 보낸 편지, 1569년 4월 17일, Simancas E° 1057, f° 53: 이 재난 소식에 그는 후안 데 카르도나(Juan de Cardona)의 함대를 에스파냐로 파견하려고 했다. 『25척의 갤리 선을 이끌고 무어인 퇴치에 나선 카스티야 기사단 단장의 정승과 여정의 이야기』, Lyon, Benoist-Rigaud 8° Pièce, 14 p., B.N., Paris, Oi 69 (1569), 친 에스파냐 보고서 ; Fourquevaux, op. cit., II, p. 75, 1569년 5월 4일: 갤리 선에 의한 경계가 없었다면, 무어인들은 아프리카 북부로 피신했을 것이다.

216. H. Forneron, op. cit., II. p. 178, 알바로 데 바산이 이끈 군대를 말하는 것임이 분명하다. 다음의 주 참조. 사울리가 제노바 정부에 보낸 편지, 마드리드, 1569년 5월 20일, A.d.S. Gênes, Lettere Ministri, Spagna 4/2413 ; 펠리페 2세가 돈 후안 데 아우스트리아에게 보낸 편지, 아란후에스, 1569년 5월 20일, CODOIN, XXVIII, p. 10.

217. J. 데 사마니에가(J. de Samaniega)가 파르마 공작에게 보낸 편지, 마드리드, 1569년 5월 18일, A.d.S. Naples, Farnesiane, Spagna, fasc. 5/1, f°ˢ 256-257.

218. Ibid., f° 274, 상동, 마드리드, 1569년 6월 25일.

219. 사울리가 제노바 정부에 보낸 편지, 앞의 주 216 참조.

220. 펠리페 2세가 돈 후안 데 아우스트리아에게 보낸 편지, 아란후에스, 1569년 5월 20일, CODOIN, XXVIII, p. 10. 그라나다는 유일하게 군대가 버텨낸 지점이다. 카스타냐가 알레산드리노에게 보낸 편지, 마드리드, 1569년 7월 13일, L. Serrano, op. cit., III, p. 111.

221. 사야스에게 온 편지, 파리, 1569년 8월 2일, A.N., K 1511, B 24, n° 35.

222. 마드리드, 1569년 8월 6일, Fourquevaux, op. cit., II, pp. 101-102.

223. Ibid., p. 109, 1569년 8월 19일.

224. Ibid., p. 107.

225. Ibid., 1569년 8월 19일, p. 111.

226. Ibid., 1569년 9월 17일, p. 117-118.

227. 국왕에게 온 편지, 로마, 1569년 10월 14일, L. Serrano, op. cit., III, p. 163.

228. 마드리드, 1569년 10월 26일, ibid., p. 180.

229. 1569년 10월 31일, Fourquevaux, op. cit., II, pp. 128-129. C. 페레이라는 잉글랜드인들이 무어인을 지원했을 것이라고 말한다(Imperio español, p. 168).

230. 프란세스 데 알라바가 국왕에게 보낸 편지, 투르스, 1569년 12월 9일, A.N., K 1513, B 25, n° 138. 그랑샹 데 그랑트리가 카트린 드 메디시스에게 보낸 편지, 콘스탄티노플, 1569년 10월 16일, E. Charrière, op. cit., III. p. 94. 투르크가 툴롱을 장악했을 수도 있다.

231. 에스파냐로부터의 보고, 1569년 12월 19일, Fourquevaux, op. cit., II, p. 165.

232. 마드리드, 1569년 10월 2일, L. Serrano, op. cit., III p. 161.

233. 노빌리가 대공에게 보낸 편지, 바르셀로나, 1569년 12월 4일, A.d.S. Florence, Mediceo 4898, f° 550.

234. 마드리드, 1569년 11월 26일, *CODOIN*, XXVIII, p. 38.

235. Fourquevaux, *op. cit.*, II, p. 165.

236. 드 페랄르스가 샤를 9세에게 보낸 편지, 브뤼셀, 1569년 12월 29일, B.N., Paris, Fr. 16123, f° 297 v°. "……따라서 그라나다 사람들은, 더구나 세비야 사람들은 외출을 마음대로 하지 못하게 되었다……."

237. 펠리페가 게라우 데 스페스에게 보낸 편지, 마드리드, 1569년 12월 26일, *CODOIN*, XC, p. 318.

238. *Op. cit.*, p. 78.

239. Simancas E° 487.

240. 실제로 알제와의 교역이 금지되고, 프랑스 상인 1명은 발렌시아에서 체포되었다. Simancas E° 487 ; 전쟁으로 인해서 말라가 행 선박도 없었다. 그라나다 종교재판소가 종교재판 최고회의에 보낸 편지, A. H. N., 2604, 1570년 3월 17일.

241. 마드리드, 1569년 10월 31일, Fourquevaux, *op. cit.*, II, pp. 128-129.

242. 에스파냐로부터의 보고, 1569년 12월 19일, *ibid.*, p. 165.

243. 헤로니모 데 멘도사(Jeronimo de Mendoza)가 베나벤테 후작에게 보낸 편지, 알제, 1569년 10월 8일, Simancas E° 333 ; 사울리가 제노바 정부에 보낸 편지, 코르도바, 1570년 2월 26일, A.d.S. Gênes, L. M., Spagna 4/2513 ; 상동, 10월 29일, Simancas E° 487. 펠리페 2세는 보고서 여백에 다음과 같이 적는다. "알론소 피멘텔에게 이 우편으로 보내는 것이 좋겠음……."

244. *Memorias del Cautivo*, p. 2, septembre et non octobre.

245. D. de Haedo, *op. cit.*, 78 v°.

246. 알제로부터의 보고, 1570년 2월 22일, Simancas E° 487 ; Palmerini, B. Com. Palerme, Qq D. 84는 이 사건을 1569년으로 기록하지만, 종종 틀리곤 한다. 튀니스 함락 소식은 로마에 1570년 2월 8일과 9일 밤이 되어서야 도착한다. 르 망 주교가 국왕에게 보낸 편지, 로마, 1570년 2월 3일, B.N., Paris, Fr. 17989, f°s 147 et 147 v°. 이 소식은 1570년 4월 2일 콘스탄티노플에 도착할 것이다. 콘스탄티노플, 1570년 4월 7일, Simancas E° 1058, f° 41. *Memorias del Cautivo*, p. 5. 튀니스 함락은 1570년 1월의 일이다.

247. 알제로부터의 보고, 246번 주를 볼 것. 칼라브리아인은 튀니스인들의 환영을 받았다.

248. 아예도는 2월이라고 말한다. 알제에서의 보고, 1570년 4월 1-6일, Simancas E° 487, 울루지 알리는 5월 10일에 튀니스를 출발한 듯하다.

249. *Memorias del Cautivo*, p. 5.

250. 푸르크보가 국왕에게 보낸 편지, 코르도바, 1570년 4월 22일, Fourquevaux, *op. cit.*, II, p. 216.

251. 노빌리가 대공에게 보낸 편지, 마드리드, 1570년 11월 8일, A.d.S. Florence, Mediceo, 4849, F°s 10 et 11 v°: "모든 물자가 많이 부족하고, 이로 인해서 이러한 여행은 필요하지 않다고 생각된다고 저쪽에서는 말하고 있습니다", f° 9 v° ; "……흉작과 무어인의 전쟁 탓에

모든 식량이 결핍된 지방에 가면……, 이미 심각한 식량부족으로 곤란을 겪는 군대의 후위에 있는 것은……."

252. 마드리드, 1570년 2월 3일, Fourquevaux, *op. cit.*, II, p. 190.

253. 사울리가 제노바 정부에 보낸 편지, 코르도바, 1570년 2월 26일, A.d.S. Gênes, L. M. Spagna 4/2413.

254. 돈 후안이 펠리페 2세에게 보낸 편지, 카닐레스, 1570년 2월 19일, *CODOIN*, XXVIII, p. 49 ; 상동, 카닐레스, 1570년 2월 25일, A. E. Esp. 236, f° 13.

255. 펠리페 2세에게 온 편지, 티흘라, 1570년 3월 12일, *CODOIN*, XXVIII, p.79.

256. 상동, 1570년 3월 30일, 5월 6일, *ibid.*, pp. 83 et 89.

257. 노빌리의 정보(주 251을 볼 것)는 정확한가? 어쨌든 밀은 알제로부터 반란자들에게 보내졌다. 알제로부터의 보고, 1570년 4월 1일과 6일, Simancas E° 487.

258. 디트리히슈타인이(Dietrichstein)이 막시밀리안 2세에게 보낸 편지, 세비야, 1570년 5월 17일, P. Herre, *op. cit.*, p. 113, note 1. 알제 국왕은 무기와 식량을 실은 함선 5척을 약속했을 것이다.

259. 노빌리가 대공에게 보낸 편지, 코르도바, 1570년 3월 27일, A.d.S. Florence, Mediceo 4899, F°ˢ 59 이하.

260. 사울리가 제노바 정부에 보낸 편지, 코르도바, 1570년 3월 27일, A.d.S. Gênes, L. M. Spagna 4/2413.

261. 노빌리가 대공에게 보낸 편지, 세비야, 1570년 5월 16일, Florence, Mediceo 4899, f° 94 v°.

262. 상동. *ibid.*, f° 95 v° ; 후안 데 사마니에가 파르마 공작에게 보낸 편지, 코르도바, 1570년 3월 18일, A.d.S. Naples, Carte Farnesiane, Spagna, fasc. 3/2, f° 356.

263. 푸르크보가 국왕에게 보낸 편지, 세비야, 1570년 5월 22일, Fourquevaux, *op. cit.*, II, p. 222.

264. 노빌리가 대공에게 보낸 편지, 코르도바, 1570년 5월 25일, A.d.S. Florence, 4899, f° 166 v° 포로의 재구입에 대해서는, P. Herre, *op. cit.*, p. 118.

265. 사야스가 프란세스 데 알라바에게 보낸 편지, 우베다, 1570일 6월 4일, A.N., K 1517, B 28, n° 70.

266. 그라나다로부터의 보고, 1570년 6월 16일, Fourquevaux, *op. cit.*, II, p. 227.

267. *Ibid.*, p. 226.

268. 그라나다의 종교재판소가 종교재판 최고회의에 보낸 편지, 1570년 6월 17일, A. H. N., 2604.

269. 상동, 1570년 7월 9일, *ibid.*

270. 마드리드, 1570년 6월 29일, Fourquevaux, *op. cit.*, II, p. 241, "쌀과 밀, 밀가루를 실은," *ibid.*, 7월 11일.

271. 돈 후안 데 아우스트리아가 펠리페 2세에게 보낸 편지, 1570년 7월 2일, *CODOIN*, XXVIII, p. 110.

272. *Ibid.*, p. 111.

273. Fourquevaux, *op. cit.*, II, pp. 241-242.

274. 마드리드, 1570년 7월 13일, A.d.S. Gênes, L. M. Spagna 4. 2413.

275. *Ibid.*, 1570년 8월 5일.

276. 돈 후안 데 아우스트리아가 펠리페 2세에게 보낸 편지, 1570년 8월 14일, *CODOIN*, XXVIII, p. 126. 같은 사람이 루이 고메스에게 보낸 편지, 같은 날짜, *ibid.*, p. l28.

277. 후안 데 사마니에가가 파르마 공작에게 보낸 편지, 마드리드, 1570년 8월 20일, A.d.S. Naples, Carte Farnesiane, fasc. 5/1, fᵒ 394.

278. 루이 고메스가 데 실바에게 보낸 편지, 카디스, 1570년 8월 29일, *CODOIN*, XXVIII, p. 133.

279. 마드리드, 1570년 9월 20일, Fourquevaux, *op. cit.*, II, p. 268.

280. 에스파냐로부터의 보고, 1570년 9월, *ibid.*, II, pp. 262-263 ; 마드리드, 1570년 10월 11일, *ibid.*, II, p. 280.

281. *Ibid.*, p. 277.

282. A.N., K 1516, B 28, nᵒ 7.

283. 펠리페 2세에게 온 편지, 1570년 11월 9일, *CODOIN*, XXVIII, p. 140.

284. 돈 후안 데 아우스트리아가 루이 고메스에게 보낸 편지, 1570년 11월 5일, "마침내, 폐하, 이것이 완수되었습니다", H. Forneron, *op. cit.*, II, pp. 189-190 ; 및 O. von Törne, *op. cit.*, II, p. 201에서 인용.

285. 대공에게 온 편지, 마드리드, 1571년 1월 22일, A.d.S., Florence, Mediceo, 4903.

286. 사울리가 제노바 정부에 보낸 편지, 마드리드, 1571년 1월 11일, A.d.S. Gênes, L. M. Spagna 4/2413은 2,500명의 무어인 도적들에 대해서 언급한다.

287. A. de Herrera, *op. cit.*, p. 341 et *sq.*

288. A. de Fouchè-Delbosc, "Conseils d'un Milanais à Don Juan d'Autriche", in: *Revue Hispanique*, 1901, p. 60, n. α.

289. 무수한 양의 자료들이 존재한다. 이 주제에 대해서는 J. von Hammer, *op. cit.*, VI ; Paolo Paruta, *Hist. venetiana*, 2ᵉ partie, *Guerra di Cipro* ; Uberto Foglietta, *De sacro foedere in Selimum*, Libri IV, Gênes, 1587 ; Giampietro Contarini, *Historia delle cose successe dal principio della guerra mossa da Selim Ottomano a Venetiani*, Venise, 1576을 참조.

290. Paul Herre, *Europäische Politik im cyprischen Krieg, 1570-1573*, Leipzig, 1902.

291. *Op. cit.*, p. 13.

292. E. Charrière, *op. cit.*, III, p. 87-88 ; Iorga, *op. cit.*, III, p. 141.

293. J. Reznik, *Le duc Joseph de Naxos, contribution à l'histoire juive du XVIᵉ siècle*, Paris, 1936.

294. 콘스탄티노플, 1570년 4월 7일, Simancas Eᵒ 1058, fᵒ 41.

295. 샤를 9세가 뒤 페리에게 보낸 편지, 1571년 10월 6일, B.N., Paris, Fr. 16170, fᵒ 32 vᵒ et *sq.*

296. Paul Herre, *op. cit.*, p. 25 et 146.

297. 마드리드, 1570년 5월 10일, Fourquevaux, *op. cit.*, II, p. 202. 투르크의 "전령"은 프랑스

국왕에게 투르크 함대를 위해서 프로방스와 랑그도크 연안에 식량을 준비해달라고 요구했을 것이다. "이 점에 대해서는 할 말이 없다." 살라사르가 폐하에게 보낸 편지, 베네치아, 1570년 12월 5일, A.N., K 1672, G 1, n° 159. 이는 여전히 미란돌라에 억류된 클로드 뒤 부르의 석방의 문제일 것이다. 이 놀라운 인물에 대해서는 이 책의 제II부 제1장 39-40쪽 참조.

298. 샤를 9세가 폴 드 푸아에게 보낸 지시, 1570년 4월 12일, B.N., Paris, Fr., 16080, f° 166, P. Herre, *op. cit.*, p. 161에서 인용.

299. E. Lavisse, VI, 1. p. 113 ; 펠리페 2세가 프란세스 데 알라바에게 보낸 편지, 마드리드, 1570년 9월 3일, A.N., K 1517, B 28, n° 89: "상황의 위험한 명운 및 이 가련한 국왕이 반역자와 함께 맺은 평화는 나를 고통스럽게 하며, 신의 명예와 관계된 일을 소중히 하지 않는 것을 보면, 귀하도 이해할 수 있는 것이다……."

300. 국왕에게 온 편지, 파리, 1570년 9월 2일, A.N., K 1517, B 28, n° 87.

301. "최근 수 년 동안 최악의 기상 상태"로 인해서 갤리 선단은 2월 그리고 3월이 되어서도 나폴리 항구를 출발하지 못한다. 나폴리 부왕이 국왕에게 보낸 편지, 나폴리, 1570년 3월 11일, Simancas E° 1058, f° 34.

302. 코르푸로부터의 보고는 1570년 3월 11일에 도착한다. Simancas E° 1058, f° 13. 몰타 공격을 위한 거창한 준비 상황은 이렇다. 니코메디아에서 마온 선 20척 건조, 콘스탄티노플에서 대형 장포 22문 주조, 아나톨리아에서 노꾼 1만 명 모집, 갤리 선 175척 포함 총 250척의 함대. "만일 라 굴레트를 향해 닻을 올린다면," 콘스탄티노플, 1570년 1월 21일, Sim. E° 1058, f° 19: 대부분 키프로스가 목적지일 것으로 예상하며 알제 사략선의 달마티아 약탈의 위험을 염려한다. 알제, 1570년 1월 26일(발렌시아 경유), Simancas E° 334, 함대는 키프로스 아니면 라 굴레트로 향할 것이다. 르 망 주교가 샤를 9세에게 보낸 편지, 로마, 1570년 2월 (2?), B.N., Paris, Fr. 17989, f°ˢ 145 v° et 146: 투르크 함대는 몰타 또는 라 굴레트로 갈 것이다. 샹토네가 국왕에게 보낸 편지, 프라하, 1570년 2월 15일, *CODOIN*, CIII, pp. 450-453: 황제는 첩자를 통해서 투르크가 무어인을 구원하러 가는 것이 아니라 키프로스를 공격하러 갈 것이라는 사실을 알고 있었다. 키프로스와 관련된 소식이 당도하자, 막시밀리안은 자신과 에스파냐 국왕, 폴란드와 제국 사이의 동맹을 언급한다. 토마스 데 코르노사(Thomas de Cornoça)가 국왕에게 보낸 편지, 베네치아, 1570년 2월 25일, Simancas E° 1327: 투르크는 키프로스를 공략할 심산이다. 카스타냐가 알레산드리노에게 보낸 편지, 코르도바, 1570년 3월 11일과 22일, P. Herre, *op. cit.*, p. 61-2, note 1에서 인용: 투르크 함대는 에스파냐 영해로 진입할 것이다. 나폴리에 들어온 코르푸로부터의 보고, 1570년 3월 31일, Simancas E° 1058 f° 30, 투르크 함대의 키프로스 공략. 페스카라가 국왕에게 보낸 편지, 팔레르모, 1570년 6월 12일, 동방에 파견된 몰타 기사단원 바렐리의 임무. 그는 "일부는 그라나다 사태를 악화시킬 준비를 하고 있는 것으로 보인다"는 정보를 입수한다. Simancas E° 1133. 미카스에게 추천된 이 발레리아라는 인물에 대해서는 나폴리 부왕이 알부케르케 공작에게 보낸 편지, 나폴리, 1570년 6월 24일. 콘스탄티노플, 5월 18일, Simancas E° 1058, f° 66: 키프로스 공략. 나폴리 부왕이 국왕에게 보낸 편지, 나폴리, 같은 날짜, *ibid*. f° 64.

303. Alberto Tenenti, *Cristoforo da Canal, la marine vénitienne avant Lépante*, 1962, notamment p. 175 et *sq.*

304. Paul Herre, *op. cit*, p. 16에 따르면 1월 13일.

305. 토마스 데 코르노사가 국왕에게 보낸 편지, 베네치아, 1570년 2월 26일, Simancas E° 1327.

306. J. 로페스가 국왕에게 보낸 편지, 베네치아, 1570년 3월 11일, Simancas E° 1327. 더 이상 콘스탄티노플 주재 베네치아 대사의 편지는 없다. 그의 체포와 투르크의 달마티아 침공이 있었다. 전쟁은 확실했다. 상동, 1570년 3월 16일, *ibid*. 콘스탄티노플은 베네치아에 키프로스를 요구할 것이다.

307. 국왕에게 온 편지, E. Charrière. *op. cit.*, III. p. 101-104.

308. Docteur Morcat (Del Consejo de Capuana) que al presente esta por governor en las provincias de Abruço, al duque de Alcala, Civita de Chieti, 1570년 2월 28일, Simancas E° 1058, f° 37.

309. J. 로페스가 국왕에게 보낸 편지, 베네치아, 1570년 4월 1일, Simancas E° 1327, 자라 부근에서의 투르크 군의 약탈. 카발리가 원로원에 보낸 편지, 코르도바, 1570년 4월 1일. 자라가 함락되었을 것이라는 소문이 돌았다(P. Herre, *op. cit.*, p. 85, note 2) ; 9(?)개의 성들이 투르크에 함락된 듯하다, 메흐메트 소콜루가 샤를 9세에게 보낸 편지, 콘스탄티노플, 1570년 11월 16일, E. Charrière, *op. cit.*, III, p. 137.

310. 위의 주 306 참조.

311. P. Herre, *op. cit.*, p. 16.

312. L. Voinovitch, *Depeschen des Fancesco Gondola, 1570-1573*, Vienne 1907, p. 21.

313. *Ibid.*

314. D. 프란세스 데 알라바가 국왕에게 보낸 편지, 앙제, 1570년 4월 4일, A.N., K 1517, B 28, n° 59.

315. R. B. Merriman, *op. cit.*, IV, pp. 126-127과 다음의 간행물, A. Dragonetti de Torres. *La lega di Lepanto nel carteggio diplomatico inedito di Don Luys de Torres*, Turin, 1931.

316. 후안 로페스가 국왕에게 보낸 편지, 1570년 3월 11일, 3월 16일, 3월 31일(파우스토의 갤리온 선에 대해서), 1570년 6월 9일, Simancas E° 1327.

317. Paul Herre, *op. cit.*, pp. 27-28.

318. *Ibid.*

319. H. Kretschamyr, *Geschichte von Venedig, op. cit.*, III, p. 54.

320. Simancas E° 1058, f° 35.

321. *CODOIN*, CIII, pp. 480-481.

322. J. A. 도리아가 국왕에게 보낸 편지, 나폴리, 1570년 5월 3일, Simancas E° 1058, f° 31.

323. 나폴리 부왕, 1570년 7월 19일, Simancas E° 1058, f° 80. 독일인들은 6월 26일자로 해산되었다.

324. 상동, 나폴리, 1570년 8월 2일, Simancas E° 1058, f° 91.

325. 산타 크루스가 국왕에게 보낸 편지, 1570년 4월 26일, Simancas E° 1058, f° 46.

326. Simancas E° 1060, f°⁵ 1, 39, 49, 51, 206, E° 1133, 1570년 3월 19일, 1570년 5월 6일.

327. 페스카라가 국왕에게 보낸 편지, 팔레르모, 1570년 6월 17일, 18, 26일, 7월 16일, Simancas E° 1133. J. A. 도리아가 국왕에게 보낸 편지, 라 굴레트, 1570년 7월 2일, Simancas E° 484.

328. 페스카라, 1570년 4월 17일, Simancas E° 1133, 및 5월 6일자의 다른 편지. 나폴리 부왕으로부터의 또다른 편지, 1570년 8월 14일(Simancas E° 1058, f° 97), 펠리페 2세가 시칠리아 섬 부왕에게 보낸 편지, 1570년 9월 23일(E° 1058, f° 217), 10월 18일(ibid., f° 220).

329. H. Kretschmayr, op. cit., III, p. 53. 올바른 관찰이다.

330. 랑부예 추기경이 샤를 9세에게 보낸 편지, 로마, 1570년 5월 8일, 12일, E. Charrière, op. cit., III, pp. 112-114.

331. L. Serrano, op. cit., I, p. 51.

332. 노빌리가 대공에게 보낸 편지, 코르도바, 1570년 4월 22일, Florence, Mediceo 4899, f° 74. 그렇지만 이 신참자는 "그다지 오래되지 않은 민족을 소중히 하지 않는" 에스파냐 사람들에게는 거의 마음에 들지 않았다. Fourquevaux, op. cit., II, p. 219-220. 4월 21일에 토레스의 접견에서 갤리 선 70척에 대한 약속이 있었다. 국왕은 세비야에서 최종 답변을 주어야 했다. 랑부예 추기경은 50척이라고 이야기한다. 랑부예 추기경이 국왕에게 보낸 편지, 로마, 1570년 5월 22일, B.N., Paris, Fr. 1789, f° 176.

333. 사부아인 우르비노 공작을 비롯한 이탈리아인들은 펠리페 2세에게 베네치아와 동맹을 체결하라고 요구한다. Paul Herre, op. cit., p. 88.

334. L. Serrano, op. cit., I, p. 53, note 3.

335. Ibid. p. 54.

336. 이 문단 전체에 대해서는 B.N.. Paris. Ital. 427. f°⁵ 197 v° et 198.

337. 랑부예 추기경이 샤를 9세에게 보낸 편지, 로마, 1570년 6월 5-30일, E. Charrière, op. cit., III, pp. 115-116. M. 드 로베스핀(M. de l'Aubespine)에게 내려진 명령서(1570년 6월), B.N., Paris, Fr. 1789, f° 181: "마르칸토니오 콜론나는 교황으로부터 함대의 지휘권을 받으면서 많은 이들을 놀라게 했다……."

338. L. Serrano, op. cit., I, p. 70.

339. J. 로페스가 국왕에게 보낸 편지, 베네치아, 1570년 8월 1일, Simancas E° 1327.

340. L. Serrano, op. cit., I. p. 75.

341. 라구사인들이 베네치아 함대 사령관 히에로니모 자네에게 보낸 수많은 편지들, 1570 4월 7, 13, 17, 18일 ; 5월 3, 16일, A. de Raguse. L. P, I, f°⁵ 168, 168 v°, 169, 171, 174, 175 v°, 177, 198, 200 V°, 201, 202.

342. 잔 안드레아 도리아와 산타 크루스의 갤리 선단을 위해서 나폴리에서 2,000명이 징집된다. 나폴리 부왕이 국왕에게 쓴 편지, 나폴리, 1570년 7월 19일, Simancas E° 1058, f° 82 ; 노빌리, 1570년 5월 16일, A.d.S. Florence, Mediceo 4899, f° 99 v° et 100.

343. 사울리가 제노바 정부에 보낸 편지, 마드리드, 1570년 7월 13일, A.d.S. Gênes, L. M. Spagna 4/2413.

344. 교황 사절의 개입 이후 명령이 내려진다. L. Serrano. op. cit., t. III. p. 448 ; ibid., III.

pp. 461-463도 참조 ; 잔 안드레아 도리아의 불만에 대해서는, 랑부예 추기경이 국왕에게
보낸 편지, 1570년 8월 28일, E. Charrière, *op. cit.*, III, p. 118.

345. Simancas E° 1058, f°ˢ 98 et 99.

346. J. A. 도리아가 국왕에게 보낸 편지, 1570년 9월 17일, Simancas E° 1327. 라구사의 사제
들이 콘스탄티노플의 사절단에게 보낸 편지, 1570년 9월 11일, A. de Raguse, L. P., I,
f° 242 v°. 에스파냐와 교황 갤리 선단은 8월 18일 코르푸 부근을 통과한다.

347. J. A. 도리아, 1570년 9월 17일, 앞의 주 참조.

348. *Memorias del Cautivo*, p. 7.

349. L. Voinovitch, *op. cit.*, p. 33. 이 소식은 11월에 마드리드에 전해졌다. Eligio Vitale
op. cit., p. 127. 이달 16일임이 확실하다.

350. 페스카라가 국왕에게 보낸 편지, 팔레르모, 1570년 10월 22일, Simancas E° 1133.

351. 프란시스코 바카(Francisco Vaca)가 알칼라 공작에게 쓴 편지, 오트란토, 1570년 11월
1일, Simancas E° 1059, f° 6.

352. L. Serrano, *Liga de Lepanto*, Madrid, 1918-1919. I, p. 8l.

353. E. Charrière, *op. cit.*, III, pp. 122-124 ; 프란세스 데 알라바가 국왕에게 보낸 편지,
파리, 1570년 11월 12일, A.N. K 1518, B 28, n° 42.

354. *Correspondance de Granvelle*, IV, p. 51, 1570년 12월 14일.

제4장

1. L. Serrano, *op. cit.*, I, p. 86 et note 2.

2. 실바가 국왕에게 보낸 편지, 베네치아, 1571년 4월 21일, Simancas E° 1329 ; 상동, 1571년
6월 21일, *ibid.* ; Relatione sull'Impero Ottomano di Jacopo Ragazzoni, 1571년 8월 16일,
Albèri, *Relazioni*······III, 2, p. 372 et *sq.*

3. 특별위원단이 국왕에게 보낸 편지, 로마, 1570년 9월 8일, L. Serrano, *op. cit.*, IV, p. 6.

4. 비제르트와 튀니스에 대한 원정 계획에 관해서는, 페스카라가 국왕에게 보낸 편지, 팔레르
모, 1571년 3월 20일, Simancas E° 487 참조.

5. 1570년 이후 이 문제에 관한 베네치아의 조치들에 관해서는, 나폴리 부왕이 국왕에게 보낸
편지, 1571년 2월 4일, Simancas E° 1059, f° 178 참조. 크레타에서 겨울을 나는 베네치아
함대에 밀을 공급하라는 명령이 하달되었다. 식량에 관한 이 복잡한 문제에 대해서는, 후안
데 수니가가 알바 공작에게 보낸 편지, 1571년 7월 17일, Simancas E° 1058, f° 81 참조.

6. 협정문의 라틴어 원본은 L. Serrano, *op. cit.*, IV, p. 299 이하, 에스파냐어 판본은 B. N.,
Madrid, Ms. 10454, f 84 참조. 다음 문헌에도 협정문이 실려 있다. D. Dumont, *Corps universel
diplomatique*, V, p. 203 et sq.: Simancas Patronato Real n° 1660, 1571년 5월 25일 ; H.
Kretschmayr, *Geschichte von Venedig, op. cit.*, III, p. 59 ; L. Voinovitch, *op. cit.*, p. 3 ; 랑부예
추기경이 샤를 9세에게 보낸 편지, 로마, 1571년 5월 21일, E. Charrière, *op. cit.*, III, pp.
149-150.

7. *Relatione fatta alla maestà Cattolica, in Madrid, alli XV di Luglio 1571, di tutta la spesa
ordinaria che correrà per la lega in 200 galere, 100 navi et 50 mila fanti ogn'anno*, Rome,

s.d., in-4°, B.N., Paris, Oc. 1533.

8. 프란세스 데 알라바가 펠리페 2세에게 보낸 편지, 푸아시, 1570년 8월 5일, A.N., K 1516, B 27, n° 55.

9. 1570년 8월 28일, B.N., Paris, Fr. 23,377, 사본.

10. 훌리안 로페스가 국왕에게 보낸 편지, 베네치아, 1570년 8월 10일, Simancas E° 1327.

11. 몬테아구도 백작이 국왕에게 보낸 편지, 슈파이아, 1574년 10월 30일, *CODOIN*, CX, pp. 98-110.

12. 교황의 낙관에 대해서는 랑부예 추기경이 국왕에게 보낸 편지, 로마, 1570년 12월 4일, B. N, Paris, Fr. 17989, 그의 낙담에 대해서는 12월 19일 *ibid*.를 참조.

13. 노빌리가 대공에게 보낸 편지, 마드리드, 1571년 1월 22일, A.d.S. Florence, Mediceo 4903.

14. 노빌리와 델 카치아가 대공에게 보낸 편지, 마드리드, 1571년 4월 12일-6월 14일, *ibid.*, F. Hartlaub, *op. cit.*, p. 71.

15. 예를 들면, 푸르크보 앞으로 보낸 1571년 2월 15일 자의 진정서, Célestin Douais, *Lettres à M. de Fourquevaax……1565-1572*, 1897, p. 314-343.

16. Abel Desjardins, *Nég. diplomatiques avec la Toscane*, 1859-1886, III, p. 655 et *sq.* ; 5월 10일, *ibid.*, p. 669.

17. 콜리니 제독과 텔리니에 대해서, 프란세스 데 알라바가 후안 데 수니가에게 보낸 편지, 1571년 6월 24일, A.N., K 1520, B 29, n° 24.

18. 나폴리 부왕이 펠리페 2세에게 보낸 편지, 나폴리, 1571년 3월 3일, Simancas E° 1059, f° 60.

19. 오를레앙 백작의 명령서, 마드리드, 1571년 1월 29일, A.N., K 1523, B 23, n° 51.

20. 펠리페 2세가 알라바에게 보낸 편지, 마드리드, 1571년 6월 30일, *ibid.* ; 노빌리와 델 카치아가 대공에게 보낸 편지, 마드리드, 1571년 6월 30일, A.d.S. Florence, Mediceo 4903.

21. 몽두세 공에게 보낸 알바 공작의 답신, B.N., Paris, Fr. 16127, F°s 3 et 4 (1571년부터 시작되는 L. 디디에의 문집에 실리지 않음).

22. Paul Herre, *op. cit.*, p. 163, note 1.

23. 노빌리가 대공에게 보낸 편지, 마드리드, 1571년 3월 31일, A.d.S. Florence, Mediceo 4903.

24. 안토니오 페레스의 각서, 마드리드, 1571년 5월 8일, A.N., K 1521, 830, n° 56.

25. A.N., K 1521, B 20, n° 58.

26. 대사들은 불평하는 프랑스인들에게 국왕의 명령도 받지 않고 움직인 알뷔케르케 공작 알론소 데 라 쿠에바가 책임을 져야 한다고 말했다. A.N., K 1523, B 31, n° 75. 상동, 1571년 5월 31일, Fourquevaux, *op. cit.*, II, p. 355, "이 궁정에서는 피날이라는 단어를 입에 올리지 않고……", 알라바가 국왕에게 보낸 편지, 1571년 6월 1일, A.N., K 1520, B. 29, n° 2.

27. 노빌리와 델 카치아가 대공에게 보낸 편지, 마드리드, 1571년 5월 10일, Mediceo 4903.

28. 프란세스 데 알라바가 알뷔케르케 공작에게 보낸 편지, 파리, 1571년 4월 27일, A.N.,

K 1519, B 29, n° 69.

29. *Ibid.*

30. 펠리페 2세가 프란세스 데 알라바에게 보낸 편지, 1571년 4월 17일, A.N., K 1523, B. 31, n° 67.

31. 프란세스 데 알라바가 알뷔케르케 공작에게 보낸 편지, 파리, 1671년 5월 17일, A.N., K 1521, B 30, n° 68.

32. 상동, 1571년 4월 27일, *ibid.*, n° 69.

33. 노빌리 및 델 카치아, 마드리드, 1571년 4월 16일-6월 6일, A.d.s., Florence, Mediceo 4903. 펠리페 2세가 그랑벨에게 보낸 편지, 산 로렌소, 1571년 6월 13일, Simancas E° 1059, f° 13. 프란세스 데 알라바가 펠리페 2세에게 보낸 편지, 파리, 1571년 6월 26일, A.N., K 1520, B 29, n° 31. 프랑크푸르트에 대한 15만 에퀴의 대출이 토스카나 대공으로부터 로데베이크 나사우에게 전해졌는가? 프란세스 데 알라바가 국왕에게 보낸 편지, 1571년 8월 4일-9일, A.N., K 1519, B 29, n° 69.

34. 프란세스 데 알라바가 국왕에게 보낸 편지, 파리, 1571년 6월 1일, A.N., K 1520, B 29, n° 2.

35. 닥스 주교가 샤를 9세에게 보낸 편지, 리옹, 1571년 7월 26일, E. Charrière, *op. cit.*, III, pp. 161-164. B.N., Paris, Fr. 16170, f°s 9-11, 사본.

36. E. Charrière. *op. cit.*, III. p. 178.

37. 국왕이 베네치아 정부에 보낸 편지, 1571년 5월 23일, B.N., Paris, Fr. 16170, f°s 4-5, 사본.

38. 프란세스 데 알라바가 카야스에게 보낸 편지, 루비에, 1571년 6월 19일, A.N., K 1520, B 29, n° 12.

39. 프란세스 데 알라바가 알바 공작에게 보낸 편지, 루비에, 1571년 6월 25일, *ibid.*, n° 20.

40. 1571년 8월 17일, Fourquevaux, *op. cit.*, II, p. 371.

41. 알바 공작이 프란세스 데 알라바에게 보낸 편지, 안트베르펜, 1571년 7월 11일, 원문은 프랑스어, A.N., K 1522, B 30, n° 16 *a*.

42. 상동, 브뤼셀, 1571년 6월 7일, A.N., K 1520, B 29, n° 6.

43. 노빌리가 대공에게 보낸 편지, 마드리드, 1571년 8월 2일, A.d.S. Florence, Mediceo 4903.

44. L. Serrano, *Correspondencia*, I, p. 102.

45. 푸르크보가 여왕에게 보낸 편지, 마드리드, 1571년 2월 18일, *op. cit.*, II, p. 331.

46. 국왕에게 온 편지, 팔레르모, 1571년 3월 20일, Simancas E° 487 ; 시칠리아에는 풍년이 들었다. 라구사, 1570년 5월 28일, A. de Raguse, L. P., 2, f°s 97 et 98.

47. 노빌리와 델 카치아, 1571년 4월 16일, A.d.S. Florence, Mediceo 4903.

48. 산타 크루스가 국왕에게 보낸 편지, 1571년 5월 1-2일, Simancas E° 106, f°s 81 et 82.

49. 상동, 1571년 5월 17일자의 2통의 편지, *ibid.*, f°s 83 et 84.

50. 돈 후안이 루이 고메스에게 보낸 편지, *CODOIN*, XXVIII, p. 157.

51. Erwin Mayer-Löwenschwerdt, *Der Aufenthalt der Erzherzöge Rudolf und Ernst in Spanien, 1564-1571*, Vienne, 1927.

52. Simancas Eᵒ 1059, fᵒ 129. 알칼라 공작, 1571년 4월 2일 서거, Simancas Eᵒ 1059, fᵒ 84. 그랑벨 추기경의 파견에 대해서 다수의 편지, 특히 1571년 5월 10일자를 참조하기 바람. Medíceo 4903 ; 에스파냐의 보고, 1571년 5월 31일, Fourquevaux, *op. cit.*, II, p. 355 ; *CODOIN*, XXIII, p. 288. N. Niccolini, "La città di Napoli nell'anno della battaglia di Lepanto", in: *Archivio storico per le provincie napoletane*, nouvelle série, t. XIV, 1928, p. 394.

53. 노빌리와 델 카치아가 대공에게 보낸 편지, 마드리드, 1571년 6월 6일, Mediceo 4903.

54. L. van der Essen, *Alexandre Farnèse, op. cit.*, I, p. 161.

55. Simancas Eᵒ 1134.

56. *Op. cit.*, p. 79.

57. *Ibid.*, p. 78, note 2.

58. *CODOIN*, III, p. 187.

59. Erwin Mayer-Löwenschwerdt, *op. cit.*, p. 39.

60. *Ibid.*, p. 40 ; *Res Gestae* ……, I, p. 97.

61. Pour L. van der Essen, *op. cit.*, I, p. 162, 8월 1일 출발.

62. 파딜랴가 안토니오 페레스에게 보낸 편지, 나폴리, 1571년 8월 15일, 수신일은 9월 12일, Simancas Eᵒ 1059, fᵒ 91.

63. L. van der Essen, *op. cit.*, I, p. 163, 즉 22일 밤 ; 후안 데 소토가 가르시아 데 톨레도에게 보낸 편지, 1571년 8월 21일. 돈 후안은 여전히 나폴리에 있었다. *CODOIN*, XXVII, p. 162.

64. 돈 후안이 돈 가르시아 데 톨레도에게 보낸 편지, 메시나, 1571년 8월 25일, *CODOIN*, III, p. 15 ; L. van der Essen, *op. cit.*, I, p. 163은 23일이라고 말한다.

65. A. D. 루이스 데 레케센스, 피사, 1571년 8월 1일, *CODOIN*, III, p. 8.

66. 코르푸, 1571년 2월 3일, Simancas Eᵒ 1059, fᵒ 62.

67. 코르푸, 1571년 3월 29일, 1571년 4월 11일 베네치아에 접수된 보고서, Simancas Eᵒ 1060, fᵒ 13.

68. 콘스탄티노플, 1571년 4월 10일, *ibid.*, fᵒ 125.

69. 메시나, 1571년 4월 23일, *ibid.*, fᵒ 11.

70. 코르푸, 1571년 4월 27일, Simancas Eᵒ 1059, fᵒ 56.

71. 콘스탄티노플, 1571년 5월 5일, (탈출한 포로들에 의해서) 코르푸에서 재전송됨, Simancas Eᵒ 1060, fᵒ 133.

72. 네그로폰테 섬, 1571년 6월 3일, *ibid.*, fᵒ 137.

73. L. Voinovitch, *op. cit.*, p. 39.

74. 구스만 데 실바가 펠리페 2세에게 보낸 편지, 베네치아, 1571년 7월 6일, Simancas Eᵒ 1329.

75. 프란세스 데 알라바가 국왕에게 보낸 편지, 블롱, 1571년 8월 1일, A.N., K 1520, B 29, nᵒ 37 ; 60척의 갤리 선을 잃었다: 노빌리가 대공에게 보낸 편지, 마드리드, 1571년 8월 2일, Mediceo 4903.

76. L. Voinovitch, *op. cit.*, p. 40.

77. *Ibid.*, p. 41.

78. 그랑벨이 펠리페 2세에게 보낸 편지, 1571년 9월 20일, Simancas E° 1060, f°ˢ 57 et 58. 칼라브리아와 바리에서.

79. 돈 후안 데 아우스트리아가 가르시아 데 톨레도에게 보낸 편지, 메시나, 1571년 8월 30일, *CODOIN*, III, p. 17.

80. 이 전투에 관해서는, 수많은 증언과 진술, 그에 못지않게 많은 역사서들이 있다. 그러나 그 역사서들은 별로 정확하지 않고, 결코 공정하지도 않다. 레판토 해전은 에스파냐의 승리 인가? 아니면 베네치아 나아가 이탈리아의 승리인가? 이에 대한 증언들은 다음과 같다. Ferrante Caracciolo, *I commentarii delle guerre fatte co'Turchi da D. G. d'Austria dopo che venne in Italia*, Florence, 1581. *Discurso sobre la vit᷆ naval sacada de la armada turquesca traduzido del toscano en sp°ˡ*, A. E. Esp. 236, f°ˢ 51-53. *Relatione della vittoria navale christiana contro li Turchi al 1571, scritta dal Sign᷆ Marco Antonio Colonna alla Santità di N°° Sign᷆ Pio V, con alcune mie* (로마 주재 라구사 대사 프란체스코 곤돌라에 의함) *aggionte ad perpetuam memoriam*, p.p. L. Voinovitch, pp. 107-112. *Relacion de lo succedido al armada desde los 30 del mes de setiembre hasta los 10 de octubre de 1571*, f°ˢ 168-169 ; *Relacion de lo succedido a la armada de la Santa Liga desde los 10 de octubre hasta los veynte cinco del mismo* f°ˢ 169-171, B.N., Madrid M°ˢˢ 1750. La liste des ouvrages historiques dans L. Serrano, Alonso Sanchez ou dans G. Hartlaub. Ne pas oublier: Guido Antonio Quarti, *Lepanto*, Milan, 1930.

81. *Las causas que movieron el S°° Don Juan para dar la batalla de Lepanto* (1571). B.N., Madrid M°ˢˢ 11268/35.

82. F. Hartlaub, *op. cit.*, p. 182. "서지중해 세력"은 F. 하르틀라우프가 생각했던 것처럼, 반드시 에스파냐인만을 의미하지는 않는다.

83. 그랑벨이 국왕에게 보낸 의견서, 나폴리, 1571년 5월 26일, Simancas E° 1060, f° 30. 이 주제에 관한 그랑벨의 의견은 전투가 벌어지기 전에 작성되었다는 장점이 있다.

84. 노빌리와 델 카치아가 대공에게 보낸 편지, 마드리드, 1571년 12월 24일, A.d.S. Florence, Mediceo 4903 ; L. Voinovitch, *op. cit.*, p. 42.

85. 구스만 데 실바가 국왕에게 보낸 편지, 베네치아, 1571년 10월 19일, Simancas E° 1329. Cf. B.N., Paris, Ital. 427, f°ˢ 325-333. 프란세스 데 알라바가 국왕에게 보낸 편지, 1571년 8월 2일, A.N., K 1520, B 29, n° 38 ; L. Voinovitch, *op. cit.*, p. 102.

86. H. Kretschmayr, *op. cit.*, III, p. 69.

87. Ainsi H. Wätjen, *Die Niederländer im Mittelmeergebiet*, *op. cit.*, p. 9 ; H. Kretschmayr, *op. cit.*, III, pp. 75 et *sq.* ; L. Serrano, *op. cit.*, I, pp. 140-141.

88. 앙주 공작에게 온 편지, 베네치아, 1571년 11월 4일, B.N., Paris, Fr. 16170, f°ˢ 57 à 59, 사본.

89. Henri Delmas de Grammont, *Relations entre la France et la Régence d'Alger au XVII᷆ S.*, I, p. 2 et note 2.

90. L. Pfandl, *Philippe II*, pp. 366-367.

91. 나는 이를 위해서 이미 1570년부터 시작된, 베네치아, 폴란드, 모스크바, 리스본에서 벌어진 쓸모없는 외교전에 대해서 언급하지 않겠다. 이에 관해서는 Paul Herre, *op. cit.*, p. 139 이하를 보라. 교황이 모스크바에서 벌인 이상한 협상에 대해서는 Pierling S. J., *Rome et Moscou, 1547-1579*, Paris, 1883 ; *Un nonce du Pape en Moscovie. Préliminaires de la trêve de 1582*, Paris, 1884를 보라. 1573년 포르투갈의 단호한 거부에 대해서는 *Le cause per le quali il Sermo Re di Portugallo nro Sig^re ......* A. Vaticanes, Spagna, 7, f°s 161-162를 보라. 투르크에 대한 신성 로마 제국의 공납은 1571년 4월에 지급되었다. F. Hartlaub, *op. cit.*, p. 69 ; 황제는 폴란드의 지원 없이는 움직일 수 없었다(미키엘과 소란초가 도제에게 보낸 편지, 빈, 1571년 12월 18일, P. Herre. *op. cit.*, p. 154). 황제는 적어도 폴란드 대사에게 그렇게 말했다. "귀국이 없다면 아무것도 가능하지 않소." 폴란드 대사는 다음과 같이 대답했다. "저희 쪽에서도 폐하가 계시지 않다면, 그 무엇도 할 생각이 없습니다." 노빌리가 대공에게 보낸 편지, 마드리드, 1571년 11월 18일, Mediceo 4903은, 정확한 정보원을 통해서 황제가 아직 준비가 되지 않았기 때문에 그해에는 개입할 수 없다는 것을 알았다. 전체적으로 두 번의 시도가 있었는데, 적어도 외교적 차원에서는 계속 시도되었다. 실행되지는 않았지만 1570년에 첫 번째 시도가 있었고, 교황 그레고리우스 13세의 치세 초에 (에스파냐에 오르마네토, 포르투갈에 란차노 대주교를 파견한) 두 번째 시도가 있었다.

92. 이 주제에 관해서는 시망카스에 많은 자료가 있다. 그 자료들에 관해서는 O. 폰 퇴르네가 잘 소개하고 있다. *op. cit.*, I, pp. 111 et sq. 에스파냐에 대사가 도착한 것에 대해서는, Coban, *CODOIN*, XC, p. 464 et sq ; 노빌리와 델 카치아의 편지, 마드리드, 1571년 5월 10일, Mediceo 4903.

93. 이때 빌린 돈은 사용되지 않았다. 이 책 제II부 제2장, 172쪽.

94. 구스만 데 실바가 펠리페 2세에게 보낸 편지, 베네치아, 1571년 11월 25-26일, Simancas E° 1329.

95. 레케센스가 펠리페 2세에게 보낸 편지(1571년 12월 8일), A. E, Esp. 236, f° 132 ; 알프스 산맥을 넘는 병사들의 이동에 관해서는, Fourquevaux, *op. cit.*, II, p. 243 ; 프랑세스 데 알라바가 알뷔케르케 공작에게 보낸 편지, 파리, 1571년 4월 27일, A.N., K 1519, B 29, n° 69 참조.

96. E. Charrière, *op. cit.*, III, p. 245 en note ; B.N., Paris, Fr. 16170, f° 70 et sq.

97. H. Forneron, *Histoire de Philippe II*, II, p. 304 et sq.

98. *Op. cit.*, I, p. 228 et sq. 특히 p. 228, note 2.

99. 1571년 1월 31일, *CODOIN*, XXXV, p. 521 (101 bis), A.N., K 1535, B 35, n° 10 *bis* ; 카트린 드 메디시스가 잉글랜드 여왕에게 보낸 편지, 1572년 4월 22일, comte Hector de La Ferrière, *Lettres de Catherine de Médicis*, 1885, IV, pp. 97 et 98.

100. G. 데 스페스의 편지, 캔터베리, 1572년 1월 7일, *CODOIN*, XC, p. 551.

101. 카발리가 베네치아 정부에 보낸 편지, 블루아, 1572년 2월 24일, *C.S.P. Venetian*, VII, p. 484.

102. 프랑스 국왕과 잉글랜드 여왕 사이에 체결된 방위 동맹 조약, 1572년 4월 19일, A.N.,

K 1531, B. 35, n° 10 *bis*.

103. 아길론이 알바 공작에게 보낸 편지, 블루아, 1572년 3월 8일, A.N., K 1526, B 32, n° 6.

104. 생구아르가 프랑스 국왕에게 보낸 편지, 마드리드, 1572년 4월 14일, B.N., Paris, Fr. 1640, f°s 16 à 18.

105. 구스만 데 실바가 국왕에게 보낸 편지, 베네치아, 1572년 5월 22일, Simancas E° 1331.

106. 수니가에게 내려진 명령서, 1572년 3월 31일, A.N., K 1529, B 34, f°s 33 et 34.

107. 블루아, 1572년 3월 16일, A.N., K 1526, B 32, n° 19.

108. 월싱엄이 버글리 경에게 보낸 편지, 1572년 4월 22일, H. de La Ferrière, *op. cit.*, IV, p. 98, note 1 ; Sir Francis de Walsingham, *Mémoires et Instructions pour les ambassadeurs*, Amsterdam, 1700, p. 217.

109. 이 함대는 어디로 갔는가? Ch. de La Roncière, *H. de la Marine française*, 1934, p. 68에 따르면, "안틸레스 제도, 기니아, 플로리다, 디오스, 알제리아(sic)"로 향했다. 이 함대는 제4차 종교전쟁 동안 라로셸 봉쇄에 활용될 것이다.

110. Fourqueraux, *op. cit.*, II, p. 241.

111. 알바 공작이 서기 페드로 아길론에게 보낸 편지, 브뤼셀, 1572년 3월 19일, A.N., K 1526, B 32, n° 15. 또한 아길론과 포르투갈 대사의 면담도 언급되었다.

112. 생구아르가 국왕에게 보낸 편지, 1572년 4월 14일, B.N., Paris, Fr. 1610, f°s 22 et 23 ; 아길론이 알바 공작에게 보낸 편지, 블루아, 1572년 4월 26일, A.N., K 1526, B 37, n° 57.

113. 프란시스코 데 이바라가 국왕에게 보낸 편지, 마르세유, 1572년 4월 26일, Simancas E° 334.

114. 아란후에스, 1572년 5월 10일, A.N., K 1528, B 35, n° 48.

115. 사야스가 디에고 데 수니가에게 보낸 편지, 마드리드, 1572년 5월 20일, A.N., K 1529, B 34, n° 54.

116. Fourquevaux, *op. cit.*, II, p. 309.

117. 아길론이 알바 공작에게 보낸 편지, 블루아, 1572년 5월 3일, A.N., K 1526, B 32, n° 69.

118. 알바 공작이 국왕에게 보낸 편지, 1572년 4월 27일, 사본 A.N., K 1528, B 33 n° 43.

119. 대사 생구아르가 펠리페 2세에게 보낸 비망록과 제안들, 1572년 4월, A.N., K 1529, B 34, n° 44 (tr. esp.). 생구아르가 카트린 드 메디시스에게 보고한 다른 자질구레한 일들, 마드리드, 1572년 4월 14일, B.N., Paris, Fr. 16104, f°s 22-23 ; H. Forneron, *op. cit.*, II, p. 302.

120. C. Pereyra, *Imperio……*, p. 170: G. 데 스페스가 국왕에게 보낸 편지, 브뤼셀, 1572년 4월 15일, *CODOIN*, XC, pp. 563-564. 몽두세가 국왕에게 보낸 편지, 브뤼셀, 1572년 4월 27일, 원본. B.N., Paris, Fr. 16127, 알바 공작의 동요. 안토니오 데 구아라스가 알바 공작에게 보낸 재미있는 증언, 런던, 1572년 5월 18일, *CODOIN*, XC, pp. 18-19 ; H. Pirenne, *Histoire de la Belgique*, IV, pp. 29 et *sq.* ; 몽두세가 국왕에게 보낸 편지, 브뤼셀, 1572년

4월 29일, B.N., Paris, Fr. 16127, f° 43 ; 아길론이 알바 공작에게 보낸 편지, 블루아, 1572
년 5월 2일, A.N., K 1526, B 32.

121. 앞의 주 120 참조, CODOIN, XC.

122. 몽두세가 샤를 9세에게 보낸 편지, 브뤼셀, 1572년 4월 29일, B.N., Paris, Fr. 16127,
f° 43 et sq.

123. 아길론이 알바 공작에게 보낸 편지, 블루아, 1572년 5월 2일, A.N., K 1526, B 32.

124. H. Pirenne, op. cit., IV, pp. 31-32 ; CODOIN, LXXV. p.41 ; H. Forneron, op. cit.,
II, p. 312.

125. H. Pirenne, op. cit., p. 31.

126. R. B. Merriman, op. cit., IV, p. 294.

127. 노빌리와 델 카치아의 편지, 마드리드, 1572년 5월 19일, A.d.S. Florence, Mediceo 4903.

128. 국왕에게 온 편지, 마드리드, 1572년 5월 21일, B.N., Paris, Fr. 1604, f°ˢ 58 et sq.

129. 노빌리와 델 카치아가 대공에게 보낸 편지, 마드리드, 1572년 5월 19일, A.d.S. Florence,
Mediceo 4903.

130. 디에고 데 수니가가 알바 공작에게 보낸 편지, 1572년 5월 24일, A.N., K 1529, B 34,
n° 96 a, 사본.

131. 1572년 5월 18일, A.d.S. Gênes, L. M. Spagna. 5.2414.

132. 그는 1572년 6월 11일 에클뤼즈에 도착할 것이다. 메디나 셀리가 국왕에게 보낸 편지,
에클뤼즈, 1572년 6월 11일, CODOIN, XXXVI, p. 25.

133. 생구아르가 국왕에게 보낸 편지, 마드리드, 1572년 5월 31일, B.N., Paris, Fr. 1604,
f°ˢ 75 et sq. "프랑스 함대가 인도로 갈 것이라는 등 다른 소문들도 돌았는데, 어제 세사
공작이 이 소문을 들었다." Ibid. 프랑스에서는 병사들이 거리를 가득 메웠다. 600톤급 전함
14척으로 구성된 대함대가 1572년 6월 20일 보르도에 정박했다. A.N., K 1529, B 34, n°
9.

134. 생구아르가 국왕에게 보낸 편지 마드리드, 1572년 5월 21일, B.N., Paris, Fr. 1604, f°ˢ
58 et sq.

135. 1572년 5월 24일, 앞의 주 130 참조.

136. 사울리에게 온 편지, 1572년 6월 6일, A.d.S. Gênes, L. M. Spagna. 6.2415.

137. 국왕이 닥스 주교에게 보낸 편지, 1572년 5월 11일, B.N., Paris, Fr. 16170, f° 122 et
sq. E. Charrière, op. cit., III, p. 291 en note.

138. Eugène Plantet, Les consuls de France à Alger, 1930. p. 9.

139. L. Serrano, op. cit., IV, pp. 516-517.

140. Ibid., I, p. 226 ; F. Hartlaub, op. cit., p. 56.

141. Pierre Champion, Paris au temps des guerres de religion, 1938, p. 198.

142. E. Lavisse, Hist. de France, VI, 1, p. 122.

143. Lo que el embassador de Francia dixo a Su Magᵈ en S. Lorenzo, A.N., K 1529, B 29,
n° 83. 이 문제에 관해서는 G. 델 카치아가 대공에게 보낸 편지, 마드리드, 1572년 6월
19일, A.d.S. Florence, Mediceo 4903, 또는 사울리가 공화국에 보낸 편지, 마드리드, 1572

년 7월 4일, A.d.S. Gênes, L. M. Spagna, 5.2414도 참조.

144. 1572년 6월 28일, A.N., K 1529, B 34, n° 100.

145. *Relacion de lo que el Sᵒ Çayas passo con el embassador de Francia, viernes primero de agosto* 1572, A.N., K 1530, B 34, n° 2.

146. Cᵗᵉ H. de La Ferrière, *op. cit.*, IV, p. 104, note 1.

147. *Ibid.*, p. 106, note 2 ; B.N., Paris, Fr. 16039, fᵒ 457 vᵒ.

148. 디에고 데 수니가가 알바 공작에게 보낸 편지, 파리, 1572년 6월 27일, A.N., K 1529, B 34, n° 78.

149. G. 델 카치아가 대공에게 보낸 편지, 마드리드, 1572년 6월 30일, A.d.S. Florence, Mediceo 4903.

150. *Ibid.*, "거의 모든 것(연락)이 해로로 왔다."

151. *CODOIN*, CXXV, p. 56.

152. D. 데 수니가가 알바 공작에게 보낸 편지, 파리, 1572년 7월 17일, A.N., K 1529, B 34, n° 128.

153. D. 데 수니가가 펠리페 2세에게 보낸 편지, 파리, 1572년 8월 10일, A.N., K 1530, B 34, n° 13.

154. D. 데 수니가가 알바 공작에게 보낸 편지, 8월 13일, *ibid.*, n° 15, 사본.

155. 에스파냐에도 이탈리아에도 진실이다. 이 견해는 오래 전부터 확고했다. Edgar Boutaric, *La Saint-Barthélemy d'après les archives du Vatican, Bibl. de l'Ec. des Chartes*, 23ᵉ année, t. III 5ᵉ série, 1862, pp. 1-27 ; Lucien Romier "La Saint-Barthélemy, les événements de Rome et la préméditation du massacre", in: *Revue du XVIᵉ siècle*, 1893: E. Vacandard, "Les papes et la Saint-Barthélemy", in: *Études de critique et d'hist. religieuse*, 1905.

156. 특별위원단이 국왕에게 보낸 편지, 로마, 1572년 12월 12일, L. Serrano, *op. cit.*, IV, p. 351.

157. *Ibid.*, IV, pp. 656-659.

158. *Ibid.*, p. 657.

159. 그랑벨이 후안 데 수니가에게 보낸 편지, 나폴리, 1572년 3월 20일, Simancas Eᵒ 1061, fᵒ 16.

160. 돈 후안이 카스티야 대기사단 단장에게 보낸 편지, 메시나, 1572년 1월 27일, Simancas Eᵒ 1138. 상동, 1572년, *ibid.* 2월 8일, 4월 7일의 돈 후안의 팔레르모 체재에 대해서, 나는 Palmerini, B. Com. de Palerme, Qq D. 84의 기록에 따른다.

161. 돈 후안이 카스티야 대기사단 단장에게 보낸 편지, 1572년 2월 14일, 앞의 주 160 참조.

162. 돈 후안이 그랑벨에게 보낸 편지, 팔레르모, 1572년 2월 14일, Simancas Eᵒ 1061, fᵒ 11.

163. 그랑벨이 돈 후안에게 보낸 편지, 나폴리, 1572년 2월 21일, *ibid.*, fᵒˢ 12, 13, 14, 사본.

164. 돈 후안이 카스티야 대기사단 단장에게 보낸 편지, 팔레르모, 1572년 3월 2일, Simancas Eᵒ 1138.

165. L. Serrano, *op. cit.*, I, p. 180, note 2.

166. 돈 후안 데 아우스트리아가 펠리페 2세에게 보낸 편지, 팔레르모, 1572년 3월 17일, Simancas E° 1138, aut. L. Serrano, *op. cit.*, I. p. 180에 따르면 3월 18일.

167. Henry Biaudet, *Le Saint-Siège et la Suède durant la seconde moitié du XVI° siècle*, 1906, I, p. 181. 피렌체 대공이 펠리페 2세에게 보낸 편지, 피사, 1572년 5월 2일, 교황의 죽음에 대한 조의 표명, "교황에 대한 은의(恩義)로서" 갤리 선 11척, 갤리어스 선 2척 기증, 에스파냐어로의 요약, Simancas E° 1458. 사울리가 제노바에 보낸 편지, 마드리드, 1572년 5월 18일, A.d.S. Gênes, L. M. Spagna, 5.2414: "교황의 죽음은 모든 사람을 널리 슬프게 하고, 뭔가 폐하를 슬프게 합니다." 노빌리와 델 카치아가 대공에게 보낸 편지, 마드리드, 1572년 5월 19일, Mediceo 4903: "이 성인(聖人)의 죽음을 계기로 신성동맹은 활력을 잃었음이 분명하다."

168. 코네츠케는 프랑스의 위협이 실재였음을 강조한다. R. Konetzke, *Geschichte Spaniens* ……; p. 181. 사실을 면밀히 검토하지 않은 L. 판들은 핵심적 동기가 돈 후안을 망신 주는 것이었다고 생각했다. L. Pfandl, *Philippe II*, pp. 377-378.

169. 알바 공작의 아들 돈 파드리케는 4월 15일 왈헤렌 섬에서 벌어진 사건들을 즐기는 듯했다. H. Pirenne, *op. cit.*, IV, p. 31.

170. 동맹군이 레반트로 떠나기 전에 성 바르톨로메오 학살 소식을 기다렸을 것이라는, Gonzalo de Illescas, *Historia pontifical y catolica*, Salamanque, 1573, 2° partie, p. 358 et *sq*에 실린, 곤잘로 데 일레스카스의 주장을 받아들여서는 안 된다.

171. 1572년 4월 21일, B.N., Paris, Fr. 3604, f°° 58 et *sq*.

172. 펠리페 2세가 후안 데 수니가에게 보낸 편지, 생로랑, 1572년 6월 2일, Simancas E° 920, f°° 95-98.

173. 프랑스의 음모, 즉 알제와의 협상이나 프랑스의 전쟁 준비는 없었다. 알제와의 협상에 대해서는 예전에 베브루거가 논문을 쓴 적이 있다. Berbrugger, "Les Algériens demandent un Roi français" *Rev. Afric.*, 1861, p.1-13. 2월 12일, 푸르크보가 유일하게 프랑스 갤리 선 24척이 마르세유에 정박하고 있다고 언급했다(Fourquevaux, *op. cit.*, II, p. 421). 폴랭 드 라 가르드가 대서양에서 지중해로 이끌고 온 함대는 대형 갤리 선 2척, 소형 갤리 선 4척, 사략선 2척으로 구성되었고, 6월 28일 보르도에 정박하고 있었다.

174. 이 책 제II부 제1장, 19쪽과 주 20 참조.

175. L. Serrano, *op. cit.*, I, p. 363.

176. 그랑벨이 펠리페 2세에게 보낸 편지, 1572년 8월 29일, Simancas E° 1061 ; L. Serrano, *op. cit.*, II, p. 70, note 2.

177. H. Kretschmayr, *op. cit.*, III, pp. 342 et *sq*.

178. L. Serrano, *op. cit.*, II. p. 32.

179. *Don Quichotte*, I, XXXIX.

180. *Op. cit.*, p. 170.

181. F. Hartlaub, *op. cit.*, p. 156.

182. 세사가 국왕에게 보낸 편지, 1572년 10월 24일, Simancas, E° 458, cité par L. Serrano, *op. cit.*, II, p. 147.

183. L. Serrano, *ibid.*

184. 이 문단의 모든 세세한 사항들에 대해서 나는 세라노의 서술을 근거로 삼았다.

185. 그랑벨이 펠리페 2세에게 보낸 편지, 나폴리, 1572년 10월 8일, Simancas E° 1061, f° 65.

186. 몽두세가 국왕에게 보낸 편지, 1572년 9월 29일 그리고 생구아르의 편지, 1572년 11월 7일, L. Didier, *op. cit.*, I, p. 52 et note 2 ; 추기경은 미열이 있었다. 매우 강건하고, 대식가이며 술을 잘 마시는 그는 "이전부터 걸린 감기 때문에 불과 2시간 만에 상태가 악화되었던 것이다……."

187. 몬테아구도가 펠리페 2세에게 보낸 편지, 빈, 1572년 7월 20일, *CODOIN*, CX, pp. 483-489, H. Biaudet, *op. cit.*, p. 178.

188. 샤를 9세가 닥스 주교에게 보낸 편지, 파리, 1572년 9월 17일, E. Charrière, *op. cit.*, III, pp. 303-309.

189. Jean Auzanet, *La vie de Camoëns*, Paris, 1942, p. 208.

190. L. Serrano, *op. cit.*, II. p. 296. note 1.

191. 예를 들면, 투르크인은 카타로[코토리]를 요구했다. *ibid.*, II, p. 303.

192. *Ibid.*, p. 311.

193. 평화조약은 1574년에 가서야 최종 체결되었다. 따라서 다음과 같은 공문서가 있다. Ms Ital 2117(B. N., Paris), *Relatione del Turco doppo la pace conclusa con la Signoria di Venetia l'anno 1574*. 체결까지 많은 시간이 걸린 이 평화조약에 대해서는 구스만 데 실바가 펠리페 2세에게 보낸 편지, 베네치아 1574년 2월 6일(라구사로부터의 정보), Simancas E° 1333; *ibid.* ; 1574년 2월 13일, *ibid.* ; 1574년 3월 12일, *ibid.* ; 1574년 3월 16일, *ibid.* ; 후안 데 수니가가 펠리페 2세에게 쓴 편지, 로마, 1574년 3월 18일, *CODOIN*, XXVIII. p. 185. 메시나 시 참사회가 펠리페 2세에게 쓴 편지, 1574년 3월 30일, Simancas E° 1142 ; 1574년 4월, 펠리페 2세는 교황의 요청에 따라서 투르크가 잔티 또는 코르푸를 공격하는 경우 그의 함대를 지원할 것이었다. 펠리페 2세가 구스만 데 실바에게 보낸 편지, 산 로렌소, 1574년 4월 5일, Simancas E° 1333. 그러나 국왕이 정확히 밝혔듯이, 프랑스가 움직이지 않는다는 조건이 붙었다. 사람들은 1572년 여름을 떠올렸다. 3월 7일의 평화조약은 잠정적인 것이었다. 이에 관해서는 1574년 3월 12일, E° 1333 ; 1574년 3월 16일, *ibid ; CODOIN*, XXVIII. p. 185 ; 1574년 3월 30일, Simancas E° 1142.

194. 이 평화조약 소식을 접한 알바 공작의 불만에 대해서는 몽두세가 국왕에게 보낸 편지, 1573년 7월 17일, L. Didier, *op. cit.*, I, p. 329 참조.

195. 펠리페 2세가 테라노바 공작에게 보낸 편지에 의함, 산 로렌소, 1573년 6월 20일, Simancas E° 1140.

196. 펠리페 2세는 각주 195에 명기된 편지에서 이 보고를 요약했다.

197. 이 문제는 다음의 편지에서 언급되었다. 란차노 대주교가 코모 추기경에게 보낸 편지, 마드리드, 1573년 1월 24일, A. Vatic. Spagna. n° 7, f° 10-11 ; 또한 파도바 주교가 같은 추기경에게 보낸 편지, 1573년 1월 25일, *ibid.*, f° 22.

198. 그랑벨이 콘스탄티노플에 파견한 후안 퀴렌시의 보고서. 퀴렌시는 1573년 6월 30일 콘

스탄티노플에서 귀환하고 있었다. Simancas E° 1063, f° 35.

199. Philippe de Canaye, *op. cit.*, p. 158.

200. 프랑스 배를 타고 키오스 섬에서 온 제노바 사람의 증언에 따르면, Simancas E° 1063, f° 42.

201. 펠리페 2세에게 보낸 편지, *CODOIN*, CII, pp. 207-208.

202. Simancas E° 1332.

203. *Op. cit.*, p. 180 ; 그랑벨이 돈 후안에게 보낸 편지, 나폴리, 1573년 8월 6일, Simancas E° 1063, f° 45.

204. 그랑벨이 펠리페 2세에게 보낸 편지, 1573년 2월 18일, Simancas E° 1063, f° 49. 뒤늦게 베네치아에서 온 다른 정보에 따르면, 함대가 트레미티 섬을 공격할 것으로 추정되었다.

205. Philippe de Canaye, *op. cit.*, p. 181.

206. 돈 후안이 펠리페 2세에게 보낸 편지, 메시나, 1573년 8월 20일, 도착은 9월 3일, Simancas E° 1062, f° 117.

207. 수니가가 펠리페 2세에게 보낸 편지, 1573년 8월 25일, *CODOIN*, CII, p. 229.

208. Philippe de Canaye, *op. cit.*, pp. 181, 186, 8척의 갤리 선을 잃었고, 8척이 파손되었다.

209. 수니가가 펠리페 2세에게 보낸 편지, 1573년 8월 28일, *CODOIN*, CII, p. 231.

210. Simancas E° 1063, f° 87.

211. Philippe de Canaye, *op. cit.*, p. 186.

212. 그랑벨이 수니가에게 보낸 편지, 나폴리, 1573년 9월 11일, *CODOIN*, CII, pp. 258-259.

213. Philippe de Canaye, *op. cit.*, p. 195.

214. 그랑벨이 수니가에게 보낸 편지, 나폴리, 1573년 10월 8일, *CODOIN*, CII, pp. 307-311.

215. Mediceo 4904, f° 86.

216. 플랑드르에도 자금이 흘러들어갔다. 생구아르가 국왕에게 보낸 편지, 마드리드, 1573년 7월 4일, B.N., Paris, Fr. 16105.

217. 그러나 외교 서신들이 언급한 원정은 일반적으로 알제 원정이었다. 파도바 주교가 코모 추기경에게 보낸 편지, 마드리드, 1573년 7월 15일, A. Vaticanes, Spagna 7, f° 372 ; 사울리가 제노바로 보낸 편지, 마드리드, 1573년 7월 14일, L. M., Spagna 5. 2414.

218. 사울리의 편지, 앞의 주 217 참조 ; 생구아르의 편지, 앞의 주 216 참조.

219. 알제 원정은 이제 계획의 단계로 넘어갔다. 돈 후안이 펠리페 2세에게 보낸 편지, 나폴리, 1573년 7월 25일, Simancas E° 1062, f° 112.

220. Simancas E° 1062, f° 96.

221. 잔 안드레아 도리아가 돈 후안 데 아우스트리아에게 보낸 편지, 1573년 7월 9일, 원본. Alger, G. A. A. Registre n° 1686, f° 191.

222. 돈 후안이 펠리페 2세에게 보낸 편지, 나폴리, 1573년 7월 10일, Simancas E° 1062, f° 105. 돈 후안이 펠리페 2세에게 보낸 또다른 편지, 나폴리, 1573년 8월 4일, *ibid.*, f° 113.

223. 상동, 나폴리, 1573년 8월 5일, *ibid.*, f° 114, 그는 메시나를 향해 출발 ; 상동, 메시나, 1573년 8월 10일, E° 1140, 그는 8월 9일에 메시나에 도착했다.

224. 1573년 8월 4일, Simancas E° 1063, f° 167.

225. 산 로렌소, Simancas E° 1140, M.

226. Simancas E° 1140.

227. 수니가가 펠리페 2세에게 보낸 편지, 로마, 1573년 8월 13일, *CODOIN*, CII, p. 209.

228. *Op. cit.*, I, p.243 et *sq.*

229. 수니가가 국왕에게 보낸 편지, 1573년 10월 23일, *CODOIN*, C II, p. 330. 이 편지는 교황이 정보를 받지 못했다는 사실을 입증한다. "……일전에 교황은 돈 후안의 원정에 대해서, 돈 후안은 튀니스에서 승리했는가라고 나에게 물으셨습니다.……" 튀니스가 10월 11일 함락되었다는 소식은 10월 22일이나 23일에 나폴리에 알려졌다. 그랑벨이 펠리페 2세에게 보낸 편지, 나폴리, 1573년 10월 23일, Simancas E° 1063, f° 110.

230. 돈 후안이 그랑벨에게 보낸 편지, 메시나, 1573년 8월 19일, 사본, B.N., Madrid, Ms 10. 454, f⁰ˢ 114 et 115 ; 수니가가 펠리페 2세에게 보낸 편지, 로마, 1573년 8월 21일, *CODOIN*, CII, pp. 219-220.

231. 에스코베도가 돈 후안에게 보낸 편지, 마드리드, 1573년 9월 5일, A. E. Esp. 236, f⁰ 122.

232. 테라노바 공작이 국왕에게 보낸 편지, 팔레르모, 1573년 9월 7일, Simancas E° 1139.

233. 그랑벨이 돈 후안에게 보낸 편지, 1573년 9월 6일, Simancas E° 1062, f⁰ 118.

234. *Parere del Duca di Terranova, Presidente di Sicilia, sopra le cose di Barberia*, 1573년 9월 17일, Simancas E° 1139.

235. 테라노바 공작이 펠리페 2세에게 보낸 편지, 팔레르모, 1573년 9월 30일, Simancas E° 1139.

236. 그랑벨이 펠리페 2세에게 보낸 편지, 나폴리, 1573년 10월 9일, Simancas E° 1063, f⁰ 94.

237. 테라노바 공작이 펠리페 2세에게 보낸 편지, 팔레르모, 1573년 10월 9일, Simancas E° 1139.

238. 피렌체 국립도서관의 보고서에 의거함, Capponi, *Codice*, V, f⁰ 349.

239. 11일의 공식적인 지시, 호르헤 만리케가 펠리페 2세에게 보낸 편지, 팔레르모, 1573년 11월 7일, Simancas E° 1140.

240. *Relacion que ha dado el secretario Juan de Soto sobre las cosas tocantes a la fortaleza y reyno de Tunez*, 1574년 6월 20일, Simancas E° 1142, 사본.

241. *Instiuccion a Gabrio Cerbellon*, Simancas E° 1140.

242. 돈 후안이 그랑벨에게 보낸 편지, 라 굴레트, 1573년 10월 18일, Simancas E° 1063, f⁰ 114.

243. 그랑벨이 펠리페 2세에게 보낸 편지, 나폴리, 1573년 10월 23일, *ibid.*, f⁰ 110 (도착한 날은 11월 11일).

244. 토바로소스 후작, B.N., Paris, Esp. 34, f⁰ 44.

245. 팔메리니, 1573년 10월 20일, B. Com. Palerme, QqD 84, 돈 후안은 11월 2일에 도착했다.

246. 그랑벨이 돈 후안에게 보낸 편지, 나폴리, 1573년 10월 24일, A. E., Esp. 236, f⁰ˢ 88-90.

247. 생구아르가 샤를 9세에게 보낸 편지, 마드리드, 1574년 2월 3일, B.N., Paris, Fr. 16106, f° 304.

248. 그랑벨이 펠리페 2세에게 보낸 편지, 나폴리, 1574년 1월 27일, Simancas E° 1064, f° 7, p.p. F. Braudel, in: *Revue Africaine*, 1928, pp. 427-428.

249. Simancas E° 488.

250. O. von Törne, *op. cit.*, I, p. 216 그리고 L. van der Essen, *op. cit.*, I, 1, 181 et *sq.*

251. *Lo que se ha platicado en consejo sobre los puntos de los memoriales que el sec° Juan de Soto ha dado de parte del Sr D. Juan*, s. d., Simancas E° 488 (1574년 5월 내지 6월).

252. 각주 251을 보라.

253. 그랑벨이 펠리페 2세에게 보낸 편지, 1574년 7월 22일, Simancas E° 1064, f° 46, 320척의 범선을 언급한다.

254. 푸에르토 카레로가 그랑벨에게 보낸 편지, 1574년 7월 19일, 참호는 카르타고 인근에 만들어졌다. Simancas E° 1064, f° 46 ; *Relacion del sargento G' Rodriguez*, 라 굴레트로부터, 1574년 7월 26일, Simancas E° 1141. 라 굴레트 포위공격에 대해서는 E° 1064, f°s 2, 4, 5, 25, 54, 57, 58……도 참조 ; 저자 불명의 소책자, *Warhaftige eygentliche beschreibung wie der Türck die herrliche Goleta belägert*, Nuremberg, Hans Koler, 1574 ; *Traduzione di una lettera di Sinan Bassà all'imperatore turco su la presa di Goleta e di Tunisi*, s.d., B.N., Paris, Ital. 149, f°s 368-380.

255. 22일 내지 23일, O. von Törne, *op. cit.*, I. p. 279, note 6.

256. 테라노바 공작이 펠리페 2세에게 보낸 편지, 팔레르모, 1574년 8월 31일, Simancas E° 1141.

257. Simancas E° 1142.

258. *CODOIN*, III, p. 159.

259. 마드리드, 1574년 8월 28일, Mediceo 4904, f° 254.

260. 테라노바 공작이 펠리페 2세에게 보낸 편지, 팔레르모, 1574년 9월 20일, Simancas E° 1141 ; 생구아르가 국왕에게 보낸 편지, 마드리드, 1574년 10월 23일, B.N., Paris, Fr. 16106.

261. 그랑벨이 펠리페 2세에게 보낸 편지, Simancas E° 1064, f° 66.

262. O. von Törne, *op. cit.*, I, p. 280, note 1.

263. 돈 후안이 펠리페 2세에게 보낸 편지, 트라파니, 1574년 10월 3일(*ibid.*, p. 283) ; 1574년 9월 27일자 그랑벨의 편지는 그 논조가 극적이었을지라도, 오직 첫 번째 재앙, 즉 라 굴레트 함락만 걱정했다(Simancas E° 1064, f° 61, cf. F. Braudel, in: *Rev. Afr.*, 1928, p. 401, note 1 참조).

264. 돈 후안 데 아우스트리아가 펠리페 2세에게 보낸 편지, 트라파니, 1574년 10월 4일, Simancas E° 450.

265. 상동, 나폴리, 1574년 11월 12일, *ibid.*

266. O. von Törne, *op. cit*, I, p. 288, notes 4 et 6에 인용된 반 델 하멘과 폴레뇨에 따랐다. 이 앞의 문단은 퇴르네의 서술과 졸고 "Les Espagnols et l'Afrique du Nord", in: *Revue*

Africaine, 1928를 근거로 삼았다.

267. 페레로가 제노바 공화국에 보낸 편지, 1574년 11월 15일. A.d.S. Gênes, Cost. 2. 2170.

268. 콘스탄티노플, 1574년 11월 15, 19일, *ibid.*

269. 피에몬테 및 롬바르디아 주재 예산 담당관, 밀라노, 1574년 10월 6, 23일, Simancas E° 1241.

270. 그랑벨이 펠리페 2세에게 보낸 편지, 나폴리, 1574년 12월 6일, Simancas E° 1066, aut.

271. 구스만 데 실바가 펠리페 2세에게 보낸 편지, 베네치아, 1574년 10월 16일, Sim. E° 1333 ; 상동, 10월 30일 *ibid.*

272. 줄리오 델 카치아가 대공에게 보낸 편지, 마드리드, 1574년 10월 25일, Mediceo 4904, f° 273 et v°.

273. *Consulta del Consejo de Estado*, 1574년 9월 16일, Simancas E° 78.

274. 펠리페 2세에게 보낸 편지, 오랑, 1574년 12월 23일, Sim. E° 78. V. 곤차가의 사명에 대해서는 파도바 주교가 코모 추기경에게 보낸 편지, 1574년 11월 9일, A. Vaticnes, Spagna n° 8, f° 336.

275. 사울리가 제노바 공화국에 보낸 편지, 마드리드, 1574년 11월 16일, A.d.S., L. M. Spagna 6.2415.

276. 생구아르가 국왕에게 보낸 편지, 마드리드, 1574년 10월 23일, B.N., Paris, Fr. 16106.

277. 상동, 1574년 11월 26일.

278. B.N., Paris, Fr. 16.106.

제5장

1. 이러한 비난은 샤를 9세의 편지에도 언급되었다. 이에 대해서 생구아르는 장황하게 답변했다(국왕에게 보낸 편지, 마드리드, 1574년 2월 24일, B. N., Paris, Fr. 16106). 만약 에스파냐 요원들이 반란자들의 모임에 참석했다면, 그들은 체포되었거나 그들의 이름이 알려졌을 것이다. 그가 그들의 이름을 알았다면, 그들을 종교재판에 회부했을 것이고, 종교재판은 너무 "격해져서 모든 신용을 잃거나, 그가 국왕에게 불리하게 종교재판을 이용하려고 한다면 내가 생각도, 상상도 할 수 없는 방식으로 국왕 자신을 물고 늘어졌을 것입니다." 분명 그들이 바라는 바는 프랑스 전체를 혼란에 빠뜨리는 것이다. "……이러한 상황이 그들의 문제를 치유하고 바로잡는 데에 일조할 것이라는 생각 때문에 전하께서 계속 근심하는 것을 보는 것이 바로 그들이 원하는 것이라고 나는 생각합니다." 또한 틀림없이 "……현재 상태는 정직을 허용하거나 적어도 묵인할 것"이라고 생구아르는 덧붙였다. 네덜란드에 "가톨릭 신앙에 반하는 어떤 것에 동의하느니 차라리 그것을 포기하겠다"라고 선언한 펠리페 2세가 어떻게 위그노들과 음모를 꾸밀 수 있겠습니까? 그가 "전하의 왕국에서 전하에게 맞서고자 한다면, 그는 오히려 어느 편에도 속하지 않은, 신도 전하도 섬기지 않는 악당들과 공모할 것입니다. 왜냐하면 그들은 가톨릭의 깃발 아래 무기를 들고 오만불손하게 그들의 탐욕을 채우면서 군대든 지방이든 어디에나 있기 때문입니다." ―그리고 앙리 드 나바르의 사건과 클로드 뒤 부르 사건은 어떤가? 이 책 제II부 제1장, 41-43쪽을 보라.

2. A. O. Meyer, *England und die katolische Kirche*, I, p. 28, Platzhoff, *Geschichte des europ.*

Staatensystems, p. 42에서 인용.

3. 페스카라가 국왕에게 보낸 편지, 1570년 6월 12일, Simancas E. 1133.

4. 내가 복사한 사료에서 이름 하나가 판독 불가능했다.

5. 마를리아니의 보고서, 1578년 2월 11일, Simancas E° 489.

6. 에스테파노 파파도풀로에 관한 보고서, 마드리드, 1574년 6월 21일, "……그리고 그들에게 많은 수단을 사용해볼 필요가 있다", Simancas E° 488.

7. 특히 H. Wätjen, *op. cit.*, pp. 67-69를 참조.

8. 뒤 부르의 메모, 에스파냐어 번역, 1576년, A.N., K 1542.

9. 투르크 황제 셀림 2세가 "그가 기독교 군대의 사령관이었을 때 그에게 선물을 보내면서" 후안 데 아우스트리아에게 보내는 편지. B.N., Paris, Fr. 16141, f° 440 à 446.

10. *Lo que refiere Juan Curenzi*……, 1573년 6월 30일, Simancas E° 1063, f° 35.

11. 닥스 주교가 국왕에게 보낸 편지, 콘스탄티노플, 1573년 7월 16일, E. Charrière, *op. cit.*, III, p. 405.

12. 상동, 콘스탄티노플, 1573년 7월 26일, *ibid.*, p. 413-416.

13. 국왕에게 온 편지, 베네치아, 1574년 2월 26일, *ibid.*, p. 470, note.

14. 앞의 주 11 참조.

15. 닥스 주교가 카트린 드 메디시스에게 보낸 편지, 콘스탄티노플, 1574년 2월 17일, E. Charrière, *op. cit.*, III, p. 470 et *sq.*

16. Pietro Egidi, *Emanuele Filiberto*, op. cit., II, pp. 128 et *sq.*

17. 닥스 주교가 국왕에게 보낸 편지, 1574년 9월 18일. E. Charrière, *op. cit.*, HI, p. 572.

18. *Ibid.*, p. 572.

19. 국왕에게 온 편지, *ibid.*, pp. 424-427, 콘스탄티노플, 1573년 9월 4일.

20. 상동, *ibid.*, pp. 470-475, 1574년 3월 24일.

21. 세베니코 요새의 대사건, *ibid.*, 1574년 2월 17일, pp. 462-470.

22. 앞의 주 20 참조.

23. E. Charrière, *op. cit.*, III, p. 467.

24. 1574년 2월 17일, *ibid.*, III, pp. 462-470.

25. *Relacion que hizo Livio Ceino*……, 1574년, Simancas E° 1333.

26. 그랑벨이 국왕에게 보낸 편지, 나폴리, 1575년 2월 6일, Simancas E. 1066. 추기경의 편지는 비관적이었다. 새로운 군주가 즉위했기 때문에 새로운 정보원을 매수해야 할 것이다. 그 때문에 다시 돈을 써야 하고, 휴전에 대해서 새로 확인을 받아야 하기 때문에 신성 로마 제국 황제에게도 돈이 들어갈 것이다. 새로운 술탄 무라트는 28세에, "호전적이고, 신민들의 사랑을 받는다……."

27. 콘스탄티노플, 1577년 3월 8일, A. d. S. Venise, Secreta Relazioni Collegio, 78. 앞의 자료들은 그가 가르시아 데 아쿠냐라고 부르는 마르틴의 여행에 대해서 언급하고 있다. 그는 포로들의 몸값을 지불하기 위해서 통행증을 지참하고 콘스탄티노플을 출발했다. 그러나 사실은 "5년간 예정으로 약속을 맺는 일에 성공했다." 휴전을 협상하기 위한 것이었다. 마틴의 콘스탄티노플 도착에 대한 프랑스 측의 보고는 3월 15일이라는 거짓 정보를

제공하고 있다.

28. Simancas E° 159, f° 283.

29. 몬데하르가 안토니오 페레스에게 보낸 편지, 나폴리, 1577년 4월 30일, Simancas E° 1074, f° 31.

30. 콘스탄티노플, 1577년 5월 2일, 틀림없이 구스만 데 실바에 의해서 전달됨, Simancas E° 1336.

31. 앞의 주 29 참조.

32. 마르틴 데 아쿠냐가 국왕에게 보낸 편지, 마드리드, 1577년 6월 6일, Simancas E° 159, f° 35.

33. 실바가 펠리페 2세에게 보낸 편지, 베네치아, 1577년 6월 19일, Simancas 1336.

34. 돈 마르틴 데 아쿠냐가 전하에게 보낸 편지, 마드리드, 1578년, 일자 미상. Simancas E° 159, f° 283.

35. 몬데하르가 펠리페 2세에게 보낸 편지, 나폴리, 1577년 8월 13일, Simancas E° 1073, f° 136.

36. Fernand Braudel, "La mort de Martín de Acuña", in: *Mélanges en l'honneur de Marcel Bataillon*, 1962. Cf. F. Ruano Prieto, "D. Martin de Acuña", in: *Revista contemporánea*, 1899.

37. 조반니 마를리아니가 안토니오 페레스에게 보낸 편지, 콘스탄티노플, 1578년 4월 30일, Simancas E° 489.

38. Gerlach, *Tagebuch*, p. 539 ; E. Charrière, *op. cit.*, III, p. 705 참조.

39. 이하의 내용은 마를리아니의 비망록에 의거함. 1578년 2월, Simancas E° 488.

40. E. Charrière, *op. cit.*, III, p. 705.

41. 앙리 3세에게 온 편지, 콘스탄티노플, 1578년 1월 22일, E. Charrière, *op. cit.*, III, p. 710.

42. *Op. cit.*, p. 160 ; J. W. Zinkeisen, *op. cit.*, III, p. 499.

43. *Lo que se tratto y concerto entre el Baxa y Juan Margliano*, 1578년 2월 7일, Simancas E° 489. 이 자료의 필사본은 아마도 1579년에 작성되었을 것이다. *Capitoli che si sono trattati fra l'illmo S^re Meemet pascià (di) buona memoria……*, Simancas E° 490.

44. *Lo que ha de ser resuelto sobre lo de la tregua* (1578), Simancas E° 489 ; 경제협약 체결 실패에 대해서는 (안토니오 페레스에게 보낸) 마를리아니의 편지 참조, 1578년 2월 11일, Simancas E° 489.

45. Simancas E° 489. 강블루의 승리는 1578년 1월 13일의 일이다.

46. *Relacion de lo que`ha passado en el neg° de la tregua y suspension de armas con el Turco y lo que para la conclusion della llevo en com^on don Juan de Rocafull y el estado en que al presente esta* (1578), Sim. E° 459, f° 28 (또는 f° 281). 날짜 미상의 이 자료들은 우송 지연의 문제를 고려할 때, 1578년 6월 초부터 9월 12일 사이에 작성된 것으로 보아야 한다. 예를 들면, 마를리아니가 콘스탄티노플에서 안토니오 페레스에게 보낸 1578년 12월 9일자 편지는 3개월 22일이 지난 1579년 3월 31일에야 도착했다.

47. 두 번째 훈령의 날짜는 1578년 9월 12일이다. 아래 각주 49 참조 바람. 돈 후안 로카풀은 발렌사의 후안 드 로구아이다. 이에 대해서는 게를라흐가 언급했다. J. W. Zinkeisen, *op. cit.*, III, p. 500.

48. 돈 후안 데 카르도나가 펠리페 2세에게 보낸 편지, 바르셀로나, 1576년 11월 1일, Simancas E° 335, f° 58 "……또한 육로에 의한 우편으로 돈 후안 데 로카풀에게 9척의 갤리선의 의장(艤裝)을 하도록 명령했다."

49. 돈 후안 데 로카풀에게 보낸 훈령, 마드리드, 1578년 9월 12일, Simancs E° 489.

50. J. W. Zinkeisen, *op. cit.*, III, p. 500.

51. B. Charrière, *op. cit.*, III p. 777.

52. 후안 데 이디아케스가 펠리페 2세에게 보낸 편지, 베네치아, 1579년 2월 5일, A.N., K 1672, G 1, n° 22.

53. 후안 데 이디아케스가 펠리페 2세에게 보낸 편지, 베네치아, 1579년 3월 4일, A.N., K 1672.

54. E. Charrière, *op. cit.*, III, p. 852 note. 그러나 1580년 1월 9일의 보고는 과거만큼이나 미래에도 적용된다. 위의 각주 43에 언급된 1578년의 문건이 의미하는 바는 무엇인가?

55. 에케바리가 마를리아니에게 보낸 편지, 가사구아, 1579년 9월 2일, A.N., K 1672, G 1, n° 117. 상동, 카라반사라 (sic), 1579년 9월 2일, *ibid.*, n° 118, 브루티 "벨라코"에 대해서 불평함.

56. 마를리아니가 안토니오 페레스에게 보낸 편지, 페라, 1579년 9월 2일, Simancas E° 490.

57. 제르미니가 국왕에게 보낸 편지, 페라의 포도원, 1579년 9월 16일, *Recueil*, p. 8 et *sq.*

58. 어느 것도 1580년 4월 초까지는 콘스탄티노플에 알려지지 않을 것이다. A.N., K 1672, G 1, n° 166.

59. 콘스탄티노플, 1579년 7월 4일, 이탈리아어의 사본, A.N., K 1672, G i, n° 81 *a*.

60. E. Charrière, *op. cit.*, III, pp. 782 et *sq.*, note. 뒤 부르 "장군"의 쾌거에 대해서는 이 책의 제II부 제1장 41-43쪽을 보라.

61. *Ibid.*, p.885 et *sq.*

62. 카스티야 대기사단 단장이 펠리페 2세에게 보낸 편지, 1580년 6월 9일, Simancas E° 491.

63. 마를리아니가 후안 데 수니가에게 보낸 편지, 1580년 2월 3일, Simancas E° 491.

64. 마를리아니가 나폴리 부왕에게 보낸 편지, 1580년 10월 15일, Simancas E° 1338.

65. 상동, 1580년 2월 2일, 대법원부의 요약본, Simancas E° 491.

66. E. Charrière, *op. cit.*, III, pp. 872 et 876, note.

67. 콘스탄티노플, 1580년 2월 26일, Simancas E° 1337.

68. 마를리아니가 몰타 기사단장에게 보낸 편지, 페라의 포도원, 1580년 2월 27일, Simancas E° 491, 사본.

69. 상동, 1580년 3월 7일, Simancas E° 491.

70. 상동, 1580년 10월 29일, Simancas E° 1338 ; 제르미니가 국왕에게 보낸 편지, 1580년 3월 24일, E. Charrière, *op. cit.*, III, p. 885.

71. 상동, 1580년 3월 12일, 사본, Simancas E° 491.

72. 앞의 각주를 보라.

73. 상동, 1580년 3월 18일, Simancas E° 491.

74. Ch. 데 살라사르가 펠리페 2세에게 보낸 편지, 베네치아, 1580년 3월 18일, Simancas E° 1337.

75. 마를리아니가 몰타 기사단장에게 보낸 1580년 3월 23일과 25일자의 편지들(Simancas E° 491)은 정확한 서명 날짜를 명기하지 않았다. 그러나 제르미니는 1580년 3월 24일이라고 확신한다. E. Charrière, *op. cit.*, III, pp. 884-889.

76. 1580년 3월 2일, A. Vaticanes Spagna n° 27, f° 88.

77. 국왕에게 온 편지, 1580년 5월 17일, E. Charrière. *op. cit.*, III, pp. 910-911.

78. M. Philippson, *Ein Ministerium unter Philipp II*, p. 404 ; L. von Pastor, *Geschichte der Päste*, t. IX, 1923, p. 273 ; H. Kretschmayr, *op. cit.*, III, p. 74.

79. J. W. Zinkeisen, *op. cit.*, III, p. 107.

80. 1580년 4월 9, 14일, A.N., K 1672, G 1, n° 166.

81. *Ibid.*

82. *Ibid.*

83. (1580년 4월), Simancas E° 491.

84. 마를리아니가 나폴리 부왕에게 보낸 편지, 페라, 1580년 10월 29일, Simancas E° 1338.

85. 상동, 페라, 1580년 12월 10일, Simancas E° 1338.

86. 상동, 페라, 1580년 12월 20, 21, 26(29 내지 30)일, 대법원의 요약본, Simancas E° 491.

87. 이 모든 자세한 내용은 마를리아니가 몰타 기사단장에게 보낸 편지(1580년 12월 말)에 의거함. A.N., K 1672, G 1, n° 169.

88. 바르톨로메 푸스테를라가 후안 데 수니가에게 보낸 편지, 레반트로부터의 보고, 1581년 2월 4일. in: *Cartas y avisos*……, pp. 53-54. 제르미니가 국왕에게 보낸 편지, 1581년 2월 4일, *Recueil*……, p. 31 ; E. Charrière, *op. cit.*, IV, pp. 26-28 note. 앞의 자료들은 마를리아니가 파샤들에게 지급한 "아라곤의 각인이 새겨진 새로운 에퀴"에 대해서 언급하고 있다. 레반트로부터의 보고서, 1581년 2월 4일, Simancas E° 1339.

89. 마를리아니가 후안 데 수니가에게 보낸 편지, 1581년 2월 4, 5일, *Cartas y avisos*……, *op. cit.*, p. 55 ; 1581년 2월 5일, Sim. E° 1339. 나는 사료에서 익명의 Cartas 편집자가 읽었던 것처럼 Scianus가 아니라 Sciaous라고 읽었다.

90. 위의 각주 88번을 보라.

91. 후안 데 수니가가 펠리페 2세에게 보낸 1581년 3월 3일자 편지는 3월 23일 토바에서 수신되었다. Simancas E° 1084.

92. 후안 데 수니가가 알카니사스 후작에게 보낸 편지, 1581년 3월 4일, Simancas E° 1084.

93. E. Albèri, *op. cit.*, I, V, p. 328.

94. 에스파냐의 교황 대사에게 온 편지, 로마, 1580년 7월 11일, A. Vat., Spagna 27, f° 123. "……휴전조약의 사실을 언급하지 않고 두는 것은 바른 결단이었다. 왜냐하면 이 시대에 전투를 벌이는 것은 어떤 성과를 얻을 가망도 없이 전하에게 수고를 끼치는 일에 지나지 않기 때문이다."

95. *Op. cit.*, p. 181.

96. 함머의 언급(J. von Hammer, *op. cit.*, IV, pp. 194-195)을 토대로 가정해본다면, 1584년에 마를리아니 자신이 협상했을 것이다. 휴전은 1587년에 2년 연장되었지만, 그는 근거 자료를 제시하지 않았다.

97. M. 드 브레브가 1624년에 생각했던 것처럼, E. Charrière. *op. cit.*, IV, p. 28, note.

98. 나는 특히 프란츠 바빈거의 "Suleiman der Mächtige" in: *Meister der Politik*, 2 vol., Stuttgart et Berlin, 1923을 생각하고 있다.

99. J. von Hammer, *op. cit.*, VII, p. 70. 이 모든 문제에 대해서는 간략하지만 결정적으로 중요한 알렌의 책을 보라 W. E. D. Allen, déjà cité. I, p. 105, n. 2.

100. J. von Hammer, *op. cit.*, p. 77.

101. B.N., Paris, Ital., 1220.

102. *Ibid.*, f° 317 v° (vers 1572).

103. J. von Hammer, *op. cit.*, VII, p. 75.

104. *Ibid.*, p. 80 ; *Voyage dans le Levant de M. d'Aramon, op. cit.*, I, 108.

105. 그랑트리 드 그랑샹이 M. 드 푸아에게 보낸 편지, 콘스탄티노플, 1569년 8월 30일, E. Charrière, *op. cit.*, III, pp. 62-66.

106. J. von Hammer, *op. cit.*, VII, p. 81. 페르시아와의 전쟁에 대해서 함머의 저작은 미나도이와 비첸조 델리 알레산드리의 값진 사료들, 동방의 사료들, 그리고 역사가 알리와 페르체위의 자료들을 이용했다. 다시 한번 이 오래된 책이 그 뒤에 나온 친카이젠과 이요르가의 책들보다 뛰어나다고 말하기에 좋은 기회이다.

107. 페라, 1578년 12월 9일(마를리아니는 페레스에서 1579년 3월 31일에 받았다), Simancas E° 489.

108. 에밀-펠릭스 고티에가 이 문제에 대해서 뭐라고 말했는가?

109. 베네치아, 1579년 1월 7일, A.N., K 1672, G 1.

110. 콘스탄티노플, 1579년 2월 4일, A.N., K 1672, G 1.

111. 콘스탄티노플, 1579년 3월 24일, *ibid.*

112. 후안 데 이디아케스가 펠리페 2세에게 보낸 편지, 베네치아, 1579년 3월 21일, *ibid.*, n° 35.

113. X. 데 살라사르가 펠리페 2세에게 보낸 편지, 베네치아, 1579년 7월 8일, *ibid.*, n° 84.

114. 마를리아니(정확한 출전 제시를 분실).

115. 후안 데 이디아케스가 펠리페 2세에게 보낸 편지, 베네치아, 1579년 4월 29일, A.N., K 1672, n° 56, 사본.

116. 제르미니가 국왕에게 보낸 편지, 페라, 1579년 9월 16일, *Recueil*, p. 10 ; *Relacion de lo que ha succedido al capitan de la mar Aluchali desde los 17 de Mayo que partio de aqui de Constantinopla asta los 6 de agosto sacada de las cartas que se han de Juan de Briones y Aydar Ingles*, A.N., K 1672, G 1, n° 115. (Même relation, Simancas E° 490). *Relacion de lo que ha sucedido de los 9 de agosto hasta los 28*, A.N., K 1672, G. 1, n° 116. 울루지 알리는 13척의 갤리 선과 함께 콘스탄티노플에 9월 10일 입항했다(이 각주

앞부분에 인용된 제르미니의 언급을 참조).

117. 콘스탄티노플, 1579년 4월 29일, A.N., K 1672, n° 56, 사본.

118. 마를리아니가 안토니오 페레스에게 보낸 편지, 페라, 1579년 3월 2일, Simancas E° 490.

119. 상동, 1579년 9월 5일 ; *ibid.*

120. J. 데 코르노사가 전하에게 보낸 편지, 베네치아, 1579년 10월 17일, A.N., K 1672, G 1, n° 142 *a.*

121. 살라사르가 펠리페 2세에게 보낸 편지, 베네치아, 1579년 9월 7일, *ibid.*

122. *Ibid.*

123. 제르미니가 국왕에게 보낸 편지, 페라, 1579년 9월 16일, *Recueil……*, p. 10.

124. 앞의 각주 121번 참조.

125. 제르미니가 몰타 기사단장에게 보낸 편지, 페라, 1579년 10월 8일, *Recueil……*, pp. 17-18. 단지 에르주룸까지, J. von Hammer, *op. cit.*, VII, p. 96.

126. J. von Hammer, *op. cit.*, VII, p. 97.

127. *Ibid.*, p. 98.

128. 그는 1580년 4월 27일에 사망했다. E. Charrière. *op. cit.*, III. p. 901.

129. 마를리아니가 후안 데 수니가에게 보낸 3통의 편지, 1580년 4월 27, 30일, Simancas E° 491. 대법원의 요약본.

130. J. von Hammer. *op. cit.*, VII, p. 104.

131. *Ibid.*

132. *Ibid.*, p. 112.

133. R. Hakluyt, *op. cit.*, II, p. 171.

134. J. von Hammer, *op. cit.*, VII, p. 113, note 1.

135. *Ibid.*, p. 223. 따라서 투르크는 승리로 간주했다. G. Botero, *op. cit.*, p. 188 v°, 보테로에 따르면, 그 이유는 다음과 같다. "투르크가 패해서 다시 물러났을지라도, 매우 넓은 지역에서 차지하고 있는 거점들을 차츰 강화함으로써, 그리고 결국 타브리즈 시를 점령함으로써 투르크는 크고 강력한 요새도시를 확보했기 때문이다. 이와 같이 페르시아는 요새들을 가지지 못했기 때문에 전쟁에서 패했고 도시들도 잃었다."

136. Karl Brockelmann, *Geschichte der islamisch. Völker und Staaten*, 1939, p. 282 ; 이 인물과 그의 특이함에 대해서는 다음을 보라. Erich Bräunlich, *Zwei türkische Weltkarten……*, Leipzig, 1937.

137. 안타깝게도 표현은 너무 간략하다. 그러나 여기에서 어떻게 모든 세목들을 살펴볼 수 있겠는가? 16세기 인도양에 대한 전체적인 작업을 준비한 비토리노 마갈랴네스 고디뇨는 나에게 포르투갈 함대가 여러 가지 과업을 수행하기 위해서 대서양식 범선, 원주민 선박들, 그리고 갤리 선들로 구성된 복합적인 함대였다는 것을 알려준다.

138. M. A. Hedwig Fitzler, "Der Anteil der Deutschen an der Kolonialpolitik Phillips II in Asien", in: *Vierteljahrschrift für Sozial-und Wirtschaftsgeschichte*, 1936, pp. 254-256.

139. 리스본, 1588년 2월 22일, *Arch. port. or.*, III, n° 11, M. A. H. Fitzler, *art. cit.*, p. 254에서 인용.

140. W. E. D. Allen, *op. cit.*, pp. 32-33도 참조. 앞의 자료는 이 책의 초판에서 내가 범한 오류를 바로잡아준다.

141. 1588년 3월 14일, *ibid.*, nº 43, M. A. H. Fitzler, *art. cit.*, p. 256에서 인용.

142. M. A. H. Fitzler. *art. cit.*, p. 256.

143. Pierre Chaunu, *art. cit.*, in: *Revue du Nord*, 1960, p. 288 et *Conjoncture*, p. 629 et *sq.*

144. M. Philippson, *op. cit.*, p. 62 ; *Correspondance de Granvelle*, VII, p. 353.

145. 그랑벨이 마르가리타 디 파르마에게 보낸 편지, 1579년 8월 12일, Philippson, *op. cit.*, p. 71.

146. Louis Bertrand, *Philippe II. Une ténébreuse affaire*, Paris, 1929. 루이 베르트랑의 조급하고 불공평한 저서도 전혀 설명해주지 못한다. 헤이그 필사본의 신빙성이 큰 문제이다. D G. Marañon, *Antonio Pérez*, 2 vol., Madrid, 2ᵉ édit., 1948. 마라뇽의 이 훌륭한 책도 이 문제들을 완전히 밝히지 않은 채 되풀이하고 있다.

147. M. Philippson, *op. cit.*, p. 104 et p. 224.

148. Général Dastagne, "La bataille d'Al Kasar-El-Kebir", in: *Revue Africaine*, t. 62, p. 130 et *sq.*, et surtout le récit de Queiroz Velloso, *D. Sebastião*, 2ᵉ éd., Lisbonne, 1935, chap. IX, p. 337 et *sq.* 같은 저자에 의해서 l'*Historia de Portugal*의 제5권에 다시 언급됨.

149. Ch. A. Julien, *H. de l'Afrique du Nord*, p. 146.

150. 메르쿠리아노가 펠리페 2세에게 보낸 편지, 1579년 1월 11일, Simancas Eº 934 ; 상동, 로마, 1579년 4월 28일, *ibid.* ; M. Philippson, *op. cit.*, p. 92, note 2 et p. 93, note 1.

151. 토스카나 대공이 펠리페 2세에게 보낸 편지, 피렌체, 1579년 6월 17일, Simancas Eº 1451. 또한 R. Galluzzi, *Istoria del Gran Ducato di Toscana*, III, p. 345 et 356 참조.

152. 1550년의 위기 이후, 즉 아메리카 은의 승리 이후 포르투갈은 에스파냐에 협조해야 했다. 에스파냐 도시들, 특히 세비야로 포르투갈 사람들이 대대적으로 이주했다.

153. R. B. Merriman, *op. cit.*, IV, p. 348, 메리만은 푸거의 편지들을 근거로 명쾌하게 설명한다. *The Fugger News-Letters*, p.p. V. von Klarwill, 1926, t. II, p. 38.

154. 이 문제에 대해서는 후안 베니토 페레스의 설명을 보라. Juan Beneyto Pérez, *Los medios de cultura y la centralización bajo Felipe II*, Madrid, 1927, p. 121 et *sq.*

155. 이는 자크 피렌이 잘 알고 있었던 중요한 문제이다. Jacques Pirenne, *Les grands courants de l'hist. universelle*, II, 1944-45 p. 449 et *sq.*

제6장

1. *The rise of the spanish Empire in the old and in the new World*, 4 vol.

2. 파루타(Paruta)가 도제에게 보낸 편지, 로마, 1592년 11월 7일, *La legazione di roma······*, p.p. Giuseppe de Leva, 1887, I, pp. 6-9.

3. Emilio Garcia Gómez, "Españoles en el Sudán", in: *Revista de Occidente*, oct. déc. 1935, p. 111.

4. Muerte del Rey de Francia por un frayle dominico, Simancas Eº 596 ; E. Lavisse, *op. cit.*, VI, I, p. 298 et *sq.*

5. A. 쿠치노(Cucino)가 파루타에게 보낸 편지, 베네치아, 1589년(9월-10월), A.d.S. Venise, Let. Com. XII *ter*.

6. H. Kretschmayr. *op. cit.*, III, pp. 42-43, 크레츠마이어는 8월과 11월을 언급한다. 그러나 대사 영접은 1590년 1월에 있었던 것으로 보인다. A.N., K 1674.

7. L. von Pastor, *op. cit.*, X (독일어판), p. 248.

8. I. 데 멘도사가 펠리페 2세에게 보낸 편지, 베네치아, 1598년 12월 19일, A.N., K 1675.

9. G. Mecatti, *op. cit.*, II, p. 814.

10. 그리고 이들 독일 용병들은 "……늘 그렇듯이" 도중에 행실이 나빴다. 제노바 공화국이 H. 피카밀리오에게 보낸 편지, 제노바, 1590년 7월 17일, A.d.S. Gênes, L. M. Spagna 10. 249.

11. Simancas E° 487.

12. R. Hakluyt, *op. cit.*, II, pp. 285-289, 판텔레리아 해안에서 마주쳤다.

13. 그러나 대개 보고된 사건들은 훨씬 덜 중요했다. Voyez dans J. von Hammer, *op. cit.*, VII, pp. 192-194 et 194, note 1, dans L. C. Féraud, *op. cit.*, p. 86을 보라. 전자에 따르면, 라마단(Ramadan)의 부인이지만, 후자에 따르면 그의 누이인 그녀는 1584년 남편 아니면 오빠인 트리폴리 파샤가 암살당한 뒤에 트리폴리를 떠났다. 그녀는 80만 두카트, 400명의 기독교도 노예, 그리고 40명의 처녀들을 그녀의 배에 태웠다. 그녀는 콘스탄티노플로 가는 동안 잔티에서는 대접을 잘 받았지만, 케팔로니아를 지나자마자 베네치아 함대 사령관 에모의 공격을 받았다. 갤리 선은 나포되었고, 이슬람 교도들은 살해되었다. 술탄의 개입으로 사건은 잘 해결되었지만, 나중에 에모는 참수되고 그의 전리품은 반환되거나 보상하게 될 것이었다. 이 사건이 1585년 10월에 일어났다고 본 하클뤼트(R. Hakluyt, *op. cit.* [II, p. 190])에 따르면, 이때 150명의 포로가 석방되었다. 이 갤리 선에는 라마단의 아들이 제르바에서 강제로 할례를 하게 한 2명의 잉글랜드인이 있었다.

14. Charles-André Julien, *Histoire de l'Afrique du Nord, op. cit.*, p. 538.

15. L. C. Féraud, *op. cit.*, p. 83.

16. Ch.-André Julien, *op. cit.*, p. 537.

17. 후안 데 코르노사가 펠리페 2세에게 보낸 편지, 베네치아, 1589년 2월 4일, A.N., K 1674.

18. 미란다가 펠리페 2세에게 보낸 편지, 나폴리, 1589년 2월 18일, Simancas E° 1090, f° 21.

19. 후안 데 코르노사가 펠리페 2세에게 보낸 편지, 베네치아, 1589년 5월 9일, A.N., K 1674.

20. 미란다가 펠리페 2세에게 보낸 편지, 나폴리, 1589년 4월 12일, Simancas E° 1090, f° 35.

21. 상동, *ibid.*. f° 53. 카스티야의 지사가 펠리페 2세에게 보낸 편지, 지브롤터, 1589년 5월 13일, Simancas E° 166, f° 72.

22. 후안 데 코르노사가 펠리페 2세에게 보낸 편지, 1589년 5월 9일, A.N., K 1674. 갤리 선 30척이 출발했다. 콘스탄티노플, 1589년 6월 22일, A.N., K 1674. ; 미란다가 펠리페 2세에게 보낸 편지, 1589년 7월 8일, Simancas E° 1090, f° 83 ; 프랑코 데 베라가 펠리페 2세에게 보낸 편지, 베네치아, 1589년 7월 8일, A.N., K 1674.

23. 미란다, 위의 각주를 보라.

24. 미란다가 펠리페 2세에게 보낸 편지, 나폴리, 1589년 7월 14일, Simancas E° 1090, f° 89.

25. 레반트로부터의 보고, 1589년 7월 27일과 8월 1일, A.N., K 1674.

26. 프랑코 데 베라가 펠리페 2세에게 보낸 편지, 1589년 8월 5일, A.N., K 1674, 같은 정보; 미란다가 펠리페 2세에게 보낸 편지, 나폴리, 1589년 8월 12일, Simancas E° 1090, f° 105.

27. 시칠리아 섬 부왕의 편지(펠리페 2세에게?), 팔레르모, 1589년 8월 17일, Simancas E° 1156.

28. 앞의 주 26 참조.

29. 그 때문에 알바 백작이 취한 방어조치들은 불필요했다. 알바가 펠리페 2세에게 보낸 편지, 팔레르모, 1589년 5월 22일, Simancas E° 1156.

30. 후안 데 코르노사가 펠리페 2세에게 보낸 편지, 베네치아, 1589년 5월 13일, A.N., K 1674.

31. 상동, 베네치아, 1589년 6월 10일, ibid.

32. 미란다가 펠리페 2세에게 보낸 편지, 나폴리, 1589년 9월 8일, Simancas E° 1090, f° 124.

33. Relacion del viaje que hizieron las galeras de la religion de Sant Juan que estan al cargo del commendador Segreville en ausencia del General de la Religion, 1589, Simancas E° 1156.

34. 미란다가 펠리페 2세에게 보낸 편지, 나폴리, 1589년 9월 18일, Simancas E° 1090.

35. 콘스탄티노플, 1589년 12월 8일, A.N., K 1674 ; 프랑코 데 베라가 펠리페 2세에게 보낸 편지, 베네치아, 1589년 12월 2일, A.N., K 1674 ; 상동, 1589년 12월 22일, ibid.

36. 팔레르모, 1589년 11월 25일, E° 1156.

37. Alphonse Rousseau, Annales Tunisiennes, op. cit., p. 33.

38. 콘스탄티노플, 1590년 3월 2일, Simancas E° 1092, f° 18.

39. 콘스탄티노플, 1590년 3월 16일, A.N., K 1674.

40. 프랑코 데 베라가 펠리페 2세에게 보낸 편지, 베네치아, 1590년 3월 31일, A.N., K 1674.

41. 알바 백작이 펠리페 2세에게 보낸 편지, 팔레르모, 1590년 4월 7일, Simancas E° 1157.

42. 프랑코 데 베라가 펠리페 2세에게 보낸 편지, 베네치아, 1590년 4월 14일, A.N., K 1674.

43. 미란다가 펠리페 2세에게 보낸 편지, 나폴리, 1590년 8월 14일, Simancas E° 1090, f° 15.

44. 롱글레가 국왕에게 보낸 편지, 마드리드, 1590년 8월 15일, p.p. A. Mousset. op. cit., p. 401.

45. 콘스탄티노플, 1590년 4월 27일, A.N., K 1674.

46. 1590년 4월 25일, Relacion q yo Juan Sarmiento hago para informacion de V. Exª del viaje que hize para la isla de Tabarca en Berveria de orden de V. Exª, Simancas E° 1157.

47. Ibid.

48. 국왕에게 온 편지, Simancas E° 1157.

49. 콘스탄티노플, 1590년 5월 25일, A.N., K 1674 ; 알바가 펠리페 2세에게 보낸 편지, 팔레

르모, 1590년 6월 2일, Simancas E° 1157.

50. 알바가 펠리페 2세에게 보낸 편지, 팔레르모, 1590년 5월 5일, Simancas E° 1157.

51. Simancas E° 1092, f° 32.

52. A.N., K 1674.

53. 알바가 펠리페 2세에게 보낸 편지, 팔레르모, 1590년 6월 2일, Simancas E° 1157.

54. 콘스탄티노플, 1590년 8월 8일, A,N., K 1674.

55. F. Braudel, in: *Rev. Afric.*, 1928.

56. 잔 안드레아 도리아가 펠리페 2세에게 보낸 편지, 1594년 6월 6일, Simancas E° 492.

57. 이 쿠코 왕에 대해서 위의 각주와 다음의 분석을 보라. F. Braudel, "Les Espagnols en Algérie", in: *Histoire et Historiens de l'Alérie*, 1930, p. 246. 파괴해야 할 아프리카의 요새들에 관한 유사한 사건은 다음을 보라. 마케다 공작이 펠리페 2세에게 보낸 편지, 메시나, 1589년 8월 12일, Simancas E° 1158.

58. J. von Hammer, *op. cit.*, VII, p. 264.

59. J. W. Zinkeisen, *op. cit.*, III, p. 802.

60. *Ibid.*, p. 803.

61. 프랑코 데 베라가 펠리페 2세에게 보낸 편지, 베네치아, 1590년 4월 14일, A.N., K 1674 "……그들은 탈레르 은화를 10아스프르씩 정하했습니다."

62. D. 이니고 데 멘도사가 펠리페 2세에게 보낸 편지, 베네치아, 1590년 9월 9일, 자필, A.N., K 1677.

63. 이 문제에 관한 가장 최근의 논의는 다음과 같다. Vuk Vinaver "Der venezianische Goldzechin in der Republik Ragusa", in: *Bollettino dell'Istituto di Storia della Società e dello Stato veneziano*, 1962.

64. 1590년 6월 12일, R. Hakluyt, *op. cit.*, II, pp. 294-295. 협정은 1591년에 체결될 것이다. J. W. Zinkeisen, *op. cit.*, III, p. 657.

65. J. W. Zinkeisen, *op. cit.*, III, p. 582.

66. *Ibid.*

67. 프랑코 데 베라가 펠리페 2세에게 보낸 편지, 베네치아, 1590년 3월 3일, A.N., K 1674; J. W. Zinkeisen, *op. cit.*, III, p. 623.

68. 상동, 베네치아, 1589년 9월 3일, A.N., K 1674.

69. 콘스탄티노플, 1591년 1월 5일, A.N., K 1674.

70. J. W. Zinkeisen, *op. cit.*, III, p. 581.

71. *Ibid.*, p. 585.

72. J. von Hammer, *op. cit.*, VII, p. 297.

73. A.N., K 1677.

74. 콘스탄티노플, 1601년 4월 18일, A.N., K 1677.

75. 콘스탄티노플, 1601년 5월 4일, *ibid.* 1601년의 사건들, 그 원인과 전제들에 대해서는 다음을 보라. 콘스탄티노플, 1601년 3월 27일, A.N., K 1630 ; 이니고 데 멘도사가 펠리페 3세에게 보낸 편지, 베네치아, 1600년 5월 13일, 자필, K 1677 ; 리모스가 펠리페 3세에게

보낸 편지, 나폴리, 1601년 5월 8일, K 1630 ; 프랑코 데 베라가 펠리페 3세에게 보낸 편지, 베네치아, 1601년 5월 5일, K 1677 및 콘스탄티노플, 1598년 11월 29일, K 1676.

76. J. von Hammer, *op. cit.*, t. VII, et J. W. Zinkeisen, *op. cit.*, t. III. 몇몇 중요한 날짜들: 1594년, 신성 로마 제국 군대의 노비그라드 함락. 1595년, 투르크 군의 자바리노 함락과 기독교 세계의 동요. G. Mecatti, *op. cit.*, II, p. 799 ; 1598년, 자바리노 탈환, Simancas E° 615. 1598년 5월 16일, 이니고 데 멘도사가 전하에게 보낸 편지, 베네치아, A. N., K 1676, 자바리노 함락 소식에 술탄이 격노함. 1598년 4월 11일, 이니고 데 멘도사가 전하에게 보낸 편지, 자바리노 함락 소식이 4월 6일 베네치아에 당도함, A. N., K 1676. 1598년 12월 5일, 이니고 데 멘도사가 국왕에게 보낸 편지, 베네치아, 신성 로마 제국군이 부다 포위를 풀었다는 소식에 베네치아인들이 안도함. 11월 28일, 이니고 데 멘도사가 전하에게 보낸 편지, 투르크 군은 바다리노의 포위를 풀었고, 신성 로마 제국 군대는 부다의 포위를 품. A. N., K 1676 ; 10월 20일, 부다가 함락되었다는 헛소문이 퍼짐. 이니고 데 멘도사, A. N., K 1676 ; 1600년 11월 4일, 프랑코 데 베라가 전하에게 보낸 편지, 베네치아, A. N., K 1677, 10월 22일 투르크 군이 카니시아를 점령함. 1601년 8월 11일, 빈에서 들어온 소식, A. N., K 1677, 고로슬로 인근에서 제국군이 트란실바니아 군을 격퇴함. 1601년 10월 21일, 일명 '문필가'의 패배를 경축하기 위한 축제 거행, 콘스탄티노플. 1601년 10월 21일, A. N., K 1677 ; 1601년 11월 10일, 문필가의 패배는 확실한 것으로 간주되지 않음. 프랑코 데 베라가 전하에게 보낸 편지, 베네치아, A. N., K 1677 ; 1601년 12월 1일, 카니시아에 대한 제국군의 공격 실패, 프랑코 데 베라가 전하에게 보낸 편지, 베네치아, A. N., K 1677.

77. 콘스탄티노플, 1601년 5월 4일, A.N., K 1677. 단지 4척의 갤리 선뿐이었고, 이것이 사실이다.

78. G. Mecatti, *op. cit.,* II. p. 789. p. 809.

79. *Ibid.*, p. 790. 보르게제 추기경의 에스파냐 파견 임무에 대해서는 클레멘스 8세의 1593년 10월 6일자 훈령을 보라. A. Morel Fatio, *L'Espagne au XVIe et au XVIIe siècle*, p. 194 et *sq.*

80. *Consejo sobre cartas de Fco de Vera*, mai 1594, Simancas E° 1345. 에스파냐도 베네치아가 앙리 4세에게 우호적인 정책을 취한다고 비난했다.

81. J. W. Zinkeisen, *op. cit.*, III, p. 587.

82. G. Mecatti, *op. cit.*, II, p. 800 (1595), N. Iorga, *op. cit.*, III, p. 211.

83. N. Iorga, *Storia dei Romeni*, p. 213.

84. G. Mecatti, *op. cit.*, p. 801.

85. 프랑코 데 베라가 펠리페 3세에게 보낸 편지, 베네치아, 1601년 5월 5일, A.N., K 1677.

86. 콘스탄티노플, 1601년 3월 17일, A.N., K 1677.

87. 예를 들면, 1600년 초 테메스발[티미쇼아라] 근처에서, 이니고 데 멘도사가 펠리페 3세에게 보낸 편지, 베네치아, 1600년 2월 26일, A.N., K 1677, 그리고 겨우내 트란실바니아의 지원을 받았던 1598년도 마찬가지였다(1598년 1월 3일). A.N., K 1676.

88. 빈, 1598년 3월 28일, A.N., K 1676.

89. P. Paruta, *op. cit.*, p. 15 et 16.

90. 이니고 데 멘도사가 펠리페 3세에게 보낸 편지, 베네치아, 1598년 12월 19일, A.N., K 1676.

91. 상동, 1598년 7월 11일, *ibid*(고문서 보관소의 분류로는 7월 18일로 되어 있으나, 11일의 오기이다).

92. 후안 데 세니 데 메노르카가 펠리페 2세에게 보낸 편지, 콘스탄티노플, 1597년 11월 3일, A. N., K 1676. 투르크 병사들은 탈영해서 기독교도 마을로 피신했다.

93. J. W. Zinkeisen, *op. cit.*, III, p. 609. 평화조약에 대한 소문—세사 공작이 펠리페 3세에게 보낸 편지, 로마, 1601년 7월 4일, A. N., K 1630 ; 이니고 데 멘도사가 펠리페 3세에게 보낸 편지, 베네치아, 1600년 8월 1일, K 1677 ; 다시 멘도사가 펠리페 3세에게 보낸 편지, 베네치아, 1600년 5월 27일(황제는 자금 지원을 받지 못한다면 평화조약을 맺을 것이다), *ibid.*

94. 콘스탄티노플, 1601년 7월 17일, A. N., K 1677 ; 골라리는 앙카라에서 온 1600년 12월 10일자 편지를 언급한다. *Ibid.* 그리고 좀더 일찍 D. 이니고 데 멘도사가 국왕에게 보낸 편지, 베네치아, 1598년 8월 8일, K 1676, 그러나 그때 술탄 무스타파를 소환한 (또는 잠시 불러들인) 것이 일명 '문필가' 자신인가?

95. 앙카라, 1600년 12월 10일, 사본, A.N., K 1677.

96. 콘스탄티노플, 1601년 9월 8-9일, A.N., K 1677.

97. 콘스탄티노플, 1601년 10월 21일, A.N., K 1677, 하산 파샤에게 패함. 세사 공작이 펠리페 3세에게 보낸 편지, 로마, 1601년 12월 9일, A.N., K 1630, 하산 파샤는 메흐메트 소콜루의 아들 중 한 명이다.

98. J. W. Zinkeisen, *op. cit.*, III, pp. 613-614.

99. Paul Moret, *Histoire de Toulon*, 1943, pp. 81-82.

100. Maurice Wilkinson, *The last phase of the League in Provence*, Londres, 1909, p. 1.

101. "프랑스 국왕의 죽음", Simancas E° 597.

102. Charles Dufayard, *Le Connétable de Lesdiguières*, Paris, 1892.

103. 그는 1595년 8월 15일에 사라졌다. E. Lavisse, *op. cit.*, VI, 1, p. 399.

104. 에페르농에 대해서는, Léo Mouton, *Le Duc et le Roi*, Paris, 1924를 보라.

105. 페드로 데 아크냐가 펠리페 2세에게 보낸 편지, 로사스, 1590년 9월 19일, Simancas E° 167, f° 218. 날씨가 나빠서 브리스콩 요새를 무장 해제시킬 수 없었다. 해안의 수로 안내인들의 조언에 따른 마르틴 데 구스만의 보고. 갤리 선들은 두세 달 동안 지속될 나쁜 날씨 때문에 이 임무로 복귀해서는 안 된다. "나르보나 만에 들어가도, 만 안을 돌아다니는 것만으로는 어떻게 할 수가 없다." 토리야 후작(안드레아 도리아)이 전하에게 보낸 편지, 팔라모스, 1590년 9월 28일, Simancas E° 167, f° 233에 따르면, 날씨가 나빠서 랑그도크 해안을 봉쇄하기 어렵다고 보고했다. 브리스콩 요새를 공격하기 어려운 이유에 대해서는 토리야 후작이 전하에게 보낸 편지, *ibid.*, f° 221 참조.

106. 바르셀로나의 자문관들이 펠리페 2세에게 보낸 편지, 1588년 7월 17일, Simancas E° 336, f° 157. Lista del diero y mercadurias que han tomado los de Mos. de Envila a cathalanes

cuyo valor passa de 30 U escudos(1588년), Simancas E° 336(분류번호 없음). 만리케(?)가 몽모랑시에게 보낸 편지, 1588년 4월 26일, Simancas E° 336, f° 152.

107. 에스파냐의 보고, 1590년 5월 8일, A.N., K 1708.

108. 에스파냐 군은 리보르노 성에서 무기를 실은 배 1척을 나포했다. 안드레아 도리아가 펠리페 2세에게 보낸 편지, 로사스, 1590년 8월 13일, Simancas E° 167, f° 219.

109. A.N., K 1708.

110. 1590년 5월, A.N., K 1708.

111. 주아외즈가 마르틴 데 구스만에게 보낸 편지, 나르본, 1590년 6월 12일, A.N., K 1708.

112. 주아외즈가 전하에게 보낸 편지, 1590년 6월 22일, Simancas E° 167, f° 154.

113. 주아외즈가 D. 마르틴 데 이디아케스에게 보낸 편지, 나르본, 1590년 7월 10일, A.N., K 1449, 데 이디아케스에게 보낸 것과 같은 편지.

114. 주아외즈가 펠리페 2세에게 보낸 편지, 나르본, 1590년 7월 10일, A.N., K 1449.

115. D. 페드로 데 아쿠냐가 펠리페 2세에게 보낸 편지, 로사스, 1590년 8월 13일, Simancas E° 167, f° 220.

116. 페드로 데 이순사가 국왕에게 보낸 편지, 페르피냥, 1590년 8월 13일, A.N., K 1708.

117. D. J. 데 코르도나가 펠리페 2세에게 보낸 편지, 마드리드, 1590년 8월 30일, Simancas E° 167, f° 189.

118. E. Lavisse, *op. cit.*, VI, 1, p. 353. Cf. Samazeuilh, *Catherine de Bourbon, régente de Béarn*, 1868. 안토니오 페레스와 그 동료들은 베아른에서 거병했다. "베아른에 도착한 안토니오 페레스와 그 부하 기사들은 아라곤 군을 위해서 병사를 움직인다.……", 보고, 1592년, Simancas E° 169.

119. E. Lavisse, *op. cit.*, VI, 1, p. 352.

120. 베아른에서 파견된 단다르데기가 가톨릭 왕에게 보낸 편지, 브리오네, 1592년 11월 4일, 사본, A.N., K 1588.

121. *Ibid.*

122. 디에고 데 이바라가 펠리페 2세에게 보낸 편지, 파리, 1593년 2월 15일, A.N., K 1588. 이때 신성동맹 전체가 위기에 처했다. 다음의 편지를 보라. 비랄 후작이 펠리페 2세에게 보낸 편지, 오주(?), 1593년 2월 5일, A.N., K 1588.

123. 주아외즈 공작은 1592년 1월에 죽었다. (그의 아들인지 동생인지?) 새로운 공작 앙주 (Ange)는 그의 작위를 승계하기 위해서 카푸친 수도원을 떠나 마 다질(Mas d'Azil)과 돌롱자크(d'Olonzac)에서 몽모랑시와 면담했다. 이때는 아직 1년 예정으로 조인된 휴전조약이 끝나지 않았을 때이다. 주아외즈 공작은 툴루즈로 퇴각해서 앙리 4세에 대한 투쟁을 재개했다(주아외즈가 펠리페 2세에게 보낸 편지, 툴루즈, 1593년 3월 10일, A.N., K 1588). 그는 여전히 에스파냐에 매수된 상태였다.

124. Victor L. Bourrilly et Raoul Busquet, *Histoire de Provence*, Paris, 1944, p. 92.

125. *Ibid.*

126. 1590년 5월 8일, A.N., K 1708.

127. V. L. Bourrilly et R. Busquet, *op. cit.*, p. 91, R. Busquet, *Histoire de Marseille*, Paris,

1945, p. 224 et *sq.*

128. V. L. Bourrilly et R. Busquet, *op. cit.*, pp. 92-93.

129. *Ibid.*, p. 93.

130. 돈 세사르 다바로스가 펠리페 2세에게 보낸 편지, 엑스, 1592년 3월 4일, Simancas E° 169, f° 103.

131. 돈 세사르 다바로스가 D. J. 데 이디아케스에게 보낸 편지, 앙티브, 1592년 8월 7일, Simancas E° 169, f° 45.

132. 돈 후세페 데 아쿠냐가 디에고 데 이바라에게 보낸 편지, 1592년 9월 13일, 사본, A.N., K 1588.

133. V. J. Bourrilly et R. Busquet, *op. cit.*, p. 93.

134. E. Lavisse, *op. cit.*, VI, 1, p. 384.

135. Léo Mouton, *op. cit.*, p. 40.

136. A.N., K 1596, n°ˢ 21 et 22, Léo Mouton, *op. cit.*, p. 42 et note, p. 43에서 인용. 프로방스 지방 "가톨릭 교도들"의 요구, 1594년 12월 8일, A.N., K 1596. 국왕참사회의 결정, 1595년 2월 1일, A.N., K 1596.

137. *Accordi di Mon° de Pernone con S. Mtà*, 프랑스어 사본, 생막시망, 1595년 11월 10일, A.N., K 1597, Léo Mouton, *op. cit.*, p. 44, note 2 참조. 늦어도 8월에 사부아와 협약을 체결한다(Disciffrati de Duca de Pernone, 생트로페, 1595년 12월 11일, A.N., K 1597). A. E., Esp. 237, f° 152의 날짜 미상의 문서를 참조 바람.

138. "에페르농 공작 전하의 권위를 승인하는 도시 일람", A.N., K 1596(공작이 도피네, 투렌, 앙구무아, 생통주에 보유한 "도시들"도 명시됨). 같은 문서의 에스파냐어판, *Lista de las villas de Provenza······* A.N., Esp. 237, f° 152. 에페르농 전하의 소유물에 대한 보고, A.N., K 1598(날짜 미상).

139. 퐁텐프랑세즈에서 그가 한 역할에 대해서는 다음을 참조. T. A. d'Aubigné *op. cit.*, IX, p. 55 et *sq.*

140. 1594년 9월 12일, 사본, A.N., K 1596. 앙리 4세는 리옹으로 향해서는 안 된다. Nueas generales que han venido de Paris en 26 de noviembre(1594년, A.N., K 1599).

141. E. Lavisse, *op. cit.*, VI, 1, p. 401.

142. *Ibid.*, p. 405 ; Léo Mouton, *op. cit.*, p. 47.

143. Léo Mouton, *op. cit.*, p. 47.

144. Ibid., p. 47-48.

145. Étienne Bernard, *Discours véritable de la prise et réduction de Marseille*, Paris et Marseille, 1596.

146. 한 문서(A.N., K 1708, 날짜 미상)는 오랑이나 시칠리아에서 밀을 수입해달라는 마르세유의 요구를 언급했다. 마르세유는 그 도시의 해안을 순항하는 에페르농의 갤리 선 2척이 밀을 수송하게 해달라고 간청했다.

147. R. Busquet, *op. cit.*, p. 226 et *sq.*

148. *Ibid.*, p. 231.

149. "프로방스의 뉴스", 1594년, Simancas E° 341.

150. *Ibid.*

151. 1593년 시칠리아에서 1만 살마의 밀을 들여왔다. A.N., K 1589.

152. 루이 텍스, 샤를 드 카소, 장 다시가 펠리페 2세에게 보낸 편지, 마르세유, 1595년 11월 16일, A.N., K 1597. 이 편지는 안드레아 도리아의 추천장보다 먼저 쓰인 것이다. 제노바, 1595년 11월 13일, A.N., K 1597 B 83.

153. A.N., K 1597 B 83.

154. R. Busquet, *op. cit.,* p. 240. 특히 에스파냐와의 화해는 이미 오래 전에 준비되었다. 위의 각주 151과 다음을 보라. 알베르토 추기경이 펠리페 2세에게 보낸 편지, 마르세유, 1595년 9월 7일, A.N., K 1597.

155. 날짜 미상, A.N., K 1597 B 83.

156. *Ibid.*

157. 안토니오 데 키노네스가 펠리페 2세에게 보낸 편지, 마르세유, 1596년 1월 1일, A.N., K 1597 ; 카를로스 도리아가 펠리페 2세에게 보낸 편지, 마르세유, 1596년 1월 1일, *ibid.*

158. *Puntos de lo de Marsella,* A.N., K 1597.

159. "마르세유 대표들이 후안 데 이디아케스에게 보낸 편지", 바르셀로나, 1595년 2월 12일, Simancas E° 343, f° 92(대법원의 요약본)

160. R. Busquet, *op. cit.,* p. 245.

161. *Ibid.*

162. 교역 재개에 대해서 다음을 참조 바람. E. Lavisse, *op. cit.,* VI, 1, p. 264 ; *ibid.,* p. 342 et *sq.,*

163. 날짜 미상, 1595년경, Simancas E° 343.

164. 날짜 미상, A.N., K 1597, B 83.

165. A.N., K 1596.

166. 위의 각주 163 참조 바람.

167. 1596년 7월 3일의 휴전조약 연장에 관한 문서(A.N., K 1599)에서, 양측은 점령 지역에서 세금을 징수하는 데에 동의했다. 자금은 송금되어야 하는데, 그렇지 않으면 메르퀴르가 협상할 것이다. 데 레데스마가 펠리페 2세에게 보낸 편지, 1598년 1월 20일, A.N., K 1601. 메르퀴르는 낭트에서 보낸 편지(A.N., K 1602)에서 펠리페 2세에게 앙리 4세와의 화해를 알리고 헝가리에서 써줄 것을 요청했다.

168. 펠리페 2세가 알뷔케르케 공작에게 보낸 편지, 마드리드, 1595년 7월 10일, Simancas E° 175, f° 290.

169. 푸엔테스 백작에게 보내는 의견서, 1595년 3월 12일, A.N., K 1599.

170. *Déclaration des causes qui ont meu la royne d'Angleterre à déclarer la guerre au roy d'Espagne,* Claude de Monstr'œil, 1596, A.N., K 1599.

171. 멘도 데 레데스마가 펠리페 2세에게 보낸 편지, 낭트, 1597년 6월 25일, A.N., K 1600.

172. B. Lavisse, *op. cit.,* VI, 1, p. 410.

173. 2월부터 자금이 부족했다(Relattione summaria del danaro che si presuppone manca nelleo

stato di Milano. 1597년 2월 12일, Simancas E° 1283). 부대의 이동에 대해서는 다음을 참조하라. 펠리페 2세가 카스티야의 대원수에게 보낸 편지, 마드리드, 1597년 4월 7일, Simancas E° 1284, f° 126. 상동, 1597년 5월 2일, *ibid.*, f° 125. 대원수가 펠리페 2세에게 보낸 편지, 밀라노, 1597년 5월 12일, *ibid.*, f° 86.

174. 사부아 공에 대한 지원에 대해서는 다음을 참조하라. 펠리페 2세가 카스티야 원수에게 보낸 편지, 산 로렌소, 1597년 4월 28일, Simancas E° 1284, f° 116 ; 원수가 국왕에게 보낸 편지, 밀라노, 1597년 5월 12일, f° 83 ; 상동 7월 23일, f° 55 ; 국왕이 원수에게 보낸 편지, 1597년 8월 8일, f° 122.

175. 벨라스코가 펠리페 2세에게 보낸 편지, 밀라노, 1597년 11월 16일, Simancas E° 1283, f° 2. 페라라 사건에 대해서는 다음을 참조하라. 벨라스코의 편지, 1597년 11월 4일(f° 5) 및 11월 5일(E° 1283, 분류 번호 없음), *Relacion de las prevenciones que S. S^d* …… 스위스에 대해서는 펠리페 2세의 편지, 7월 31일(E° 1284, f° 123) 및 원수의 편지, 7월 23일(E° 1283, f° 55), 10월 7일(*ibid.*, f° 4). 아미앵에 대해서는 원수의 편지, 1597년 10월 25일(E° 1285)을 참조하라. 나는 1597년에 군대, 특히 체자레 에볼리의 나폴리 보병부대가 라구사 선박으로 이탈리아에서 에스파냐로 이동해서 8월 7일 알리칸테에 도착했는지에 대해서 의문을 제기한다. D. 호르헤 피시나(?)가 펠리페 2세에게 보낸 편지, 알리칸테, 1597년 8월 8일, *ibid.* (라구사의 대형 횡범선 6척). 그리고 나서 이 선박들은 페롤[에스파냐 북서부]로 갔다(도리아 대공이 펠리페 2세에게 보낸 편지, 카디스, 1597년 8월 21일, Simancas E° 179). 호송단의 도착(산초 데 레이바의 부대 4,000명과 아마도 자금을 실은 40척의 선박을 기대했지만, 2척이 에스파냐에서 칼레로 갔다)에 대해서는 다음을 참조하라. 프란제파니가 알도브란디노에게 보낸 편지, 브뤼셀, 1598년 2월 27일, *Corresp.*, II, pp. 298-299.

176. 1593년에 벌리와 에식스에 관한 윌리엄 로저의 기이한 보고를 보라(루비에 근방, 1593년 5월 1일, A.N., K 1589). 그리고 이탈리아에서 네덜란드와 앙리 4세에게 보낸 자금 지원에 대해서는 다음을 보라. J. B. 데 닥스가 펠리페 2세에게 보낸 편지, 랑드르시, 1593년 1월 26일, A.N., K 1587. 펠리페 2세가 여백에 쓴 메모 참조.

177. R. Galluzzi, *op. cit.*, V, p. 302, Berthold Zeller, *Henri IV et Marie de Médicis*, Paris, 1877, p. 17.

178. 베르뱅 평화조약에 대한 나의 연구(1922)에 관해서 말하자면, 그의 지도 아래에 작성되었다.

179. 페라라 사건에 대해서는 다음을 보라. I. 데 멘도사가 펠리페 2세에게 보낸 편지, 베네치아, 1598년 1월 3일, A.N., K 1676(D. 체자레의 파문). *Lo platicado y resuelto en materia de Ferrara en consejo de Estado* ……. 1598년 1월 7일, 체자레 데스테가 복종하기를 바라고 있다. Simancas E° 1283. I. 데 멘도사가 펠리페 2세에게 보낸 편지, 베네치아, 1598년 1월 10일, A.N., K 1676. *Accordi fatti tra la Santa Seda Apostolica et D. Cesare d'Este*, 1598년 1월 13일, *ibid.* I. 데 멘도사가 펠리페 2세에게 보낸 편지, 베네치아, 1598년 1월 24일, A.N., K 1676 ; 상동, 1598년 1월 31일, *ibid.*

180. 1597년 9월 25일, *Corresp.*, II p. 229.

181. 베르뱅 평화조약에 대한 프랑스 국왕의 비준서, 1597년 6월 5일, A.N., K 1602.

182. 이 문제는 피에르 쇼뉘가 다음의 논문에서 개략적으로 정리했다. Pierre Chaunu, "Sur le front de l'histoire des prix au XVIe siècle: de la mercuriale de Paris au port d'Anvers", in: *Annales E.S.C.*, 1961.

183. J. W. Zinkeisen, *op. cit.*, III, p. 124.

184. 1591년 1월 5일의 에스파냐 측의 보고, A.N., K 1675. 나는 여기에서 이 개입에 대한 자세한 내용은 밝히지 않아도 된다고 생각한다(J. W. Zinkeisen, *op. cit.*, III, p. 629 et *sq*).

185. 앞의 각주를 보라.

186. J. 데 세니 데 메노르카가 펠리페 2세에게 보낸 편지, 콘스탄티노플, 1591년 1월 7일, A.N., K 1675.

187. 1591년 1월 7일, 1월 19일, *ibid.* 발신지 콘스탄티노플, 1591년 1월 9일, *ibid.* 술탄이 프랑스 국왕에게 보낸 편지, 이 편지는 중간에 가로채여 이탈리아어로 복제됨. 1591년 1월, *ibid.* 마찬가지로 술탄이 잉글랜드 여왕에게 보낸 편지, *ibid.*

188. 앞의 각주를 보라.

189. 베네치아 대사에 의해서 전달된 레반트에 관한 보고서, A.N., K 1675.

190. 콘스탄티노플로부터의 보고, 1591년 2월 16일, A.N., K 1675.

191. 프란시스코 데 베라가 전하에게 보낸 편지, 베네치아, 1591년 3월 2일, A.N., K 1675.

192. 상동, 베네치아, 1591년 3월 16일, *ibid.* 콘스탄티노플로부터의 보고, 1591년 3월 16일, 신성 로마 제국 대사에 의해서 전달됨. *ibid.*

193. 프란시스코 데 베라가 전하에게 보낸 편지, 베네치아, 1591년 3월 30일, A.N., K 1675.

194. 상동, 베네치아, 1591년 5월 4일, A.N., K 1675.

195. 5월 11일, *ibid.*

196. *ibid.*

197. 콘스탄티노플, 1591년 3월 2일, A.N., K 1675.

198. 프란시스코 데 베라가 펠리페 2세에게 보낸 편지, 베네치아, 1591년 4월 17일, A.N., K 1675.

199. 콘스탄티노플, 1591년 6월 12일, *ibid.*

200. 콘스탄티노플, 1591년 6월 15일, *ibid.*

201. *Op. cit.*, II, p. 785.

202. J. W. Zinkeisen, *op. cit.*, III, p. 623.

203. 위의 각주 186, 187을 보라.

204. 베네치아, 1591년 6월 8일, A.N., K 1675.

205. 위의 각주 200에서 이미 인용한 그의 편지. 그의 이름 카스텔리(Castelie)에서 철자 i를 첨가한 나의 판독은 검증할 수 없었다.

206. 나는 여기에서 콘스탄티노플에서 보낸 보고서가 아니라 그 편지의 이면에 대법원이 요약한 것을 참조했다.

207. ······*Que venga con dineros.*

208. 나폴리, 1592년 2월 15일, Simancas E° 1093, f° 8.

209. 미란다가 펠리페 2세에게 보낸 편지, 나폴리, 1592년 9월 8일, *ibid.*, f° 79.

210. 상동, 나폴리, 1592년 10월 25일, *ibid.*, f° 91.

211. 상동, 나폴리, 1592년 11월 16일, *ibid.*, f° 93.

212. 프란시스코 데 베라가 펠리페 2세에게 보낸 편지, 베네치아, 1591년 6월 29일, A.N., K 1675.

213. Pietro Giannone, *Istoria civile del Regno di Napoli*, La Haye, 1753, t. IV, p. 283. 바레타가 언급한 1595년이 아니라 1593년이다. A. Ballesteros y Baretta, *op. cit.*, 아래 각주 226을 참조하라.

214. 아래의 각주 226을 보라.

215. *Les aventures du capitan A. de Contreras*, trad. et édition par Jacques Boulenger, *op. cit.*, p. 14.

216. 1599년 9월 21일, *Archivio storico italiano*, t. IX, p. 406.

217. 프란시스코 데 베라가 펠리페 2세에게 보낸 편지, 베네치아, 1594년 8월 6일, Simancas E° 1345 그리고 8월 20일, *ibid.*

218. 카를로 다바로스가 펠리페 2세에게 보낸 편지, 오트란토, 1594년 8월 25일, Simancas E° 1094, f° 89.

219. 올리바레스가 펠리페 2세에게 보낸 편지, 팔레르모, 1594년 9월 8일, Simancas E° 1138. 레조의 화재와 메시나 해안의 몇몇 선박에 대한 약탈은 이때 있었던 일로 보아야 한다. 카를로 치갈라가 올리바레스 백작에게 보낸 편지, 키오스 섬, 1594년 11월 3일, Simancas E° 1158, 또한 사후에 있었던 지적, 1597년 1월 15일, Simancas E° 1223, G. Mecatti, *op. cit.*, II, pp. 789-790.

220. 미란다가 펠리페 2세에게 보낸 편지, 나폴리, 1594년 9월 9일, Simancas E° 1094, f° 99.

221. 올리바레스가 펠리페 2세에게 보낸 편지, 팔레르모, 1594년 9월 15일, Simancas E° 1158.

222. 미란다가 펠리페 2세에게 보낸 편지, 나폴리, 1594년 10월 11일, Simancas E° 1094, f° 110.

223. 프랑코 데 베라가 펠리페 2세에게 보낸 편지, 베네치아, 1595년 8월 19일, Simancas E° 1346.

224. 미란다가 펠리페 2세에게 보낸 편지, 나폴리, 1595년 8월 19일, Simancas E° 1094, f° 181.

225. 상동, 나폴리, 1595년 8월 24일, Simancas E° 1094, f° 170.

226. 나는 1595년 치갈라가 레조를 약탈한 것과 이에 대한 보복으로 에스파냐가 파트라스를 약탈한 것에 대한 바레타의 언급을 인용한다. 내가 참조한 자료(A. Ballesteros y Baretta, *op. cit.*, IV, 1, p. 169)에서 이에 대한 언급을 발견할 수 없었다. 이 인용은 그에 대한 증거가 없기 때문에, 나는 그의 견해를 확신할 수 없다. 위의 각주 219를 보라.

227. V. Lamansky, *op. cit.*, pp. 493-500.

228. 투르크 함대는 막 나바리노에 도착했다. 올리바레스가 펠리페 2세에게 보낸 편지, 나폴리, 1598년 9월 24일, Simancas E° 1094, f° 258.

229. 잔 안드레아 도리아가 펠리페 2세에게 보낸 편지, 메시나, 1596년 8월 2일, Simancas

E° 1346.

230. 상동, 메시나, 1596년 8월 13일, *ibid.*

231. 올리바레스가 전하에게 보낸 편지, 나폴리, 1596년 9월 24일, Simancas E° 1094, f° 258.

232. *Ibid.*

233. 이니고 데 멘도사가 전하에게 보낸 편지, 베네치아, 1596년 12월 7일, A.N., K 1676.

234. 상동, 베네치아, 1597년 4월 5일, A.N., K 1676.

235. 상동, 베네치아, 1597년 6월 14일, 7월 5일, *ibid.*

236. 상동, 베네치아, 1597년 8월 2일, *ibid.*

237. 1597년 8월 9일, *ibid.*

238. 1597년 10월 18일, *ibid.*

239. 치갈라의 이동에 관한 1598년 2월 14일, 4월 14일, 7월 4일, 7월 18일, 8월 8일자 편지들, *ibid.*

240. 베네치아, 1598년 8월 29일, *ibid.*

241. 1598년 9월 12일의 편지, *ibid.*

242. 1598년 9월 30일, *ibid.*

243. 마케다가 펠리페 3세에게 보낸 편지, 메시나, 1598년 9월 28일, Simancas E° 1158.

244. J. von Hammer, *op. cit.*, VII, p. 362 et note 2.

245. I. 데 멘도사가 펠리페 2세에게 보낸 편지, 베네치아, 1600년 8월 19일, A.N., K 1677.

246. 알베르트 대공이 후안 카리요에게 보낸 편지, 브뤼셀, 1600년 9월 14일, *Aff. des Pays-Bas*, t. VI, p. 33. 앙리 4세가 로슈포에게 보낸 편지, 그르노블, 1600년 9월 26일, *Lettres inédites du roi Henri IV à M. de Villiers*, p.p. Eugène Halphen, Paris, 1857, p. 46.

247. 앙리 4세가 빌리에에게 보낸 편지, 1601년 2월 27일, *ibid.*, pp. 12-13.

248. J. B. 데 닥스가 펠리페 3세에게 보낸 편지, 파리, 1601년 3월 5일, A.N., K 1677.

249. 프란시스코 데 베라가 전하에게 보낸 편지, 베네치아, 1601년 3월 31일, *ibid.*

250. 프란시스코 데 베라가 푸엔테스 백작에게 보낸 편지, 베네치아, 1601년 4월 14일, *ibid.*

251. 또는 Coresi로 표기. 프란시스코 데 베라가 펠리페 3세에게 보낸 편지, 베네치아, 1601년 4월 21일, *ibid.* ; 베네치아를 출발한 것은 5월 2일(상동, 5월 5일, *ibid.*)

252. 상동, 1601년 4월 14일, *ibid.*

253. 1601년 4월 24일, *Lettres inédites du roi Henri IV à M. de Villiers, op. cit.*, p. 19.

254. *Ibid.*, p. 29.

255. 프란시스코 데 베라가 펠리페 3세에게 보낸 편지, 베네치아, 1601년 5월 5일, A.N., K 1677.

256. 앙리 4세가 빌리에에게 보낸 편지, 1601년 5월 16일, *Lettres ······du roi Henri IV ······, op. cit.*, p. 26.

257. 콘스탄티노플, 1601년 6월 17, 18일, A.N., K 1677.

258. 빌리에에게 온 편지, *Lettres ······du roi Henri IV ······, op. cit.*, p. 36.

259. 콘스탄티노플, 1601년 7월 2, 3일, A.N., K 1677.

260. A Rochepot, *Lettres ······du roi Henri IV ······, op. cit.*, p. 98.

261. 프란시스코 데 베라가 펠리페 3세에게 보낸 편지, 베네치아, 1601년 5월 28일, A.N., K 1677 ; 앙리 4세가 빌리에에게 보낸 편지, 1601년 9월 3일, *Lettres……, op. cit.*, p. 44-45.

262. 세사가 펠리페 3세에게 보낸 편지, 로마, 1601년 8월 17일, A.N., K 1630.

263. 콘스탄티노플, 1601년 4월 26, 27일, A.N., K 1677.

264. 콘스탄티노플, 1601년 9월 8, 9일, *ibid.*

265. A. d'Aubigné, *op. cit.*, IX, p. 401 et *sq.*

266. 앙리 4세에게 빌리에에게 보낸 편지, 퐁텐블로, 1601년 9월 27일, *Lettres……op. cit.*, p. 48.

267. 세사가 펠리페 3세에게 보낸 편지, 로마, 1601년 10월 6일, A.N., K 1630.

268. 가장 상세하게 서술한 사료는 세풀베다의 것이다. P. de Sepulveda, *Sucesos del Reinado de Felipe II*, p.p. J. Zarco, Ciudad de Dios, CXI á CXIX. *Historia de varios sucesos y de las cosas* (éd. Madrid, 1924). 현대 역사가의 서술 중에는 카수의 것을 참조하라. Jean Cassou, *La vie de Philippe II*, Paris, 1929, p. 219 at *sq.* et Louis Bertrand, *Philippe II à l'Escorial*, Paris, 1929, chap. VII, "Comment meurt un roi", p. 228 at *sq.*

269. 후안 데 세니 데 메노르카가 콘스탄티노플에 있었다는 사실은 펠리페 2세에게 보낸 그의 편지들 가운데 한 통에서 알 수 있다(A.N., K 1676). 30년전쟁 직전에 이 부담 아니면 이 위협에서 에스파냐를 해방시키려는 제국군의 시도는 몰라르 남작에 대한 공격이었다. 1623년에 협상은 몽탈바노가 주도했는데, 투르크와 영구적 평화조약을 체결하고, 향신료를 폴란드의 도움을 받아 중동을 거쳐 들여올 계획도 있었다. H. Wätjen, *Die Niederländer ……op. cit.*, pp. 67-69.

270. Jean Cassou, *op. cit.*, p. 228.

결론

1. *Beiträge zum Problem des Wirtschaftverfalles*, 1934.

2. 베나사(B. Bennassar)의 박사학위논문, *Valladolid et ses campagnes au XVIe siècle*, publiée en 1967.

3. Felipe Ruiz Martín, in: *Anales de Economia, segunda época*, juillet-septembre 1964, pp. 685-6.

4. *Op. cit.*, p. 382 et *sq.*

5. "Il trend economico nello stato di Milano durante i secoli XVI et XVII. Il caso di Pavia" in: *Bollettino della Società Pavese di Storia Patria*, 1950.

6. 다음을 참조하라. Jean Viet, *Les méthodes structuralistes dans les sciences sociales*, 1965.

사료

1. 필사본 사료들

이 책에서 참조한 사료들은 무엇보다 필사본이다. 이 주제에 관한 풍부한 문헌은 보완, 결과들의 취합과 정리, 필수 불가결한 확인 작업을 위해서 문서보관소에서 조사를 한 뒤에야 비로소 활용할 수 있었다.

그러나 과거의 조사든 최근의 조사든 우리가 이 엄청난 양의 미발간(未發刊) 사료들을 다 확인한다는 것은 어림도 없는 일이었다. 이처럼 광범위한 주제에 대해서 그렇게 할 수 있겠는가?

내가 파리 문서보관소의 풍부한 자료들(특히 현재 에스파냐에 반환된, 프랑스의 국립문서보관소의 귀중한 K계열 자료들)을 거의 완벽하게 조사했을지라도, 내가 시망카스(그 소장 자료도 엄청나다)의 정치 관련 계열들에서 볼 수 있는 거의 모든 자료들을 확인했을지라도, 내가 이탈리아의 주요 문서보관소들에서 광범위한 조사를 했을지라도, 내가 라구사 문서보관소의 귀중한 정보들을 손에 넣을 수 있었을지라도, 그래도 역시 나의 조사는 문서보관소에 따라서 더 만족스럽기도 하고 덜 만족스럽기도 했다. 나의 조사는 베네치아 문서보관소의 믿기지 않는 자료 분산을 이겨낼 수는 없었다. 마르세유에서, 에스파냐와 이탈리아에서 엄청난 양의 공증인 문서들도, 제노바, 피렌체, 토리노, 또한 모데나, 나폴리, 팔레르모의 너무 많은 자료들도 이겨낼 수 없었다.

내가 가볼 수 있었던 문서보관소들을 지도에 표시한다면, 남쪽과 동쪽에서 커다란 공백을 확인할 수 있을 것이다. 이 부분은 16세기 지중해에 관한 모든 연구에서 거의 알려지지 않았다. 사실, 지중해 권역의 절반에 관련된 투르크의 풍부하고 훌륭한 사료들이 존재한다. 다만 이 사료들은 아직 분류되지 않아서 접근하기가 어렵다. 이 사료들이 문제로 삼는 영역에 대해서 우리는 역사서, 기행문, 발칸 반도의 사료와 저작들, 그리고 서양의 사료들에 의지해야 했다. 투르크 국가들과 그들의 영향권 아래에 있는 나라들의 역사는, 콘스탄티노플과 다른 곳에서, 레반트에 대한 보고서에 기입되고 염탐되었기 때문에 이와 같이 외부에서 고찰되었다. 레반트에 관한 사료들은 이탈리아와 에스파냐에서 매우 긴 소장목록들을 형성하고 있다. 그러나 경험을 통해서 그리고 프랑스의 경우를 통해서, 우리는 (예를 들면, 이 책에서 너무 많이 이용해서 진부해진 베네치아 대사의 보고서를 토대로) 외부에서 들여다본 역사와 내부에서 바라본 프랑스의 역사 사이에 차이가 있을 수 있다는 점을 잘 알고 있다. 역사 정보에서 투르크 국가들에 관한 거대한 공백이 있다. 이는 이 책에 심각한 영향을 미치는 약점이고, 투르크, 발칸, 시리아, 이집트, 북아프리카의 역사가들에게 이 공백을 메울 수 있는 연구를 해서 집단적이고 긴 호흡이 필요한 이 임무를 완수할 수 있도록 우리를 도와달라고 요청하는 이유이다. 오메르 루트피 바르칸과 그의 제자들, 로버트 맨트런, 글리사 엘레조비치, 비스트라 츠베트코바, 베라 무타프키에바, L. 페케테와 지 칼디나지에 의해서 이미 뚜렷한 진전이 이루어졌다. 마지막에 언급한 두 명의 헝가리 역사가는 경탄할 만한 저서인 *Rechnungsbücher türkischer Finanzstellen in Buda, 1550-1580*(1962)의 공저자이다.

(넓은 의미에서) 투르크의 사료에 관해서는 J. 드니(Deny)의 *Histoire et Historiens*(Paris, 1930)과 "A propos du fonds arabo-turc des Archives du Gouvernement Général de l'Algérie," *Revue Africaine*, 1921, 375-378쪽의 오래된 정보들을 참조하기 바란다. 투르크 사료 전반에 관해서는 P. 비텍(Vittek)의 *Les archives de Turquie*, Byz., t. XII, 193B, 691-699쪽과 투르크어로 된 사료 안내서인 *Topkapi, Sarayi Müzesi Archivi Kilavuzu* (Istanbul)을, 이집트 사료에 관해서는 J. 드니의 *Sommaire des archives turques du Caire* (1930)를 참조하기 바란다.

J. 소바제(Sauvaget)의 *Introduction à l'histoire de l'Orient musulman*(1943)은 이 문제들 전체에 관해서 생각을 정리하는 데에 도움이 된다.

문서보관소의 각 명칭 약어들

1. A.C.   코뮌 문서보관소(Archives Communales).
2. A. Dép.   도립 문서보관소(Archives Départementales).
3. A. d. S.   국가 문서보관소(Archivio di Stato).
4. A. E.   파리 외무부(Affaires Etrangères).
5. A. H. N.   마드리드 국립 역사 문서보관소(Archivo Histórico Nacional).
6. A. N. K.   파리 국립 문서보관소(Archives Nationales), K계열.
7. B. M.   런던 대영박물관(British Museum).
8. B. N.   국립 박물관(Bibliothèque Nationale), F(피렌체), M(마드리드), 다른 설명이 없으면 (파리).
9. G. G. A.   알제리 총독부(Ex-Gouvernement Général de l'Algérie).
10. P. R. O.   런던 공문서 기록소(Public Record Office).
11. Sim.   시망카스(Simancas).
12. Sim. E°   시망카스, 국가(Estado) 계열.

I. 에스파냐의 문서보관소들

1. 시망카스 문서보관소(Archivo General de Simancas)

마리아노 알코세 마르티네스(Mariano Alcocer Martinez)의 오래된 안내서 *Archivo*

General de Simancas, Guía del investigador(Valladodid, 1923) 대신 최신 연구 성과인
앙헬 플라사(Angel Plaza)의 *Guía del investigador*(1961)을 사용해야 한다. 또한 기록관리
사 훌리안 파스(Julián Paz)의 뛰어난 활약 덕분에 일련의 전문적인 색인 목록이 작성되었
다. 이 색인 목록은 최소한 상세 제목을 제공하는 문헌 분석으로, 나도 몇 차례 신빙성
있는 사료로 이용한 바 있다. 파스의 색인 목록들 가운데 *Diversos de Castilla*, p.p. *Revista
de Archivos, Bibliotecas y Museos*(1909), *Negociaciones con Alemania* p.p. *Kaiserliche
Akademie der Wissenschaften*, Vienne, (1943년 이래 시망카스에서 다시 찾을 수 있는,
프랑스 국립 문서보관소의 옛 K계열을 문제 삼는) *Negociaciones con Francia* p.p. *Junta
para ampliación de estudios, Negociaciones de Flandes, Holanda y Bruselas 1506-
1795*(Paris ; Champion, 1912), *Patronato Real*, 1912, *Revista de Archivos, Bibliotecas
y Museos*(1912)는 언급하자. *Diversos de Castilla*를 제외하면, 이 귀중한 색인 목록들의
재편집본(1942-1946)이 나왔다. 기록관리사 앙헬 플라사의 *Consejo y Juntas de hacienda*
(1404-1707), 기록관리사 오르티스 데 몽탈방(Ortiz de Montalban)의 *Negociaciones de
Roma* (13B1-1700), 1936, 현 시망카스 관장인 리카르도 막달레노(Ricardo Magdaleno)의
Nápoles, 1942, *Inglaterra*, 1947, 그리고 *Sicilia*, 1951, 마지막으로 알바레스 테란(Alvarez
Teran)의 *Guerra y Marina* (카를 5세의 시대), 1949 등이 있다.

시망카스에서의 나의 조사는 차후에 수많은 마이크로필름에 대한 면밀한 조사에 의해서
보완되었다. 그러나 이 문서보관소에서 엄청난 양의 자료들, 특히 재정, 경제, 행정 문서들
은 아직 조사되지 않은 채 남아 있다. 첫 조사에서, 나는 이탈리아로 수출하는 양모에 관한
몇몇 문서철을 보았을 뿐이다. 특히 나는 후추 교역에 관한 문서들을 찾을 수 없었던 점을
안타깝게 생각한다. 오늘날에도 이 문서들은 그 엄청난 양 때문에 완전히 정리되지 않았는
데, 완전히 정리되려면 상당한 시일이 필요할 것이다.

시망카스에서의 마지막 체류 기간(1951년과 1954년) 동안, 나는 중요한 계열의 사료들
을 대체로 열람했다(아래의 12개 항목을 보라).

열람한 문서철 일람표

1. *Corona de Castilla* Correspondencia (1558-1597) legajos 137-179.
2. *Corona de Aragón* Correspondencia (1559-1597) legajos 326-343.
3. *Costas de Africa y Levante*, 아직 제대로 정리되지 않음, 1559-1594, legajos 485-
   492.
4. *Negociaciones de Nápoles* (1558-1595), legajos 1049-1094.
5. *Negociaciones de Sicilia* (1559-1598), legajos 1124-1158.
6. *Negociaciones de Milan* (1559, 1597-1598), 3 legajos, 1210 (1559), 1283-1285
   (1597-1598).
7. *Negociaciones de Venecia* (1559-1596), legajos 1323-1346. (베네치아 서신의 대부
   분은 과거에 파리에 있었다는 점을 기억하자)
8. *Negociaciones con Génova* (1559-1565), legajos 1388-1394.
9. 매우 불완전하지만 *Negociaciones de Toscana*, legajos 1446-1450.

10. *Nápoles Secretarias Provinciales* (1560-1599), legajos 1-8 (마리아노 알코세의 일부 문서들), legajo 80 (1588-1599)은 법령 원본으로 구성되었다.

11. *Contaduria de rentas. Saca de lanas. Lanas*, 1573-1613.

12. *Consejo y Juntas de Hacienda ; Contaduria Mayor de Cuentas* (Primera epoca-Segunda epoca) ; *Expedientes de Hacienda*.

2. 마드리드의 국립 역사문서보관소

나는 *Confederación entre Felipe II y los Turcos*(Guía, p. 40)를 참조할 수 없었다. 왜냐하면 거기에는 17세기의 문서들만 있었기 때문이다.

나의 조사는 종교재판소의 문서들, 아니면 적어도 이 엄청난 양의 자료들 가운데 남아 있는 것들에 국한되었다. 바르셀로나의 종교재판소(libro I), 발렌시아의 종교재판소(libro I), 카라오라 및 로그로뇨의 종교재판소(legajo 2220), 카나리아 제도의 종교재판소(legajos 2363-2365), 코르도바의 종교재판소(legajo 2392), 그라나다의 종교재판소(legajos 2602-4), 예레나의 종교재판소(legajo 2700), 무르시아의 종교재판소(legajo 2796), 세비야의 종교재판소(legajo 2942), 바야돌리드의 종교재판소(legajo 3189).

3. 마드리드의 국립 도서관(필사본 부서)

이곳의 소장 문헌은 매우 다양하지만, 그 기여는 보잘것없었다. 나는 산체스 알론소(Sánchez Alonso)가 고전이 된 저서 *Fuentes de la Historia española e hispano-americana*(Madrid, 1927, in-8°)에서 헝클어진 이 자료들의 일람표를 제시했다는 점을 특별히 밝힌다. 나는 나 자신을 위해서 여러 차례 출판되거나 언급된 문서들(특히 안토니오 페레스가 쓴 것들)의 사본을 아주 많이 챙겨놓았다.

— Memorial que un soldado dio al Rey Felipe II porque en el Consejo no querian hacer mercedes a los que se havian perdido en los Gelves y fuerte de la Goleta (일자 없음). G. 52, 1750.

— Instrucción de Felipe II para el secretario de estado Gonzalo Pérez, (일자 없음). G. 159-988, f⁰ 12.

— Memorial que se dio a los teologos de parte de S. M. sobre differencias con Paulo IV, 1556, KK 66 V 10819 22.

— Carta de Pio V a Felipe II sobre los males de la Cristiandad y daños que el Turco hacia en Alemania, Rome, 1566년 7월 8일, G. 52, 1750.

— Relación del suceso de la jornada del Rio de Tituan que D. Alvaro de Bazan, Capitan General de las galeras de S. M. hizo par su mandado la qual se hizo en la manera siguiente (1565), G. 52, 1750. 두서없이 정리된 색인 목록이 *Mission bibliographique en Espagne*(Paris, 1891)에 실림.

— Carta de Felipe II al principe de Melito sobre las prevenciones que deben hacerse para la defensa de Cataluña, 1570년 3월 20일, 476.

— Capitulos de la liga entre S. Santidad Pio V, el Rey católico y la Señoria de Venecia contra el Turco 1571, *ibid.*

— Las causas que movieron el Sr. D. Juan de Austria para dar la batalla de Lepanto, 1571, *ibid.*

— Advertencias que Felipe II hizo al Sr Covarrubias cuando le eligió Presidente del Consejo 1572 (18세기의 복사본), 140-11261 b.

— Carta de D. Juan de Austria a D. Juan de Zuñiga, embajador de Felipe II en Roma sobre la paz entre Turcos y Venecianos y sobre los aprestos militares hechos en Italia para ir a Corfu contra los Turcos, Messine, 4월 (1573), KK 39, 10454, f° 1080.

— D. J. de Zuñiga a D. J. d'Autriche, Rome, 1573년 4월 7일, *ibid*, f° 1070.

— Instrucción al Cardenal Granvela sobre los particulares que el legado ha tratado de la juridición del Reyno de Napoles (이탈리아어), 17세기의 복사본, 8870.

— Representación hecha al Señor Felipe II por el licienciado Bustos de Nelegas en el año 1574 (교회 재산의 양도에 관해서), 18세기의 복사본, 3705.

— Correspondencia de D. Juan de Gurrea, gobernador de Aragón can S. M. el Rey Felipe II (1561년 12월-1566년 9월), 16세기의 복사본, V 12.

— Instrucción de Felipe II al Consejo Supremo de Italia 1579, E 17, 988, f° 150.

4. 역사 아카데미(필사본 부서)

내 생각에 아래의 일람표는 알제, 에스파냐 식민지에 건설된 요새들, 그리고 북아프리카에 관한 유일한 문서들에 대해서 미겔 보르도노가 진행한 조사에 해당한다. 조회 번호는 로드리게스 빌랴의 색인 목록에 포함되어 있다.

— Relación del estado de la ciudad de Argel en 1600 por Fr. Antonio de Castañeda (12-11-4) / 111(f° 21 v°).

— Berberia siglo XVI, (11-4-4-8).

— Instrucción original dada por Felipe II a D. Juan de Austria sobre los fuertes de Berberia y socorro de Venecianos, año 1575. *Ibid.*

— Carta del conde de Alcaudete a S. M., año 1599. *Ibid.*

— Relación de Fr. Jéronimo Gracia de la Madre de Dios sobre cosas de Berberia, año 1602. *Ibid.*

— Carta de Joanetin Mostara al Duque de Medina Sidonia can noticias de Fez, año 1605. *Ibid.*

— Carta original del Duque de Medina Sidonia a Felipe III can noticia de la muerte del Jarife, año 1603. *Ibid* (f° 42 v.).

— Relación del estado de la ciudad de Berberia (*sic*) escrita en italiano, año 1607 con 2 planos. *Ibid* (f° 45).

— Sobre asuntos de Africa en tiempos del Emperador, años 1529-1535. A. 44 (f⁰ 55).

— Cartas y documentos sobre la conquista de Oran par Cisneros. Letra del siglo XVII 11-2-1-11 (f⁰ 65 v.).

— Documentos y cartas dirigidas o emanadas de Felipe II, 12-25-5 = C-96.

— Papeles originales sobre gobierno de Oran. A. 1632-1651, 12-5-1-K. 63-66-65, 3 volumenes (f⁰ 102 v.).

— Sobre Oran, Berberia, Larache ... comienços del siglo XVII. 11-4-4= 8. Instrucción à Don Juan de Austria sobre cosas de Argel, año 1573 11-4-4 (f⁰ 172 v.).

— Relación de las dos entradas hechas en 1613 por el Duque de Osuna en Berberia y Levante, *ibid.* (f⁰ 176 v.). Aviso sobre Argel, año 1560, Collección Velásquez, tomo 75 (f⁰ 242 v.).

5. 이용했거나 알려진 에스파냐의 다른 문서보관소

바야돌리드 코뮌 문서보관소, 말라가, 타라고나(교구 문서보관소), 바르셀로나, 발렌시아 (얼 J. 해밀턴의 권고에 의해서), 카르타헤나, 부르고스, 메디나 델 캄포(시몬 루이스 병원) 의 코뮌 문서보관소. 시몬 루이스의 서신이 보관된 이 마지막 문서집은 바야돌리드 지방 문서보관소에 경탄할 만큼 잘 정리되어 있다.

II. 프랑스의 문서보관소들

파리

국립 문서보관소 - K계열에 대해서, 나는 (전체적으로 연대기순인) 파스의 색인 목록 순서 를 따랐다. 이 모든 문서들은 현재 동일한 문서 번호 아래에 시망카스에 보관되어 있다. 파리의 국립 문서보관소는 편리하게 열람할 수 있도록 이 문서들을 마이크로필름으로 소장 하고 있다.

K 1643.

K 1447-1448-1449-1450-1451-1426.

K 1487-1488-1489-1490-1491-1492.

K 1493-1603 ; K 1689-1707-1629-1708.

K 1692. 나폴리 부왕, 비야프랑카 후작의 편지(1534-1536) ; K 1633 ; K 1672-1679 ; 베네치아에서 온 편지, K 1630-1631 ; 로마에서 온 편지, 1592-1601.

티란 사절단에 대한 빈약한 문서들 AB XIX 596. 나는 16세기의 지중해에 대해서 해군 성의 빈약한 자료들을 열람했을 뿐이다. A 2, A 5 IV, V, VI, B 4 1, B 6 I, 77, B 7, 204, 205, 473, 520, B 82-7, D 2, 39, 50, 51, 52, 53, 55.

국립 도서관 - 문서들이 극단적으로 분산되어 있기 때문에 우리가 본 사료들의 목록이 터무니없이 길어졌다.

3개의 컬렉션(fonds) : 프랑스 컬렉션(F. Fr), 에스파냐 컬렉션(F. Esp.), 이탈리아 컬렉션 (F. Ital).

1. 프랑스 컬렉션 : 나는 에스파냐 주재 프랑스 대사들인 세바스티앙 드 로베스핀(1559-1562)과 생구아르(1572-1580)의 친필 서한들을 읽었다. 세바스티앙 드 로베스핀에 대해서는 외무부(A. E.)의 Esp. 347과 Esp. 348번 아래에 이 중요한 서신의 사본을 제공하고 있다. 이 사본은 오빈 드 트랑세르가 상트페테르부르크의 제국 도서관의 원본을 필사한 것이다.

나는 (경우에 따라 있을 수도 있는 출판에 대비해서) 국립 도서관에서 바스 퐁텐의 수도원장이었고 나중에 리모주의 주교가 되는 세바스티앙 드 로베스핀의 편지와 문서들의 원본을 찾고자 애썼다. 그 일람표는 꽤 길다. 4398 (f° 133) ; 4400, f° 330 ; 15877, 15901, 16013, 20787의 다양한 문서들. 브란덴부르크 주재 대사직(3121)을 특기하자. 그의 에스파냐 파견에 관해서는 3880, f° 294 ; 3899, f° 82 ; 3951, f° 26 ; 4737, f° 91 ; 10753, 15587, 16013, 16121, 16958, 17830, 20991, 23406, 23517, 스위스 대사직에 관해서는 20991, 23227, 23609, 외교에 관한 수치들 n. a. 8431 ; 2937 (37), 3114 (102), 3121, 3130 (52 et 88), 3136 (10), 3158 (51, 54, 59, 76), 3159, 3174 (90), 3185 (102), 3189 (19), 3192, 3196 (26), 3216 (27), 3219 (2, 117), 3224 (82), 3226 (27), 3249 (73,92), 3320 (96), 3323 (76, 119), 3337 (144), 3345 (55,70), 3390 (15), 3899 (11), 3902 (88), 4639, 4641, 6611, 6614, 6616, 6617, 6618, 6619, 6620, 6621, 6626, 15542, 15553, 15556, 15557, 15559, 15784, 15875, 15876, 15902, 15903, 15904, 16016, 16017, 16019, 16021, 16023.

생구아르의 편지는, 16104부터 16108까지이다.

다음에 관한 추가적인 조사들

a) 17987번에 분류된 로마와 주고받은 프랑스의 외교 서한은 로마 주재 프랑스 대사들 (1557-1626)의 다양한 협상들을 보여준다.

3492-3498번은 로마 주대 대사인 M. 드 베뷘이 보낸 전문들이다.

b) 나는 투르크와 베네치아가 주고받은 서신들에 관한 샤리에르의 저작들을 보완하고자 했다. 종종 그가 필사한 똑같은 편지들을 맞닥뜨릴 위험을 무릅쓰면서 말이다. 이렇게 해서 나는 16142, f^08 7-8, 32와 32 v°, 34, 43부터 44 v°, 48 11 49, 58, 60-61의 문서들과 16143번의 제르미니의 편지들, 16080번의 폴 드 푸아의 편지들, 그리고 16081번의 뒤 페리에의 편지들을 읽게 되었다.

나는 또한 1571-1573년에 그의 극적인 임무 수행 동안 닥스 주교가 쓴 편지들도 읽었다.

c) 나는 콘스탄티노플에 대해서 612-1, f° 2-15, 클로드 뒤 부르에 대해서 Dupuy, II, 376, 16141, f° 226-272 v°와 같이 중간 정도의 가치가 있는 문서들도 활용했다. 레이몽 메리뇽이 마르세유에서 에스파냐 국왕에게 보낸 알제 왕국의 정복에 관한 의견서 ; na 12240번의 프랑스의 바스티옹(요새)에 관한 공식 문서들과 서한들은 16세기와 거의 관련이

없고, 이 문제에 대해서는 랑슈 가문의 문서들에 기초한 지로의 작업만큼 우리의 연구에 중요하지 않다. 나는 펠리페 2세와 제노바 상인들이 1558년 5월에 맺은 2건의 계약서 15875, f° 476 및 476 v°, 478-479를 활용했다.

2. 에스파냐 컬렉션 : 문서들은 일반적으로 A. 모렐 파티오에 의해서 등사(謄寫)된 색인 목록으로 정확하게 분류되었다. 이것은 매우 뒤섞인 컬렉션이다. 이 컬렉션에는 복사본의 형태로 상당히 많은 의견서, 보고서, 알바 공작의 편지들이 있다. 이질적인 이 컬렉션에서 가장 귀중한 문서는 나폴리 문제에 관한 상당히 긴 글(Esp. 127)이다. 원본을 찾을 수 없는 이 문서의 정확한 일자를 파악하기는 어렵다.

3. 이탈리아 컬렉션 : 에스파냐 컬렉션보다 더 풍부하지만, 연대순으로 배열하기 어려운 복사본들과 문서들로 가득하다. 그 가운데 많은 문서들이 출간되었거나 활용되었다. 221번, 340번(키프로스, 1570), 427번, 428번(1578년의 코르푸), 687번, 772번, 790번(피에트로 디 톨레도의 나폴리 통치에 대한 자료들), 1220번, 1431번, 2108번의 필사본들을 참조했다.

외무부 – 에스파냐 컬렉션의 복사본과 진본 문서들에 대해서는, 1932년 이래 완벽한 목록이 존재한다. Juliân Paz, *Colección de documentos españoles existentes en el Archivo del Ministerio de Negocios Extranjeros de Paris*(Madrid, 1932). 이 문서들은 일련의 두툼한 문집으로 구성되어 있다. 축약 기호는 A. E. Esp.(에스파냐 외무부)이다. 다음의 문집을 활용했다. 138번, 216번, 217번, 218번, 219번, 222번, 223번, 224번, 227번, 228번, 229 번, 231번, 232번, 233번, 234번, 235번, 236번, 237번, 238번, 261번, 264번(f°ˢ 51, 60, 70, 120), 307번.

나는 이미 리모주 주교의 편지 사본들을 포함하고 있는 Esp. 347번과 348번의 문집을 언급했다.

나는 또한 1589년부터 1594년까지 베네치아 주재 프랑스 대사를 역임한 에로 드 메스의 서신들이 포함된 베네치아 46번, 47번, 48번 문집을 참조했다. 그 편지들의 원본은 파리 국립 도서관에 소장되어 있다.

마르세유

상공회의소 문서보관소 – 16세기 말에 쓰인 매우 드문, 문서번호조차 부여되지 않은 몇몇 편지들이 있다. 예를 들면, 알렉산드리아의 시정관인 코크렐이 마르세유 시정관들에게 보낸 1599년 11월 29일자 편지 원본, 알레포의 시정관인 루이 보가 마르세유 시정관들에게 보낸 1600년 9월 1일자 편지 등.

코뮌 문서보관소 – 1559년부터 1591년까지 시참사회의 의결 사항들, BB 40부터 BB 52(문집들)

귀중한 HH계열의 분류 중인 일련의 문서들이 있다. 특히 243묶음, 귀족이 작위 박탈

없이 상거래를 할 수 있게 허용하는 샤를 9세의 특허장들, 272묶음, 제3자의 권리, 앙티브의 정박권 1577-1732, 273묶음, 아를, 1590-1786, 284묶음, 양모 수출을 허가하는 앙리 3세의 편지들, 307묶음, 영국과의 교역 1592-1778, 346 bis 묶음, 시정관 지명을 요구하는 모로코 "왕"의 편지, 350묶음, 튀니스에서 온 잡다한 편지들, 351묶음 콘스탄티노플에서의 2%세금 1576-1610, 367묶음, 선박 또는 화물선 나포, 465묶음, 항구의 움직임과 상품의 입항 1577. 이 일람표에 알레포, 트리폴리, 시리아와 알렉산드레트에서 온 일련의 편지들을 추가해야 한다. 이 편지들은 그 날짜와 함께 인용된 바 있다(이 책 제II부 제3장). 그러나 내가 마르세유에서 작업할 때에는 그 문서들의 번호가 아직 정해지지 않아서 나는 페랑 컬렉션이라는 임시 이름을 지정했다.

부슈뒤론 도립 문서보관소 - 귀중한 문서가 3개 있다.
1. 알제 총독부의 오랜 문서들로, R. 뷔스케는 연구자들이 이 문서들에 관심을 가지게 만들었다.
2. 1543년에 마르세유에서 왕국 내로 팔려나간 상품들에 관한 신고서 대장. 마르세유 해군 본부. Amirauté de Marseille, IX B 198 ter. 이 문서는 사실상 3개의 일람표를 포함한다. a) 1543년 1월 15일부터 1543년 5월 21일까지 왕국 내에서 운송된 마르세유 상품들, 요컨대 육로로 프랑스에 운송된 마르세유의 수출품들의 목록, fᵒ 1부터 fᵒ XLV. b) 1543년 1월 15일부터 1543년 5월 28일까지 육로 또는 해로로 왕국 내에서 마르세유로 들어온 상품들의 일람표(fᵒ XLVI부터 fᵒ LXXVI). c) 1543년 1월 16일부터 1543년 5월 18일까지 해로로 외국으로 향한 마르세유의 수출품들(fᵒ LXXVIII부터 fᵒ LXXXIX vᵒ).
3. (1609년부터 1645년까지 선박에서 하역된) 상품들의 하역증명서 등록대장, 편철되지 않은 대장, Amirauté de Marseille 8 IX 14.

알제

알제리 총독부 문서보관소는 사본이든 원본이든 1841-1844년의 티랑 사절단이 모은 기이한 에스파냐 문서들의 컬렉션을 소장하고 있다. 몇몇 오류가 있는 색인 목록은 자크통에 의해서 작성되었다.

우리는 이 묶음의 자료들을 색인 목록의 분류 오류를 몇 개 찾아내고 번역에서 빠뜨린 것들을 찾아낼 정도로, 이 책에서 다루는 시기 밖의 것들까지도 철저하게 읽었다. 게다가 E. de la Primaudaie, *Document inédits sur l'histoire de l'occupation espagnole en Afrique 1506-1564*(Alger, 1866, 324 p.)는 알제 문서의 5분의 1을 출간하지 않았다.

열람한 다른 문서보관소들 - 브장송, 두(Doubs) 도 문서보관소, 툴롱 코뮌 문서보관소, 카시 코뮌 문서보관소, 오랑주 코뮌 문서보관소, 피레네오리앙탈 도 문서보관소(페르피냥), 루앙의 시립 도서관, 도 문서보관소, 코뮌 문서보관소, 엑스 메잔 도서관.

III. 이탈리아의 문서보관소들

제노바

국가 문서보관소 - 4개의 중요한 계열이 있다. 1) 에스파냐와 주고받은 서신: 1559-1590, (1559년 정보원 안젤로 레카로의 문서 몇 건이 포함된) 2.2411에서 8-2417묶음까지. 그후에 이 조사는 1647년 38.2247묶음으로까지 계속되었다. 2) 1.2169와 2.2170 2개의 묶음을 비롯하여, 1558년부터 1565년까지 콘스탄티노플과 주고받은, 매우 흥미로운 비밀 서신. 이 두 계열은 *Lettere Ministri*에 속하고 *Lettere Ministri Spagna*와 *Lettere Ministri Costantinopoli*라는 항목 아래에 분류되었다. 3) *Lettere Consoli*의 풍부하지만 실망스러운 계열: 메시나 1529-1609년(n° 2634), 나폴리 1510-1610년(n° 2635), 팔레르모 1506-1601년(n° 2647), 트라파니 1575-1632년(n° 2651), 치비타베키아 1563년(n° 2665), 알게로 1510-1606년(n° 2668), 칼리아리 1519-1601년(n° 2668), 알리칸테 1559-1652년(n° 2670), 바르셀로나 1522-1620년(n° 2670), 이비자 1512-1576년(n° 2674), 마요르카 1573-1600년(n° 2674), 세비야 1512-1609년(n° 2674), 피사 1540-1619년(n° 2699), 베네치아 1547-1601년(n° 2704), 런던 1651년 이후(n° 2628), 암스테르담 1563-1620년(n° 2567). 사실 15세기의 문서들은 안트베르펜에 관한 것이다. 4) 16세기 말에 대해서는 *Magistrato del Riscatto degli Schiavi* 계열의 중요한 문서들(atti 659)이 있다.

이 계열들 이외에 다음의 자료들을 참조했다. *Lettere Ministri, Inghilterra*, filza 1.2273 (1556-1558), *Diversorum Corsicae*, filza 125, 특히 방대한 장부인 *Venuta terræ* (1526-1797), *Caratorum occidentis*(1536-1793), *Caratorum Orientis*(1571-1797), *Caratorum veterum*(1423-1584)은 매우 정확하게 16세기 후반 30년 동안 그리고 그 이후까지도 제노바 항구의 움직임을 묘사했다. 나는 1964년 10월에 해상보험에 관한 장부를 발견하는 행운을 잡았다. 이 책의 제II부 348쪽을 보라.

시립 문서보관소 - 팔라초 로소에는 특별히 제노바 시, 동직종 조합의 활동(1620년부터 양모조합에 관한), 17세기에 코르시카 섬의 목재를 제노바로 가져오는 코르시카 곳의 선박들의 움직임에 관한 문서들이 보관되어 있다. 또한 마르세유 선박들의 움직임에 관한 문서들의 묶음도 있다. *Consolato francese presso la Repubblica-Atti relativi 1594-1597*, n° 332. 1594년부터 1597년까지 활동을 정지한 프랑스 영사관은 기이하게도 제노바 코뮌이 책임을 졌고, 코뮌에 의해서 관리되었다. 내가 알기로는, 이는 서부 지중해에서 마르세유의 무역에 관한 가장 풍부한 자료이다. 마르세유와 에스파냐 사이의 무역에 관한 많은 문서들이 있다. 선주들은 에스파냐에 가는 것이 합법인지 불법인지, 에스파냐와 전쟁 중인지 아닌지를 문의하고 있다. 이 물음으로부터 사르데냐나 에스파냐로부터 귀환한 선주들에 대한 조사가 시작되었는데, 이 조사는 서부 지중해가 얼마나 마르세유 선박들로 붐볐는지를 보여준다.

베네치아

국가 문서보관소에서 이용한 자료는 다음과 같다. Senato Secreta, Dispacci Costantinopoli 1/A, 2/B, 3/C, 4/D, 1546년부터 1564년까지(임대차 계약에 관한 문서). Senato Secreta Dispacci Napoli I. Cinque Savii alla Mercanzia. *Buste* 1, 2, 3, 4, 6, 8, 9, 26, 27. Relazioni Collegio Secreta 31, 38, 78. Capi del Cans° dei Dieci, Lettere di ambasciatori, Napoli, 58. Lettere ai Capi del cans° dei X. Spalato 281. Lettere commerciali XII *ter*는 16세기 말에 베네치아, 페라, 알레포, 트리폴리, 시리아에서 온 상업 서신들이 뒤섞인 방대한 문집이다. *Archivio Generale di Venezia*(Venise, 1873, in-8°)는 문서보관소 조직의 큰 틀을 보여준다. 운이 좋게 나는 국가 문서보관소에 부속된 *Archivio Notarile*에서 3361번의 공증인 안드레아 데 카티의 문서들(1590년 7월) 사이에서 12명의 해상보험업자들로 구성된 회사의 존재를 확증하는 증서를 발견했다.

나는 이 책의 초판 출간 이래 베네치아에서 수개월을 보내면서 1450-1650년 사이에 작성된 Senato Mar, Senato Terra, Senato Zecca, Cinque Savii alla Mercanzia 계열의 문서들 대부분과 1620년까지 에스파냐 주재 베네치아 대사들의 서신 전부, 그리고 공식 문서들에 따르면 베네치아 시와 세계에서 벌어진 사건들의 연대기인 귀중한 베네치아 연보 (*Annali di Venezia*)를 보았다. 그 연대기는 결국 사누도의 『일지(*Diarii*)』로 이어졌다. Archivio Notarile와 Quarantia Criminale의 문서들 속에서 지적 탐색이 자라났다.

베네치아에서 나는 산마르코 도서관과 코레르 박물관의 자료들(Donà delle Rose와 Cicogna 컬렉션)도 조사했다.

피렌체

국가 문서보관소 - 나의 모든 작업은 메디치 가문의 컬렉션을 대상으로 했다. 나는 4896번 부터 4913번까지(4897 bis 묶음도 포함), 1559년부터 1581년까지 에스파냐와 주고받은 서신을 면밀히 조사했고 그 계열의 중요한 필사본을 활용하면서 1590년까지 탐색을 이어갔 다. 이 긴 계열 이외에 1829, 2077, 2079, 2080, 2840, 2862, 2972, 4185, 4221, 4279, 4322번을 조사했다. 2077, 2079, 2080번 묶음은 리보르노의 portate[선박 적재량]에 해당 한다. 우리의 설명은 여기에서 빈번하게 차용되었다. Misc. Medici계열 가운데 123번 묶음 은 유용한 정보를 전혀 주지 못했다. 124번 묶음(f° 44)에서 1589년 신성 로마 제국의 황제가 그의 신민들에게 내린 영국인들과의 거래 금지령에 대한 내용이 있다. 나는 1949년 이래 메디치 가 컬렉션, 특히 문서보관소에 위탁된 가족 문서들을 연구했다.

국립 도서관 - 매우 풍부한 카포니(Capponi) 컬렉션은 1935년경 국립 도서관에 들어왔다. 이 컬렉션에는 이 강력한 가문의 장부들이 포함되어 있다. 우리의 관심 대상 시기에 해당하 는 것은 12-90, 107-109, 112-129번 장부들이다. 이 3개의 계열은 여러 회사들의 장부 를 포함하고 있다. 그것은 하나의 세계였다. 이 방대한 장부들은 그 무게와 크기 때문에 연구를 힘들게 만든다. 사진만이 조작의 어려움을 극복할 수 있게 해준다. 나는 41번 *Libra grande debitori* e *creditori di Luigi e Alessandro Capponi, Moriotto Meretti e compagni* *di Pisa* 1571-1587만 참조했다. 이 책은 가격, 환시세, 해상보험, 용선료 지표, 그리고 이 시기에 다 그렇듯이 흩어져 있는 상업 활동에 대한 통찰을 탁월하게 보여준다.

카포니 컬렉션은 매우 다양해서 그에 대한 개관만 할 수 있을 뿐인, 정치적, 경제적, 역사적 문서들을 포함하고 있다. 메디치 가문, 피렌체 공화국, 에스파냐, 폴란드, 중국, 투르크, 그리고 16세기의 중요 사건들에 대한 이 문서들의 제목만 열거해도 책 한 권을 채울 수 있을 것이다. 1001년부터 1723년까지 피렌체의 연대기(Codice, C CXXX, vol. 2) ; 1578년의 플랑드르와 펠리페 2세에 대해서는(XXXIX, p. 360-375) ; 1546년의 시칠리아에 대해서(LXXXII, n° 18) ; 1572년(XV, p. 63-112) ; 1600년부터 1630년까지(CLXXXIX, p. 148-196) ; 베네치아의 갤리 선 노꾼-죄수에 대해서(XI, p. 153-157) ; 1596년 환전의 남용에 대해서(XLIII, p. 274-287) ; 1583년의 루카에 대해서(II, p. 357-366) ; 1595년 트란실바니아에 대해서(XLV, p. 423-428) ; 제노바에 관한 펠리페 2세와 알바 공작의 회의 형식의 연설(XXXVI, p. 205-269) ; 1575년경의 제노바에 대해서(LXXXI, XVIII, II) ; 1558년 키프로스에 대한 베네치아인의 보고(XIII, 266-293) ; 모스크바 공국에 파견된 신성 로마 제국의 대사 D. 필리포 페리스텐의 보고(XIV, 232-253) ; 빌프랑슈에 온 포르투갈 선박에 관한 기술(XXXIX, p. 61-67) ; 1562년 11월 27일 오스만 투르크 제국 대사가 프랑크푸르트의 신분의회에서 행한 연설(XV, p. 274-277) ; 1552년 6월 16일, 로마 교황과 코시모 데 메디치 간에 이루어진 명반 거래 계약(cassetta 7 a, n° XVIII) ; 1606년 7월 14일, 나폴리에서 토마소 설리가 리보르노의 잉글랜드 상인 루게로 굿루크에게 보낸 편지 (LXXXI, n° 23 bis) ; 펠리페 2세 치세의 에스파냐에 대해서(XI) ; 1564년 펠리페 2세의 궁정에 대해서(LXXXII) ; 1576년(LXXXI, n° 9 *bis*) ; 1577년(LXXXII, n° 3) ; 안토니오 페레스와 에스코베도에 관해서(XV, p. 262-269) ; 1577년, 엘바 섬의 철광산의 계약에 관해서(casetta 8 a, n° 11) ; 엘바 섬에 대한 견문록(CLXI) ; 1578년 당시 가장 유명한 악당 중 한 사람인 비첸초 세르첼리의 죽음(CLXI, CCLVI, CCXXXVII) ; 페르디난트 1세 치하 의 토스카나에 대해서(CCL, CXXIV) ; 1535년경의 포르투갈에 있던 새로운 기독교도에 대해서(XXXVI) ; 1571년의 포르투갈에 대해서(XXV, p. 109-127) ; 1570년부터 1573년까지의 해상 군사 활동에 대해서(CCXV, CLXXII) ; 레판토 해전 이후 셀림이 돈 후안에게 보낸 선물(XL, p. 41-44) ; 파마구스타에 관해서(LXXXII) ; 투르크-베네치아의 평화와 베네치아 정부의 변명 및 돈 후안의 계획 ; 1570년의 마르칸토니오 콜론나와 J. 안드레아 도리아의 다툼 ; 1579년 5월 25일, 기획된 포르투갈 정복에 대해서(XV, p. 1-61) ; 1618년, 나폴리의 세입에 대해서(CCLVIII) ; 카를 5세의 세입(XI, p. 216-220) ; 안코나의 무역에 관해서(XXI, p. 257-298) ; 밀라노의 환전과 화폐(cassetta 10 a, n° XVI) ; 밀라노에 대해서(XV) ; 제국을 페르디난트에게 양도하는 것에 대한 로마 교황의 반대(LIX) ; 헝가리 전쟁의 모든 원인들(LIX, p. 436-469) ; 1577-1579년 투르크와 페르시아의 전쟁(LXXXII, n° 7) ; 치프리아노 사라치넬리는 펠리페 2세에게 프랑스와의 전쟁을 포기하고 창끝을 투르크를 향해 돌리라고 간청했다(LVIII, p. 106-151).

성 로렌초 도서관 – 여기에도 각양각색의 문서들이 보관되어 있지만, 특히 토스카나, 나폴리,

크레타 섬, 라발텔린 지방에 대해서 17세기와 18세기에 이루어진 역사적 컬렉션은 풍부하다. 알렉산드르 파르네제(1518-1585)의 자필 편지들, ashb. 1691, 환시세에 관한 (조반니) 실리의 미발간 소책자 *Pratica di Cambi*, 1611, ashb. 647, 이집트와 홍해에 관한 견문록. *La retentione delle galee grosse della Illustrissima Signoria de Venecia in Allessandria con le navigazioni dell'armata del Turco dal Mar Rosso nell'India nel anno MD XXXV I*, 37 f° Ashb 1484-1508 (Relatione d'Allessandria con la navigatione del Turco dal Mar Rosso nell'India, 1536, ashb. 1408) ; 16세기의 *Libro de Mercatanzia* (ashb. 1894) ; 16세기의 항해에 관한 논문, *ibid.*, 1660 ; 17세기의 성지 순례 여행, 1654 ; 17세기의 포르투갈에 관한 지도와 문서들, 1291.

귀차르디니-코르시-살비아티 가문의 문서보관소 – 나는 귀차르디니 후작의 친절과 은혜 덕분에 그 가문의 귀중한 문서고에서 한동안 작업할 수 있었다. Libri mercantili 1, 7, 8, 9-15, 21-25(1550-1563), 26(libro di magazino de Messina 1551-1552), 27-32 (1552-1571) ; II, 33-48(1542 a 1559) ; III, 49-59(1554-1559) ; IV, 60-64(1565-1572) ; V, 65-67(1582-1585) ; VI, 68-71 (1579-1590) ; VII, 72-102(1587-1641) ; VIII, 103-130(1582-1587) ; IX, 131-135 (1588-1591) ; X, 136-155(1590-1602) ; XI, 156-166(15…?-1617) ; XII, 167-172 (1589-1608) ; XIII, 173-202(1592-1597). 카포니 가문의 장부들과 마찬가지로, 우리의 관심 시기에 해당하는 두툼한 장부만 200권이 넘는 이 자료들도 하나의 세계를 이루고 있다. 가격, 수송, 신용 구매와 판매, 비단 거래, 시칠리아 밀, 후추, 향신료 교역에 관한 자료들이 아주 많이 있다. 이 문서들은 이후 피렌체 국가 문서보관서로 이관되었다.

로마

국가 문서보관소 – 예정된 두 번의 조사는 이루어지지 않았다. 확정되지 않았던 첫 번째 조사는 *Annona e Grascia*, 1595-1847(Busta 2557), 매우 확실했던 두 번째 조사는 치비타 베키아의 항만기록(portate)에 관한 것이었지만, 보관된 일람표는 거의 모두 16세기 전반에 작성된 것이었기 때문에 그에 대한 우리의 관심은 줄어들었다.

나폴리

국가 문서보관소 – 나는 *Carte Farnesiane*에서 Spagna du fascio I 계열부터 fascio VII 계열에서 1559년부터 마르가리타 디 파르마와 파르마 공작의 요원들이 작성한 서신들을 연구했고, Dipendenze della Sommaria, fascio 417, fascicolo 1번에 분류되어 있는 1572년 바리 항구의 수출품 일람표 전체를 복사했다. 처음 조사를 시작한 이래 솜마리아(회계청)의 문서들은 매우 큰 성과를 뒷받침했다. A. 실베스트리는 우리에게 상세한 색인 목록을 작성해주었고, 덕분에 많은 복사본을 만들 수 있었다. 이 문서들은 나폴리와 지중해의 역사에 매우 중요하다.

시 문서보관소 - 우리는 바르톨로메오 카포소(Bartolomeo Caposso)의 상세한 색인 목록, *Catalogo ragionato dei libri, registri, scritture esistenti nella sezione antica o prima serie dell'archivio municipale di Napoli* 1387-1808(Naples, tome I, 1877, tome II, 1899)을 이용할 수 있다. 이 색인 목록은 기관들에 대한 주석에서 탁월하지만 그 도시의 공업과 상업의 실상을 제대로 보여주지 못한다. 이 거대한 도시에 곡물과 기름을 공급하는 것에 관한 중요한 문서들은 다음과 같다. *Acquisti de'grani*, 1540-1587, N 514 ; 1558, N 515 ; 1590-1803, N 516 ; *Acquisto e transporto de'grani*, 1600, N 518 ; 1591-1617, N 532; 1594, N533.

팔레르모

1932년 8월에 내가 체류했을 때에 팔레르모의 국가 문서보관소와 시 문서보관소가 문을 닫았기 때문에, 나는 국가 문서보관소에서 며칠간 작업했고 시 문서보관소의 방대한 장부들을 보기만 할 수 있었다. 그래서 나는 항상 자료가 풍부한 코뮌 도서관에 모든 노력을 기울였다. 팔레르모에 관한 기술, Qq E 56와 Qq E 31(후자는 17세기 아우리아 비첸초에 의한 것이다) ; Successi di Palermo, Palmerino, Qq D 84 ; lettere reali al vicere di Sicilia dal 1560 al 1590, 3 Qq E 34 ; 시칠리아에 관한 이야기, Qq F 221, Qq C 52, Qq F 80, Qq D 186, 3 Qq C 19, f° 212(에스파냐어판, Qq D 190)(1592), Relazione del Conte di Olivares (avertimenti lasciati dal Conte Olivares, 1595), Qq C 16, 시칠리아 정부에 관한 의견서, Qq F 29 ; 국왕과 시칠리아 부왕의 편지, 1556-1563, 3 Qq C 35 ; 각종 편지 1560-1596, 3 Q q E 34 ; 1570년 7월 알부케르케 공작의 편지, 3 Qq C 45, n° 25 ; Qq H 113(n° 15, nO 17)과 Qq F 231 ; 3 Qq C 36, n° 22 ; 3 Qq E 11 Camilliani, *Descrizione delle marine*, Qq F 101 ; *Itinerario*…, Qq C 47 ; Pugnatore, *Istoria di Trapani*, Qq F 61. 시칠리아의 교역에 관한 것으로는, 2 Qq E 66, n° 1 ; 16세기와 17세기의 곡물 거래에 관한 것, Qq D 74 ; 밀에 관한 페리아 공작의 편지(1603년), 2 Qq C 96, n° 18 ; 안토니오 몬지토레가 기록한 시칠리아의 유대인에 관한 의견서, Qq F 222, F 213 ; deputati del Regno 1564-1603, 3 Qq B 69, f° 339. 몰타 섬의 교역에 관해서는 Qq F 110, f° 295 ; 1531년부터 1671까지 시칠리아에서 일어난 화폐 변동에 대해서, Qq F 113, f° 22 ; 1565년 메디나 셀리 공작의 행정 명령, 사본, Qq F 113, f° 32-40 ; 알바니아에서 시칠리아로 온 그리스인에 관한 안토니오 몬지토레의 의견서, Qq E 32, f° 81 ; 코바루비아스에 관한 전기적인 주석, Qq G 24, n° 43 ; 카스티야의 화폐 변동에 관한 18세기의 비망록, Qq F 26, f° 87 ; 1501년부터 1715년까지 시칠리아의 인구에 관한 안토니오 몬지토레의 연구 보고서, Qq H 120 ; 17세기 시칠리아의 도적들, Qq E 89, n° 1 ; 팔레르모의 식량난, 특히 1591년의 기아에 관해서, Qq H 14 bis, f° 144. Carta al Rey nuestro Señor de Filiberto virrey de Sicilia sobre traer carne de Berveria, le 10 avril 1624, Qq D 56, n° 21, f° 259.

그밖의 문서보관소 - 토리노, 피사, 안코나, 밀라노, 리보르노, 칼리알리(사르데냐), 메시나(시칠리아), 만토바(국가 문서보관소), 모데나(국가 문서보관소).

IV. 바티칸의 문서보관소들

이노호사의 저작과 특히 세라노 신부의 책 *Correspondancia diplomâtica entre España y la Santa Sede durante el Pontificado de S. Pio V*, 1566-1572 덕분에, 나는 바티칸 문서보관소에서 1573년부터 1580년까지 에스파냐에 전달된 교황들의 서신에 대한 연구에 집중할 수 있었는데, 서신에는 공백이 있었다(Spagna 7-27). 나의 작업은 티세랑 추기경의 조언과 메르카티 추기경이 베풀어준 호의, 특히 훌륭한 사진술 덕분에 수월해졌다.

V. 라구사의 문서보관소들

라구사의 문서보관소는, 우리가 자주 언급하게 될 이유 때문에, 지중해에 관한 우리의 지식을 위해서 가장 귀중한 것이다. 다른 곳에서처럼 여기에서도 정치적 문서들은, 특히 라구사 감독관들과 참모들이 라구사의 대사들과 정보원들에게 보낸 편지들, 그리고 그들이 라구사 감독관들과 참모들에게 보낸 편지들이 주를 이루었다. 이 문서 더미는 2개의 계열, 즉 서쪽의 편지들과 동쪽의 편지들로 구성된다(LP와 LL, 후자의 편지들은 정확하게 *Lettere et commissioni di Levante*라는 제목 아래 분류되었다. 우리는 서쪽의 편지들은 LP 1[1566] 부터 LP 7[1593]까지 열람했고, LL 계열에서는 1593년에 주고받은 편지들을 모아놓은 LL 38번만 보았다. 레판토 해전 당시 성 브라우시스 공화국의 로마 주재 대사인 프란체스코 곤돌라에 관한 저작이, 보이노비치 백작의 *Depeschen des Francesco Gondola, Gesandten der Republik Ragusa bei Pius V. und Gregor XIII*(Vienne, 1909)으로 출간되었지만, 이 책 덕분에 이 라구사의 문서들을 알게 된 사람들은 정치적 공동체이자 동시에 상인들의 결사체였던 공화국의 관례적인 협상 방식에 대해서 별로 정확하지 않은 생각을 가지게 될 것이다. 라구사의 요원들은 상황과 필요에 따라서 밀, 모직물, 벨벳, 구리를 주문받는 상인이기도 했다. 따라서 이 문서들에는 베네치아인들에 대한 습관적인 어조, 인간과 지배자들에 대한 일반적인 이야기는 참조할 것이 전혀 없지만, 진부하고 사소하지만 유용한 것이 있다.

라구사 사료의 장점은 여기에 있지 않다. 라구사의 사료들은 인내심을 가지고 두툼한 *Acta Consiliorum*을 살펴본 사람에게 기이하게 보존된 중세 도시의 비밀을 찾아낼 수 있는 기회를 제공한다. 또한 라구사의 문서보관소는 등기 또는 법정 토의 때문에 보존된 특별한 문서들도 제공한다. 예를 들면, 환시세, 계산서, 해상보험, 이익 배분 규정, 회사 설립, 상속, 하인 고용 등에 관한 편지들이다. 이 문서들은 3개 계열, 즉 *Diversa de Foris*, *Diversa di Cancellaria*, *Diversa Notariae* 계열에 분산되어 있다. 나는 마지막 2개 계열은 들춰보기만 했다. 첫 번째는 *Diversa di Cancellaria* 계열의 132-145번 장부로 1545년부터 1557년에 작성되었고, 두 번째는 *Diversa Notariae* 계열의 110번 장부로 1548-1551년에 작성되었다. 그러나 나는 *Diversa de Foris* 계열은 대체로 1580년부터 1600년에 걸친 시기의 문서들(연대기 순으로 배열된 문서들은 이 계열의 매우 두꺼운 문서철들 사이에 흩어져 있다)을 깊이 파고들었고, 나의 조사는 I번부터 XVI번까지 확대되었다. 또다른 조사들도 진행되었다. 예를 들면, 에스파냐 양모의 수입에 관해서 *Libro dogana* n° 10,1575-1576, XXI, 1, 12 ; XXI, 7, 3 그리고 특히 XXII, 7, 4. 나는 해독 아니 해석이 꽤 어려운 이 문서들을 통째로 복사했다. 마지막으로 최근에, 즉 1935년에 취득한 자료 n° 44, *Quadernuccio dove s'ha da notare le robe che vanno o venghono alia giornata, cossi d'amici comme le nostre*, 1590년 12월 20일-1591년 4월 2일은 발칸 루트로 돌아선 라구사 상인과 운송업자들의 활동을 조명하고 있다.

내가 1935년 겨울에 라구사에서 작업할 때, 나를 도와준 라구사의 기록관리사인 트뤼헬카의 공로를 언급하고, 그에게 감사를 표하는 바이다. 그러나 그가 복사를 허락하지 않아서 나의 조사에 어려움이 100배로 늘었다. 백마 탄 왕자를 만난 것과 같은 우연이 나에게 *Lettere di Ponente, Diversa di Cancellaria, Noli e Sicurta* 계열의 필름을 마련해주었다. 이 필름은 오늘날 바렌 가 54번지에 있는 파리 7대학 역사연구소(6부)에 보관되어 있다. 나는 알베르토 트낭티와 함께 끝없이 이어지는 이 귀중한 사진들을 펼쳤다.

VI. 유럽의 문서보관소들

지중해와 프랑스 밖의 것들

나는 독일, 오스트리아, 폴란드의 문서보관소들을 기억만 할 뿐이다. 나의 계획은 지중해 방면으로의, 특히 육로를 통한 상업적 흐름들을 확인하기 위해서, 마드무아젤 폰 랑케가 쾰른에 대해서 했던 것과 동일한 것을 다른 도시들에 대해서 다시 해보기 위해서, 문서고에서의 조사를 통해서 우리가 이용할 수 있는 많은 저작들을 보완하는 것이었다. 라인란트에는 문서가 별로 없다. 엑스라샤펠의 문서들은 1656년의 화재로 소실되었고, 보름스의 문서들은 1689년의 파괴로 인해서 사라졌다. 슈파이어의 문서들은 한스 시겔의 작업에 활용되었지만, 별로 중요하지 않다. 나는 코블렌츠, 마인츠, 그리고 16세기 후반의 비약적인 성장으로 인해서 매우 큰 문제를 제기했던 프랑크푸르트암마인의 자료들에 대해서는 아무런 정보도 없었다. 북부 독일의 슈투트가르트나 뮌헨에는 아무것도 없었고, 반대로 뉘른베르크와 아우크스부르크는 많은 자료를 제공했다. 슈트라이더와 페르 헤스 이후에 리옹과 마르세유 방면에서 독일 상인들의 역할이 더 잘 부각되었다는 것이 흥미롭다. 나는 울름에 대해서는 아무것도 모른다. 반면에 더 동쪽으로 라이프치히, 드레스덴은 실질적인 자료들을 제공한다. 프랑크푸르트의 정기시들은 1600년까지 프랑스와 이탈리아의 상인들이 자주 찾았다. 남부와의 교역은 포도주, 비단, 그리고 에스파냐 소금(boysalz), 이른바 비스케이 만(Boy = Biscaya) 소금을 대상으로 했는데, 틀림없이 함부르크를 통해서 거래했다. 에스파냐 소금은 신성 로마 제국의 황제가 프랑크푸르트에 비스케이 대리인(Boyfactor)을 두었을 정도로 황제의 특권이었다. 프랑크푸르트의 시 자료관에 보관되어 있는 소금 거래에 관한 2건의 문서는 1574년과 1597년까지 거슬러올라간다. 브레슬라우에서 곧장 이탈리아로 향하는 교역이 1450년 이후까지 이어진 것으로 보이지는 않는다. H 벤트의 이론에 따르면, 대략 이 시기 전에는 서쪽으로 돌아가면서 보헤미아와 오스트리아의 도시들에 이익을 주었을 것이다.

지중해를 향한 이 중부 유럽에서 가장 아름다운 문서보관소는 그 당시 경제 중심지였을 뿐만 아니라 정치 중심지였고, 정치적, 왕조적 이유 때문에 경탄할 만한 정보의 중심지였던 빈에 있다. 책도 출판물도 국가 문서보관소(Haus-, Hof-und Staats-Archiv)의 그 거대한 문서 더미를 고갈시키지 못한다. 에스파냐와 주고받은 서신들(Hof Korrespondenz ; Korrespondenz Varia), 베네치아, 투르크, 로마, 몰타, Fasz. 1(1518[sic] 1620), 라구사, f° 1 (1538-1708), 제노바, f° 1(1527-1710), 이탈리아(Kleine Staaten), Fasz. 7(Neapel 1498-1599), 시칠리아, I, 1530-1612 ; 헤트루스카 1(1482-1620), 루시타니아 I (1513-1702). *Kriegsakten* 계열(1559-1581년 시기의 문서들은 Fasz. 21-33)은 말할 것도 없다. 나는 이 여행, 지중해로부터 상당히 떨어져 있는 북부 내륙으로의 여행이지만 꼭 필요했던 이 검토를 상황 때문에 실행할 수 없었다. 나는 앞에서 작업 계획만 요약했다. 나는 합리적인 조사를 통해서 단치히, 뤼베크, 함부르크, 브레멘이 지중해와 해상과 육로로 어떻게 연결되었는지에 관해서 밝힐 것이라고 덧붙였다. 이 점에서 안트베르펜의 문서보관소와 잉글랜드 항구 도시들의 문서보관소들(영국박물관의 에스파냐 컬렉션들, P. 게얀고스의 색인 목록보다 중요하다), 그리고 전체 유럽이 지중해의 삶과 빛에 연결되어 있는 한, 네덜란드와 스칸디나비아 국가들, 그리고 폴란드의 문서보관소들도 우리의 관심 대상이다. 1949년 이래, 나는 한동안 빈에 머물고 있었다. 나는 안트베르펜, 단치히, 크라쿠프에서 며칠씩 작업했다. 나는 런던에도 계획보다 오래 체류하면서 성과를 얻었다(영국 박물관과 기록사무소). 중요한 마이크로필름 덕분에 제노바에서 나는 공공 대학 도서관에 보관된 에두아르 파브르의 컬렉션(알타미라 가문의 고문서)을 철저하게 조사했다(cf. Léopold Michel, l *Inventaire...*, *Bulletin Hispanique*, 1914).

2. 지도 사료들

지도 사료들이란 지도, 약도, 도면, 그리고 해안과 도로에 대한 설명도들을 말한다. 크게 두 부류가 있는데, 현재의 자료들과 고문서 자료들이다.

A. **현재의 자료들** - 현재의 지도들을 열거하자면, 독자들은 *Géographie Universelle*, t. VII, 1, 2 ; t. VIII, t. XI, 1을 참조해야 할 것이다. 에스파냐 지도들을 확인하기 위해서 나는 *Revue de géographie du Sud-Ouest et des Pyrénées*(1932)의 정확한 정보들을 활용했다. 이목(移牧)에 대해서는 엘리 뮐러(Elli Müller)가 작성한 *Die Herdenwanderungen im Mittelmeergebiet, Petermanns Mitteilungen*(1938, in-8°)의 종합적인 지도가 특히 유용하다. 베르베르의 지도에 관해서는 인간의 일상생활에 관한 설명들이 매우 독창적인 J. 드레슈의 지도에 관한 글들이 유용하다.

학술적으로 큰 가치는 없지만, 아래의 지도 2개는 사용하기 쉽고 위치를 확인하는 데에 도움이 되었다. Carte d'Asie-Mineure (Turquie-Syrie-Transjordanie, Palestine, Irak, Basse-Egypte) au 1: 1.500.000°, 2° edit., Girard et Barrère ; Mittelmeer au 1: 5.000.000°,

Munich, Iro-Verlag, 1940.

나는 프랑스 해군의 수로측량부가 작성한 일련의 훌륭한 "항해 교정"을 활용했다. n°
405(에스파냐 북부와 서부) ; 356(아프리카 서부) ; 345(에스파냐 남부와 동부) ; 360(프랑스
남부, 알제리, 튀니지) ; 368(이탈리아 서부) ; 408(아드리아 해) ; 348/349(동지중해) ; 357
(흑해와 아조프 해).

B. 고문서 자료들 - a) 프랑스 국립 도서관(파리), 지도, 도면부

Ge B 1425 *Portulan italo-catalan* (16세기).

> 시리아 해안을 제외한 지중해, 스코틀랜드부터 카나리아 제도까지의 대서
> 양 연안(에스파냐와 포르투갈의 깃발, 아프리카의 동물 그림이 그려져 있으
> 나, 손상이 심하다)

Ge AA 640 *Carte portugaise attribuée aux Reinel.*

> 앞면: 지중해, 뒷면: 대서양(포르투갈의 십자가로 장식된 선박, 큰 문장, 마
> 을의 스케치, 바벨탑, 예루살렘의 탑들 등 장식이 풍부하다)

Ge B 1132 *Carte de Gaspar Viegas*, 1534년.

> 동지중해와 대서양(장식: 나침도)

Ge B 1134 *Carte de Gaspar Viegas*, 1534년.

> 동지중해

Ge C 5097 *Méditerranée, mer Rouge, mer Noire*, 1534?년.

> 스코틀랜드부터 부하도르 곶(부자도르 곶)까지의 대서양(돔 형태의 녹색 산
> 들이 그려져 있다)

Ge AA 567 *Archipel* (보스포루스 해협부터 크레타 섬 남부까지).

> 해안선이 들쭉날쭉한 모양으로 훌륭하게 그려져 있다(Viegas 작)

Ge C 5096 *Attribuée par une note au verso à Viegas*, 1534년.

> 서지중해와 대서양(타란토부터 아조레스 제도까지)

Ge D 7898 *Attribuée par note au verso à Viegas*, 1534년.

> 그리스, 에게 해 일부

Ge C 5086 *Collection de 8 portulans anonymes.*

> 포르투갈. 연필로 쓴 내용으로 볼 때, 영국박물관에 소장된 Diego
> Homem(1558)의 복사본으로 사료됨.
> Feuille n° 4: 지중해, 서유럽, 아조레스 제도

Ge D D 2007 *3 feuilles, travail italien du XVIe siècle* (가죽 장정)

> Feuille 1: 에게 해
> Feuille 2: 지중해
> (군주의 얼굴, 야자수, 틀에 박힌 도시 스케치, 마르세유와 베네치아의 상세
> 한 경관 등이 매우 아름답게 그려져 있다)

Ge FF 14 410 *Atlas du Génois Battista Agnese* (1543년), 12매.

Feuillet 6: 3개로 분할된 지중해

Ge FF 14 411 *Idem*, 판형은 좀더 크다.

Ge C 5084 *Carte de Vesconte di Maggiolo*, 제노바, 1547년.
지중해, 알렉산드리아부터 지브롤터 해협까지

GeAA 626 *Andreas Homem:* Universa ac Navigabilis tolius terrarum orbis descriptio,
안트베르펜, 1559년.
10장.
Feuille n° 4: 지중해, 아라비아, 카스피 해

Ge DD 2003 *Atlas de Diego Homem*, 1559년.
Feuille 2: 서지중해
Feuille 3: 지중해
Feuille 4: 동지중해
Feuille 6: 아드리아 해
Feuille 7: 그리스, 에게 해
(산 스케치, 깃발, 제노바의 광경이 아름답게 그려져 있다)

Ge D 4497 *Portulan du Cnitois, Georgio Sideri dicto Calapodo*, 1566년.
지중해

Ge DD 2006 *Atlas Diego Homem* (베네치아, 1574년),
7장.
2: 서지중해
3: 이탈리아, 아드리아 해 남부, 중부 지중해
4: 아드리아 해
5: 동지중해
6: 에게 해
7: 흑해
(n° DD 2003과는 크게 다르다. 단순한 장식. 나침도)

Ge DD 682 *Atlas de Joan Martines* (메시나, 1589년). 7장.
6: 시칠리아, 칼라브리아 서부
7: 지중해
(도시 스케치, 아프리카 동물 그림, 흑해와 라인 강, 론 강을 이은 상상 속의
하천)

Ge B 1133 *Portulan de Bartolomeo Olives* (메시나, 1584년).
유럽, 지중해(Regina Saba, Prete Jani de las Indias라고 아름다운 글씨로
기재되어 있다)

Ge AA 570 *Portulan de Mateus Prunes*, 마요르카, 1586년.
지중해, 서유럽 연안, 감비아까지의 아프리카 해안
(페스 왕부터 흑해 북동에 위치한 타타르족의 한국까지 군주들이 천막 아래

에 있는 그림, 많은 아프리카 동물, 마르세유, 제노바, 베네치아의 스케치)

Ge C 5094 *Mateus Prunes*, 1588년.
알렉산드리아부터 모로코까지의 지중해, 포르투갈 연안(지극히 단순하며, 나침도로 장식되어 있다).

Ge C 2342 *Carta Navigatoria de Joan Oliva* (메시나, 1598?년).
지중해, 바르셀로나의 일러스트(마르세유, 베네치아, 제노바와 그 지형대로 그린 항구, 야자수, 사자, 코끼리)

Ge C 5095 *Portulan de Vintius Demetrei Volcius Rachuseus* (in terra Libuani, 1598년)
지중해, 달마티아가 정밀하게 그려져 있다.

Fe FF 14 409 "베리 공작부인의"라고 적힌 작자 미상의 지도(16세기 말 또는 17세기 초)
20장의 지도가 제본되어 있다.

F. 3: 에스파냐, 알제리의 서해안, 모로코, 서아프리카

Ge DD 2012 *Portulan anonyme XVIᵉ siècle*
2 feuilles: 지중해, 에게 해
(나침도, 유다의 책형도[磔刑圖] 데생, 상상 속 하천으로 장식)

Ge DO 2008 Portulan portugais fin *XVIᵉ siècle*
1. 지중해, 제본 없음
2. 에게 해
(화려한 깃털, 스카프)

Ge DD 2009 *Portulan anonyme franco-italien, XVIᵉ siècle*?
이어붙인 4장의 지도
지중해, 에게 해, 서지중해(지도에 종교화가 붙어 있다)

Ge C 5085 *Portulan anonyme XVIᵉ siècle*
지중해(에스파냐의 지도에 오려서 붙인 수도사의 얼굴이 있다)

Ge C 5100 *Portulan italien XVIᵉ siècle*
지중해

Ge C 5083 *Portulan anonyme XVIᵉ siècle*
(세밀한 그림)

Ge C 2341 *Portulan génois XVIᵉ siècle*
에스파냐의 수중에 들어온 트리폴리가 보인다
(문장과 깃발의 아름다운 장식, 에스파냐 지도 위에 국왕이 에스파냐의 무력을 나타낸다)

Ge DD 2010 *Portulan anonyme*
지중해
이어붙인 2장의 지도

Ge D 7887 *Portulan de l'Archipel*
도시의 소소한 전경, 트로이아의 스케치

Ge C 5093 *Portulan de Franciscus Oliva*, 메시나, 1603년

　　　지중해(마르세유, 바르셀로나, 제노바, 베네치아의 스케치, 병사, 깃발 등 많은 장식들이 있다)

*주 - 살바도르 올리바가 작성한 해도 *Ge D 7889*가 존재하는데, 정확한 연도(1635)는 지워지고 1535년으로 변조되었다.

b) 시망카스의 일반문서고, 일련의 도면과 지도들:

　1 Costas tocantes a Argel y Bujia, 1602, E° 1951 a, 769m.

　2 바르바리의 노예 병사가 보낸 요새의 약도 (아마도 수스?), 1576년 3월 22일, 0,490 × 0,0461m, Pianos, Carpeta, II, f° 48.

　3 Diseño del Golfo de Arzeo, 잉크와 수채, 1574년 12월 28일, 0,490 × 0,424, *ibid*, f° 102.

　4 1603년경의 알제리 지도, 0,426 × 0,301, Carpeta, I, f° 53.

　5 부지의 왕궁 지도, 1548년, 0,418 × 0,309, Carpeta, II, f° 61-62.

　6 부지의 요새 지도, *ibid*., f° 166(0,392 × 0,294), f° 167(0,326 × 0,284), f° 168(0,514 × 0,362), 1543년 1월 9일.

　7 메르스-엘-케비르 지도(오랑, 1574년 12월 20일), *ibid*, f° 98-99, 1m 174 × 0,432-0,580 × 0,423.

　8 Nuovo disegno dell' arsenale di Messina, *ibid*., III, f° 58.

　9 멜리야 지도, 잉크와 수채, 0,445 × 0,320, E° 331.

　10 몰타 섬 요새 지도, E° 1145(Pianos Carpeta, III, f° 61).

　11 Disegno de la città di Siragusa (Syracuse), E° 1146, *ibid*., III, f° 63.

　12 Traza del Reino de Murcia (1562년경), E° 141 a, f° 183, 0,908 × 0,214.

　13 튀니스의 새로운 요새, 잉크와 수채, Pianos, III. f° 59, 1574년(0,694 × 0,585).

　14 Dizeño del fuerte de Túnez y la Goleta, 로마, 1574년 8월 7일(0,457 × 0,310), *ibid*., f° 21.

　15 Traza de la Goleta de Túnez (잉크와 수채), 1554년경(0,488 × 0,348), *ibid*., II, f° 126.

　16 Piano de Biserta (잉크와 수채), 1574년, (0,627 × 0,577), *ibid*., f° 60.

　17 Pianta de la città di Palermo, E° 1146.

　18 Dizeños (4) de la laguna de Melilla, hechos por el Fratin, 마드리드, 1576년 10월 4일(II, f° 134-137), (0,533 × 0,431, 0,483 × 0,315, 0,439 × 0,318, 0,313 × 0,216).

　19 Piano de la Fortaleza de Argel, 1563년, 0,606 × 0,448, I, f° 72.

　20 Piano de los fuertes de la Goleta, 1557년 11월 29일(0,320 × 0,217), Projets, E° 483, f° 174.

　21 Traza de los torreones de Melilla, 1552년 2월 24일(0,442 × 0,315), III, f° 56.

　22 페논 데 벨레스의 지도, 1564년(잉크와 수채) 0,30 × 0,209, *ibid*, f° 19.

23 아드리아 해 지도, E° 540.

3. 출간된 사료들

나는 지중해에 관한 문헌들의 완전한 목록을 작성할 수 있다고 주장하지 않는다. 저작들의 컬렉션이 필요하지만, 목록은 여전히 불완전할 것이다. 1949년 이래 문헌 조사는 상당히 진전되었다. 에스파냐만 보더라도 J. 비센스 비베스가 1953년에 만든 *Indice Histórico Espanol*이 우리의 지식이 얼마나 진전되었는지를 알 수 있는 척도를 제공한다. 우리 독자들에게 단 하나의 목록을 제시한다는 것은 더 이상 생각할 수 없다. 독자들도 더 이상 이 책이 참고 문헌 목록에 할애하고 있는 위치 때문에 마음이 편치 않을 것이다.

간단히 말하자면, (첫 번째 A 부분은) 문서들을 출간한 대작들에, (두 번째 B 부분은) 이 책의 조직, 즉 그 구조의 기둥과 버팀벽이라고 할 수 있는 것에 활용한 책과 연구서들에, (세 번째 C 부분은) 이 책의 주 또는 본문에서 언급된 책들을 알파벳 순으로 정리한 목록에 한정했다.

A. − 문서들을 출간한 대작들

대규모 컬렉션들 − 지중해와 직간접적으로 연결된 각국은 16세기에 관한 문서들의 대규모 컬렉션을 보유하고 있다. 그 방대함과 지적인 간결함에서 가장 탁월한 것은 *Calendar of State Papers*이다.

기념비적인 *Colección de documentos ineditos para la historia de España*(CODOIN으로 축약함) 112 vol.(in-8°)은 출간된 사료집 가운데 가장 풍부한 것이다. 1930-1931년 이래 우리는 훌리안 파스 덕분에 인명과 지명 색인, 그리고 주제별 색인이 첨부된 두 권으로 이루어진 이 컬렉션의 색인 목록 *Catalogo de la colección*… (t. I. Madrid. 1930, 728 p. in-8° ; t. II. Madrid. 1931. 870 p. in-8°)을 가지고 있다. 이 책의 내용은 서지학에 관한 R. 산체스 알론소의 귀중한 입문서 *Fuentes de la historia española et hispano-americana*에서 체계적으로 분석되었다. 이 책은 1927년에 출간된 제2판과 1946년에 출간된 제3판을 참조해야 한다. 이탈리아는 이탈리아대로 기념비적인 알베리의 컬렉션 *Relazioni degli ambasciatori veneti al senato*를 제공한다. 이 컬렉션은 그 풍성함에 대해서 불공정하다고 할 정도로 16세기에 관한 모든 서술에 쓰일 만큼 역사가들에 의해서 매우 자주 표절된다. 그러나 눈을 감은 채 16세기 최고의 사람들이라고 말하는, 아니면 16세기에 대해서 가장 잘 아는 사람들이라고 말하는 이 베네치아인들을 믿는 것은 위험하지 않은가? 공문서(dispacci)의 경우에는 믿을 만하지만, 보고서(*relazioni*)는 그 장르적 결함과 약점이 있는, 종종 예전의 웅변가들의 표절을 담고 있는 이야기이다. 곧바로 이러한 비판들이 나왔고, 잊히지 않았다. 이번에는 우리의 관점에서 볼 때 잘못 분류되었고 제대로 된 색인도 없는 이 컬렉션의 불편함에 대해서 제한 없이 불평하자. 적어도 이탈리아의 경제사에 관한 A. 피노 브랑카(Pino Branca)의 간결한 저서 *La vita economica degli stati italiani nei secoli XVI, XVII, XVIII. secondo le relazioni degli ambaseiatori veneti*(Catania, 1938, in-16°. 515 p.)가 그렇다는 것은 사실이다.

1550년부터 1600년까지의 지중해에 관한 *Collection de documents inédits sur l'histoire de France*는 그 방대한 분량, 그리고 무엇보다 E. Charrière의 *Négociations de la France dans le Levant*(Paris, 1840-1860. 4 vol. in-4°)의 출판에 의해서, 그리고 A. 데자르댕 (Desjardins)의 *Négociations diplomatiques de la France avec la Toscane*(Paris, 1859-1886. 6 vol. in-4°)의 고전적인 연구에 의해서, 모든 방면에서 유용한 *Papiers d'Etat du cardinal Granvelle*(Paris. 1842-1852. 9 vol. in-4°)에 의해서, H. 드 라 페리에(de la Ferrière)에 의해서 연구된 *Lettres de Catherine de Médieis*(Paris, 1880-1895. 10 vol. in-4°)에 의해서 대표된다.

결국 펠리페 2세에게뿐만 아니라 로마 교회에도 충성했고 네덜란드의 일부였던 벨기에 에서 L. P. 가샤르(Gachard)의 *Correspondance de Philippe II sur les affaires des Pays-Bas* [1577년까지](1848-1879, 5 vol. in-4°), *Correspondance de Marguerite d'Autriche avec Philippe II* (1559-1565)(3 vol., 1867-1881, in-4°)(최근에 J. S. 테센에 의해서 후속 편이 나왔다), 마지막으로 에드몽 풀레(Edmond Poullet)와 샤를 피오(Charles Piot)의 *Correspondance du Cardinal Granvelle, 1566-1586*(1877-1896, 12 vol., in-4°)가 출판되 었다. 이 출판은 간접적으로 우리의 관심을 끈다.

독일어권에서는 4건의 출판물을 기억해야 한다. 체코 역사가 J. 수스타(Susta)의 *Die römische Kurie und das Konzil von Trient unter Pius IV*(Vienne, 1904-1914, 4 vol. in-8°), *Nuntia-turberichte aus Deustschland* 컬렉션으로 출간된 G. 투르바(Turba)의 *Venetianische Depeschen vom Kaiserhofe*, 란츠(Lanz)가 펴낸 카를 5세의 고전적 서간집 *Correspondenz des Kaisers Karl V*, III, 1550-1556(xx + 712 p. in-8°)이 그것이다.

포르투갈어 출판물 가운데 가장 유용한 것은 in-4°의 대형 판형의 10권으로 구성된 *Archivo diplomatico portuguez*이다. 이 사료집에는 특히 1550년부터 1580년까지 로마 주 재 포르투갈 대사들이 본국 정부와 주고받은 서신들이 실려 있다.

외교 문서가 실린 다른 출판물들 - 이 대작들과 함께 외교 문서들을 출간하기 위한 방대한 작업이 추진되었다. 대개 공들여 쓰였고, 다른 것들보다 더 잘 분류된 외교 문서들은 편집자 들의 마음을 끌었고 기다리게 했다. 벨기에에서 "역사"는 19세기의 열성적인 편집자가 문서 보관소의 문서들을 인쇄소에 보내는 데에 만족하기를 바랐다. 50년 또는 100년 전부터, 아니 그 전부터 역사는 이러한 과업을 추구하는 데에 몰두했다. 1850년부터 오늘날까지 그 결과는 역사 서술의 한 시대를 이루었다.

에스파냐에서, 박식가들은 *Colección de documentos ineditos*에서 소홀히 다루었던 이베 리아 반도와 로마 교황청의 관계에 대해서 책을 냈다. 그러나 Ricardo de Hinojosa, *Los* *despachos de la diplomacia pontifical en España*는 1896년에 제1권만 출간되었다. 반면에 세라노 신부는 1914년 마드리드에서 4권으로 이루어진 훌륭한 저작 *Correspondancia diplomâtiea entre España y la Santa Sede durante el Pontificado de Pio V*를 출간했다. 이 책에는 에스파냐 주재 교황청 대사와 로마 주재 에스파냐 대사들의 편지들이 함께 실려 있다. 빈의 합스부르크 가문과 관련된 다른 부분에는, 아에르베 후작에 의해서 1892년에 사라고사에서 출간된 *La correspondancia inédito de Guillén de San Clemente, embajador en Alemania, sobre la intervenciõn de España en los successos de Polonia y de Hungria* (1581-1608)가 *CODOIN*에 출간되었던 것에 추가되었다. 의심의 여지없이 에스파냐의 가장 중요한 기여는 왕립 역사 아카데미가 *Negociaciones con Francia*라는 제목으로 (1943년에 프랑스 정부가 반환한 K 계열의 문서들에 의거해서) 프랑스와 에스파냐 사이에 오고간 외교 문서를 출간한 것이다. 이 책은 1559년부터 1567년 10월 21일까지 주고받은 서신을 9권으로 묶어 1950-1955년 사이에 출간한 것이다.

이탈리아에서는 부분적인 출판만 있었다. G. Berchet, *La Repubblica di Venezia e la Persia*(Turin, 1865), 같은 저자의 *Relazionidei consoli veneti nella Soria*(1886). A. 드라고네티 드 토레스(Dragoneti de Torres)에 의해서 1931년에 토리노에서 출간된 *La Lega di Lepanto nel carteggio inedito di Luys de Torres*와 마리오 브뤼네티(Mario Brunetti)와 엘리조 비탈테(Eligio Vitale)가 1963년에 베네치아와 로마에서 출간한 *Corrispondenza da Madrid di Leonardo Donã 1570-1573*(2 vol., in-4°)는 탁월한 업적이다.

라구사의 외교에 대해서는 다음을 보라. *Die Depeschen des Francesco Gondola Gesandten der Republik Ragusa bei Pius V. und Gregor XIII, 1570-1573*(1909).

독일어로 쓰인 것으로는 마티아스 코흐(Matthias Koch)의 오래된 저서 *Quellen zur Geschichte des Kaiser Maximilian II*(Leipzig, 2 vol. 1857), 빅터 비블(Viktor Bibl)의 저서 *Familienkorrespondenz Maximilians II*, 그리고 Döllinger, *Dokumente zur Geschiehte Karls V., Philips II und ihrer Zeit*(Ratisbonne, 1862, in-8°)를 참조하라.

술레이만 대제에게 파견되었던 신성 로마 제국의 대사 뷔스베크의 그 유명한 편지들은, 내가 참조할 수 있는 다른 판본이 없어서 푸아 신부가 출간한 프랑스어 판본 *Lettres du Baron de Busbec*, 3 vol.(Paris, 1748, in-12°)을 이용했다.

벨기에의 저작들 중에는, 롱세이(Lonchay)와 퀴벨리에(Cuvellier)가 1923년 브뤼셀에서 펴낸 *Correspondance de la Cour d'Espagne sur les affaires des Pays-Bas, 1598-1621*(gr. in-4°), 1924년에 반 데어 에센(Van der Essen)이 제1권을, 1932년에 아르망 루앙(Armand Louant)이 제2권을 펴낸 *Correspondance d'Ottavio Mirto Frangipani, premier nonce de Flandre(1596-1606)*를 참조해야 한다.

출판물이 가장 풍부하고 중요했던 곳은 단연 프랑스이다. 이는 출판의 질과 양 때문에, 그리고 프랑스에서 지중해가 차지하는 지리적 위상 때문이다. 국수주의자가 아니더라도, 프랑스가 외국에 파견했던 대사들, 성직자들, 그리고 귀족들은 빨리 이해하고 알아차렸고, 민첩하고 현명했다고 주장할 수 있었다. 가장 똑똑한 사람들 가운데 한 명은 아니었던 푸르크보라는 자는 에스파냐에서 이탈리아 경쟁자들보다 한수 위의 정보원이었다. 참조해야 할 저작들은 다음과 같다. Alexandre Teulet, *Relations politiques de la France et de l'Espagne avec l'Ecosse au XVIe siècle*, 5 vol.(Paris, 1862, in-8°)(1515-1588년의 시기에 걸쳐 있다). 북부에 치우친 이 책은 부분적으로만 우리의 연구에 유용하다. 1885년에 파리에서 출간된 Jean Kaulek, *Correspondance politique de MM. de Castillon et de Marillac, ambassadeurs de France en Angleterre, 1537-1542*, 1888년 파리에서 출간된 Germain Lefèvre-Pontalis, *Correspondance politique d'Odet de Selve, ambassadeur de France en Angleterre, 1546-1549*, 1763년에 출간된 l'abbé Vertot, *Ambassades de MM. de Noailles en Angleterre*, 5 vol. (샤를 퓌통 쿠페의 주도로 편찬된) *Correspondance de la Mothe Fénelon, ambassadeur de France en Angleterre de 1568 à 1575*, 7 vol.(Paris et Londres, 1838-1840). 1886년에 파리에서 출간된 P. Laffleur de Kermaignant, *Mission de Jean de Thumery, sieur de Boissise, 1598-1602*(영국)은 정치 일반에 관한 정확하고 상세한 정보를 많이 제공한다. 우리의 주제와 보다 직접적으로 관련된 문헌은 다음과 같다. 1897년에 파리에서 출간된 Edmond Falgarirolle, *Jean Nicot, ambassadeur de France en Portugal au XVIe siècle. Sa correspondance diplomatique inédite*, 그리고 이 주제의 중심에는 앙리(Henry)와 로리케(Loriquet)가 1859년에 파리에서 출간한 *Correspondance de Babou de la Bourdaisière, évêque d'Angoulême, depuis cardinal, ambassadeur de France à Rome*이 있다. A. 비탈리(Vitalis)가 출간한 *Dominique du Gabre, trésorier des armées à Ferrare, 1552-1554, ambassadeur de France à Venise, 1555-1557, Correspondance politique* (Paris, 1905), E. 카비에(Cabié)가 1903년에 알비에서 출간한 *Ambassade en Espagne de Jean Ebrard, seigneur de Saint-Sulpice*, C. 두에(Douais)의 *Dépêches de M. de Fourquevaux, ambassadeur du roi Charles IV en Espagne, 1565-1572*, 3 vol.(Paris, 1896-1904), *Lettres de Charles IX à M. de Fourquevaux, 1565-1572*(Paris, 1897). 앞의 두 권의 책은 알베르 무세(Albert Mousset)가 1912년에 파리에서 출간한 *Dépêches diplomatiques de M. de Longlée*(1582-1590년에 에스파냐에 주재한 프랑스 대사)만큼이나 훌륭하다. 소략한 출판물 두 권만 덧붙이자. 위젠 알펜(Eugène Halphen)이 1887년에 파리에서 출간한 *Lettres inédites du roi Henri IV à Monsieur de Villiers, ambassadeur à Venise, 1601*과 같은 저자가 1866년에 출간한 *Lettres à M. de Sillery, ambassadeur à Rome, du Ier avril au juin 1601*. P. 라플뢰르 드 케르메냥이 1889년에 파리에서 출간한 *Lettres de Henri IV au comte de la Rochepot, ambassadeur en Espagne, 1600-1601*. 이 책들은 우리 연구가 간신히 들여다보게 될 앙리 4세의 치세라는 새로운 분위기의 프랑스로 우리를 이끌어간다. 프랑스의 노고를 보여주는 이 목록을 마무리하면서 미셸 프랑수아(Michel François)가 1946년에 파리에서 출간한 *Correspondance du Cardinal François de Tournon* 를 언급하자. 정치사와 외교사의 교차점에 있는 이 책의 제4, 5, 6부는 우리의 시기와 작업에 직접 관련된다. 나는 이 훌륭한 책에서 인용한 모든 유용한 근거들을 졸저 제I부 제1장과 제III부 제1장의 본문에 끼어넣을 수 없었다. 318쪽, 1556년 5월 15일, 풍속의 한탄스러운 상태와 코르시카 성직자의 무지 ; 277-281쪽 1552년 4월 29일 율리우스 3세와의 휴전협정 체결. 이 휴전으로 카를 5세는 파르마에 투입된 프랑스 군을 5월 15일 저녁에 놓아주었고

1552년 7월 26일 시에나 사건의 발발을 설명했다. 그 당시 프랑스 군과 신성 로마 제국 군은 각축장이 된 이탈리아에서 유리한 위치를 차지할 방법을 모색하고 있었다. "시에나에서의 시도가 성공함으로써 이탈리아에서 국왕의 위신이 높아졌는데, 교황과 베네치아 정부가 특히 기뻐했다." 1552년 8월자 추기경의 편지, 281쪽. 1553년에 코르시카 원정을 결심하게 한 것도 위신의 문제 아니었는가? 미셸 프랑수아는 이 "시의 적절하지 않은"(289쪽 각주 1) 작전에 대해서 그의 논문 *Albisse del Bene, surintendant des finances françaises en Italie, 1551-1556*(B. de l'Ec. des Chartes, 1933)에서 제시한 설명을 되풀이했다. 그는 페라라 추기경의 역할을 설명하면서, 추기경이 그의 개인 재산으로 원정에 필요한 자금을 선불했다고 언급했다. 시의 적절하지 않다고? 시에나 문제에 대한 많은 상세 정보와 메모들 덕분에 "비합리적인" 파울루스 4세의 치세에 로마의 분위기 속에서 파울루스 4세의 조카들의 정책을 식별해낼 수 있었다. 나는 1559년 이후에 투르농 추기경의 놀라운 변신, 아니 오히려 프랑스 기류의 놀라운 변화에 대한 그의 증언을 채택했다. 다른 시대가 시작되었다. 추기경이 1559년 6월 14일 국왕에게 보낸, 프랑스 이단들의 "악취"에 대한 격렬한 편지를 보라(397쪽). 그는 같은 날 대원수에게 보낸 편지(398쪽)에서, 그리고 1561년 1월 31일 펠리페 2세에게 보낸 "하수인다운" 편지(426-427쪽)에서 그 단어를 다시 썼다! 마지막으로 373쪽에 1558년 9월 17일자의 베네치아에 대한 탁월한 견해와 "애매한" 정책으로 볼 때, 베네치아는 "승자는 그들에게 무시무시할 것이라는 우려 때문에" 평화를 원했다.

1949년 이후 유일하게 중요한 출판은 그레고리우스 대학과 로마의 프랑스 학교에 의해서 편찬된 *Acta Nuntiaturræ Gallicæ*와 관련된 것으로 아직 시작 단계이다. J. 레토쿠아(Lestocquoy)가 1961년에 출간한 *Correspondance des nonces en France Carpi et Ferrerio, 1535-1540*와 피에르 블레(Pierre Blet)가 1962년에 출간한 *irolamo Ragazzoni, évêque de Bergame, nonce en France. Correspondance de sa nonciature, 1583-1586*이 세상에 나왔다.

외교사 이외의 문서들 - 앞의 설명들은 외교사 차원에서 성취된 엄청난 성과를 소개했다. 다른 분야에서의 성과들은 그만큼 눈부시지는 않았다. 정치사나 위대한 인물들의 전기에 관해서는 평가할 만하지만, 경제, 사회, 문화에 관한 것 또는 기술사 분야에서 성과는 여전히 보잘것없다.

1) 포르투갈에 대해서는, 베르나르도 고메스 데 브리토(Bernardo Gomes de Brito)의 *Historia tragico-maritima*, 1ʳᵉ édition, Lisbonne, 2 vol., 1735-1736, 2ᵉ édition, 1904-1909, 12 vol. (B.N., 8° Z 18. 199(40))이 언급되어야 한다. 이 책은 특히 대서양과 인도양에 관한 것이지만, 이 두 대양은 지중해의 운명을 좌우했기 때문이다.

2) 에스파냐에는, 오래되었지만 귀중한 자료인 *Nueva Recopilación de las leyes*가 있다. *Actas de las Cortes de Castilla, 1563-1623*, 39 vol.(Madrid, 1861-1915)의 컬렉션은 1563년 이전에 대해서는 *Cortes de los antiguos reinos de León y Castilla*의 제5권에 의해서 보완되었다. 우리는 거의 이용하지 않았지만 *Documentos inéditos para la historia de Aragón* 컬렉션, *Libras raras ó curiosos*, t. XIX, *Tres relaciones históricas* (Gibraltar,

los Gelves, Alcazarquivir, 1540, 1560, 1578), Madrid, 1889의 귀중한 컬렉션, 그리고 *Cartas y avisos dirigidos à D. J. de Zúñiga, virrey de Nápoles en 1581*(Madrid, 1887)도 있다. 미발간 편지들을 묶은 가샤르의 *Retraite et mort de Charles-Quint au monastère de Yuste*, 2 vol.(Bruxelles, 1854-1855, in-8°)는 이전의 조사보고를 거의 바로잡았다. 마찬가지로 가샤르의 *Lettres de Philippe II à ses filles les infantes Isabelle et Catherine, écrites pendant son voyage au Portugal, 1581-1583*(Paris, 1884)는 신중왕 펠리페 2세를 변호하는 탁월한 자료이다.

나는 지방사 연구서 2권을 많이 참조했는데, 하나는 아라곤에 관한 Carlos Riba y Garcia, *El consejo supremo de Aragón en el reinado de Felipe II*(Madrid, 1914)이다. 이 책은 영국박물관에 소장되어 있는 풍부한 에스파냐 자료들을 묶어 출간했다. 다리오 데 아레이티오가 재편집해서 출간한, 고전적인 피델 사가르미나가(Fidel de Sagarminaga)의 *El gobierno y regimen foral del señorio de Viscaya* t. II, 1577-1589, Bilbao, 1932, t. III, 1590-1596, Bilbao, 1934의 제2권과 제3권이 다른 하나이다.

나는 또한 잡다하지만 방대한 컬렉션인 레루가(Lerruga)의 *Memorias politicas y económicas sobre los frutos, comercio, fabricas y minas de España*, 45 vol.(Madrid, 1745, in-4°)를 활용했다. 이 컬렉션은 정치적이고 경제적인 문서들이 아니라 경제적, 정치적 이해관계를 가진 문서들에 관한 것이다.

다음과 같이 최고의 기여를 한 저작들이 더 있다.

a) 펠리페 2세의 치세에 관한 미발간 문서들의 새로운 컬렉션이 그의 탄생 400주년 (1927)을 맞아 기획되었다(모든 계획이 그렇듯이, *Boletín de la Comisión de Monumentos históricos y artisticos de la provincia de Valladodid*, I, 2 juil.-sept. 1925에서 입안된 이 계획도 달성하기 어려웠고 완수되지 않을 운명이었다). *CODOIN*과 똑같은 이름을 가진 이 컬렉션은 *Archivo Histórico Español*이라는 제호 아래, 트리엔트 공의회(1530-1552)에 관한 제1권, 무적함대(1587-1589)에 관한 제2권이 1929년 G. P. 엔리케 에레라 오리아 (Enrique Herrera Oria)에 의해서 출간되었다. 1930년에 마리아노 알코세르(Mariano Alcocer)에 의해서 *Consultas del consejo de Estado*가 출간되었지만, 나는 *Portugal, Expediciones a Levante, Lepanto, Moriscos* 등 예고된 후속편에 대해서 아무것도 알 수 없었다. *La orden de Malta y les acciones españolas contra Turcos y Berberiscos en los siglos XVI y XVII*(1944, 448 p. in-4°)의 출간은 하이메 살바(Jaime Salvá) 덕분이다.

b) *Relaciones topográficas*(1575년부터 1578년까지 펠리페 2세의 명령에 따라서 진행된 에스파냐 마을들에 대한 조사)는 에스코리알 궁전에 보관되어 있다. *Las relaciones histórico-geográficas de los pueblos de España hechas par orden de Felipe II*(Madrid, 1915)는 아우구스티누스파 신부인 미겔레스가 작성한 색인 목록이고, Ortega Ribio, *Relaciones topográficas de España. Lo mas interesante de ellas escogido*···(Madrid, 1918)는 전체를 개관한 것이다. 마지막으로 쿠엥카 교구와 과달라하라 지방에 관한 부분적인 저작이 있다. Juan Catalina Garcia et Manuel Perez Villamil, *Relaciones topográficas* de *España*. *Relaciones de pueblos que pertenecen hoy a la provincia de Guadalajara* (Madrid, 1905-1915), 7 vol.(Memorial, Histórico español의 제41-47권). 이 귀중한 문서 는 소르본 도서관에 있다. P. J. Zarco Cuevas, *Relaciones de pueblos de la diocesis de Cuenca, hechas par orden de Felipe II*, 2 vol.(Cuenca, 1925). 카르멜로 비냐스와 라몽 파스의 탁월한 저작들도 언급해야 한다. Carmelo Viñas et Ramon Paz, *Relaciones de los pueblos de España ordenadas por Felipe II: Provincia de Madrid*, 2 vol.(1949), *Provincia de Toledo*, 3 vol.(1951-1963). Noël Salomon, *La campagne de Nouvelle Castille à la fin du XVIe siécle d'aprés les Relaciones topográficas*(1964)는 문제를 명확히 한다.

3) 북아프리카에서는 방대한 *Collection des Sources inédites de l'histoire du Maroc*를 특별히 기억하자. 모로코는 대서양으로 방향을 전환해서 1550년에야 도달했다. 지중해 연 안의 에스파냐 요새들에 대해서는 이미 언급한 프리모데의 저작이 1564년까지 다루고 있 다. 피에르 그랑샹(Pierre Granchamp)이 튀니스의 프랑스 영사관 문서들을 출간한 *La France en Tunisie à la fin du XVIe siécle, 1582-1600*(Tunis, 1920)이 북아프리카에서 나온 지중해 역사에 관한 가장 중요한 저작이다. 디디에 장군(Général Didier)의 *Histoire d'Oran*(Oran, 1929)의 제6권(1551-1575)은 이미 저자가 출간한 사료들을 알고 있는 사람 만이 이용할 수 있다.

4) 이탈리아에 대한 수많은 저작들 가운데 다음의 것들이 돋보인다. Marco Formentini, *Rivista storica della dominazione spagnola sul ducato di Milano colla pubblicazione di 500 e più documenti ufficiali inediti*(Milan, 1872), Vladimir Lamansky, *Secrets d'Etat de Venise, documents extraits notices et études*(Saint-Petersbourg, 1884)는 특별히 중요한 문집이다. 나폴리에 대해서는 *Archivio storico italiano*(Florence, 1846) 제10권에 잡다한 문서들을 엮었다. 사회사에 관한 문서들은 드물어서 (시망카스의 문서들을 엮은) Nico Cortese, *Feudi e Feudatari napoletani della prima metà del Cinquecento* (Naples, 1931) 를 평가할 만하다. 시칠리아에 관한 저작들은 여러 개를 기억해야 한다. S. V. 보조(Bozzo) 와 G. 살보 코조(Salvo Cozzo)가 1879년에 출간한 *Corrispondenza particolare di Carlo d'Aragona, Presidente del Regno, con Filippo II* (Doc. per servire alla storia di Sicilia, 1re série, II), 같은 저자의 4e série, IV, *Le fortificazioni di Palermo nel secolo XVI. Relazione delle cose di Sicilia fatta da D. Ferdinando Gonzaga all'imperatore Carlo V, 1546* (1896).

5) 프랑스에서는 M. Pardessus, *Collection des lois maritines antérieures au XVIIIe siécle*, 6 vol. (Paris, 1837)가 여전히 탁월한 자료집이다.

6) 발칸 반도, 이집트, 시리아, 투르크 문서들(투르크의 문헌들, 참고문헌 목록, 학술지가 있다)에 대해서 나는 아래의 것들밖에 모을 수 없었다. N. Iorga, *Ospiti Romeni in Venezia, 1570-1610*(Bucarest, 1932)은 이용된 편지들을 발췌하여 이야기의 형식으로 제시하기보다 는 가지고 있는 문서들을 출간하는 것이 나았을 것이다.

7) 나는 여행에 관한 훌륭한 컬렉션 Hakluyt, *The principal navigations, voiages,*

traffiques and discoveries of the english Nation, 3 vol.(Londres, 1598-1600)을 이용했다 (내가 인용한 것들의 출처는 이 판본에 따랐다). John Harris, *Navigantium atque itinerantium bibliotheca*, 2 vol.(Londres, 1745)도 이용했다.

8) 16세기의 경제 문서들에 대한 출판은 기본적으로 북유럽 국가들, 안트베르펜과 아우크스부르크에 관한 것이다. 안트베르펜에 관해서는, 논란의 여지가 있지만 귀중한 드뉘세의 저작이 있다. 아우크스부르크에 관해서는, 푸거 가문에 관한 저작들이 있는데, 우리의 주제와 관련해서 가장 흥미로운 것은 Aloys Schulte, *Die Fugger in Rom*, 2 vol.(Leipzig, 1904), Weitnauer, *Venezianischer Handel der Fugger*(1931), Johannes Kleinpaul, *Die Fuggerzeitungen 1568-1605*(Leipzig, 1921)이다. 빈 국립도서관의 이 문서들의 기원과 중요성에 대해서는 M. A. H. Fitzler, *Die Entstehung der sogenannten Fuggerzeitungen in der Wiener Nationalbibliothek*(Vienne ; Rohrer, 1937)를 참조하라. 푸거 가 문헌의 경제적 가치에 대해서는 Kempter, *Die wirtschafliche Berichter-stattung in den sogenannten Fuggerzeitungen*(Munich, 1936)을 참조하라. 이 책은 영어 번역본이 있다. Victor von Klarwill, Pauline de Chary and L. S. R. Byrne, *Fugger News-Letters 1568-1605*, 2 vol. (Londres, 1924, 1926).

9) 마지막으로 16세기의 경제 현실을 이해할 수 있게 해주는 가장 방대한 저작, 프랑스가 실행했고 파리 7구의 바렌 가 54번지에 있는 고등연구원 제6부의 역사연구소의 공적으로 등록되었을지라도 국제적인 협력으로 이루어졌음을 특기하자. 나는 그것들을 분류하지 않고 그냥 언급한다. Fernand Braudel et Ruggiero Romano, *Navires et marchandises à l'entree du port de Livourne, 1547-1611*(1951)(이 책은 현재 모리스 카모나가 진행하는 작업에 의해서 보완되고 확장될 것이다). Huguette et Pierre Chaunu, *Séville et l'Atlantique de 1504 à 1650*, 12 vol.(1955-1960), Alberto Tenenti, *Naufrages, corsaires et assurances maritimes à Venise d'apres les notaires Catti et Spinelli, 1502-1609*(1959), Renée Dœhaerd, *Etudes anversoises*, 3 vol.(1962), M. Baulant, *Lettres de négociants marseillais, les frères Hermitte, 1570-1612*(1953), José Gentil da Silva, *Lettres marchandes des Rodrigues d'Evora et Veiga, 1595-1607*(1956), Ugo Tucci, *Lettres d'un marchand vénitien, Andrea Berengo, 1553-1556*(1957), José Gentil da Silva, *Lettres de Lisbonne, 1563-1578*(1959), Valentin Vázquez de Prada, *Lettres marchandes d'Anvers*, 4 vol. (1960), Domenico Gioffrè, *Gênes et les foires de change*(1960), Corrado Marciani, *Lettres de change, aux foires de Lanciano*(1962), Felipe Ruiz Martin, *Lettres marchandes échangées entre Florence et Medina del Campo*(1965), Edouard Baratier, *La démographie* provençale *du XIII*ᵉ *au XVI*ᵉ *siècle*(1961), Léopold Chatenay, *Vie de Charles Esprinchard, Rochelais, et journal de ses voyages au XVI*ᵉ *siècle*(1957), Xavier A. Flores, *Le "peso politico de todo el mundo" d'Anthony Shirley*(1963).

나는 이 책들에 쿠바 역사가인 모데스토 울로아(Modesto Ulloa)의 기념비적인 저작 *La hacienda real de Castilla en el reinado de Felipe II*(Rome, 1963)을 추가한다.

B. - 핵심적인 저작들

1) **책에 대한 전반적인 안내를 위해서** - 맨 앞에 앙리 피렌의 저작들이 있다. Henri Pirenne, *Les Villes du Moyen Age, Mahomet et Charlemagne*. 내가 가장 시간을 들여서 읽은 글들은 E. de Martonne, *Principes de Géographie humaine*(1922)에 실린 비달 드 라 블라슈(Vidal de La Blache)의 지중해에 관한 글이다.

나는 처음에 지중해 전체에 관해서는 내가 상황에 따라 읽고 또 읽었던 알프레트 필립손(Alfred Philippson)의 고전적 저작 *Das Mittelmeergebiet*(Leipzig, 1904)에 의지했다(1922년에 제4판이 출간되었다). 나는 이 책이 정확한 사료 작업에 근거한 걸작이라고 생각한다. 나는 상세한 정보를 담고 있는 샤를 페렝(Charles Parain)의 저서 *La Méditerranée: les hommes et leurs travaux*(Paris, 1936), 막시밀리앙 소르(Maximilien Sorre)의 기념비적인 저서 *Les fondements de la géographie humaine*, 4 vol. (Paris, 1943-1952), 그리고 앙드레 지그프리드(André Siegfried)의 *Vue générale de la Méditerranée*(1943)에도 많은 것을 빚졌다.

2) **역사와 인간 사회** - "땅 아니 오히려 인간 사회"와 환경에 관한 역사의 토대 위에서 작성된 저작으로는 다음의 것이 있다. 고대 그리스 연구자, 여행가이자 외교관이었던 빅토르 베라르의 전집, 지리적 현실 위에 펼쳐진 알프레드 자데의 완벽한 저작, 또한 쥘 시옹이 여기저기에 쓴 논문들을 모은 책이다.

나는 또한 현재 구체적인 문제들에 관해서 비판이 제기되고 있는, 아마도 그로부터 제기된 문제가 계속 커지겠지만, 에밀-펠릭스 고티에의 저작 전부를 언급하고자 한다. 그중에서도 특히 *Siècles obscurs du Maghreb*, 1927(이 책은 최종적으로는 *Le passé de l'Afrique du Nord*, 1952가 되었다), *Mœurs et Coutumes des Musulmans*, 2ᵉ édit(1959), 짧고 간결한 신앙 고백인 *Le cadre géographique de l'histoire en Algérie, Histoire et Historiens de l'Algérie*(1931), p. 17-35를 말하고자 한다. 알프레트 헤트너의 길고 훌륭한 논문도 언급하자. "Der Islam und die orientalische Kultur," *Geogr. Zeitung*, 1932. 나는 독일 지리학의 모든 학파에게 빚을 졌던 것처럼(편리한 참고서인 Hugo Hassinger, *Geographische Grundlagen der Geschichte*, Fribourg Br. 1931의 제2판, 1953 참조) 이 논문에도 많은 것을 빚졌다.

3) **구조들의 역사** - 구조사의 거대한 영역에는 여전히 아무것도 없기 때문에, 나는 많은 것을 만들어야 했고 스스로 위험을 무릅써야 했다. 나는 몇몇 선구자들의 저작에 의지했다. 예를 들면, (사누도의 『일지[*Diarii*]』에 의거한) 피에트로 사르델라(Pietro Sardella)의 미발간 작업 *Nouvelles et Spéculations à Venise*(1948). 나는 이 책의 초고를 꽤 많이 읽었다. 3권으로 된 율리우스 벨로흐(Julius Beloch)의 유작 *Bevolkerungsgeschichte Italiens*, 에스파냐에서의 가격 변동에 관한 얼 J. 해밀턴(Earl J. Hamilton)의 기념비적인 연구 *American Treasure and the Price Revolution in Spain, 1501-1550*(1934), 프레데릭 C. 레인(Frédéric

C. Lane)의 최근 연구 *Venetian Ships and Shipbuilders of the Renaissance*(Baltimore, 1934)의 프랑스어 번역본(1965), 여전히 매우 유용한 리하르트 에렌베르크(Richard Ehrenberg)의 저서 *Das Zeitalter der Fugger*, 2 vol.(Iéna, 1922). 이 책에 대해서 A.-E. 세유는 진지하게 들을 수 없을 정도로 너무 심하게 평가했다. 에른스트 샤퍼(Ernst Schäfer)의 *Der köige. span. oberste Indienrat*, t. I(1936), 귀족에 관한 학술지 *Annales*의 조사, 마르셀 바타용(Marcel Bataillon)의 기념비적인 박사학위논문 *Erasme et l'Espagne*(Paris, 1937), 에른스트 샤퍼의 고전적인 저서 *Beitrâge zur Gesch. des span. Protestantismus*, 3 vol.(1902), 베네데토 크로체(Benedetto Croce)의 *La Spagna nella vita italiana durante la Rinascenza*(Bari, 1922), 루트비히 판들(Ludwig Pfandl)의 *Geschischte der span. Literatur in ihrer Blütezeit*(1929), 마지막으로 에밀 말(Emil Mâle)의 *Art religieux après le Concile de Trente*(1932)가 있다.

구조와 경기 변동의 관계에 관해서 토론을 시작하면서 참조할 수 있는 개설서로는 에른스트 라브루스(Ernest Labrousse)의 *La crise de l'économie française à la fin de l'Ancien Régime et au début de la Révolution*(1944)이 있다.

4) **사건사** - 사건사에 관해서는 많은 저서들이 서로 겹쳐지기도 하고 서로 경쟁하기도 한다. 최근에 출간된 인물들에 관한 최고의 연구들은 다음과 같다. 풍부하고 경탄할 만한 사료 작업과 완벽한 서술을 보여주는 O. de Törne, *Don Juan d'Autriche*, 2 vol.(Helsingfors, 1915, 1928), Van der Essen, *Alexandre Farnèse, 1545-1592*(1933 et sq). 사건사에 관한 최상의 연구들은 다음과 같다. Charles Monchicourt, *L'expédition espagnole de 1560 contre l'île de Djerba*(Paris, 1913), Félix Hartlaub, *Don Juan d'Austria und die Schlacht bei Lepanto*(Berlin, 1940), 뤼시앵 로미에(Lucien Romier)의 고전적 저작들 *Les origines politiques des guerres de religion*, 2 vol.(1913), *La conjuration d'Amboise*(1923), *Catholiques et huguenots à la Cour de Charles IX*(1924), *Le royaume de Catherine de Médicis*, 2 vol.(1925). P. L. Serrano, *La Liga de Lepanto*, 2 vol.(1918-1919), 여전히 매우 유용한 마르틴 필립손(Martin Philippson)의 *Ein Ministerium unter Philipp II, Kardinal Granvella am spanischen Hofe*(Berlin, 1895).

또한 마르지 않는 정보의 원천이자 박식가의 대작인 L. von Pastor, *Geschichte der Päpste*도 언급하자. (우리가 독일어판으로 참조한) 제10권을 제외하면, 이 책에서 인용한 모든 출처는 프랑스어 번역본에 의거했다.

5) **지중해에 관한 입문서, 참고문헌 및 개설서** - 내가 이용한 모든 입문서들은 다음과 같다. Fueter, Platzhoff, C. Lozzi, Barbagallo, Kuiischer, Doren, Georg Mentz, Stählin, Luzzatto, Segre, Zinkeisen, Hammer, Lavisse, Ballesteros, Agnado Bleye, Altamira, R. Konetzke(*Grosse Weltgeschichte*(Leipzig, 1941)의 제8권 *Geschichte des spanischen und portugiesischen Volkes*), Damião Peres, Mercier, Charles-André Julien, Henri Pirenne(*Bibliographie* 및 *Histoire de Belgique*), Henri Hauser(*Sources* ⋯ 및 *Prépondérance espagnole*), Trevelyan, Hans Delbrück,

Geschichte der Kriegskunst 및 *Weltgeschichte*, t. III(1926), Willy Andreas, *Neue Propyläen Weltgeschichte*, t. III (Berlin, 1942, in-4°, 646 p.), Karl Brandi(*Deutsche Geschichte im Zeitalter der Reformation und Gegenreformation*, 2ᵉ éd.), W. Sombart(*Der Moderne Kapitalismus*, 및 1940 년 판 *Vom Menschen*), Farinelli(*Viajes par España…*)가 강조할 필요 없이 수시로 참조하는 책들이다. 내가 즐겁게 읽었던 유일한 통사 개설서는 J. Vicens Vives, *Historia social y económica de España y America*로, 특히 제3권(1957)이다.

6) 지중해의 전체사에 대해서

1. Cari Rathlef, *Die Weltistorische Bedeutung der Meere, insbesond. des Mittelmeers* (Dorpat, 1858).

2. Comte Edouard Wilczek, *Das Mittelmeer, seine Stellung in der Weltgeschichte und seine historische Rolle im Seewesen*(Vienne, 1895). 이 책은 마한 제독의 사상에 영향을 많이 받았다.

3. Helmolt, *Weltgeschichte, IV. Die Randländer des Mittelmeeres*(Leipzig, 1900).

4. Giuseppe de Luigi, *Il Meaiterraneo nella politica europea*(Naples, 1926, in-8°), 506 p.

5. Pietro Silva, *Il Mediterraneo dall'unità di Roma all'unità d'Italia*, 2 vol.(Milan, 1927). 이 책은 1942년 밀라노에서 다시 출간되면서 제목이 "*all'unità d'Italia*"에서 "*all'impero italiano*"로 변경되었다.

6. Paul Herre, *Weltgeschichte am Mittelmeer*(Leipzig, 1930). 이 책은 16세기 전문가인 정치사가의 탁월한 설명과 훌륭한 글을 담고 있다.

7. Ulrich von Hassel, *Dos Drama des Mittelmeers*(Berlin, 1940, in-16), 176 p. 이 책은 피루스의 모험이라는 번뜩이는 주제를 발전시켰고, 중간의 대전환점의 역사를 통해서 바다를 설명하고자 시도했지만 목표를 달성하지는 못했다. 전체적으로 편협하고 부정확하고 보잘것없다.

8. Philipp Hiltebrandt, *Der Kampfums Mittelmeer*(Stuttgart, 1940) 쾰른 Zeitung의 로마 특파원이었던 언론인이 쓴 이 책은 매우 잘못된 지도를 실었지만, 생생하고 때로는 부정확하지만 종종 재치가 넘친다.

9. Emil Ludwig, *La Méditerranée, destinées d'une mer*, 2 vol.(New York, 1943) 독일어본을 번역해서 메종 프랑세즈가 펴낸 이 책은 칭찬받을 만한 부분이 몇 쪽 있지만 중대한 오류가 적지 않은 과장되고 실망스러운 책이다.

10. Felice Vinci, *L'unità mediterranea*, 2ᵉ éd.(Milan, 1946). 역사적 설명이 불충분한 간단한 책이다.

C. – 인용한 문헌(알파벳순)

Accarias de Sérionne (Jacques), *La richesse de la Hollande*, Londres, 1778, 2 vol.

Achard (Paul), *La vie extraordinaire des frères Barberousse, corsaires et rois d'Alger*, Paris, 1939.

Acta Tomiciana epistolarum Sigismundi regis Poloniae, Poznan (vol. 15 : Wroclaw), 1852-1957, 15 vol.

Actas de las Córtes de Castilla, 1563-1623, Madrid, 1861-1915, 39 vol.

Albani (Dina), *Indagine preventiva sulle recenti variazioni della linea di spiaggia delle coste italiane*, Rome, 1933.

Albèri (Eugenio), *Relazioni degli ambasciatori veneti durante il secolo XVI*, Florence, 1839-1863, 15 vol.

Alberti (T.), *Viaggio a Costanlinopoli*, p.p. A. Bacchi della Lega, Bologne, 1889.

Albitreccia (L.), *La Corse dans l'Histoire*, Lyon-Paris, 1939.

Alcocer y Martinez (Mariano)j *Consultas del Consejo de Estado*, Collection « Archivo Histórico Español », Valladolid, 1930.

Castillos y Fortalezas del antiguo Reino de Granada, Tanger, 1941.

Aleati (Giuseppe), *La popolazione di Pavia durante il dominio spagnolo*, Milan, 1957.

Alemán (Mateo), *De la vida del picaro Guzmán de Alfarache*, Milan, 1615, 2 vol.

Allen (W. E. D.), *Problems of Turkish Power in the Sixteenth Century*, Londres, 1963.

Almanacco di economia di Toscana dell'anno 1791, Florence, 1791.

Almeida (Fortunato de), *Historia de Portugal*, Coïmbre, 1926-1929, 3 vol.

Almeida d'Eça (Vincente), *Normas economicas na colonizacão portuguesa*, Lisbonne, 1921.

Amadei (Federigo), *Il Fioretto delle croniche di Mantova*, Mantoue, 1741.

Amari (Michele), *Storia dei Musulmani di Sicilia*, Florence, 1864-1868, 3 vol.

Ammann (Hektor), *Schaffhauser Wirtschaft im Mittelalter*, Thayngen, 1949.

Ancel (J.), *Peuples et Nations des Balkans*, Paris, 1926.

Andrada (F. de), *O primeiro cerco que os Turcos puzerão na fortaleza de Dio, nos partes de India*, Coïmbre, 1589.

Angelescu (I. N.), *Histoire économique des Roumains*, Genève, I, 1919.

Anquez (Léonce), *Henri IV et l'Allemagne*, Paris, 1887.

Aramon (G. d'), voir Chesneau (Jean).

Arantegui y Sanz (José), *Apuntes historicos sobre la artilleria española en los siglos XIV y XV*, Madrid, 1887.

Arbos (Philippe), *L'Auvergne*, Paris, 1932.

Arco y Fortuño (Ricardo del), *La idea del imperio en la politica y la literatura españolas*, Madrid, 1944.

Argenti (Philip P.), *Chius vincta ; or, The occupation of Chios by the Turks (1566) and their administration of the island (1566-1912) described in contemporary reports and official despatches*, Cambridge, 1941.

Armstrong (H. C), *Grey Wolf, Mustafa Kemal : an intimate study of a dictator*, Londres, 1933 ; trad. franc. : *Mustapha Kemal*, Paris, 1933.

Arqué (Paul), *Géographie des Pyrénées françaises*, Paris, 1943.

Arrigo (A.), *Ricerche sul regime dei littorali nel Mediterraneo*, Rome, 1936.

Arsandaux (H.), voir Rivet (P.) et Arsandaux (H.).

Arvieux (Chevalier d'), *Mémoires du Chevalier d'Arvieux*, Paris, 1735, 6 vol.

Ashauer (H.) et Hollister (J. S.), *Ostpyrenäen und Balearen*, Berlin, 1934, coll. « Beiträge zur Geologie der westlichen Mediterrangebiete », n° 11.

Aspetti e cause della decadenza economica veneziana nel secolo XVII, Venise-Rome, 1961.

Assézat (J.), voir Du Fail (Noël).

Asso (Ignacio de), *Historia de la economia politica de Aragòn*, Saragosse, 1798 (rééd. de 1947).

Atkinson (G.), *Les nouveaux horizons de la Renaissance française*, Paris, 1935.

Atti del convegno per la conservazione e difesa delle laguna e della città di Venezia (Istituto Veneto), Venise, 1960.

Aubenas (Roger), *Chartes de franchise et actes d'habitation*, Cannes, 1943.

Aubespine (Sébastien de l'), *Négociations relatives au règne de François II*, p.p. L. Paris, Paris, 1841.

Aubigné (Théodore Agrippa d'), *Histoire Universelle*, éd. pour la Société de l'Histoire de France par le baron Alphonse de Ruble, Paris, 1886-1897, 9 vol.

Aubin (G.) et Kunze (A.), *Leinenerzeugung und Leinenabsatz im östlichen Mitteldeutschland zur Zeit der Zunftkäufe. Ein Beitrag zur industriellen Kolonisation des deutschen Ostens*, Stuttgart, 1940.

Audisio (Gabriel), I : *Jeunesse de la Méditerranée* ; II : *Le sel de la mer*, Paris, 1935-1936, 2 vol.

Aurigemma (S.), voir Bosio (Giacomo).

Auton (Jean d'), *Chroniques*, Paris, 1834-1835, 4 t. en 2 vol.

Auzanet (Jean), *La vie de Camôens*, Paris, 1942.

Avenel (Georges d'), *Histoire économique de la propriété, des salaires, des denrées et de tous les prix en général depuis l'an 1200 jusqu'à l'an 1800*, Paris, 1894-1898, 4 vol.

Avity (Pierre d'), voir Davity (Pierre).

Azevedo (Lucio de), voir Lucio de Azevedo (J.).

Babeau (Albert), *Les voyageurs en France depuis la Renaissance jusqu'à la Révolution*, Paris, 1885.

Babelon (Ernest), *Les origines de la monnaie considérées au point de vue économique et historique*, Paris, 1897.

Bacchi della Lega (A.), voir Alberti (T.).

Badaloni (Nicola), *La filosofia di Giordano Bruno*, Florence, 1955.

Baehrel (René), *Une croissance : la Basse-Provence rurale (fin du XVIe siècle-1789)*, Paris, 1961, 2 vol.

Balandier (Georges), *Afrique ambiguë*, Paris, 1957.

Balducci Pegolotti (Francesco), *Pratica della mercatura*, Lisbonne, 1765-1766, 4 vol.

Ballesteros y Beretta (A.), *Historia de España, y su influencia en la Historia Universal*, Barcelone, 1918-1940, 9 tomes en 10 vol.

Bandello (M.), *Novelle*, Londres, 1791-1793, 9 vol.

Baratier (Édouard), *La démographie provençale du XIIIe au XVIe siècle*, Paris, 1961.

Barbagallo (Corrado), *Storia universale*, Turin, 1930, 5 vol.

Bardon (Achille), *L'exploitation du bassin houiller d'Alais sous l'ancien régime*, Nîmes, 1898.

Barrau-Dibigo (L.), voir Joly (Barthélémy).

Barros (J. de), *Da Asia*, Venise, 1551.

Bartoli (Daniele), *Degli uomini e de' fatti della Compagnia di Gesù*, Turin, 1847.

Baruzi (Jean), *Problèmes d'histoire des religions*, Paris, 1935 (25 février 1936).

Baschiera (Luigi), voir Paruta (Andrea).

Bataillon (Marcel), *Érasme et l'Espagne*, Paris, 1937.

Batiffol (Louis), *La vie intime d'une reine de France au xviie siècle*, Paris, 1931, 2 vol.

Baudrillart (Mgr Alfred), *Philippe V et la cour de France*, Paris, 1890-1901, 4 vol.

Bauer (Clemens), *Unternehmung und Unternehmungsformen im Spëtmittelalter und in der beginnenden Neuzeit*, Iéna, 1936.

Baulant (Micheline), *Lettres de négociants marseillais ; les frères Hermite (1570-1612)*, Paris, 1953.

Baumann (Émile), *L'anneau d'or des grands Mystiques*, Paris, 1924.

Beatis (A. de), *Die Reise des Kardinals Luigi d'Aragona durch Deutschland, die Niederlande, Frankreich und Oberitalien, 1517-1518*, p. p. L. Pastor, Fribourg-en-Brisgau, 1905 ; traduit en français par Madeleine Havard de La Montagne sous le titre : *Voyage du Cardinal d'Aragon (1517-1518)*, Paris, 1913.

Beaujour (Baron Louis Auguste Frédéric de), *Tableau du Commerce de la Grèce, formé d'après une année moyenne depuis 1787 jusqu'en 1797*, Paris, 1800, 2 vol.

Bechtel (Heinrich), *Wirtschaftageschichte Deutschlands.* I : *Von der Vorzeit bis zum Ende des Mittelalters* ; II : *Vom Beginn des 16. bis zum Ende des 18. Jahrhunderts*, Munich, 1951-1952, 2 vol.

Beiträge zur Geologie der westlichen Mediterrangebiete, hrsg. im Auftrag der Gesellschaft der Wissenschaften zu Göttingen von Hans Stille, Berlin, 1927-1939, 19 vol.

Belda y Perez de Nueros (Fr.), *Felipe secundo*, Madrid, s.d. (1927).

Bellay (Martin et Guillaume du), voir Bourrilly (V. L.) et Vindry (F.).

Bellettini (Athos), *La popolazione di Bologna dal secolo XV al funificazione italiana*, Bologne, 1961.

Beloch (Karl Julius), *Bevölkerungsgeschichte Italiens*, Berlin, 1937-1961, 3 vol.

Belon (Pierre), *Les observations de plusieurs singularitez et choses mémorables trouvées en Grèce, Asie, Judée, Egypte, Arabie et autres pays estranges*, Paris, 1553.

Below (G. von), *Uber historische Periodisierungen mit besonderem Blick auf die Grenze zwischen Mittelalter und Neuzeit*, Berlin, 1925.

Beltrami (Daniele), *Storia della popolazione di Venezia dalla fine del secolo XVI alla caduta della Repubblica*, Padoue, 1954.

Forze di lavoro e proprété fondiaria nelle campagne venete dei secoli XVII e XVIII, Venise, Rome, 1961.

Benedetti (B.), *Intorno alle relazioni commerciali della Repubblica di Venezia e di Norimberga*, Venise, 1864.

Beneyto Pérez (Juan), *Los medios de cultura y la centralización bajo Felipe II*, Madrid, 1927.

Benichou (Paul), *Romances judeo-españoles de Marruecos*, Buenos Aires, 1946.

Benjamin de Tudela, *Voyage du célèbre Benjamin, autour du monde, commencé l'an MCLXXIII*, trad. par Pierre Bergeron, La Haye, 1735.

Bennassar (B.), *Valladolid au xvie siècle*, thèse en cours de publication.

Benndorf (Werner), *Das Mittelmeerbuch*, Leipzig, 1940.

Benoit (Fernand), *La Provence et le Comtat-Venaissin*, Paris, 1949.

Bérard (Victor), *La Turquie et l'hellénisme contemporain*, Paris, 1893.

Les navigations d'Ulysse ; II : *Pénélope et les Barons des îles*, Paris, 1928.

Béraud-Villars (Jean), *L'Empire du Gaõ. Un État soudanais aux XVe et XVIe siècles*, Paris, 1942.

Berchet (G.), *La Repubblica di Venezia e la Persia*, Turin, 1865.

Bercken (Erich von der), *Die Gemälde des Jacopo Tintoretto*, Munich, 1942.

Bergier (Jean-François), *Les foires de Genève et l'économie internationale de la Renaissance*, Paris, 1963.

Bermúdez de Pedraza (Francisco), *Historia eclesiástica de Granada*, Grenade, 1637.

Bernaldo de Quirós (C), *Los reyes y la colonización interior de España desde el siglo XVI al XIX*, Madrid, 1929.

Bernard (Étienne), *Discours véritable de la réduction de la ville de Marseille*, Paris et Marseille, 1596.

Bernardo (L.), *Viaggio a Costantinopoli*, Venise, 1887.

Bertoquy (P.), voir Deffontaine (Pierre), Jean-Brunhes-Delamarre (Mariel), Bertoquy (P.).

Bertrand (Louis), *Sainte Thérèse*, Paris, 1927.

Philippe II à l'Escorial, Paris, 1929.

Beutin (Ludwig), *Der deutsche Seehandel im Mittelmeergebiet bis zu den Napoleonischen Kriegen*, Neumünster, 1933.

Bianchini (Lodovico), *Della storia economico-civile di Sicilia*, Naples, 1841.

Della storia delle finanze del Regno di Napoli, Naples, 1839.

Biaudet (Henry), *Le Saint-Siège et la Suède durant la seconde moitié du XVIe siècle*, Paris, 1906.

Bibl (Viktor), *Der Tod des Don Carlos*, Vienne et Leipzig, 1918.

Die Korrespondenz Maximilians II. Familienkorrespondenz, Vienne, 1916-1921, 2 vol.

Maximilian II., der rätselhafte Kaiser, Hellerau près Dresde, 1929.

Bihlmeyer (Karl) [vol. III : et Tüchle (Hermann)], *Kirchengeschichte*, 11e à 13e éd., Paderborn, 1951-1956, 3 vol. ; trad. fr. : *Histoire de l'Église*, Mulhouse, 1962-1964, 3 vol.

Bilanci generali, seria seconda, Venise, 1912.

Billioud (Joseph) et Collier (Jacques-Raymond), *Histoire du Commerce de Marseille*, t. III, Paris, 1951.

Binet (R. P. Étienne), *Essay des merveilles de nature et des plus nobles artifices*, 13e éd., Paris, 1657.

Birot (Pierre) et Dresch (Jean), *La Méditerranée et le Moyen-Orient*, Paris, 1953-1956, 2 vol.

Bisschop (Éric de), *Au delà des horizons lointains ;* I : *Kaimiloa. D'Honolulu à Cannes par l'Australie et le Cap à bord d'une double pirogue polynésienne*, Paris, 1939.

Blache (Jules), *L'Homme et la Montagne*, Paris, 1934.

Blanchard (Raoul), *Géographie de l'Europe*, Paris, 1936.

Blanchet (Léon), *Campanella*, Paris, 1920.

Bloch (Marc), *Les caractères originaux de l'histoire rurale française*, Paris, 1931.

La Société féodale, Paris, 1940.

Blok (P. J.), *Relazioni veneziane*, La Haye, 1909.

Bodin (Jean), *Les six livres de la République*, Paris, 1583.

La Response de Jean Bodin à M. de Malestroict, 1568, p.p. Henri Hauser, Paris, 1932.

Bog (I.), *Die bäuerliche Wirtschaft im Zeitalter des Dreissigjährigen Krieges. Die Bewegungsvorgänge in der Kriegswirtschaft nach den Quellen des Klosterverwalteramtes Heilsbronn*, Cobourg, 1952.

Bonnaffé (Edmond), *Les Arts et les mœurs d'autrefois. Voyages et voyageurs de la Renaissance*, Paris, 1895.

Bono (Salvatore), *I corsari barbareschi*, Turin, 1964.

Boppe (Léon), *Journal et Correspondance de Gédoyn « le Turc », consul de France à Alep*, Paris, 1909.

Borderie (Bertrand de La), voir La Borderie (Bertrand de).

Borel (Jean), *Gênes sous Napoléon Ier (1805-1814)*, 2e éd., Paris-Neuchâtel, 1929.

Borlandi (Franco), *Per la storia della popolazione della Corsica*, Milan, 1942.

Bory de Saint-Vincent (J. B.), *Guide du voyageur en Espagne*, Paris, 1823, 2 vol.

Bosio (Giacomo), *I cavalieri gerosolimitani a Tripoli negli anni 1530-1551*, p.p. S. Aurigemma, Intra, 1937.

Botero (Giovanni), *Relationi universali*, Brescia, 1599.

Bouché (Honoré), *La Chorographie ou description de Provence*, Aix-en-Provence, 1664, 2 vol.

Boué (Ami), *La Turquie d'Europe*, Paris, 1840, 4 vol.

Boulenger (Jacques), voir Contreras (Alonso de).

Bourcart (Jacques), *Nouvelles observations sur la structure des Dinarides adriatiques*, Madrid, 1929.

Bourgeois (Émile), *Manuel historique de politique étrangère*, Paris, 1892-1926, 4 vol.

Bourget (Paul), *Sensations d'Italie*, Paris, 1891.

Bourgoing (Baron Jean-François), *Nouveau voyage en Espagne*, Paris, 1788, 3 vol.

Bourrilly (V.-L.) et Busquet (R.). *Histoire de la Provence*, Paris, 1944.

Bourrilly (V. L.) et Vindry (E.). *Mémoires de Martin et Guillaume du Bellay*, publ. pour la « Société de l'Histoire de France », Paris, 1908-1909, 4 vol.

Bowles (William), *Introduction à l'histoire naturelle et à la géographie physique de l'Espagne*, trad. de l'espagnol par le vicomte de Flavigny, Paris, 1776.

Boxer (G. R.), *The great Ship from Amacon. Annals of Macao and the old Japan Trade, 1555-1640*, Lisbonne, 1959.

Bozzo (S. V.), *Corrispondenza particolare di Carlo di Aragona... con S.M. il Re Filippo II* (Documenti per servire alla storia di Sicilia, 1re série, vol. II), Palerme, 1879.

Bradi (Comte Joseph M. de), *Mémoire sur la Corse*, Orléans, 1819.

Bradi (Lorenzi de), *La Corse inconnue*, Paris, 1927.

Bragadino (A.), voir Stefani (Fr.).

Braganza Pereira (A. B. de), *Os Portugueses em Diu*, Bassorà, 1938.

Brantôme (Pierre de Bourdeilles, abbé et seigneur de), *Œuvres complètes*, éd. Mérimée, Paris, 1858-1895, 13 vol.

Bratianu (G.), *Études byzantines d'histoire économique et sociale*, Paris, 1938.

Bratli (Charles), *Philippe II, roi d'Espagne. Étude sur sa vie et son caractère*, Paris, 1912.

Braudel (Fernand), *La Méditerranée et le monde méditerranéen à l'époque de Philippe II*, 1re éd., Paris, 1949.

Capitalisme et civilisation matérielle, xvᵉ-xviiiᵉ siècles, en cours de publication.

Braudel (F.) et Romano (R.), *Navires et marchandises à l'entrée du port de Livourne, 1547-1611*, Paris, 1951.

Bräunlich (Erich), *Zwei türkische Weltkarten aus dem Zeitalter der grossen Entdeckungen*, Leipzig, 1937.

Brémond (Gᵃˡ Éd.), *Yémen et Saoudia*, Paris, 1937.

Berbères et Arabes, Paris, 1942.

Brémond d'Ars (Guy de), *Le père de Mᵐᵉ de Rambouillet, Jean de Vivonne, sa vie et ses ambassades près de Philippe II et à la cour de Rome*, Paris, 1884.

Brésard (M.), *Les foires de Lyon aux xvᵉ et xviᵉ siècles*, Paris, 1914.

Bretholz (Berthold), *Lateinische Paläographie*, 2ᵉ éd., Munich, 1912.

Brèves (François Savary, seigneur de), *Relation des voyages de... tant en Grèce, Terre Saincte et Aegypte, qu'aux royaumes de Tunis et Arger*, Paris, 1628.

Brion (Marcel), *Laurent le Magnifique*, Paris, 1937.

Michel-Ange, Paris, 1939.

Brockelmann (G.), *Geschichte der islamischen Völker und Staaten*, Munich, 1939.

Brosses (Président Charles de), *Lettres familières écrites d'Italie en 1739 et 1740*, Paris, 1858, 2 vol.

Brückner (A.), *Geschichte der russischen Literatur*, Leipzig, 1905, 2ᵉ éd., 1909.

Brulez (W.), *De Firma della Faille en de internationale handel van Vlaamse firma's in de 16ᵉ eeuw*, Bruxelles, 1959.

Brun (A.), *Recherches historiques sur l'introduction du français dans les provinces du Midi*, Paris, 1923.

Brunetti (Mario), voir Vitale (Eligio) et Brunetti (Mario).

Brunhes (J.-B.), *Étude de géographie humaine. L'irrigation, ses conditions géographiques, ses modes et son organisation dans la péninsule Ibérique et l'Afrique du Nord*, Paris, 1902.

Voir aussi Deffontaines (Pierre), Jean-Brunhes-Delamarre (Mariel), Bertoquy (P.).

Brunner (O.), *Neue Wege der Sozialgeschichte. Vorträge und Aufsätze*, Göttingen, 1955.

Brunschvig (Robert), *La Berbérie orientale sous les Hafsides, des origines à la fin du xvᵉ siècle*, Paris, 1940, 2 vol.

Bubnoff (Serge von), *Geologie von Europa*, Berlin, 1926-1930, 2 vol.

Buchan (John), *Oliver Cromwell*, Londres, 1934.

Bugnon (Didier), *Relation exacte concernant les caravanes ou cortège des marchands d'Asie*, Nancy, 1707.

Bullón (Eloy), *Un colaborador de los Reyes Católicos : el doctor Palacios Rubios y sus obras*, Madrid, 1927.

Burckhardt (J.), *Geschichte der Renaissance in Italien*, Stuttgart, 1867 ; 6ᵉ éd., Esslingen, 1920.

Busbec (Baron Augier Ghislain de), *Lettres du Baron de Busbec*, p.p. l'abbé de Foy, Paris, 1748, 3 vol.

Busch-Zantner (R.), *Agrarverfassung, Gesellschaft und Siedlung in Südosteuropa. Unter bes. Berücksichtigung der Türkenzeit*, Leipzig, 1938.

Albanien. Neues Land im Imperium, Leipzig, 1939.

Busquet (Raoul), *Histoire de Marseille*, Paris, 1945.

Voir aussi Bourrilly (V.) et Busquet (R.).

Cabié (Edmond), *Ambassade en Espagne de Jean Ébrard, seigneur de Saint-Sulpice, de 1562 à 1565*, Albi, 1903.

Cabrera de Córdova (L.), *Relaciones de las cosas sucedidas en la Corte de España desde 1599 hasta 1614*, Madrid, 1857.

Felipe segundo, Rey de España, Madrid, 1876, 4 vol.

Cagnetta (Franco), *Bandits d'Orgosolo*, trad. de l'italien : *Inchiesta su Orgosolo*, par Michel Turlotte, Paris, 1963.

Calendar of State Papers, Colonial Series, East Indies, China and Japan, Londres, 1862-1892, 5 vol.

Calendar of State Papers and Manuscripts relating to English Affairs existing in the archives and collections of Venice and in other libraries of Northern Italy, Londres, 1864-1947, 38 vol.

Calvete de Estrella (Juan Christóval), *El felicissimo viaje del... Principe don Felipe*, Anvers, 1552.

Campana (C.), *La vita del catholico... Filippo II*, Vicence, 1605-1609, 3 vol.

Canaye (Philippe), sieur de Fresne, *Le voyage du Levant, 1573*, p.p. Henri Hauser, Paris, 1897.

Cano (Thomé), *Arte para fabricar... naos de guerra y merchante...*, Séville, 1611.

Capasso (B.), *Catalogo ragionato dell'Archivio municipale di Napoli*, Naples, 1876.

Capasso (C.), *Paolo III*, Messine, 1924, 2 vol.

Capmany y de Montpalau (A. de), *Memorias históricas sobre la Marina, Comercio y Artes de la antigua ciudad de Barcelona*, Madrid, 1779-1792, 4 vol.

Cappelletti (Giuseppe), *Storia della Repubblica di Venezia dal suo principio al suo fine*, Venise, 1850-1855, 13 vol.

Caracciolo (Ferrante), *I commentarii delle guerre fatte co'Turchi da D. Giovanni d'Austria dopo che venne in Italia*, Florence, 1581.

Carande (Ramón), *Carlos V y sus banqueros*, Madrid, 1949.

Carcopino (Jérôme), *Le Maroc antique*, Paris, 1943.

Cardauns (Ludwig), *Von Nizza bis Crépy. Europäische Politik in den Jahren 1534-1544*, Rome, 1923.

Carmoly (Éliacin), *La France israélite, galerie des hommes et des faits dignes de mémoire*, Paris-Leipzig, 1855.

Caro Baroja (Julio), *Los Moriscos del Reino de Granada*, Madrid, 1957.

Los Judios en la España moderna y contemporánea, Madrid, 1961.

La sociedad criptojudia en la Corte de Felipe IV (discours de réception à l'Academia de Historia), Madrid, 1963.

Carré (J. M.), voir Fromentin (Eugène).

Carrera Pujal (Jaime), *Historia política y económica de Cataluña*, Barcelone, 1946, 4 vol.

Carreras y Candi (Franceschi), *Geografía general de Catalunya*, Barcelone, s. d. 1913-1918, 6 vol.

Cartas y avisos dirijidos a D. J. de Zúñiga, virrey de Nápoles en 1581, Madrid, 1887, vol. XVIII de la Colección de libros españoles raros o curiosos.

Carus-Wilson (Eleanora), *Médieval Merchant Venturers*, Londres, 1954.

Casa (Giovanni della), voir Della Casa (Giovanni).

Casanova (Abbé S. B.), *Histoire de l'Église corse*, Ajaccio, 1931, 2 vol.

Cassou (Jean), *La vie de Philippe II*, Paris, 1929.

Les conquistadors, Paris, 1941.

Castaneda-Alcover (Vicente), voir Porcar (Moisé Juan).

Caster (Gilles), *Le commerce du pastel et de l'épicerie à Toulouse de 1450 environ à 1561*, Toulouse, 1962.

Castro (M. de), *Vida del soldado español Miguel de Castro*, Madrid-Buenos Aires, 1949.

Casti (Enrico), *L'Aquila degli Abruzzi ed il pontificato di Celestino V*, L'Aquila, 1894.

Cat (Édouard), *Mission bibliographique en Espagne*, Paris, 1891.

Catalina Garcia (Juan) et Perez Villamil (Manuel), *Relaciones topográficas de España.*

Relaciones de pueblos que pertenecen hoy a la provincia de Guadalajara, Madrid, 1905-1915, 7 vol. (t. XLI à XLVII du « Memorial Historico Español »).

Catherine de Médicis, voir La Ferrière (Comte Hector de).

Cavaillès (Henri), *La vie pastorale et agricole dans les Pyrénées des Gaves, de l'Adour et des Nestes*, Bordeaux, 1931.

Caxa de Leruela (Miguel), *Restauración de la antigua abundancia de España*, Naples-Madrid, 1713.

Cecchetti (B.), *Informazione di Giovanni dall'Olmo console veneto in Lisbona sul commercio dei Veneziani in Portogallo e sui mezzi per ristorarlo, 1584, 18 maggio*, per nozze Thienesa, Schio, Venise, 1869.

Celli (Angelo), *The History of Malaria in the Roman Campagna from ancient times*, Londres, 1933.

Cellini (Benvenuto), *Vita di Benvenuto Cellini scritta da lui medesimo*, trad. française, Paris, 1922, 2 vol.

Cervantes (Miguel), *Novelas Ejemplares*, p.p. Francisco Rodriguez Marin, trad. franc., Paris, 1949.

Chabod (Federico), *Per la storia religiosa dello stato di Milano*, Bologne, 1938.

Champion (Maurice), *Les inondations en France depuis le VIe siècle jusqu'à nos jours*, Paris, 1858-1864, 6 vol.

Champion (Pierre), *Paris sous les derniers Valois, au temps des guerres de religion. Fin du règne de Henri II. Régence de Catherine de Médicis. Charles IX*, Paris, 1938.

Chardin (Jean), *Journal du Voyage en Perse et autres lieux de l'Orient*, Amsterdam, 1735, 4 vol.

Charles IX, voir Douais (Célestin).

Charles Quint, voir Lanz (Cari).

Charles-Quint et son temps, Paris, 1959. (Colloques internationaux du C.N.R.S., Sciences humaines, Paris, 30 septembre-3 octobre 1958.)

Charliat (P. J.), *Trois siècles d'économie maritime française*, Paris, 1931.

Charrière (Ernest), *Négociations de la France dans le Levant*, « Collection de documents inédits sur l'histoire de France », 1re série, Paris, 1840-1860, 4 vol.

Chastenet (Jacques), *Godoï, prince de la paix*, Paris, 1943.

Chateaubriand (François-René de), *Itinéraire de Paris à Jérusalem*, Paris, 1831.

Chatenay (Léopold), *Vie de Jacques Esprinchard, rochelais, et Journal de ses voyages au XVIe siècle*, Paris, 1957.

Chaunu (Pierre), *Les Philippines et le Pacifique des Ibériques (XVIe, XVIIe, XVIIIe siècles).*

Introduction méthodologique et indices d'activité, Paris, 1960.

L'Amérique et les Amériques, Paris, 1964.

Chaunu (Pierre et Huguette), *Séville et l'Atlantique de 1601 à 1650*, Paris, 1955-1960, 12 vol.

Chavier (Antonio), *Fueros del reyno de Navarra*, Pampelune, 1686.

Chesneau (Jean), *Le voyage de Monsieur d'Aramon ambassadeur pour le roy en Levant*, Paris, 1887.

Chevalier (François), *La formation des grands domaines au Mexique. Terre et Société aux XVIe-XVIIe siècles*, Paris, 1952.

Cicogna, voir Tiepolo (Lorenzo).

Cirillo (Bernardino), *Annali della città dell'Aquila*, Rome, 1570.

Cochenhausen (Friedrich von), *Die Verteidigung Mitteleuropas*, Iéna, 1940.

Cock (Henrique), *Relación del viaje hecho por Felipe II en 1585 a Zaragoza*, Madrid, 1876.

Codogno (O.), *Nuovo itinerario delle Poste per tutto il mondo...*, Milan, 1608.

Coindreau (Roger), *Les corsaires de Salé*, Paris, 1948.

Colección de documentos inéditos para la historia de España (C.O.D.O.I.N.), Madrid, 1842-1896, 112 vol.

Colette, *La naissance du jour*, Paris, 1942.

Collier (Jacques-Raymond), voir Billioud (Joseph) et Collier (Jacques-Raymond).

Colmenares (Diego de), *Historia de la insigne ciudad de Segovia*, 2e éd., Madrid, 1640.

Colonna (Marco Antonio), voir Voinovitch (L.).

Comines (Philippe de), *Mémoires de Messire Philippe de Comines... où l'on trouve l'histoire des rois de France Louis XI et Charles VIII*. Nouvelle éd. revue avec un recueil de traités, lettres, contrats et instructions... par messieurs Godefroy, augmentée par M. l'abbé Lenglet du Fresnay, Londres et Paris, 1747.

Conestaggio (Jeronimo), *Dell'unione del regno di Portogallo alla corona di Castiglia*, Gênes, 1585.

Congrès international des Sciences Historiques (XIe), Rapports, Stockholm, 21-28 août 1960, Goteborg, Stockholm, Uppsala, Almqvist et Wiksell, 1960, 5 vol.

Coniglio (G.), *Il Viceregno di Napoli nel secolo XVII*, Rome, 1955.

Contarini (Giampietro), *Historia delle cose successe dal principio della guerra mossa da Selim ottomano a' Venetiani*, Venise, 1572.

Contreras (Alonso de), *Aventures du capitaine Alonso de Contreras (1582-1633)*, trad. et p.p. Jacques Boulenger, Paris, 1933.

Coornaert (Émile), *Un centre industriel d'autrefois. La draperie-sayetterie d'Hondschoote (XIVe-XVIIIe siècles)*, Paris, 1930.

Les Français et le commerce international à Anvers, fin du XVe-XVIe siècle, Paris, 1961, 2 vol.

Corazzini (G. O.), voir Lapini (Agostino).

Córdova (L.), voir Cabrera de Córdova (L.).

Cornaro (L.), *Trattato di acque*, Padoue, 1560.

Corridore (F.), *Storia documentata della popolazione di Sardegna*, Turin, 1902.

Corsano (A.), *Il pensiero di Giordano Bruno nel suo svolgimento storico*, Florence, 1954.

Corsini (G.), *Ragionamento istorico sopra la Val di Chiana*, Florence, 1742.

Corte Real (J.), *Successo do segundo cerco de Diu*, Lisbonne, 1574.

Córtes de los antiguos reinos de León y de Castilla, Madrid, 1861-1903, 8 vol.

Cortese (Nino), *Feudi e feudatari napoletani della prima meta del Cinquecento*, Naples, 1931.

Cossé-Brissac (Philippe de), voir *Sources inédites...*

Costa (Joaquín), *Colectivismo agrario en España*, Madrid, 1898.

Crescentio (Bartolomeo), *Nautica mediterranea*, Rome, 1607.

Croce (Benedetto), *Storia del Regno di Napoli*, 3ᵉ éd., Bari, 1944.

Cunnac (J.), *Histoire de Pépieux des origines à la Révolution*, Toulouse, 1946.

Cunningham (W.), *The Growth of English Industry and Commerce*, 5ᵉ éd., Cambridge, 1910-1912, 3 vol.

Cupis (C. de), *Le vicende dell'agricoltura e della pastorizia nell'agro romano e l'Annona di Roma*, Rome, 1911.

Cuvelier (J.) et Jadin (J.). *L'ancien Congo d'après les archives romaines, 1518-1640*, Bruxelles, 1954.

Cvijič (Jovan), *La Péninsule balkanique*, Paris, 1918.

Dall'Olmo, voir Cecchetti (B.).

Da Mosto (Andrea), *L'archivio di Stato di Venezia*, Rome, 1937-1940, 2 vol.

Dan (P.), *Histoire de Barbarie et de ses corsaires*, Paris, 2ᵉ éd., 1649.

Danvila (Manuel), *El poder civil en España*, Madrid, 1885.

Dauzat (Albert), *Le village et le paysan de France*, Paris, 1941.

Davis (James C.), *The Decline of the Venetian Nobility as a Ruling Class*, Baltimore, 1962.

Davity (Pierre), *Les Estats, empires et principautés du monde*, Paris, 1617.

Debien (Gabriel), *En Haut-Poitou, défricheurs au travail, xvᵉ-xviiᵉ siècles*, « Cahiers des Annales », Paris, 1952.

Decker (H.), *Barockplastik in den Alpenlandern*, Vienne, 1943.

Decrue de Stoutz (Francis), *Anne, duc de Montmorency, connétable et pair de France sous les rois Henri II, François II et Charles IX*, Paris, 1889.

Deffontaines (Pierre), Jean-Brunhes-Delamarre (Mariel), Bertoquy (P.), *Problèmes de Géographie humaine*, Paris, 1939.

Delbrück (Hans), *Geschichte der Kriegskunst im Rahmen der politischen Geschichte*, Berlin, 1900-1920, 4 vol.

Weltgeschichte. Vorlesungen gehalten an der Universität Berlin 1896/1920, Berlin, 1923-1928, 5 vol.

Deledda (Grazia), *La via del male*, Rome, 1896.

Il Dio dei viventi, Rome, 1922.

De Leva (Giuseppe), *Storia documentata di Carlo V*, Venise, 1863-1894, 5 vol. Voir aussi Paruta (P.).

Della Casa (Giovanni), *Galateo*, Florence, 1561.

Della Rovere (Antonio), *La crisi monetaria siciliana (1531-1802)*, p.p. Carmelo Trasselli, Palerme, 1964.

Della Torre (Raffaele), *Tractatus de cambiis*, Gênes, 1641.

Delmas de Grammont (Henri), voir Grammont (Henri Delmas de).

De Luigi (Giuseppe), *Il Mediterraneo nella politica europea*, Naples, 1925.

Delumeau (Jean), *Vie économique et sociale de Rome dans la seconde moitié du xviᵉ siècle*, Paris, 1957-1959, 2 vol.

L'alun de Rome, xvᵉ-xixᵉ siècle, Paris, 1963.

Denucé (J.), *L'Afrique au xviᵉ siècle et le commerce anversois*, Anvers, 1937.

Dermigny (L.), *La Chine et l'Occident, le commerce à Canton au xviiiᵉ siècle, 1719-1833*, Paris, 1964, 4 vol.

Descamps (Paul), *Le Portugal. La vie sociale actuelle*, Paris, 1935.

Desdevises du Dezert (Georges), *Don Carlos d'Aragon, prince de Viane, étude sur l'Espagne du Nord au xve siècle*, Paris, 1889.

Desjardins (Abel), *Négociations diplomatiques de la France avec la Toscane*, « Collection de documents inédits sur l'histoire de France », Paris, 1859-1886, 6 vol.

Despaux (Albert), *Les dévaluations monétaires dans l'histoire*, Paris, 1936.

Despois (Jean), *La Tunisie orientale. Sahel et Basse Steppe*, Paris, 1940.

Didier (Général L.), *Histoire d'Oran. Période de 1501 à 1550*, Oran, 1927.

Didier (L.), voir Mondoucet (C. de).

Diehl (Charles) et Marçais (Georges), *Histoire du Moyen Âge* ; III : *Le Monde oriental*, Paris, 1936, in : *Histoire Générale*, publ. sous la direction de Gustave Glotz.

Dietz (A.), *Frankfurter Handelsgeschichte*, Francfort, 1910-1925, 4 vol.

Di Giovanni (Giovanni), *L'ebraismo della Sicilia*, Palerme, 1748.

Dieulafoy (Jane), *Isabelle la Grande, reine de Castille (1451-1504)*, Paris, 1920.

Dion (Roger), *Histoire de la vigne et du vin en France des origines au xixe siècle*, Paris, 1959.

Di Tocco (Vittorio), *Ideali d'indipendenza in Italia durante la preponderanza spagnuola*, Messine, 1926.

Doehaerd (Renée), *Études anversoises. Documents sur le commerce international à Anvers (1488-1514)*, Paris, 1962-1963, 3 vol.

Doehaerd (Renée) et Kerremans (Charles), *Les relations commerciales entre Gênes, la Belgique et l'Outremont d'après les archives notariales génoises des xiiie et xive siècles*, Bruxelles-Rome, 1941-1953, 3 vol.

Döllinger (I. J. J. von), *Dokumente zur Geschichte Karls V., Philipps II. und ihrer Zeit. Aus spanischen Archiven*, Ratisbonne, 1862.

Dominguez Ortiz (Antonio), *La sociedad española en el siglo XVII*, t. I, Madrid, 1963.

Donà (Leonardo), voir Vitale (Eligio) et Brunetti (Mario).

Doren (Alfred), *Italienische Wirtschaftsgeschichte*, t. I (seul paru), Iéna, 1934 ; trad. en italien par Gino Luzzatto sous le titre : *Storia economica dell' Italia nel medioevo*, Padoue, 1936.

Dorez (Léon), voir Maurand (Jérôme).

Dorini (Umb.), *L'isola di Scio offerta a Cosimo de Medici*, Florence, 1912.

Dornic (François), *L'industrie textile dans le Maine et ses débouchés internationaux, 1650-1815*, Paris, 1955.

Douais (Célestin), *Dépêches de M. de Fourquevaux, ambassadeur du roi Charles IX en Espagne, 1565-1572*, coll. « Société d'Histoire diplomatique », Paris, 1896-1904, 3 vol.

Lettres de Charles IX à M. de Fourquevaux, 1566-1572, même coll., Paris, 1897.

Dozy (Reinhart Pieter Anne), *Histoire des Musulmans d'Espagne jusqu'à la conquête de l'Andalousie par les Almoravides (711-1110)*, Leyde, 1861, 4 vol.

Dragonetti de Torres (A.), *La lega di Lepanto nel carteggio diplomatico inedito di Don Luis de Torres*, Turin, 1931.

Dresch (J.), voir Birot (P.) et Dresch (J.).

Drouot (Henri), *Mayenne et la Bourgogne (1587-1596), contribution à l'histoire des provinces françaises pendant la Ligue*, Paris, 1937, 2 vol.

Du Fail (Noël), *Œuvres facétieuses*, p.p. J. Assézat, Paris, 1875, 2 vol.

Dufayard (Charles), *Le connétable de Lesdiguières*, Paris, 1892.

Du Gabre (Dominique), voir Vitalis (A.).

Dumont (Jean), *Corps universel diplomatique du droit des gens, contenant un recueil des traitez d'alliance, de paix, de trêves depuis la règne de Charlemagne jusqu'à présent*, Amsterdam, 1726-1731, 8 vol.

Duro (C.), voir Fernández Duro (Cesáreo).

Du Vair (Guillaume), *Recueil des harangues et traictez*, Paris, 1606.

Eberhardt (Isabelle), *Notes de Routes : Maroc, Algérie, Tunisie*, Paris, 1908.

Ébrard (Jean), voir Cabié (Edmond).

Eck (Otto), *Seeräuberei im Mittelmeer. Dunkle Blätter europäischer Geschichte*, Munich, 1940 ; 2ᵉ éd., 1943.

Egidi (Pietro), *Emmanuele Filiberto, 1559-1580*, Turin, 1928.

Ehrenberg (Richard), *Das Zeitalter der Fugger. Geldkapital und Creditverkehr im 16. Jahrhundert*, Francfort, 1896 ; 3ᵉ éd., 1922, 2 vol.

Einaudi (Luigi), voir Malestroict (sieur de).

Eisenmann (Louis, voir Milioukov (P.), Seignobos (Charles) et Eisenmann (Louis).

Élie de la Primaudaie (F.), *Documents inédits sur l'histoire de l'occupation espagnole en Afrique (1506-1574)*, Alger, 1875.

Emmanuel (I. S.), *Histoire de l'industrie des tissus des Israélites de Salonique*, Lausanne, 1935.

Encyclopédie de l'Islam, Paris-Leyde, 1913-1934, 4 vol., suppl., 1934.

Epstein (F.), voir Staden (H. von).

Eskenasi (Eli), voir Habanel (Aser) et Eskenasi (Eli).

Espejo de Hinojosa (Cristóbal) et Paz y Espeso (Julián), *Las antiguas ferias de Medina del Campo*, Valladolid, 1912.

Essad Bey (Mohammed), *Allah est grand !*, Paris, 1937.

Essen (Léon van der), *Alexandre Farnèse, prince de Parme, Gouverneur général des Pays-Bas, 1545-1592*, Bruxelles, 1933-1934, 5 vol.

Essen (Léon van der) et Louant (Armand), voir Frangipani (Ottavio Mirto).

Estienne (C.), *La guide des chemins de France, revue et augmentée*, Paris, 1552.

Estrangin (Jean-Julien), *Études archéologiques, historiques et statistiques sur Arles*, Aix-en-Provence, 1838.

Eydoux (Henri-Paul), *L'homme et le Sahara*, Paris, 1943.

Fagniez (Gustave), *L'économie sociale de la France sous Henri IV, 1589-1610*, Paris, 1897.

Fail (Noël du), voir Du Fail (Noël).

Falgairolle (Edmond), *Une expédition française à l'île de Madère en 1566*, Paris, 1895.

Falke (Johannes), *Die Geschichte des deutschen Handels*, Leipzig, 1859-1860, 2 vol.

Fanfani (Amintore), *Storia economica. Dalla crisi dell' Impero romano al principio del secolo XVIII*, 3ᵉ éd., Milan, 1948.

Fanfani (Pietro), *Saggi di un commento alla Cronica del Compagni ; I : La descrizione di Firenze, II : I Priori*, Florence, 1877.

Febvre (Lucien), *Philippe II et la Franche-Comté, la crise de 1567, ses origines et ses conséquences*, Paris, 1911.

Le problème de l'incroyance au XVIᵉ siècle. La religion de Rabelais, Paris, 2ᵉ éd., 1947.

Pour une Histoire à part entière, Paris, 1963.

Febvre (Lucien) et Martin (Henri), *L'apparition du livre*, Paris, 1957.

Féraud (Laurent-Charles), *Annales tripolitaines*, Paris, 1927.

Fernández (Jesús), voir Garcia Fernández (Jesús).

Fernández Duro (Cesáreo), *Armada española desde la unión de Castilla y de Aragón*, Madrid, 1895-1903, 9 vol.

Filippini (A. P.), *Istoria di Corsica*, 2ᵉ éd., Pise, 1827-1831, 5 vol.

Fisher (Godfrey), *Barbary Legend. War, Trade, and Piracy in North Africa, 1415-1830*, Oxford, 1957.

Flachat (Jean-Claude), *Observations sur le commerce et sur les arts d'une partie de l'Europe, de l'Asie, de l'Afrique et des Indes Orientales*, Lyon, 1766, 2 vol.

Flores (Xavier A.), *Le « Peso politico de todo el mundo » d'Anthony Sherley ou un aventurier anglais au service de l'Espagne*, Paris, 1963.

Floristán Samanes (Alfredo), *La Ribera tudelana de Navarra*, Saragosse, 1951.

Foglietta (Uberto), *De sacro fœdere in Selimum*, Gênes, 1587.

Fordham (Herbert), *Les guides routiers. Itinéraires et cartes routières de l'Europe*, Lille, 1926.

Les routes de France, Paris, 1929.

Formentini (Marco), *La Dominazione spagnuola in Lombardia*, Milan, 1881.

Forneron (Henri), *Histoire de Philippe II*, Paris, 1881-1882, 4 vol.

Forster (William), voir Sanderson (John).

Forti (U.), *Storia della tecnica italiana*, Florence, 1940.

Foscarini (J.), voir Stefani (Fr.).

Fossombroni (V.), *Memorie idraulico-storiche sopra la Val di Chiana*, Florence, 1789.

Foucault (Michel), *L'histoire de la folie à l'âge classique*, Paris, 1961.

Fouqueray (P. H.), *Histoire de la Compagnie de Jésus en France des origines à la suppression (1528-1752)*, Paris, 1910-1925, 5 vol.

Fourastié (Jean), *Prix de vente et prix de revient*, 13ᵉ série, Paris, s. d. (1964).

Foy (Abbé de), voir Busbec (Baron Augier Chislain de).

Franc (Julien), *La colonisation de la Mitidja*, Paris, 1928.

François (Michel), *Albisse del Bene, surintendant des finances françaises en Italie, 1551 à 1556*, « Bibliothèque de l'École des Chartes », Paris, 1933.
Correspondance du cardinal François de Tournon, 1521-1562, Paris, 1946.
Le cardinal François de Tournon, homme d'État, diplomate, mécène et humaniste, 1489-1562, « Bibliothèque des Écoles françaises d'Athènes et de Rome », Paris, 1951, fasc. 173.

Frangipani (Ottavio Mirto), *Correspondance d'Ottavio Mirto Frangipani, premier nonce de Flandre (1596-1606)*, I, Rome, 1924, p.p. L. van der Essen ; II-III (1-2), p.p. Armand Louant, 1932 et 1942.

Franklin (Alfred), *Dictionnaire historique des arts, métiers et professions exercés dans Paris depuis le XIIIᵉ siècle*, Paris, 1906.
La vie privée d'autrefois : arts et métiers, modes, mœurs, usages des Parisiens, du XIIᵉ au XVIIIᵉ siècle, Paris, 1887-1902, 27 vol. ; XIII : *Le café, le thé, le chocolat*, 1893 ; XV et XVI : *Les magasins de nouveautés*, 1894-1895.

Franz (G.), *Der Dreissigjährige Krieg und das deutsche Volk. Untersuchungen zur Bevolkerungs- und Agrargeschichte*, Iéna, 1940.

Fremerey (Gustav), *Guicciardinis finanzpolitische Anschauungen*, Stuttgart, 1931.

Freyre (Gilberto), *Introdução à história da sociedade patriarcal no Brasil* ; I : *Casa grande y senzala*, Rio de Janeiro, 5ᵉ éd., 1946, 2 vol. : II : *Sobrados e mucambos*, 2ᵉ éd., Rio de Janeiro, 1951, 3 vol.

Frianoro (Rafaele), voir Nobili (Giacinto).

Fried (Ferdinand), *Wandlungen der Welfwirtschaft*, Munich, 1950 ; trad. fr. de la 1re éd., parue sous le titre *Wende der Weltwirtschaft*, Leipzig, 1939 : *Le tournant de l'économie mondiale*, Paris, 1942.

Friederici (Georg), *Der Charakter der Entdeckung und Eroberung Amerikas durch die Europäer*, Stuttgart, 1925-1936, 3 vol.

Frobenius (Léo), *Histoire de la civilisation africaine*, trad. de l'allemand par Dr H. Back et D. Ermont, Paris, 1936.

Frôdin (J.), *Zentraleuropas Alpwirtschaft*, Oslo, 1940-1941, 2 vol.

Fromentin (Eugène), *Voyage en Égypte (1869)*, p.p. J. M. Carré, Paris, 1935.

Fuchs (R.), *Der Bancho Publico zu Nürnberg*, Berlin, 1955.

Fuentes Martiáñez (M.), *Despoblación y repoblación de España (1482-1920)*, Madrid, 1929.

Fueter (Eduard), *Geschichte des europäischen Staatensystems von 1492-1559*, Munich, 1919.

Fugger, voir Klarwill (V. von).

Gabre (Dominique du), voir Vitalis (A.).

Gachard (L. P.), *Correspondance de Philippe II sur les affaires des Pays-Bas (jusqu'en 1577)*, Bruxelles, 1848-1879, 5 vol.

    Retraite et mort de Charles Quint au monastère de Yuste, Bruxelles, 1854-1855, 3 vol.

    Don Carlos et Philippe II, Bruxelles, 1863, 2 vol.

    Correspondance de Marguerite d'Autriche avec Philippe II (1559-1565), Bruxelles, 1867-1881, 3 vol.

    Lettres de Philippe II à ses filles, les infantes Isabelle et Catherine, écrites pendant son voyage au Portugal, 1581-1583, Paris, 1884.

Gachard (L. P.) et Piot (Ch.), *Collection des voyages des souverains des Pays-Bas*, Bruxelles, 1876-1882, 4 vol.

Gaffarel (P.), *Histoire du Brésil français au XVIe siècle*, Paris, 1878.

Galanti (G. M.), *Descrizione geografica e politica delle Due Sicilie*, Naples, 1788, 4 tomes en 2 vol.

Gallardo y Victor (Manuel), *Memoria escrita sobre el rescate de Cervantes*, Cadix, 1896.

Galluzzi (R.), *Istoria del granducato di Toscana sotto il governo della casa Medici*, Florence, 1781, 5 vol.

Gamir Sandoval (A.), *Organización de la defensa de la costa del Reino de Granada desde su reconquista hasta finales del siglo XVI*, Grenade, 1947.

Gandilhon (René), *Politique économique de Louis XI*, Paris, 1941.

Ganier (Germaine), *La politique du connétable Anne de Montmorency*, Le Havre, s. d. (1957).

Ganivet Garcia (Angel), *Obras completas ; I : Granada la Bella, Idearium español*, Madrid, 1943.

García (Juan), voir Catalina García (Juan) et Pérez Villamil (Manuel).

García de Quevedo y Concellón (Eloy), *Ordenanzas del Consulado de Burgos de 1538*, Burgos, 1905.

García Fernández (Jesús), *Aspectos del paisaje agrario de Castilla la vieja*, Valladolid, 1963.

García Mercadal (G.), *Viajes de extrangeros por España y Portugal ; I : Viaje del noble bohemio León de Rosmithal de Blatina por España y Portugal hecho del año 1465 a 1467*, Madrid, 1952.

García y García (Luis), *Una embajada de los reyes católicos a Egipto*, Valladolid, 1947.

Gassot (Jacques), *Le discours du voyage de Venise à Constantinople*, Paris, 1606.

Gautier (Dʳ Armand), *L'alimentation et les régimes chez l'homme sain et chez le malade*, Paris, 1904.

Gautier (Émile-Félix), *L'islamisation de l'Afrique du Nord. Les siècles obscurs du Maghreb*, Paris, 1927.

Un siècle de colonisation, Paris, 1930.

Mœurs et coutumes des Musulmans, Paris, 1931.

Genséric, roi des Vandales, Paris, 1932.

Le passé de l'Afrique du Nord, Paris, 1937.

Gautier (Théophile), *Voyage en Espagne*, Paris, éd. de 1845 et 1879.

Constantinople, Paris, 1853.

Gavy de Mendonça (Agostinho), *Historia do famoso cerco que o xarife pos a fortaleza de Mazagão no año de 1562*, Lisbonne, 1607.

Gédoyn « le Turc », voir Boppe (Léon).

Gelzer (H.), *Geistliches und Weltlisches aus dem türkisch-griechischen Orient*, Leipzig, 1900.

Gentil da Silva (J.), *Stratégie des affaires à Lisbonne entre 1595 et 1607*, Paris, 1956.

Géographie Universelle, pub. sous la direction de P. Vidal de La Blache et L. Gallois, Paris, 1927, XV tomes en 23 vol.

George (P.), *La région du Bas-Rhône, étude de géographie régionale*, Paris, 1935.

Gerlach (R.), *Dalmatinisches Tagebuch*, Darmstadt, 1940.

Gerometta (B.), *I forestieri a Venezia*, Venise, 1858.

Gévay (Anton von), *Urkunden und Aktenstücke zur Geschichte der Verhältnisse zwischen Osterreich, Ungarn und der Pforte im 16. und 17. Jahrhundert*, Vienne, 1840-1842, 9 vol.

Giannone (Pietro), *Istoria civile del Regno di Napoli*, La Haye, 1753, 4 vol.

Gillet (Louis), *Dante*, Paris, 1941.

Gioffrè (Domenico), *Genova e Madera nel 1° decennio del secolo XVI*, in « Studi Colombiani », t. III, Gênes, 1951.

Gênes et les foires de change : de Lyon à Besançon, Paris, 1960.

Girard (Albert), *La rivalité commerciale et maritime entre Séville et Cadix jusqu'à la fin du XVIIIᵉ siècle*, Paris, 1932.

Giraud (Paul), *Les origines de l'Empire français nord-africain*, Marseille, 1937.

Giustiniani (Girolamo), *La description et l'histoire de l'île de Scios* (s. L), 1506 (pour 1606 ?).

Glamann (K.), *Dutch-Asiatic Trade, 1620-1740*, La Haye, 1958.

Goldschmidt (L.), *Universalgeschichte des Handelsrechts*, Stuttgart, 1891.

Goleta. Warhafftige eygentliche Beschreibung wie der Türck die... Vestung Goleta... belägert..., Nuremberg, 1574.

Gollut (L.), *Les Mémoires historiques de la république séquanoise*, Dole, 1592.

Gomes de Brito (Bernardo), *Historia tragico-maritima*, Lisbonne, 2ᵉ éd., 1904-1909, 2 t. en 3 vol.

Gomez Moreno (Manuel), voir Hurtado de Mendoza (Diego).

Gondola (Francesco), voir Voinovitch (L.).

González (Tomás), *Censo de la población de las provincias y partidos de la Corona de Castilla en el siglo XVI*, Madrid, 1829.

González Palencia (Angel), *Gonzalo Pérez secretario de Felipe II*, Madrid, 1946, 2 vol.

Gooss (Roderich), *Die Siebenbürger Sachsen in der Planung deutscher Sudostpolitik. Von der Einwanderung bis zum Ende des Thronstreites zwischen König Ferdinand I. und König Johann Zàpolya (1538)*, Vienne, 1940.

Gosselin (E.-H.), *Documents authentiques et inédits pour servir à l'histoire de la marine normande et du commerce rouennais pendant les XVIe et XVIIe siècles*, Rouen, 1876.

Götz (Wilhelm), *Historische Geographie. Beispiele und Grundlinien*, Leipzig, 1904.

Goubert (Pierre), *Beauvais et le Beauvaisis de 1600 à 1730*, Paris, 1960, 2 vol.

Gounon-Loubens (J.), *Essais sur l'administration de la Castille au XVIe siècle*, Paris, 1860.

Gourou (Pierre), *La Terre et l'homme en Extrême-Orient*, Paris, 1940.

Gothein (A.), *Geniza*, en cours de publication.

Grammont (Henri Delmas de), *Relations entre la France et la Régence d'Alger au XVIIe siècle*, Alger, 1879-1885, 4 vol.

Grandchamp (Pierre), *La France en Tunisie à la fin du XVIe siècle (1582-1600)*, Tunis, 1920.

Granvelle (Cardinal de), *Papiers d'État du cardinal Granvelle*, publiés sous la direction de Ch. Weiss, « Collection de documents inédits sur l'histoire de France », Paris, 1841-1852, 9 vol.

Correspondance du cardinal Granvelle, 1566-1586, p.p. Edmond Poullet et Charles Piot, Bruxelles, 1877-1896, 12 vol.

Grataroli (G.), *De regimine iter agentium, vel equitum, vel peditum, vel mari vel curru seu rheda*, Bâle, 1561.

Graziani (A.), *Economisti del Cinque e Seicento*, Bari, 1913.

Grekov (B.) et Iakoubovski (A.), *La Horde d'Or*, trad. du russe par François Thuret, Paris, 1939.

Grenard (Fernand), *Grandeur et décadence de l'Asie*, Paris, 1939.

Grevin (Emmanuel), *Djerba, l'île heureuse, et le Sud Tunisien*, Paris, 1937.

Griziotti Kretschmann (Jenny), *Il problema del trend secolare nelle fluttuazioni dei prezzi*, Turin, 1935.

Gröber (G.), *Grundriss der romanischen Philologie*, Strasbourg, 1888-1902, 3 vol. ; 2e éd., vol. I : 1904-1906.

Grottanelli (Lorenzo), *La Maremma toscana : studi storici ed economici*, Sienne, 1873-1876, 2 vol.

Grousset (René), *L'empire des steppes*, Paris, 1939.

Gsell (S.), Marçais (G.), Yver (G.), *Histoire d'Algérie*, Paris, 1927.

Guardia (G. M.), voir Perez (Antonio).

Guarnieri (Giuseppe Gino), *Un' audace impresa marittima di Ferdinando dei Medici, con documenti e glossario indo-caraibico*, Pise, 1928.

Cavalieri di Santo Stefano. Contributo alla storia della marina militare italiana, 1562-1859, Pise, 1928.

Guéneau (Louis), *L'organisation du travail à Nevers aux XVIIe et XVIIIe siècles (1660-1790)*, Paris, 1919.

Guevara (A. de), *Épistres dorées, moralles et familières*, traduites d'espagnol en français par le seigneur de Guterry, Lyon, 1558-1560.

Guglielmotti (Alberto), *La guerra dei pirati e la marina pontificia dal 1500 al 1560*, Florence, 1876, 2 vol.

Guicciardini (Francesco), *La historia d'Italia*, Venise, 1568.
Diario del viaggio in Spagna, Florence, 1932.

Guijo (G. M. de), *Diario de Gregorio Martin de Guijo, 1648-1664*, p.p. M. R. de Terreros, Mexico, 1953.

Guillaume de Vaudoncourt (Frédéric François), *Memoirs of the Ionian Islands*, Londres, 1816.

Guillon (Pierre), *Les trépieds du Ptoion*, Paris, 1943.

Günther (A.), *Die Alpenländische Gesellschaft als sozialer und politischer, wirtschaftlicher und kultureller Lebenskreis*, Iéna, 1930.

Ha Cohen (Joseph), *Emek Habakha, la Vallée des Pleurs, Chronique des souffrances d'Israël dans sa dispersion jusqu'à 1575* et *Continuation de la Vallée des Pleurs*, p.p. Julien Sée, Paris, 1881.

Haebler (Konrad), *Die wirtschaftliche Blüte Spaniens im 16. Jahrhundert und ihr Verfall*, Berlin, 1888.
Geschichte Spaniens unter den Habsburgern, t. I (seul paru) : *Geschichte Spaniens unter der Regierung Karls I.* (V.), Gotha, 1907.

Haëdo (P. Diego de), *Topographía e historia general de Argel* et *Epitome de los Reyes de Argel*, Valladolid, 1612, 1 vol.

Hagedorn (B.), *Die Entwicklung der wichtigsten Schiffstypen bis ins 19. Jahrhundert*, Berlin, 1914.

Hahn (W.), *Die Verpflegung Konstantinopels durch staatliche Zwangswirtschaft, nach türkischen Urkunden aus dem 16. Jahrhundert*, Stuttgart, 1926.

Hakluyt (R.), *The principal navigations, voyages, trafiques and discoveries of the English nation*, Londres, 1599-1600, 3 vol.

Halperin Donghi (Tulio), *Un conflicto nacional : Moriscos y Cristianos viejos en Valencia*, Buenos Aires, 1955.

Halphen (E.), voir Henri IV.

Hamilton (Earl J.), *El florecimiento del capitalismo y otros ensayos áe historia económica*, Madrid, 1948.
American Treasure and the Price Revolution in Spain, 1501-1650, Cambridge, Mass., 1934.

Hammen y León (Lorenzo Vander), voir Vander Hammen y León (Lorenzo).

Hammer-Purgstall (J. von), *Histoire de l'Empire ottoman depuis son origine jusqu'à nos jours*, trad. de l'allemand par J. J. Hellert, Paris, 1835-1848, 18 vol.

Häpke (Rudolf), *Niederländische Akten und Urkunden zur Geschichte der Hanse und zur deutschen Seegeschichte*, t. I (seul paru) : *1531-1557*, Munich et Leipzig, 1913.

Harris (John), *Navigantium atque itinerantium bibliotheca, or a complet collection of voyages and travels*, Londres, 1705, 2 vol.

Hartlaub (F.), *Don Juan d'Austria und die Schlacht bei Lepanto*, Berlin, 1940.

Hassel (U. von), *Das Drama des Mittelmeers*, Berlin, 1940.

Hauser (Henri), *La prépondérance espagnole (1559-1560)*, 2e éd., Paris, 1940. Voir aussi Bodin (Jean).

Hauser (Henri) et Renaudet (Augustin), *Les débuts de l'âge moderne, la Renaissance et la Réforme*, 3e éd., 1946, t. VIII de *l'Histoire générale* publiée sous la direction de Louis Halphen et Philippe Sagnac.

Hayward (F.), *Histoire de la Maison de Savoie*, Paris, 1941-1943, 2 vol.

Heckscher (E. F.), *Der Merkantilismus*, Iéna, 1932, 2 vol. ; trad. esp. : *La época mercantilista*, Mexico, 1943.

Heeringa (K.), *Bronnen tot de geschiedenis van den Levantschen handel*, La Haye, 1910-1917, 2 vol.

Heers (Jacques), *Gênes au XVᵉ siècle. Activité économique et problèmes sociaux*, Paris, 1961.

Hefele (Charles-Joseph), *Le cardinal Ximénès et l'église d'Espagne à la fin du XVIᵉ et au début du XVIIᵉ siècle*, trad. de l'allemand par M. l'abbé A. Sisson et M. l'abbé A. Crampon, Paris, Lyon, 1856.

Hefele (Charles-Joseph) et Hergen Roether (cardinal J.), *Histoire des Conciles d'après des documents originaux*, traduite en français par Dom H. Leclercq et continuée jusqu'à nos jours ; t. IX : Première Partie, *Concile de Trente* par P. Richard, Paris, 1930.

Hefele (Hermann), *Geschichte und Gestalt. Sechs Essays*, Leipzig, 1940.

Helwig (Werner), *Braconniers de la mer en Grèce*, trad. de l'allemand : *Raubfischer in Hellas*, par Maurice Rémon, Leipzig, 1942.

Hennig (Richard), *Terrae incognitae. Eine Zusammenstellung und kritische Bewertung der wichtigsten vorcolumbischen Entdeckungsreisen an Hand der darüber vorliegenden Originalberichte*, Leyde, 1936-1939, 4 vol. ; 2ᵉ éd. : 1944-1956, 4 vol.

Henri IV, *Lettres inédites à M. de Sillery, ambassadeur à Rome, du Iᵉʳ avril au 27 juin 1601*, p.p. Eugène Halphen, Paris, 1866.

Lettres inédites à M. de Villiers, ambassadeur à Venise, p.p. Eugène Halphen, Paris, 1885-1887, 3 vol.

Lettres au comte de La Rochepot, ambassadeur en Espagne (1600-1601), p.p. P. Laffleur de Kermaingant, Paris, 1889.

Hentzner (Paul), *Itinerarium Germaniae, Galliae, Italiae*, Nuremberg, 1612.

Herder (Johann Gottfried von), *Ideen zur Geschichte der Menschheit*, Riga et Leipzig 1784-1791, 4 vol. ; trad. fr. : *Philosophie de l'histoire de l'humanité*, par Émile Tandel, Paris, 1874, 3 vol.

Hering (Ernst), *Die Fugger*, Leipzig, 1940.

Héritier (Jean), *Catherine de Médicis*, Paris, 1940.

Herre (Paul), *Europäische Politik im cyprischen Krieg (1570-1573), mit Vorgeschichte und Vorverhandlungen*, Leipzig, 1902.

Papsttum und Papstwahl im Zeitalter Philipps II., Leipzig, 1907.

Wehgeschichte am Mittelmeer, Leipzig, 1930.

Herrera (Gabriel Alonso de), *Libro de Agricultura*, Alcalá, 1539, éd. de 1598.

Herrera Oria (Enrique), *La Armada Invencible*, collection « Archivo Histórico Español », Madrid, 1929.

Herrera y Tordesillas (Antonio de), *Primera (tercera) parte de la Historia general del mundo*, Madrid, 1601-1612, 3 vol.

Heyd (W.), *Histoire du Commerce du Levant au Moyen Âge*, trad. et p.p. Furcy-Raynaud, Leipzig, 1885-1886, 2 vol.

Hiltebrandt (Philipp), *Der Kampf ums Mittelmeer*, Stuttgart, 1940.

Hinojosa (Ricardo de), *Los despachos de la diplomacia pontificia en España*, Madrid, 1896.

Hirth (Friedrich C. A. J.), *Chinesische Studien*, t. I (seul paru), Munich, 1890.

Hispanic studies in honour of J. Gonzáles Llubera, p.p. Frank Pierce, Oxford, 1959.

Histoire et Historiens de l'Algérie, Paris, 1931.

Historiadores de Indias, collection dirigée par Manuel Serrano y Sanz, Madrid, 1909, 2 vol. ; II : « Guerra de Quito » de Pedro de Cieza de León, « Jornada de Managua y Dorado » de Toribio de Ortiguera, « Descripción del Perú Tucuman, Rio de la Plata et Chile » de Fr. Reginaldo de Lizárraga, in Nueva Biblioteca de autores espanoles dirigida por Marcelino Menéndez y Pelayo, vol. XIV et XV.

Höffner (Joseph), *Wirtschaftsethik und Monopole im 15. und 16. Jahrhundert*, Iéna, 1941.

Holland (Henry), *Travels in the Ionian Isles, Albania, Thessaly, Macedonia, etc., during the years 1812 and 1813*, Londres, 1815.

Holleaux (Maurice), *Rome, la Grèce et les monarchies hellénistiques au IIIe siècle av. J.-C. (273-205)*, Paris, 1921.

Hollister (J. S.), voir Ashauer (H.) et Hollister (J. S.).

Hommage à Lucien Febvre. Éventail de l'histoire vivante, Paris, 1953, 2 vol.

Hopf (Carl), voir Musachi (Giovanni).

Hoszowski (St.), *Les prix à Lwow (XVIe-XVIIe siècles)*, trad. du polonais, Paris, 1954.

Howe (Sonia E.), *Les grands navigateurs à la recherche des épices*, trad. de l'anglais par le général Fillonneau, Paris, 1939.

Howe (W.), *The Mining guild of New Spain and its Tribunal General, 1770-1821*, Cambridge, 1949.

Hugo (Victor), *William Shakespeare*, Paris, 1882.

Hürlimann (Martin), *Griechenland mit Rhodos und Zypern*, Zurich, 1938.

Hurtado de Mendoza (Diego), *De la guerra de Granada, comentarios*, p.p. Manuel Gómez Moreno, Madrid, 1948.

Huvelin (P.), *Essai historique sur le droit des marchés et des foires*, Paris, 1897.

Huxley (Aldous), *Tour du monde* d'un *sceptique*, trad. de l'anglais par Fernande Dauriac, Paris, 1932.

Iakoubowski (A.), voir Grekov (B.) et Iakoubowski (A.).

Ibn Iyâs, *Journal d'un bourgeois du Caire, Histoire des Mamlouks*, trad. et annoté par Gaston Wiet, Paris, 1955-1960, 2 vol.

Ibn Verga (Salomon), *Liber Schevet Jehuda*, p.p. par M. Wiener, Hanovre, 1855-1856, 2 vol.

Illescas (Gonzalo de), *Historia pontifical y católica*, Salamanque, 1573.

Imbart de la Tour (Pierre), *Les origines de la Réforme*, 2e éd., Melun, 1944-1945, 2 vol.

Imbert (Gaston-Paul), *Des mouvements de longue durée Kondratieff*, Aix-en-Provence, 1959.

Indice de la colección de documentos de Fernández de Navarrete que posee el Museo Naval, Madrid, 1946.

Instructions Nautiques du service hydrographique de la Marine française, principalement les n°s 357, 360 et 368, Paris, 1932 et 1934.

Iorga (N.), *Geschichte des osmanischen Reiches*, Gotha, 1908-1913, 5 vol.
   Points de vue sur l'histoire du commerce de l'Orient au moyen âge, Paris, 1924.
   Ospiti romeni in Venezia, Bucarest, 1932.

Jacobeit (Wolfgang), *Schafhaltung und Schäfer in Zentraleuropa bis zum Beginn des 20. Jahrhunderts*, Berlin, 1961.

Jadin (J.), voir Cuvelier (J.) et Jadin (J.).

Jäger (Fritz), *Afrika*, 3e éd., Leipzig, 1928.

Jal (A.), *Glossaire nautique*, Paris, 1848.

Janaček (J.), *Histoire du Commerce de Prague avant la bataille de la Montagne Blanche* (en tchèque), Prague, 1955.

Janssen (Johannes), *Geschichte des deutschen Volkes, seit dem Ausgang des Mittelalters*, Fribourg-en-Brisgau, 1878-1894, 8 vol.

Jardé (Auguste), *Les céréales dans l'Antiquité ;* I : *La production*, « Bibliothèque des Écoles françaises d'Athènes et de Rome », Paris, 1925.

Jean-Brunhes-Delamarre (Mariel), voir Deffontaines (Pierre), Jean-Brunhes-Delamarre (Mariel), Bertoquy (P.).

Jelavich (C. et B.), *The Balkans in Transition ; essays on the development of Balkan life and politics since the eighteenth century*, p.p. C. et B. Jelavich, Berkeley, 1963.

Jireček (Constantin), *Die Romanen in den Städten Dalmatiens während des Mittelalters*, Vienne, 1901-1904, 3 vol.

Joly (Barthélémy), *Voyage en Espagne, 1603-1604*, p.p. L. Barrau-Dihigo, Paris, 1909.

Joly (Henry), *La Corse française au XVIᵉ siècle*, Lyon, 1942.

Jones (W. H. S.), *Malaria, a Neglected Factor in the History of Greece and Rome*, Cambridge, 1907.

Jonge (Johannes Cornelis de), *Nederland en Venetie*, La Haye, 1852.

Juchereau de Saint-Denys (Antoine), *Histoire de l'empire ottoman depuis 1792 jusqu'en 1844*, Paris, 1844, 4 vol.

Julien (Charles-André), *Histoire de l'Afrique du Nord*, Paris, 1931.

Jurien de la Gravière (Vice-amiral J. B. E.), *Les chevaliers de Malte et la marine de Philippe II*, Paris, 1887, 2 vol.

Justinian (Jérosme), voir Giustiniani (Girolamo).

Kellenbenz (Hermann), *Sephardim an der unteren Elbe. Ihre wirtschaftliche und politische Bedeutung vom Ende des 16. bis zum Beginn des 18. Jahrhunderts*, Wiesbaden, 1958.

Kerhuel (Marie), *Les mouvements de longue durée des prix*, Rennes, 1935.

Kermaingant (P. Laffleur de), voir Henri IV ; voir aussi Laffleur de Kermaingant (Pierre-Paul).

Kernkamp (J. H.), *De handel op den vijand, 1572-1609*, Utrecht, 1931-1934, 2 vol.

Kerremans (Charles), voir Doehaerd (Renée) et Kerremans (Charles).

Kirchner (Walther), *The Rise of the Baltic Question*, Newark, 1954.

Klarwill (Victor von), *The Fugger News-Letters*, Londres, 1924-1926, 2 vol.

Klaveren (Jacob van), *Europäische Wirtschaftsgeschichte Spaniens im 16. und 17. Jahr-hundert*, Stuttgart, 1960.

Klein (Julius), *The Mesta ; A Study in Spanish Economic History, 1273-1836*, Cambridge, 1920.

Koch (Matthias), *Quellen zur Geschichte des Kaisers Maximilian II.*, Leipzig, 1857-1861, 2 vol.

Konetzke (R.), *Geschichte des spanischen und portugiesischen Volkes*, Leipzig, 1939.

Kretschmann (Jenny), voir Griziotti Kretschmann (Jenny).

Kretschmayr (H.), *Geschichte von Venedig*, Gotha et Stuttgart, 1905-1934, 3 vol.

Kroker (E.), *Handelsgeschichte der Stadt Leipzig*, Leipzig, 1925.

Kronn und Aussbunde aller Wegweiser, Cologne, 1597 (anonyme).

Kulischer (Josef), *Allgemeine Wirtschaftsgeschichte des Mittelalters und der Neuzeit*, Munich, 1928-1929, 2 vol. ; second tirage, 1958.

Kunze (A.), voir Aubin (G.) et Kunze (A.).

Laborde (Cte Alexandre-Louis de), *Itinéraire descriptif de l'Espagne*, Paris, 1827-1830, 6 vol.

La Borderie (Bertrand de), *Le Discours du voyage de Constantinople*, Lyon, 1542.

La Boullaye Le Gouz (François), *Les voyages et observations du sieur de La Boullaye le Gouz où sont décrites les religions, gouvernements et situations des Estats et royaumes d'Italie, Grèce, Natolie, Syrie, Palestine, Karaménie, Kaldée, Assyrie, Grand Mogol, Bijapour, Indes Orientales des Portugais, Arabie, Egypte, Hollande, grande Bretagne, Irlande, Dannemark, Pologne, isles et autres lieux d'Europe, Asie et Affrique...*, Paris, 1653.

La Bruyère (René), *Le drame du Pacifique*, Paris, 1943.

La Civiltà veneziana del Rinascimento, Fondazione Giorgio Cini, Venise, 1958.

Lacoste (L.), *Mise en valeur de l'Algérie. La colonisation maritime en Algérie*, Paris, 1931.

La Ferrière-Percy (Comte Hector de), *Lettres de Catherine de Médicis (1533-1587)*, « Collection de Documents inédits sur l'Histoire de France », Paris, 1880-1909, 10 vol., Index, Paris, 1943, 1 vol.

Laffleur de Kermaingant (Pierre-Paul), *Mission de Jean de Thumery, sieur de Boissise (1598-1602)*, Paris, 1886.
Voir aussi Henri IV.

La Jonquière (Vte A. de), *Histoire de l'empire ottoman depuis les origines jusqu'à nos jours*, Paris, 1914, 2 vol., in : *Histoire Universelle* de Victor Duruy.

La Lauzière (J. F. Noble de), voir Noble de la Lauzière.

Lamansky (Vladimir), *Secrets d'État de Venise, documents, extraits, notices et études*, Saint-Pétersbourg, 1884.

La Marmora (Alberto Ferrero de), *Voyage en Sardaigne ou description statistique, physique et politique de cette île*, 2e éd., Paris et Turin, 1839-1857, 4 vol.

Landry (Adolphe), *Traité de démographie*, Paris, 1945.

Lane (Frédéric C.), *Venetian Ships and Shipbuilders of the Renaissance*, Baltimore, 1934.
Andrea Barbarigo, Merchant of Venice, 1418-1449, Baltimore, 1944.

Lanz (Karl), *Correspondenz des Kaisers Karl V. Aus dem kgl. Archiv und der « Bibliothèque de Bourgogne » zu Brüssel*, Leipzig, 1844-1846, 3 vol.

Lanza del Vasto, *La baronne de Carins*, Paris, 1946.

Lapeyre (Henri), *Une famille de marchands, les Ruiz ; contribution à l'étude du commerce entre la France et l'Espagne au temps de Philippe II*, Paris, 1955.
Géographie de l'Espagne morisque, Paris, 1960.

Lapini (Agostino), *Diario fiorentino di Agostino Lapini dal 252 al 1596*, p.p. G. O. Corazzini, Florence, 1900.

La Primaudaie, voir Élie de la Primaudaie (F.).

La Roncière (Charles de), *Histoire de la marine française*, Paris, 1899-1932, 6 vol.

Larruga (Eugenio), *Memorias políticas y económicas sobre los frutos, comercio, fábricas y minas de España*, Madrid, 1745-1792, 45 vol.

La Torre y Badillo (M.), *Representación de los autos sacramentales en el periodo de su mayor florecimiento*, Madrid, 1912.

Lattes (E.), *La libertà delle banche a Venezia*, Milan, 1869.

Laval (François Pyrard de), voir Pyrard de Laval (François).

Lavedan (Pierre), *Histoire de l'Art*, Paris, 1949-1950, 2 vol.

Lavisse (Ernest), *Histoire de France depuis les origines jusqu'à la révolution*, Paris, 1903-1911, 9 tomes en 18 vol.

Lebel (Roland), *Le Maroc et les écrivains anglais aux XVIᵉ, XVIIᵉ et XVIIIᵉ siècles*, Paris, 1927.

Leca (Philippe), *Guide bleu de la Corse*, Paris, 1935.

Leclercq (Dom H.), voir Hefele (Charles-Joseph) et Hergen Roether (cardinal J.).

Leclercq (Jules), *De Mogador à Biskra ; Maroc et Algérie*, Paris, 1881.

Le Danois (Édouard), *L'Atlantique, histoire et vie d'un océan*, Paris, 1938.

Lefaivre (Albert), *Les Magyars pendant la domination ottomane en Hongrie, 1526-1722*, Paris, 1902.

Lefebvre (Georges), *La grande Peur de 1789*, Paris, s. d. (1957).

Lefebvre (Th.), *Les modes de vie dans les Pyrénées atlantiques*, Paris, 1933.

Lefebvre des Noëttes (Cᵈᵗ), *L'attelage. Le Cheval de selle à travers les âges. Contribution à l'histoire de l'esclavage*, Paris, 1931.

Lefevre-Pontalis (Germain), Voir Selve (Odet de).

Le Glay (Dʳ André), *Négociations diplomatiques entre la France et l'Autriche durant les trente premières années du XVIᵉ siècle*, « Collection de documents inédits sur l'histoire de France », Paris, 1845, 2 vol.

Le Lannou (Maurice), *Pâtres et paysans de la Sardaigne*, Paris, 1941.

Lenglet du Fresnay (M. l'abbé), voir Comines (Ph. de).

Léon l'Africain, *De l'Afrique, contenant la description de ce pays et la navigation des anciens capitaines portugais aux Indes Orientales et Occidentales*, trad. de Jean Temporal, Paris, 1830, 4 vol.

Le Roy (Loys), *De l'excellence du gouvernement royal avec exhortation aux François de persévérer en iceluy*, Paris, 1575.

Le Roy Ladurie (Emmanuel), *Les paysans de Languedoc*, 2 vol., Paris, 1966.

Leti (Gregorio), *Vita del Catolico re Filippo II monarca delle Spagne*, Coligny, 1679, 2 vol., trad. en franc, par J.-G. de Chevrières sous le titre : *La vie de Philippe II, roi d'Espagne*, Amsterdam, 1734.

Lescarbot (Marc), *Histoire de la Nouvelle France*, Paris, 1611.

Levi (Carlo), *Le Christ s'est arrêté à Eboli*, trad. de l'italien par Jeanne Modigliani, Paris, 1948.

L'Herba (G. da), *Itinerario delle poste per diverse parti del mondo*, Venise, 1564.

L'Hermite de Soliers (Jean-Baptiste, dit Tristan), *La Toscane françoise*, Paris, 1661.

Lilley (S.), *Men, Machines and History ; a short history of tools and machines in relation to social progress*, Londres, 1948.

Lisičar (V.), *Lopud. Historički i savremeni prikaz*, Dubrovnik, 1931.

Livet (Roger), *Habitat rural et structures agraires en Basse Provence*, Gap, 1962.

Livi (Giovanni), *La Corsica e Cosimo de' Medici*, Florence-Rome, 1885.

Livi (R.), *La schiavitù domestica nei tempi di mezzo e nei moderni*, Padoue, 1928.

Lizárraga (Fr. Reginaldo de), voir *Historiadores de Indias*.

Lonchay (Henri) et Cuvelier (Joseph), *Correspondance de la cour d'Espagne sur les affaires des Pays-Bas, 1598-1621*, Bruxelles, 1923.

Longlée (Pierre de Ségusson de), *Dépêches diplomatiques de M. de Longlée, résident de France en Espagne, 1581-1590*, p.p. A. Mousset, Paris, 1912.

Lopez (Roberto S.), *Studi sull'economia genovese nei medio evo*, Turin, 1936.

Lortz (Joseph), *Die Reformation in Deutschland*, 2ᵉ éd., Fribourg-en-Brisgau, 1941, 2 vol.

Los Españoles pintados por si mismos (ouvrage collectif), Madrid, 1843.

Lot (Ferdinand), *Les invasions barbares et le peuplement de l'Europe, introduction à l'intelligence des derniers traités de paix*, Paris, 1937.

Louant (Armand), voir Frangipani (Ottavio Mirto).

Loyal Serviteur, *La très joyeuse et très plaisante Histoire composée par le Loyal Serviteur des faits, gestes, triomphes du bon chevalier Bayart*, p.p. J. C. Buchon, coll. « Le Panthéon littéraire », Paris, 1836.

Lozach (J.), *Le delta du Nil, étude de géographie humaine*, Le Caire, 1935.

Lubimenko (Inna), *Les relations commerciales et politiques de l'Angleterre avec la Russie avant Pierre le Grand*, Paris, 1933.

Luccari (G.), *Annali di Rausa*, Venise, 1605.

Lucchesi (E.), *I monaci benedettini vallombrosani in Lombardia*, Florence, 1938.

Lucio de Azevedo (J.), *Historia dos Christãos novos portugueses*, Lisbonne, 1921.

Luetič (J.), *O pomorstvu Dubrovačke Republike u XVIII. stoljeću*, Dubrovnik, 1959.

Lusignano (Stefano), *Chorografia et breve historia universale dell'isola de Cipro*, Bologne, 1573 ; trad. française, Paris, 1580.

Luzac (Élie de), voir Acearias de Sérionne (Jacques).

Luzzatto (G.), *Storia economica dell'età moderna e contemporanea*, Padoue, 1932.

Storia economica di Venezia dall'XI al XVI secolo, Venise, 1961.

Macaulay Trevelyan (G.), voir Trevelyan (G. Macaulay).

Madariaga (S. de), *Spain and the Jews*, Londres, 1946.

Maffée (Père Jean-Pierre), *Histoire des Indes*, Lyon, 1603.

Magalhães Godinho (Vitorino), *Historia economica e social da expansão portuguesa*, t. I, Lisbonne, 1947.

Os descobrimientos e a economia mondial, Lisbonne, 1963.

Les finances de l'État portugais des Indes orientales au XVIᵉ et au début du XVIIᵉ siècle, thèse dactylographiée, Paris, 1958.

L'économie de l'Empire portugais aux XVᵉ et XVIᵉ siècles. L'or et le poivre. Route de Guinée et route du poivre, en cours de publication.

Maisons et villages de France, ouvrage coll., Paris, 1945.

Mal (J.), *Uskočke seobe i shvenske pokrajine*, Llubljana, 1924.

Mâle (Emile), *L'art religieux après le Concile de Trente. Étude sur l'iconographie de la fin du XVIᵉ siècle, du XVIIᵉ siècle, du XVIIIᵉ siècle. Italie, France, Espagne, Flandres*, Paris, 1932.

Malestroict (sieur de), *Paradoxes inédits du Sieur de Malestroict touchant les monnoyes*, p.p. Luigi Einaudi, Turin, 1937.

Malraux (André), *La lutte avec l'Ange*, Genève, 1945.

Malynes (Gérard), *A Treatise of the Canker of England's Commonwealth*, Londres, 1601.

Mandich (Giulio), *Le pacte de ricorsa et le marché italien des changes au XVIIᵉ siècle*, Paris, 1953.

Manfroni (C), *Storia della marina italiana*, Rome, 1897.

Mankov (A. G.), *Le mouvement des prix dans l'État russe du XVIᵉ siècle*, trad. française, Paris, 1957.

Mans (Raphaël du), voir Raphaël du Mans.

Mantran (Robert), *Istanbul dans la seconde moitié du XVIIᵉ siècle*, Paris, 1962.

Marañón (Gregorio), *Antonio Pérez*, 2ᵉ éd., Madrid, 1948, 2 vol.

Marca (P. de), *Histoire de Béarn*, Paris, 1640.

Marçais (Georges), voir Diehl (Charles) et Marçais (Georges), ainsi que Gsell (S.), Marçais (Georges), Yver (G.).

Marciani (Corrado), *Lettres de change aux foires de Lanciano au XVIᵉ siècle*, Paris, 1962.

Marcucci (Ettore), voir Sassetti (F.).

Marguerite d'Autriche, voir Gachard (L.-P.).

Mariana (Juan), *Storiae de rebus Hispaniae*, libri 25 ; t. I de la continuation p. Manuel José de Medrano, Madrid, 1741.

Marliani (Giovanni Bartolomeo), *Topographia antiquae Romae*, Lyon, 1534.

Martiáñez (M.), voir Fuentes Martiáñez (M.).

Martin (Alfred von), *Sociología del Renacimiento*, Mexico, 1946.

Martin (Henri-Jean), voir Febvre (Lucien) et Martin (Henri-Jean).

Martínez (Mariano), voir Alcocer Martínez (Mariano).

Martínez de Azcoitia (Herrero), *La Población Palentina en los siglos XVI y XVII*, Palencia, 1961.

Martinez Ferrando (J. E.), *Privilegios otorgados por el emperador Carlos V...*, Barcelone, 1943.

Marx (Karl), *Contribution à la critique de l'économie politique*, trad. sur la 2ᵉ éd. allemande par J. Molitor, Paris, 1954.

Mas-Latrie (Jacques-M.-J.-L.), *Traités de paix et de commerce...*, Paris, 1866, 2 vol.

Massieu (abbé Guillaume), *Histoire de la Poësie française avec une défense de la Poësie*, Paris, 1739.

Massignon (Louis), *Annuaire du monde musulman*, Paris, 1955.

Masson (Paul), *Histoire du commerce français dans le Levant au XVIIᵉ siècle*, Paris, 1896.

Histoire du commerce français dans le Levant au XVIIIᵉ siècle, Paris, 1911.

Les Compagnies du Corail, Paris, 1928.

Maull (Otto), *Geographie der Kulturlandschaft*, Berlin et Leipzig, 1932.

Maunier (René) et Giffard (A.), *Faculté de droit de Paris. Salle de travail d'ethno-logie juridique. Conférences 1929-1930. Sociologie et Droit romain*, Paris, 1930.

Maurand (Jérôme), *Itinéraire de Jérôme Maurand d'Antibes à Constantinople (1544)*, p.p. Léon Dorez, Paris, 1901.

Maurel (Paul), *Histoire de Toulon*, Toulon, 1943.

Mauro (F.), *Le Portugal et l'Atlantique au XVIIᵉ siècle, 1570-1670*, Paris, 1960.

Mayer-Löwenschwerdt (Erwin), *Der Aufenthalt der Erzherzöge Rudolf und Ernst in Spanien, 1564-1571*, Vienne, 1927.

Mayerne (Théodore Turquet de), *Sommaire description de la France, Allemagne, Italie, Espagne, avec la guide des chemins et postes*, Rouen, 1615.

Mazzei (J.), *Politica doganale differenziale e clausola della nazione più favorita*, Florence, 1930.

Mecatti (G. M.), *Storia cronologica della città di Firenze*, Naples, 1755, 2 vol.

Médicis (Catherine de), voir La Ferrière (comte Hector de).

Medina (Pedro de), *Libro de grandezas y cosas memorables de España*, Alcalá de Henares, 1595.

Medrano (José de), voir Mariana.

Meester (B. de), *Le Saint-Siège et les troubles des Pays-Bas, 1566-1579*, Louvain, 1934.

Meilink-Roelofsz (M. A. P.), *Asian Trade and European Influence in the Indonesian Archipelago between 1500 and about 1630*, La Haye, 1962.

Meinecke (F.), *Die Idee der Staatsräson in der neueren Geschichte*, Munich, 1924.

Meister der Politik, éd. par Erich Marcks et Karl Alexander v. Müller, 2ᵉ éd., Stuttgart, 1923-1924, 3 vol.

Mélanges en l'honneur de Marcel Bataillon, Paris, 1962.

Mélanges Luzzatto, Studi in onore di Gino Luzzatto, Milan, 1950, 4 vol.

Melis (Federigo), *Aspetti della vita economica medievale*, Sienne-Florence, 1962.

Mellerio (Joseph), *Les Mellerio, leur origine et leur histoire*, Paris, 1895.

Mendez de Vasconcelos (Luis), « Diálogos do sítio de Lísboa », 1608, *in* : Antonio Sérgio, *Antologia dos Economistas Portugueses*, Lisbonne, 1924.

Mendonça, voir Gavy de Mendonça.

Mendoza (Diego de), voir Hurtado de Mendoza.

Mendoza y Bovadilla (cardinal Francisco), *Tizón de la nobleza española*, Barcelone, 1880.

Menéndez Pidal (Gonzalo), *Los caminos en la historia de España*, Madrid, 1951.

Menéndez Pidal (Ramón), *Idea imperial de Carlos V*, Madrid, 1940.

Mentz (Georg), *Deutsche Geschichte im Zeitalter der Reformation, der Gegenreformation und des Dreissigjährigen Krieges, 1493-1648*, Tübingen, 1913.

Mercadal (G. García), voir García Mercadal (G.).

Mercier (Ernest), *Histoire de l'Afrique septentrionale (Berbérie), depuis les temps les plus reculés jusqu'à la conquête française (1830)*, Paris, 1888-1891, 3 vol.

Mérimée (Henri), *L'art dramatique à Valencia depuis les origines jusqu'au commencement du xvɪɪᵉ siècle*, Toulouse, 1913.

Merle (L.), *La métairie et révolution agraire de la Gâtine poitevine de la fin du Moyen Âge à la Révolution*, Paris, 1958.

Merner (Paul-Gerhardt), *Das Nomadentum im nordwestlichen Afrika*, Stuttgart, 1937.

Meroni (Ubaldo), *I « Libri delle uscite delle monete » della Zecca di Genova dal 1589 al 1640*, Mantoue, 1957.

Merriman (R. B.), *The Rise of the Spanish Empire in the Old World and in the New*, New York, 1918-1934, 4 vol.

Mesnard (Pierre), *L'essor de la philosophie politique au xvɪᵉ siècle*, Paris, 1936.

Meyer (Arnold O.), *England und die katholische Kirche unter Elisabeth und den Stuarts*, t. I (seul paru) : *England und die katholische Kirche unter Elisabeth*, Rome, 1911.

Michel (Francisque), *Histoire des races maudites de la France et de l'Espagne*, Paris, 1847, 2 vol.

Michel (Paul-Henri), *Giordano Bruno, philosophe et poète*, Paris, 1952 (extrait du « Collège philosophique » : *Ordre, désordre, lumière*).

La cosmologie de Giordano Bruno, Paris, 1962.

Michelet (Jules), *Histoire de France*, t. VII : *La Renaissance*, Paris, 1855.

Mignet (F.-Auguste-A.), *Charles Quint, son abdication, son séjour et sa mort au monastère de Yuste*, Paris, 1868.

Milano (Attilio), *Storia degli ebrei in Italia*, Turin, 1963.

Milioukov (P.), Seignobos (Charles) et Eisenmann (Louis), *Histoire de Russie*, Paris, 1932-1939, 2 vol.

Milojevič (Borivoje), *Littoral et îles dinariques dans le royaume de Yougoslavie* (Mémoires de la Société de Géographie, vol. 2), Belgrade, 1933.

Minguijón (S.), *Historia del derecho español*, Barcelone, 1933.

Mira (Giuseppe), *Aspetti dell'economia comasca all'inizio dell'età moderna*, Côme, 1939.

Moheau, *Recherches et considérations sur la population de la France*, Paris, 1778.

Monchicourt (Charles), *L'expédition espagnole de 1560 contre l'île de Djerba*, Paris, 1913.

Mondoucet (C. de), *Lettres et négociations de Claude de Mondoucet résident de France aux Pays-Bas (1571-1574)*, p.p. L. Didier, Paris, 1891-1892, 2 vol.

Monod (Th.), *L'hippopotame et le philosophe*, Paris, 1943.

Montagne (R.), *Les Berbères et le Makhzen dans le Sud du Maroc*, Paris, 1930.

Montaigne (Michel Eyquem de), *Journal de voyage en Italie*, éd. Ed. Pilon, Paris, 1932.

Montanari (Geminiano), *La zecca in Consulta di Stato*, éd. A. Graziani, Bari, 1913.

Montchrestien (Antoine de), *L'économie politique patronale, traicté d'aeconomie politique*, p.p. Th. Funck-Brentano, Paris, 1889.

Monteil (Amans-Alexis), *Histoire des Français*, Paris, 1828-1844, 10 vol.

Morales (A. de), *Las antigüedades de las ciudades de España*, Madrid, 1792.

Morand (Paul), *Lewis et Irène*, Paris, 1931.

Morazé (Charles), *Introduction à l'histoire économique*, Paris, 1943.

Morel-Fatio (Alfred), *L'Espagne au XVIᵉ et au XVIIᵉ siècle*, Heilbronn, 1878. *Études sur l'Espagne*, 1ʳᵉ série, 2ᵉ éd. : *L'Espagne en France*, Paris, 1895. *Etudes sur l'Espagne*, 4ᵉ série, Paris, 1925. *Ambrosio de Salazar et l'étude de l'espagnol en France sous Louis XIII*, Paris, 1900.

Moscardo (L.), *Historia di Verona*, Vérone, 1668.

Mousset (A.), voir Longlée (P. de Ségusson de).

Mouton (Léo), *Le Duc et le roi : d'Épernon, Henri IV, Louis XIII*, Paris, 1924.

Müller (Georg), *Die Türkenherrschaft in Siebenbürgen. Verfassungsrechtliches Verhältnis Siebenbürgens zur Pforte, 1541-1688*, Hermannstadt-Sibiu, 1923.

Müller (Johannes), *Zacharias Geizkofler, 1560-1617, des Heiligen Romischen Reiches Pfennigmeister und oberster Proviantmeister im Königreich Ungarn*, Baden, 1938.

Müller (K. O.), *Welthandelsbräuche (1480-1540)*, Stuttgart, 1934 ; 2ᵉ tirage, Wiesbaden, 1962.

Musachi (Giovanni), *Historia genealogica della Casa Musachi*, p.p. Cari Hopf, in *Chroniques gréco-romaines inédites ou peu connues*, Berlin, 1873.

Nadal (G.) et Giralt (E.), *La population catalane de 1553 à 1717*, Paris, 1960.

Nalivkin (K.), *Histoire du Khanat de Khokand*, Paris, 1889.

Naudé (W.), *Die Getreidehandelspolitik der Europäischen Staaten, vom 13. bis zum 18. Jahrhundert*, Berlin, 1896.

Navagero (Andrea), *Il viaggio fatto in Spagna*, Venise, 1563.

Nef (John. U.), *The Rise of the British Coal Industry*, Londres, 1932, 2 vol.

Nelson (John Charles), *Renaissance Theory of Love, the Context of Giordano Bruno's « Eroici furori »*, New York, 1958.

Niccolini (Fausto), *Aspetti della vita italo-spagnuola nel Cinque e Seicento*, Naples, 1934.

Nicot (Jean), *Jean Nicot, ambassadeur de France au Portugal au XVIᵉ siècle. Sa correspondance inédite*, p.p. E. Falgairolle, Paris, 1897.

Nicolay (Nicolas de), *Navigations, pérégrinations et voyages faicts en la Turquie*, éd. d'Anvers, 1576.

Description générale de la ville de Lyon et des anciennes provinces du Lyonnais et du Beaujolais, Lyon, éd. de 1889, 2 vol.

Nielsen (A.), *Dänische Wirtschaftsgeschichte*, Iéna, 1933.

Niemeier (G.), *Siedlungsgeographische Untersuchungen in Niederandalusien*, Hambourg, 1935.

Nistor (J.), *Handel und Wandel in der Moldau bis zum Ende des 16. Jahrhunderts*, Czernowitz, 1912.

Noailles (MM. de), voir Vertot (abbé Aubert de).

Noberasco (F.), voir Scovazzi (Italo) et Noberasco (F.).

Nobili (Giacinto, dit Rafaele Frianoro), *Il vagabondo*, Venise, 1627.

Noble de Lalauzière (J.-F.), *Abrégé chronologique de l'histoire d'Arles*, Arles, 1808.

Nueva Recopilación de las leyes de España, Madrid, 1772-1775, 3 vol.

Nuntiaturberichte aus Deutschland nebst erganzenden Aktenstücken, 1. Abu, 1533-1559, Gotha, 1892-1912, 12 vol.; *2. Abt., 1560-1572*, Vienne, 1897-1939, 6 vol.; *3. Abt., 1572-1585*, Berlin, 1892-1909, 5 vol.; *(4. Abt.) 1585 (1584)-1590 (1592)*, Paderborn, 1895-1919, 3 t. en 5 vol.

Obermann (Karl), voir *Probleme der Ökonomie und Politik in den Beziehungen zwischen Ost und West.*

Oexmelin (Alexandre O.), *Histoire des aventuriers flibustiers...*, Trévoux, 1775, 2 vol.

Olagüe (L.), *La decadencia española*, Madrid, 1950-1951, 4 vol.

Oncken (Wilhelm), *Allgemeine Geschichte in Einzelerstellungen*, Berlin, 1878-1892 (1893), 43 vol.

Ortega y Gasset (José), *España invertebrada*, Madrid, 1934.

Papeles sobre Velázquez y Goya, Madrid, 1950.

Ortega y Rubio (Juan), *Historia de Valladolid*, Valladolid, 1881, 2 vol.

Relaciones topográficas de los Pueblos de España, Madrid, 1918.

Palatini (Leop.), *L'Abruzzo nelle Storia documentata di Carlo V di Giuseppe de Leva*, Aquila, 1896.

Palencia, voir González Palencia (Angel).

Paléologue (M.), *Un grand réaliste, Cavour*, Paris, 1926.

Parain (Charles), *La Méditerranée : les hommes et leurs travaux*, Paris, 1936.

Pardessus (J.-M.), *Collection des lois maritimes antérieures au XVIIIᵉ siècle*, Paris, 1828-1845, 6 vol.

Paré (Ambroise), *Œuvres*, 5ᵉ éd., Paris, 1598.

Parenti (G.), *Prime ricerche sulla rivoluzione dei prezzi in Firenze*, Florence, 1939.

Paris (L.), voir Aubespine (Sébastien de l').

Pariset (G.), *L'État et les églises en Prusse sous Frédéric-Guillaume Iᵉʳ*, Paris, 1897.

Parpal y Marqués (C.), *La isla de Menorca en tiempo de Felipe II*, Barcelone, 1913.

Paruta (Andrea), *Relazione di A.P. console per la Repubblica Veneta in Alessandria presentata nell'ecc. mo Collegio ai 16 dicembre 1609...*, a cura di Luigi Baschiera, per nozze Arbib-Levi, Venise, 1883.

Paruta (Paolo), *Historia vinetiana*, Venise, 1605.

La legazione di Roma (1592-1595), p.p. Giuseppe de Leva, Venise, 1887, 3 vol.

Pastor (Ludwig von), *Geschichte der Püpste seit dem Ausgang des Mittelalters*, 3ᵉ et 4ᵉ éd., Fribourg-en-Brisgau, 1901-1933, 16 vol. ; trad. française : *Histoire des Papes*, par Furcy-Raynaud, 1888-1934, 16 vol.

Paz Espeso (Julián), *Catálogo de la Colección de documentos inéditos (C.O.D.O.I.N.)*, Madrid, 1930, 2 vol. Voir aussi Espejo de Hinojosa (Cristóbal) y Paz Espeso (Julián).

Pédelaborde (P.), *Le climat du bassin parisien, essai d'une méthode rationnelle de climatologie physique*, Paris, 1957.

Pegolotti, voir Balducci Pegolotti.

Pellegrini (Amedeo), *Relazioni inedite di ambasciatori lucchesi alla corte di Roma, sec. XVI-XVII*, Rome, 1901.

Pellissier de Raynaud (E.), *Mémoires historiques et géographiques sur l'Algérie*, Paris, 1844.

Pereyra (Carlos), *Historia de la América española*, Madrid, 1924-1926, 8 vol.

Perez (Antonio), *L'art de gouverner*, p.p. J. M. Guardia, Paris, 1867.

Pérez (Damião), *Historia de Portugal*, Barcelone, 1926-1933, 8 vol.

Pérez (Juan Beneyto), voir Beneyto Pérez (Juan).

Pérez de Messa (D.), voir Medina (Pedro de).

Pérez Villamil (Manuel), voir Catalina García (Juan) et Pérez Villamil (Manuel).

Peri (Domenico), *Il negociante*, Gênes, 1638.

Perret (Jacques), *Siris*, Paris, 1941.

Petit (Édouard), *André Doria, un amiral condottiere au XVIᵉ siècle, 1466-1560*, Paris, 1887.

Petrocchi (Massimo), *La rivoluzione cittadina messinese del 1674*, Florence, 1954.

Peyeff (Christo), *Agrarverfassung und Agrarpolitik in Bulgarien*, Charlottenburg, 1926.

Pfandl (Ludwig), *Introducción al siglo de oro*, Barcelone, 1927.

Geschichte der spanischen Nationalliteratur in ihrer Blütezeit, Fribourg-en-Brisgau, 1928.

Johanna die Wahnsinnige. Ihr Leben, ihre Zeit, ihre Schuld, Fribourg-en-Brisgau, 1930 ; traduit en français par R. de Liedekerke sous le titre : *Jeanne la Folle*, Bruxelles, 1938.

Philipp II. Gemälde eines Lebens und einer Zeit, Munich, 1938 ; trad. fr. : *Philippe II*, Paris, 1942.

Philipp (Werher), *Ivan Peresvetov und seine Schriften zur Erneuerung des Moskauer Reiches*, Konigsberg, 1935.

Philippson (Alfred), *Das Mittelmeergebiet, seine geographische und kulturelle Eigenart*, Leipzig, 1904 ; 4ᵉ éd., 1922.

Philippson (Martin), *Ein Ministerium unter Philipp II. Kardinal Granvella am spanischen Hofe (1579-1586)*, Berlin, 1895.

Pieri (Piero), *La crisi militare italiana nel Rinascimento*, Naples, 1934.

Pierling (Paul), *Rome et Moscou, 1547-1579*, Paris, 1883.

Un nonce du Pape en Moscovie, préliminaires de la trêve de 1582, Paris, 1884.

Piffer Canabrava (Alice), *O commercio português no Rio da Plata, 1580-1640*, São Paulo, 1944.

Piganiol (André), *Histoire de Rome*, Paris, 1939.

Pino-Branca (A.), *La vita economica degli Stati italiani nei secoli XVI, XVII, XVIII secondo le relazioni degli ambasciatori veneti*, Catane, 1928.

Piot (Charles), voir Granvelle, ainsi que Gachard (L.-P.) et Piot (Charles).

Pirenne (Henri), *Les villes du Moyen Âge*, Bruxelles, 1927.

Histoire de Belgique, Bruxelles, 1900-1932, 7 vol.

Pirenne (Jacques), *Les grands courants de l'histoire universelle*, Neuchâtel, 1948-1953, 3 vol.

Planhol (Xavier de), *De la plaine pamphylienne aux lacs pisidans. Nomadisme et vie paysanne*, Paris, 1958.

Plantet (Eugène), *Les Consuls de France à Alger avant la conquête*, Paris, 1930.

Platter (Félix), *Mémoires de Félix Platter*, traduits et annotés par Édouard Fick, Genève, 1866.

Félix et Thomas Platter à Montpellier, Montpellier, 1892.

Platzhoff (W.), *Geschichte des europäischen Staatensystems, 1559-1660*, Munich, 1928.

Plesner (J.), *L'émigration de la campagne à la ville libre de Florence au XIIIᵉ siècle*, Copenhague, 1934.

Pohlhausen (H.), *Das Wanderhirtentum und seine Vorstufen*, Braunschweig, 1954.

Poirson (A.-S.-J.-C), *Histoire du règne de Henri IV*, Paris, 1865-1866, 4 vol.

Poliakov (Léon), *Histoire de l'antisémitisme*; I : *Du Christ aux Juifs de Cour*, Paris, 1955; II : *De Mahomet aux Marranes*, Paris, 1961.

Les "banchieri" juifs et le Saint-Siège, du XIIIᵉ au XVIIᵉ siècle, Paris, 1965.

Poni (Carlo), *Gli aratri e l'economia agraria nel Bolognese dal XVII al XIX secolo*, Bologne, 1963.

Porcar (Moisés Juan), *Cosas evengudes en la ciutat y regne de Valencia. Dietario de Moisés Juan Porcar, 1589-1629*, p.p. Vicente Castaneda Alcover, Madrid, 1934.

Porchnev (Boris), *Les soulèvements populaires en France de 1623 à 1648*, Paris, 1963, trad. française.

Porreño (Baltasar), *Dichos y hechos del señor rey don Philipe segundo el prudente...*, Cuenca, 1621.

Pose (Alfred), *La monnaie et ses institutions*, Paris, 1942, 2 vol.

Poullet (Edmond) et Piot (Charles), voir Granvelle (cardinal).

Pouqueville (F.-C.-H.-L.), *Voyage de la Grèce*, Paris, 1820-1821, 5 vol.

Presotto (Danilo), « *Venuta Terra* » e « *Venuta Mare* » *nel biennio 1605-1606*, thèse dactylographiée de la Faculté d'Economie et Commerce de Gênes, 1963.

Prestage (E.), *The Portuguese Pioneers*, Londres, 1933.

Prévost (abbé A.-F.), *Histoire générale des voyages*, Paris, 1746, 20 vol.

Primeira Visitaçáo do Santo Officio as partes do Brasil pelo Licenciado Heitor Furtado de Mendoça, deputado de Santo Officio; I : *Confissões de Bahia, 1591-1592*, São Paulo, 1922; II : *Denunciacões de Bahia, 1592-1593*, São Paulo, 1925; III : *Denunciacões de Pernambuco, 1593-1595*, São Paulo, 1929.

Probleme der Ökonomie und Politik in den Beziehungen zwischen Ost- und Westeuropa vom 17. Jahrhundert bis zur Gegenwart, p.p. par Karl Obermann, Berlin, 1960.

Ptasnik (S.), *Gli Italiani a Cracovia dal XVIᵒ secolo al XVIIIᵒ*, Rome, 1909.

Puig y Cadafalch (J.), *L'architectura romanica a Catalunya* (en collaboration), Barcelone, 1909-1918, 3 vol.

Le premier art roman, Paris, 1928.

Pugliese (S.), *Condizioni economiche e finanziarie della Lombardia nella prima meta del secolo XVIII*, Turin, 1924.

Putzger (F. W.), *Historischer Schulatlas*, 73ᵉ éd. d'A. Hansel, Bielefeld, Berlin et Hanovre, 1958.

Pyrard de Laval (François), *Voyage... contenant sa navigation aux Indes orientales...*, 3ᵉ éd., Paris, 1619.

Quadt (M.), *Deliciae Galliae sive itinerarium per universam Galliam*, Francfort, 1603.

Quarti (Guido Antonio), *La battaglia di Lepanto nei canti popolari dell'epoca*, Milan, 1930.

Queiros Vegoso (José Maria de), *Dom Sebastião, 1554-1578*, 2ᵉ éd., Lisbonne, 1935.

Quétin, *Guide en Orient, itinéraire scientifique, artistique et pittoresque*, Paris, 1846.

Quevedo y Vellegas (Francisco Gomez), « Isla des los Monopantos », *in : Obras satiricas y festivas*, Madrid, 1958, t. II, Madrid, 1639.

Quinet (Edgar), *Mes vacances en Espagne*, Paris, 4ᵉ éd., 1881.

Les Révolutions d'Italie, Paris, 1848-1851, 2 vol.

Quiqueran de Beaujeu (P.), *La Provence louée*, Lyon, 1614.

Rabelais (François), *Gargantua*, éd. « Les Belles Lettres », Paris, 1955.

Le Quart Livre du noble Pantagruel, in *Œuvres de Rabelais*, éd. Garnier, Paris, 1962, 2 vol.

Rachfahl (F.), *Le registre de Franciscus Liscaldius, trésorier général de l'armée espagnole aux Pays-Bas de 1567 à 1576*, Bruxelles, 1902.

Raffy (Adam), *Wenn Giordano Bruno ein Tagebuch geführt hätte*, Budapest, 1956.

Rahola (Federico), *Economistas españoles de los siglos XVI y XVII*, Barcelone, 1885.

Ramel (François de), *Les Vallées des Papes d'Avignon*, Dijon, 1954.

Ranke (Leopold von), *Die Osmanen und die spanische Monarchie im 16. und 17. Jahrhundert, 4. Aufl. des Werkes « Fürsten und Völker von Südeuropa »*, Leipzig, 1877, 2 vol. ; trad. fr. : *Histoire des Osmanlis et de la monarchie espagnole pendant les XVIᵉ et XVIIᵉ siècles*, Paris, 1839.

Raphaël du Mans, *Estat de la Perse en 1660...*, p.p. Ch. Schefer, Paris, 1890.

Rau (Virginia), *Subsidios para o estudo das feiras medievais portuguesas*, Lisbonne, 1943.

Raveau (Paul), *L'agriculture et les classes paysannes. La transformation de la propriété dans le Haut-Poitou au XVIᵉ siècle*, Paris, 1926.

Raynaud (E. Pelissier de), voir Pellissier de Raynaud (E.).

Razzi (Serafino), *La storia di Raugia*, Lucca, 1595.

Rebora (Giovanni), *Prime ricerche sulla « Gabella Caratorum sexaginta Maris »*, thèse dactylographiée de la Faculté d'Économie et Commerce de Gênes, 1963.

Recherches et Matériaux pour servir à une Histoire de la domination française aux XIIIᵉ, XIVᵉ et XVᵉ siècles dans les provinces démembrées de l'empire grec à la suite de la quatrième croisade, p.p. J. A. C. Buchon, « Panthéon littéraire », Paris, 1840, vol. III, 2 t. en 1 vol.

Recopilación de las leyes destos reynos hecha por mandado del Rey, Alcala de Hénares, 1581, 3 vol.

Recouly (Raymond), *Ombre et soleil d'Espagne*, Paris, 1934.

Recueils de la Société Jean Bodin ; V : La foire, Bruxelles, 1953 ; VII : *La ville*, Bruxelles, 1955, 3 vol.

Renaudet (Augustin), *Machiavel*, Paris, 1942.

L'Italie et la Renaissance italienne (cours professé à la Sorbonne), Paris, 1937.

Voir aussi Hauser (Henri) et Renaudet (Augustin).

Reparaz (Gonzalo de), *Geografía y política*, Barcelone, 1929.

Reparaz (Gonzalo de), fils du précédent, *La época de los grandes descubrimientos españoles y portugueses*, Buenos Aires, 1931.

Retana (Luis de Fernández), *Cisneros y su siglo*, Madrid, 1929-1930.

Reumont (Alfred von), *Geschichte Toscana's seit dem Ende des florentinischen Freistaates*, Gotha, 1876-1877, 2 vol.

Reznik (J.), *Le duc Joseph de Naxos, contribution à l'histoire juive du XVIᵉ siècle*, Paris, 1936.

Riba y Garcia (Carlos), *El consejo supremo de Aragón en el reinado de Felipe II*, Valence, 1914.

Ribbe (Charles de), *La Provence au point de vue des bois, des torrents et des inondations avant et après 1789*, Paris, 1857.

Ribier (Guillaume), *Lettres et mémoires d'estat*, Paris, 1666, 2 vol.

Ricard (Samuel), *Traité général du commerce*, 2ᵉ éd., Amsterdam, 1706.

Richard (P.), voir Hefele (Charles-Joseph) et Hergen Rœther (cardinal J.).

Rilke (R. M.), *Lettres à un jeune poète*, trad. française, Paris, 1937.

Rivet (P.) et Arsandaux (H.), *La métallurgie en Amérique précolombienne*, Paris, 1946.

Riza Seifi (Ali), *Dorghut Re'is*, 2ᵉ éd., Constantinople, 1910 (édition en alphabet turco-latin, 1932).

Rochechouart (L.-V.-L. de), *Souvenirs sur la Révolution, l'Empire et la Restauration*, Paris, 1889.

Rodocanachi (Emmanuel-P.), *La réforme en Italie*, Paris, 1920.

Rodriguez (Domingos), *Arte de Cozinha*, Lisbonne, 1652.

Rodríguez Marín (Francisco), *El ingenioso hidalgo Don Quijote de la Mancha*, Madrid, 1916.

Roger (Noëlle), *En Asie Mineure : la Turquie du Ghazi*, Paris, 1930.

Röhricht (R.), *Deutsche Pilgerreisen nach dem Heiligen Lande*, nouv. éd., Innsbruck, 1900.

Romanin (Samuele), *Storia documentata di Venezia*, Venise, 1853-1861, 10 vol.

Romano (Bartolomeo), voir Crescentio (Bartolomeo).

Romano (Ruggiero), *Commerce et prix du blé à Marseille au XVIIIᵉ siècle*, Paris, 1956.

Romano (Ruggiero), Spooner (Frank C), Tucci (Ugo), *Les prix à Udine*, à paraître.

Romier (Lucien), *Les origines politiques des guerres de religion*, Paris, 1913-1914, 2 vol.

La conjuration d'Amboise, Paris, 1923.

Catholiques et huguenots à la cour de Charles IX, Paris, 1924.

Le royaume de Catherine de Médicis, 3ᵉ éd., Paris, 1925, 2 vol.

Rossi (E.), *Il dominio degli Spagnuoli e dei Cavalieri di Malta a Tripoli (1530-1551)*, Intra, 1937.

Roth (Cecil), *The House of Nasi* : I. *Doña Gracia*, Philadelphie, 1948 ; II. *The Duke of Naxos*, Philadelphie, 1948.

Roth (Johann Ferdinand), *Geschichte des nürnbergischen Handels*, Leipzig, 1800-1802, 4 vol.

Roupnel (Gaston), *Le vieux Garain*, 7ᵉ éd., Paris, 1939.

Histoire et destin, Paris, 1943.

La ville et la campagne au XVIIᵉ siècle. Étude sur les populations du pays dijonnais, 2ᵉ éd., Paris, 1955.

Rousseau (baron Alphonse), *Annales Tunisiennes*, Alger, 1864.

Rovelli (Giuseppe), *Storia di Como*, Milan, 1789-1803, 3 vol.

Rowlands (R.), *The Post of the World*, Londres, 1576.

Rubio Ortega, voir Ortega y Rubio (Juan).

Ruble (Alphonse de), *Le traité du Cateau-Cambrésis (2 et 3 avril 1559)*, Paris, 1889. Voir aussi Aubigné (Théodore Agrippa d').

Rubys (Claude), *Histoire véritable de la ville de Lyon*, Lyon, 1604.

Ruiz Martín (Felipe), *Lettres marchandes échangées entre Florence et Medina del Campo*, Paris, 1965.

Les aluns espagnols, indice de la conjoncture économique de l'Europe au XVIᵉ siècle, à paraître.

El siglo de los Genoveses en Castilla (1528-1627) ; capitalismo cosmopolita y capitalismos nacionales, à paraître.

Rumeu de Armas (Antonio), *Piraterías y ataques navales contra las islas Canarias*, Madrid, 1947, 6 vol.

Rybarski (R.), *Handel i polityka handlowa Polski w XVI stuleciu*, Poznan, 1928-1929, 2 vol. en 1.

Sachau (Eduard), *Am Euphrat und Tigris, Reisenotizen aus dem Winter 1897-1898*, Leipzig, 1900.

Saco de Gibraltar, in : *Tres relaciones históricas*, « Colección de libros raros ô curiosos », Madrid, 1889.

Sagarminaga (Fidel de), *El gobierno y régimen foral del señorio de Viscaya*, rééd. par Dario de Areitio, Bilbao, 1934, 3 vol.

Saint-Denys (Antoine Juchereau de), voir Juchereau de Saint-Denys (Antoine).

Saint-Sulpice, voir Cabié (E.).

Sakâzov (Ivan), *Bulgarische Wirtschaftsgeschichte*, Berlin et Leipzig, 1928.

Salazar (J. de), *Politica Española*, Logrono, 1617.

Salazar (Pedro de), *Hispania victrix*, Medina del Campo, 1570.

Salomon (Noël), *La campagne en Nouvelle-Castille à la fin du XVIᵉ siècle d'après les « Relaciones Topográficas »*, Paris, 1964.

Salva (Jaime), *La Orden de Malta y las acciones espanolas contra Turcos y Berberiscos en los siglos XVI y XVII*, Madrid, 1944.

Salvestrini (Virgilio), *Bibliografia di Giordano Bruno, 1581-1950*, 2ᵉ éd. posthume, p.p. Luigi Firpo, Florence, 1958.

Salzman (L. F.), *English Trade in the Middle Ages*, Oxford, 1931.

Samanes (Floristan), voir Floristan Samanes (Alfredo).

Samazeuilh (Jean-François), *Catherine de Bourbon, régente du Béarn...*, Paris, 1863.

Sánchez Alonso (Benito), *Fuentes de la historia española e hispano-americana*, 3ᵉ éd., Madrid, 1946.

Sanderson (John), *The Travels of John Sanderson in the Levant (1584-1602)*, p.p. William Forster, Londres, 1931.

Sandoval (A.), voir Gamir Sandoval (A.).

Sansovino (Francesco), *Dell'historia universale dell'origine et imperio de' Turchi*, Venise, 1564.

Sanudo (Marin), *Diarii,* Venise, 1879-1903, 58 vol.

Sapori (Armando), *Studi di Storia economica medievale,* Florence, 1946, 2 vol.

Saraiva (Antonio José), *L"inquisition et la légende des Marranes,* à paraître.

Sardella (P.), *Nouvelles et spéculations à Venise,* Paris, 1948.

Sassetti (F.), *Lettere edite e inedite di Filippo Sassetti,* p.p. Ettore Marcucci, Florence, 1855.

Sauermann (Georg), *Hispanae Consolatio,* Louvain, 1520.

Sauvaget (J.), *Introduction à l'histoire de l'Orient musulman,* Paris, 1943.

Alep. Essai sur le développement d'une grande ville syrienne des origines au milieu du xixe siècle, Paris, 1941.

Savary (François), voir Brèves (François Savary, sieur de).

Savary des Bruslons (Jacques), *Dictionnaire universel de commerce, d'histoire naturelle et des arts et métiers,* Copenhague, 1759-1765, 5 vol.

Sayous (A.-E.), *Le commerce des Européens à Tunis depuis le xiie siècle jusqu'à la fin du xvie,* Paris, 1929.

Scarron (P.), *Le Roman comique,* Paris, 1651, éd. Garnier, Paris, 1939.

Schäfer (Ernst), *Beiträge sur Geschichte des spanischen Protestantismus und der Inquisition im 16. Jahrhundert,* Gütersloh, 1902, 3 t. en 2 vol.

Schalk (Carlo), *Rapporti commerciali tra Venezia e Vienna,* Venise, 1912.

Scharten (Théodora), *Les voyages et séjours de Michelet en Italie, amitiés italiennes,* Paris, 1934.

Schefer (Ch.), voir Raphaël du Mans.

Schiedlausky (G.), *Tee, Kaffee, Schokolade, ihr Eintritt in die europäische Gesellschaft,* Munich, 1961.

Schmidhauser (Julius), *Der Kampf um das geistige Reich. Bau und Schicksal der Universität,* Hambourg, 1933.

Schnapper (Bernard), *Les rentes au xvie siècle. Histoire d'un instrument de crédit,* Paris, 1957.

Schnürer (Gustav), *Katholische Kirche und Kultur in der Barockzeit,* Paderborn, 1937.

Schöffler (Herbert), *Abendland und Altes Testament. Untersuchung zur Kulturmorphologie Europas, insbesondere Englands,* 2e éd., Francfort-sur-le-Main, 1941.

Schulte (Aloys), *Geschichte des mittelalterlichen Handels und Verkehrs zwischen West-deutschland und Italien mit Ausschluss von Venedig,* Leipzig, 1900, 2 vol.

Die Fugger in Rom (1495-1523), mit Studien zur Geschichte des Kirchlichen Finanzwesens jener Zeit, Leipzig, 1904, 2 t. en 1 vol.

Geschichte der grossen Ravensburger Handelsgesellschaft, 1380-1530, Stuttgart et Berlin, 1923, 3 vol.

Schumacher (Rupert von), *Des Reiches Hofzaun. Geschichte der deutschen Militargrenze im Südosten,* Darmstadt, 1940.

Schumpeter (Joseph), *History of Economic Analysis,* Londres, 1954. Trad. italienne : *Storia dell'analisi economica,* Turin, 1959, 3 vol.

Schweigger (Salomon), *Ein neue Reissbeschreibung auss Teutschland nach Konstantinopel und Jerusalem,* 4e éd., Nuremberg, 1639.

Schweinfurth (G.), *Im Herzen von Afrika, Reisen und Entdeckungen im centralen Aquatorial Afrika während der Jahre 1868 bis 1871,* Leipzig, 1874, 2 vol.

Sclafert (Th.), *Cultures en Haute-Provence : déboisements et pâturages au Moyen Âge*, Paris, 1959.

Scovazzi (Italo) et Noberasco (F.), *Storia di Savona*, Savone, 1926-1928, 3 vol.

Sée (Henri), *Esquisse d'une histoire du régime agraire en Europe aux XVIIIe et XIXe siècles*, Paris, 1921.

Sée (Julien), voir Ha Cohen (Joseph).

Segarizzi (A.), *Relazioni degli Ambasciatori Veneti al Senato*, t. III (1-2) : Firenze, Bari, 1916.

Segni (B.), *Storie florentine... dall'anno 1527 al 1555*, Augsbourg, 1723.

Ségusson de Longlée (P. de), voir Longlée (P. de Ségusson de).

Seidlitz (W. von), *Diskordanz und Orogenese der Gebirge am Mittelmeer*, Berlin, 1931.

Seignobos (Charles), voir Milioukov (P.), Seignobos (Charles) et Eisenmann (Louis).

Sella (Domenico), *Commerci e industrie a Venezia nel secolo XVII*, Venise-Rome, 1961.

Selve (Odet de), *Correspondance politique...*, p.p. Germain Lefèvre-Pontalis, Paris, 1888.

Sens et usage du terme structure dans les sciences humaines et sociales, ouvrage collectif, Paris-La Haye, 1962.

Sepúlveda (P. de), *Sucesos del reinado de Felipe II*, p.p. J. Zarco Cueva in *Historia de varios sucesos...*, Madrid, 1922.

Sercey (comte Félix-E. de), *Une ambassade extraordinaire. La Perse en 1839-1840*, Paris, 1928.

Sereni (Emilio), *Storia del paesaggio agrario italiano*, Bari, 1961.

Serra (Antonio), *Breve trattato delle cause che possono far abondare li regni d'oro argento..., con applicatione al Regno di Napoli*, Naples, 1613.

Serrano (Luciano), *Correspondencia diplomática entre España y la Santa Sede durante el Pontificado de Pio V*, Madrid, 1914, 4 vol.

La Liga de Lepanto, Madrid, 1918-1919, 2 vol.

Serres (Olivier de), *Le Théâtre d'agriculture*, Lyon, 1675.

Le Théâtre d'agriculture et mesnage des champs (pages choisies), Paris, 1941.

Servier (Jean), *Les portes de l'année, rites et symboles : l'Algérie dans la tradition méditerranéenne*, Paris, 1962.

Sestini (dom), *Confronto della ricchezza dei paesi...*, Florence, 1793.

Sicroff (Albert-A.), *Les controverses des statuts de « pureté de sang » en Espagne du XVe au XVIIe siècle*, Paris, 1960.

Siegfried (André), *Vue générale de la Méditerranée*, Paris, 1943.

Signot (Jacques), *La division du monde*, Paris, 1539.

Simiand (François-J.-Ch.), *Cours d'économie politique*, Paris, 1930 et 1932, 3 vol.

Le salaire, l'évolution sociale et la monnaie, Paris, 1932, 3 vol.

Recherches anciennes et nouvelles sur le mouvement général des prix du XVIe au XIXe siècle, Paris, 1932.

Les fluctuations économiques à longue période et la crise mondiale, Paris, 1932.

Simon (Wilhelm), *Die Sierra Morena der Provinz Sevilla*, Francfort, 1942, trad. espagn. : *La Sierra Morena de la provincia de Sevilla en los tiempos postvariscios*, Madrid, 1944.

Simonsen (Roberto), *Historia economica do Brasil, 1500-1820*, São Paulo, 1937.

Simonsfeld (H.), *Der Fondaco dei Tedeschi und die deutsch-venetianischen Handelsbeziehungen*, Stuttgart, 1887, 2 vol.

Singer (Charles) *et al., A History of Technology*, Oxford, 1954-1958, 5 vol.

Sion (Jules), *La France méditerranéenne*, Paris, 1934.

Siri (Mario), *La svalutazione della moneta e il bilancio del Regno di Sicilia nella seconda meta del XVI° secolo*, Melfi, 1921.

Soetbeer (Adolf), *Litteraturnachweis über Geld- und Münzwesen*, Berlin, 1892.

Sombart (Werner), *Krieg und Kapitalismus*, Munich, 1913.

   Der moderne Kapitalismus, Munich, 1921-1928, 3 t. en 6 vol.

   Die Juden und das Wirtschaftsleben, Munich, 1922.

   Vom Menschen. Versuch einer geistwissenschaftlichen Anthropologie, Berlin, 1938.

Sorre (Maximilien-J.), *Les Pyrénées méditerranéennes*, Paris, 1913.

   Méditerranée. Péninsules méditerranéennes, Paris, 1934, 2 vol. (t. VII de la *Géographie Universelle*).

   Les fondements biologiques de la géographie humaine, Paris, 1943.

Sottas (J.), *Les messageries maritimes à Venise aux XIVe et XVe siècles*, Paris, 1938.

Sources inédites de l'histoire du Maroc, p.p. Philippe de Cossé-Brissac, 2e série : Dynastie filalienne, Archives et Bibliothèques de France, t. V, Paris, 1953.

Souza (A. S. de), *Historia de Portugal*, Barcelone, 1929.

Soveral (Visconde de), *Apontamentos sobre relacões politicas e commerciaes do Portugal com a Republica di Veneza*, Lisbonne, 1893.

Spenlé (Jean-Édouard), *La pensée allemande de Luther à Nietzsche*, Paris, 1934.

Speziale (G. C.), *Storia militare di Taranto*, Bari, 1930.

Spooner (Frank C.), *L'économie mondiale et les frappes monétaires en France, 1493-1680*, Paris, 1956.

   Voir aussi Romano (Ruggiero), Spooner (Frank C), Tucci (Ugo).

Sprenger (Aloys), *Die Post- und Reiserouten des Orients*, Leipzig, 1864.

Staden (H. von), *Aufzeichnungen über den Moskauer Staat*, p.p. F. Epstein, Hambourg, 1930.

Stählin (Karl), *Geschichte Russlands von den Anfängen bis zur Gegenwart*, Stuttgart, Berlin et Leipzig, 1923-1939, 4 t. en 5 vol.

Stasiak (Stefan), *Les Indes portugaises à la fin du XVIe siècle d'après la Relation du voyage fait à Goa en 1546 par Christophe Pawlowski, gentilhomme polonais*, Lwow, 1926-1928, 3 fasc.

Stefani (Fr.), *Parere intorno al trattato fra Venezia e Spagna sul traffico del pepe e delle spezierie dell'Indie Orientali, di A. Bragadino e J. Foscarini*, éd. per nozze Correr-Fornasari, Venise, 1870.

Stella (C. de), *Poste per diverse parti del mondo*, Lyon, 1572.

Stendhal, *Promenades dans Rome*, Paris, 1858, 2 vol.

   L'abbesse de Castro, Paris, 1931.

Sternbeck (Alfred), *Histoire des flibustiers et des boucaniers*, Paris, 1931.

Stochove (Chevalier Vincent), *Voyage du Levant*, Bruxelles, 1650.

Stone (Lawrence), *An Elizabethan : Sir Horatio Palavicino*, Oxford, 1956.

Storia di Milano, p.p. la Fondazione Treccani degli Alfieri : *L'età della Riforma cattolica, 1554-1630*, Milan, 1957.

Strachey (Lytton), *Elizabeth and Essex*, 2e éd., Londres, 1940.

Stubenrauch (Wolfgang), *Kulturgeographie des Deli-Orman*, Stuttgart, 1933.

Suárez (Diego), *Historia del maestre último que fue de Montesa...*, Madrid, 1889.

Sully (Maximilien de Béthune, duc de), *Mémoires*, nouv. éd., Paris, 1822, 6 vol.

Šusta (Josef), *Die römische Curie und das Konzil von Trient unter Pius IV.*, Vienne, 1904-1914, 4 vol.

Szekfü (J.), *État et Nation*, Paris, 1945.

Taine (Hyppolite-A.), *Voyage aux Pyrénées*, 2ᵉ éd., Paris, 1858.

La philosophie de l'art, 20ᵉ éd., Paris, 1926.

Tamaro (Attilio), *L'Adriatico, golfo d'Italia*, Milan, 1915.

Tassini (Giuseppe), *Curiosità veneziane*, Venise, 1887.

Tavernier (Jean-Baptiste), *Les six voyages qu'il a faits en Turquie, en Perse et aux Indes*, Paris, 1681.

Tawney (R. H.) et Power (E.), *Tudor Economic Documents*, Londres, 1924, 3 vol.

Telbis (Hans), *Zur Geographie des Getreidebaues in Nordtirol*, Innsbruck, 1948.

Tenenti (A.), *Naufrages, corsaires et assurances maritimes à Venise, 1592-1609*, Paris, 1959.

Cristoforo Da Canal. La Marine vénitienne avant Lépante, Paris, 1962.

Termier (P.), *À la gloire de la Terre*, Paris, 1922.

Terreros (M. R. de), voir Guiso (G. M. de).

Teulet (J.-B.-T.-Alexandre), éd. des *Relations politiques de la France et de l'Espagne avec l'Écosse au xviᵉ siècle (1551-1588)*, nouv. éd., Paris, 1862, 5 vol.

Tevins (J.), *Commentarius de rebus in India apud Dium gestis anno MDXLVI*, Coïmbre, 1548.

Tharaud (Jérôme et Jean), *La bataille à Scutari*, 24ᵉ éd., Paris, 1927.

Marrakech ou les seigneurs de l'Atlas, Paris, 1929.

Theissen (J. S.), voir Gachard (L.-P.).

Thénaud (J.), *Le voyage d'Outremer*, Paris, 1884.

Thomazi (Cdt A.-A.), *Histoire de la navigation*, Paris, 1941.

Thumery (Jean de), voir Laffleur de Kermaingant (P.).

Tiepolo (Lorenzo), *Relazione del console Lorenzo Tiepolo (1560)*, p.p. Cicogna, Venise, 1857.

Tocco (Vittorio di), voir Di Tocco (Vittorio).

Tollenare (L.-F.), *Essai sur les entraves que le commerce éprouve en Europe*, Paris, 1820.

Tomić (S. N.), *Naselje u Mletackoj Dolmaciji*, Nich, 1915.

Tommaseo (Nicolò), *Relations des ambassadeurs vénitiens sur les affaires de France au xviᵉ siècle*, Paris, 1838, 2 vol.

Tongas (G.), *Les relations de la France avec l'Empire ottoman durant la première moitié du xviiᵉ siècle et l'ambassade à Constantinople de Philippe de Harlay, comte de Césy, 1619-1640*, Toulouse, 1942.

Törne (P. O. von), *Don Juan d'Autriche et les projets de conquête de l'Angleterre, étude historique sur dix années du xviᵉ siècle (1568-1578)*, Helsingfors, 1915-1928, 2 vol.

Torres (A.), voir Dragonetti de Torres.

Tott (Baron François de), *Mémoires sur les Turcs et les Tartares*, Amsterdam, 1784, 4 vol.

Tournon (cardinal François de), *Correspondance...*, p.p. Michel François, Paris, 1946.

Toynbee (A.), *L'Histoire, un essai d'interprétation ;* abrégé par D. C. Somervell des volumes I à VI de *A Study of History,* trad. de l'anglais, Paris, 1951.

Trasselli (Carmelo), voir Della Rovere (Antonio).

Trevelyan (George Macaulay), *History of England,* nouv. éd., Londres, 1946.

Tridon (M.), *Simon Renard, ses ambassades, ses négociations, sa lutte avec le cardinal Granvelle,* Besançon, 1882.

Truc (Gonzague), *Léon X et son siècle,* Paris, 1941.

Tucci (Ugo), voir Romano (Ruggiero), Spooner (Frank) et Tucci (Ugo).

Tudela (Benjamin), voir Benjamin de Tudela.

Turba (Gustav), *Venetianische Depeschen vom Kaiserhof,* Vienne, 1889-1896, 3 vol.
Geschichte des Thronfolgerechtes in allen habsburgischen Lànden, Vienne, 1903.

Turquet de Mayerne (Théodore), voir Mayerne (Théodore Turquet de).

Tyler (Royall), *Spain, a Study of Her Life and Arts,* Londres, 1909.

Uccelli (Arturo), *Storia della tecnica del Mediaevo ai nostri giorni,* Milan, 1944.

Ugolini (L. M.), *Malta, origini della civiltà mediterranea,* Rome, 1934.

Uhagón (Francisco K. de), *Relaciones históricas de los siglos XVI y XVII,* Madrid, 1896.

Ukers (William H.), *All about Coffee,* New York, 1922.

Ulloa (Modesto), *La hacienda real de Castilla en el reinado de Felipe II,* Rome, 1963.

Usher (A. P.), *The Early History of Deposit Banking in Mediterranean Europe,* vol. I (seul paru), Cambridge, Mass., 1943.

Ustariz (Jerónimo de), *Theorica y practica de comercio y de marina...,* 2e éd., Madrid, 1742.

Vair (Guillaume du), voir Du Vair (Guillaume).

Valle de la Cerda (Luis), *Desempeño del patrimonio de su Magestad y de los reynos, sin daño del Rey y vassallos y con descanso y alivio de todos,* Madrid, 1618.

Van der Essen (Léon), voir Essen (Léon van der) ; voir aussi Frangipani (Ottavio Mirto).

Vander Hammen y León (Lorenzo), *Don Filipe el Prudente, segundo deste nombre, rey de las Españas,* Madrid, 1625.

Varenius (Bernardus), *Geographia generalis,* Amsterdam, 1664.

Varennes (Claude de), voir *Voyage en France...*

Vasconcellos (L. Mendes de), voir Mendez de Vasconcelos (L.).

Vaudoncourt (Guill.), voir Guillaume de Vaudoncourt (Frédéric).

Vaudoyer (J. L.), *Beautés de la Provence,* 15e édition, Paris, 1926.

Vaumas (G. de), *L'éveil missionnaire de la France d'Henri IV à la fondation du Séminaire des Missions étrangères,* Lyon, 1941.

Vayrac (Jean de), *État présent de l'Espagne,* Amsterdam, 1719.

Vázquez de Prada (V.), *Lettres marchandes d'Anvers,* Paris, 1960, 4 vol.

Verlinden (Charles), *L'esclavage dans l'Europe médiévale.* I : *Péninsule ibérique, France,* Bruges, 1955.

Vertot (René Aubert de), *Ambassades de MM. de Noailles en Angleterre,* p.p. C. Villaret, Leyde et Paris, 1763.

Vicens Vives (J.), *Historia Social y Económica de España,* Barcelone, 1957, 3 vol.
Manual de Historia Económica de España, Barcelone, s.d. (1959).

Vidal de La Blache (Paul), *États et nations de l'Europe*, Paris, 1889.
   Tableau de la géographie de la France, 3ᵉ éd., Paris, 1908.
   Principes de géographie humaine, Paris, 1922.
Viet (Jean), *Les méthodes structuralistes dans les sciences sociales*, Paris, 1965.
Vilar (Pierre), *La Catalogne dans l'Espagne moderne*, Paris, 1962, 3 vol.
Villalón (Christóval de), *Viaje de Turquia...*, 1555, Madrid-Barcelone, 1919, 2 vol.
Villamil (M.), voir Catalina García (Juan) et Pérez Villamil (Manuel).
Villaret (C.), voir Vertot (René Aubert de).
Vital (L.), *Premier voyage de Charles-Quint en Espagne de 1517 à 1518*, Bruxelles, 1881.
Vitale (Eligio) et Brunetti (Mario), *Corrispondenza da Madrid di Leonardo Donà, 1570-1573*, Venise-Rome, 1963, 2 vol.
Vitale (Vito), *Breviario della storia di Genova*, Gênes, 1955, 2 vol.
Vitalis (A.), *Correspondance politique de Dominique du Gabre (évêque de Lodève), trésorier des armées à Ferrare (1551-1554), ambassadeur de France à Venise (1555-1557)*, Paris, 1903.
Vivoli (G.), *Annali di Livorno*, Livourne, 1842-1846, 4 vol.
Voinovitch (L.), *Depeschen des Francesco Gondola, Gesandten der Republik Ragusa bei Pius V. und Gregor XIII. 1570-1573*, Vienne, 1909.
   Histoire de Dalmatie, Paris, 1935, 2 vol.
Voyage de France, dressé pour l'instruction et commodité tant des François que des étrangers, 4ᵉ éd. trad. par Cl. de Varennes, Rouen, 1647.
Wahrmund (L.), *Das Ausschliessungsrecht (jus exclusiva) der katholischen Staaten Osterreich, Frankreich und Spanien bei den Papstwahlen*, Vienne, 1883.
Walcher (Joseph), *Nachrichten von den Eisbergen in Tyrol*, Vienne, 1773.
Walsingham (Francis), *Mémoires et instructions pour les ambassadeurs*, Amsterdam, 1700.
Waltz (Pierre), *La Question d'Orient dans l'antiquité*, Paris, 1943.
Wätjen (Hermann), *Die Niederländer im Mittelmergebiet zur Zeit ihrer höchsten Machtstellung*, Berlin, 1909.
Weber (Erich), *Beiträge zum Problem des Wirtschaftsverfalls*, Vienne, 1934.
Wee (Herman van der), *The Growth of the Antwerp Market and the European Economy, fourteenth-sixteenth centuries*, Louvain, 1963, 3 vol.
Weiller (Jean), *Problèmes d'économie internationale*, Paris, 1946-1950, 2 vol.
   L'économie internationale depuis 1950, du plan Marshall aux grandes négociations commerciales entre pays inégalement développés, Paris, 1965.
Weiss (Charles), *L'Espagne depuis le règne de Philippe II jusqu'à l'avènement des Bourbons*, Paris, 1844, 2 vol.
   Voir aussi Granvelle (cardinal de).
Werth (Emil), *Grabstock, Hacke und Pflug*, Ludwigsburg, 1954.
Weulersse (Jacques), *Paysans de Syrie et du Proche-Orient*, Paris, 1946.
Wiet (G.), voir Ibn Iyâs.
Wilczek (Eduard Graf), *Das Mittelmeer, seine Stellung in der Weltgeschichte und seine historische Rolle im Seewesen*, Vienne, 1895.
Wilhelmy (Herbert), *Hochbulgarien*, Kiel, 1935-1936, 2 vol.
Wilkinson (Maurice), *The Last Phase of the League in Provence, 1588-1598*, Londres, 1909.
Williamson (James A.), *Maritime Enterprise, 1485-1588*, Oxford, 1913.

Wood (Alfred C.), *A History of the Levant Company*, Londres, 1935.

Wright (I. A.), *Documents concerning English Voyages to the Spanish Main, 1569-1580*, Londres, 1932.

Wyrobisz (Andrzej), *Budownictwo Murowane w Malopolsce w XIVe et XVe wieku* (résumé en français), Cracovie, 1963.

Yver (G.), *Le commerce et les marchands dans l'Italie méridionale au XIIIe et au XIVe siècle*, Paris, 1903.
Voir aussi Gsell (S.), Marçais (G.), Yver (G.).

Zanelli (A.), *Delle condizioni interne di Brescia dal 1642 al 1644 e del moto della borghesia contro la nobiltà nel 1644*, Brescia, 1898.

Zanetti (Armando), *L'ennemi*, Genève, 1939.

Zanetti (Dante), *Problemi alimentari di una economia preindustriale*, Pavie, 1964.

Zarco Cuevas (père J.), *Historia de varios sucesos y de las cosas*, éd. de Madrid, 1922.
Relaciones de pueblos de la diócesis de Cuenca, hechas por orden de Felipe II, Cuenca, 1925, 2 vol.

Zeller (Berthold), *Henri IV et Marie de Médicis*, Paris, 2e éd., 1877.

Zeller (Gaston), *La réunion de Metz à la France, 1552-1648*, Paris-Strasbourg, 1927, 2 vol.
Le siège de Metz par Charles-Quint, oct.-déc. 1552, Nancy, 1943.
Les Institutions de la France au XVIe siècle, Paris, 1948.
La vie économique de l'Europe au XVIe siècle (cours de Sorbonne), Paris, 1953.

Zierer (Otto), *Bilder aus der Geschichte des Bauerntums und der Landwirtschaft*, Munich, 1954-1956, 4 vol.

Zinkeisen (J. W.), *Geschichte des osmanischen Reiches in Europa*, Gotha, 1840-1863, 7 vol.

Zweig (Stefan), *Les heures étoilées de l'humanité*, trad. franc. d'A. Hella, Paris, 1939.

최근 간행된 책들 가운데, 충분히 이용할 시간이 없었던 것들은 다음과 같다.

Aymard (Maurice), *Venise, Raguse et le commerce du blé pendant la seconde moitié du XVIe siècle*, Paris, 1966.

Gestrin (Ferdo), *Trgovina slovenskega Zaledja s Drimorskimi Mesti od 13. do Konga 16. stoletja*, Ljubljana, 1965.

Manolescu (Radu), *Comertul Tãrii Romîneşti si Moldovei eu Braşovul (secolele XIV-XVI)*, Bucarest, 1965.

Randa (Alexander), *Pro Republica Christiana*, Munich, 1964.

Rougé (Jean), *Recherches sur l'organisation du commerce en Méditerranée sous l'empire romain*, Paris, 1966.

모리스 에이마르(Maurice Aymard)의 15세기부터 18세기까지의 시칠리아 섬에 관한 연구는 (나는 이 연구의 발전을 살펴보았지만), 이 책 제II부 298쪽의 도표 49에 관한 비안키니의 수치를 비판하고 있으나, 지당한 이유가 있다. 이후의 연구자들은 이러한 세부 수정을 고려해야 할 것이다.

인명 색인

가르드 Garde, Paulin de la 42, 45, 49-50, 169, 271

가샤르 Gachard, Louis Prosper 59

게를라흐 Gerlach, R. 332, 336

고메스 Gómez da silva, Ruy 65, 75, 94, 127, 145, 147, 188, 199, 202, 223, 259, 362

곤차가 Gonzaga, prince Vespasiano 255, 273, 313

공디 Gondi, Hieronimo 278

구농-루방 Gounon-Loubens, J. 77

구스만 Guzman, Enrique de 254

그라비에르 Gravière, Jurien de la 164, 264

그랑벨 추기경 Granvelle, cardinal 53, 78-79, 94, 96, 176, 189, 238, 244, 247, 249, 257, 259, 267, 279-280, 283, 297, 303-306, 308, 310, 312, 326, 362, 364, 370-372

그레고리우스 13세 Gregory XIII 283, 297, 302, 313, 368, 376

그리말디 Grimaldi, Niccolò 89

기므랑 Guimeran 106-107, 129

기즈 Guise, François de 39, 66-70, 407-408

기즈 공작 Guise, duc de 183, 407

기슬리에리 추기경 Ghislieri, cardinal 173

나바게로 Navagero, Bernardo 62, 78

나사우 Nassau, Lodewijk van 191, 205, 257, 269, 272

나수프 아가 Nassuf Agha 118

나톨리아의 아코마토 Acomato de Natolie 322

노가레 드 라발레트 Nogaret de Lavalatte, Bernard de 404, 406

노빌리 Nobili 201, 216, 221, 223

느무르 Nemours, Jacques de Savoie duc de 401

느베르 공작 Nevers, Louis de Gonzaga 72

니코 Nicot, Jean 105

다게르 Daguerre, Christine 405

다라몽 d'Aramon 37, 39

다빌라 Davila, Sancho 372

다빌레스 d'Aviles, Menéndez 204

닥스 주교 d'Acqs, bishop 256, 266, 269, 295, 322, 325-326

더럴 Durrell, Lawrence 448

데사 Deza, Don Pedro de 213

데스테 d'Este, Ippolito 174

델리 하산 Deli Ḥasan 218

(안토니오)도리아 Doria, Antonio 114, 123

(에스테파노)도리아 Doria, Estefano 142

(잔 안드레아)도리아(안드레아 도리아의 후손) Doria, Gian Andrea 108-109, 114, 119, 131, 134-135, 137, 140, 143, 149-151, 162, 209, 236-237, 242-244, 259-260, 284, 291, 300, 311, 382, 430-432, 435-436

(파간)도리아 Doria, Pagan 137

(안드레아)도리아 대공 Doria, prince Andrea 19, 24-25, 36, 42, 45-46, 49, 52, 115, 130, 154, 238

도장스 Dozances, Mgr. 149
돌메데스 d'Olmedes, Jean de 38-39
두로 Duro, Cesaro F. 119, 151
드라구트 Dragut 23-25, 36-37, 46, 49-50,
  55, 101, 105-106, 110-111, 129, 131,
  150, 158

라가초니 Ragazzoni, Jacopo 247, 249
라뒤리 Ladurie, Emmanuel Le Ro 445
라브루스 Labrousse, Ernest 446
라콩브 Lacombe, Paul 448
란드리아노 백작 Landriano, comte de 122
랄라 무스타파 Lala Mustafa 229, 398
랑부예 추기경 Rambouillet, Cardinal de
  85, 252
랑사크 Lansac, M. 169
랑케 Ranke, Leopold von 11, 13, 196
레디기에르 Lesdiguières, François duc de
  400-401, 406-407, 413, 417
레이바 Leyva, Don Sancho de 109, 119,
  126, 136, 222
레케센스 Requesens, Don Luis de 126,
  175-177, 179, 190, 260, 267, 283, 363
레티 Leti, Gregorio 81
로레다노 Loredano, Pietro 235
로렌테 Llorente, de 85
로레다노 Roredano, Pietro 235
로메로 Romero, Juan de 130
로멜리노 Lomellino 111
로미에 Romier, Lucien 71
로베스핀 l'Aubespine, Sébastien de 79
로스 벨레스 후작 los Vélez, marquis de
  134, 211, 213
로카풀 Rocafull, don Juan de 336
로페스 델 캄포 Lòpez del Campo, Francisco
  93
롱사르 Ronsard, Pierre de 73
루나 백작 Luna, comte de 121, 125

루돌프 대공 Rudolf, archiduc 260, 396
루블 Ruble, Alphonse de 71
루스템 파샤 Rustem Pasha 49, 99
(포르투갈의)루이스 Luis de Portugal, Don
  53, 366
루터 Luther, Martin 18
르나르 Renard, Simon 34-35, 39, 42, 53,
  66
리모주 주교 Limoges, bishop de 124, 129,
  150
릴 신부 Lisle, abbé de 332

마드리갈 Madrigal, Alvaro de 121
마르가리타(펠리페 2세의 여동생) Margarita
  de Parma 78-80, 189
마르슈 Marche, Guillaume de La 272
마르켈루스 2세 Marcellus II 58
마르체우스키 Marczewski, Jean 445
마르키나 Marquina, Pedro de 27
마르틴 Martin, Felipe Ruiz 328-329, 331,
  446
마를리아니 Margliani, Giovanni 318, 320,
  326, 329, 331-332, 334-335, 337-340,
  342-343, 345-346, 354, 356, 375
(에스테파노 드)마리 Mari, Estefano de 114,
  116
(스테파노 드)마리 Mari, Stefano de' 136
마리노 Marino, Salomone 39
마리아나 Mariana, Juan 76
마리야크 Marillac, Michel de 63
마미 파샤 Mami Pasha 432
마옌 공작 Mayenne, duc de 404, 413
(무함마드)마울라이 Mawlāy, Muhammad
  304
(하미다)마울라이 Mawlāy, Hamīda 217-
  218, 301
(하산)마울라이 Mawlāy, Ḥasan 217
마지스 Magis, de 384

마케다 공작 Maqueda, duc de 429
막시밀리안(2세) Maximilian II 31-33, 59, 76, 110, 128, 179, 183-184
만리케 Marique, Juan de 115, 168
만프로니 Manfroni, Camillo 164
말베치 Malvezzi 24
메디나 셀리 공작 Medina Celi, duc de 105-108, 111-112, 115-116, 118, 121, 130, 270, 273, 308
메디나 시도니아 공작 Medina Sidonia, duc de 221
(마리 드)메디시스 Médicis, Marie de 419
(카트린 드)메디시스 Médicis, Catherine de 124, 141, 145-146, 150, 156, 168-169, 204, 231, 270-271, 278, 296, 326
(프란체스코 데)메디치 Medici, Francesco de 254
(코시모 데)메디치 Medici, Cosimo de 45, 51, 56, 149, 324
메르쿠리아노 Mercuriano, E. 367
메르쾨르 Mercoeur, Philippe Emmanuel de Lorraine 413, 415, 421
메리먼 Merriman, Roger B. 375
메리 스튜어트 Mary Stuart 73, 206, 213
메리 튜더 Mary Tudor 53, 70, 76
메스 Maisse, M. de 376
메카티 Mecatti, G. 425
메흐메트 3세 Mehemet III 396
(돈 이니고 데)멘도사 Mendoza, Don Iñigo de 432
(돈 프란시스코 데)멘도사 Mendoza, Don Francisco de 135-136
(돈 후안 데)멘도사 Mendoza, Don Juan de 107, 131, 151
(이에로니모 데)멘도사 Mendoza, Hierónimo de 218
멜피 대공 Melfi, prince 130-131, 150
모라트 아가 Morat Agha 39

모렐 Morel, Frédéric 415
모우라 Moura, Christoval de 367, 369
모체니고 Mocenigo, Pietro 296
몬데하르 후작(공작) Mondéjar, marquis (duc) de 211, 213, 327
몬카다 Moncada, Migeul 259
몬텔레오네 공작 Monteleone, duc de 120
몽뤼크 Monluc, Blaise de 36, 167
몽모랑시 Montmorency, Anne de 30, 39, 42, 54, 64-65, 70, 277, 400-402, 407
무라드 3세 Murad III 326, 358, 392, 397
무스타파(술레이만의 아들) Mustafā 21
무스타파 파샤 Mustafā Pasha 233, 339, 349
무함마드 알리 Muhammad Ali 323
무함마드 쿠다반다 Muhammad Khudabanda 349
무함마드 파샤 Muhammad Pasha 329, 339
미녜 Mignet, François 59
미란다 백작 Miranda, comte de 428-429
미르 알리 베이 Mir Ali Bey 360-361
미슐레 Michelet, Jules 278, 361
미카스 Micas, Joseph 198-199, 209, 229-230, 253, 320, 323-324
미키엘 Michiel 116
(용감왕)미하이 Mihai Viteazul 396-397

바렐리 Barelli, Juan 또는 Giovanni 319-321
바르가스 Vargas, Juan de 87, 99
바르바로사 Barbarossa, Khayr al-Din 18-19, 23-24, 218
바르바리고 Barbarigo, Agostino 262
바산 Bazan, Alvaro de 87, 137, 147, 156-157, 160, 165, 259
바스티드 Bastide, François 448
바야지트(술레이만의 아들) Bāyazīd 101-103, 118, 125
바타용 Bataillon, Marcel 82-83

바토리 Bathory, Sigismund 396
바 하순 Ba Hassun 49, 57
반델로 Bandello, Matteo 72
발레트 Valette, Jean Parisot De La 106, 159
발루아 Valois, Marguerita de 231
발리에 Vallier, Gaspar de 38
방드네스 Vandenesse, Jean de 80
버글리 경 Lord Burghley 271
베가 Vega, Juan de 25, 106
베나비데스 Benavides 339
베네치아노 Veneziano, Ḥasan 380, 382, 423
베니에로 Veniero, Sebastiano 261-262, 266
베라 Vera, Francisco de 425, 428-429
베렐 Baehrel, René 445
베르나르 Bernard, Étienne 411
베르논 Bernón, Galeazzo 428
베르토 Vertot, René Aubert de 164
베버 Weber, Erich 444
베트젠 Wätjen, H. 346
벨라스케스 Velasquez, Pedro 280
벨라스코 박사 Dr. Velasco 94, 408
벨레 Bellay, Joachim du 73
벨리에브르 Bellièvre 422
보로메오 Borromeo, Carlo 173
보로메오 추기경 Borromeo, cardinal Federico 134
보시오 Bosio 38
볼테르 Voltaire 12, 245
보츠카이 Bocskay, Stephen 398
부르 Bourg, Claude du 230, 321, 338
부르봉 Bourbon, Antoin de 145-146, 411
부르주아 Bourgeois, Émile 419
부스키아 박사 Dr. Buschia 121
부아타이에 Boistaillé 124
부처 Bucer, Martin 44

뷔스베크 Busbec, Augier Ghislain de 118-119, 185
뷔스케 Busquet, Raoul 409
브라간사 Braganza, Catharina de 366-367
브라틀리 Bratli, Charles 80, 82
브레아 Brea, Pedro 339
브루티 Bruti, Aurelio 332, 339
브르통 Breton, Le 413
브리삭 Brissac, Charles I de Cossé 42, 55
비뉴 Vigne, De La 102-103
비스 Wyss, Albert 153
비야누에바 Villanueva, Tomas de 42
비야프랑카 후작 Villafranca, marquis de 154
비텔리 추기경 Vitelli, cardinal 116
빌개뇽 Villegaignon, Nicolas Durand de 42, 53
빌라르 Vilar, Pierre 445
빌리에 Villiers, M de 434
빌리에르 Villiers, George 205
빌마르탱 Villemartin 403
빌야우(벨리야노) Villau(Vegliano), Antonio de 323

사르미엔토 Sarmiento, Juan 384-385
사부아 공작 Savoie, duc de 73, 116, 149, 152, 255, 401, 405-409, 417 419
사야스 Zayas 223, 270
사울리 Sauli, Bendinelli 114, 127, 142, 210, 220, 222, 273
산데 Sande, Alvaro de 108, 117-118, 126, 162, 178, 198
산세베리노 Sanseverino, Don Ferrante 46
산타 크루스 Santa Cruz, Aurelio de 329, 332
산타 크루스 후작 Santa Cruz, marquis de 236, 258-259, 302, 311
산타 피오레 추기경 Santa Fiore, cardinal

149

살라자르 Salazar, Pedro de 21
살라흐 레이스 Salah Re'is 48-49, 56-57, 103, 218
살로몬 박사 Dr. Salomon 321, 331, 333-334, 339-340
생 구아르 Saint-Gouard 273, 276, 282, 314, 317
샤를 9세 Charles IX 185, 213, 254, 256, 274-276, 296, 302
샤를 10세 Charles X 85
샤리에르 Charrière 327, 341
샹토네 Chantonnay, Thomas Perrenot de 177, 199, 244
세니 Segni, Juan de 423-424, 428
세라노 신부 Serrano Father 267, 270, 274, 281, 289
세르다 Cerda, Juan de la → 메디나 셀리 공작
세르반테스 Cervantes Saavedra, Miguel de 290
세르벨로니 Serbelloni, Gabriel 280, 303, 309, 329
세바스티앙 Sebastião 267, 313, 364, 366
세베니코 Sebenico 294
세사 공작 Sessa, duc de 99-100, 108, 291, 301-302, 436
세실 Cecil, William 203, 420
세코 Secco, Nicolò 99, 318
세풀베다 Sepulveda, Juan de 121
셀림 1세 Selīm I 103, 322
셀림 2세 Selīm II 186, 196, 198, 227
(자코모)소란초 Soranzo, Giacomo 101
(조반니)소란초 Soranzo, Giovanni 247, 279
소콜루 Mehemet Sokollu 42, 184, 186, 196, 199, 226, 230, 247, 320-321, 323, 326, 337, 339
소토 Soto, Juan de 297, 306-307, 310-312

수니가 Çuñiga, Don Juan de 121, 215, 240, 247, 270-271, 273-274, 278-279, 282-283, 297-299, 338, 344-345
수사 Souza, Thomé de 361
수아레스 Suárez, Diego 135
술레이만 1세 Süleyman I 19-20, 51, 97, 165
술레이만 파샤 Süleyman Pasha 359
슈판 Spann, Othmar 444
슈펭글러 Spengler, Oswald 444
(레오네)스트로치 Strozzi, Leone 57
(필리포)스트로치 Strozzi, Philipo 271-272
스페스 Spea, Guerau de 206, 214
스피롤로 Spirolo 384
시난 파샤 Sinan Pasha 37, 45-46, 49, 309, 324, 329, 349, 356, 389, 392, 396
시드 Cid, Nicolas 99
시미앙 Simiand, François 448
식스투스 5세 Sixtus V 376
실리세오 대주교 Siliceo 58
실바 Silva, Guzmán de 194, 203, 327

아길라 주교 Aguila, bishop 98
아길라 후작 Aguila, marquis de 309
아길론 Aguilón 270-272
아라고나 Aragona, Calros de 158
아르딩헬리 Ardinghelli, 80
아르슬란 파샤 Arslan Pasha 184
아르테가아 Arteaga 88
아바키 Habaqui, Hernando el 221
아스카나지 Ascanasi, dr. Salomon 333-334
아에도 Haedo, Diego de 49, 157, 196, 217-218
아쿠냐 Acuña, don Martin d' 321, 327, 330, 333
아흐메트 파샤 Ahmad Pasha 262, 339
안드라데 Andrade Gil de 259, 286

안토니오(크라토 수도원장) Antonio, Don 366, 368, 370-372

알도브란디노 Aldobrandino, cardinal 247, 421

알라바 Alava, Francés de 127, 141, 143, 167-169, 207, 215, 223, 231, 252, 256

알레산드리노 추기경 Alessandrino, cardinal 182, 193, 247

알레아티 Aleati, Giuseppe 447

알리 파샤 Ali Pasha 124, 323

알리 포르투크 Ali Portuc 179

알-만수르 al-Mansūr, Aḥmad 365

알바 공작 Alva, Fernando Álvarez de Toledo, duc de 58, 64-66, 74, 115, 117, 120, 142, 145, 147, 168, 191-195, 198, 201-202, 204-206, 235, 257, 268, 270-271, 276-277, 317, 329, 342, 362, 370-371

알베르트 대공 Albert, archduc 413

알뷔케르케 공작 Albuquerque, duc de 255

(마르틴)알카우데테 Alcaudete, Martin de 104, 133

(알론소)알카우데테 Alcaudete, Alonso de 133

알칼라 공작 Alcala, duc de 101, 108, 120, 126

알코사바 Alcoçaba, Pedro de 366-367

압드 알 말리크 Abd al Malik 365

앙리 2세 Henry II 35, 39, 48-49, 52, 70, 72-73, 75-76, 102, 108

앙리 3세 Henri III 72, 336, 376

앙리 4세 Henry IV 145, 376, 401, 403, 407-408, 412, 415-416, 418-421, 434

에드워드 6세 Edward VI 53

에라소 Eraso, Francisco de 95, 154

에레라 Herrera, Alonso de 110

에렌베르크 Ehrenberg, Richard 47

에뢰디 Eröddy, Thomas 390

에르난데스 Hernández, Garci 99, 198

에르네스트 대공 Ernest, archiduc 260

에마누엘레 Emanuele, Carlo → 사부아 공작

에반젤리스타 Evangelista, M. 159

에스코베도 Escovedo, Juan de 302

에스피노사 추기경 Espinosa, cardinal 293

에스테파노 Juan Estefano 341-342

에스피노사 Espinosa, cardinal 293

에케바리 Echevarri 336-337

에페르농 공작 Épernon, duc de 400-401, 404, 406-408, 413

에흐몬트 Egmont, Lamoral 79

엑스 Aix, Louis d' 411

엔리케 추기경왕(엔리케 1세) Cardinal roi 337, 342, 367, 370

엘리자베스 Elizabeth 73, 75, 194, 206, 268, 317, 376

엘리자베트(펠리페 2세의 왕비) Elisabeth de France 71, 85, 167

엘뵈프 후작 Elbeuf, marquis de 141

오라녀 Orange, William 79, 205

오르마네토 Ormaneto 297, 305-306

오를레앙 공작(프랑수아 1세의 아들) Orleans, duc de 27, 170

오소리오 Osorio, Francisco 81

오수나 공작 Osuna, duc de 369

오스만 파샤 Osman Pasha 356-357

오제 Hauser, Henri 48

외젠 공 Eugene, prince 394

올리바레스 백작 Olivares, comte de 254

왓슨 Watson 80

울루지 알리 Euldj Ali 111, 217-218, 237, 261-262, 265, 274, 287, 289-292, 309, 323, 334, 337, 339-340, 342, 357, 378-379, 423

월싱엄 Walsingham, sir Francis 275

율리우스 2세 Julius II 58

율리우스 3세 Julius III 36, 45

이디아케스 Idiáquez, Don Juan de 336,

363, 412
이바라 Ibarra, Francisco de 140, 191, 312
이브라힘 Ibrāhīm 398
이브라힘 파샤 Ibrāhīm Pasha 355, 434
이스마일 Ismail 349
이요르가 Iorga, N. 393

자네 Zane, Hieronimo 241, 244
자페르 파샤 Jaffer Pasha 356, 386
작센 공작 모리츠 Maurice, duc de Sachsen
  28, 33, 43, 46, 53
장리스 Genlis, Jean de Hancest 277
제르미니 Germigny 338, 341, 345
젠킨슨 Jenkinson, Anthony 51
젠틸레 Gentile, Constantino 91
주아외즈 공작 Joyeuse, duc de 150, 400,
  402-403
쥐예 Juyé 336
지기스문트 Sigismund, Bathory 396

체르노비치 Cernovitch, Michael 198
(마르코)첸투리오네 Centurione, Marco 150
(아다모)첸투리오네 Centurione, Adamo 165
첼리노 Celino, Livio 326
츠리니 Zriny, Nicholas 186
치갈라 Cigala 113, 116, 377, 428, 433,
  435
(도메니코)치갈라 Cigala, Domenico 116
치리니 Cirini 113
치폴라 Cipolla, Carlo 447
친카이젠 Zinkeizen, J. W. 341, 393

카네 Canaye, Philippe de 290, 298
카라 무스타파 Kara Muṣtafa 138
카라 호자 Kara Hodja 262
카라파 Caraffa, Carlo cardinal 63
카레로 Carrero, Puerto 309
카르노타 베이 Carnota Beg 319-320

카르도나 Cardona, Juan de 159, 209, 280,
  302, 310
카르세 백작 Carcès, comte de 140, 406
카를 5세 Karl V 17, 19-20, 26, 33, 37,
  42-43, 46-47, 53, 59, 61-62, 65, 68, 70,
  78-79, 81-82, 85, 87, 102, 109, 144, 217,
  257, 300
카를로스 왕자(펠리페 2세의 아들) Calros,
  Don 75, 94
카브레라 Cabrera, Luis 58
카사야 Cazalla, Augustin 82
카소 Casaulx, Charles de 409-412
카스테르 Caster, Gilles 447
카스텔레 Castelle, J. B. Gonguzza delle
  217
카스텔리네 Casteline, Giovanni 428
카우슈 파샤 Chaouch Pasha 356
카이토 라마단 Cayto Ramadan 219
카치아 Caccia, Guilio del 299, 310
카타니아 Catania, Jafar 106
카프시 Capsi, Mahamet 382
코네츠케 Konetzke, R. 346
코디냐크 Codignac 55
코레시 Coreysi, Bartolomé 434
코르나 Corna, Ascanio de la 162, 178
(삼피에로)코르소 Corso, Sampiero 50- 52,
  125-128, 131, 139, 141-143, 201
(토마 렌체)코르소 Corso, Thoma Lenche
  141
(하산)코르소 Corso, Hasan 65, 132
코스레우 파샤 Khosrew Pasha 349
콘스탄티노 Constatino 82
콘타리니 Contarini, Leonardo 128, 185
콘트레라스 Contreras, Alonso de 430
콜론나 Colonna, Marcantonio 124, 240,
  242-243, 262, 266, 286, 288-289, 292
콜리니 Coligny, Gaspard de 64, 67, 207,
  254, 275, 277-278

콩데 공 Condé, prince 203, 207
쿠르트빌 Courtville, de 79
쿠에바 Cueva, Alonso de la 114
퀴렌시 Curenzi, Juan 322
퀴로가 Quiroga 113
크레크비츠 Kreckwitz, von 392
(베네데토)크로체 Croce, Benedeto 448
(산타)크로체 Croce, Santa 48
크루스 Cruz, Pantoja de la 438
클라라 이사벨 에우헤니아 Clara Isabel Eugenia
419
클레멘스 8세 Clemens VIII 417-418, 420
키리니 Quirini, Marco 262, 286
키오지아 Chioggia, Bomino di 233
키하다 Quijada, Luis 220

타리파 Tarifa, marquis de 129
타반 Tavannes, Gaspard de Saulx de 275
타흐마스프 Tahmasp 349
테라노바 공작 Terranova, duc de 280, 301,
312
테르므 원수 Termes, Maréchal de 69
텐 Taine, Hippolyte 12
텔리니 Téligny, Charles de 254
토레스 Torres, Luis de 234, 238, 240, 242
토르토리노 Tortorino, Francisco de Franchis 99
토인비 Toynbee, Arnold 444
(돈 가르시아 데)톨레도 Toledo, Don García
de 22, 115, 128, 134, 136-138, 140, 142,
152-153, 155-156, 158, 160-162, 164,
179-180, 182-183, 264, 310-311
(돈 에르난도 데)톨레도 Toledo, Don Hernando
de 178
(돈 페드로 데)톨레도 Toledo, Don Pedro de
154
(안토니오 데)톨레도 Toledo, Antonio de
퇴르네 Törne, O. von 301, 314
투른 Thurn, Joseph von 390

티에폴로 Tiepolo, Paolo 116, 149
티치아노 Tiziano, Vecellio 198

파딜랴 Padilla, Gutierre Lòpez de 115
파루타 Paruta 376
파르네세 Farnese, Alessandro 80, 291, 418
파르네세 추기경 Farnese, cardinal 27
파울루스 3세 Paulus III 29, 62
파울루스 4세 Paulus IV 58, 62-64, 66, 83,
91
파체코 추기경 Pacheco, cardinal 163, 247,
279
판들 Pfandl, Ludwig 33, 205
팔라비치노 Pallavicino 244
팔로마레스 Palomares 86-87, 92
패리스 Paris, Mathieu 420
페라라 Ferrara, Alfonso de 174
페라라 공작 Ferrara comte de 417
(루이스)페랄타 Peralta, Luis 57
(알론소)페랄타 Peralta, Alonso de 57-58
페레노 Perrenot, Nicolas 78
(곤살로)페레스 Pérez, Gonzalo 177
(안토니오)페레스 Pérez, Antonio 301, 305,
328, 334, 362-363, 371, 403
페루 Perroux, François 445
(가스파르)페르난데스 Fernández, Gaspar
133
(알론소)페르난데스 Fernández, Alonso 133
페르디난트(카를 5세의 형제) Ferdinand I
31, 42, 59, 60-61, 76, 98, 117
페르디난트 대공 Ferdinand, archduc 300
페리아 공작 Feria, duc de 78, 323, 413,
415
페스카라 후작 Pescara, marquis de 180,
237, 258, 319-320
페트레몰 Pétrémol 156
페르하트 파샤 Ferhad Pasha 356, 358
페트루치 Petrucci 254

펠리페 2세 Felipe II 30, 34, 42, 45, 58-59, 61, 65, 67, 70-71, 73-74, 76-78, 80, 82-83, 85-86, 88, 91-92, 94, 98-103, 106-109, 114, 116-118, 121-123, 126-127, 129, 132, 135, 137, 140, 142-146, 148-152, 155, 157-158, 164-165, 167-168, 171, 175-177, 179-180, 183-184, 187, 189-197, 199-200, 202, 204-206, 210, 212-213, 215-216, 218, 222, 234, 236-239, 242, 248, 254-256, 259, 263-264, 266-268, 271, 275, 277, 279-284, 295, 299, 301, 305, 309, 316-318, 322, 327, 329, 333, 335, 341, 344-345, 360- 364, 366, 368, 370, 372-376, 378, 382, 401-403, 410-412, 415, 417-418, 420, 424, 428-429, 437

펠리페 3세 Felipe III 420, 434, 437

포스카리니 Foscarini 286, 289, 292

푸거 Fugger, Anton 47

푸라스티에 Fourastié, Jean 445

푸르크보 Fourquevaux 164-166, 169, 178, 185, 190, 192, 194, 199-202, 204, 211, 213, 257, 271

푸에르토 카레로 Puerto Carrero 309-310

푸엔테스 백작 Fuentes, comte de 416, 434

풀리도리 Pulidori, Vergilio 323

퓌터 Fueter, Eduard 42, 47

프라티노 Fratino, Il 255, 313

프란키스 Franchis Tortorino, Francisco de 99, 318

프랑수아 1세 François I 17-19, 29-30

프랑지파니 Frangipani, Ottavio Mirto 421

프랑카비야 공작 Francavila, duc de 87, 308

프레스콧 Prescott, William 80

프로다넬리 Prodanelli, Nicolò 330, 334, 339, 343

피가뇰 Piganiol, André 13

피게로아 Figueroa 109, 118, 134, 140, 142, 146, 149, 165

(로렌소 수아레스 데)피게로아 Figueroa, Lorenzo Suárez de 142

(로페스 데)피게로아 Figueroa, López de 259

피렌 Pirenne, Henri 12

피리 레이스 Piri Re'is 359

피멘텔 Pimentel, Don Alonso 218

피알리 파샤 Piāle Pahsa 56, 69, 113, 118-119, 157, 162, 178, 180, 193, 229, 298, 323

피우스 4세 Pius IV 121, 149, 155, 170, 174-175

피우스 5세 Pius V 173-177, 190, 193, 206, 234, 238-240, 254, 281, 293, 301, 376

필리베르토 Philiberto, Emmanuel 67, 71

필립슨 Philippson, Martin 362, 364, 367

하르틀라우프 Hartlaub, G. 196, 245, 259, 274

하산 파샤 Hasan Pasha 104, 148, 157, 355, 398, 423

함머 Hammer, J. von 153, 186, 318, 348, 355, 392-393

헤레 Herre, Paul 227, 229

헨리 8세 Henry VIII 18, 30

호렘베이 Horembey 330, 333

후아나 공주 Juana, princess 73, 79, 83, 86, 92-93, 96, 170

후안 데 아우스트리아 Juan de Austria, Don 153, 214-215, 219-220, 223, 245, 248, 257-264, 266-267, 280-283, 285-286, 288-292, 294, 297, 299, 301-308, 310-312, 314, 316, 322-323, 325, 334

후안 1세 Juan I 86